제주방언
연구

KB207855

제주방언 연구

초판 1쇄 발행 2024년 9월 25일

지은이 | 정승철

펴낸곳 | (주)태학사
등록 | 제406-2020-000008호
주소 | 경기도 파주시 광인사길 217
전화 | 031-955-7580
전송 | 031-955-0910
전자우편 | thspub@daum.net
홈페이지 | www.thaehaksa.com

편집 | 조윤형 여미숙 김태훈
마케팅 | 김일신
경영지원 | 김영지

ⓒ 정승철, 2024. Printed in Korea.

값 30,000원

ISBN 979-11-6810-306-1 (93710)

책임편집 | 김성천
표지디자인 | 이윤경
본문디자인 | 최형필

제주방언 연구

정승철 지음

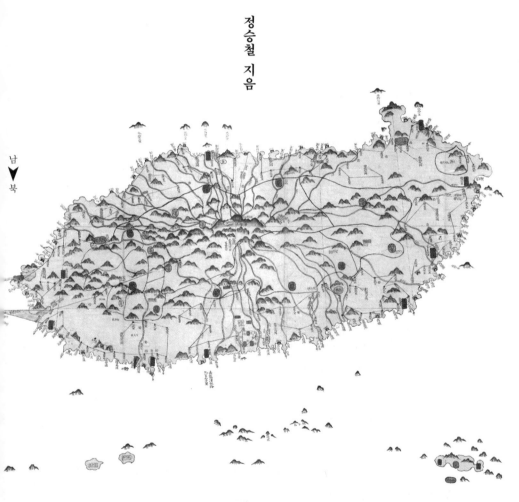

남
북

태학사

머리말

1985년 가을, 대학 졸업논문 쓸 때의 일입니다. 제주방언 관련 선행 업적들을 읽으며 평대平待의 의문 어미가 제대로 서술되어 있지 못하다, 그런 생각을 했습니다. 기존 논의에서 "집이 감서?(집에 가?), 머 먹어서?(뭐 먹었어?)" 등에 나타나는 종결어미의 형태를 '-서'로 보고 있었을뿐더러 실제로 매우 자주 쓰임에도 "집이 가멘?(집에 가니?), 머 먹으멘?(뭐 먹니?)" 등에 나타나는 어미는 아예 언급조차 되지 않았습니다. 이때의 두 어미는 당시의 제주도에서 친구들끼리 이야기할 때 가장 많이 쓰던 의문의 종결어미였습니다.

'서'의 문제는 비교적 간단했습니다. '먹었어:먹엇어'의 대응에서 '서'의 초성 'ㅅ'이 종결어미의 두음이 아니라 선어말어미의 말음임을 확신할 수 있었기 때문이죠. 그에 따라 '-암서'를 비롯한 여러 유형의 어미 결합체들을 다시 분석하는 작업을 진행하여야 했습니다.

'(으)멘'은 그보다는 훨씬 복잡했으나 우리 할머니(1913년생)의 발음([가멘], [먹으멘])을 이미 확보해 놓았던 터라, 형태소 분석에 그리 큰 어려움은 없었습니다. 즉 '가-ㅁ(명사형)-이(계사)-엔(어미)'과 '먹-음(명사형)-이(계사)-엔(어미)'으로 분석할 수 있었던 것이죠. 당시만 해도 '가멘, 먹으멘'으로 발음하는 방언 화자는 소수, 대다수는 이 형태에서 자음 뒤 '예〉에'의 변화를 겪은 '가멘, 먹으멘'을 쓰고 있었습니다.

이러한 사실들을 정리하고 전체 체계를 잡아 졸업논문(〈제주도 방언의 의문법 어미에 대한 일고찰〉) 발표를 했습니다. 발표회가 끝난 후, 학과의

(간이) 교수회의 자리에 불려 갔는데 선생님들께서 기왕의 업적들과 얼마나 다른지 물으셨습니다. 'ㅎ여'체(=평대)의 의문 어미 부분을 새로 정리했다는 등의 말씀을 드렸더니 그해 12월에 나오는 학과의 전문 학술지(《관악어문연구》 10집)에 제 논문을 실어 주셨습니다. 돌이켜 보면 제주방언의 고형古形(?)을 나만 알고 있다는 뿌듯함에 더하여 학과 교수님들의 격려가, 대학원 진학 후 방언 연구자로 나아가는 데 아주 큰 힘이 되었다 할 수 있습니다.

정작, 방언 음운론을 전공하겠다고 대학원에 들어와서는 석사논문의 틀을 잡지 못해 애를 먹었습니다. 당시에는 특정 지역의 공시적 음운체계와 음운현상을 세밀하게 기술하는 연구가 대세였었습니다. 하지만 지역에 상관없이 대부분 유사한 체재를 갖추고 있어 그것으로는 제주방언의 특징이 그다지 잘 드러날 것 같지 않았습니다.

1987년 여름, 논문의 얼개를 전혀 구성하지 못한 채 자료 수집차 무작정 제주도로 갔습니다. 떠나는 날, 지도교수이신 이병근 선생님께서 공항에 나오셨습니다. "방언 논문을 쓰려면 자료 곁에 있기는 해야지." 저에게는 송구스러운 격려이자 논문을 다 쓸 때까지 제주해협을 건너오지 말라는 엄명이기도 했습니다.

한동안 제주도 집에 머물며 이리저리 기존 자료를 들여다보다가 하나의 음운현상이 형태소 내부와 경계에서 양상의 차이를 보이기도 한다는 사실을 발견(?)했습니다. 그리하여 모음에 초점을 두고 두 환경(내부/경계)을 구별·비교하면서 제주방언의 모음 관련 현상을 기술하는 논문을 쓰기로 하였습니다. 일종의 통시通時를 가미한 공시론이었습니다.

임시 목차에 따라, 현상 하나에 대해 논문 구성에 필요한 항목을 뽑고 그것을 바로 조사·확인한 뒤 그 결과를 바탕으로 해당 부분을 거칠게 집필하는 작업을 순차적으로 진행했습니다. 조사 때마다 집안에 계셔야 했던 할머니는 "영헌 거 누게가 써 오렌 헤샤?(이런 거 누가 써 오라고 했느냐?)" 하시면서도 기꺼이 손자의 방언사전이 되어 주셨습니다.

서울로 돌아와서는 거친 초고를 770자 원고지에 옮겨 쓰고 지도교수님의 덧써 주신 의견을 반영하여 다시 쓰기를 몇 차례 반복했습니다. 덕분에 그해 가을, 석사논문(〈제주도방언의 모음체계와 그에 관련된 음운현상〉)을 완성하여 무사히 제출할 수 있었습니다. 그 과정에서 공시론보다 통시론을 본디 더 좋아했음을 깨닫게 되었습니다.

석사논문 이후, 오랜만에 젊은 연구자가 나타났다고, 강정희·강영봉·김지홍 교수님의 전폭적인 응원을 받으며 처음부터 박사논문은 통시론으로 써야겠다 마음먹었습니다. 그리하여 제주방언의 진짜 고형, 더 정확히는 선대형先代形을 찾아내기 위해 수시로 현평효 선생의 《제주도방언연구》(자료편)와 한글학회의 《우리말큰사전》(옛말과 이두)에 나오는 단어를 비교하는 작업을 진행했습니다. 'ㄱ'항목에서 'ㅎ'항목까지의 통독을 여러 차례 거듭한 끝에, 필요한 만큼의 어휘 항목을 확보할 수 있었습니다. 다만 이때는 할머니가 편찮으셔서 해당 항목들을 아버지(1933년생) 포함, 다른 분께 조사하였습니다.

박사논문(〈제주도 방언의 통시음운론〉)에서는 하나의 음운변화가 그 조건을 만족하는 모든 형태소에 일시에 적용되는 게 아니라는 변화의 점진성에 주목했습니다. 그래서 음운변화 규칙의 이른 적용과 늦은 적용 사이의 차이에 중점을 두어 제주방언의 통시태를 살폈지요. 가령 'ㅇ'의 역사에서 제주방언의 '폭(팽나무 열매)'은 어두語頭 'ㅇ〉오'의 매우 이른 변화를 겪은 형태 그리고 '아덜(아들), 오널(오늘)' 등은 제주방언에서 비교적 늦게까지 비어두非語頭의 'ㅇ'를 유지하고 있다가 후속 변화('ㅇ〉어')를 겪은 형태로 설명되었습니다.

이처럼 제주방언의 음운사를 해명해 가는 가운데, 저의 학문적 관심은 제주방언을 넘어 전국 방언에 기반한 국어사 쪽으로 옮겨 갔습니다. 특히 방언의 분화와 접촉 과정에서 빚어지는 언어변화의 다양한 양상은 제 눈

6

길을 완전히 사로잡았습니다. 한국 방언사의 총체가 국어사라는 인식 아래, 문헌어와 방언을 아우르면서 고대·중세에서 근세를 거쳐 현대 방언으로 이어지는 변화를 반드시 설명하는 국어사를 전개하는 일, 그것이 방언 연구의 궁극적인 목표가 되었습니다.

　이제 어느덧 한 갑. 학위논문을 중심으로 그동안의 학업을 정리하며 방언학에 관한 한두 마디 소회를 덧붙여 보았습니다.

　고맙습니다.

2023년 신묘년辛卯年 9월 4일

차례

제 1 부

개관

제주방언

1. 개요

　제주방언은 하나의 대방언권이지만 방언권 내의 언어적 동질성이 매우 강하다. 전통적으로 제주방언을, 한라산을 중심으로 산북山北 방언과 산남山南 방언으로 하위 구획해 왔지만 이 두 방언이 보여 주는 언어적 차이도 다른 방언권의 경우와 비교해 볼 때 하나의 소방언권을 하위 구획한 방언, 즉 핵방언권 정도의 차이에 불과하다.

　하지만 지금은 그러한 언어적 동질성이 노년층 화자들에게서만 유지된다. 제주방언의 청소년층 화자들은 전통 제주방언의 시간적 변종 대신에 표준 한국어의 지역적 변종을 사용[1]하는 경향이 매우 강하다. 그 결과, 오늘날의 제주방언은 젊은 사람들이 자신의 조부모가 말하는 것을 거의 알아듣지 못할 정도로 세대에 따른 언어차를 매우 현저히 드러내는 것이다. 그러기에 별다른 변화 없이 이 상태가 좀 더 지속된다면 고유의 제주방언은 가까운 미래에 사라질는지도 모른다.

---

* 이 논문은 정승철(2013)의 3.2.2절(개별방언론의 실제: 제주방언 개관, 161-190면)을 수정·보완한 것이다.
1 가령 '달(月)'을 '돌(〈둘〉)'이라 하면 전통 제주방언('둘')의 시간적 변종을 사용한 것이며 이를, 제주방언의 억양을 유지하면서 '달'이라 한다면 표준 한국어의 지역적 변종을 사용한 것이 된다.

1.1. 명칭: 제주방언 vs 제주어

제주방언은 한국어의 대방언권으로서 제주도 지역에서 쓰이는 언어를 가리킨다. 그런데 전통적으로 도道 단위의 방언구획을 해 온 까닭에 이를 '제주도濟州道 방언'이라 부르기도 하며, 행정구역상 제주도에 속하면서도 방언구획상 서남방언 지역에 속하는 추자도를 배제할 목적으로 이를 '제주도濟州島 방언'이라 부르기도 한다. 물론 1946년에 전라도에서 분리되어 도道로 승격되기 이전에는 제주도濟州島 방언이라 부르는 것이 보통이었다(일제강점기 때 제주도는 전라남도 제주군이었다).

지도 1 제주도 행정구역 지도

요즈음은 제주방언의 독자성 및 보존의 필요성을 강조하는 차원에서 제주도 주민들 사이에 '제주어'라는 명칭이 더 자주 쓰인다. 이와 같은 명칭은 제주방언을 한국어의 하위 방언이 아니라 '한국어족'의 하위 언어로 간주함을 뜻하는데[2] 제주방언 연구자들조차도 한국어족을 따로 상정하는 견해에는 동조하지 않으므로 그런 의미를 지닌 제주어는 적절한 명칭이라 하기 어렵다. 그러한 이유로 한국 방언 연구자들은 대부분 제주방언이라는 명칭을 사용한다.

---

2 석주명(1908~1950)은 '제주 지역어'를 줄여 '제주어' 또는 '제주도어'라 하였다.

간혹 언어소멸에 관심을 가진 몇몇 연구자들이 제주도 노년층의 말을 '제주어'라 부르며 한국어족에 속하는 하나의 언어로 인정해야 함을 주장하기도 한다. 이러한 주장은 대개, 전통 제주방언의 일부 단어와 문법 형태를 제주도 출신의 젊은이들이 거의 이해하지 못한다는 설문조사 결과에 근거를 둔다. 이로써 보면 해당 연구자들은 세대 간의 상호의사소통 여부를 방언과 언어를 구분하는 절대적 기준으로 내세워 전통 제주방언을 제주어로 승격시켰음을 알 수 있다.

하지만 음운·형태·통사·어휘의 면에서 노년층 화자가 사용하는 전통적인 언어 요소들을 젊은 사람들이 이해하지 못하는 것은 비단 제주방언에서만의 문제가 아니다. 정도의 차이는 조금 있지만 그러한 양상이 한국의 6개 대방언권(동남·동북·서남·중부·서북·제주방언) 모두에서 거의 평행하게 나타나기 때문이다. 따라서 6개의 대방언권 중에 제주방언만을 따로 떼 내어 독립적인 언어로 간주하는 태도는 합리적이지 못하다. 만일 '제주어'란 명칭을 주창하는 사람들의 견해를 따라 한국어족을 설정하려면 그 속에 포함되는 하위 언어로 적어도 6개의 언어를 인정해야 한다는 사실은 명심할 필요가 있다.

1.2. 표기

방언 표기법은 일정한 문자로 한 언어의 방언을 표기하기 위해 정한 규범의 체계를 가리킨다. 대개의 경우, 방언을 표기하기 위해 한글맞춤법의 원리를 원용하는 것이 보통이다.

제주방언을 한글맞춤법의 원리에 의지해 표기하려 할 때 가장 문제가 되는 점은 선어말어미 {앖}과 {앗}[3] 그리고 그것의 통합체를 어찌 적을지

---

3 이 선어말어미의 이형태와 기능에 대해서는 후술.

하는 것이다. 제주방언을 표기하기 위한 기본 원칙을 정하는 작업과 관련하여 이 어미는 여러모로 시사하는 바가 크다.

그동안의 제주방언 연구에서는 선어말어미 '-앖-'과 '-앗-'을 표기하기 위해 여러 가지 방안이 제시되어 왔다. 어간을 '막-'로, 종결어미를 '-저'로[4] 하여 그 모습을 간단히 나타내 보이면 다음과 같다.

　　(1) ㄱ. 막암저
　　　　ㄴ. 막암쩌
　　　　ㄷ. 막앖저(막는다)
　　(2) ㄱ. 막아쩌
　　　　ㄴ. 막앗저(막았다)

이 중에 (1ㄱ)은 언어 사실에 들어맞지 않으므로 올바른 표기가 되지 못한다. 이의 발음이 [마감쩌]임을 고려하면 그러한 표기가 정당성을 확보하기 어렵다는 것을 쉬 알 수 있다.

(1ㄴ)과 (2ㄱ)은 그 발음을 반영한 표기다. 따라서 제주방언을 표기하는 데 소리 나는 대로 적는 원칙[5]을 따른다면 크게 문제되지 않는 표기다. 하지만 현행 한글맞춤법의 '형태음소적 원리'를 좇는다면 원칙에 부합하지 않은 표기가 된다.

형태음소적 원리는, 형태소의 이형태를 표기에 반영하지 않고 그 형태를 하나로 고정시켜 표기하는 원리를 가리킨다. 따라서 이 원리의 근간은 각 형태소의 원형을 밝혀 적는 데 있다. 일단 선어말어미의 형태는 차치하고라도 (1ㄴ)과 (2ㄱ)은, 종결어미의 형태를 '-쩌'로 적었다는 점에서 원칙

---

4 이때의 '-저'는 표준어의 종결어미 '-다'에 대응하는 것이다.
5 이를 '음소적 원리'에 의한 표기법이라 한다.

에 어긋난다. '-저'가 '-쩌'로 실현되는 것이 선행 요소 때문에 일어난 경음화의 결과이기 때문이다. 이는 현행 한글맞춤법에서 '막았다'를 '막았따'로 적지 않는 것과 마찬가지다.

종결어미를 '-저'로 적는 게 옳다면 (1ㄴ)의 '막암쩌'는 어찌 적어야 할까? 이를 위해서는 선행 요소의 원형을 파악하는 일이 우선된다. 결론적으로 말해, 선행 요소의 원형은 '-앖-'이므로 이때의 '막암쩌'는 (1ㄷ)과 같이 '막앖저'로 적어야 '형태음소적 원리'에 위배되지 않는다. 선행 요소의 원형이 '앖'이라는 점은 다음 예를 통해 확인할 수 있다.

(3) ㄱ. 막암서
    ㄴ. 막앖어(막아)
(4) ㄱ. 막아서
    ㄴ. 막앗어(막았어)

(3)과 (4)는 '-앖-'과 '-앗-'이 모음어미 앞에 온 경우다. 형태음소적 원리는 형태소의 원형을 밝혀 적되 각 형태소 사이에 경계를 두어 적는 것을 원칙으로 한다. 그러한 점에서 (4ㄱ)의 '막아서'는 원칙에 어긋난다. 선어말어미 '-앗-'과 종결어미 '-어' 사이에 경계를 두지 않았기 때문이다. 따라서 이는 두 형태소를 분리하여 (4ㄴ)의 '막앗어'처럼 적어야 형태음소적 원리에 위배되지 않는다. '막아서'를 '막앗어'로 적는 것은, 현행 맞춤법에서 '막아써'가 아니라 '막았어'로 적는 것과 평행한 처사다. 결국 (4ㄴ)의 '막앗어'는 종결어미의 형태가 '-어'라는 것을 나타낸 표기다.

이러한 점에 근거할 때 (3ㄱ)의 '막암서'는 형태소 분석을 잘못한 표기가 된다. 종결어미가 '-어'라면 이는 '막-앖-어'로 분석될 것이기 때문이다. 이로써 보면 (3)에 개재된 선어말어미의 형태는 '-앖-'이 틀림없다. 따라서 형태음소적 원리를 고수할 때, 제주방언의 선어말어미 '-앖-'과 '-앗-'은 선행 또는 후행 형태소와 분리하여 '막았저(막는다), 막았어(막아)' 그리고 '막앗저(막았다), 막앗어(막았어)' 등으로 적을 수밖에 없다.

그런데 제주방언의 표기에서 이 선어말어미에 대해 기본 형태를 고정시켜 그대로 적기로 하면 현행 맞춤법에서 쓰이지 않는 겹받침 'ㄳ'를 인정해야 하는 문제가 발생한다. 방언의 독자성을 인정한다고 해도 문자 및 표기 원리를 공유하는 한, 어느 정도는 방언 표기 방식에서 통일성을 추구하는 일이 필요하다. 그러한 차원에서 이 형태소 {았}에 대해 예외적으로 음소적 표기를 허용하는 방안을 생각해 볼 만하다. 따라서 다음과 같은 표기 원칙이 상정된다.

- ■ -았/었-: 모음어미와 결합할 때는 'ㅅ'를 뒤 음절의 초성으로 적고 자음어미와 결합할 때는 후행하는 어미의 두음頭音을 경음으로 적는다. 그리고 '으'계 어미와 결합할 때는 '-암시/엄시-'와 같이 표기한다.
  - 막암서(막-았-어)
  - 막암쩌(막-았-저), 막암쑤다(막-았-수다)
  - 막암시냐(막-았-으냐 → 막-았-이냐)
- ■ -앗/엇-: 형태음소적 표기를 하되 '으'계 어미가 결합할 때는 '-아시/어시-'와 같이 표기한다.
  - 막앗어(막-앗-어)
  - 막앗저(막-앗-저), 막앗수다(막-앗-수다)
  - 막아시냐(막-앗-으냐 → 막-앗-이냐)

이 방식에 따르면 제주방언의 선어말어미 {았}과 {앗}은 다음과 같이 표기된다. 다만 '-았/었-'과 '-앗/엇-' 뒤에 '으'계 어미가 연결되었을 경우에 이를 '-암시/엄시-', '-아시/어시-'로 적는 것은, 해당 어미의 두음이 겪은 '으 → 이 / ㅅ ＿＿'의 전설고모음화 때문이다.[6]

(5) ㄱ. 막암서(막아)

ㄴ. 막암쩌(막는다), 막암쭈(막지), 막암쑤다(막습니다), 막암쑤과(막
습니까)

ㄷ. 막암시냐(막느냐), 막암신게(막네)

(6) ㄱ. 막앗어(막았어)

ㄴ. 막앗저(막았다), 막앗주(막았지), 막앗수다(막았습니다), 막앗수
과(막았습니까)

ㄷ. 막아시냐(막았느냐), 막아신게(막았네)

2. 음운

2.1. 음운체계

자음체계로 19개의 음소('ㅂ, ㅃ, ㅍ, ㄷ, ㄸ, ㅌ, ㅅ, ㅆ, ㅈ, ㅉ, ㅊ, ㄱ, ㄲ, ㅋ, ㅎ, ㅁ, ㄴ, ㅇ, ㄹ'), 모음체계로 9개의 음소('이, 에, 애, 으, 어, 아, 우, 오, ᄋ·')를 포함한다. 제주방언의 음소체계는 후설 원순 저모음 'ᄋ·[ɒ]'가 존재한다는 점을 제외하면 대개의 방언들과 그다지 큰 차이를 보이지 않는다.

그런데 모음에 관한 한, 제주방언의 모든 화자들이 동일한 체계를 가지는 것은 아니다. 대체로 1940년대 중반 이후에 태어난 화자들은 단어의 첫 음절, 즉 어두음절에서 '에'와 '애'를 구별하지 못하고 '에[E]'로 발음하며 1960년대 중반 이후에 태어난 화자들은 '에'와 '애'뿐 아니라 '오'와 'ᄋ·'도 구별하지 못하여 'ᄋ·'를 '오[o]'로[7] 발음하기 때문이다.

---

6 제주방언의 전설고모음화는 노년층 화자들만 필수적 적용을 보인다. 따라서 전설모음화가 수의성을 보이는 노년층 이외의 화자들에게 {없}과 {얐}은 '-없/없-'과 '-암시/엄시-', '-앗/엇-'과 '-아시/어시-'가 복수기저형을 이루는 형태소가 된다.

또 제주방언에는 13개의 이중모음('예, 얘, 여, 야, 유, 요, ᄋᆞ', '위, 웨, 왜, 워, 와', '의')이 있는데 'ᄋᆞᆸ(여덟), ᄋᆞ름(열매)' 등에서처럼 'j'와 'ᄋᆞ'가 연속적으로 발음되는 이중모음 'ᄋᆞ'가 단어의 첫음절에 한하여 실현된다는 점에서 다른 방언들과 차이를 보인다. 물론 '에'와 '애', 'ᄋᆞ'와 '오'를 구별하지 못하는 세대에서는 이중모음 '예'와 '얘', 'ᄋᆞ'와 '요'(또는 '여')를 구별하지 못한다. 이중모음 '의'는 일부 노년층에게서 들을 수 있기는 하나[8] 대부분의 화자들은 이를 '이'로 발음한다.

한편 제주방언에서 음장(length)이나 고저(pitch), 강세(stress) 등의 운소(prosody)는 변별적 기능을 담당하지 않는다. 따라서 이 방언의 운소는, 발화를 리듬감 있게 해 주는 동시에 발화 단위의 경계를 알려 주는 형상적 기능이나 화자의 감정과 태도를 표현해 주는 표현적 기능만을 수행한다고 할 수 있다.

2.2. 음운변동

제주방언은 평폐쇄음화, 경음화, 조음위치동화, 비음화, 유음화, 'ㅎ'탈락, 'ㄹ'탈락, 격음화, 활음화, '으'탈락, 동모음탈락, 활음탈락 등 일련의 음운변동에서 다른 방언과 대체로 동일한 양상을 보여 준다.

(7) ㄱ. 앞 → 압(앞),[9] 둣-지 → 둗찌(따뜻하지)

ㄴ. 지집-도 → 지집또(계집도), 석-고 → 석꼬(썩고)

ㄷ. 돈-부터 → 돈부터~돔부터(돈부터), 진-고 → 진꼬~직꼬(때고)

---

7 물론 표준어의 영향으로 'ᄋᆞ'를 '아'로 발음하기도 한다.

8 최근의 보고(권미소 2021: 31)를 참조하면 '의'를 발음하는 노년층 화자의 수도 급격히 줄고 있는 것으로 여겨진다.

9 '앞'의 평폐쇄음화는 '앞# → 압$'의 과정을 겪어 실현된다(#은 단어 경계, $는 음절 경계).

ㄹ. 쏘곱-만 → 쏘곱만(속만), 석-는 → 성는(썩는)

ㅁ. 칼-늘 → 칼롤(칼날)

ㅂ. 좋-은 → 조은, 공비허다 → 공비허다~공비어다(공부하다)

ㅅ. 흥글-난 → 흥그난(흔드니까), 흥글-ㄹ → 흥글(흔들)

ㅇ. 좋-고 → 조코, 셍각-허다 → 셍가커다(생각하다)

(8) ㄱ. 부비-언 → 부변(비벼서), 재우-안 → 재완(재워서)

ㄴ. 쓰-언 → 썬(써서), 가-으난 → 가난(가니까)

ㄷ. 가-안 → 간(가서)

ㄹ. 고찌-엉 → 고쩽 → 고쩽(고쳐서)

(7ㄱ)은 평폐쇄음화, (7ㄴ)은 경음화, (7ㄷ)은 조음위치동화, (7ㄹ)은 비음화, (7ㅁ)은 유음화, (7ㅂ)은 'ㅎ'탈락, (7ㅅ)은 'ㄹ'탈락, (7ㅇ)은 격음화가 일어난 예들이다. (8)은 모음과 관련된 것인데 (8ㄱ)에서는 활음화, (8ㄴ)에서는 '으'탈락, (8ㄷ)에서는 동모음탈락, (8ㄹ)에서는 활음탈락이 일어났다. (7)~(8)에서 보듯 제주방언은, 각 단어를 구성하는 분절음상의 차이를 제외할 때 이들 음운변동에서 다른 방언들과 거의 동일한 모습을 드러낸다. 이와 달리 타 방언과 비교하여 상이한 모습을 시현하는 음운변동들도 흔히 발견된다.

2.2.1. 복사(copying)

제주방언의 음운변동에서 가장 특징적인 것은 복사 현상이다. 이 현상은 제주방언 화자라는 사실을 나타내 주는 대표적 표지의 하나다.[10]

---

10 다만 청소년층의 경우에는 이 현상의 실현이 완전치 않으므로 표지로서의 기능이 점차 약화되어 간다고 말할 수 있다.

(9) ㄱ. 한국韓國#음식飲食 → 한국금식(→ 한국끔식)

만#아덜 → 만다덜(→ 만따덜)

지집(계집)#아이(兒) → 지집바이(→ 지집빠이)

ㄴ. 비단#온(옷) → 비단논

솜(棉)#온 → 솜몬

ㄷ. 물#안경眼鏡 → 물란경, 칠七#월月 → 칠뤌

(10) 목(喉)#아프다 → 목가프다(→ 목까프다)

눈(眼)#아프다 → 눈나프다

발(足)#아프다 → 발라프다

제주방언의 '복사'는 하나의 기식군 안에서, 선행하는 요소가 폐음절 단어이고 후행하는 요소가 모음으로 시작하는 어휘 형태소일 때 선행어의 종성을 후행어의 첫음절 초성 자리에 복사하여 발음하는 현상이다.[11] 위 (9)와 (10)은 이 현상을 경험한 예들인데 '한국음식'을 통해 복사가 일어나는 과정을 자세히 드러내 보이면 다음과 같다.

(9′) ㄱ. 한국#음식 → 한국#ㄱ-음식 → 한국$금식(→ 한국끔식)[12]

(9′ㄱ)에서 '한국'이 폐음절 단어고 '음식'이 모음으로 시작하는 어휘 형태소이므로 선행어의 종성 'ㄱ'가 후행어의 초성 자리에 복사되어 '한국금식'으로 실현되었다. 이와 같은 복사 현상의 실현 과정은 (9)의 다른 예들에서도 동일하다. 위 (10)의 예에서 보듯, 단어와 단어가 연결되는 구 구성일 때에도 복사 현상은 일어난다.

---

11 '솜#이불 → 솜니불' 등에서처럼 후행하는 요소가 '이' 또는 활음 'j'로 시작하는 단어일 경우에는 복사 대신 'ㄴ'첨가가 일어나기도 한다.

12 '한국-금식 → 한국끔식'은 평폐쇄음 뒤에서의 경음화를 겪은 것이다.

하지만 이 현상은 뒤에 오는 요소가 문법 형태소일 경우에는 일어나지 않는다. 다음 예들을 보자.

(11) 한국-이 → 한구기, 비단-이 → 비다니, 발-이 → 바리

(11)은 제주방언에서 '한국, 비단, 발'에 주격조사 '-이'가 연결되었을 때는 복사 현상이 일어나지 않음을 알려 준다. 따라서 제주방언의 복사(copying)는 후행하는 요소가 어휘 형태소일 때에 한해 일어나는 현상이라 할 수 있다.

2.2.2. 용언어간말 'ㄴ, ㅁ' 뒤에서의 경음화

전통 제주방언에서는 일반적으로 'ㄴ, ㅁ, ㄿ'로 끝나는 용언어간(ex. 신-, 곰-, 슮-)이 자음어미와 결합될 때 뒤에 오는 어미의 두음頭音을 경음화하여 발음하지 않는다.

(12) 신-고 → 신고(履), 곰-지 → 곰지(沐), 슮-게 → 슴게(烹)[13]

하지만 요즈음, 일부 노년층 화자를 제외하면 대부분의 제주방언 화자들은 다른 방언의 경우와 마찬가지로 해당 환경에서 이들을 경음화하여 발음한다(ex. 신-고 → 신꼬). 결국 용언어간말 'ㄴ, ㅁ(ㄿ)' 뒤의 경음화는 제주방언에서 세대에 따른 언어차를 현저히 보여 주는 음운현상의 하나인 셈이다.

---

13 '슴게(삶게)'에서는 어간 '슮-'가 자음어미 '-게'와 결합하면서 자음군단순화를 겪어 'ㄹ'가 탈락되었다.

2.2.3. 자음군단순화

현대 한국어는 모음과 모음 사이에서 3자음을 연속해서 발음할 수 없다는 음운론적 제약을 갖는다. 그러한 제약으로 인하여 한국어의 자음군子音群 말음 어간은 자음으로 시작하는 말 앞에서 해당 자음군 중에 한 자음을 탈락시켜 발음하는 자음군단순화를 겪는다.

제주방언에 나타나는 어간말 자음군은 용언어간 말음으로 실현되는 'ㄺ, ㄻ, ㄼ'밖에 없다. 그러므로 제주방언의 자음군단순화는 'ㄺ, ㄻ, ㄼ'로 끝나는 용언어간이 자음어미와 결합할 때로 한정된다.

> (13) ㄱ. 흙-다 → 흑따(굵다), 흙-고 → 흑꼬(굵고)
> ㄴ. 솖-다 → 슴다(삶다), 솖-고 → 슴고(삶고)
> ㄷ. 볿-다 → 븝따(밟다), 볿-고 → 븝꼬(밟고)

이와 같은 자음군단순화는 한국어의 모든 방언에 존재하는 현상이지만 방언마다 자음탈락의 양상이 다르다. 제주방언의 경우에는 어떤 환경에서도 자음군 중에 선행 자음을 탈락시키고 후행 자음을 남기는 모습을 보여 준다. (13)에서 보듯 이들 자음군으로 끝나는 어간에 자음어미가 연결될 때 'ㄺ, ㄻ, ㄼ'의 앞 자음 'ㄹ'를 탈락시켜 발음하는 것이다.

2.2.4. 전설고모음화

'ㅅ, ㅈ, ㅊ'로 끝나는 용언어간은 '으'로 시작하는 어미와 결합될 때 어미의 두음 '으'를 '이'로 바꾸어 발음한다.

> (14) 둧-으냐 → 두시냐(따뜻하냐), 꽂-으난 → 꼬지난(꽂으니까), 쫓-으

민 → 쪼치민(쫓으면)

물론 이처럼 전설고모음화가 필수적으로 일어나는 경우는 노년층 화자로 한정된다. 오히려 청소년층 화자들은 이때의 '으'를 '이'로 바꾸지 않고 발음하는 게 보통이다. 그러므로 제주방언에서 전설고모음화는 세대에 따른 언어차를 현저히 보여 주는 음운현상의 하나가 된다.

2.2.5. 어미 '-아/어X'의 교체

제주방언에서 '아/어'로 시작하는 어미의 교체는 어간 모음의 음운론적인 성격, 어간의 음절수, 어간말 음절의 구조와 관련된다.

> (15) ㄱ. 막-안 → 마간(막아서)
> 　　　 녹-안 → 노간(녹아서)
> 　　　 뻣-안 → 뺀산(빻아서)
> 　　ㄴ. 번-언 → 버던(뻗어서)
> 　　　 죽-언 → 주건(죽어서)
> 　　　 늦-언 → 느전(늦어서)
> 　　　 짙-언 → 지던(때어서)
> (16) ㄱ. 두-언 → 두언(두어서)
> 　　ㄴ. 거두-안 → 거돤(거둬서)
> (17) ㄱ. 어둑-언 → 어두건(어두워서)
> 　　ㄴ. 거두-안 → 거돤(거둬서)

(15)에서 보듯 어간 모음이 '아, 오, ᄋ'일 때는 '-아'계가, '어, 우, 으, 이'일 때는 '-어'계가 결합된다. 이로써 보면 어미 '-아/어'의 교체에 어간 모음의

음운론적인 성격이 관여함을 알 수 있다. 다만 (16)과 (17)에서처럼 어간 말음절 모음이 '우'일 경우에는 다소 복잡한 양상을 띤다.

어간 모음이 '우'일 때 (16ㄱ)은 단음절 어간(ex. 두-)에 '-어'계가, (16ㄴ)은 다음절 어간(ex. 거두-)에 '-아'계가 결합됨을 보여 주며 (17ㄱ)은 폐음절 어간(ex. 어둑-)에 '-어'계가, (17ㄴ)은 개음절 어간(ex. 거두-)에 '-아'계가 결합됨을 보여 준다. 따라서 (16)~(17)의 예들을 통해 볼 때 제주방언의 어미 '-아/어X'의 교체는 어간의 음절수 및 어간말의 음절 구조와도 관련되어 있다 하겠다.

2.3. 음운·형태 변화

제주도는 지리적으로 중앙에서 멀리 떨어져 주변에 위치하므로 언어적으로 상당수의 잔재적 요소를 포함한다. 나아가 오랜 기간 외부로부터 고립되어 다른 지역과의 소통이 원활치 못했던 까닭에 독자적으로 발달한 요소 또한 매우 많이 가지고 있는 것으로 판단된다. 하지만 일부 요소들을 제외하면 그러한 변화의 예들도 한국어의 일반적인 변화에서 크게 벗어나지 않기에, 타 방언과 비교하여 완전히 다른 언어라고 부를 수 있을 만큼 기원적인 언어차를 보인다고 말하기는 어렵다.

2.3.1. 유성마찰음 'ㅸ'와 'ㅿ'

15세기 중세한국어의 유성마찰음 'ㅸ[β]'와 'ㅿ[z]'는 이전 시기의 제주방언에도 존재했던 것으로 여겨진다.[14]

---

14 아래의 예에서 '*' 표시된 단어는 이전 시기의 중앙어 문헌에 출현하는 형태이거나 방언형들 사이의 비교를 통해 재구한 형태를 가리킨다.

(18) ㄱ. *새비〉새위(새우), *대왇〉대왐(대밭)

　　 ㄴ. *마슨〉마은(마흔), *ㄱ슬〉ㄱ을(가을)

위 예에서 보듯 역사적으로 재구된 유성마찰음 '병[β]'와 'ㅿ[z]'는 제주방언에서 각각 '병〉w'나 'ㅿ〉∅'의 변화를 경험하였다. 다만 'ㅿ'의 경우에는 '*나ㅅ〉난지(냉이)' 등에서처럼 'ㅿ〉ㅈ'의 변화를 보인 예들도 발견된다. 다른 방언과 비교할 때 해당 변화가 적용되는 단어의 목록이 약간 다르기는 해도 음운변화의 방향(즉 '병〉w'나 'ㅿ〉∅, ㅿ〉ㅈ') 자체를 달리하는 것은 아니다.

2.3.2. 단모음 '♀'

제주방언은 단어의 첫음절, 즉 어두음절에 한하여 중세한국어의 '♀'에 대응하는 모음을 유지하고 있다. 타 방언에서 해당 모음은 대체로 어두음절의 '♀〉아' 변화와 비어두음절의 '♀〉으' 변화를 겪어 소실되었으나 제주방언은 이전 시기에 후자의 '♀〉으' 변화만을 경험함으로써 현대 한국어에서 유일하게 '♀'를 유지하는 방언이 되었다. 이로써 보면 '♀'에 관한 한, 제주방언이 가지는 독자성은 해당 모음의 변화 시기가 방언마다 상이했던 데에서 비롯한 셈이다.

한편 비어두음절 위치의 '♀'는 이전 시기에 거의 모두 '으'로 합류하였음에도 제주방언에서 아직까지 비어두음절의 '♀'를 가지고 있는 단어들이 발견된다.

(19) ᄂᆞ물~ᄂᆞ멀(나물), 아ᄃᆞᆯ~아딜(아들), 오ᄂᆞᆯ~오닐(오늘)

이처럼 단어의 첫음절이 아닌 위치에서 '♀'가 유지되는 예는 대부분 'ㄹ'

앞에 '오'가 나타나는 경우다. 아울러 이들은 모두 '어'를 가진 형태[15]와 공존하고 있기도 하다.

2.3.3. 어간말 자음

제주방언에서 자음으로 끝나는 체언어간은 '낮(晝), 앞(前)' 등 극히 일부의 예를 제외하면 7개의 자음('ㄱ, ㄴ, ㄹ, ㅁ, ㅂ, ㅅ, ㅇ')을 말음으로 갖는다.[16] 이와 달리 용언어간의 경우에는 10개의 자음('ㄱ, ㄴ, ㄷ, ㄹ, ㅁ, ㅂ, ㅅ, ㅈ, ㅊ, ㅎ')과 3개의 자음군('ㄺ, ㄻ, ㄼ')을 말음으로 가질 수 있다.[17]

> (20) ㄱ. 곳(젖), 웃(윗), 끗(끝)
>
> ㄴ. 찝(짚)
>
> ㄷ. 득(닭), 깝(값)
>
> (21) ㄱ. 나끄다(낚다), ᄀᆞ트다~ᄀᆞ뜨다(같다), 노프다(높다)
>
> 할트다(핥다), 일르다(잃다)
>
> ㄴ. 엇다(없다)
>
> (22) 낳다~나다(産), 놓다~노다(放), 닿다~다다(到), 쌓다~싸다(蓄), 짛다~지다(찧다)

역사적으로 볼 때 체언어간은 어간말 자음의 마찰음화(20ㄱ)와 평음화(20ㄴ) 그리고 자음군단순화(20ㄷ)에 의한 재구조화를 경험하였다. 그리고 용언어간은 대체로 어간말 '으'삽입(21ㄱ)이나 자음군단순화(21ㄴ)에

---

15 이들은 이전 시기에 '오〉어'의 변화를 겪은 예들이다.
16 자음군을 말음으로 가진 체언어간은 존재하지 않는다.
17 다만 선어말어미 '-앖/없-'은 자음군 'ㅄ'를 말음으로 갖는 어미이다.

의한 재구조화를 겪어 단순화하였다. 한편 (22)에서 보듯, 모든 'ㅎ'말음 동사어간은 'ㅎ'가 탈락하여 개음절 어간으로 재구조화된 어간과 쌍형을 이루고 있다는 점에서 제주방언은 다른 방언과 다르다.

2.3.4. 어간말 모음

전통 제주방언에서 모음으로 끝나는 체언어간은 대체로 전설모음('이, 에, 애, 위, 웨')을 말음으로 갖는다. 편의상 대표적인 예를 하나씩만 든다.

> (23) ㄱ. 바지(袴)
>
> ㄴ. 고등에(고등어)
>
> ㄷ. 치매(치마)
>
> ㄹ. 메쥐(메주)
>
> ㅁ. 쉐(소)

이러한 경향은 이전 시기에 광범위하게 일어났던 어간말 '이'의 첨가 현상과 '에[əi]〉에[e], 애[ɑi]〉애[ɛ]'의 단모음화 현상 그리고 '위[ui]〉위[wi], 외[oi]〉웨[we]'의 변화 현상이 관여한 결과다. 이를 단계적으로 자세히 써 보이면 다음과 같다.

> (23′) ㄱ. 바지(변화 없음)
>
> ㄴ. 고등어[koduŋə]〉고등에[koduŋəi]〉고등에[koduŋe]
>
> ㄷ. 치마[ʧʰimɑ]〉치매[ʧʰimɑi]〉치매[ʧʰimɛ]
>
> ㄹ. 메주[meʤu]〉메쥐[meʤui]〉메쥐[meʤwi]
>
> ㅁ. 소[so]〉쇠[soi]〉쉐[swe]

즉 어간말 '이'첨가 현상을 겪은 뒤에 '에[əi]〉에[e], 애[ɑi]〉애[ɛ]'나 '위[ui]〉위[wi], 외[oi]〉웨[we]'의 변화를 경험하여 현재와 같은 모습을 보이게 되었다는 말이다. 다만 제주방언의 어간말 '이'첨가는 주로 고유어에 한하는 현상이므로 한자어의 경우에 후설모음 '어, 아, 우, 오, 으'로 끝나는 단어[18]가 흔히 발견되는 것은 그다지 이상한 일이 아니다. 물론 '감주甘酒〉감쥐' 등처럼 어간말 '이'의 첨가를 보이는 한자어도 존재한다.

2.3.5. 불규칙 활용

불규칙 활용에 관한 한, 제주방언의 'ㄷ'불규칙은 다른 방언과 비교해 독특한 모습을 보인다.

(24) ㄱ. 걷지~걸지(걷지), 걸으난~거난(걸으니까), 걸언(걸어서)
     ㄴ. 맵고(맵고), 메완(매워서)
(25) 짓고(造), 짓언(지어서)

(24ㄱ)에서 보듯 '걷-지, 걸-으난, 걸-언'의 'ㄷ'불규칙 활용과 '걸-지, 거-난,[19] 걸-언'의 'ㄹ'규칙 활용의 두 계열이 쌍형을 이루고 있는 것이다. 한편 (24ㄴ)과 (25)에서 보듯 제주방언에서 'ㅂ'불규칙 용언어간은 나타나나 'ㅅ'불규칙 용언어간은 나타나지 않는다. 이는 한국의 상당수 방언들과 공통되는 방언 특징이다.

---

18 한국어에서 후설모음 '으'로 끝나는 한자어는 없다.
19 '걸-난 → 거난'은 'ㄴ' 앞에서의 'ㄹ'탈락을 겪은 것이다. 'ㄹ-ㄴ'연쇄에서 일어나는 'ㄹ'탈락은 한국어에서 매우 일반적으로 일어나는 현상이다.

2.3.6. 접사

제주방언에 'ㅇ'을 덧붙인 형태가 많이 나타나는 점도 음운·형태 변화에서의 특징이다.

(26) ㄱ. 겡이(게), 생이(鳥), 지넹이(지네), 쥉이(쥐)

ㄴ. 마농(마늘), 바농(바늘)

ㄷ. 파랑ᄒ다(파랗다), 노랑ᄒ다(노랗다), 빨강ᄒ다(빨갛다), 거멍ᄒ다(꺼멓다)

ㄹ. 경ᄒ다(그렇다), 영ᄒ다(이렇다), 정ᄒ다(저렇다)

제주방언은 'ㅇ'이 포함된 접사를 많이 가지고 있다. 기원적으로 (26ㄱ)의 '겡이(蟹)' 등은 접사 '-ㅇ이[ŋi]', (26ㄴ)의 '마농(大蒜)' 등은 접사 '-옹[oŋ]', (26ㄷ)의 '파랑ᄒ다(靑)' 등과 (26ㄹ)의 '경ᄒ다' 등은 접사 '-앙[aŋ]/엉[əŋ]'이 결합된 것이다. '감-이영 베-영 사과(감이랑 배랑 사과)'나 '감-광 베-광 사과(감과 배와 사과)'에서처럼 체언과 체언을 연결해 주는 공동격조사 '-(이)영'과 '-광'도 역사적으로 볼 때 '-이여'와 '-과'에 'ㅇ'이 첨가된 것이다.

한편 '셀다(새다, 漏), 일다(이다, 蓋)' 등은 역사적으로 접사 '-ㄹ'의 첨가와 관련된다. 또 '오다(來)'는 모음어미 앞에서 '올-'로 교체하기도 한다는 점에서 특이한 모습을 보여 준다.

3. 형태·통사

3.1. 격조사

제주방언의 격조사로는 주격의 '-이/가', 목적격의 '-을', 관형격의 '-이(〈의)', 도구격의 '-으로', 처소격의 '-에, -레, -이, -디', 여격의 '-안티, -신디, -고라', 방향격의 '-더레', 공동격의 '-이영, -광' 등이 있다. 기능상으로 이들은 대체로 다른 방언의 그것과 큰 차이를 드러내지 않으나 형태상으로는 여러 개의 수의적 이형태를 갖는다는 점에서 독특한 모습을 보인다.

먼저 처소격조사의 경우, 다른 방언은 대개 '-에'와 '-이'[20] 두 개의 형태인데 반해 제주방언은 총 네 개의 형태(ex. -에, -레, -이, -디)로 나타난다.

(27) ㄱ. 흑게(학교)-에 → 흑게에

　　 ㄴ. 흐르(1일)-레 → 흐르레

　　 ㄷ. 집(家)-이 → 집이

　　 ㄹ. 밧(밭)-디 → 밧디(→ 받띠)

이때 (27ㄴ)의 '-레'는 '흐르(1일), 마리(마루)' 등의 일부 체언어간, (27ㄷ)의 '-이'는 '집(家), 밤(夜)' 등의 일부 체언어간, (27ㄹ)의 '-디'는 '밧(밭), 솟(솥)' 등의 일부 체언어간에 결합되는 형태다. 그런데 기원을 거슬러 올라가 보면 '-레'와 '-디'의 초성 'ㄹ'와 'ㄷ'는 원래, 선행 어간의 말음이었던 것으로 판단된다. 즉 선행 어간의 말음이 다음과 같이 재분석되어 후행 조사의 초성으로 바뀌었다는 말이다.[21]

---

20 이때의 '-이'는 15세기 중세한국어의 특이한 처소격조사 '-의/읙'의 계승자다.
21 아래 예들의 '*'는 이전 시기의 중앙어 문헌에 출현하는 형태이거나 재구형을 가리킨다.

(27′) b. *ᄒ르-에 → ᄒ르레〉 ᄒ르-레

　　　 d. *ᄇ받-이 → ᄇ받디〉ᄇ받-디

이를 고려할 때 제주방언의 처소격은 본래 '-에'계와 '-이'계 둘로 나누어 진다고 할 수 있다. 이로써 보면 이 조사의 경우에도 제주방언은 기원적으로 다른 방언과 큰 차이를 보이지 않는 셈이다.

다음으로, 여격조사의 경우에는 세 가지 형태(ex. -안티, -신디, -고라)가 대체로 수의적으로 나타난다.

(28) ㄱ. 형-안티 사과-를 철수-신디 주-렌 ᄒ-라.(형에게 사과를 철수한
　　　　테 주라고 해라.)

　　　 ㄴ. 형-안티 사과-를 철수-고라 주-렌 ᄒ-라.(형에게 사과를 철수보
　　　　고 주라고 해라.)

다만, 위의 예에서 보듯이 '-신디'는 여격 성분이 내포문의 성분(사과를 받는 사람이 '철수')임을 분명히 해 줄 때, '-고라'는 모문의 성분(사과를 주는 사람이 '철수')임을 분명히 해 줄 때 '-안티'를 대신하여 더 자주 쓰이는 여격조사다.

3.2. 선어말어미

제주방언의 선어말어미에는 현재를 나타내는 '-앖/없-'과 과거를 나타내는 '-앗/엇-', 의도 또는 추측을 나타내는 '-(으)크-', 회상을 나타내는 '-아/어-', 상대존대를 나타내는 '-수/(으)우-' 등이 있다.

3.2.1. '-앖/없-'과 '-앗/엇-'

제주방언의 '-앖/없-'은 어떤 동작이 진행되고 있음을, '-앗/엇-'은 동작이 완료되었음을 나타내는 선어말어미다.

> (29) 가이가 지금 질을 막앖저.(그 애가 지금 길을 막는다.)
> (30) ㄱ. 어젠 가이가 질을 막앗저.(어제는 그 애가 길을 막았다.)
>   ㄴ. 그거 나 첵이랏저.(그거 내 책이었다.)

(29)의 '막앖저[막암쩌]'는 해당 동작이 현재 진행되고 있는 상황, (30ㄱ)의 '막앗저'나 (30ㄴ)의 '첵이랏저'는 해당 동작이나 상태가 이미 완료된 상황에서 쓸 수 있는 표현이다. (30ㄴ)에서 보듯 앞말이 서술격조사 '-이-'일 때에는 '-앗/엇-'이 '-랏-'으로 교체된다.

3.2.2. '-(으)크-'

'-(으)크-'는 폐음절어 뒤에서 '-으크-', 개음절어 뒤에서 '-크-'로 실현된다.[22] 이 선어말어미는 주어가 1인칭이면 화자의 의도를 나타내며 주어가 2·3인칭이면 화자의 추측을 나타낸다.

> (31) ㄱ. 이것은 나가 먹으크라.(이것은 내가 먹겠어.)
>   ㄴ. 지레는 가이가 지일 크크라.(키는 그 애가 제일 크겠어.)

(31ㄱ)에서는 화자(=나)의 의도가, 그리고 3인칭 주어(=가이)를 가진 (31ㄴ)

---

22 선행어의 음절 구성에 따라 어미의 두음 '으'가 나타나기도 하고 사라지기도 하므로 이 선어말어미는 '-(으)크-'로 표시된다.

에서는 화자가 추측하고 있는 사실이 드러나 있다. 이를 통해 볼 때 제주 방언의 '-(으)크-'와 표준어의 '-겠-'은, 형태는 크게 다르나 거의 동일한 뜻을 나타내는 선어말어미가 된다.

한편 타 방언의 동일 기능 어미(ex. -겠-, -겄-, -갔- 등)와 비교해 제주방언의 '-(으)크-'는 형태상으로 매우 이질적인 모습을 갖는다. 이는 이 선어말어미가 관형형 어미 '-(으)ㄹ'과 의존명사 '거'가 결합된 명사적 구성, 즉 '-(으)ㄹ 거-'에 기원한 데 따른 결과라 할 수 있다. 이와 같은 구성이 문법화하는 과정에서 격음화와 '어〉으'의 변화 그리고 관형형 어미 'ㄹ'의 탈락을 겪어 '-(으)크-'가 형성되었다. 이해의 편의를 위해 이 선어말어미의 형성 과정을 단계적(ㄱ → ㄴ → ㄷ 또는 ㄱ → ㄷ → ㄴ)으로 밝혀 서술하면 다음과 같다.

(32) ㄱ. -을 거- → -을커-: 격음화

ㄴ. -을커- → -을크-: '어〉으'의 변화

ㄷ. -을크- → -으크-: 'ㄹ'의 탈락

다만 이에 관여한 일련의 변화들(ex. 격음화, '어〉으', 'ㄹ'탈락)은 한국의 여러 방언에서 매우 흔히 나타나는 현상들이므로 제주방언의 '-(으)크-'를 한국어의 일반적인 변화에서 크게 벗어난 형태라 하기는 어렵다.

3.2.3. 회상의 '-아/어-'

제주방언에서 회상의 '-아/어-'는 과거의 일을 회상하면서 말할 때 쓰는 선어말어미다.

(33) ㄱ. 가이가 ᄀᆞ쌔 질을 막아라.(그 애가 아까 길을 막더라.)

ㄴ. 가이는 フ싸 밥 먹언가?(그 애는 아까 밥을 먹던가?)

(34) ㄱ. 그거 느 첵이라라.(그거 네 책이더라.)

　　ㄴ. 가이가 질 크크라라.(그 애가 제일 크겠더라.)

(33)은 선행하는 어간의 모음에 따라 이 선어말어미가 '-아-'나 '-어'로 교체됨을 보여 준다. (34)에서 보듯 앞말이 서술격조사 '-이-'이거나 의도 또는 추측의 선어말어미 '-(으)크-'일 때에는 이 선어말어미가 '-라-'로 실현된다.

3.2.4. '-수/우-'

제주방언에서 상대존대를 나타내는 어미는 '-수/우-'다.

(35) ㄱ. 요세는 날이 춤 둣수다.(요새는 날이 참 따뜻합니다.)

　　ㄴ. 가이 지레는 크우다.(그 애 키는 큽니다.)

(35)는 윗사람에게 말할 때 쓰는 문장인데 '-수-' 또는 '-우-'가 서술어에 결합되어 상대(=청자)에 대한 존대를 나타낸다. 이때의 '-수-'는 폐음절 어간(ex. 둣다)에 연결되는 형태(35ㄱ)이며 '-우-'는 개음절 어간(ex. 크다)에 연결되는 형태(35ㄴ)이다.

3.3. 연결어미

제주방언의 연결어미에는 등위접속의 '-곡(~고)', 종속접속의 '-멍, -(으)난, -(으)민, -(으)레, -아사/어사'와 '-단, -젠, -안/언' 등이 있다. 이 중에 '-단, -젠, -안/언'을 제외한 연결어미들의 기능은, 다른 방언과 큰 차이를 보이지 않는다.

(36) 먹으멍(먹으면서), 먹으난(먹으니까), 먹으민(먹으면), 먹으레(먹으
러), 먹어사(먹어야)

위 (36)의 '-으멍'은 '동시同時', '-으난'은 '이유', '-으민'은 '조건', '-으레'는
'목적', '-아사/어사'는 '필연'을 나타낸다. 이들 연결어미 중에 '-곡', '-으멍',
'-으레', '-아사/어사'는 어간에 직접 결합되며 어떠한 선어말어미의 개재도
허용하지 않는다.

'먹단'과 '먹당(먹다가)', '먹젠'과 '먹쟁(먹으려)', '먹언'과 '먹엉(먹어서)'
에서처럼 제주방언에는 문법적으로 특이한 대립 관계를 보여 주는 일부
연결어미가 나타난다. '-단(~다네)'과 '-당(~당으네)', '-젠'과 '-쟁', '-안/언(~아
네/어네)'과 '-앙/엉(~앙으네/엉으네)' 등이 바로 '-ㄴ'계와 '-ㅇ'계의 대립
을 보여 주는 연결어미이다.

(37) ㄱ. 친 잇언 야이신디 주엇저.(끈을 이어서 이 아이한테 주었다.)
ㄴ. 친 잇엉 야이신디 주라.(끈을 이어서 이 아이한테 주어라.)

(37)에서 알 수 있듯이 대체로 '-ㄴ'계는 뒤에 오는 서술어가 나타내는
사건이 과거의 일일 경우에, '-ㅇ'계는 그렇지 않을 경우에 쓰인다. 하지
만 제주방언에서는 '-ㅇ'계가, '-ㄴ'계가 나타날 위치에도 쓰여 다소간의
혼란을 보이기도 한다. 이는 '-ㄴ'계와 '-ㅇ'계의 대립에서 '-ㅇ'계가 그
분포를 점차 확장해 감을 드러내는 현상으로 여겨진다.[23]

---

23 '-ㅇ'계의 단일한 어미 체계에서 '-ㄴ'계와 '-ㅇ'계가 대립하는 어미 체계로 분화되는
과정을 시사한다고도 할 수 있다(정승철 2010).

3.4. 종결어미

다른 방언과 비교해 제주방언의 일부 종결어미는 그 형태가 매우 독특
하다. 이들을 포함하여 종결어미의 목록을 정리하여 표로 나타내 보이면
다음과 같다.

표1 제주방언의 종결어미 체계[24]

	평서	의문	명령	청유
존대	-수다 -수궤	-수꽈~-수꽝~-수과~-수광	-읍서	-읍주
평대	-어/라 -주	-어/라 -엔 -은고(설명)/-은가(판정)		-주
하대	-다/저/여/라 -나/ㄴ다	-고(설명)/-가(판정) -으니(설명)/-으냐(판정) -은디(설명)/-은디아(판정)	-으라	-게 -자

3.4.1. 상대경어법

제주방언의 상대경어법은 대체로 존대, 평대, 하대로 삼분되며 주로 종
결어미에 의해 표시된다. 다만 조사 '-마씀(~마씸~마시)'을 평대나 하대의
일부 종결어미에 붙여 상대존대를 나타내기도 한다.[25]

---

24 이 표에서 '-은고'나 '-읍서, -으라' 등과 같이 '으'로 시작하는 어미는, 선행어의 음절 구
성에 따라 어미의 두음 '으'가 나타나기도 하고 사라지기도 하므로 '-(으)ㄴ고'나 '-(으)ㅂ
서, -(으)라' 등으로 표시해야 하나 여기서는 편의상 '으' 출현형을 대표로 제시하였다.
25 '돈 엇어마씀.(돈 없어요.)' 등에서 보듯 이 '-마씀(~마씸~마슴~마심~마시)'은 중부방언
의 '-요'와 기능이 거의 똑같지만 주로 문종결 위치에 나타난다는 점에서 차이를 보
인다.

3.4.2. 평서문의 어미

평서문에서는 존대의 '-수다, -수궤', 평대의 '-어/라, -주', 하대의 '-다/저/여/라, -나/ㄴ다' 등의 어미가 나타난다.

(38) ㄱ. 막앗수다(막았습니다), 막앗수궤(막았습니다)[26]

　　ㄴ. 막앗어(막았어)/책이라(책이야), 돗주(따뜻하지)

　　ㄷ. 돗다(따뜻하다)/돗앗저(따뜻했다)/책이여(책이다)/돗아라(따뜻하더라)

　　ㄹ. 돗나(따뜻하다)/간다(간다)

이들 중, 평대의 '-어/라'와 하대의 '-다/저/여/라, -나/ㄴ다'는 선행하는 요소에 따라 배타적으로 출현하는 둘 이상의 이형태를 가진 어미다. 평대의 '-어'에 대해 '-라'는 서술격조사 '-이-'와 결합할 때 나타나는 형태(38ㄴ)이며 하대의 '-다'에 대해 '-저'는 시제 형태소 '-앗/엇-'(또는 '-앖/없-') 뒤, '-여'는 서술격조사 '-이-' 뒤, '-라'는 회상의 선어말어미 '-아/어-' 뒤에 나타나는 형태(38ㄷ) 그리고 '-나'는 자음으로 끝나는 말 뒤, '-ㄴ다'는 모음으로 끝나는 말 뒤에 결합하는 형태다(38ㄹ).

다만 '돗다(따뜻하다)'의 '-다'와 '돗나(따뜻하다)'의 '-나'가 의미상으로 대립한다는 점은 매우 독특하다. 이때의 '-다'가 단순히 보고 느낀 사실을 서술하는 어미라면 '-나'는 속성이나 습성 등의 보편적 성향을 서술하는 어

---

26 이때의 '-수다, -수궤'는 상대존대의 선어말어미 '-수-'와 종결어미 '-다, -궤'로 분석된다. 한편 후자의 '-수궤'는 '-수게'로도 실현되는바 이 어미가 선어말어미 '-수-'와 담화표지 '-게'로 분석될 수 있음을 시사한다. 아마도 '막-앗-수다-게'에서 '-다'가 생략되면서 어미 '-수게'가 형성된 것으로 여겨진다(Tida 외 2012). 그리 보면 '-게)-궤'는 선행하는 어미 '-수-'의 영향으로 원순성 첨가를 겪은 예가 된다.

미로 판단된다(홍종림 1993: 50).

3.4.3. 의문문의 어미

의문문에서는 존대의 '-수꽈(~-수꽝~-수과~-수광)', 평대의 '-어/라,[27] -엔, -은고/은가', 하대의 '-고/가, -으니/으냐, -은디/은디아' 등의 어미가 나타난다. 다른 방언과 비교하여 제주방언의 의문을 나타내는 어미는 형태나 기능의 면에서 매우 독특한 면모를 드러낸다.

먼저, 의문사에 대한 설명을 요구하는 설명의문문과 해당 질문에 대하여 긍정인지, 부정인지의 판정을 요구하는 판정의문문을 만들 때 형태가 다른 종결어미를 쓰기도 한다. 평대의 '-은고/은가' 그리고 하대의 '-고/가, -으니/으냐'는 바로 이러한 대립을 보여 주는 어미들이다.

> (39) ㄱ. 누게가 제일 족은고?(누가 제일 작니?)
>
> ㄴ. 가이가 제일 족은가?(그 애가 제일 작니?)
>
> (40) ㄱ. 가인 누게 아덜고?(그 애는 누구의 아들이니?)
>
> ㄴ. 가인 철수 아덜가?(그 애는 철수의 아들이니?)
>
> (41) ㄱ. 누게가 지금 질을 막암시니?(누가 지금 길을 막니?)
>
> ㄴ. 가이가 지금 질을 막암시냐?(그 애가 지금 길을 막니?)

(39)에서 보듯 의문사 '누게(누구)'가 있는 설명의문문에는 '-은고'가 연결되고 의문사 없는 판정의문문에는 '-은가'가 연결되었다. (40)과 (41)에서는 설명의문문에 '-고'와 '-(으)니', 판정의문문에 '-가'와 '-(으)냐가 결합되어 있다. 이들 예에서 보듯 하대의 경우에, 서술어가 체언일 때는 어간

---

27 이때의 '-라'는 서술격조사 '-이-'와 결합할 때 나타나는 형태다.

뒤에 '-고, -가'[28]를 붙인 의문문을 많이 쓰고 용언어간일 때는 '-(으)니, -(으)냐'를 붙인 의문문을 많이 쓴다.

다음으로, 주어의 인칭에 따른 출현 제약을 가지는 종결어미가 존재한다는 점도 제주방언의 중요한 특징으로 언급할 수 있다.

(42) ㄱ. 는 누게 아딜인디?(너는 누구의 아들이니?)
ㄴ. 는 철수 아딜인디아?(너는 철수 아들이니?)

(42)는 서술격조사 '-이-'를 매개로 하면서 어간 '아딜' 뒤에 판정의문의 '-ㄴ디'와 설명의문의 '-ㄴ디아'가 결합되었음을 보여 준다. 다만 흥미로운 점은 이들 '-ㄴ디'나 '-ㄴ디아'가 2인칭 주어를 가지는 의문문에만 나타난다는 사실이다.[29]

(42′) ㄱ. *가인 누게 아딜인디?(그 애는 누구의 아들이니?)
ㄴ. *가인 철수 아딜인디아?(그 애는 철수 아들이니?)

위 (42′)에서 보듯, 주어가 3인칭일 경우에는 '-ㄴ디' 또는 '-ㄴ디아'가 함께 출현하지 못하는 것이다. 따라서 제주방언의 '-ㄴ디/ㄴ디아'는 주어의 인칭에 따른 출현 제약을 가지는 종결어미라 할 수 있다.

3.4.4. 명령문의 어미

제주방언의 명령문 종결어미에는 존대의 '-읍서'와 하대의 '-으라'가 있다.

---

28 이는 체언 뒤에 직접 연결되므로 학교 문법에서는 어미가 아니라 조사로 본다.
29 다음 예의 '*'는 비문非文을 나타낸다.

(43) ㄱ. 책 익읍서.(책 읽으십시오.)

ㄴ. 책 익으라.(책 읽어라.)

(43ㄱ)은 윗사람에게, (43ㄴ)은 아랫사람에게 쓰는 명령문이다. 다만 친구처럼 평대의 상대에게 명령할 경우에는 하대의 '-으라'를 통용해 쓴다.

3.4.5. 청유문의 어미

청유문의 종결어미로 존대의 '-읍주', 평대의 '-주', 하대의 '-게, -자'가 나타난다.

(44) ㄱ. 막읍주(막으시지요)

ㄴ. 막주(막세)

ㄷ. 막게(막자), 막자(막자)[30]

청유문과 관련하여 동사 '가다(去)'는 독특한 모습을 보여 준다. '가다'에 청유의 종결어미가 결합된 '갑주'나 '가게, 가자'보다, '글다(〈걷다, 步)'에 명령의 종결어미가 결합된 '글읍서(가시지요)'나 '글라(가자)'가 더 자주 사용되기 때문이다.

---

[30] 간접인용에서 하대의 중화된 어미로 '-자'가 아니라 '-게'가 선택되는 것으로 보아 '-자'보다는 '-게'가 제주방언 고유의 청유형 어미로 판단된다. 하지만 이때의 '-게'를 '-자(청유형)-게(담화표지)'의 연쇄에서 '-자'가 생략되면서 형성된 어미로 보면 기원적으로는 제주방언 고유의 청유형 어미도 '-자'였다고 할 수 있다.

3.5. 인용어미

표준어에서 직접인용의 어미는 '-라고'이며 간접인용의 어미는 '-고'이다. 하지만 제주방언의 인용어미는, 직접인용이든 간접인용이든 상관없이 '-엔' 하나다.[31]

(45) ㄱ. 철순 혹게 <u>갓저</u>.(철수는 학교에 갔다.)
　　 ㄴ. 철수 어멍이 철순 혹게 <u>갓젠</u> 골앗저.(철수 어머니가 "철수는 학교에 갔다."라고 말했다.)
　　 ㄷ. 철수 어멍이 철순 혹게 <u>갓젠</u> 골앗저.(철수 어머니가 철수는 학교에 갔다고 말했다.)

(45ㄱ)은 피인용문이며 (45ㄴ)은 직접 인용문, (45ㄷ)은 간접 인용문이다. 이때 밑줄 그은 (45ㄱ)의 '갓저'는 '가-앗-저'로 분석되며 (45ㄴ)과 (45ㄷ)의 '갓젠'은 '가-앗-저-엔'으로 분석된다. 이로 보아 제주방언의 인용어미는 종결어미의 모음을 삭제하고 연결되는 것(ex. 저-엔 → 젠)임을 알 수 있다.

제주방언의 인용문은 직접인용이든 간접인용이든 관계없이 피인용문의 종결어미와 인용어미 '-엔'의 결합 그리고 '골다(말하다), ᄒᆞ다(하다), 묻다(問), 듣다(問)'[32] 등 인용 동사의 첨가를 통해서 이루어진다. 물론 간접인용일 경우에는 피인용문의 상대경어법 등급이 하대로 중화된다. 인용 절차가 매우 선명히 드러나는 명령문의 예를 통해 해당 과정을 좀 더 자세

---

31 제주방언의 인용어미 '-엔'은, 'ᄒᆞ다(爲)'와 연결어미 '-안(-아서)'이 결합한 활용형 '헨(해서)'에서 기원한 것으로 여겨진다. 이 '헨'이 피인용문 종결어미와의 융합 과정에서 두음 'ᄒ'의 탈락을 겪어 '-엔(-라고)'으로 나타나게 되었다.

32 평서문·명령문·청유문에 두루 사용되는 '골다(曰), ᄒᆞ다(爲)'와 달리 '묻다(問), 듣다(問)'는 의문문일 때에만 사용된다.

히 부연 설명하면 다음과 같다(ㄱ: 피인용문, ㄴ: 직접 인용문, ㄷ: 간접 인용문).

(46) ㄱ. 이디서 질을 막읍서.(여기에서 길을 막으십시오.)

ㄴ. 나가 철수 아방신디 이디서 질을 막읍센 굴앗저.(내가 철수 아버지한테 "여기서 길을 막으십시오."라고 말했다.)

ㄷ. 나가 철수 아방신디 이디서 질을 막으렌 굴앗저.(내가 철수 아버지한테 여기서 길을 막으시라고 말했다.)

(46ㄱ)의 피인용문을 직접인용할 때는 종결어미 '-읍서'와 인용어미 '-엔'을 융합하여 피인용문의 종결형을 '-읍센'으로 바꾸고 그 뒤에 인용 동사 (ex. 굳다)를 붙인다(46ㄴ). 이와 달리 해당 문장을 간접인용할 때는 피인용문의 종결어미가 하대로 중화되므로 하대의 어미 '-으라'에 인용어미 '-엔'을 융합하여 피인용문의 종결형을 '-으렌'으로 바꾸고 그 뒤에 인용 동사를 붙인다(46ㄷ).

이제까지 보아 온 인용의 과정에서 종결어미와 인용어미가 융합된다든지, 간접인용할 때 피인용문의 종결형이 하대의 어미로 중화된다든지 하는 것은 한국어에서 보편적으로 발견되는 현상이다. 따라서 제주방언을 한국어의 다른 방언들과 분리하여 완전히 다른 언어라고 이해하는 태도는, 문법적 인용의 면에서도 그리 적절하다고 하기 어렵다.

4. 어휘

제주방언에는 제주도 이외의 지역에서 거의 발견되지 않으면서 형태상·의미상으로 특수한 단어들이 많이 나타난다.

(47) ㄱ. 가라몰(黑馬), 굴겡이(호미), 꽝(뼈), ㄴ단손(오른손), 눕삐(무),
　　　 득세기(달걀), 비바리(처녀), 세우리(부추), 오름(산), 지실(감자)
　　ㄴ. 구덕(대오리를 장방형으로 엮어 만들어 등에 지고 다니던 운반
　　　 용 바구니), 빙떡(채 썰어 데쳐 낸 무를 양념해서 메밀전병의 소
　　　 로 넣고 길쭉하게 둘둘 말아 만든 음식), 올레(골목에서 마당으
　　　 로 들어오는 짧은 진입로), 허벅(아가리가 매우 작고 어깨가 불
　　　 룩한 매병 모양의 물동이)

(47ㄱ)은 다른 방언과 기원을 달리하는 형태 또는 몽골어 등의 외래어가
관련되어 형태적으로 독특한 모습을 보이는 단어들이다. 또 위 (47ㄴ)에
서와 같이 제주도에만 존재하는 대상을 가리키는 단어들도 종종 발견된
다. 하지만 방언들 사이의 역사적·사회문화적 차이를 반영하여 특정 방언
의 어휘 체계 속에 이질적인 단어들이 정도의 차이를 보이면서 일부 포함
되는 것은 그리 보기 드문 일은 아니다.

한편 제주방언에서는 다른 방언과 동일하거나 유사한 형식을 갖추었지
만 다른 의미를 지닌 단어들(48ㄱ)도 간혹 출현한다.

(48) ㄱ. 감저~감제(고구마), 깨(꽤), 꽤(깨), 산(묘), 호미(낫)
　　ㄴ. 친구안티 질을 들엇저.(친구에게 길을 물었다.)

(48ㄴ)에서처럼 '듣다(聞)'가 '묻다(問)'를 대신하여 쓰이는 것도 이와 평
행한 사례라 할 수 있다.[33] 그 외, 통사적·의미적 성격이 다른 단어들을 몇
개 더 제시한다.

---

[33] 일본어에서도 'kiku(聞く =듣다)'가 'tou(問う =묻다)'를 대신하는 일이 있다.

(49) ㄱ. 놉 빌어오다(놉 사다), 지지게 페우다(기지개 켜다)

　　 ㄴ. 비 오는 거 닮다.(비 오는 것 같다.)

　다른 방언과 비교하여 (49ㄱ)은 연어 관계를 달리하는 경우이며 (49ㄴ)
은 추측 구문을 형성할 수 있는 '닮다'처럼 특정 단어가 통사 구조를 달리
하는 경우다. 그 밖에 '마농(마늘류)'이 '패마농(파), 대사니(마늘), 꿩마농
(달래)'을 총칭한다든지, '슨네끼(새끼줄)'가 굵기에 따라 '배(大), 슨네끼
(中), 노(小)'로 분화되었다든지 하는 것도 의미상의 특징으로 언급할 만하
다. 다른 방언과 비교해 볼 때, 시간의 흐름에 따른 어휘상의 변화가 방언
분화를 일으키기도 함을 여실히 보여 주는 예들이다.

제주방언의 특징

1. 머리말

이 논문은 제주방언의 특징을 살펴보는 것을 목적으로 한다. 방언이란 비교를 전제로 하는 개념이므로 방언의 연구는 언제나 국어로서의 공통점과 방언으로서의 차이점을 동시에 밝히는 것이 되어야 한다. 하지만 이 논문에서는 제주방언의 특징을 부각시키기 위하여 제주방언이 가지는 국어로서의 공통점보다는 주로, 다른 방언과의 차이점에 관심을 두고 그 특징을 기술하려 한다.

이 논문에서는 한국정신문화연구원 편(1995)의 자료를 중심으로 제주방언의 특징을 살펴본다. 이는 자료의 한정으로 제주방언의 전반적 특징 파악에 어려움을 줄 수도 있지만 동일한 조사 항목을 통한 한국 방언의 개략적 특징 구명이라는 〈전국방언조사연구〉의 목적에 부합하기 위함이다. 참고로 한국정신문화연구원 편(1995)의 자료와 관련한 조사 지점, 조사 일시, 제보자를 제시한다(제보자의 나이는 조사 당시의 나이임). 조사

---

* 이 논문은 한국정신문화연구원(현재는 한국학중앙연구원)에서 간행하는《한국어문》 4(1997)의 101-124면에 실린 것이다. 이는《한국방언자료집》의 완간을 기념하여 열린 제4회 학술세미나 '국어방언연구의 현황과 전망'(1995.11.11.)에서 발표된 원고를 바탕으로 작성되었다. 원 논문에는 제보자의 이름이 밝혀져 있으나 여기서는 이를 생략하였다.

는 모두 제보자의 집에서 이루어졌다.

조사 지점: 남제주군 성산읍 신양리新陽里
조사 일시: 1994.7.7.~7.29.
제보자: M1(69세)

조사 지점: 제주시 도남동道南洞
조사 일시: 1992.12.21.~12.25.
제보자: M2(76세)

조사 지점: 제주시 오등동梧登洞
조사 일시: 1994.7.5.~7.31.
제보자: M3(66세)

남제주군 신양리의 제보자 M1은 1926년생으로 인근 부락인 수산리에
서 7세 때 이주해 왔으며 2년제 간이소학교를 졸업하였다고 한다.[1] 또 제
주시 도남동의 제보자 M2는 1917년생으로 인근 부락인 오등동에서 이주
해 왔으며 약간의 한학漢學 교육만을 받았다고 한다. 제보자의 사망으로
새로 선정한 오등동의 제보자 M3은 1929년생으로 국민학교를 졸업했다
고 한다.[2]

이 논문의 구성을 구체적으로 언급하면 2장에서는 음운론적인 특징을,
3장에서는 형태·통사론적인 특징을, 4장에서는 어휘·의미론적인 특징을

---

1 제보자 M1은 'ㅅ'를, 모든 전설모음('이, 에, 애')과 이를 포함하는 이중모음('위[wi], 웨'
등) 앞에서 구개음([ʃ])으로 발음하는 특징을 가졌다.
2 신양리와 오등동의 조사 일시가 겹치는 것은 두 지역의 방언차를 정밀하게 확인해 보
려는 목적에서 두 지역을 번갈아 왕래하며 조사했기 때문이다.

살펴본다. 각 장에서는 제주방언의 특징을 잘 보여 주는 것으로 여겨지는 형태 몇 개를 제시하고 이를 통하여 제주방언의 특징을 기술하려 한다(표제어 뒤의 숫자는《한국방언조사질문지》의 조사 항목 번호).

2. 음운론적 특징

(1) **나물 060**　ᄂᆞᄆᆞᆯ, ᄂᆞ물, ᄂᆞᄆᆞᆯ

어두음절과 비어두음절에서 상이한 변화를 보여 주는 중세국어 문헌어의 'ᄋᆞ'에 대하여 현대 제주방언은 비어두음절에서의 'ᄋᆞ〉으' 변화만을 겪어 어두음절에 관한 한 문헌어의 'ᄋᆞ'에 대응하는 모음을 가지고 있는 것으로 보고되어 왔다(이숭녕 1954: 546-548).[3] 그런데 복합어나 한자어의 경우를 제외하면 현대 제주방언에서 비어두음절의 'ᄋᆞ'는 거의 모두 '으'에 합류한 것으로 보이지만 'ᄂᆞᄆᆞᆯ'에서처럼 아직까지 비어두음절에서 'ᄋᆞ'를 유지하고 있는 예가 나타난다. 비어두음절에서 'ᄋᆞ'를 유지하고 있는 예들은 'ㄹ' 앞이라는 공통점을 가지며 모두, 'ᄂᆞ물'에서처럼 'ᄋᆞ〉으() 우)'의 변화를 겪은 형태나 'ᄂᆞᄆᆞᆯ'에서처럼 'ᄋᆞ〉어'의 변화를 겪은 형태와 공존하고 있다(정승철 1995a: 41-53).

(2) **겹이불 126 보충 1**　줍비불, 접비불[4]

---

3 현대 제주방언은 단모음체계로서 '이, 에, 애, 으, 어, 아, 우, 오, ᄋᆞ' 등의 9모음체계를 갖는다. 그런데 대체로 40대 이하의 방언화자들은 '에'와 '애', '오'와 'ᄋᆞ'를 구별하지 못하고 각각 'E'와 'O'로 발음하여 7모음체계를 갖는다.

4 '줍니불, 접니불'로도 실현된다. 이는 '이'나 'j'계 이중모음 앞에서의 'ㄴ'삽입 현상을 겪은 것이다.

현대 제주방언은 폐음절 어기와 모음으로 시작하는 어기가 결합할 때 선행하는 어기의 말음절 종성이 후행하는 어기의 첫음절 초성 자리에 복사되는, 복합어 경계 또는 단어 경계에서의 복사 현상을 보여 준다(정승철 1991). '줍비불, 접비불'에서처럼 선행하는 어기 '줍' 또는 '접'의 종성 'ㅂ'가 후행하는 어기 '이불'의 초성 자리에 복사되는 것이다.

선행하는 어기 '줍'은, 제주방언의 특징적인 이중모음이라[5] 할 수 있는 'ᄋᆢ[jʌ]'의 발달과 관련하여 흥미로운 점을 보여 준다. 현대 제주방언의 이 중모음 'ᄋᆢ'는 어두음절에서 음절 두음으로 자음을 가지지 않을 경우에만 실현되는데 '줍'은 이전 시기의 제주방언에서 음절 두음으로 자음을 가지는 경우에도 이중모음 'ᄋᆢ'가 실현되었음을 보여 주는 예(이기문 1977, 정승철 1995a: 62-72)이기 때문이다. 이를 다른 방언의 형태와 비교해 보면, 어두음절에서의 'ㄱ'구개음화를 대체로 보여 주는 제주방언에서 '줍'은 'ㄱ〉ㅈ'의 구개음화를 겪은 이후 구개음 'ㅈ' 아래에서 활음 'j'가 탈락한 것임을 알 수 있다. 구개음화를 겪기 이전에는 자음 'ㄱ' 아래에서 이중모음 'ᄋᆢ'가 실현되었음을 보여 준다.[6]

(3) **감주 093**   감쥐

제주방언에서 '엿기름과 조밥을 섞어 끓여 만든 음식'을 '감쥐'라 한다.[7] 이를 다른 방언의 형태와 비교해 보면 '감쥐'는 어간말에 '-이'가 첨가된 것임을 알 수 있다. 현대 제주방언에서 개음절 체언어간은 한자어를 제외하

---

5 현대 제주방언에서는 '예, 애, 여, 야, 유, 요, ᄋᆢ', '위, 웨, 왜, 워, 와', '의' 등 13개의 이중 모음이 실현된다.
6 이 경우에는 언제나 '줍'과 '접'에서처럼 'ᄋᆢ'형과 '어'형의 공존을 보여 준다.
7 전라도와 경상도의 대부분 지역에서는 '밥알이 동동 뜨고 빛깔이 말간 것'과 '밥알이 가라앉고 부옇게 된 것'을 구분하지 않고 '감주'라 한다.

면[8] 어간말 모음이 대체로 '이, 에, 애, 위[wi], 웨' 등 전설모음 계통들인데 이는 체언어간말 '-이' 첨가 현상이 관여한 데에서 비롯된 것이다(정승철 1995a: 79-80).

(4) **둛-는다/-어서/-지 678**   뜰룬다, 뜰룬다/뜰롼, 둛안, 뚧언, 뚧언/
    뜰루지, 둛지[뜹지], 뚧지[뜹지]

15세기 문헌어의 'ㅸ'에 대응하는 자음은 이전 시기의 제주방언에서도 존재했었으며 이들은 대체로 'ㅸ〉w'의 변화를 겪었다(정승철 1995a: 133-150). 그런데 이전 시기에 'ㄿ'를 말음으로 가졌던 것으로 추정되는 용언어 간은, 'ㄿ'말음 정칙 어간으로만 나타나는 다른 방언들과는 달리 제주방언 에서는 'ㄿ'말음 정칙 어간과 '우'말음 정칙 어간이 쌍형어雙形語를 이루고 있다. 전자는 'ㄿ'정칙 계열과의 대립이 확보되지 못하여 체계상의 압력으 로 변칙적인 성격의 것이 존속하지 못하게 된 데에 기인하여(김완진 1974: 118), 후자는 어간말에서 'ㅸ〉w'의 변화를 겪은 데에 기인하여 만들어진 형 태이다. '둛안, 뜰롼'은 '-아'계의 부사형 어미가 결합된 것인데 어미 '-아/어' 계의 선택은 선행하는 어간이 'ㄿ'말음 정칙 어간인지 '우'말음 정칙 어간 인지와는 관계없이 어간말 음절의 음운론적인 성격에 따른다.

'ᄋ'형과 '으'형의 공존을 보여 주는 '뜰루-, 뜰루-'와 '둛-, 뚧-'는 'ᄋ'와 '으' 의 모음 교체에서 비롯된 쌍형어이다. 중세국어 문헌어와 비교해 보면 '*들 루-'에서 어두경음화를 겪은 '뜰루-'는 '들오-(훈몽-초, 하:9, 穿)'에서 기원한 것임을 알 수 있는데 '*들오-〉*들로-()*들루-)'의 변화는 'ㄹ ∅〉 ㄹ ㄹ'의 변 화를 겪은 것이다. '몰레(몰애; 석보 13:8, 沙)' 등 많은 예에서 나타나는 'ㄹ

---

8 'ᄀ(ᄀ; 석보 13:4, 邊), 바르(바롤; 석보 19:13, 海), 드르(드릏; 석보 19:43, 野)' 등에서처 럼 기원적으로 어간말에 'ㅿ'나 'ㄹ', 'ㅎ' 등의 자음을 가졌던 체언어간도 제외된다.

∅〉ㄹㄹ'의 변화는 통시적인 면에서 제주방언이 보여 주는 한 특징이다 (정승철 1995a: 140-142).

(5) **신-지/-어라 719**   신지/신으라
    삼지/삼겠다 Ⅲ 15-2   삼지/삼으켜
    삶-아야/-고/-아졌다 628   솖아사, 쌂아사/솖곡[슴곡]/솖아졌저

현대 제주방언에서 'ㄴ' 또는 'ㅁ'말음 용언어간은, '신지' 또는 '삼지'에서 보듯 자음계 어미가 결합하더라도 후행하는 어미의 두음을 경음화하여 발음하지 않는다.[9] 비음 말음 용언어간에 평음으로 시작하는 자음계 어미가 결합하여도 후행하는 자음을 경음화하지 않는 것이다. 또한 비음을 포함하는 자음군 말음 어간에 자음계 어미가 결합할 때, 자음군단순화를 겪어 비음만이 남는 경우에도 후행하는 어미의 두음을 경음화하지 않는다 (정승철 1995a: 174).

현대 제주방언에서는 'ㄹㄱ, ㄹㅁ, ㄹㅂ'말음 용언어간을 제외하면 체언, 용언에 관계없이 자음군 말음 어간이 나타나지 않는다(정승철 1995a: 183-184). 이들 자음군 말음 어간이 자음계 어미와 결합할 때 자음군단순화가 관련되는데 제주방언에서는 공시적으로 자음군의 종류에 관계없이 선행하는 자음이 탈락한다. 이때 'ㄹㅁ'말음 어간의 경우 후행하는 어미 두음의 경음화가 문제가 되는데 '솖곡[슴곡]'에서처럼 'ㄹㅁ'말음 어간도 자음계 어미가 결합할 때 자음군이 단순화한 후 후행하는 어미의 두음을 경음화하지 않는 것이다.

---

9 젊은층의 제주방언 화자들은 이를 경음화하여 발음한다.

3. 형태·통사론적 특징

(6) **호미 017**   굴게(북), 굴게기(남), 굴겡이(통)

북제주군의 방언형 '굴게'는 어기 '*곩-'와 파생접사 '-에'로 분석된다.[10]
'*곩-'는 '곩-'의 모음 교체형이며 접사 '-에'는 '도구'를 나타내 주는 접사이
다. ex. 구둠바데(구둠받-에, 쓰레받이). 남제주군의 '굴게기'는 어기 '굴게'
에 파생접사 '-기'가 결합된 것인데 접사 '-기'는 대체로 '도구'를 나타내 주
는 접사 '-에' 뒤에 결합하는 접사이다. ex. 홀테기(홀테-기, 벼훑이).[11]

   '굴겡이'는 '굴게'에 파생접사 '-엥이'가 붙은 형태이다. '-앙이/엉이'로부
터 기원한 접사 '-엥이'는[12] 어기로부터 의미적이거나 문법적인 변화를 거
의 일으키지 않는 접사인데 다른 방언들에서도 발견할 수 있는 접사 '-앵
이/엥이'와 달리 제주방언의 '-엥이'는 '새(鳥)'를 의미하는 '생이'나 '쥐(鼠)'
를 의미하는 '쥉이'에서처럼 기원적으로 어간말 모음이 '애'나 '에' 또는 '위'
였던 개음절 어기에 결합되기도 한다(정승철 1995a: 81)는 점에서 독특하
다.[13]

   한편 '굴겡이, 굴게기, 굴게'는 모두 '김매는 데에 쓰는 농기구로 쇠 날이
삼각형이며, 가는 목을 휘어 구부리고 자루를 끼운 것', 즉 '호미'를 가리킨
다. 다른 지역의 방언형들과 비교해 볼 때 기원을 달리하는, 상이한 형식

---

10 현대 제주방언에서는 비어두음절에서 '에'와 '애'가 대립하지 않으므로(정승철 1995a:
   28-30) 이 접사는 '-에'로만 나타난다.
11 접사 '-기'는 북제주군보다 남제주군의 방언형에서 더 자주 발견된다.
12 이 접사도 모음조화에 따른 '-앵이/엥이'의 교체를 보여 주지 않고 '-엥이'로만 나타난다.
13 이들은 이중모음의 단모음화나 성조 또는 음장과 관련이 있는 것 같지 않다. '개(가히;
   두해-초 8:5, 犬)'에서처럼 이전 시기에 상성上聲과 관련이 있었던 형태에 '-엥이'가 결합
   되지 않는 경우도 존재하며 '지넹이, 주넹이(지네; 월석 9:43-44)'에서처럼 이전 시기에
   상성과 관련이 없었던 형태에 '-엥이'가 결합되는 경우도 있기 때문이다.

이 동일한 대상을 가리키는 예인 셈이다. 현대 제주방언에서 '호미'는 '풀, 나무 등을 베는 데에 쓰는 농기구의 한 가지'인 '낫'을 가리킨다.[14] 다른 지역의 방언형과 기원을 같이하는 형식이 제주방언에서 전혀 다른 대상을 가리키는 경우라 할 수 있다.

(7) **달래 502**   드릇마농(통), 꿩마농(북)
　　반짇고리 188   바농상지[바농쌍지]

　현대 제주방언에서 '마농'은 중앙어의 '마늘'에 대응된다. 그런데 제주방언의 '마농'이 중앙어의 '마늘'과 동일한 의미를 가지는 것은 아니다. 제주방언의 '마농'에는 '달래(野蒜), 파(蔥)'도 포함된다. 물론 '달래'나 '파'를 '마늘'과 구분할 필요가 있을 때에는 각각 '드릇마농, 꿩마농', '패마농'이라 한다.
　또한 중앙어의 '반짇고리'는 제주방언에서 '바농상지'로 나타난다. 이는 '바농'과 '상지'가 결합한 것인데 제주방언에서 '바농'과 '상지'는 각각 중앙어의 '바늘(鍼)', '상자(箱)'에 대응된다.
　제주방언의 '마농, 바농'은, 중앙어 '마늘(蒜), 바늘(鍼)'과의 비교로부터 각각 어기 '＊만', '＊반'과 파생접사 '-옹'으로 분석할 수 있다.[15] 어기 '＊만, ＊반'은 모두 어기의 말음이 'ㄴ'라는 음운론적인 공통점을 지니는바 이는 접사 '-옹'이 어기의 말음으로 'ㄴ'를 요구하는 음운론적 제약을 가지고 있음을 보여 준다(정승철 1995d: 368-370).

---

14 물론 제주도의 '호미'와 다른 지역의 '낫'이 동일한 모양을 가지는 것은 아니다. 제주도의 '호미'는 다른 지역의 '낫'과 비교하여 날이 직선형이다.
15 이로써 보면 중앙어의 '마늘'과 '바늘'은 '＊만+-을', '＊반+-을'로 분석하는 셈이다. 유사한 음운형식을 가진 '비늘(비늘; 월곡 28, 鱗), 미늘(미늘; 구방, 상:48, 鉤)'은 제주방언에서 '비농, 미농'으로 나타나지 않는바 이들이 분석될 수 없는 단어라는 점을 보여 준다. '그늘(ᄀᄂᆞᆶ; 월석 18:26, 陰)'은 '거성+거성'의 성조형을 가지는바 '평성+거성'의 성조형을 가지는 다른 예들과 차이가 있다.

그런데 방언학적으로 두 지역 이상에서 쓰이는 방언형을 비교해 보았을 때 동일한 음운형식을 지닌 접사가 방언에 따라 기능을 달리하는 경우가 나타나기도 한다. 중앙어의 '-(으)ㄹ'과 동일한 음운형식을 가진 제주방언의 파생접사 '-(으)ㄹ'은 '오-~올-(來), 이끄~이끌-(曳), 셀-(漏), 지붕일-(蓋)' 등에서 확인되는바 그 기능을 분명히 밝히기는 어렵지만 대체로 어기가 동사일 것을 요구하며 문법적인 변화를 일으키지는 않는 접사이다. 이러한 분포의 차이가 다른 방언과 달리 제주방언에서는 '마농(蒜), 바농(鍼)' 등에서처럼 접사 '-옹'을 선택하게 한 것으로 여겨진다.[16]

(8) 낳(産)-고/ -으니까 / -아(서) Ⅲ 13-4

낳고, 나고 / 낳으난[나으난], 나난 / 낳안[나안], 난

제주방언에서 'ㅎ'말음 동사어간은 모두, 말음 'ㅎ'가 탈락하여 재구조화된 개음절 어간과 쌍형어를 이루고 있다. 형용사 어간인 '좋-(好)'는 이러한 재구조화를 겪지 않았는데 이처럼 'ㅎ'말음 어간의 재구조화는 제주방언에서 비음운론적인 범주에 따른 상위相違를 보여 준다. 이는 동사어간과 형용사어간의 기본형을 나타내 주는 어미의 차이에서 비롯된다(정승철 1996: 745-751). 현대 제주방언에서 동사어간의 기본형을 나타내 주는 어미는 '-ㄴ다/ㄴ'이며 형용사어간의 기본형을 나타내 주는 어미는 '-다'인바 전자의 '-ㄴ다'는 'ㅎ'말음 어간의 재구조화가 관여할 수 있는 구조를 갖춘 어미인 것이다.

---

16 '파랑ㅎ-(靑), 노랑ㅎ-(黃), 꺼멍ㅎ-(黑), 뻘겅ㅎ-(赤)', '겅ㅎ-(그러다, 그렇다), 영ㅎ-(이러다, 이렇다), 정ㅎ-(저러다, 저렇다), 아명ㅎ-(아무렇다), 어떵ㅎ-(어쩌다, 어떻다)' 등에서 보이는 제주방언의 접사 '-앙/엉'은 어근 파생접사라는 점에서 접사 '-옹'과 차이를 보인다(정승철 1996: 741-745).

(9) -자: 가자 Ⅱ 14   글라(북), 걸라(남), 가자, 가게(통)

    -세: 가세 Ⅱ 15   가주, 가자, 가게

    -(으)ㅂ시다: 갑시다 Ⅱ 16   글읍서, 갑주

현대 제주방언의 종결어미는 상대경어법의 등분에 따라 'ᄒ라'체, 'ᄒ여' 체, '흡서'체로 삼분되어 나타나는바 청유형 어미도 이와 평행하게 'ᄒ라' 체로는 '-게, -자'가, 'ᄒ여'체로는 '-주, -쥐'가, '흡서'체로는 '-(으)ㅂ주, -(으) ㅂ쥐'가 사용된다(현평효 외 1974: 44).[17] 물론 '가자, 가게'에서 보듯 'ᄒ라' 체 청유형이 'ᄒ여'체가 쓰여야 할 자리에 쓰이기도 한다.

그런데 제주방언의 청유형에서 다른 용언어간과는 달리 '가-'는 독특한 모습을 보여 준다. '가-'의 'ᄒ라'체 청유형 '가자, 가게'나 '흡서'체 청유형 '갑주'보다, 보충된 어간 '글-'에[18] 'ᄒ라'체의 명령형 어미가 결합된 '글라'나 '흡서'체의 명령형 어미가 결합된 '글읍서'가 더 자주 사용되기 때문이다.

'글-'는, 명령형 어미가 결합하여 청유형으로 사용될 때 '가-'를 보충하여 쓰이는 어간인데 이 경우에 '가-'를 사용하면 명령형이 된다. 아래의 예문 을 보면 알 수 있다.

    나영 ᄀ찌 글읍주.(나랑 같이 갑시다.)

    나영 ᄀ찌 글읍서.(나랑 같이 갑시다.)

    *나영 ᄀ찌 갑서.

    저 사름이영 ᄀ찌 갑서.(저 사람이랑 같이 가십시오.)

    *저 사름이영 ᄀ찌 글읍서.

---

[17] 제주방언의 'ᄒ라'체 청유형 어미 '-게'가 존비 관계에 관계없이 다 쓰이고 상위자에 대해서는 종결어미 뒤에 '-마씀'을 첨가시켜 청유를 나타내기도 한다고 한다(강정희 1988: 147).

[18] 박용후(1988a: 100)에 '글-(行)'가 보고되어 있다.

'글-'는 '가-'의 청유형에서만 발견되는 어간이다. 이 어간은 '걷-(步)'에서 기원한 것인데 제주방언에 음장音長이 존재하던 시기에 고모음화를 겪어 형성된 형태이다. 'ᄒ라'체의 청유형 '걸라'는 남제주군에서만 수집된 형태인데 이는 이 어간이 '걷-'에서 기원한 것임을 보여 준다.

북제주군에서는 '가-'의 'ᄒ라'체 청유형으로, '걸라'는 쓰이지 않고 '글라'만 쓰이는 것으로 조사되었는데 이는 남제주군과는 달리 북제주군에서는 이 어간이 '글-'로 고정되어 있음을 보여 준다. 북제주군에서 '걸라' 또는 '걸읍서'는 '걷-'의 명령형으로만 사용된다. '뛰지 말앙 걸라.(뛰지 말고 걸어라.)'나 '뛰지 말앙 걸읍서.(뛰지 말고 걸으십시오.)'는 가능하지만 '*뛰지 말앙 글라.'나 '*뛰지 말앙 글읍서.'는 가능하지 않다는 사실이 이를 보여 준다.

제주방언에서 '글-'의 'ᄒ서'체 청유형으로 '글읍서'와 '급서'가 모두 가능하다. 제주방언의 모든 'ㄷ'변칙 용언어간은 'ㄷ'변칙계와 'ㄹ'정칙계가 항상 쌍형어를 이루고 있는데(강영봉 1983: 39-40, 정승철 1988: 24) '글-'의 경우도 'ㄷ'변칙계의 활용형인 '글읍서'와 'ㄹ'정칙계의 활용형인 '급서'가 모두 가능하다는 점에서 마찬가지이므로 이 어간이 'ㄷ'변칙 용언어간임을 알 수 있다. 이는 '글-'가 'ㄷ'변칙 용언어간인 '걷-'에서 기원한 것이라는 점을 보여 준다.

청유형에만 나타나는 어간 '글-'와 관련하여 특이한 것은 이 어간이 'ᄒ라'체와 'ᄒ서'체에서만 나타나고 'ᄒ여'체에서는 나타나지 않는다는 점이다. '가-'의 'ᄒ여'체 청유형은 'ᄒ라'체 청유형인 '가자, 가게'나 'ᄒ여'체 청유형인 '가주, 가줘' 등이 쓰이며 '글자, 글게' 또는 '글주, 글줘' 등은 쓰이지 않는 것이다. 또한 '글-'는 '글읍주'에서처럼 'ᄒ서'체의 청유형 어미를 제외하면 청유형 어미와는 결합하지 않는다.

(10) -아/어요?: 와요? II 22   올암쑤꽝, 왐쑤꽝

제주방언의 의문법에서 판정의문과 설명의문은 어미 형태의 대립에 의하여 구분된다(홍종림 1975). 그런데 세 단계의 상대경어법 등분을 가진 제주방언에서 '흡서'체의 의문형 어미는, 어미 형태의 대립에 따라 판정의문과 설명의문이 구분되지 않고 '-꽝'으로만 나타난다.[19]

현대 제주방언의 상대존대 선어말어미 '-쑤-'는 '-(으)우-'와 이형태 관계를 가지고 있다. 이 선어말어미는 선행하는 어간이 형용사어간인가, 동사어간인가에 따라 통합 양상의 차이를 보여 준다. 선행하는 어간이 형용사어간일 경우에는 어간에 직접 통합되는바 어간의 말음이 모음이나 'ㄹ'일 경우에는 '-(으)우-'가, 자음일 경우에는 '-쑤-'와 '-으우-'가 수의적으로 교체되어 나타난다. 선행하는 어간이 동사어간일 경우에는 어간과 이 선어말어미 사이에 시상時相의 '-없/엾-' 또는 '-암시/엄시-' 등의 선어말어미가 개재되어 나타난다.

비음 말음 용언어간이 자음계 어미와 결합하여 자음군단순화를 겪었을 때에도 경음화를 보이지 않는 현대 제주방언에서 이 선어말어미는 비음 말음 용언어간에 결합되더라도 '젊쑤꽝[점쑤꽝](젊습니까?)'에서처럼 항상 '-쑤-'로만 나타난다.[20] 이전 시기의 제주방언에서는 비음 말음 용언어간 뒤에서 이 '-쑤-'가 '-수-'로 실현되었을 것으로 여겨진다.

한편 현대 제주방언에서는 '오-'와 수의적인 이형태 관계를 가지는 어간

---

19 이 형태는 '-꽝, -광, -꽈, -과' 또는 '-깡, -강, -까, -가'로 나타나는바 경음계와 평음계, 이중모음계와 단모음계, 폐음절계와 개음절계가 공존하는 셈이다. 이 형태 중에 '-꽝' 또는 '-꽈'가 분포적 제약 없이 가장 널리 쓰이며 '-광' 또는 '-과'는 선행하는 형태소의 종류에 제약을 받는다. 이를테면 '젊으우꽝(젊습니까)'은 가능하지만 '젊으우광'은 가능하지 않은데 이처럼 평음계는 상대존대 선어말어미의 한 이형태인 '-(으)우-' 뒤에서는 나타나지 않는 것이다. 이중모음계와 단모음계, 폐음절계와 개음절계는 분포상의 차이를 가지지 않는다.

20 이 '-쑤-'는 비음 말음 용언어간이 자음계 어미와 결합할 때 보여 주는 후행하는 어미 두음의 경음화와 관련하여 흥미로운 점을 제공해 준다. 비음 말음 용언어간의 경음화가 'ㅅ'로 시작하는 어미에서 먼저 일어났을 가능성을 보여 주기 때문이다.

'올-'가 나타난다. 자음계 어미나 '으'계 어미에는 '오-'가 결합하며 모음계 어미에는 '오-'와 '올-'가 수의적인 교체를 보이면서 결합한다(정승철 1988: 42). 이전 시기의 제주방언에서는 자음계 어미와 '으'계 어미에는 '오-'가, 모음계 어미에는 '올-'가 결합되었던 것으로 추정된다. '올-'는 '오-'에 파생 접사 '-(으)ㄹ'이 결합된 것이다.

4. 어휘·의미론적 특징

(11) **뼈 248**　　　　꽝, 뻬
　오른손 232　　ᄂ단손, 오른손
　무 057　　　　ᄂᆷ삐

제주방언에서는 '뼈', '오른손', '무'를, 다른 방언에서 발견하기 힘든 형태 인 '꽝', 'ᄂ단손', 'ᄂᆷ삐'라고 한다.[21] 다른 지역의 방언형과 비교하여 보면 이들은 기원을 달리하는, 상이한 형식이 동일한 대상을 가리키는 예인 셈 인데 방언접촉을 통하여 현대 제주방언에서는 다른 지역의 방언형인 '뻬', '오른손' 등이 이들과 공존하고 있다. 제주방언 화자들은 '꽝'과 'ᄂ단손'을 더 고형古形인 것으로 판단한다.

　배꼽 238　　베또롱, 베똥
　부추 072　　세우리
　처녀 323　　비바리, 처녀

---

21 'ᄂᆷ삐'는 '*ᄂ삐'에 'ㅁ'가 첨가되는 비음 삽입 현상(정승철 1995a: 151)을 겪은 것이라는 점에서 '둠비(두부)'와 평행하다. '*ᄂ삐' 또는 '*ᄂᆷ'은 중앙어 '나박김치(나박집치; 물보, 음식)'의 '나박'과도 관련되는 듯하다.

'베또롱, 베똥'은 '빗(훈몽-초, 상:14, 腹)'와, '비바리'는 접사 '-바리'와 관련된다. 이들도 앞의 예들과 마찬가지로 다른 지역의 방언형과 비교하여 볼 때 상이한 형식이 동일한 대상을 가리키는 예이다.

  (12) 표 535 산

제주방언에서 '죽은 사람을 묻어 놓은 곳'을 '산'이라 한다. 다른 방언과 비교해 보면 동일한 형식이 완전히 다른 대상을 가리키는 경우이다.[22] 그러므로 '산'은 두 가지 의미를 가지고 있는 셈이다. 제주방언에서 '산山'을 '오롬, 오름'이라고도 하는데 '산'과 '오롬'은 의미차를 가진다.[23]

  고구마 063 감저, 감제
  감자 063-1 지실, 지슬

제주방언에서 '감저, 감제'는 '고구마'를 가리키며[24] '지실, 지슬'이 '감자'를 가리킨다. '감저, 감제'의 경우, 다른 지역의 방언형과 기원을 같이하는 형식이 상이한 대상을 가리킴을 알 수 있다. '감저'는 'ㅇ'의 변화와, '감제'는 어간말 '-이'의 첨가와 관련된다.

  눕 006 눕(통), 노복(북)

---

22 강원도 '횡성'에서도 이 경우에 '산'이 쓰인다.
23 이러한 차이는 복합어의 경우에 더욱 명확해진다. '산ᄆᆞ르, 오롬ᄆᆞ르(산마루)'처럼 '산'과 '오롬'이 다 쓰이는 경우도 있지만 '산비둘기[산삐둘기]'처럼 '산'과 '오롬'이 다 쓰이지 못하는 경우도 있다.
24 이는 충청남도 '천원·금산', 전라남도 '광양'을 제외한 충청남도, 전라남도의 대부분 지역 그리고 전라북도의 '임실·고창' 지역에서도 마찬가지이다.

'품삯을 받고 농사일을 해 주는 사람'을 '놉, 노복'이라 한다. 그런데 대체로 '놉'을 '얻는다'고 하는 다른 방언과 달리 제주방언에서는 '놉'을 '빌어온다'고 한다.[25] 다른 방언과 제주방언을 비교해 보았을 때 동일한 형식이 유사한 의미를 가지고 있지만 통사적 차원을 달리하는 경우이다.

기지개 271	질, 지지게
(기지개를) 켠다 271 보충	튼다, 페운다
질경이 501	베체기
(질경이를 칼로) 도린다 501 보충	끈나, 캔다

상이한 형식이 유사한 대상을 가리키지만 통사적 차원을 달리하는 경우도 있다. '질'은 '튼다', '지지게'는 '페운다'고 하며 '베체기'는 '끈나(끊는다)' 또는 '캔다'라고 한다.

(13) **살강 117**	선반
시렁 118	선반
선반 119	선반

제주방언에서는 '물건을 얹어 놓기 위해 만든 것'을 재료나 모양, 설치 장소에 관계없이 모두 '선반'이라 한다.[26] 다른 방언과 제주방언을 비교해 보았을 때 이는 동일한 형식이 유사한 의미를 가지지만 다른 방언의 경우보다 제주방언이 더 큰 의미 영역을 가지는 경우인 셈이다.

---

25 제주방언에서는 '돈을 주고 빌어오는' 경우에만 '놉'을 쓴다. 단지 일품만을 교환할 경우에는 동사어간인 '수눌'를 쓴다.

26 강원도의 '양구'와 전라북도 지역에서도 마찬가지이다.

새우 420　　　새위(통), 사위(남)

제주방언 화자들은 민물과 관련이 있는 대상에 대한 명칭은 거의 알지 못하므로 '새위'는 '바다에 사는 새우'를 가리킨다. 크기에 따른 명칭의 분화도 이루어져 있지 않은데 굳이 구분할 필요가 있을 경우에는 큰 것을 '큰 새위'라고 한다. 따라서 '새위'는 다른 지역의 방언형과 기원을 같이하는, 상이한 형식이 더 큰 의미 영역을 가지는 경우인 셈이다. '새위'는 '사비(훈민-원, 해례:25)'가 '병〉w'의 변화를 비롯한 일련의 변화를 겪은 것인바 남제주군의 '사위'가 '사비'의 직접적인 발달형임을 보여 준다.

(14) **수수 053**　　　대축, 비대축(남), 대죽, 비대죽(북)
　　　옥수수 056　　　강낭대축(남), 강낭대죽(북)

'수수'와 '옥수수'를 남제주군에서는 '대축', 북제주군에서는 '대죽'이라 하며 이를 구분할 필요가 있을 때에는 각각 '비대축, 비대죽', '강낭대축, 강낭대죽'이라 한다. 다른 지역의 방언형과 비교해 볼 때 기원을 달리하는, 상이한 형식이 동일한 대상을 가리키지만 더 큰 의미 영역을 가지는 예라 할 수 있다.

다래끼 214　　　둘뤄리, 둘룃, 개씹(남), 들룃(북)

'눈시울에 나는 부스럼'을 남제주군에서는 '둘뤄리, 둘룃', 북제주군에서는 '들룃'이라고 한다.[27] 이들은 눈 위쪽에 나는 것이든 아래쪽에 나는 것이든 가리지 않고 부를 때만 사용되는데 이를 구분하여 부를 때는 눈 위의 것

---

27 '둘룃'은 '둘뤄리'와 '들룃'의 혼효형이다.

은 '개좆', 눈 아래 것은 '개씹'이라 한다.[28] 그러므로 '둘뤄리, 둘룃, 들룃'은 일반적인 통칭만을 의미하는바 눈 위의 것과 아래 것을 구분하여 부르지 않는 방언과 비교하면 기원을 달리하는, 상이한 형식이 동일한 대상을 가리키지만 그 형식이 가지는 의미 영역이 더 작은 경우를 보여 주는 예인 셈이다.

남제주군에서는, '눈 아래쪽에 나는 다래끼'만을 가리키는 북제주군의 '개씹'이 통칭으로 사용되기도 한다. 두 지역 사이에서 동일한 형식이 의미 영역을 달리하고 있는 예이다.

병아리 465-3   빙에기, 비에기

남제주군과 북제주군 사이에 동일한 형식이 의미 영역을 달리하는 경우는 '비에기'에서도 발견된다. 남제주군에서는 '빙에기'와 '비에기'가 의미차 없이 쓰이지만 북제주군에서 '비에기'는 '작은 빙에기'를 가리키는 것이다. '-아리'나 '-앙이' 계통의 어형과 관련이 있는 다른 지역의 방언형과 달리[29] 제주방언에서는 '-에기' 계통의 어형과 관련이 있다는 점에서 독특하다. 문헌어의 '비육(훈민-원, 해례:25, 鷄雛)'과 관련을 가진 것으로 여겨진다.

파리 495   푸께(남), 푸게기, 풀철귀, 불처귀, 풀처귀, 풀체기(북)

이들은 다른 방언과 비교하여 볼 때 기원을 달리하는, 상이한 형식이 동일한 대상을 가리키는 예이다. 그런데 '푸께'는[30] 북제주군에서도 사용되

---

28 이는 북제주군의 경우이다. 남제주군에서는 '우개씹', '알개씹'으로 구분한다.
29 전라남도의 '광양', 경상북도의 '월성', 경상남도의 '울주, 양산'에서 '-앙이' 계통의 어형 ('삐갱이')이 쓰인다.
30 이는 일본어의 의성어 'ぷかぷか(나팔, 피리 등을 부는 모양)'와 관련이 있을 듯하다.

어 '꽈리를 입에 넣고 소리가 나게 하는 것'을 '푸께 분다'고 하는바 남제주
군과 북제주군 두 지역에서, 동일한 형식인 '푸께'가 유사한 의미를 보여
주지만 그 의미 영역을 달리하고 있는 셈이다. 이 경우에 남제주군에서는
'호지기 분다'고 한다.

거품 164　버끔(통), 버쿰(북)
　　　　　　　버글레기, 버꿀레기, 보끌레기(남), 부끌레기, 뿌글레기(북)

　제주방언에서 '비누를 칠했을 때에 일어나는 얇은 방울'을 '버끔, 버쿰',
'수면에 생긴 공기 물집'을 '버끌레기, 버꿀레기, 보끌레기, 부끌레기, 뿌글
레기'라 한다. '버쿰'은, 다른 방언과 제주방언을 비교해 보았을 때[31] 기원을
같이하는 형식이 제주방언에서 더 작은 의미 영역을 가지는 경우이다.

새끼 029　슨네끼(통), 스끼(북)

　제주방언에서 '가마니를 묶을 때에 쓰는, 짚으로 만든 끈같이 생긴 것'을
'슨네끼'라 한다. 그런데 제주방언은 굵기에 따른 명칭의 분화를 보여 준다.
'보통 굵기'의 것을 '슨네끼'라 하고 '굵은' 것을 '배', '가는' 것을 '노'라 한다.

　(15) **오이 071**　　웨, 물웨
　　　딸기 507　　탈

　'푸까(ぷか)'가 어간말 '-이'의 첨가와 '애〉에'의 모음상승화를 겪어 '푸께'로 나타났다는
　것이다.
31 '버쿰'이 충청도·전라도 지역에서, '버끔'이 경상남도 지역에서 사용된다. 이를 '거품'과
　비교하면 기원적으로 이른바 'ㅂ'와 'ㄱ'의 대응을 보인 예임을 알 수 있다.

제주방언에서 '재래종 오이'는 '웨, 물웨[물뒈]'라 하며 '개량종 오이'는 '오이'라 한다. '딸기'에 대해서는 '재배한 것'을 '딸기', 그렇지 않은 것을 '탈'이라 한다. '웨'는 '오이'에서 모음의 축약을 겪은 것이며, '딸기'는 '딸기(훈몽-초, 상:6)'에서 'ㅂ'계 어두자음군의 경음화를, '탈'은 'ㅂ'계 어두자음군의 격음화를 겪은 것인데 명칭의 분화에 있어서 음운사적인 면에서의 신형과 구형이 의미의 분화를 동반한 셈이다. 이는 방언접촉 과정과 관련된다.

아버지 316　　　아바지, 아방

제주방언에서 호칭呼稱과 지칭指稱에서 명칭의 분화를 보이는 경우가 있다. 부르는 사람의 나이에 관계없이 호칭일 때는 '아바지'라 하며 지칭일 때는 '아방'이라 한다.[32]

아우 320　　　동셍, 아시

동일한 대상을 가리키는 한자어와 고유어가 제주방언에서 의미 영역을 달리하는 경우가 있다. '아우'에 대해서는 성性이 같은 경우에 고유어인 '아시'가 쓰이지만 성이 다를 경우에는 한자어인 '동셍'이 쓰이는 것이다. 거꾸로 '쌍둥이'에 대해서는 성이 다른 경우에만 고유어 계통인 '굴루기'가 쓰이며 성이 같을 경우에는 한자어 계통인 '쌍둥이'가 쓰인다.

---

[32] '아방'을 호칭으로 사용하는 계층도 있다.

5. 맺음말

현대 제주방언을 하위 구획하는 것은 다른 방언권을 하위 구획하는 것과 동일하게 이해되어서는 안 된다. 제주도 지역이 가지는 지리적·문화적 성격이, 다른 방언권의 지역과 다르기 때문이다.[33]

필자의 조사에 의하면 제주도 안에서 한 지역의 화자가 쓰는 방언형을 다른 지역의 화자가 이해하지 못하는 경우나 이해할 수는 있어도 자기 지역에서 쓰지 않는다고 하는 경우는 거의 없었다. 전자의 경우는 '군데(남)/굴그네(북)'로 나타나는 '고무래'에, 후자의 경우는 '비다(남)/불다(북)'로 나타나는 보조용언의 '버리다' 정도에 불과했다.[34]

제주방언의 거의 모든 방언형은 제주도 전역에서 수의적으로 실현되므로 현대 제주방언의 하위 구획은 주로, 수의적인 방언형 중에 어느 것을 더 자주 사용하는지에 달려 있다고 할 수 있다. 예를 들면 '나무(木)'에 대하여 '남(남)/낭(북)', '가루(粉)'에 대하여 'ᄀᆞ르(남)/ᄀᆞ를(북)', '자루(袋)'에 대하여 '잘리(남)/찰리(북)', '수수'에 대하여 '대축(남)/대죽(북)'이 해당된다.

그런데 이들의 수의적인 사용이 방언접촉에 의한 것인지 아니면 다른 과정의 관여에 의한 것인지를 판단하는 것은 쉽지 않다. 이러한 분화형들이 대부분, 그 기원을 달리했던 데에서 비롯된 것이 아니라 음운변화가 그 변화의 시기와 속도를 달리할 수 있다는 데에서 비롯된 것으로 여겨지기 때문이다. 따라서 이들 분화형으로부터 제주방언을 하위 구획하는 것은 다른 방언권을 하위 구획하는 것, 심지어는 그것의 하위 방언권을 다시 하

---

33 제주도는 전통적으로 세 개의 지역(한라산을 중심으로 북쪽의 제주목濟州牧 지역, 동남쪽의 정의현旌義縣 지역, 서남쪽의 대정현大靜縣 지역)으로 구분되어 왔으므로 제주방언의 하위 구획을 위해서는 세 지역을 모두 조사해야 한다. 그런데 한국정신문화연구원 편(1995)의 자료는 두 지역, 이를테면 제주목 지역과 정의현 지역만을 조사한 것이므로 제주방언의 하위 구획을 논의하기 위해서는 적절하지 않다.
34 물론 이는 화자에 따라 다를 수도 있다.

위 구획하는 것과도 평행하지 않은 것이다.

이상에서 한국정신문화연구원 편(1995)의 자료를 중심으로 제주방언의 특징을 간단히 살펴보았다. 2장에서는 'ᄋ'나 'ᄋᆞ', 'ᄫ'의 변화, 복사 현상, 경음화 등의 음운론적인 특징을, 3장에서는 일부 파생접사, 재구조화된 어간, 청유형·의문형 어미 등의 형태·통사론적인 특징을, 4장에서는 개념과 명칭의 관계를 중심으로 어휘·의미론적인 특징을 기술하였고 마지막으로 제주방언의 하위 구획 문제를 짤막하게나마 논의해 보았다. 국어사와 관련지어 볼 때 제주방언은 고형을 많이 유지하고 있는 지역으로 보고되어 왔지만 위에서 살펴본바 제주방언이 고형을 직접적으로 보여 주는 경우보다는 오히려 더 많은 경우에 개신형을 보여 주고 있음을 확인할 수 있었다.

제 2 부

음운

제주도방언의 모음체계와 그에 관련된 음운현상

1. 머리말

　제주도濟州島방언에 대한 실질적 연구는 그것이 차지하고 있는 특수한 국어학적 위치에 따라 방언 연구사상으로 가장 오랜 역사를 지닌다. 이러한 오랜 연구는 특히 음운론 연구에 있어서 음운 목록의 확인, 음운체계의 설정, 음운변화의 역사적 단계 설정 등에 주로 이바지하여 왔다. 결국 역사적인 새로운 사실의 발견이 축적되었던 셈이다.[1]

　이러한 연구들이 형식적 차원과 기능적 차원을 더욱 밀접히 연결시켜 주었다는[2] 데에 그 자체대로 의의를 가지는 것이지만 1970년대에 들어서

＊ 이는 서울대 대학원 국어국문학과(국어학 전공) 문학석사학위논문(1988년 2월)이다. 국어학 전공의 경우, 석사논문을 '국어연구'란 이름으로 별도 인쇄하는 것이 관례였는 바 그에 따라 이 논문은《국어연구》84호로 따로 간행되었다. 한편 이 논문에서는 특별한 경우가 아니라면 원문의 음성 기호를 모두 한글 자모로 바꾸었으며 제보자의 이름 또한 명시하지 않았음을 밝혀 둔다.

1 필자의 관심사에 대한 기존의 논문은 다음과 같다. 먼저 단모음체계에 대한 것으로서 10모음체계를 설정한 이승녕(1957/1978), 9모음체계를 설정한 김완진(1963), 현평효(1964b) 등이 있다. 이승녕(1954), 이승녕(1959a), 현평효(1963), 현평효(1964a), 이기문(1972a)는 제주도방언의 단모음 'ᄋ, 애'에 대하여, 김한곤(1980)은 음성학적인 면에서 'ᄋ'음을 연구하였다. 또한 이기문(1977)은 제주도방언의 'ᄋ'음과 관련하여 이중모음 'ᄋ'음, 구개음화 그리고 원순모음화 등을 통시론적으로 고찰하였다. 마지막으로 구체적인 음운현상에 대한 것으로서 김홍식(1976), 현평효(1982), 김광웅(1982) 등이 있다.

2 이병근(1979), 24면.

면서 음운 목록의 확인을 넘어서서 음운현상과 음운과정(phonological process)에 대한 연구에 관심을 가지기 시작한[3] 타 방언 연구 경향에 비하면 제주도방언 연구는 시대적으로 다소 뒤진 느낌이 든다. 본고는 이러한 점을 염두에 두고서 제주도방언의 음운체계뿐 아니라 제주도방언 음운현상의 공시적인 면까지도 유기적으로 다루고자 한다.

방언 연구의 목적은 보는 사람의 태도에 따라 달리 말할 수 있겠지만 궁극적으로는 국어의 일반성과 각 방언의 특수성을 동시에 밝히는 데에[4] 있다고 할 수 있는데, 이러한 목적으로 방언 연구를 하려면 각 방언에 대한 연구의 균형적 발전이 선결되어야 하지 않을까 한다. 이러한 방언 연구 목적의 일환으로서 본고는 제주도방언을 대상으로 하되, 작업의 한계상 우선 모음체계를 제시하고 그에 관련된 음운현상을 가급적 정밀하게 기술하면서 제주도방언의 모음체계의 내적 구조를 이해하고자 한다.

구체적으로 말하면, 2장에서 모음체계를 단모음체계와 이중모음체계로 나누어 제시하고 이어서 3장에서는, 2장에서 제시한 체계와 관련된 음운현상들로서 모음과 모음의 결합 시의 모음탈락과 활음화 그리고 치찰음 아래에서의 전설모음화와 순음 아래에서의 원순모음화를 다루되 가능한 한 정밀하게 기술하면서 MS-rule(morpheme structure rule)과 P-rule(phonological rule)에 있어서의 공통점과 차이점에 주안점을 두려 한다. 나아가서 4장에서는 이들 음운현상들을 지배할 수 있는 음운론적 강도(phonological strength)를 가정하여 2장에서 제시한 모음체계를 역동적으로 재조정해 보며 끝으로 움라우트 현상 등을 통하여 현 단계에 앞서는 모음체계에 대한 재구再構도 시도해 보고자 한다.

한 언어에서 그 언어의 모든 음소의 연쇄가 다 형태소를 형성할 수 있는

---

3 최명옥(1982), 2면.
4 최명옥(1982), 2면.

것은 아니다. 이는 각 언어들이 음소연쇄에 대한 체계적인 제약을 보여 주기 때문인데[5] 이러한 제약들을 밝혀 줌으로써 음운론적 기술을 간편하게 할 수 있다. 한 언어에서의 체계적인 제약은 잉여적인 것으로서 토박이 화자들이 배우지 않아도 되는 음운과정이다.[6] 따라서 이들 체계적 제약에 대한 기술은 음운론적 기술에서 일일이 명시해 주어야 하는 자질들을 잉여적인 것으로 만들어 줌으로써 음운론적 기술을 간결하게 해 줄 수 있는 것이다.

이를 위하여 생성음운론에서는 형태소구조제약(morpheme structure constraint)을[7] 고려하였는데 이는 형태소 내부에서 음성 층위(phonetic level)나 음운 층위 어느 한 층위에 존재하는 잉여성을 표시해 주는 것이다. 따라서 형태소구조제약을, 음운 층위를 음성 층위로 바꾸어 주는 데에 관여하는 P-rule과는 구분하지만, 형태소구조제약과 P-rule이 일치하는 경우에는 같은 현상을 달리 기술함으로써 양자의 공통성을 무시하게 되므로 본고에서는 형태소구조제약과 P-rule이 일치하는 경우에 한하여 음운론적 제약이라 부르기로 하겠다.

또한 필자는 형태소구조제약보다 MS-rule을 더 고려한다. 이는 공시론적인 규칙이라기보다는 단지 한 언어체계 내에 존재하는 음소연쇄상의 잉여적 사실만을 보여 주는 것인데 P-rule과의 관계를 중시하는 본고에서는 형태소구조제약보다 MS-rule을 더 유용하게 여긴다.

생성음운론이 대두한 이래 '추상성' 문제가 커다란 논제로 부각되었다. 이의 해결을 위하여 '실질적 조건(substantive condition)'이 거론되었는데 이러한 조건들은 통합적(syntagmatic) 그리고 계합적(paradigmatic)이라 불리

---

5 Stanley(1967).

6 Jensen(1974)에서 규칙(rule)은 배우는 것, 과정(process)은 배우지 않아도 되는 본유적인 것으로 구분하였다.

7 Stanley(1967).

는 두 유형으로 구분된다.[8] 상이한 부류의 성원들 사이의 음소배열적 관계(phonotactic relation)를 의미하는 통합적 구조만을 강조할 때 그 문법 기술의 자연스러움이 문제될 수 있으므로 통합적 구조는 언제나 계합적 구조와 연관시켜 파악해야 한다. 계합적 구조는 동일 부류의 성원들 사이의 관계로서[9] 통합적 음운현상에 있어서 같은 계합의 요소들은 동일한 행위를 보이기 때문이다.

공시론적으로 음소의 결합이 이루어질 때에는 일정한 방향으로의 변동이 흔히 일어난다. 그런데 통합적 음운현상이 전제로 하는 계합구조에 대한 고찰이 정적인 상태에 머무를 때 음운현상을 지배하는 역동성(좁혀 말하면 변동의 방향성)을 합리적으로 설명하는 데에는 만족스럽지 못한 듯하다.

때로 음운들이 가지는 고유한 자질들(예컨대 tense/lax, nasal/nonnasal 등)에 의하여 역동성이 논의되기도 하지만, 체계 속에서 역동적인 관계가 밝혀질 수 있다면 계합적 관계와 통합적 관계의 관련을 합리적으로 설명할 수 있을 것이다. 이러한 상관관계를 이해하기 위해 도입할 수 있는 작업가설이 음운론적 강도에 따른 역동적 체계의 구성인 것이다. 이에 따라 필자는, 본고에서 제주도방언을 대상으로 통합적 음운현상을 살펴보면서 음운론적 강도에 의한 위계(hierarchy)를 설정하여 통합적 음운현상을 지배하는 역동적 계합구조를 밝혀 보려는 것이다.

본고는 활용과 곡용의 형태소 경계에서 나타나는 공시론적 기술을 주대상으로 한다. 후술하겠지만, 계합구조는 공간뿐 아니라 시간에 따라서도 다르게 나타나기 때문에 공시론적 계합구조는 공시론적 통합 현상에 의해서 확인되어야 할 것이다.

---

8 Kiparsky(1972). 'paradigmatic'을 '계합적'이라 함은 '서열(order)'과 대비되는 '계열(series)'과 구별하기 위함이다. cf) 이병근(1969b), 31면.
9 이병근(1969b), 31면.

하지만 "이론적으로 정당하지 않더라도 최대한 통시론을 반영하는 공시론적 기술을 하는 것이 바람직하다."[10] 이는 특히 방언 자체의 문헌 자료가 역사적 단계를 세밀히 관찰할 수 있을 만큼 충분하지 못한 상태에서는 위험한 작업이지만 타 방언이나 문헌어와의 비교를 전제로 한 개념이 '방언'이기 때문에 방언 연구에 있어서는 흔히 통시론적인 고려가 있어 왔다. 이는 한 언어의 공시론적 사실이 통시론적 변화의 산물이라고 생각하는 데에 기초를 둔 작업가설이기도 하다.

방언의 통시론적 연구는 그 방언 자체의 문헌 자료가 거의 없는 경우 내적 재구나 타 방언과의 비교 그리고 문헌어와의 비교에 의존할 수 있다. 이러한 작업 과정은 한 방언이 다른 방언과 공존하는 개별언어 안에서의 동질성과 지역적 변화로 인한 방언 사이의 상위성을 동시에 고려하는 데에 기초하는 것이다.

필자가 사용한 '방언'이란, 방언구획이 뚜렷한 대단위 방언권의 언어인바[11] 제주도방언이란 명칭은 이런 의미로 사용한다. 전통적으로 분류되는 제주도 내 세 지역의 방언차는, 거의 모든 언어 형태, 특히 음운론적인 면에서는 도내島內의 전 지역에서 거의 모두 동일한 형태로 나타나므로 방언경계를 그을 수 있을 만큼 커다란 것은 아니다. 따라서 본고에서는 제주도방언이 가지고 있는 일반적 성격을 파악하기 위하여 그것의 하위 방언상의 차이는 고려하지 않고서 논의를 진행하고자 한다.

제주도는 조선 초부터 세 개의 현으로 나뉘었다. 아래의 지도에서 보여지듯 성읍城邑을 중심으로 한 정의현旌義縣, 대정大靜을 중심으로 한 대정현大靜縣, 그리고 현재의 제주시를 중심으로 한 제주목관濟州牧官[12] 이 세 지

---

10 Kiparsky(1968a).
11 최명옥(1982), 2면.
12 진성기(1962), 20면.

역이 그것인데 필자는 일단 이들 세 지역의 방언차를 고려하여 1986년 8월, 1987년 4~5월, 8월 모두 세 차례에 걸쳐 각 하위 방언구획에 따라 제주시 오등동, 안덕면 서광서리, 남원읍 한남리 등 세 지점에서 현지 조사를 행하였다.[13] 이들 세 지점은 모두 중산간 부락이므로 해촌海村(=어촌)과 산촌 사이에 존재할 수 있는 언어적 이질성도 제주도방언의 공통적인 성격으로서의 모음체계와 그에 관련된 음운현상들을 다루려는 본고에서는 크게 문제시되지 않으리라 생각된다.

조사자는 대체로 두 부류로 나뉜다. 하나는 방언화자가 직접 조사자가 되는 경우이고 다른 하나는 방언화자가 아닌 사람이 조사자가 되는 경우이다. 양자가 각기 장단점을 갖는 것이겠지만 오랜 기간의 조사가 아닌 바에는 많은 방언 형태를 이미 알고 있고 또한 그것들의 결합을 자유로이 만들어 낼 수 있는 전자가 더 많은 이득을 얻을 수 있으리라 여겨진다.

이제까지 거론되지 않은 세 번째 경우는 A방언권에서 출생, 성장하였지만 B방언의 토박이 화자가 부모인 경우이다. 필자가 이 세 번째 경우에 속하는데 필자의 경험에 의하면 이러한 조사자는 사실상 두 번째 경우에 해당되며 단지 B방언 자료를 오랜 기간 조금씩 접촉해 옴으로써 B방언에 대한 이해가 빠르다는 이점을 가진다. 반대로 어설픈 직관을 함부로 믿을 위험이 존재한다.

참고로 조사 지역과 주요 제보자들을 밝혀 둔다.[14]

---

13 한남리에서의 조사는 반나절에 불과했다. 이에 대한 불충분은 후에 보충하기로 한다. 본고의 주 자료는 오등동에서 조사한 것이다.

14 여기 제시한 제보자들 외에 "누게가 영헌 거 써 오렌 헤샤?(누가 이런 것을 써 오라고 했느냐?)" 하시면서 손자의 지겨운 질문에 자상히 응해 주신 할머니(75세), 현지 조사 과정을 도와주신 제주대학교의 몇몇 선생님들, 강의와 논문을 통해 필자를 깨우쳐 주신 여러 선생님들, 그리고 처음부터 끝까지 필자를 지도, 격려해 주신 이병근 선생님, 이 논문에서 좋은 점이 발견된다면 그것은 모두 그분들의 덕택이다.

제주시 오등동	남원읍 한남리	안덕면 서광서리
M1(65)	M3(57)	M5(70)
F1(M1의 처)	M4(64)	M6(64, M5의 동생)
F2(74)	F3(M4의 처)	M7(59, M5의 동생)
M2(52)		F4(77)
		F5(74)

삼현의 경계를 포함한 제주도 지도

2. 모음체계

음운론적 연구는 흔히 음소 단위 또는 그 내재적 자질에 의존하기 때문에 우선 음운체계 내지는 자질체계를 파악하지 않으면 안 된다. 그리하여 이 장에서는 제주도방언의 단모음체계와 이중모음체계를 우선 제시하는데, 여기서의 이중모음이란 각각의 단위 음소인 활음과 단모음의 결합체를 가리킨다.

2.1. 단모음체계

제주도방언의 단모음체계는 〈표 1〉처럼 9모음체계를 가지고 있다.

표 1

	-back	+back	
		-round	+round
+high	이	으	우
-h, -l	에	어	오
+low	애	아	ᄋᆞ

〈표 1〉에서처럼 [Back] 자질을 [Round] 자질보다 상위에 놓아 모음체계를 설정한다. 음성학적으로 $\left[\begin{smallmatrix}+\,back\\-\,round\end{smallmatrix}\right]$ 모음들이 $\left[\begin{smallmatrix}+\,back\\+\,round\end{smallmatrix}\right]$ 모음과 정확히 같은 위치에서 실현되는 것은 아니지만 위의 체계는 후술할 원순모음화 등의 통합적 음운현상을 설명하는 데에 합리성을 제공한다.[15] 원순모음화 등의 통합적 음운현상은 자연부류에 따라 실현되는 것인데 음성적 자질에 의해 묶여지는 자연부류를 체계에서 확인할 수 있어야만 하기 때문이다.

또한 〈표 1〉은 움라우트 현상을 통해 재구한 제주도방언 12모음체계의 변천을 설명하는 데에도 도움을 제공한다. 뒤에 제시할 12모음체계(〈표 5〉)에서 가장 불안정한 모음 계열은 $\left[\begin{smallmatrix}-\,back\\+\,round\end{smallmatrix}\right]$ 계열이므로 다른 어떤 계열보다 이 모음 계열이 먼저 체계상의 동요를 일으켰으리라는 것은 추측하기 어렵지 않다. 즉 제주도방언의 단모음체계에는 '위[ü]'나 '외[ö]' 같은 단모음들은 존재하지 않고 '위[wi]'나 '웨' 같은 이중모음을 확인할 수 있을 뿐

---

15 위와 같은 음소표(phoneme table)가 필요한 이유는 체계 내의 다양한 음소 사이의 계합적 관계를 보여 주고 이들이 나타나는 곳에서의 빈칸(gap)의 존재를 나타내 주기 때문이다. cf. McCalla(1983).

이며, 단모음 '이[ɨ]'도 /에/로 실현되고 있음을 확인할 수가 있는 것이다.

위의 단모음체계를 입증해 주는 최소대립쌍을 제시한다.[16]

이 : 에 : 애	비(雨) : 베(布) : 배(繩)
이 : 어	질(道) : 절(寺)
에 : 아	께다(覺) : 까다(破)
애 : 아	매(鷹) : 마(薯)
으 : 어	글(書) : 걸(윷놀이)
으 : 우	글(書) : 굴(蠣)
으 : 오	흑(土) : 혹(瘤)
어 : 아	벌(蜂) : 발(足)
어 : 오	점(卜) : 좀(蠹)
어 : ᄋ	점(卜) : 줌(眠)
아 : 오	담(墻) : 돔(鯛)
아 : ᄋ	말(斗, 言) : 몰(馬)
우 : 오 : ᄋ	둘(二) : 돌(石) : 둘(月)

---

16 본고에 사용된 음소 자모 및 음성 기호는 다음과 같다.

/ㅂ/ [p], [b]	/ㅃ/ [p']	/ㅍ/ [pʰ]
/ㄷ/ [t], [d]	/ㄸ/ [t']	/ㅌ/ [tʰ]
/ㅅ/ [s]	/ㅆ/ [s']	
/ㅈ/ [c], [j]	/ㅉ/ [c']	/ㅊ/ [cʰ]
/ㄱ/ [k], [g]	/ㄲ/ [k']	/ㅋ/ [kʰ]
/ㅁ/ [m]	/ㄴ/ [n]	/ㅇ/ [ŋ]
/ㄹ/ [l]	/ㅎ/ [h]	
/j/ (활음) [j]	/w/ (활음) [w]	
/이/ [i]	/에/ [e]	/애/ [ɛ]
/으/ [ɨ]	/어/ [ə]	/아/ [a]
/우/ [u]	/오/ [o]	/ᄋ/ [ɒ] /ᄋ/ [jɒ]

한편 자음에 관한 한, 본고에서 사용되는 자질은 최명옥(1982)의 자질도(102면)를 이용한다.

제주도의 노인층에서는 /에/와 /애/의 대립이 분명하게 유지된다. 그러나 젊은층에서는 /에/와 /애/의 대립이 [E]로 합류되어 구별되지 않는다. 이 [E]는 대체로 /에/로 인식되는 듯하다.

위의 모음 중에 /ᄋ/는 어두에서만 실현되는데 한자어나 복합어의 경우에는, 예컨대 '남ᄌ(남자男子), 농ᄉ(농사)', '갯ᄀ시(갯가), 가라ᄆ(검은말)'과 같이 때로 제2음절 이하에서도 실현되는 경우가 있다. 또한 /ᄋ/는 음절초에서 실현되지 못하고 [+cons] 아래에서만 실현 가능한데, 이는 중세어의 경우와도 유사하다.[17]

젊은층에서는 제주도방언 /ᄋ/는 /오/에 합류되었다. 이러한 변화는 제주도방언 /ᄋ/의 독자적 발달로 보여진다. 중앙어의 영향이 있었다면 /ᄋ/는 오히려 /아/로 합류될 것이기 때문이다. /ᄋ/가 /오/로 변화한 것은 원순성을 유지하면서 상승화한 것인데, /에/와 /애/의 대립이 없어진 사실과 무관하지 않은 듯하다.

2.2. 이중모음체계

제주도방언의 이중모음은 j계와 w계 두 부류가 있는데 '예, 애, 여, 야, 유, 요, ᄋ' 그리고 '위[wi], 웨, 왜, 워, 와' 등 모두 12개의 이중모음이 실현된다. 이를 단모음체계 〈표 1〉과 관련지어 살펴보면 다음과 같다.

표 2

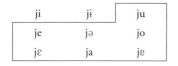

---

17 중세어 격 표기에서 'ᄂ/은', '롤/을'로 통일되는 경향(이숭녕 1947)은 이러한 /ᄋ/의 출현 제약과 무관하지 않을 듯하다.

〈표 2〉에서 제주도방언에 나타나지 않은 이중모음들 중 'jɨ'는 /j/의 $\begin{bmatrix} -back \\ +high \end{bmatrix}$ 자질과 /ɨ/의 $\begin{bmatrix} -back \\ +high \end{bmatrix}$ 자질이 중복되므로, 'wu, wo, wɐ'는 /w/의 원순성과 /u, o, ɐ/의 원순성이 중복되므로 실현이 불가능하게 되어[18] 결국은 체계상의 빈칸을 이루게 한다. 그런데 'jɨ'나 'wi'는 어떤 뚜렷한 이유 없이 체계상에서 존재하지 않는 우연적 빈칸이다. /j, w/와 /ɨ/ 사이에는 동질적인 자질상의 관계가 존재하지 않는 것으로 여겨지기 때문이다.[19]

'얘'는 그 예를 찾기가 쉽지 않다. 필자는 '이얘기(이야기)'만을 확인할 수 있었는데 제주도방언에서 /에/와 /애/가 분명한 대립을 유지하므로 '예'와 '얘'의 대립도 인정하기로 한다. 또한 단어 경계에서도 '얘'를 발견할 수 있다. 제주도방언의 부정사 '아니'는 자음을 두음으로 가지는 단어 앞에서 '아이'로, 모음을 두음으로 가지는 단어 앞에서 '아니[anj]'로 실현되는데[20] 이로부터 '아내쓴다[anjɛsʼindal](안 애쓴다)'를 들을 수 있다.

'ᆢ'는 제주도방언만이 갖는 특이한 이중모음인데 장음을 동반하지 않으면서도 분명한 실현을 보인다. ex. 욷세[jɐtsʼel](6일), 욱아[jɐgal](약아서).

'웨'와 '왜'는 노인층에서는 분명하게 구별된다. ex. 꿰(꾀), 꽤(깨).

이상의 이중모음들 이외에 특이하게도 단어 경계라는 특수한 환경에서 삼중모음 '와[jwa]'를 들을 수 있다.

아니[anj]+왐시냐 → 아뵘시냐[anjwamsinja](안 오느냐?)

이는 제주도방언의 부정사 '아니[anj]'와의 결합에서 실현되는데 '와[jwa]'

---

18 허웅(1968).

19 'wi'는 /ɨ/가 /w/의 원순성에 동화되어 /u/로 변화함으로 실현되지 않는다(이승재 1980: 80)고 할 수도 있고 /w/와 /ɨ/가 축약되어 /u/로 실현된다고 할 수도 있는데 이는 물론 형태소 경계에서의 규칙에 의존하는 설명이다.

20 아이 먹엇저(안 먹었다), 아놀았어[anjoramsə](안 온다).

는 일반적인 중모음이라기보다는 특정의 음소연결로 이해되어야 할 듯하다. 왜냐하면 이에 대응할 '워[jwə]' 또는 그 이외의 삼중모음들은 발견되지 않기 때문이다. '워[jwə]'의 실현이 기대되는 '아니[anj]+원허-[wənə-] (안 원하-)'의 연결은 부정사를 피부정사보다 후행시킨 '원허지 안헤여(원하지 않아)'로 대체하여 사용된다.

많은 타 방언들은 운율적 자질에 따르는 하위 모음체계를 가지고 있다. 예컨대 중부방언이나 서남방언은 음장의 대립에 따른 단모음체계와 장모음체계를 가지고 있는 대표적인 방언들이다. 그런데 이러한 타 방언에서 볼 수 있는 운율적 자질로서의 음장이라든가 성조는 제주도방언에서 발견되지 않는다.

물론 시차적 기능을 가지지는 않지만 음성적 자질로서의 운율적 특징이 존재한다. 현평효(1962)에는 장음을 표시한 예들이 간혹 보이는데 대체로 그것들은 표현적 기능과 관련된 것이 아닌가 한다. '참:방(찰방), 헤:양ᄒᆞ다(하얗다), 푸근:ᄒᆞ다(푸근하다), 고고:(닭 부르는 소리), 제:발(제발)' 등이 바로 그러한 예들이다. '곱다(隱=숨다)'와 '곱:다(麗)'의 차이가 있어서 최소대립쌍에 의한 운소로서의 음장을 인정할 듯도 하지만 '곱:다' 역시 표현적 또는 정서적 기능이 강한 점을 고려하면 역시 제주도방언에서는 음장이 시차적 기능을 가진다고 하기는 어렵다.

그 밖에 음성적 성질을 가지면서 음운론적 기능보다는 문법적 기능을 가지는, 즉 형태적 기능(configurative function)을 가지는 억양이 있다. 이는 거의 보편적인 것이어서 제주도방언이라고 예외일 수는 없는 것이다. 다만 억양은 본고의 주제와는 무관하기 때문에 더 이상 언급하지 않고자 한다.

3. 모음체계에 관련된 음운현상

전장前章에서 간략히 제시한 모음체계를 다시 조정하기 위하여 그에 관련된 음운현상들을 우선 정밀하게 기술하고자 한다. 여기서 다루는 음운현상은 모음과 모음 결합 시의 비음절화, 모음과 자음 결합 시의 동화 등이다. 모음탈락이나 활음화에 의하여 두 음절이 하나의 음절로 줄어드는 비음절화[21]는 약화 과정이며 전설모음화나 원순모음화 등의 동화는 강화 과정이다. 약화 과정이나 강화 과정에서의 두 모음 사이의 관계는 음운론적 강도에 따라 결정되는 것으로 여겨진다.

3.1. 모음탈락

개음절로 끝나는 어간 형태소가 모음어미와 결합될 때에 이루어진 모음 연속체에서는 일정한 조건 아래에서 의무적이든 수의적이든 어느 한 모음이 탈락된다. 다음의 예들은 제주도방언에서 모두 /으/로 끝나는 용언어간의 경우이다.

(1) ㄱ. 아프(痛)+안 → 아판(아파서)
     즁그(閉)+안 → 즁간(잠가서)
     크(大)+언 → 컨(커서)
   ㄴ. ᄀ트(如)+안 → ᄀ탄(같아서)
     꺼끄(折)+언 → 꺼껀(꺾어서)
     노프(高)+안 → 노판(높아서)

---

21 이병근(1978).

ㄷ. 할르(舐)+안 → 할란(핥아서)

볼르(踏)+안 → 볼란(밟아서)

끌르(沸)+언 → 끌런(끓어서)

ㄹ. 올르(昇)+안 → 올란(올라서)

뚤르(注)+안 → 뚤란(따라서)

분질르(折)+언 → 분질런(분질러서)

ㅁ. 느(汝)+안티 → 느안티(*난티, 너에게)

(1ㄱ)은 어미 '아/어' 앞에서 어간말 모음 /으/가 탈락함을 보여 주고 (1ㄴ)은 중앙어의 'ㅌ, ㄲ, ㅍ' 말음 어간에 대응하는 것으로 제주도방언에서는 /으/가 덧붙어 재구조화된 어간들인데 역시 어미 '아/어' 앞에서 어간말 /으/가 탈락함을 보여 준다. 제주도방언의 용언어간은 'ㄱ, ㄴ, ㄷ, ㄹ, ㅁ, ㅂ, ㅅ, ㅈ, ㅊ, ㅎ' 등 10개의 자음만을 말음으로 가질 수 있다.

(1ㄷ)은 중앙어의 음절말 /ㄹ/계 자음군을 가진 용언어간에 대응하는 것인데, 'ㄹC〉ㄹㄹ'의 변화와 /으/의 첨가로 재구조화된 예들이다. 제주도방언에서는 'ㄺ, ㄲ, ㄼ' 말음 용언어간을 제외하고 체언·용언에 관계없이 자음군 말음을 가진 형태소는 존재하지 않는다.[22]

---

22 일반적으로 현대국어에서 /ㄹ/계 자음군의 경우를 제외하면 어말에서의 자음군단순화는 [+cor]을 탈락시키고 [-cor]을 남긴다. ex. 갑(값), 싹(삯). 제주도방언에서는 어간 자체가 이러한 단순화를 경험하여 모두 단자음 말음 어간으로 재구조화되었다. 하지만 다음에 제시하는 이 방언의 예들은 다소 특이한 변화를 경험한 것으로 보인다. ex. 돗(〈돐, 1주년), 엇(無)+언 → 엇언(없어서). 이는 제주도방언의 통시론적 자음군단순화 규칙을 다음과 같이 나타내게 한다.

    a. $[+cons]$ ······ $\to \phi$ / _____ C

    b. $\begin{bmatrix} c \\ +cor \end{bmatrix}$ ······ $\to \phi$ / C_____

그런데 '엇-(無)'와 '갑(價)'은 규칙a와 b 사이의 통시론적 관계를 다시 살펴보게 한다. 이들은 두 규칙의 사적 순위가 문제되는 것인데, 규칙a가 '없-'에 먼저 적용된 후 /ㄹ/계 말음 어간에만 적용되는 규칙으로의 축소를 경험함으로써[ex. 둑(鷄)] '엇-(無)'와 '갑(價)'

(1ㄹ)은 학교 문법에서 이야기되는 이른바 '르'변칙인데 중앙어에서와 마찬가지로[23] 모두 /-르르-/형으로 재구조화되어 규칙 활용을 보여 준다. 이 예들 역시 (1ㄱ)~(1ㄷ)의 예와 마찬가지로 모음어미 '아/어' 앞에서 어간말 /으/가 탈락함을 보여 준다. (1ㅁ)에서 어간말 /으/의 탈락은 곡용에서는 적용되지 않으며 활용에서만 적용되는 것임을 알 수 있다. 이로부터 어간말 /으/탈락 규칙을 세워 볼 수 있다.

규칙(1)

$$\begin{bmatrix} +high \\ +back \\ -round \end{bmatrix} \rightarrow \phi \ / \ \rule{2cm}{0.4pt} \ ]\text{v.st.} \ + \begin{bmatrix} -high \\ +back \\ -round \end{bmatrix}$$

(용언의 어간말 /으/는 '아/어' 앞에서 탈락)

이러한 /으/탈락 규칙은 형태소 내부에서는 적용되지 않는다.

(2) 다음(次, *담:), ᄀ을(秋, *ᄀᆯ:), ᄆᆞ음(心, *맘:), 버을다(得, *벌:다), 사을 (3일, *살:)

위의 예들은 제주도방언에서는 형태소구조 내부에서 보상적 장모음화와 모음탈락을 수의적으로라도 경험한 형태로는 발화되지 않음을 보여 주는 것들인데, 이는 제주도방언에서 장단이 시차적이지 못함에 기인한다. 이 때문에 보상적 장모음화 규칙의 구조변화(structural change)를 성립시킬 수 없게 되고 이로 인하여 형태소구조 내부에서 보상적 장모음화를 동반한 모음탈락이 실현될 수 없는 것이다. 이는 후술할 활음화에 의한 비

이 상이한 통시론적 투영을 보인 것으로 믿어진다. 이에 대한 자세한 논의는 추후로 미룬다.

23 이병근(1967).

음절화의 경우에도 마찬가지이다.

이제 또 다른 /으/탈락으로 기저형에서 /으/로 시작되는 어미들에 있어서 /으/가 탈락하는 현상을 살펴보도록 하자.

(3) ㄱ. 나(我)+은 → 난(∽나는)

　　　베(布)+은 → 벤(∽베는)

　　　들(月)+은 → 들은(*든)

　　　첵(册)+은 → 첵은

　　ㄴ. 나+을 → 날(∽나를)

　　　베+을 → 벨(∽베를)

　　　들+을 → 들을(*들)

　　　첵+을 → 첵을

　　ㄷ. 나+으로 → 나로

　　　베+으로 → 베로

　　　들+으로 → 들로(*들으로)

　　　첵+으로 → 첵으로

　　ㄹ. 나+을랑[24] → 날랑

　　　돌(石)+을랑 → 돌랑(*돌을랑)

　　　첵+을랑 → 첵을랑

(4) ㄱ. 가(去)+으난 → 가난(가니까)

　　　트(浮)+으난 → 트난(뜨니까)

　　　뺄(洗)+으난 → 뺀난(*뺄으난, 빠니까)

　　　신(履)+으난 → 신으난(신으니까)

---

24 체언에 붙어서 '은'의 뜻을 강조하여 나타내는 격어미(현평효 1985).

ㄴ. 가+으키여 → 가키여(가겠다)

빨+으키여 → 빨키여(*빨으키여, 빨겠다)

신+으키여 → 신으키여(신겠다)

막(防)+으키여 → 막으키여(막겠다)[25]

ㄷ. 좋(好)+으난 → 조으난(∽조난, 좋으니까)

놓(放)+으난 → 노으난(∽노난, 놓으니까)

낳(産)+으난 → 나으난(∽나난, 낳으니까)

ㄹ. 가(去)+음+이(계사)+우꽈 → 감이우꽈(갑니까)

빨(洗)+음+이+우꽈 → 뽊이우꽈(*빨음이우꽈, 빱니까)

신(履)+음+이+우꽈 → 신음이우꽈(신습니까)

놓(放)+음+이+우꽈 → 노음이우꽈(∽놈이우꽈, 놓습니까)

듣(聞)+음+이+우꽈 → 들음이우꽈(듣습니까)

위에서 (3)은 곡용의 경우이고, (4)는 활용의 경우인데, /으/계 어미는 곡
용이든 활용이든 관계없이 모음 말음 어간 뒤에서 의무적으로 /으/가 탈
락하고 순수자음 말음 어간 뒤에서는 /으/가 탈락하지 않는다. 그러나
$\begin{bmatrix} +voc \\ +cons \end{bmatrix}$인 유음 말음 어간 뒤에서는 중앙어와 마찬가지로 곡용과 활용에
서 각기 상이한 양상을 보인다.[26]

활용의 경우, 유음 뒤에서는 어미의 /으/가 탈락하는 것이 원칙이지만
곡용의 경우에는 어간 말음이 유음인 때 /으/탈락은 어미의 음절수에 따
라 달라진다. 즉 (3ㄱ)의 '둘은', (3ㄴ)의 '둘을'처럼 어미의 음절수가 단음절
일 때에는 /으/가 탈락하지 않으며 (3ㄷ)의 '둘로', (3ㄹ)의 '돌랑'처럼[27] 어

---

25 '먹-(食)'는 /으/계 어미 중 '으키여'에 대해서만은 '먹으키여'와 '먹키여' 양형이 모두 가
능하다는 점에서 형태론적으로 특이하다. cf. 먹+으난 → 먹으난(∽*먹난, 먹으니까).

26 중앙어에서 /ㄹ/말음 용언간의 경우에는 /으/탈락이 수의적이지만 제주도방언에서
는 /으/탈락이 의무적이다.

미의 음절수가 2음절일 때에는 /으/가 탈락한다. 활용에서는 어간말 유음 뒤에서 /으/가 탈락하지만 곡용에서는 음절 구조상의 제약을 동반한 /으/ 탈락이 이루어지는 것이다.[28]

규칙(2)

$$\begin{bmatrix} +high \\ +back \\ -round \end{bmatrix} \rightarrow \phi \ / \ [+voc] + \underline{\hspace{2cm}}$$

(모음이나 유음 말음 어간 뒤에서 어미의 /으/는 탈락)

단, 곡용어미가 단음절일 때 $\begin{bmatrix} +voc \\ +cons \end{bmatrix}$ 의 유음 뒤에서는 적용되지 않는다.

위의 규칙(1), 규칙(2)는 /으/가 형태소 경계를 사이에 두고 다른 모음과 결합할 때에 흔히 탈락함을 보여 준다.

(4ㄷ)은 /ㅎ/탈락과 /으/탈락과의 관계를 보여 준다. 자음의 탈락이 /으/ 탈락에 대한 보상을 동기화시켜 장모음화를 유발하는 중앙어와는[29] 달리 제주도방언은 (4ㄷ)에서 보여지듯이 /ㅎ/의 탈락이 어미 /으/의 탈락에 의한 보상적 장모음화를 유발시키지 못하며 또한 어미 /으/의 탈락도 수의 적이다. 이러한 /으/탈락의 수의성은 어간 형태소에 대한 숨은 인식에 기인하는 것이다. (4ㄹ)에서 보여지는 것처럼 명사형 어미 /음/의 경우에도 규칙(2)에 따라 /으/가 탈락된다.

다만 '돋-(走), 듣-(聞), 걷-(步), 질-(汲)' 등의 이른바 'ㄷ'변칙 동사는 어미의 /으/탈락이 수의적으로 이루어지는 듯이 보인다.

---

27 이때 /ㄹ/가 탈락하는 것은 자음군단순화에 의한 것이다.
28 김완진(1972), 이병근(1981).
29 이병근(1978), 18-24면.

(5) ㄱ. 둘으난(달으니까, 走), 들으난(들으니까, 聞), 걸으난(걸으니까, 步),
　　질으난(길으니까, 汲)

　　ㄴ. 두난(走), 드난(聞), 거난(步), 지난(汲)

　제주도방언의 'ㄷ'변칙 동사는 중앙어와는 달리 'ㄷ'변칙계와 'ㄹ'계가 쌍형어간(doublet)을 이루고 있는데[30] /으/탈락이 이루어진 (5ㄴ)의 '두난, 드난, 거난, 지난' 등은 아래에서 보인 B계의 /ㄹ/말음 어간이 연결되어 /으/가 탈락한 것이지 결코 'ㄷ'변칙 동사가 수의적인 /으/탈락을 보인 것은 아니다. 따라서 이들은 '둘+으난, 들+으난, 걸+으난, 질+으난' 등에서 /으/탈락 이후 유음탈락 규칙 'ㄹ → φ / ＿＿＿ +ㄴ'[31]에 의해 /ㄹ/가 탈락한 활용형이라 할 수 있다. (5ㄱ)은 같은 유음이라도 'ㄷ'에서 유도된 유음 뒤에서는 /으/가 탈락하지 않음을 보여 준다.

A		B
/둘-/	(走)	/둘-/
둘지	+자음어미(-지)	둘지
둘안	+모음어미(-안)	둘안
둘으난	+/으/계 어미(-으난)	두난

　역사적으로 이러한 쌍형의 생성은 자음어미 앞에서 쓰이던 '둔-, 든-, 건-, 진-' 등과 모음어미 앞에서 쓰이던 '둘-, 들-, 걸-, 질-' 등의 두 유형의 이형태들이 존재하다가 후자의 어간들이 자음어미 앞에서까지 확대되어 이루어진 것으로 믿어진다.

　규칙(2)와 관련하여, 제주도방언의 젊은층에서는 모든 자음계 활용어

---

30 강영봉(1983). 곡용어미 '-더레'도 이와 유사하다. ex. 집더레(집으로), 질러레(길로).
31 제주도방언에서 다른 자음들 앞에서는 유음이 탈락하지 않는다. ex. 알(知)+단 → 알단(*아단, 알다가), 알+지 → 알지(*아지, 知).

미들이 수의적으로 /으/계 어미로 해석되고 있다(편의상 자음계 활용어미 중에 '-지'와의 결합형만을 제시한다).

    (6) ㄱ. 먹으지(먹지), 신으지(신지), 틀으지(뜯지), 굼으지(감지), 입으지
            (입지), 웃이지(웃지), 늦이지(늦지), 쫓이지(쫓지), 굵으지(굵지),
            곪으지(곪지)

        ㄴ. 알지(*알으지, 知), 울지(*울으지, 泣)

        ㄷ. 걸으지(걷지), 들으지(듣지)

        ㄹ. 좋지(*좋으지, 好)

    이러한 현상은 활용체계에만 한정된 것으로서 계합적 규칙화(paradigmatic regulation)[32]를 위한 것인데, 이형태를 줄이기 위한 노력에서 비롯된다. 이 현상이 몇 개의 자음에 한정되는 중앙어와는 달리 (6ㄱ), (6ㄴ)은 제주도방언에서 /ㅎ/를 제외한 어떤 부류의 자음 뒤에서도 이 현상이 가능함을 보여 준다. 언뜻 보기에 젊은층에서도 계합적 규칙화를 위한 /으/첨가가 일어나지 않은 듯이 보이는 (6ㄴ)도 사실은 규칙(2)의 적용을 받아 /으/가 표면에 드러나지 않은 것일 뿐이다. ex. '알(知)+으지 → 알+지 → 알지'.

    (6ㄷ)은 'ㄷ'변칙 동사도 계합적 규칙화를 위한 어미의 /으/첨가가 일어났음을 보여 주고 (6ㄹ)은 계합적 규칙화를 위한 이형태 축소도 /ㅎ/의 축약과 같은 강력한 음운규칙을 거부하지는 못함을 시사해 준다. 즉 (6ㄹ)에서 /으/첨가가 일어난다면 /ㅎ/축약이 일어날 수 없기 때문이다.

    지금까지 언급한 /으/탈락 이외에 또 다른 모음탈락으로 모음어미 '아/어'의 탈락이 있다. 어간 말음이 /에, 애/나 /외/(또는 /웨/)인 경우 수의적 탈락을 보이는 중앙어와는 달리 제주도방언에서는 어미 /어/가 탈락하지

---

32 Kenstowicz & Kisseberth(1977), 69-74면.

않는다.[33] 그러므로 어미 '아/어'의 탈락은 어간말 모음이 동일계의 '아/어'일 경우에만 적용되는데 제주도방언에서 /어/를 말음으로 하는 용언어간은 존재하지 않으므로[34] 결국 /아/를 말음으로 가진 용언어간에 어미 /아/가 연결될 때뿐이다.

(7) 가(去)+안 → 간(가서)
    빠(拔)+안 → 빤(빼어서)
    사(買)+안 → 산(사서)

(7)은 어간의 /아/가 탈락한 것인지 어미의 /아/가 탈락한 것인지 분명하지 않으나 어미 위치가 어간 위치보다 음운론적 강도가 강하다는 점[35]에서 본고는 어간의 /아/가 탈락한 것으로 본다. 또한 제주도방언에서 'ㅅ'변칙 동사는 중앙어와 달리 모두 정칙 동사이므로 기대되는 /아/의 탈락은 실현되지 않는다. ex. 낫(癒)+안 → 낫안(나아서).

이 절에서 다루어야 할 치찰음 아래에서의 /이/탈락, 예컨대 '마시(飮)+언 → 마선(마셔서)'과 같은 현상은 편의상 다음 절에서 다루기로 한다.

요컨대 제주도방언의 모음탈락에는 /으/탈락과 동일모음 연결에서의 /아/탈락이 있으며 규칙(1), 규칙(2)에서 /으/는 다른 어떤 모음과의 결합에서도 흔히 탈락함을 알 수 있다. 따라서 /으/는 제주도방언 모음 가운데에서 음운론적 강도가 가장 약한 것으로 이해된다.

---

33 젊은층에서는 /어/를 탈락시키려는 경향이 강하다. ex. 세(算)+언 → 센(∽세언∽세연, 세어서), 개(晴)+언 → 갠(∽개언∽개연, 개어서), 뒈(成)+언 → 뒌(∽뒈언∽뒈연, 되어서). cf. 뛰(走)+언 → 뛰언(∽뛰연, *뛴, 뛰어서).

34 '사-(立), 아이설-(姙), 싸-(引), 넘-(渡), 놓-(放, 置)' 등이 각각 '서-, 아이서-, 켜-, 건너-, 넣-' 등을 대신하여 사용된다. 제주도방언에서 유일한 /어/말음 용언어간인 '허-(爲)'는 형태론적으로 조건된 교체를 보인다. ex. 허지(하지), 허난(하니까), 허연(∽헨, '하여서').

35 최명옥(1982), 117면.

3.2. 이중모음과 활음화

제주도방언의 이중모음들은 어떤 조건 아래에서 가장 뚜렷이 실현되며 어떤 조건 아래에서 실현되기 어려운가? 이는 대체로 타 방언과 마찬가지로 음절 구성과 밀접한 관련을 가진다.

> (8) 양털(양₩털), 양에(양하), 오양깐(외양간), 대양(대야, 鉦)
>   여,[36] 감비역(깜부기), 우영(뜰)
>   요(褥), 애욕(고름 뿌리)
>   윳(柶), 윤디(인두)
>   예순(육십六十)
>   이얘기(이야기)
>   ♀답(여덟)
> (9) 왕王, 불미왕(대장간)
>   원체(원래), 이월二月, 서월(서울)
>   왜놈(왜인倭人), 왜울르다(소리 높이 지르다)
>   웨(오이)
>   위胃, 새위(새우), 입바위(입술), 하위욤(하품)

위에서 보여지듯 자음을 두음으로 취하지 않은 음절에서 이중모음은 가장 잘 관찰된다. 그러나 자음을 두음으로 가지는 음절에서 이중모음의 실현은 다소 제약이 따른다. 이 절에서는 자음을 두음으로 취하는 음절에서 이중모음의 출현 제약이 어떠한지를 살피고자 한다. 또한 형태소 경계에서의 활음화가 형태소 내부에서의 이중모음 출현 제약과 어떠한 관계

---

36 바닷가 바닥이 얕거나 조수가 썬 때 나타나 보이는 돌.

를 갖는지도 살펴보도록 한다.

일반적으로 이중모음은 j계와 w계 두 부류로 나뉘는데 제주도방언에서도 역시 마찬가지여서 이들 j계, w계 이중모음의 출현 제약을 나누어 기술하되 다시 형태소 내부와 경계에서의 이중모음의 실현을 각각 기술하면서 비교하고자 한다. 이는 본고가 추구하려는 목표인 MS-rule과 P-rule 사이의 관계를 살펴보기 위함이다.

음절구조제약에 따른 이중모음의 변화는 단모음화와 모음탈락 두 방향으로 구분 지을 수 있다. 여기서의 단모음화란 활음이 가지는 전설적 요소 또는 원순적 요소를 각각 핵모음에 포유시켜 동시적 실현을 보이는 것, 즉 계기적 이중모음을 동시적 단모음으로 실현시키는 현상을[37] 가리키는 것으로, 활음이나 하나의 모음을 탈락시킴으로써 핵모음만을 남기는 모음탈락과는 구별된다.

제주도방언에서 모음탈락은 공시적 규칙으로서의 P-rule로도 작용하나 단모음화는 일종의 통시적인 음운변화로서 그 결과 공시적으로는 음절구조제약에 따른 MS-rule로만 작용한다. 따라서 MS-rule에 대한 기술과 P-rule에 대한 기술을 통해서 둘 사이의 차이점을 밝혀야 하는데 P-rule에 의해 지배되는 음운현상들을 세심히 관찰할 필요가 있게 된다. 이중모음의 실현을 지배하는 P-rule을 관찰하기 위해서는 그 환경이 개음절 어간과 모음어미와의 결합에 국한된다.

그런데 특히 활음화와 관련되는 모음어미로는 '아/어'계가 있는바[38] 여기서 '아/어' 교체에 대한 조건을 참고로 제시하면 다음과 같다. 어미 '아/어'의 교체는 어간말 음절이 자음으로 끝나느냐 모음으로 끝나느냐 하는

---

37 이병근(1973), 138면.

38 교체를 보이는 '아/어'의 어미 연결체로는 '-안/언(-아/어서), -아네/어네(-아/어서), -아시난/어시난(-았/었으니까), -앖어/없어(-는다), -아그네/어그네(-고서)' 등과 회상법 선어말어미 '-아/어-(-더-)'가 있다.

것과 관련이 있으므로[39] 이에 따라 제주도방언에서 어미 '아/어'의 교체를 나누어 기술한다. 먼저, 자음으로 끝나는 어간을 보자.

(10) ㄱ. 안(包)+안 → 안안(안아서)

　　　녹(解氷)+안 → 녹안(녹아서)

　　　뿔(洗)+안 → 뿔안(빨아서)

　　　샐(漏)+안 → 샐안(새어서)

　　　뻿(奪)+안 → 뻿안(뺏어서)

　　ㄴ. 얼(得)+언 → 얼언(얻어서)

　　ㄷ. 다듬(整)+안 → 다듬안(다듬어서)

　　　더듬(模)+언 → 더듬언(더듬어서)

　　ㄹ. 줌질(물건이 잘고 가늘다)+안 → 줌질안

　　　거칠(荒)+언 → 거칠언(거칠어서)

　　ㅁ. ᄀᆞ물(旱)+안 → ᄀᆞ물안(가물어서)

　　　머물(滯)+언 → 머물언(머물러서)

　　　어둑(暗)+언 → 어둑언(어두워서)

(10)에서 보여지는 대로 어미 '아/어'의 선택은 아래 표에 따른다.

무관모음[40]　으, 이, 우

아, 오, ᄋᆞ, 애, 에	아
어, (이, 우)	어

모음으로 끝나는 어간의 '아/어' 선택은 다음과 같다.

---

39 최명옥(1976b), 63면.
40 '아/어' 교체에 어떠한 영향도 미치지 못하는 모음.

(11) ㄱ. 만나(逢)+안 → 만난(만나서)

　　　보(見)+안 → 보안(보아서)

　　　질루(養)+안 → 질롼(길러서)

　　ㄴ. 세(算)+언 → 세언(세어서)

　　　개(晴)+언 → 개언(개어서)

　　　굴기(打)+언 → 굴견(갈겨서)

　　ㄷ. 주(與)+언 → 주언(주어서)

　　ㄹ. 아프(痛)+안 → 아퐌(아파서)

　　　어프(覆)+언 → 어푄(엎어서)

이 경우는 (11)에서 보듯이 아래 표를 따른다.

무관모음　으

아, 오, 우, ᄋ	아
에, 애, 이, (으)	어

(단, 단모음 /우/말음 어간에는 /어/가 연결된다)

　정밀한 기술은 아니었지만 위의 두 표에 보이는 것처럼 /아/가 연결되는 어간 모음과 /어/가 연결되는 어간 모음들은 모음체계상에서 어떤 자연부류로도 묶여질 수 없다. 그리하여 모음조화로써는 모음체계의 구성이 만족스럽지 않게 된다.

3.2.1. j계 이중모음의 경우

　앞서 지적했듯 j계 이중모음은 음절 두음으로 자음을 가지지 않을 경우 가장 잘 실현된다. 따라서 음절 두음으로 자음을 취하는 경우 그 자음의 부류에 따라 j계 이중모음의 실현이 어떠한지를 살펴보는 것이 이 절의 목적이다. 이 절에서는 음절 두음의 자음 부류를 치찰음, 연구개음, 순음, 비음, 유음으로 나누고 이 순서에 따라 j계 이중모음이 이들 부류의 자음 아래에서 어떻게 실현되는지를 기술한다.

3.2.1.1. 형태소 내부

j계 이중모음은 선행음의 자음 부류에 따라 다르게 실현된다. 이는 /j/가 [palatal] 자질을 포함하고 있어서 구개음화 현상과 밀접한 관계를 갖기 때문이다. 제주도방언은 새로이 중앙어의 영향을 받은 일부 한자어들의 경우를 제외하면 거의 완전히 ㄷ-구개음화, ㄱ-구개음화 그리고 ㅎ-구개음화를 겪었다고 할 수 있다. 또한 치음의 구개음화에 의해 제주도방언의 j계 이중모음은 /ㅅ, ㅆ, ㅈ, ㅉ, ㅊ/ 등의 치찰음 뒤에서 실현되지 못하고 결국 /j/를 탈락시킨 형태가 사용된다.

(12) ㄱ. 저를(겨를), 저리(겨리), 절리다(결리다), 저을(겨울), 점상(겸상), 정우(경우), 정웅기(경운기), ᄌᆞ껭이(겨드랑이), 준디다(견디다), 줍-옷(겹옷),[41] 조장(교장校長), 조육(교육), 조꽈서(교과서), 줄(귤橘)

ㄴ. 경제經濟, 경상도慶尙道, 교통交通, 규칙規則

ㄷ. 제우(겨우)

ㄹ. 창견(참견參見), 헹결(한결), 테견(퇴김), 물견(물건物件), 성교사(선교사宣敎師)

(13) ㄱ. 성금(현금現金), 설압(혈압), 성광등(형광등), 성사(형사刑事), 성(형兄), 생교(향교), 소제(효자孝子), 수지(휴지休紙), 숭(흉내)

ㄴ. 현관玄關, 효꽈(효과效果), 휴가休暇

---

41 '-'표는 음절 경계를 나타내 주는 것인데 이 예에서 연음되지 않음을 보여 준다.

ㄷ. 세(혀)

(12ㄱ), (13ㄱ)은 구개음화의 실현 이후 치찰음 뒤에서 /j/가 탈락한 예들이고 (12ㄴ), (13ㄴ)은 구개음화를 경험하지 않은 일부 한자어들이다. 대체로 중앙어의 영향을 강력하게 받은 어사들은 구개음화를 경험하지 않았다고 할 수 있다. (12ㄷ), (13ㄷ)은 아주 특이한 변화 예인데 단어의 제1음절에서 가능한 ㄱ-구개음화와 ㅎ-구개음화가 각각 이루어진 뒤에 /j/탈락보다 단모음화를 경험한 예들이다.[42] 한편 ㄱ-구개음화는 단어의 제2음절 이하에서는 적용되지 않았으므로 (12ㄹ)처럼 제2음절 이하에서 /ㄱ/ 뒤의 j계 이중모음은 그대로 유지된다. (12), (13)은 치찰음 뒤에서 j계 이중모음이 올 수 없음을 보여 준다.

제약(3) 치찰음 / ㅅ, ㅆ, ㅈ, ㅉ, ㅊ/ 아래에서 j계 이중모음은 결합되지 않는다.

음절 두음이 순음일 경우 음절수에 상관없이 /j/탈락이 아닌 단모음화를 겪은 형태를 보여 준다.

(14) ㄱ. 베락(벼락), 베루(벼루), 베록(벼룩), 펜지(편지), 뻬(뼈), 멩복(명복冥福), 멩지(명주), 멩치(명치), 멘태(명태), 멜(멸치)

ㄴ. 페고버섭(표고버섯), 페지(표지標識), 페적(표적標的), 뻬쪽허다(뾰족하다)

ㄷ. 표줌말(표준말), 표어標語

ㄹ. 솜빽(손뼉), 새벡(새벽), 남펜(남편), 송펜(송편), 나멘(라면)

---

42 겨우〉져우〉제우, 혀〉셔〉세. 두 어사는 모두 고유어라는 공통점을 갖는다.

(14ㄱ), (14ㄴ)은 제1음절에서, (14ㄹ)은 제2음절에서 순음 아래의 j계 이중모음이 단모음화한 것이다. (14ㄴ)은 다소 설명을 요하는데 이들은 이중모음의 단모음화에 이어서 순자음의 원순적 기능과 /외/의 원순적 기능 사이의 이화에 의하여 /에/로 실현된 것이다. 즉, 표-〉푀-〉페-.[43] 이들은 후술할 바와 같이 순음 아래에서도 j계 이중모음이 실현되는 형태소 경계에서의 P-rule과는 일치하지 않으므로 MS-rule로 다루어져야 한다.

> **MS-rule(4)** 순음 아래에서 j계 이중모음은 결합되지 않는다.
> (역사적으로, 순음 아래 /여, 요/는 /에/로 단모음화)

중앙어의 영향을 강력하게 받은 듯한 어사는 (14ㄷ)에서처럼 순음 아래에서도 j계 이중모음을 유지한다.

'ㄴ+j'의 결합이나 유음은 어두에 나타날 수 없다. 따라서 일반적으로 /ㄴ, ㄹ/ 뒤의 j계 이중모음은 제2음절 이하에서만 실현이 가능하다고 할 수 있다.

(15) ㄱ. 숭년(흉년凶年), 꼬녀(고누), 양념(양념), 우녁(위쪽), 저냑(저녁), 고냥(구멍)

ㄴ. 노력努力, 바령,[44] 거력허다,[45] 궐력(권력權力), 궐련(煙), 고량(고랑), 할량(한량閑良), 치료治療, 훌륭허다(훌륭하다)

(15)에서 보여지듯 제2음절 이하에서 /ㄴ, ㄹ/ 뒤의 j계 이중모음은 분명하게 실현된다.

---

43 이병근(1973), 139면.
44 휴경기에 마소를 가두어 두엄 등을 받아 밭을 기름지게 하는 것.
45 물건이 넉넉하고 마음이 후하여 걸게 쓰는 버릇이 있다.

3.2.1.2. 형태소 경계

형태소 경계에서의 음운현상들 가운데에서 j계 이중모음이 관여할 수 있는 경우는 /이/모음 용언어간의 어미 '아/어'와 연결될 때에 일어날 수 있는 활음화에 의한 경우뿐이다.[46]

> (16) ㄱ. 비(空)+언 → 비언(∽비연, 비어서)
> 삐(散)+언 → 삐언(∽삐연, 뿌려서)
> 피(開花)+언 → 피언(∽피연, 피어서)
> 미(賤待)+언 → 미언(∽미연, 미어서)
> ㄴ. 기(匍匐)+언 → 기언(∽기연, 기어서)
> 끼(揷)+언 → 끼언(∽끼연, 끼어서)
> ㄷ. 히(泳)+언 → 히언(∽히연, 혜어서)

(16)은 단음절 어간의 경우로서 어떤 조건 아래에서도 어간말의 /이/가 활음화하지 않음을 보여 주고 있다. 중앙어에서는 이들이 활음화에 따른 보상적 장모음화와 관련된 것인데, 제주도방언에서 이들은 축약되지 않음으로써 보상적 장모음화와 무관하다. 앞서 기술했듯 이는 제주도방언의 장단이 시차적이지 못함에 기인한다.

그러나 단순히 장단이 시차적이지 못하다는 이유만으로는 이를 일반화시키기는 어렵다. 제주도방언과 마찬가지로 장단이 시차적이지 못한 동남방언에서는[47] 보상적 장모음화를 동반한 축약이 일어나기 때문이다.

이러한 차이는 두 방언에서 장단이 차지하고 있는 기능적 성격의 차이

---

46 파생어의 경우에는 대체로 어간말 /이/가 탈락한다. ex. 아비(父)+앙 → 아방, 가지(枝)+ 앙이 → 가쟁이(∽가젱이), 난시(薺)+앙이 → 난생이(∽난셍이). cf. 이(此)+아이(兒) → 야이.

47 최명옥(1976b). ex. 기(匐)+어서 → 기:서, 비(空)+어서 → 비:서.

에서 비롯되는 듯하다. 즉 두 방언 모두 장단이 시차적이지 못하지만 동남
방언에서는 장단이 음운현상에 잉여적으로 기능함으로써 보상적 장모음
화에 의한 음성적 장음이 형성되면서 축약이 이루어지는 것이다. 앞서 제
시한 (2)의 예가 위의 동남방언에서 '담:(次), 맘:(心), 첨:(初)'으로 실현될 수
있다는 것도 같은 맥락에서 이해된다. 이렇게 보면 보상적 장모음화는 비
음절화에 비해 수의적인 효과로 이해된다.

치찰음을 음절 두음으로 가지는 경우, 형태소 내부에서는 제약(3)에 따
라 /j/가 탈락하는데 형태소 경계에서는 제약(3)에 따라 어간의 모음 /이/
를 탈락시킨다.

(17) ㄱ. 시(有)+어냐→ 서냐(∽시어냐, 있더냐)[48]

　　　씨(書)+어냐→ 써야(∽씨어냐, 쓰더냐)

　　ㄴ. 지(負)+어냐→ 저냐(∽지어냐, 지더냐)

　　　찌(挿)+어냐→ 쩌냐(∽찌어냐, 끼더냐)

　　　치(蒸)+어냐→ 처냐(∽치어냐, 찌더냐)

(17)에서 보여지듯 /ㅅ, ㅆ, ㅈ, ㅉ, ㅊ/ 등 치찰음을 음절 두음으로 가지
는 /이/말음 어간들이 /어/와 결합할 때 어간의 /이/가 탈락한다.

규칙(5)

$$\begin{bmatrix} +high \\ -back \end{bmatrix} \rightarrow \phi / \begin{bmatrix} c \\ +str \end{bmatrix} \underline{\hspace{2cm}}]v.st. + \begin{bmatrix} -high \\ -low \\ +back \\ -round \end{bmatrix}$$

(치찰음 /ㅅ, ㅆ, ㅈ, ㅉ, ㅊ/ 뒤의 용언어간 말음 /이/는 어미 /어/ 앞에서
탈락)

---

48 시(酸)+어냐 → 시어냐(*서냐). '시-(有)'와 '시-(酸)'의 이러한 차이는 '시-(酸)'가 기원적으
로 '싀-'에 소급하기 때문인 듯하다. cf. 쉰믈(용비어천가 권5: 4).

단, 어간이 단음절인 경우에는 수의적.

(17)은 활음화 이후의 활음탈락이 아니라 활음화를 경험하기 전에 모음 /이/가 탈락된 것이다. 일반적으로 제주도방언에서 자음을 음절 두음으로 가지는 단음절 어간의 경우에는 어미 '아/어' 앞에서 활음화가 일어나지 않는 것으로 보이기 때문이다. 위의 규칙(5)는 제약(3)과 일치한다. 하지만 제2음절 이하로 내려가면 다소 다른 양상을 보인다.

(18) ㄱ. ㅂ디(近)+언 → ㅂ뎐(가까와서)

　　　드디(踏)+언 → 드뎐(디뎌서)

　　ㄴ. 부비(捻)+언 → 부변(비벼서)

　　　슬피(察)+언 → 슬편(살펴서)

　　　꾸미(飾)+언 → 꾸면(꾸며서)

　　ㄷ. 시기(使)+언 → 시견(시켜서)

　　　엉키(凝)+언 → 엉켠(엉켜서)

　　　ᄀᆞ끼[49]+언 → ᄀᆞ견

　　ㄹ. 다이(磨)+언 → 다연(닳아서)

　　　첵(冊)+이(계사)+어 → 첵여(∽첵이여, 책이다)

　　ㅁ. 지니(持)+언 → 지년(지녀서)

　　ㅂ. 자리(痺)+언 → 자련(저려서)

　　　알리(痛)+언 → 알련(아려서)

　　　지들리(待)+언 → 지들련(기다려서)

(18)은 2음절 이상의 /이/말음 용언어간이 어미 /어/에 연결될 때 음절 두음의 자음 부류에 관계없이 활음화됨을 보여 준다.

---

49 물 같은 것을 급히 마시다가 목에 막혀 잘 내려가지 않다.

규칙(6)

$$\begin{bmatrix} +high \\ -back \end{bmatrix} \to [\text{-voc}] \ / \ \$ \ (C) \ \underline{\quad\quad} \ \text{lv.st.} + \begin{bmatrix} -high \\ -low \\ +back \\ -round \end{bmatrix}$$

(제2음절 이하에서, 용언의 어간말 /이/는 치찰음을 선행시키지 않은 경우에 어미 /어/ 앞에서 활음화)

단, C는 치찰음 이외의 자음.

위의 규칙은 제2음절 이하에서만 가능한 것으로 보이지만 이는 다음과 같은 제약에 의해 음절수에 관계없는 규칙이 된다.

제약(7) 국어에서, 단음절의 용언어간 말음이 어미 '아/어' 앞에서 활음화할 때에는 보상적 장모음화가 일어난다.

이는 보상적 장모음화가 일어날 수 없는 제주도방언에서는 제1음절에서의 활음화가 가능하지 않음을 나타내 준다. 그런데 이 제약(7)은 제주도방언뿐 아니라 국어의 일반적 제약인 듯하다. 이 제약의 기원에 대하여는 불명확하지만 국어의 장음이 제1음절에서만 유지될 수 있는 것과 밀접한 관련을 갖는 것이다. 국어의 장음은 어떤 이유에 의해 제약(7)을 동반하고 출현한 것으로 생각된다.

(18ㄴ)은 P-rule이 MS-rule과 언제나 일치하는 것은 아님을 보여 준다. 즉 앞서 제시한, 순음 뒤에 j계 이중모음이 올 수 없다는 MS-rule(4)에도 불구하고 형태소 경계가 개입하는 P-rule에서는 j계 이중모음을 실현하고 있기 때문이다.

이와 달리 다음의 예에서는 MS-rule과 P-rule이 일치하고 있다.

(19) ㄱ. 마시(飮)+엄서 → 마섬서(마신다)

게시(在)+엄서 → 게섬서(계신다)

ㄴ. 닷(味)+엄서 → 닷암서(다신다)

못(侍)+안 → 못안(모셔서)

앚(座)+안 → 앚안(앉아서)

ㄷ. 두지(索)+언 → 두전(뒤져서)

지꺼지(喜)+언 → 지꺼전(기뻐서)

ᄆᆞᆫ치(觸)+언 → ᄆᆞᆫ천(만져서)

치찰음 뒤의 j계 이중모음은 형태소 내부이든 경계이든 관계없이 실현
될 수 없다. (19ㄴ)은 (19ㄱ)과는 다른 접근이 필요하다. 그것은 앞서 기술
한 어미 '아/어' 교체와의 관련성 때문인데, (19ㄴ)의 경우 기저형을 '다시-,
모시-, 아지-'로 잡으면 (19ㄱ)과는 어미 '아/어'의 교체에서 차이를 보이게
된다. 즉 /이/말음 어간 뒤에는 /어/가 연결되어야 함에도 불구하고 위의
세 형태소에는 /아/가 연결된 것이다. 이는 (19ㄴ)의 세 형태소가 /이/말음
을 갖고 있는 것이 아님을 알려 준다.

그러나 '닷-, 못-'의 경우 자음어미(-지)와의 연결에서 '다시지(*닫지), 모
시지(*몯지)'로 나타남은 약간의 설명을 덧붙여야 할 필요를 느끼게 한다.
이에 대하여 "어간의 재구조화는 결합되는 어미두의 음운환경에 따라 달
리 이루어질 수 있다."라는 진술은[50] 중요한 단서를 제공해 준다. 즉 (19ㄴ)
은 모음어미 앞에서 '닷-, 못-'로, 자음어미 앞에서 '다시-, 모시-'로 재구조
화가 달리 이루어진 것으로 보인다.[51]

3.2.2. w계 이중모음의 경우

제주도방언에서 w계 이중모음은 j계 이중모음과 달리 순음을 제외한 어

---

[50] 최명옥(1982), 172면.

떤 자음 뒤에서도 분명하게 실현된다. 이 절에서는 w계 이중모음이 [+cor] 자음, 연구개음, 비음, 유음, 후음 아래에서 그리고 음절 두음으로 자음을 가지지 않는 경우에 그것이 실현되는 양상을 보이고자 한다.[51]

3.2.2.1. 형태소 내부
w계 이중모음은 순음 뒤에서 출현하지 못한다.

  (20) 사멀(삼월三月), 나면(남원南原), 시번(십원十圓)

한자어에서도 (20)과 같이 순음 아래에서 /w/는 나타나지 않는다. 이처럼 순음 아래에서 w계 이중모음의 연결을 꺼리는 것은 순음 아래에서의 원순성의 기능 약화[52] 때문이다. 음성적 조건에 의한 이화 현상이다. 그러기에 순음 아래에서의 원순성의 기능 약화는 형태소 내부는 물론 형태소 경계에서도 일어난다.

  제약(8) 순음 아래에서 w계 이중모음은 출현할 수 없다.

---

51 이와 유사한 예로 다음의 것들이 있다.

	오-(來)		눕-(臥)		현재시제		
	오-	올-	눕-	눅-	-암시-	-앖-	-암-
+자음어미	○	×	○	○	×	×	○
+모음어미	○	○	○	×	×	○	×
+/으/계 어미	○	×	○	×	○	×	×

노인층에서는 '오-(來)'의 경우 모음어미 앞에서 '오-'보다 '올-'를, '눕-(臥)'의 경우 자음어미 앞에서 '눕-'보다 '눅-'를 더 빈번하게 사용한다. 따라서 위 표에서 완전한 상보적 분포를 보이지 못함은 '오-'형과 '눕-'형이 세력을 확대해 간 때문으로 여겨진다.
52 이병근(1970b), 160면.

순음 이외의 자음 뒤에서 w계 이중모음은 자연스러운 발화에서도 정확히 실현된다.

(21) ㄱ. 뒌장(된장), 튀김(炸), 튀다(뛰다)

ㄴ. 고뒈다(고되다), 녹뒤나물(녹두나물), 장팡뛰(장독대)

ㄷ. 두지(뒤지), 두융박(뒤웅박),[53] 테비(퇴비堆肥)

(22) ㄱ. 쉬염(수염), 쉐비늠(쇠비름), 쉐시랑(쇠스랑)

ㄴ. 작쉬(지게 작대기), 통쉐(자물쇠), 시발쉐(삼발이)

ㄷ. 목시(목수), ᄆ시(마소)

(23) ㄱ. 줴송(죄송), 쥉이(쥐)

ㄴ. 멘쥄기(올챙이), 자춰(跡)

ㄷ. 잘잘(촬촬), 자우(좌우左右), ᄃ람지(박쥐)

(21)~(23)은 [+cor] 자음 뒤 w계 이중모음의 실현과 관련된 것인데 위에 제시된 대로 (21ㄱ)~(23ㄱ)은 제1음절에서, (21ㄴ)~(23ㄴ)은 제2음절 이하에서 w계 이중모음을 실현하고 있는 것이고 (21ㄷ)~(23ㄷ)은 w계 이중모음이 실현되지 않는 예들이다. 위 예에서 보여지는 것처럼 제주도방언의 w계 이중모음은 순음 이외의 자음 뒤에서 음절 구성에 따른 출현 제약을 갖지 않고 대체로 정확하게 실현된다. 물론 중앙어와의 비교를 통하여 (21ㄷ)~(23ㄷ)과 같은 몇 개의 예외를 발견할 수 있지만 그에 대한 합리적인 설명은 불가능하다.

역시 [-cor]의 자음인 연구개음 아래에서도 w계 이중모음은 분명하게 실현되고 있다.

---

53 뒤웅박(한남리). 이 형태소에 대한 하위 방언차는 음절 경계의 차이에서 기인한다. cf. 두-융박, 뒤-웅박.

(24) ㄱ. 꽐락꽐락(콸콸), 과거科擧, 과실果實, 과수원果樹園, 꽝(뼈), 꿩(雉),

권투拳鬪, 궤匵, 궨당(친척), 꿰(깨), 꿰벵다리(꾀병 앓는 사람), 귀

(耳)

ㄴ. 사과沙果, 모과(木瓜), 입관入棺, 대궐大闕, 들켕이(100평 이내의

작은 밭), 통퀘(통쾌痛快), 걸귀,54 자귀(연장의 일종), 지성귀(기

저귀), 풀철귀(꽈리), 돌처귀(돌쩌귀)

(24ㄱ)은 제1음절에서, (24ㄴ)은 제2음절 이하에서 연구개음 뒤의 w계
이중모음이 실현되고 있는 것이다. 경상도방언이나 다른 일부 방언에서
처럼 자음 뒤에서 '워〉오'의 변화는55 제주도방언에서는 일어나지 않았다.

(25) ㄱ. 눼다,56 눼물(뇌물), 뉘우치다(뉘우치다)

ㄴ. 네염모기(뇌염모기), 신언보증(신원보증)

(26) 일뤠(이레), 들롓(다래끼), 쿨록(박, 匏)

(27) ㄱ. 황쉐(황소), 화(怒), 활(弓), 화살(矢), 화토(화투), 활씬(훨씬), 화

장化粧, 해(炬火), 훼추리(회초리), 훼사(회사), 훼갑(회갑), 휘우

다(휘다)

ㄴ. 한갑(환갑), 한장허다(환장하다), 히발류(휘발류)

(25)는 비음 아래에서 w계 이중모음의 실현을 보여 주는 것이다. 또한
국어의 일반적 제약인 /ㄹ/출현 제약으로 어두에 나타날 수 없는 유음이
나, /ㅎ/탈락 규칙으로 제2음절 이하에서 나타날 수 없는 후음은 그 이외

---

54 새끼 낳은 뒤 살찌지 못한 돼지.
55 최명옥(1982), 113-116면. 단, '궐련(煙)'에 대하여 '골련'(한남리)이 수의적으로 존재한다.
56 같은 음식을 자꾸 먹어 질리다.

의 환경에서는 (26), (27)에서 보여지듯 w계 이중모음과의 결합이 가능하다.

결론적으로, 형태소 내부에서 w계 이중모음은 j계 이중모음과는 달리 순음을 제외한 모든 자음 뒤에서 거의 정확히 실현된다고 하겠다.

3.2.2.2. 형태소 경계

형태소 경계에서 w계 이중모음의 형성은 /우/ 또는 /오/를 말음으로 하는 개음절 용언어간이 어미 '아/어'와 결합할 때 일어난다. 이때에도 역시 제약(7)이 관여하는데 단음절 어간은 음절 구성에 관계없이 활음화를 일으키지 않는다.

(28) ㄱ. 두(置)+엄서 → 두엄서(∽두웜서, 둔다)

쑤(造粥)+엄서 → 쑤엄서(∽쑤웜서, 쑨다)

주(與)+엄서 → 주엄서(∽주웜서, 준다)

추(舞)+엄서 → 추엄서(∽추웜서, 춘다)

초(曬光)+안 → 초안(∽초완, 쬐어서)

쏘(射)+안 → 쏘안(∽쏘완, 쏘아서)

ㄴ. 푸(汲)+엄서 → 푸엄서(∽푸웜서∽펌서, 푼다)[57]

보(見)+암서 → 보암서(∽보왐서, 본다)

ㄷ. 꾸(夢)+언 → 꾸언(∽꾸원, 꾸어서)

꼬(索)+안 → 꼬안(∽꼬완, 꼬아서)

ㄹ. 누(尿)+언 → 누언(∽누원, 누어서)

ㅁ. 호(縫)+안 → 호안(∽호완, 호아서)

---

[57] '푸(汲)'는 어미 /어/ 앞에서 수의적으로 /우/를 탈락시킨다. 중앙어와 비교해 볼 때 역시 변칙은 변칙이다.

ㅂ. 오(來)+안 → 완(*오안, 와서)

(28)에서 보여지듯, 어떤 부류의 자음을 두음으로 하든 자연스러운 발화에서 단음절 어간은 어미 '아/어' 앞에서 어간말 모음이 활음화되지 않는다. 단 (28ㅂ)은 이에 대한 예외인데 이는 음절 구성과 관련이 있는 듯하다.

이 예외인 (28ㅂ)의 경우를 제외하면 활음화를 겪지 않기 때문에 결국 모음충돌을 일으키게 되는데 이로 인하여 수의적으로 활음이 삽입되기도 한다. 어간말 모음 /오, 우/ 다음에서 모음충돌을 회피하기 위해 같은 원순적 기능을 가지는 활음 /w/를 삽입시킴은 지극히 자연스러운 것이다. 이는 /이/말음 단음절 어간의 경우인 (16)의 예에서와 동궤에 서는 것이라 하겠다. (16)에서는 모음충돌을 회피하기 위하여 활음 /j/를 수의적으로 삽입시킴을 보여 준다.[58]

제약(7)이 관여하지 못하는 제2음절 이하에서는 활음화가 자연스럽게 일어난다.

(29) ㄱ. 거두(收)+안 → 거돤(거둬서)
　　　　드투(爭)+안 → 드퇀(다퉈서)
　　ㄴ. 부수(碎)+안 → 부솬(부숴서)
　　ㄷ. 갖추(具備)+안 → 갖촨(갖춰서)
　　ㄹ. 바꾸(交換)+안 → 바꽌(바꿔서)
　　　　사구(交)+안 → 사관(사귀어서)
　　ㅁ. 저누(目視)+암쩌 → 저놤쩌(겨눈다)
　　ㅂ. 질루(養)+안 → 질롼(길러서)

---

[58] 단음절 /이, 우, 오/말음 어간은 어미 '아/어' 앞에서 어간말 모음과 동기관적 활음 (homorganic glide)을 수의적으로 삽입시킬 수 있다.

뚤루(寬)+안 → 뚤롼(뚫어서)

ㅅ. 싸우(爭)+안 → 싸완(싸워서)

따우(辮)+안 → 따완(땋아서)

ㅇ. 돌보(保)+암서 → 돌밤서(돌본다)[59]

애기보(護兒)+암서 → 애기밤서(아기 본다)

먹어보(食)+안 → 먹어반(먹어 보아서)

(29)의 예들은 어간의 음절 구성에 관계없이 2음절 이상의 /오, 우/말음 어간이 어미 /아/ 앞에서 어간 말음을 활음화시킴을 보여 준다. 이를 규칙화하면 다음과 같다.

규칙(9)

$$\begin{bmatrix} -low \\ +back \\ +round \end{bmatrix} \rightarrow [\text{-voc}] \ / \ \$ \ (C) \ \_\_\_\_\_ \ ]v.st. + \begin{bmatrix} +low \\ +back \\ -round \end{bmatrix}$$

(제2음절 이하에서, 용언의 어간말 /오, 우/는 어미 /아/ 앞에서 활음화)

여기서 (29)의 자료 중에서 언급해 두어야 할 것이 있다. (29 ㅅ)의 '싸우-(爭)' 등은 다음과 같이 활용하여 실제로는 제주도방언에서 삼형어간으로 볼 수가 있는 것들이다. 이는 일반적으로 이야기되는 쌍형어간(doublet)보다 한 어간을 더 갖고 있는 셈인데 2음절 이상의 /우/말음 어간 중에 말음절이 /우/로만 구성된 어간들은 제주도방언에서 모두 이에 평행되는 삼형어간에 속한다.

---

59 /w/의 탈락은 제약(8)에 의한 것이다.

싸우-(爭)			
/쌉-/	/싸우-/	/싸웁-/	
쌉지	싸우지	싸웁지	+자음어미(-지)
싸완	싸완	싸완	+모음어미(-안)
싸우난	싸우난	싸우난	+/으/계 어미(-으난)

그런데 '거두-(收)' 등과 같이 2음절 이상의 /우/말음 어간 중에 말음절이 자음을 두음으로 가지는 어간들은 다음에 보이는 것처럼 모두 쌍형어간으로 나타난다.

거두-(收)		
/거두-/	/거둡-/	
거두지	거둡지	+자음어미(-지)
① 거완	② 거두완	+모음어미(-안)
거두난	거두난	+/으/계 어미(-으난)

이상과 같은 쌍형어간, 삼형어간의 생산은 제주도방언이 가지는 특징 중의 하나라고 할 수 있는데 여러 활용체계 가운데에서 '아/어'계 어미와 결합된 활용형을 보면 ②는 'ㅂ→w / ____ +V'와 같은 변칙 활용에 의하였고 ①은 규칙(9)의 지배를 받은 활용형이라 할 수 있다. 따라서 위의 예들, 즉 '거두완' 등은 규칙(9)에 대한 예외가 아닌 것이다.

지금까지 기술한 j계, w계 이중모음의 음절 구성에 따른 출현 제약을 도표로 정리하면 다음과 같다.

표 3

음절 위치	제1음절				제2음절 이하			
부류 환경 선행자음	j계		w계		j계		w계	
	내부	경계	내부	경계	내부	경계	내부	경계
ㄷ, ㄸ, ㅌ	A	A	+	B	A	+	+	+
ㅅ, ㅆ	A	A	+	B	A	A	+	+
ㅈ, ㅉ, ㅊ	A	A	+	B	A	A	+	+
ㅂ, ㅃ, ㅍ	D	B	C	B	D	+	C	C
ㄱ, ㄲ, ㅋ	A	B	+	B	+	+	+	+
ㄴ	E	E	+	B	+	+	+	+
ㅁ	D	B	C	B	D	+	C	C
ㄹ	E	E	E	E	+	+	+	+
ㅎ	A	B	+	B	F	F	F	F

〈표 3〉에서 '+'는 그 위치에서 이중모음이 실현될 수 있는 경우를 나타내고, 그 밖에 A, B, C, D, E, F로 표시된 것은 각각 주어진 환경에서 이중모음이 실현되지 않음을 보여 주는데 이들은 모두 체계적인 이유를 가진다. A는 구개음화 및 치찰음 뒤 이중모음 제약(3) 때문에, B는 단음절의 활음화 제약(7) 때문에, C는 순음 뒤 이중모음 제약(8) 때문에, D는 순음 뒤 이중모음에 관한 MS-rule(4)가 관여하므로 이중모음이 실현되지 못한다. E는 국어에 공통적인 /ㄴ, ㄹ/출현 제약 때문에, F는 제2음절 이하에서의 /ㅎ/ 탈락 규칙이 관여하므로 이중모음의 출현 환경 자체를 가지지 못하는 것이다.

〈표 3〉은 제주도방언의 이중모음에 관련하여 몇 가지 사실을 알려 준다. 첫째, w계 이중모음보다 j계 이중모음이 더 출현에 제약을 받는다. 이는 제주도방언에서 구개음화가 거의 완전히 진행되어 많은 자음 부류가 [Palatal] 자질을 갖게 되었는바, 바로 j계 이중모음의 활음 /j/가 가지고 있는 [Palatal] 자질과 중복됨을 피하기 위한 결과 때문이다. 둘째, 제2음절 이하

의 /ㄷ, ㄸ, ㅌ/ 자음 뒤에서 j계 이중모음의 출현은 형태소 내부와 경계에서 차이를 보인다. 이는 ㄷ-구개음화의 역사적 진행 과정과 관련이 있는데 형태소 내부에서는 j계 이중모음 앞의 /ㄷ, ㄸ, ㅌ/가 모두 ㄷ-구개음화를 경험했기 때문이다.

셋째, 제1음절 위치에서 w계 이중모음의 출현은 형태소 내부와 경계에서 차이를 보이는데 이는 제약(7)이 관여하기 때문이다. 마지막으로, j계 이중모음과 관련하여 제2음절 이하의 순음 아래에서 형태소 내부의 MS-rule(여)에)과 형태소 경계에서의 P-rule이 차이를 보인다. 이는 MS-rule(4)가 공시적으로 그 생산력을 잃어버렸기 때문으로 이해된다. 이러한 특징은 타 방언에 대하여 제주도방언이 가지는 특수성을 보여 주는 것이며 방언경계에 대한 중요한 단서로 작용한다.

3.3. 전설모음화

치찰음 /ㅅ, ㅆ, ㅈ, ㅉ, ㅊ/ 아래에서 /으/는 전설화하여 /이/로 실현된다.

(30) ㄱ. ᄆ실(마을), 질겁다(즐겁다), 시님(스님)[60]

　　ㄴ. 웃(笑)+으난 → 우시난(웃으니까)

　　　　씻(洗)+으난 → 씨시난(씻으니까)

　　　　꽂(揷)+으난 → 꼬지난(꽂으니까)

　　　　쫓(追)+으난 → 쪼치난(쫓으니까)

　　ㄷ. 웃(笑)+음+이우꽈 → 우심이우꽈(웃습니까)

　　　　꽂(揷)+음+이우꽈 → 꼬짐이우꽈(꽂습니까)[61]

---

60 형태소 내부에서의 전설화를 수의적으로 보이는 예가 존재한다. ex. 베슬∽베실(벼슬). 또한 결코 전설화가 이루어지지 않은 예도 보인다. ex. 스승(*시싱, 師). 이러한 예들은 제주도방언의 전설모음화 현상에 대한 더욱 정밀한 조사를 요한다.

ㄹ. 옷(衣)+은 → 옷은(*옷인, 옷은)

　　밧(田)+을 → 밧을(*밧일, 밭을)

(30ㄱ)은 형태소 내부에서의 전설모음화를 전제로 하는 것이다. 이로부터 다음의 MS-rule을 세울 수 있다.

MS-rule(10) 치찰음 아래에서 모음 /으/는 결합되지 않는다.

(역사적으로 치찰음 아래 /으/는 /이/로 전설화)

(30ㄴ), (30ㄷ)은 어미의 두음 /으/가 치찰음 아래에서 전설화한 예들이고 (30ㄹ)은 이러한 전설모음화가 곡용의 경우에는 이루어지지 않음을 보여 준다.

규칙(11)

$$\begin{bmatrix} +high \\ -round \end{bmatrix} \rightarrow [\text{-back}] / \begin{bmatrix} c \\ +str \end{bmatrix} \text{lv.st.} \underline{\hspace{2cm}}$$

(치찰음 /ㅅ, ㅆ, ㅈ, ㅉ, ㅊ/로 끝난 용언어간에 /으/가 연결되면 /이/로 전설화)

이는 [-back] 자음인 /ㅅ, ㅈ, ㅊ/ 등에 이끌려 [+back]의 /으/를 [-back]의 /이/로 변동시킨 일종의 동화 현상인 것이다. 순음 아래에서 이러한 전설모음화가 일어나지 않는 것은 전설고모음의 위치가 순음의 위치까지 미치지 못함을 뜻하는 것이다. 따라서 위의 전설모음화 규칙은 제주도방언

---

61 '꼬짐이꽈'도 가능하다. 이때 /우/의 탈락은 계사 '이' 때문이 아니라 '-우-'와 '-꽈'가 모두 존칭을 나타내 주는 형태소이기 때문에 일어나는 동기능同機能 중첩에 의한 형태소 탈락이다.

의 /으/와 /이/가 모음체계상에서 [±back] 자질에 의해 대립되고 있음을 보여 준다.

(31) ㄱ. 묻(埋)+으난 → 묻으난(*묻이난, 묻으니까)

ㄴ. 신(履)+으난 → 신으난(*신이난, 신으니까)

ㄷ. 묻(問)+으난 → 물으난(*물이난, 물으니까)

(31)에서 보듯이 /ㅅ, ㅈ, ㅊ/와 같은 [-back]의 자음인 /ㄷ, ㄴ, ㄹ/ 아래에서는 전설모음화가 일어나지 않는다. 현재로서는 분명하게 입증할 수는 없으나 /ㄷ, ㄴ, ㄹ/는 [+high]의 자음들이 아니고 /ㅅ, ㅈ, ㅊ/들은 [+high]의 자음들이기 때문에 [+high] 사이에서의 '으 → 이'를 방해하고 있는 것이 아닌가 한다.

3.4. 원순모음화

중앙어에서는 17세기 말에 형태소 내부에서의 원순모음화를 경험하였다.[62] 그리하여 형태소 내부에서 순음 아래에서 /으/와 /우/의 대립이 소멸되었는데 제주도방언에서도 역시 형태소 내부에서의 원순모음화를 경험하여 이 시기에 순음 아래에서 /으/를 가졌던 형태소는 모두 /우/로 재구조화되었다.

(32) ㄱ. 구물(그물), 구뭄(그뭄), 수물(스물), 두물다(드물다)

ㄴ. 지프(深)+우꽈 → 지푸우꽈(깊습니까)

노프(高)+우꽈 → 노푸우꽈(높습니까)

---

62 이기문(1972a), 202면.

아프(痛)+우꽈 → 아푸우꽈(아픕니까)

ㄷ. 가프(報)+읍서 → 가픕서(갚으세요)

어프(覆)+읍서 → 어픕서(엎으세요)

더프(蓋)+읍서 → 더픕서(덮으세요)

(33) ㄱ. 그믓(線, 금), 바쁘다(忙), 노프다(높다)

ㄴ. ᄀ뜨(如)+우꽈 → ᄀ뜨우꽈(같습니까)

크(大)+우꽈 → 크우꽈(큽니까)

ㄷ. 보끄(炊)+읍서 → 보끕서(볶으세요)

꺼끄(折)+읍서 → 꺼끕서(꺾으세요)

(32ㄱ)은 형태소 내부에서 이미 원순모음화를 겪은 것이다. 제주도방언의 원순모음화는 통시적으로 보아 두 시기에 걸쳐 일어난 듯하다. 먼저 순음 아래에서 '으〉우'의 변화가 일어나 순음 아래 /으/를 가졌던 형태소를 모두 /우/로 재구조화시킨 후, 다음 시기에 좀 더 제한된 조건 아래에서만 원순모음화[MS-rule(12)]가 적용된 것으로 믿어진다. ex. 그믈〉그물〉구물. (33ㄱ)은 원순모음화 시기의 두 단계 설정을 타당한 것으로 받아들이게 한다.

(32ㄴ), (32ㄷ)은 형태소 경계에서의 원순모음화를 보여 준다. (32ㄴ)은 순음과 모음 /우/가 동화주가 되었고 (32ㄷ)에서는 두 개의 순음 /ㅂ/가 동화주가 되었다. (33ㄴ), (33ㄷ)은 /우/나 순음이 하나만으로는 원순화를 일으키지 못함을 보여 준다. 즉 제주도방언에서는 /우/나 순음이 /으/의 앞뒤에 있을 때에 /우/로 원순모음화한다. 이때에 형태소 경계가 /으/의 앞에 놓이는가, 그 뒤에 놓이는가는 무관하다.

그리고 (32ㄴ), (33ㄴ)에서 '-우우-, -으우-'의 모음충돌이 그대로 유지되는 이유는 존칭의 의문법 어미 '-우꽈'의 '우'가 기원적으로 '수'에서 변화해 온 데에 기인하는 듯하다. '-우꽈' 앞에서의 /ㄹ/탈락이나 순수자음으로 끝난 어간 뒤에서 '-수꽈'로 교체되는 것에서 그러하다. ex. ᄀ늘(細)+우꽈 →

ᄀᆞᆫ우꽈(가늡니까), 좁(狹)+수꽈 → 좁수꽈(좁습니까).

MS-rule(12) [+labial] 자질[63]을 가진 두 음소연쇄 앞에서 모음 /으/는 결합
되지 않는다.
(역사적으로 [+labial] 자질을 가진 두 개 음소의 연쇄 앞에서 /으/는 /우/
로 원순화)

규칙(13)

$$\begin{bmatrix} V \\ +high \\ +back \end{bmatrix} \rightarrow [\text{+labial}] \, / \, [\text{+labial}] \underline{\hspace{2cm}} [\text{+labial}]$$

([+labial] 자질을 가진 두 개의 음소 사이의 /으/는 /우/로 원순화)

위의 두 규칙에서 알 수 있는바 원순모음화에 있어서 MS-rule과 P-rule
사이의 불일치는 재구조화가 어디에서 일어났는가 하는 데에 기인한다.
전절前節에서 치찰음 아래에서는 후설모음 /으/가 /이/로 전설화한다고
했는데 순음 아래에서는 '으 → 우'의 원순모음화가 통시적으로 전설모음
화보다 앞서 적용된다. ex. 스믈〉스물〉수물(*시물). 이는 공시적으로 모음
체계상에서 볼 때에 [Back] 자질이 [Round] 자질보다 상위에 있는 것임을 알
려 준다.
/으/는 /이/보다 /우/와 더 쉽게 자연부류를 형성하기 때문에 순음 아래
에서는 전설모음화보다 원순모음화가 더 쉽게 일어나는 것이고 치찰음
아래에서는 [Round]와 무관한 [Back] 자질상의 관계로 원순모음화보다는
'으 → 이'의 전설모음화가 쉽게 일어날 수 있는 것이다. 따라서 전술前述한
제주도방언의 모음체계도(〈표 1〉)는 타당한 것으로 여겨진다.

---

63 [+round] 모음은 [+labial] 자음과 자연부류를 이루므로 두 자질을 묶은 개념으로 [+labial]
자질을 사용한다.

4. 모음체계와 음운론적 강도

통합적 음운현상은 계합적 음운체계를 전제로 한다. 그런데 후자에 대한 고찰이 정태적인 데에만 머문다면(ex. 〈표 1〉) 통합적 음운현상을 지배하는 역동성을 합리적으로 설명하는 데는 흡족하지 못하다. 따라서 통합적 음운현상의 역동성을 지배하는 계합구조를 밝혀 봄으로써 통합적 음운현상에 대한 보다 합리적인 설명 방안을 강구해 볼 수 있는 것이다.

음운론적 교체는 개개의 음소에 따라 이루어지는 고립적인 것이 아니고 음운론적 자질을 공유하는 음운 부류에 따라 실현되는 것이다.[64] 이는 통합적 구조가 계합적 구조와 입체적으로 관련되어 있음을 의미하는데 필자는 음운론적 교체가 자연부류를 기초로 하여 이루어진다는 태도를 견지하면서 이제까지 살펴본 음운현상들로부터 제주도방언의 역동적 계합구조를 파악해 보고자 한다.

역동적 계합구조는 언제나 고정되어 있는 것이 아니라 시간과 공간에 따라 다른 양상을 보인다. 그러기에 한 방언의 역동적 계합구조를 파악하기 위해서는 그 방언의 공시적 음운현상만을 대상으로 해야 한다. 이를 위하여 본고에서는 통시적인 면이 강한 MS-rule을 제외시키기 위하여 공시적인 통합적 음운현상을 지배하는 P-rule을 구별해 온 것이다. 이제부터는 지금까지 살펴본 통합적 음운현상을 바탕으로 제주도방언의 역동적 계합구조를 살펴보기로 한다.

두 개의 음소가 결합할 때 한 방향으로 변동될 뿐 그 역逆은 거의 성립되지 않는다는 점에서 변동되는 쪽이 그렇지 않은 것보다 음운론적 강도가 약하다는 위계位階(hierarchy)를 상정한다. 만일 두 개의 음소가 결합할 때

---

64 국어음운론 연구에서 이러한 방법으로 음운현상을 음운체계와 관련시켜 기술한 예로는 이병근(1977)이 있다.

한 음소가 탈락되거나 활음화되는 약화 과정을 겪는다면 이는 약화 과정을 겪는 음소가 그렇지 않은 음소보다 음운론적 강도가 약하기 때문으로 믿어진다. 이를 통합적 음운현상이 자연부류를 근간으로 한다는 전제와 연관시킨다면 다음과 같이 음운론적 강도에 의한 위계를 세울 수 있다.

우선 /으/탈락 규칙(1), 규칙(2)에서 보이듯이 /으/는 다른 모음과의 결합에서 흔히 탈락되므로 /으/는 제주도방언 모음 중에서 음운론적 강도가 가장 약한 모음이라 할 수 있다.[65] 이와 관련하여, 제주도방언에서 /ㄹ/말음 용언어간이 /으/계 어미에 연결될 때 의무적으로 어미의 /으/가 탈락한다. 우리의 추론에 따라 역동적 음운체계 속에서 모음 /으/보다 $\begin{bmatrix} +voc \\ +cons \end{bmatrix}$ 의 유음이 음운론적 강도가 더 강하다고 한다면 유음 아래의 어미 /으/탈락에 대한 합리적인 설명이 가능하게 된다. 자음 중에서 가장 음운론적 강도가 강한 유음[66]이 모음 중에서 가장 강도가 약한 /으/보다 음운론적 강도가 강할 수 있다는 것은 그다지 생각하기 어려운 일은 아닐 듯하다.

활음화 규칙(6)과 규칙(9)에서 각 자연부류 사이의 강도를 추측해 볼 수 있는데 단지 문제는 어느 자질에 의한 자연부류가 관여하느냐 하는 것이다. 활음화 규칙(6), 규칙(9)는 $\begin{bmatrix} -high \\ +back \\ -round \end{bmatrix}$ 모음 앞에서 $\begin{bmatrix} -low \\ +back \\ +round \end{bmatrix}$ 이나 $\begin{bmatrix} +high \\ -back \end{bmatrix}$ 모음이 활음화하는 것이므로 '$\begin{bmatrix} +back \\ -round \end{bmatrix} \geq$ [-back]'과 '$\begin{bmatrix} +back \\ -round \end{bmatrix} \geq \begin{bmatrix} +back \\ +round \end{bmatrix}$'의 위계 때문일 수도 있고 '[+low]$\geq \begin{bmatrix} -high \\ -low \end{bmatrix} \geq$ [+high]'의 위계 때문일 수도 있다. 하지만 후술할 전설모음화나 원순모음화에 의해 '[-back]$\geq \begin{bmatrix} +back \\ +round \end{bmatrix} \geq$

65 Hooper(1976), 235-236면. 유재원(1985), 14면. 필자는 강도 표시를 통시적 변화 표시와 구분하기 위하여 '≥'라는 표시를 사용한다. 'A≥B'라면 A가 B보다 음운론적 강도가 강한 것이다.

66 이병근(1977), 이승재(1980). /ㄹ/ 다음에서 /으/탈락이 수의적인 방언은 그 방언의 화자가 'ㄹ≥으, ㄹ≤으'의 인식을 동시에 갖고 있기 때문인 듯하다. 'ㄹ≤으'의 인식 아래에서 방언화자는 /으/를 유음 뒤에서 탈락시키지 않는 것이다. 하지만 이런 추론은 많은 문제점을 갖는 것이기에 좀 더 신중한 고찰이 필요하다.

$\begin{bmatrix} + back \\ - round \end{bmatrix}$'의 위계를 세울 수 있으므로 활음화 규칙(6), 규칙(9)는 '[+low]≧ $\begin{bmatrix} - high \\ low \end{bmatrix}$ ≧[+high]'의 위계에 의한 것이라 할 수 있다. 따라서 [High], [Low] 자질에 따른 위계를 다음과 같이 그릴 수 있다.

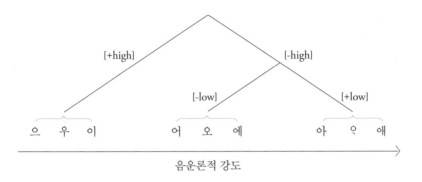

음운론적 강도

3.3.(전설모음화)과 3.4.(원순모음화)에서 다룬 자음과 모음 사이의 동화에 있어서 음운론적 강도는 자음체계와 모음체계를 합한 음운체계 전반에 걸친 음운론적 강도에 의존해야 되는데 우선 두 가지 방향에서 생각해 볼 수 있다. A가 C 뒤에서 B로 변한다고 할 때, 하나는 A와 환경 C 사이의 음운론적 강도이고 다른 하나는 A와 구조변화 B 사이의 음운론적 강도이다.

전자前者에 의하면 모음 /으/가 치찰음과 순음 아래에서 각각 /이/로, /우/로 변동하므로 치찰음과 순음이 모음 /으/보다 음운론적 강도가 강하다고 할 수 있다. 그러나 이는 '밤(夜)+기운 → 방끼운, 논(畓)+밭(田) → 놈밭' 등과 같은 자음동화를 설명할 수 없다. 왜냐하면 'ㄱ≧ㅁ, ㅂ≧ㄴ'과 같이 순수자음이 비음보다 음운론적 강도가 강하다는 잘못된 결론에 이르게 되기 때문이다. 따라서 동화에서는 A와 구조변화 B 사이의 관계에서 음운론적 강도를 파악해야 한다.

/으/가 /이/로 또는 /우/로는 변동될 수 있지만 그 역은 어떤 경우에도 성

립하지 않는다는 점에서 /으/보다는 /이/나 /우/가 음운론적 강도가 더 강하다고 할 수 있다. 따라서 전설화 규칙(11)과 원순화 규칙(13)에서 '[-back] $\geq \begin{bmatrix} +back \\ +round \end{bmatrix} \geq \begin{bmatrix} +back \\ -round \end{bmatrix}$'의 위계를 설정할 수 있다. 이 두 규칙에 의한 위계는 선행된 작업과 함께 다음과 같은 제주도방언의 역동적 모음체계를 가정하게 한다.

위계도 4

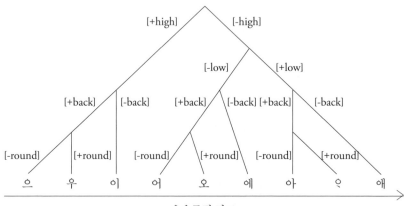

제주도방언에서 [-back] 자질의 모음들과 $\begin{bmatrix} +back \\ +round \end{bmatrix}$ 자질의 모음들이 결합할 때 일어나는 공시적 음운현상은 존재하지 않는다. 따라서 이들 모음 부류 사이의 강도를 직접적으로 추정할 수는 없으나 전설모음화와 원순모음화와의 관계, 그리고 앞에서 제시한 정태적 모음체계(〈표 1〉)로부터 [Back] 자질이 [Round] 자질보다 상위에 있음을 〈위계도 4〉가 보여 줄 수 있다는 점에서 위의 위계도가 다른 것보다 타당한 것으로 받아들여진다. 위의 〈위계도 4〉는 계합구조를 반영한 역동적 모음체계를 보여 줌으로써 비록 공시적인 P-rule은 아니지만 제주도방언의 여러 통합적 음운현상을 보다 합리적으로 설명해 줄 수 있는 것이다.

(34) 몬지(먼지), 보선(버선), 뽐(뺨), 모녀(먼저)

　19세기에 중앙어에 있은 비원순모음화가 (34)에 보여지는 것처럼 제주도방언에서 일어나지 않는 이유를 위의 위계에서 확인할 수 있다. 위의 위계도에서 /오/는 /어/보다 음운론적 강도가 강한 모음임을 보여 주는 것이다.

5. 모음체계에 대한 통시론적 고찰

　방언 연구에 있어서 가장 큰 어려움의 하나는 시대별 문헌 자료의 결핍으로 통시론적 고찰이 쉽지 않은 점이다. 그리하여 흔히는 살아 있는 방언 자료를 통해서 내적 재구(internal reconstruction)를 행하든가, 음운론적 재구조화를 고려하여 앞선 단계의 음운체계를 재구하는 등의 방법으로 방언을 통시적으로 연구하곤 한다. 이렇게 재구되는 음운체계는 현대 방언의 바로 앞선 단계의 것이지 연대적으로 정확히 어느 시기의 것이라고 한정 짓기는 어려운 것이다.

　본고는 특히 제주도방언의 모음체계의 연구에 초점이 놓여 있기 때문에 앞선 시기의 모음체계를 재구하기 위해서는 현대 제주도방언의 여러 음운현상들 가운데서 앞선 단계에서 이루어졌을 음운현상들을 고려할 수밖에 없게 된다. 이는 현대 제주도방언의 모음체계가 앞선 단계의 모음체계로부터 재구조화된 것으로 보는 가정에서 이루어지는 것이다. 다시 말하자면 이전 단계에서 일정한 조건 아래 움라우트 규칙이 일단 적용되어 해당된 각각의 형태소들이 재구조화되었다면 결국 현재에 이르러서는 움라우트 규칙의 상실을 본 셈이다. 이에 따라 움라우트 규칙과 모음체계를 재구할 수가 있는 것이다.

본고에서 구체적으로 대상이 되는 음운현상으로는 모음체계 변천에 대한 입증이 될 만한 움라우트 현상을 들 수가 있고 보충적으로는 순음 아래서의 원순모음화라든가 치찰음 아래서의 전설모음화 등도 고려할 수 있다.

제주도방언의 움라우트 현상은 이 방언의 앞선 단계의 모음체계에 대한 재구를 가능하게 하여 준다. 움라우트 현상은 모음체계 안에서 자연부류에 따라 규칙적으로 실현된 것으로 보이기 때문이다.

(35) ㄱ. 송애기(송아지), 냄비(器), 맹긴(망건網巾), 건데기(건더기), 벳기다(벗기다), 기리다(그리다)

ㄴ. 깍뒤기(깍두기), 쌍뎅이(쌍둥이), 궤기(고기), 퉤끼(토끼), 돈베기(돈보기),[67] 쳉빗(참빗), 뎅기다(당기다)[68]

ㄷ. 아시(아우), 가지(茄), ᄃ리(다리, 橋), 다님(대님)

ㄹ. 웽기다(옮기다), 쮀끼다(쫓기다)

ㅁ. 굼지다(감기다), 웃지다(웃기다)

ㅂ. 넹기다(넘기다), 매끼다(맡기다)

ㅅ. 거미(蛛), ᄂᆞ삐(무), 승키(푸성귀), 둠비(두부)

제주도방언에 있어서 움라우트 현상은 통시적 현상인 듯하다. 공시적인 교체를 보이는 움라우트 규칙은 존재하지 않기 때문이다. 따라서 위의 각 예들은 기저에서 움라우트 현상을 이미 경험한 형태로 화석화되어 있어서 공시적으로 규칙이 적용된 것으로 볼 수가 없다.

---

67 순음 뒤 이중모음 제약(8)이 관여한다. cf. 돈뵈기〉돈베기.
68 츰빗(박통사언해 초간 상: 44), 등긔다(소학언해 권5: 70).

움라우트 현상에 의해 (35ㄱ)은 '아〉애, 어〉에, 으〉이'의 변화를 겪은 것이며 (35ㄴ)은 '위[ü]〉…〉위[wi], 외〉…〉웨, 의〉…〉에'의 변화를 겪은 것이다. (35ㄷ)은 [+cor] 자음을 개재시키는 경우, 그 자음이 움라우트 현상에 대한 제약으로 작용하였음을 알려 주는 것들이며 (35ㄹ)은 움라우트 이전에 [+cor]의 자음들이 후속된 자음들에 의한 탈락을 경험하든가 역행적인 자음동화를 먼저 겪음으로써 다시금 [-cor]의 개재자음을 두고서 움라우트가 실현된 예들이다.[69]

(35ㅅ)의 경우에는 움라우트 현상이 적용되지 않았는데 이는 이 형태소들이, 움라우트 현상이 생산적으로 일어난 때에는 후행하는 /이/가 아직은 순정純正의 /이/가 아니었기 때문이다.[70] (35ㅁ), (35ㅂ)은 사동의 경우로, 그 접사 형태들의 실현에 있어서 일정한 음운론적 조건에 따르지 않는 복잡성을 보이지만 '-기-'와 '-지-'의 두 형태가 가지는 음운론적 제약에 따라 움라우트 현상이 결정됨은 당연하다. 즉 '-기-'의 경우에는 움라우트 현상이 가능하고 '-지-'의 경우에는 움라우트 현상이 실현되지 않는데 이는 다만 개재자음에 따른 제약에 따랐을 뿐이다.

제주도방언의 움라우트 현상은 앞선 단계의 계합구조를 반영하는 통시적 현상이므로 이로부터 앞선 단계의 모음체계를 재구해 낼 수 있다. 즉 앞선 단계에서 움라우트 현상이 실현되었다고 하면, 앞선 단계에서 움라우트 현상이 실현되는 데에 필요충분한 모음체계가 이미 존재하였다고 할 수가 있기 때문이다. 말하자면 제주도방언의 앞선 단계의 모음체계로 12모음체계를 가정할 수가 있는 것이다.

위에 제시한 자료들에 의하여 '으〉이, 어〉에, 아〉애, 우〉위[ü], 오〉외, ᄋ〉ᄋᆜ'와 같은 움라우트 현상에 의한 음운변화를 전제하게 된다. 다만 [-round]

---

69 김완진(1971) 참조.
70 김완진(1963) 참조.

의 모음 중에서 현재로서는 '으〉이'를 경험한 예들은 위에 제시한 '기리다(畵)' 이외에는 쉽게 찾아지지 않는데[71] '어〉에'와 '아〉애'가 존재한다면 이미 모음체계상에서 $\begin{bmatrix} -back \\ -round \\ \alpha\,high \\ \beta\,low \end{bmatrix}$ 의 모음 계열이 대립의 짝들로서 존재했다고 할 수 있다. 그리고 [+round]의 모음 /우, 오, 으/가 움라우트를 경험하여 $\begin{bmatrix} -back \\ +round \\ \alpha\,high \\ \beta\,low \end{bmatrix}$ 의 모음 계열로 실현된 예들을 통해서 보면 이 시기의 모음체계 속에 $\begin{bmatrix} -back \\ +round \end{bmatrix}$ 의 단모음 '위[ü], 외, 의'가 이미 존재했다고 인정하지 않을 수 없다. 다만 각각 '위[wi], 웨, 에'로 실현되는 데에 대한 변화 과정을 다음과 같이 추정한다.

하향이중모음 '위[uj]' 〉 단모음 '위[ü]' 〉 상향이중모음 '위[wi]'

하향이중모음 '외[oj]' 〉 단모음 '외[ö]' 〉 상향이중모음 '웨[we]'

하향이중모음 '의[ɐj]' 〉 단모음 '의[ɐ]' 〉 단모음 '에[e]'[72]

이기문(1977)에는 단모음 /의/에 대한 언급이 있다. "그(小倉進平, 〈濟州島方言〉, 1931)의 모음도에 의하면 단모음 '의'는 단모음 '에[e]'와 '애[ɛ]'의 중간쯤에 다소 후설 쪽으로 들어간 위치에 놓여" 있으며 "원순성을 띤 모음 (ɔ̃)이었을 가능성"이 있다. 이러한 추론은 제주도방언의 움라우트 현상을 통해 재구한 다음과 같은 모음체계의 그것과 부합되는 듯하다.

---

71 "통합적인 현상만으로 음운 구조상의 사실까지 입증하려는 태도는 조심스러운 것이지만 후자後者에 관여하는 전자前者가 출현하면 적어도 후자의 역동力動은 믿어도 좋으리라 생각된다." cf. 이병근(1970c), 378면.

72 중앙어의 '의〉애' 발달과 달리 제주도방언에선 '의〉에'의 발달을 겪었다(이숭녕 1957/1978: 4). 이로부터 이기문(1972b: 123)는 제주도방언에서 단모음 /의/의 존재를 가정하였다.

표 5

	-back		+back	
	-round	+round	-round	+round
+high	이	위[ü]	으	우
-h, -l	에	외[ö]	어	오
+low	애	익[ɐ̈]	아	ᄋ

이 모음체계에서 어떠한 이유로 $\left[\begin{smallmatrix} -\,back \\ +\,round \end{smallmatrix}\right]$ 모음 계열의 '위[ü], 외, 익'가 각각 '위[wi], 웨, 에'로 변천한 결과로 단모음체계로서 현재의 9모음체계가 이루어진 것으로 보인다.

순음 아래에서의 '으〉우'와 같은 원순모음화가 형태소 내부에서 실현되었다는 사실은 /으/와 /우/가 적어도 [Round]에 의한 대립을 이루고 있었다는 사실을 전제로 하는 것이며 치찰음 아래에서의 '으〉이'와 같은 전설모음화가 역시 형태소 내부에서 실현되었다는 사실은 /으/와 /이/가 적어도 [Back]에 의한 대립을 이루고 있었다는 사실을 전제로 하는 것이라 할 수 있다. 이들 음운변화들은 비록 모음체계상에서 볼 때에 부분적으로 관여된 사실이지만 이러한 현상들까지도 앞선 단계의 체계를 재구하는 데에 고려할 수 있음은 당연하다고 여겨진다.

제주도방언의 모음체계와 더불어 논의해야 할 문제로 음장音長이 있다. 공시론적으로 음장은 이 방언에서 시차적이 아니라고 하였다. 하지만 다른 방언과의 비교는 제주도방언에 장음이 본래부터 없었던 것이 아님을 알려 준다.

(36) ㄱ. 기(게:, 蟹), 비다(베:다, 割), 니커리(네:거리), 지사(제:사祭祀), 지주(제:주濟州), 지일(제:일第一), 시상(세:상世上)

　　 ㄴ. 빌(별:, 星), 빙(병:病)

　　 ㄷ. 끄리다(꺼:리다, 忌), 그짓말(거:짓말)

(36)이 제주도방언에서 장음이 존재했었다는 직접적 증거를 제시해 주는 것은 아니지만, 다른 방언에서 장모음의 경우에 고모음화가 일어날 수 있다는 사실은 이 방언에서 장모음의 존재에 대한 개연성을 인정할 수 있게 하여 준다. 이렇게 보면 앞선 단계의 모음체계는 장모음長母音의 체계와 단모음短母音의 체계를 가지고 있었다고 재구하게 되는데, 현재로서는 모든 모음이 장단의 대립이 있었다는 증거를 제시하기는 어렵다. 예컨대 /아/의 경우에 그것이 장음이더라도 상승화하는 일이 별로 없기 때문이다.

이상에서 재구한 앞선 단계의 모음체계는 정적靜的인 성격을 지닌다. 공시적인 면에서 음운론적 강도를 고려한 역동적인 모음체계의 작성을 시도하여 보았는데, 필자 자신이 수집한 자료의 한계 때문에 앞선 단계의 모음체계를 역동적인 것으로 새로이 이해하는 시도는 현재로서는 유보할 수밖에 없다.

6. 맺음말

지금까지 본고에서는 제주도방언의 모음체계와 그에 관련된 몇 가지 음운현상을 MS-rule과 P-rule의 개념을 중심으로 고찰하면서 이들 음운현상을 지배하는 역동적 음운체계를 밝혀 보려 하였다. 이제 제주도방언에 나타나는 MS-rule과 P-rule의 관계 양상을 기술하면서 2, 3장의 작업을 정리해 보고자 한다. 편의를 위해 규칙의 형식을 먼저 제시한다.[73]

A → B / C   (X)   ]   (+) _____
input structural deter- intervening cate- boun-
=Focus change minant material   gory daries Focus

---

[73] Jensen(1974), 이병근(1977) 참조.

1) /으/탈락에서는 P-rule만이 존재하며 MS-rule은 존재하지 않는다. cf. 규칙(1), (2)

2) 치찰음 아래에서의 /이/탈락은 MS-rule과 P-rule이 일치한다. 이로부터 치찰음 뒤 이중모음 제약(3)을 설정하였다.

3) j활음화에서는 음절 두음이 순음일 경우, MS-rule과 P-rule이 일치하지 않는다. 이러한 불일치는 형태소 경계(Boundary)의 개입에 기인한다.

4) w활음화에서는 P-rule만이 존재한다. cf. 규칙(9)

5) 전설모음화에서는 MS-rule과 P-rule이 일치하지 않는다. 이러한 불일치는 형태론적 범주(Morphological Category)의 개입에 기인한다.

6) 원순모음화에서는 MS-rule과 P-rule이 일치하지 않는다. 이러한 불일치는 구조변화(Structural Change)가 어디에서 일어났는가, 즉 Focus의 위치 차이에 기인한다.

제주도방언의 MS-rule과 P-rule의 관계 양상을 살펴보면서 양자의 불일치는 일반적으로 이야기되는 음운규칙의 형태론적 제약과 밀접한 관련을 보임을 알 수 있었는데 "역사적으로 광범위하게 진행되던 음운변화가 후일(後日)에 음운규칙으로 정착함에 즈음하여 일정한 형태론적 제약을 가지게 된다."는 진술[74]을 보기에 이르렀다.

2, 3장에서의 작업을 토대로 4장에서는 제주도방언의 통합적 음운현상을 지배하는 역동적 계합 구조(〈위계도 4〉)를 밝혀 봄으로써 통합적 음운현상에 대한 합리적인 설명 방안을 강구해 보았다. 특히 공시론적 계합구조를 밝히기 위하여 P-rule만을 대상으로 하였다.

마지막으로 5장에서는 움라우트 현상 등을 통하여 앞선 단계의 모음체

---

[74] 김완진(1973), 119면.

계를 재구해 보았다.

앞으로의 남은 과제는 본고에서 설정한 음운론적 강도에 의한 위계가 발화 실수나 어린이의 언어습득 과정 등과 같은 외적 증거에 의해서 어떻게 입증될 수 있는가, 즉 발화 실수의 방향이나 어린이의 모음 습득 순서 등이 음운론적 강도와 어떤 관련을 가지는가를 구명해 보는 것이다. 또한 제주도방언의 자음체계에서 역동적 계합구조는 어떠한가, 나아가 자음과 모음을 모두 포괄하는 역동적 계합구조는 설정할 수 없는가 하는 것도 앞으로의 과제이다. 그리고 앞서 이야기한 방언 연구의 목적, 즉 국어의 일반성과 각 방언의 특수성을 동시에 보여 줄 수 있기 위하여 본고의 방법론을 다른 방언에까지 적용시켜 보고 거기에서 추출한 결과를 토대로 국어의 방언구획에 대한 재조정을 시도해 보는 것도 의미 있는 일이 될 것이라 믿는다.

음소연쇄와 비음운론적 경계
제주도방언을 중심으로

1.

　음절은 언어화자에게 있어서 쉽게 인식되며 또 쉽게 확인될 수 있는 것이면서도 그 본질적 성격을 명확하게 규명하기 어려운 단위이다.[1] 이처럼 음절이 불분명한 성격을 지닌 것임에도 불구하고 국어 음운현상에 대한 기존의 논의에서 음절은 음운현상을 기술하는 데에 필요한 단위로서 받아들여져 왔다.

　예를 들어 '짚[집], 짚도[집또]' 등 이른바 중화中和라고 불리는 음운현상은 'ㅍ → ㅂ /_$\left\{\begin{matrix} C \\ \# \end{matrix}\right\}$'으로 기술되어 왔는바 "이 현상의 기술에서 어말, 자음, 단어 경계, 휴지 등의 여러 용어들이 등장하는데, 기술의 복잡은 물론이고 각 단위들이 모두 이질적(비음운론적)이며 또한 각 단위들이 중화 현상의 이해에 아무런 직접적인 동기를 부여하지"[2] 못하므로 이러한 현상에 대한 기술이나 설명의 단위로서 음절이 필요하다는 것이다. 다시 말하면 음절 또는 음절 구조가 국어의 여러 음운현상에서 적극적으로 기능하기

---

* 이 논문은《국어학의 새로운 인식과 전개(김완진 선생 회갑기념논총)》(1991, 민음사)의 360-372면에 실렸다. 훗날《국어학강좌 4: 음운 1》(1998, 태학사)의 107-121면에 재수록되었다.

1 송철의(1982), 176면 참조.

2 강창석(1984), 201면.

때문에 국어의 음운현상은 음절이란 단위에 의하여 이해되어야 한다는 것이다.

그렇지만 문제는 간단하지 않은 듯하다. 일차적으로 국어 음운현상의 기술에서 음절이 아닌 다른 언어학적 개념을 도입하여 기술하는 것이 가능하기도 하고 이차적으로는 언어화자들이 형태소 경계나 단어 경계(또는 복합어 경계)를 인식하고 있으며 또 그러한 단위(특히 복합어 경계나 단어 경계)들이 음운현상에 직접 관여하기도 하고 그들과 이질적이라 할 수 있는 자음과 동일한 음운현상에서 동일한 행위를 보여 주는 경우도 존재하기 때문이다.

기저 층위에서 형태소 경계나 단어 경계가 음운현상에 관여하고 있음을 보여 주는 이들 현상은 음절 차원에서는 포착하기 어려운 듯하다. 이러한 어려움을 해결하기 위하여 필자는 이러한 국어 음운현상의 기술에서 기저 층위에서의 음절이란 단위의 인정은 보류하고자 한다. 하지만 국어 화자들이 음절이라는 단위를 쉽게 인식한다는 점으로부터 표면 층위에서의 음절을 인정함은 물론이다.[3]

본고는 음절이란 단위에 의하여 포착하기 어려운 제주도濟州島방언의 두 음운현상을 다룬다. 2장에서는 형태소구조에서 나타나는 음소연쇄 잉여성을, 3장에서는 복합어나 단어 경계에서 나타나는 선행 어기 말자음의 복사 현상을 살펴본다.

---

[3] 기저 층위에서 음절이란 단위를 인정하지 않는다는 것이 음소적 음절에 대한 부정否定과 동일한 의미를 가지는 것은 아니다. 필자가 인정하는 음절이라는 단위는 더욱 정확하게 표현하면 음성 규칙이 적용되기 바로 전前단계의 음소적 음절을 뜻한다. 물론 이 음소적 음절은 표면적인 음성 현상이 적용된 후 음성적 음절로 바뀐다.

2.

한 언어에서 가능한 모든 음소의 연쇄가 다 형태소를 구성할 수 있는 것
은 아니다. 이는 각 언어들이 음소연쇄에 대한 체계적인 제약을 보여 주기
때문인바[4] 한 언어가 가지는 음소연쇄에 대한 체계적 제약의 기술은 음운
론적 기술에서 일일이 명시해 주어야 하는 자질들을 잉여적인 것으로 만
들어 줌으로써 음운론적 기술을 간결하게 해 줄 수 있다. 이를 위하여 형
태소들을 구성하는 음소연쇄의 체계적 제약을 기술해 주는 형태소구조규
칙(Morpheme Structure Rule)이 고려된다.[5]

그런데 형태소구조규칙이 형태론의 단위인 형태소를 음운현상의 기술
에 끌어들임에 따라 야기하게 된 음운론과 형태론 사이의 층위의 혼란을
극복하기 위하여 형태소구조규칙 대신 음절구조제약을 제시하기도 하였
다.[6] 하지만 이 음절구조제약으로 포착하기 어려운 문제가 있다. 음절구
조제약은 음절 단위로 음소 결합상의 제약을 언급하게 됨으로써 형태소
내부에서와 경계에서 나타나는 음운현상의 평행성과 상위성相違性을 드
러내 줄 수 없다. 즉 형태소 내부에서와 경계에서 상위相違를 보이는 음운
현상의 경우에는 형태소 내부에서의 음소연쇄 잉여성이 우연적 공백에
기인한 현상으로 간주되어야 하는 것이다.

제주도방언에서 j계 이중모음은 '예, 얘, 여, 야, 유, 요, 익[jʌ]' 등 7개가 실
현되는데 이들은 음절[7] 두음의 음운론적 성격에 따라 실현상의 제약을 갖

---

4 Stanley(1967), 393면.
5 필자는 졸고(1988)에서 제주도방언의 모음체계와 그에 관련되는 음운현상을 살펴보
면서 공시적 음운규칙과 체계적 제약을 비교·기술하였는데 거기에서는 방향성이 표
시되는 음운규칙과의 비교를 위하여 형태소구조조건(Morpheme Structure Condition)
보다는 형태소구조규칙을 도입하였다. Kenstowicz & Kisseberth(1977), 152-154면 참조.
6 Hooper(1976), 186-191면 참조.
7 필자는 본고에서 음절이란 단위를 기저 층위에서 인정하지 않지만 편의상 구체적 음

는다. 이들의 출현은 형태소 내부와 경계에서 평행성과 상위성을 보여 주기도 하는바 특히 순음 아래에서 보여 주는 상위성은 다른 방언에 대하여 제주도방언이 가지는 특수성으로 이해된다.[8]

형태소 내부에서 음절 두음이 순음일 경우 음절수에 관계없이 j계 이중모음은 출현하지 않고 단모음화單母音化를 겪은 형태로 실현된다.

(1) 베락(벼락), 펜지(편지), 뻬(뼈)

멩복(명복冥福), 멩지(명주), 멘테(명태), 멜(멸치)

(2) 페고버섭(표고버섯), 페(표標), 뻬쪼커다(뾰족하다)

(3) 솜빽(손뼉), 새벡(새벽), 송펜(송편), 나멘(라면)

(4) 표줌말(표준말), 표어標語, 묘허다(묘妙하다)

(1), (2)는 제1음절에서, (3)은 제2음절에서 순음 아래 j계 이중모음이 단모음화한 것이다. (4)에서처럼 중앙어의 영향을 강력하게 받아 최근에 차용된 것으로 보이는 어사는 순음 아래에서도 j계 이중모음을 유지하기도 한다.[9] 중앙어의 영향으로 여겨지는 (4)의 예를 제외하면 (1)~(3)은 제주도방언에서 '순음+j계 이중모음'의 음소연쇄를 가진 형태소가 존재하지 않음을 보여 준다. 따라서 형태소 내부에서의 이러한 음소연쇄 잉여성은 다음과 같은 형태소구조규칙에 의하여 기술해 줄 수 있다.

형태소구조규칙: 순음 아래에 j계 이중모음은 결합되지 않는다.
(역사적으로 순음 아래 '여, 요'는 '에'로 단모음화)

운현상의 기술에서 음절이란 용어를 사용한다.
8 정승철(1988), 52면.
9 제주도방언 화자들은 이들을 제주도방언 어휘가 아닌 것으로 인식하는 듯하다. 이러한 인식이 이들을 단모음화를 겪지 않은 형태로 남아 있게 한 것으로 보인다.

이는 형태소 경계에서 적용되는 음운규칙과는 차이를 보이는데 '순음+j 계 이중모음'의 음소연쇄가 실현되지 못하는 형태소 내부에서와는 달리 형태소 경계에서는 '순음+j계 이중모음'의 음소연쇄가 실현되는 것이다. 형태소 경계에서 j계 이중모음이 실현되는 경우는 /이/말음 용언어간이 어미 '어'계와 결합할 때에 일어나는 활음화에 의한 경우뿐이다.[10]

    (5) 부비(捻)+언 → 부변(비벼서)
        슬피(察)+언 → 슬편(살펴서)
        꾸미(飾)+언 → 꾸면(꾸며서)

    (5)에서 보는 대로 '순음+j계 이중모음'의 음소연쇄는 용언어간의 활용, 즉 형태소 경계에서 실현된다. (5)를 (1)~(3)과 비교하여 볼 때 제주도방언 의 형태소구조규칙은 음절구조제약이 아닌 형태소를 구성하는 음소들의 연결제약으로 이해된다. 이를 순음과 j계 이중모음이 결합된 음절구조를 이룰 수 없다는 음절구조제약으로서 이해하게 되면 그러한 음절구조제약 에 어긋나는 것으로 여겨지는 (5)의 예, 즉 형태소 경계에서 나타나는 '순 음+j계 이중모음'의 음소연쇄에 대한 합리적인 설명이 어려워진다. 이는 적어도 형태소 내부와 경계에서 상위를 보이는 음운현상에서의 음소연쇄 잉여성은 형태소구조규칙으로 기술되어야 함을 보여 주는 것이라 하겠다.

3.

    일반적으로 자음이나 단어 경계 앞에서 적용되는 것으로 인정되어 온

---

[10] 단음절 용언어간은 어미 '아/어'계와 결합될 때 활음화하지 않으므로 '순음+j계 이중모 음' 연쇄의 출현을 살펴보는 본고에서는 제외된다. 정승철(1988), 37-38면 참조.

자음중화中和나 자음군단순화 등의 음운현상에서 그것을 동기화動機化해 주는 단위인 자음이나 단어 경계가 이질적인, 하나의 자연부류로 묶여질 수 없는 성격을 지니는 것이라는 점에서 음절이라는 단위에 의하여 그러 한 음운현상을 기술해 주기도 하였다. 하지만 이처럼 비음운론적 성격을 가지는 것으로 보이는 단위들이 관여하는 음운현상이 존재함은 음절이란 단위에 의한 음운현상의 기술이 간단하지 않음을 보여 준다.

제주도방언은 폐음절 어기와 모음으로 시작하는 어기가 결합되었을 때 선행 어기 말자음의 음운론적 성격과 관계없이 특이한 실현형을 보인다.

(6) 가죽꼬시(가죽#옷+이), 한국끔식(한국#음식)

　　턱깔(턱##알, 턱 아래), 목까판(목##아프+안, 목 아파서), 셍각까이남

　　　수가(셍각##아이##나+암수가, 생각 안 납니까?)[11]

　　맏따덜(맏#아덜, 맏아들)

　　지집빠이(지집#아이, 계집아이), 줍뽀시(줍#옷+이, 겹옷이)

　　답빠란(답##알+안, 답 알아서)[12]

(7) 비단녿(비단#옷), 조근나방(조근#아방, 작은아버지)

　　눈너두건(눈##어둑+언, 눈 어두워서)

　　감몯(감#옷, 감물을 들인 옷), 담메염(담#에염, 담 주위)

　　무음마판(무음##아프+안, 마음 아파서)

---

11 이러한 현상은 제주도방언에서 복합어 경계와 단어 경계에 두루 적용된다. 이는 두 경 계를 나타내 주는 표지標識 기호를 구분하여 완전히 이질적인 기호로써 표기해 줄 필요 가 없음을 알려 준다. 예를 들어 복합어 경계를 '¢'로, 단어 경계를 '#'으로 표기하는 것 은 제주도방언에서처럼 두 경계에서 두루 적용되는 음운현상을 기술하는 데에 일반화 를 나타내 주지 못할 위험성이 있다. 따라서 필자는 복합어 경계는 '#'으로, 단어 경계 는 '##'으로 표시한다. 제시된 예가 복합어인지 두 단어의 단순한 결합인지는 본고의 논의와 무관하다.

12 다른 방언과 마찬가지로 '턱깔~터깔, 맏따덜~마따덜, 답빠란~다빠란' 등 동기관적同器 管的(Homorganic) 자음의 수의적 탈락을 보이기도 한다.

똥오좀[t'oŋŋojom](똥#오좀, 똥오줌), 장온[caŋŋot](장#옷, 장옷)

땅쌀로[t'aŋŋallo](땅##알+로, 땅 아래로),[13] 첵쌍우에[cʰeks'aŋŋue](첵
상##우+에, 책상 위에), 등아판[tiŋŋapʰan](등##아프+안, 등 아파
서)[14]

(8) 엣날러룬(옛날#어룬, 옛날 어른), 오널라침(오널#아침, 오늘 아침)

팔라판(팔##아프+안, 팔 아파서), 칠로르난(칠##오르+으난, 옻 오르
니까)

(6)은 선행 어기의 말자음이 순수자음일 경우이며, (7)은 비음, (8)은 유음
의 경우이다. (6)~(8)에서 알 수 있는바 폐음절 어기가 모음으로 시작하는
어기와 결합될 때 선행 어기의 말자음이 후행 어기의 어두음절 초성에 복
사된다.[15] 그런데 이러한 복사複寫 현상이 모든 환경에서 다 일어나는 것
은 아니다.

---

13 선행 어기의 말자음이 'ㅇ[ŋ]'인 경우에는 다른 자음일 때와 달리 수의적인 듯하다. ex.
[t'aŋŋallo]~[t'aɲallo].

14 국어에서 'ㅇ[ŋ]'은 일반적으로 음절 종성에서만 실현되는 것으로 기술하여 왔는데 위
에 보이는 대로 제주도방언에서는 선행 음절의 종성이 'ㅇ[ŋ]'일 경우 후행 음절 초성에
'ㅇ[ŋ]'이 복사되므로 이의 분포 제약을 달리 기술해야 한다. 즉 제주도방언에서 'ㅇ[ŋ]'
은 "두 모음 사이의 두 자음 중에 뒷자음이 'ㅇ[ŋ]'이면 앞자음은 반드시 'ㅇ[ŋ]'이다."라
는 음소연쇄 제약을 갖는다는 것이다.

15 물론 두 어기 사이에 휴지休止가 개재되면 복사 현상이 일어나지 않는다. 한편 小倉進
平(1944: 67)에 이 현상을 반영한 표기가 나타난다. ex. tʃi-dʒi-'pa-i(女兒). 현평효(1962)
에도 이 현상을 반영한 듯한 표기가 보인다. ex. sok-ot(속옷), tʰɛk-ɯsi(턱없이), set-adɛl
(둘째아들), phuzəp-ɯtta(푸접없다), son-are(손아래), tasɯm-adɛl(의붓아들), choŋ-al(총
알), sul-anzu(술안주). 이들을 'nabuzag-i(나부죽이), cəllukpar-i(절름발이), ciur-ida(기울
이다)' 등과 비교해 볼 때 전자前者의 예들에서 이러한 복사 현상을 표기에 반영하였다
고 볼 수 있다. 다만 이를 완전히 반영했다고 하기는 어려울 듯하다. 예를 들어 선행 어
기의 말자음이 비음일 경우에는 복사 현상이 실현된 것인지 아닌지를 표기로써 구분
할 수 없다. ex. 조막쏘니comakson-i(조막손이). 하지만, 힌날hin-al(흰자위).

(9) 바블(밥+을), 가주기(가죽+이)

　　사니(산山+이), 바미(밤+이), 쏘른(쏠+은, 쌀은)

(10) 머건(먹+언, 먹어서), 자반(잡+안, 잡아서)

　　다단(닫+안, 닫아서), 우선(웃+언, 웃어서)

　　아잔(앚+안, 앉아서), 쪼찬(쫓+안, 쫓아서)

　　아난(안+안, 안아서), ᄀᆞ만(곱+안, 감아서)

　　뽀란(뽈+안, 빨아서)

(11) 체기우꽈(첵+이+우꽈, 책입니까?)

　　도니우꽈(돈+이+우꽈, 돈입니까?)

　　숭눙무리엔(숭눙물+이+엔, 숭늉물이라고)

(9), (10)에서 보는 대로 곡용·활용의 형태소 경계에서 (6)~(8)과 동일한 복사 현상은 일어나지 않으며 (11)에서처럼 계사 '-이-'와의 결합에서도 역시 그러하다.[16] 이들과 (6)~(8)의 예를 비교해 보면 이러한 복사 현상은 제주도방언에서 복합어 경계나 단어 경계를 사이에 두고 폐음절 어기가 모음으로 시작되는 어기와 결합할 때에 일어나는 것임을 알 수 있다.[17]

(12) 진눼가(진#웨가, 진외가), 츰메(츰#웨, 참외)

---

16 부사화副詞化 또는 명사화名詞化 접사 '-이'나 피·사동 접사 '-이-'와의 결합에서도 선행 어기 말자음의 복사 현상은 일어나지 않는다. ex. 틈트미(틈틈이), 버으리(벌이), 주기난(죽이니까).

17 여기에 제시한 자료는 정승철(1988)에서 조사한 자료를 중심으로 한다. 부족한 부분은 ○○○ 씨(28, 제주 남원 출신)의 도움을 받았다(이 자리를 빌려 감사의 뜻을 전한다). 여기서 한 가지 지적해야 할 것은 이른바 접두사의 경우이다. ○○○ 씨에 의하면 제주도방언의 복사 현상은 접두사에 관한 한 수의적인 듯한데[맨닙~매닙(맨입), 몰린정~모린정(몰인정), 홀라방~호라방(홀아비)], 이는 접두사와 어기의 결합이 복합어인지 아닌지 하는 인식상의 차이에 의한 것으로 보인다. 물론 세대차에 의한 것일 수도 있다. 좀 더 세밀한 조사가 요구된다.

술뤠상(술#웨상, 술 외상), 칠뤌(칠七#월月)
ᄀᆞ슬롼쩌(ᄀᆞ슬##오+앗저, 가을 왔다)[18]

(12)는 제주도방언의 복사 현상이 w계 이중모음 앞에서도 일어남을 보여 준다.[19]

(6)~(12)의 예로부터 제주도방언에서 나타나는 복사 현상을 다음과 같이 규칙화해 볼 수 있다.[20]

복사규칙 ø → $\begin{bmatrix} C \\ +F \end{bmatrix}$ / $\begin{bmatrix} C \\ +F \end{bmatrix}$ #(#) _____ [-cons]

(복합어나 단어 경계에서 폐음절 어기와 모음으로 시작되는 어기가 결합할 때 선행 어기 말자음이 후행 어기 어두음절 초성에 복사)

이 복사규칙은 이른바 중화규칙보다 뒤에 적용되는데 이는 다음 예들을 통해 알 수 있다.[21]

---

18 선행어기 말자음이 순수자음일 경우의 예는 제시하지 않았지만 현평효(1962)의 예 'warak-warak(와락와락)'으로부터 순수자음일 경우에도 복사 현상이 일어남을 추측해 볼 수 있다.

19 한편 후행 어기의 어두음절 초성이 'ㅎ'일 경우에도 유사한 복사 현상이 일어난다. ex. 간녹(간#혹), 함먼거슨(함#헌##거슨, 합緘한 것은), 장앙[caŋŋaŋ](장#항, 장독), 돌라르방(돌#하르방). 선행 어기 말음이 순수자음일 경우에는 'ㅎ'축약이 일어나므로 이러한 복사 현상은 선행 어기 말음이 공명자음일 때에만 일어나게 된다. 이는 다음 세 가지 점에서, 본고에서 다루는 복사 현상과는 차이를 보인다. 첫째는 이 경우 제주도방언 화자가 후행 어기의 어두음절 초성에 'ㅎ'를 가진 것으로 인식한다는 점이고 둘째는 이 현상이 복합어 경계나 단어 경계뿐 아니라 형태소 내부에서도 적용되어 '일르다(잃다), 골르다(곯다)' 등으로 변화를 겪은 예들이 있다는 것이며 셋째는 'ㅎ'의 경우에 한하여 다른 방언에 유사한 변화를 보인 예들이[최명옥(1982), 84-88면 참조. ex. 번노(번호), 올래(올해)] 존재한다는 점이다. 따라서 이들은 앞서 기술한 복사 현상과는 다른 차원에서 이해되어야 하리라 여겨진다.

20 '월月' 등은 선행 어기의 말자음이 'ㄹ'일 경우에만 복사 현상을 보인다는 점에서 예외적이다. ex. 칠뤌(칠월). 하지만, 사멀(삼월).

(13) 걷또시(것#웃+이, 겉옷이)

맏뜨선(맛#웃+언, 맛없어서)

벧뜯고(벳##웃+고, 볏 없고)

(13)의 예는 자음중화가 이루어진 후 복사 현상이 일어남을 보여 준다. 제주도방언에서 복사규칙은 복합어 경계나 단어 경계에서 적용되는 규칙이므로 이보다 규칙 순위상 앞서는 중화규칙 역시 자음 앞에서는 물론 복합어 경계나 단어 경계 앞에서 적용되는 것이라 할 수 있다. 아래에 '밧#안(밭안)'을 예로 들어 그 도출과정을 제시해 본다.

(14) ##밧#안##   기저형

##받#안##   중화

##받#단##   복사

　받　단　　경계 삭제

　　⋮　　　　　⋮

　[받딴]　　표면형[22]

---

21 제주도방언에서 자음군 말음 체언어간은 존재하지 않는다. ex. 깝(값), 싹(삯), 득(닭). 또한 현평효(1962)에 따르면 '앞(前), 윺(옆), 낮(晝)' 등 몇 예를 제외하고 'ㅈ, ㅊ, ㅌ', 'ㅋ', 'ㅍ'말음 어간은 각각 'ㅅ, ㄱ, ㅂ'말음 어간으로 재구조화되었다. ex. 굿(젖), 슷(숯), 밧(밭), 녁(녘), 동므릅(무릎). 따라서 자음군단순화는 우리의 논의에서 제외되며 자음중화도 'ㅅ → ㄷ'의 폐쇄음화만으로 한정할 수밖에 없다. 재구조화에서 벗어난 단어도 복사규칙의 적용을 받음은 물론이다. ex. 낟따니우다(낮##아니우다, 낮 아닙니다).

　한편 다음에 제시된 예에서 '웃, 첫, 뒷, 제줏'이 'ㅅ'말음을 가진 것인지는 분명하지 않지만 참고로 제시한다. ex. 욷떠룬(웃#어룬, 웃어른), 천따딜(첫#아딜, 첫아들), 뒫뚜영(뒷#우영, 뒤뜰), 제준따이(제줏#아이, 제주도 아이).

22 '받단 → 받딴'의 경음화나 '받딴 → 바딴'의 자음탈락은 복사규칙의 적용 이후 어느 단계에서 적용되어도 무방하다. 단 전자의 경음화가 후자의 자음탈락보다 선행되어야 한다.

제주도방언의 복사 현상은 복합어 경계(또는 단어 경계) 앞에서의 선행 자음의 폐쇄와 밀접한 관련을 갖는다. 선행 자음의 폐쇄 후 휴지 없이 후행 모음을 발화하기는 어렵다. 왜냐하면 후행 모음을 발화하기 위해서는 선행 자음의 파열이 전제되어야 하기 때문이다. 그리하여 제주도방언에서는 폐쇄된 선행 어기 말자음과 동일한 성격의 자음을 후행 어기의 어두 음절 초성에 복사하여 발화하게 된 것으로 보인다.[23]

제주도방언의 복사 현상은 후행어기의 어두음절 초성이 /이/나 /j/일 때에는 실현상의 제약이 있는데 이는 복합어 경계(또는 단어 경계)에서의 /ㄴ/삽입 현상과 밀접한 관련을 가지기 때문이다. /ㄴ/삽입 현상은 후행 어기의 어두음절 초성이 /이/ 또는 /j/일 때에 일어나는바[24] 일단 /ㄴ/삽입이 이루어지면 복사 현상은 일어날 수 없는 것이다.

(15) 쳉닐름, 첵낄름(첵#일름, 책 이름)

중니건, 죽끼건(죽##익+언, 죽 익어서)

줌니불, 줍삐불(줍#이불, 겹이불)

밤니건, 밥삐건(밥##익+언, 밥 익어서)

온닐름, 온띨름(옷#일름, 옷 이름)

혼니불, 혼띠불(홋#이불, 홑이불)

---

23 제주도방언 화자들은 복사규칙으로 형성된, 모음 사이 두 자음의 연쇄와 곡용·활용의 형태소 경계에서 나타나는 두 자음의 연쇄를 구별하지 않는 듯하다. 예를 들어 제주도 방언 화자들은 '받딴(밭#안)'과 '받딴(받+단, 받다가)'을 동일한 발음을 가진 것으로 인식한다.

24 아래에 제시된 예는 ○○○ 씨에 의한 것이다. 그런데 현평효(1962)의 자료를 살펴보면 /이/나 /j/ 앞에서의 /ㄴ/삽입은 제주도방언에서 필수적 현상으로 여겨진다. 하지만 필자의 조사에 의하면 /이/ 앞에서의 /ㄴ/삽입 현상은 젊은층에서는 수의적이며 노인층에서도 단어의 성격에 따라 간혹 수의성을 보이기도 한다. 현평효(1962)에도 이를 반영해 주는 표기가 보인다. ex. kkɛmmak-izida(깜박 잇다), ttəŋ-ip(떡잎). 정밀한 조사가 필요하다.

밤닐, 밤밀(밤#일)

감니건, 감미건(감##익+언, 감 익어서)

낭닐름, 낭일름[naŋŋillim](낭#일름, 나무 이름)

(16) 셍년필(섹#연필, 색연필)

담뇨(담#요), 암냥(암#양羊)

꿩녇(꿩#엿)

월료일(월#요일)

(15)는 후행 어기의 어두음절 초성이 /이/모음일 경우이며 (16)은 활음 /j/일 경우이다. 제주도방언에서 이른바 /ㄴ/삽입 현상은 복사 현상보다 먼저 일어나지만 특히 젊은층에서는 (15)에 제시된 것처럼 /이/모음 앞에서의 /ㄴ/삽입이 일어나지 않고 복사 현상이 일어난 형태로 실현되기도 한다. 이는 젊은층에서 규칙 재배열再配列이 일어났다고 할 수 있는데 상호 배타적(mutual bleeding) 관계에 있는 두 규칙이 계합系合(paradigm)상의 이형태를 줄이려는 방향으로 재배열된다는 점에서 흥미롭다.[25]

복합어 경계나 단어 경계를 인식하고 있는 제주도방언 화자에게 복사 현상은 이러한 인식의 음운론적 반영이다. 그런데 제주도방언의 복사규칙은 복합어 경계에서 적용되는바 이보다 앞서 적용되는 자음중화 또한 자음과 복합어 경계가 동일한 요인으로 작용하는 음운현상이다. 이는 형

---

[25] Kiparsky(1971) 참조. 계합상의 이형태를 줄이는 방향이라 함은 다음에서 쉽게 알 수 있다.

	훗#이불	훗#옷
/ㄴ/삽입	혼니불	×
복사	×	혼똣

	훗#이불	훗#옷
복사	혼띠불	혼똣
/ㄴ/삽입	×	×

태·통사적 경계(특히 복합어 경계나 단어 경계)가 음운현상에 관여할 뿐 아니라 이질적 성격을 가지는 자음과 동일한 음운현상에서 동일한 행위를 보이기도 함을 알려 주는 것이라 하겠다.

제주도방언의 복사 현상을 음절이란 단위에 의해 기술하는 것은 이 현상에 있어서 복합어 경계 또는 단어 경계와 형태소 경계에서 나타나는 규칙 적용의 차이를[26] 음절 경계 부여의 차이로써 기술해 주어야 하는바 복합어 경계 또는 단어 경계에 먼저 음절 경계를 부여하는 과정을 요구한다. 이러한 과정이 음운론적 기술을 복잡하게 함은 물론이다. 따라서 필자는 이러한 기술상의 복잡성을 피하기 위하여 이 현상의 기술에서 음절이란 단위의 인정을 보류하며 제주도방언의 복사 현상은 복합어 경계나 단어 경계에서 일어나는 음운현상으로 이해하고자 하는 것이다.

4.

이제까지 필자는 음절이란 단위에 의하여 음운현상을 기술했을 때 포착하기 어려운 제주도방언의 두 음운현상, 즉 j계 이중모음의 출현 제약과 복합어 경계에서의 복사규칙을 살펴보았다. 이로부터 국어의 음절 문제에 관하여 다음과 같은 점을 지적할 수 있다.

먼저 형태소 내부와 경계에서 상위를 보이는 음운현상에 있어서는 음절구조제약이 아닌 형태소구조규칙으로 음소연쇄의 잉여성을 기술해 주어야 한다. 이러한 음운현상은 음절구조보다 형태소구조가 적극적으로 기능하고 있음을 보여 주는 것이라 하겠다.

---

26 김성규(1987), 배주채(1989)에서는 복합어 경계와 형태소 경계에서 나타나는 음운현상의 차이를 설명하기 위하여 '잠재적 휴지'를 도입하기도 하였다.

또한 음운현상에 비음운론적 단위라 할 수 있는 복합어 경계 또는 단어 경계 등이 관여하기도 함을 보았다. 이는 형태·통사적 경계에 음절 경계를 부여하는 과정인 통사적 음절화를 인정하지 않을 수 있게 해 준다. 음절이 음운론적 단위라면 음절 경계도 음운론적 단위인 음소들의 연쇄에 근거하여 부여되어야 하는바 형태·통사적 경계에 음절 경계를 부여하는 과정인 통사적 음절화는 인정하지 않는 것이 바람직하다.[27]

앞으로 남은 문제는 이들 현상에서 왜 제주도방언이 다른 방언과 상위를 보였는가 하는 점이다. 이는 제주도방언 음운현상에 대한 전반적인 이해가 선결되어야 해결 가능한 문제인 듯하다. 좀 더 세밀하고 전반적인 조사·연구가 필요하리라 여겨진다.

---

27 통사적 음절화는 '옷#안 → 옷$안 → 온$안, 값#없+다 → 값$없$다 → 갑$업$다'에서처럼 자음중화나 자음군단순화만을 일으키거나 '먹+어 → 먹$어 → 머$거, 계집#아이 → 계집$아이 → 계지$바이'에서 알 수 있는 것처럼 심지어 어떤 음운현상에도 관여하지 못하고 부여된 음절 경계가 사라지며 또한 '온$안 → 오$단, 갑$업$따 → 가$법$따, 먹$어 → 머$거, 계집$아이 → 계지$바이'에서처럼 표면형에 기초하여 다시 음절 경계를 부여하는 재음절화再音節化 과정을 요구하게 된다. 음운론적 기술을 복잡하게 하는 이 재음절화 과정은 음절이란 단위를 기저 층위에서 인정하지 않는 본고에서는 생략될 수 있다. 한편 화자가 '옷안'을 두 단음절 어기의 복합어로 인식한다는 것과 복합어 '옷안'에서 두 어기 사이에 음절 경계가 개입된 것으로 인식한다는 것이 동일한 의미로 받아들여질 수는 없는 듯하다. 이는 재음절화 과정이 달리 이해되어야 함을 보여 주는 것이라 하겠다.

제주도방언 'ㅎ'말음 용언어간의 통시론

1.

현대 제주도방언에서 용언어간은 'ㄱ, ㄴ, ㄷ, ㄹ, ㅁ, ㅂ, ㅅ, ㅈ, ㅊ, ㅎ' 등 10개의 자음을 말음으로 가질 수 있다(정승철 1995a: 175). 이 중에서 'ㄱ, ㄴ, ㄷ, ㄹ, ㅁ, ㅂ, ㅅ'말음 용언어간은 지위가 확고하여 어간의 재구조화를 겪지 않았으나 'ㅈ, ㅊ, ㅎ'말음 용언어간은 제주도방언에서 어간의 재구조화를 겪어 대체로 구형과 신형이 쌍형어를 이루고 있다.

그런데 'ㅈ, ㅊ'말음 용언어간의 경우는 '치지-(찢다), 쪼치-(쫓다)' 등에서처럼 '이'삽입을 겪은 재구조화된 형태가 나타나는바 현대 제주도방언에서 이들의 재구조화 과정은 비교적 단순하다고 할 수 있다. 하지만 단순한 재구조화 과정을 보여 주는 'ㅈ, ㅊ'말음 용언어간의 경우와는 달리 'ㅎ'말음 용언어간의 경우에는 일련의 음운론적·형태론적 과정이 관여하여 재구조화의 양상이 매우 복잡하다.

이 논문은 제주도방언 'ㅎ'말음 용언어간의 재구조화 과정을 기술하는 것을 목적으로 한다. 그리하여 'ㅎ'말음 용언어간과 관련하여 제주도방언과 중앙어를 비교하면서 2장에서는 이전 시기에 제주도방언에 존재했던 것으로 여겨지는 'ㅎ'를 포함하는 자음군 말음 용언어간의 재구조화를, 3

---

* 이 논문은 《이기문 교수 정년퇴임기념논총》(1996, 신구문화사)의 738-753면에 실렸다.

장에서는 중앙어의 'ㅎ'말음 형용사어간의 대부분을 차지하는 색채 형용
사어간의 생성과 발달에 있어서 제주도방언과 중앙어의 대응을, 4장에서
는 제주도방언의 'ㅎ'말음 용언어간의 재구조화를 살펴보고자 한다.[1]

2.

현대 제주도방언에서 어간말 자음군은 용언어간의 경우에 나타나는
'ㄺ, ㄻ, ㄼ'자음군을 제외하고는 체언·용언에 관계없이 공시적으로 허용
되지 않는바(정승철 1988: 18) 'ㅎ'를 포함하는 자음군을 종성으로 가지는
용언어간 또한 나타나지 않는다.

현대 제주도방언에서 'ㄶ'종성 용언어간은 나타나지 않는다. '곯-(飢), 끓-
(沸), 싫-(厭), 앓-(痛), 잃-(失)' 등 중앙어의 'ㄶ'종성 용언어간은 제주도방언
에서 용언어간말'으'삽입과 공명음 사이 'ㅎ'탈락, 'ㄹ∅〉ㄹㄹ'의 변화를 겪
어 각각 '골르-(飢), 끌르-(沸), 실르-(厭), 알르-(痛), 일르-(失)' 등의 '으'말음
어간으로 재구조화되었다(정승철 1995a: 197-198).

15세기 중앙어에서 'ㄶ'종성 용언어간이었던 '핥다(핥-; 능엄 3:9, 舐)'도
제주도방언에서는 '할르-'로, 15세기 중앙어에서는 'ㄶ'종성 용언어간이
아니었지만 현대 중앙어에서는 'ㄶ'종성 어간인 '꿇-(쭐-; 법화 2:178, 跪),
뚫-(듧-; 법화 6:154, 穿)'는 '꿀리-(跪), 뚤루-(穿)'로 나타난다. '고프-(*곯+
*ㅂ-, 飢), 슬프-(*슳+*브-, 哀), 아프-(*앓+*ㅂ-, 痛)' 등은 이전 시기의 제주
도방언에 'ㄶ'종성 용언어간이 존재했었음을 보여 준다.

'끌르-'에 대해서는 '궤-'가 대신하여 쓰이기도 하며 '닳-(毀損)'와 '옳-(是)'

---

1 이 논문에 제시된 자료는 정승철(1995a)와 박용후(1988a), 제주방언연구회 편(1995),
  현평효(1962)에 수록된 자료임을 밝혀 둔다.

에 대해서는 각각 '다히-'와 '맞-'가 대신하여 쓰인다.

현대 제주도방언에서 'ㄶ'종성 용언어간은 나타나지 않는다. 중앙어와 의 비교로부터 'ㄶ'종성 용언어간이 기대되는 형태도 제주도방언에서는 '끈-(긏; 자휼 1, 絶, 끊다)', '아녀-(않다)'와 같이 'ㄶ'종성 어간으로 나타나 지 않으므로 제주도방언에 'ㄶ'종성 용언어간은 존재하지 않는다고 할 수 있다(정승철 1995a: 184). 이전 시기의 제주도방언에 'ㄶ'종성 용언어간이 존재했었음을 보여 주는 자료는 확인되지 않는데 '끈-(絶)'가 'ㄶ'종성 용언 어간이었다면 후술할 'ㅎ'말음 동사어간과 동일한 변화 과정이 관여하여 재구조화되었을 것으로 여겨진다.

'아녀-'는 '*아니ㅎ-'에서 'ㅎ-) 허-'의 변화(정승철 1995a: 34-36), 공명음 사이 'ㅎ'탈락과 모음의 축약을 겪은 것이다. 그런데 제주도방언에서 두 모음 사이의 축약은 '이'나 '우'말음 용언어간에 부사형 어미 '-아/어'가 결 합할 때, 즉 어휘 형태소와 문법 형태소가 결합할 때에만 일어나며 어휘 형 태소끼리 결합할 때에는 일어나지 않으므로(정승철 1988: 37-42) '아니'는 제2음절이 모음 '이'가 아니라 활음 'j'를 가진 것으로 보는 것이 합리적이 다. 제주도방언에서 부정否定의 부사 '아니'는 '아이먹엇저(아이+먹+엇저, 안 먹었다), 아뇰암서(아니[anj]+올+암서, 안 온다)'에서 보듯 자음으로 시 작하는 동사어간에 선행할 때에는 '아이'로, 모음으로 시작하는 동사어간 에 선행할 때에는 '아니[anj]'로 나타나는바(정승철 1988: 15)[2] 이는 제주도

---

2 '안'으로 실현되기도 함은 물론이다. 제주도방언에서의 부정은 대체로, 동사어간의 경우에는 '아이 갓저(안 갔다)'에서처럼 부정어를 피부정어에 선행시키며 형용사어간 의 경우에는 '춥지 아녀다(춥지 않다)'에서처럼 부정어를 피부정어에 후행시킨다. 또 한 '생각허-(생각하다)' 등과 같은 '다음절 어근+허-'류 용언어간의 부정은 '생각 아녀다 (생각하지 않다)'에서처럼 '허-'를 '아녀-'로 교체시켜 표현한다. '정허-(정하다), 헐허- (헐하다)' 등과 같은 '단음절 어근+-ㅎ-'류 용언어간은 '아이 정헷저(안 정했다), 헐허지 아녀다(헐하지 않다)'에서처럼 일반 용언어간의 경우와 평행하다. '*귀ㅎ지 아녀-'에 서 기원한 '귀차녀-(귀찮다)'는 '단음절 어근+허-'류의 형용사어간이 부정否定에서 다른 일반 형용사어간과 평행하게 행동함을 보여 준다. 제주도방언에서 부정어와 피부정

방언의 부정의 부사 '아니'가 기원적으로 '[anj]'였음을 보여 준다.

현대 제주도방언에서는 '진차녀-(긴찮다)'가 '귀찮다'를 대신하여 사용되기도 하며 '하-' 또는 '만허-'가 중앙어의 'ㄶ'종성 용언어간인 '많-'를, '어떵아녀-, 관차녀-'가 '괜찮-'를 대신하여 사용된다.[3]

3.

현대 중앙어에서는 형용사 파생의 기능을 가지는 접미사 '-앟/엏-'을 분석해 내는 것이 가능한 색채 형용사 계열이 있다(송철의 1990: 225-229). 이들은 15세기에 일반적으로 쓰이던 '프른-/프르-(靑), 감-/검-(黑), 노른-/누르-(黃), 븕-/븕-(赤), 히-/희-(白)' 등으로부터 일련의 통시적인 과정을 겪어 형성된 어간이다. 즉 2단계의 모음 교체, 부사형 어미 '-아/어'의 결합 등이 관여하여 '파라-/퍼러-(靑), 가마-/거머-(黑), 노라-/누러-(黃), 발가-/벌거-(赤), 하야/허여-(白)' 등의 어간이 형성되고 이들과 'ㅎ-'의 합성어인 '파라ㅎ-/퍼러ㅎ-(靑), 가마ㅎ-/거머ㅎ-(黑), 노라ㅎ-/누러ㅎ-(黃), 발가ㅎ-/벌거ㅎ-(赤), 하야ㅎ-/허여ㅎ-(白)'가 어간말 'ㅇ'의 탈락으로 'ㅎ'말음 형용사어간인 '파랗-/퍼렇-(靑), 까맣-/꺼멓-(黑), 노랗-/누렇-(黃), 빨갛-/뻘겋-(赤), 하얗-/허옇-(白)'로 재구조화된 것이다(김주필 1995).[4] 어간말 'ㅇ'의 탈락

어의 순서에는 어미의 종류도 관여하는 듯한바 이에 대한 정밀한 검토가 필요할 것으로 여겨진다.

[3] 제주도방언에서 '렌찮-', '귀찮-', '점잖'가 간혹 쓰이기도 하나 이는 다른 방언의 영향에 의한 것일 듯하다. '편찮-'는 거의 쓰이지 않는다.

[4] 김주필(1995)에서는 '파라ㅎ-/퍼러ㅎ-'류 어간을 '파라-/퍼러-'류 어간과 'ㅎ-'가 직접 결합한 비통사적非統辭的 합성어로 보았다. 그런데 중세국어의 비통사적 합성어에서는 합성어의 두 어간이 유의類義나 반의反義 등 의미상 관련을 가지는바(이선영 1992: 33-55) 이러한 의미상의 관련성을 보여 주지 않는 '파라ㅎ-/퍼러ㅎ-'류 어간은 '파라-/퍼러-'류 어간에 '-어/아 ㅎ-'가 결합된 통사적 합성어로 보는 것이 합리적이다.

에 중세국어 'ㅎ-'가 보이는 특수한 교체 현상이 관련되었음은 물론이다 (이현희 1986).

그런데 이들 색채 형용사 계열의 통시적 분화 과정과 관련하여 제주도방언과 중앙어를 비교해 보면 제주도방언이 중앙어와는 다른 일련의 형태론적 과정을 보이고 있음을 알 수 있다.[5]

(1) ㄱ. 푸리-(푸르다)

    ㄴ. 깜-, 검-(검다)[6]

    ㄷ. 노리-, 누리-(노르다)

    ㄹ. 붉-(붉다)

    ㅁ. 히-(희다)

(2) ㄱ. 파랑허-, 퍼렁허-, 푸렁허-(靑)

    ㄴ. 가망허-, 까망허-, 거멍허-, 꺼멍허-(黑)

    ㄷ. 노랑허-, 누렁허-(黃)

    ㄹ. 발강허-, 빨강허-, 벌겅허-, 뻘겅허-, 불겅허-, 뿔겅허-(赤)

    ㅁ. 하양허-, 헤양허-, 히영허-(白)

(1)은 단일어인 색채 형용사어간이며 (2)는 합성어인 색채 형용사어간이다.[7] (1ㄱ)의 '푸리-'와 (1ㄷ)의 '노리-, 누리-'는 어간말 '-이'의 첨가가 관련된 것(정승철 1995a: 45)이며[8] (1ㄴ)의 '깜-'는 어두경음화가, (1ㅁ)의 '히-'는

---

5 제주도방언의 색채 형용사에서 명암明暗의 차이는 모음 교체에 의해, 농염濃艷의 차이는 자음 교체와 일련의 접사에 의하여 표현된다. 농염의 차이를 나타내 주는 접사는 접두사로 '시-/새-, 짓-' 등이, 접미사로 '-롱ㅎ/룽ㅎ-, -으스롱ㅎ/으스룽ㅎ-' 등이 있다 (강영봉 1994: 18-32).

6 제주도방언에서 '감-'와 '껌-'는 확인하지 못했다.

7 제주도방언의 'ㅎ'는 공명음과 공명음 사이에서 실현되지 않는 것이 일반적이다. (2) 의 '파랑허-'류 형용사어간도 '파랑어-' 등으로 더 자주 실현된다.

'의〉이'의 변화(정승철 1995a: 86-91)가 관련된 것이다.

이로부터 이전 시기의 제주도방언에서 '*프ᄅ-/*프르-(靑), 감-/검-(黑), *노ᄅ-/*누르-(黃), *붉-/*븕-(赤), *히-/*희-(白)' 등이 색채 형용사 체계를 이루고 있었음을 알 수 있다. '프르스롱허-/푸리스룽허-(파르스름하다)'는 '*프ᄅ-/*프르-(靑)'의 대립이, '블ᄀ스롱허-/불ᄀ스룽허-(불그스름하다)'는 '*붉-/*븕-(赤)'의 대립이 이전 시기의 제주도방언에 존재했음을 보여준다. '혜영허-'의 '*혜-'는 '*히-(白)'가 어두음절에서 '이〉에'의 변화(정승철 1995a: 86-89)를 겪은 것이다.

(1ㄱ)~(1ㅁ)과 (2ㄱ)~(2ㅁ)을 각각 비교해 보면 어기와 합성어 사이에 관련성이 분명히 드러나지는 않는다. 이는 (2ㄱ)~(2ㅁ)의 합성어가 직접적으로 기원하는 어기가 현대 제주도방언에 나타나지 않기 때문이다.

이들 합성어와 관련하여 이전 시기의 제주도방언에서는 중앙어와 마찬가지로 2단계의 모음 교체, 부사형어미 '-아/어'의 결합 등 일련의 통시적 변화를 겪은 어간인 '*파라-/*퍼러-(靑), *가마-/*거머-(黑), *노라-/*누러-(黃), *발가-/*벌거-(赤), *하야-/*허여-(白)' 등과, 이들과 '*ᄒ-'와의 합성어인 '*파라ᄒ-/*퍼러ᄒ-(靑), *가마ᄒ-/*거머ᄒ-(黑), *노라ᄒ-/*누러ᄒ-(黃), *발가ᄒ-/*벌거ᄒ-(赤), *하야ᄒ-/*허여ᄒ-(白)' 등이 형성되어 있었던 것으로 보인다. 그러다가 '*프ᄅ-/*프르-'류 어간과 '*파라ᄒ-/*퍼러ᄒ-'류 어간을 관련지어 주는 '*파라-/*퍼러-(靑)'류 어간이 사라지면서 제주도방언

---

8 '노리-, 누리-'와 '푸리-'는 이전 시기의 제주도방언에서 특수어간 교체를 보이는 형태였을 가능성이 있다. 이전 시기에 특수어간 교체를 보였던 제주도방언의 체언어간은 어간말 '-이'의 첨가에 있어서 'ᄒ르(ᄒᄅ; 석보 6:23, 하루)'와 '노리(노ᄅ; 훈몽-초, 상:10, 노루)' 등에서처럼 'ㄹㄹ'계와 'ㄹㅇ'계가 상위相違를 보여 주는바(정승철 1995a: 42-46) '노리-, 누리-'와 '푸리-'는, 어간말 '-이'의 첨가를 겪어 '이'말음 어간으로 재구조화된 'ㄹㅇ'계 체언어간과 평행한 변화를 보여 주기 때문이다. 이전 시기에 'ㄹㅇ'계 용언어간이었던 '다르-, 달르-(異)'류와 '노리-'류가 보여 주는 차이는 변화의 시기가 관련되었을 듯하다.

화자들은 '*파라ᄒ-/*퍼러ᄒ-'류 어간의 '*파라/*퍼러'를 어근으로 인식하고 이에 따라 제주도방언의 어근 파생접미사인 '-앙/엉'을 결합시키게 된 것이라 할 수 있다. 어근 파생접미사 '-앙/엉'의 존재가 중앙어와 같은 'ᄒ' 말음 어간으로의 재구조화를 방해한 셈이다.[9]

박용후(1988a)의 'ᄃ랑허-(둘+앙+허-, 무거운 것이 달려 있다), 번지렁허-(번질+엉+허-, 휑하다/번지르르하다)' 등에서처럼 제주도방언에서 어근 파생접미사 '-앙/엉'이 결합된 형용사어간은 비교적 쉽게 찾을 수 있다.[10] 이들 색채 형용사들과 평행한 모습을 보이는 '보양허-, 부영허-, 뿌영허-(晴, 보히-; 마경, 상:8, 보얗다), 동그랑허-, 둥그렁허-(圓, 둥그러ᄒ-; 화포 8, 둥그렇다), 멀겅허-(멀거ᄒ-; 한청 6:9, 멀겋다)'도 유사한 과정을 겪어 재구조화된 것으로 여겨진다.[11] 한편 중앙어에서 '-다라ᄒ-'로부터 발달한 파생접미사 '-다랗-'(송철의 1990: 221-225)은 제주도방언에서 나타나지 않으며 '훅지랑허-(굵다랗다), 얍지랑허-(얄따랗다)' 등이 유사한 의미로 쓰인다.

중세국어 문헌어에서는, 지시대명사나 부정不定대명사 등에 붙어 처소

9 중앙어에서는 '파라ᄒ-/퍼러ᄒ-'류 어간이, 그와 유사한 형태론적 구성을 가진 '좋아하-'류 어간과 다른 형태론적인 변화를 겪었는데 이것 또한 '파라-/퍼러-'류 어간의 소멸과 밀접한 관련이 있는 듯하다.
　한편 제주도방언에서 색채명으로 '검은색(黑), 노린색(黃), 붉은색, 빨강헌색(赤), 푸린색(靑)' 등이 쓰이며 '힌색(白)'은 거의 쓰이지 않는다. 중앙어와 같이 '파랑' 등의 색채명이 쓰이지 않으므로 제주도방언의 '-앙/엉'은 명사 파생접미사가 아니라 어근 파생접미사라고 할 수 있다. 이 어근 파생접미사 '-앙/엉'과, 정승철(1995d: 368-370)에서 재구한 어근 파생접미사 '-옹'은 기능이 유사하지만 대체로 선행 어기의 말음으로 전자는 모음이나 'ㄹ'를, 후자는 'ㄴ'를 요구한다는 점에서 차이를 보인다.

10 다른 '다음절 어근+허-'류의 형용사어간과 마찬가지로 '퍼렁도 허다(퍼렇기도 하다)'에서처럼 어근과 '허-'가 분리되기도 하며 부정은 '퍼렁 아녀다(퍼렇지 않다)'에서처럼 '허-'를 '아녀-'로 교체시켜 표현한다.

11 사실 '가멍허-/거멍허-'의 생성에 '*가마-/*거머-'가 필수적으로 요구되는 것은 아니다. 이는 다른 색채 형용사 계열과의 유추에서 비롯되었을 가능성이 짙다. '보양허-, 부영허-, 뿌영허-(晴), 동그랑허-, 둥그렁허-(圓), 멀겅허-(멀겋다)'도 마찬가지이다. 한편 중앙어의 '조그맣다'는 제주도방언에서 '조그만허-'로 나타난다.

나 방법을 나타내 주는 접미사 '-리, -러', '-디, -더' 등과 관련된 일련의 형태 '그리ᄒ-, 그러ᄒ-', '이리ᄒ-, 이러ᄒ-', '뎌리ᄒ-, 뎌러ᄒ-', '아ᄆ리ᄒ-, 아ᄆ라ᄒ-', '엇디ᄒ-, 엇더ᄒ-' 등이 나타나는데 이들은 중앙어에서, 중세국어 'ᄒ-'가 보이는 특수한 교체 현상이 관련되어 어간말 'ᄋ'가 탈락한 'ᄒ'말음 용언어간으로 재구조화되었다(이현희 1985: 233-241). 이들은 현대 제주 도방언에서 접미사 '-엉'이 결합된 형태와 대응하는바 색채 형용사 계열과 평행한 모습을 보여 준다.

    (3) ㄱ. 경허-, 기영허-, 경허-, 정허-(그러다/그렇다)

        ㄴ. 이영허-, 영허-(이러다/이렇다)

        ㄷ. 저영허-, 정허-(저러다/저렇다)

        ㄹ. 아명허-, 아맹허-(아무렇다)

        ㅁ. 어떵허-(어쩌다/어떻다)

    (3ㄱ)의 '경허-', (3ㄴ)의 '이영허-', (3ㄷ)의 '저영허-', (3ㄹ)의 '아명허-'는 중앙어를 고려하면, 처소나 방법을 나타내 주는 접미사 '*-리'가 지시대명 사와 부정대명사에 결합한 '*그리, *이리, *저리, *아ᄆ리'가 관련되어 있는 형태임을 알 수 있다. '*그리, *이리, *저리, *아ᄆ리'가 'ㄹ'탈락을 겪은 '*그이(*긔〉*기), *이이, *저이, *아ᄆ이(*아ᄆ〉*아믜〉아미)'에 접사 '-엉' 이[12] 결합한 '*그영(〉경), 이영(〉영), 저영(〉정), *아미영(〉아명〉아맹)'이 'ᄒ-'와 결합한 것이다. 접사 '-엉'의 존재가 중앙어와 같은 'ᄒ'말음 어간으로의 재구조화를 방해한 셈이다.

    '*그영(〉경), 이영(〉영), 저영(〉정), *아미영(〉아명〉아맹)' 등은 현대 제

---

[12] 이때의 접사 '-엉'은 '조경(족+이+-엉, 적게), 하영(하+이+-엉, 많이)' 등에서 보는 대로 선행하는 어기가 '이'말음을 가진 부사일 것을 요구하는 접사인바 의미의 변화를 일으키지 않는 접사이다(송상조 1994: 24-27).

주도방언에서 독립적인 부사로 쓰이기도 한다. (3ㄱ)의 '경허-'는 접사 '*-러'가, (3ㅁ)의 '어떵허-'는 접사 '*-더'가 관련된 것이다. '경허-'류는 중앙어의 동사 '그러다'와 형용사 '그렇다' 모두에 대응한다.[13]

4.

현대 제주도방언에서 'ㅎ'를 말음으로 가지는 용언어간은 동사어간인 '낳-(産), 놓-(放), 닿-(땋다), 쌓-(蓄), 짛-(搗)' 등과 형용사어간인 '좋-(好)'를 제외하고 나타나지 않는다. '짛-(搗)'에 대해서는 '찍-'가 대신하여 쓰이기도 한다. 중앙어의 'ㅎ'말음 용언어간인 '넣-(入)', '닿-(到)', '빻-(造粉)'에 대해서는 각각 '놓-', '미치-', '뺏-'가 대신하여 사용된다.[14]

(4) ㄱ. 나콕(낳+곡, 낳고), 나탄(낳+단, 낳다가), 나치(낳+지)
    나으난(낳+으난, 낳으니까)

---

13 이는 고흥방언에서도 마찬가지이다(배주채 1995: 139). '경허-'와 관련되는 접속부사 '겨난, 게난, 게나네(그러니까), 겨니, 게니(그러니), 게당(그러다가), 게도(그래도), 겨민, 게멘, 게민(그러면), 견디, 겐디(그런데)' 등은 '경허-'류의 발달과 관련하여 특이한 변화 모습을 보여 주는 것이다. 이들은 '*그이'에 접사 '-엉'이 결합하지 않고 '*ㅎ-'와 결합한 '*그이ㅎ-'와 관련을 갖는바 '*그이ㅎ-)*긔ㅎ-)*기ㅎ-)*기허-)*기어-)*겨-'에서 보는 대로 '의〉이'의 변화와 '*ㅎ-)*허-'의 변화, 공명음 사이의 'ㅎ'탈락 등이 관여하여 형성된 어간 '*겨-'가 활용을 보인 것이다. '겨난' 게난' 등의 변화는 접속부사로 정립되는 과정에서 단모음화單母音化를 겪은 것이다. 이와 평행하게 제주도방언에서는 '게나제나(그러나저러나)' 등에서처럼 '*이이ㅎ-)*이어-', '*저이ㅎ-)*저여-'의 변화를 보여 주는 흔적을 발견할 수 있다. 제주도 민요에 나오는 '이어도'는 '*이이ㅎ-)*이허-)*이어-'의 변화를 겪은 '*이어-(이러다)'와 활용어미 '-어도'가 결합된 구조를 가진 것으로 여겨진다.
14 현대 제주도방언에서 '넣-(入)'는 간혹 들을 수 있지만 이는 다른 방언의 영향에 의한 것일 듯하다. 또한 기원적으로 '닿-(到)'에 사동의 접미사가 붙어 형성된 '대-(다히-; 월석 2:15, 觸)'가 현대 제주도방언에서 쓰이는 것으로 보아 이전 시기에는 'ㅎ'말음 동사어간인 '닿-' 또는 그와 유사한 형태(다ㅎ-)'가 존재했었던 것으로 여겨진다.

나안(낳+안, 낳아서)

ㄴ. 나곡(나+곡), 나단(나+단), 나지(나+지)

나난(나+으난)

난(나+안)

(5) ㄱ. 지콕(짖+곡, 찧고), 지탄(짖+단, 찧다가), 지치(찧+지)

지으난(짖+으난, 찧으니까)

지언, 지연(짖+언, 찧어서)

ㄴ. 지곡(지+곡), 지단(지+단), 지지(지+지)

지난(지+으난)

지언, 지연, 전(지+언)

(6) ㄱ. 노콕(놓+곡, 놓고), 노탄(놓+단, 놓다가), 노치(놓+지)

노으난(놓+으난, 놓으니까)

노안, 노완(놓+안, 놓아서)

ㄴ. 노곡(노+곡), 노단(노+단), 노지(노+지)

노난(노+으난)

노안, 노완, 뇐(노+안)

(7) 조콕(좋+곡, 좋고), 조탄(좋+단, 좋다가), 조치(좋+지)

조으난, 조난(좋+으난, 좋으니까)

조안, 조완(좋+안, 좋아서)

  (4)~(6)은 'ㅎ'말음 동사어간의 경우이며 (7)은 'ㅎ'말음 형용사어간의 경우이다. 제주도방언의 'ㅎ'말음 용언어간은 (4ㄱ)~(6ㄱ)의 '나콕(낳고), 지탄(찧다가), 노치(놓지)' 등과 (7)의 '조콕(좋고), 조탄(좋다가), 조치(좋지)'에서처럼 'ㄱ, ㄷ, ㅈ' 등의 자음으로 시작하는 어미와[15] 결합할 때 어간말

---

15 현대 제주도방언에 'ㅂ'나 'ㅅ'로 시작하는 어미는 존재하지 않으나 그러한 어미가 존재

자음과 어미 두음이 축약되어 격음화한다.

또한 (4ㄱ)의 '나으난(낳으니까), 나안(낳아서)', (5ㄱ)의 '지으난(찧으니까), 지언(찧어서)', (6ㄱ)의 '노으난(놓으니까), 노안(놓아서)', (7)의 '조으난(좋으니까), 조안(좋아서)' 등에서처럼 'ㅎ'말음 용언어간이 '으'계 어미나 모음계 어미와 결합할 때에는 동사·형용사에 관계없이 용언어간말 'ㅎ'가 필수적으로 탈락하지만 어간말 모음 또는 어미 두음이 탈락하거나, 어간말 모음과 어미 두음이 축약되어 어간말 모음이 활음화하지는 않는다. 그러므로 제주도방언의 'ㅎ'말음 용언어간은 동사와 형용사라는 비음운론적인 범주의 차이가 어미 두음의 격음화와 어간말 자음 'ㅎ'의 탈락, 어간말 모음의 활음화에서 상위를 보여 주지 않는다고 할 수 있다.[16]

그런데 (4ㄴ)~(6ㄴ)의 '나곡(낳고), 지단(찧다가), 노지(놓지)' 등은 어미 두음이 격음화하지 않는다는 점에서, (4ㄴ)의 '난(낳아서)'은 모음이 탈락된다는 점에서, (5ㄴ)의 '전(찧어서)'과 (6ㄴ)의 '놘(놓아서)'은 어간말 모음이 활음화한다는[17] 점에서 다른 예들과 차이를 보여 준다.[18] 따라서 이들은 'ㅎ'가 탈락하여 개음절 어간으로 재구조화되었음을 보여 준다.

하지만 (7)에서 보듯, 형용사어간의 경우는 (4)~(6)의 동사어간의 경우와 다르다. 그러므로 제주도방언에서는 'ㅎ'말음 동사어간에 한하여 말음

하여 'ㅎ'말음 용언어간과 결합한다면 전자의 경우에는 어미 두음의 격음화가, 후자의 경우에는 어미 두음의 경음화가 기대된다. 현대 제주도방언에서 'ㅅ'로 시작하는 어미는 나타나지 않으나 선어말어미 '-쑤-(-습니-)'처럼 'ㅆ'로 시작하는 어미는 나타난다(정승철 1995b: 98-99).

16 '조으난, 조난'에서처럼 형용사어간의 경우에는 어미의 두음 '으'가 수의적으로 탈락한다.

17 이처럼 활음화가 일어나는 경우는 한 기식군 안의 비어두음절 위치에서이다. 물론 젊은층의 방언화자는 한 기식군 안의 어두음절에서도 활음화하여 발음한다. 이는 '오'말음 용언어간의 경우도 마찬가지이다.

18 형용사어간인 '좋-'가 동사어간인 '놓-'와 달리 모음계 어미 앞에서 활음화를 보이지 않는 것은 중앙어에서도 마찬가지이다(이병근 1978).

'ㅎ'가 탈락하여 재구조화된 개음절 어간과 쌍형어를 이루고 있다고 할 수 있다.

(4)~(7)을 통해서 보면 제주도방언의 'ㅎ'말음 동사어간은 'ㅎ'말음 형용사어간과 달리 언제나 'ㅎ'말음을 가지지 않은 재구조화된 개음절 어간과 쌍형어를 이루고 있음을 알 수 있다. 제주도방언에서는 동사와 형용사라는 비음운론적인 범주의 차이가 어간의 재구조화에 관여하고 있는 것이다.

제주도방언에서 동사와 형용사라는 비음운론적인 범주의 차이가 보여주는 'ㅎ'말음 용언어간의 재구조화에 있어서의 차이는 동사어간과 형용사어간에 결합하는 어미, 특히 동사어간과 형용사어간의 기본형을 나타내 주는 어미의 차이에서 비롯된 것으로 여겨진다. 제주도방언 화자들이 인식하고 있는 동사어간의 기본형을 나타내 주는 어미는 '-ㄴ다/나'이며 형용사어간의 기본형을 나타내 주는 어미는 '-다'이다.

(8) ㄱ. 간다(가+ㄴ다, 去), 폰다(프+ㄴ다, 堀), 거끈다(거끄+ㄴ다, 折, 꺾는다)

　　ㄴ. 는다(늘+ㄴ다, 飛), 안다(알+ㄴ다, 知)

　　ㄷ. 논다(노+ㄴ다, 놓는다)

(9) ㄱ. 멍나(먹+나, 食, 먹는다), 끈나(끈+나, 切, 끊는다), 씬나(씻+나, 洗, 씻는다)

　　ㄴ. 든나(듣+나, 聞, 듣는다), 줌나(줍+나, 縫, 깁는다), 인나(잇+나, 連, 잇는다)

　　ㄷ. 논나(놓+나, 놓는다)

(10) ㄱ. 크다(크+다, 大), ᄀ뜨다(ᄀ뜨+다, 同, 같다)

　　ㄴ. 검다(검+다, 黑)

(8)~(10)에서 보듯 공시적으로 제주도방언에서 개음절 동사어간과 'ㄹ'

말음 폐음절 동사어간에는 어미 '-ㄴ다'가, 'ㄹ'말음 어간을 제외한 폐음절 동사어간에는 '-나'가 결합하며 형용사어간에는 선행하는 어간의 음절 구조와 관계없이 '-다'가 결합한다.[19] 그런데 현대 제주도방언에서 '-은다(<-ㄴ다)'는 '간다(가+은다, 간다), 안다(알+은다, 知), 머근다(먹+은다, 먹는다), 시는다(신+은다, 신는다)' 등에서처럼 개음절 동사어간뿐 아니라 폐음절 동사어간에 결합되기도 한다.

이 어미가 'ㅎ'말음 동사어간에 결합되어 용언어간말 'ㅎ'가 필수적으로 탈락한 '나은다(낳+은다, 낳는다), 지은다(짛+은다, 찧는다), 노은다(놓+은다, 놓는다)'는 공시적으로 음장音長이 시차적이지 않은 제주도방언(정승철 1988: 15-16)에서 어미 두음 '으'의 수의적인 탈락을 겪어 '난다(낳는다), 진다(찧는다), 논다(놓는다)'로도 나타날 수 있다.[20] 이는 개음절 동사어간에 어미 '-은다'가 결합된 것과 동일한바 이로부터 어간의 재구조화를 겪어 'ㅎ'가 탈락한 개음절 어간으로 재구조화된 것으로 볼 수도 있다.

그런데 'ㅎ'말음 동사어간의 재구조화에는 '-은다'가 폐음절 어간에 결합하는 현상이 전제되는데 좀 더 조사해 보아야 하겠지만 제주도방언에서 'ㅎ'말음 동사어간의 재구조화를 보여 주는 방언화자들이 폐음절 어간에 '-은다'를 결합시키는 방언화자들보다 노년층이라는 점에서 문제가 있다. 그리하여 대체로 'ㄹ'말음 어간을 제외한 폐음절 동사어간의 경우에 '멍나(먹+나)'에서처럼 어미 '-나'를 결합시키는 것을 자연스럽게 여기는 노인층

---

19 제주도방언에서는 '존나(좋+나, 好)' 등에서처럼 모든 형용사어간에도 어미 '-나'가 결합할 수 있다. 이들은 현재 상태에서 화자의 경험이나 지식에 의한 실연實然 판단(홍종림 1991: 33-52)을 나타내 주는 어미이다. 하지만 동사어간의 경우와 달리 형용사어간의 경우에는 제주도방언 화자들이 '-나'가 결합된 형태를 기본형으로 인식하는 것 같지 않다. 제주도방언의 용언어간에 대한 방언 조사를 해 보면 제주도방언의 제보자들은 동사어간의 경우에는 '-ㄴ다/나'와의 결합형을, 형용사 어간의 경우에는 '-다'와의 결합형을 제시한다.

20 제주도방언에서 노인층 방언화자들은 '버을-(蓄), 다음(次)' 등을 '벌:-(蓄), 담:(次)' 또는 '벌-(蓄), 담(次)'으로 발화하지 않는다(정승철 1988: 20).

제주도방언 화자들도 'ㅎ'말음 동사어간의 재구조화를 보여 주는 것이다.

이러한 점을 감안할 때 'ㅎ'말음 동사어간의 재구조화는, 중세국어 시기에 개음절 동사어간뿐 아니라 폐음절 동사어간에도 결합되었던 문헌어의 '-ᄂᆞ다'에서 기원한 '-ㄴ다'(김완진 1975b: 10)가 이전 시기의 제주도방언에서 선행하는 어간의 음절 구조와 관계없이 결합될 수 있었던 데에 기인하는 것으로 보는 것이 합리적이다.[21] 'ㅎ'말음 동사어간 '낳-(産), 짛-(搗), 놓-(放)' 등에 어미 '-ㄴ다'가 결합되면 '난다(낳는다), 진다(찧는다), 논다(놓는다)' 등으로 나타나는바[22] 'ㅎ'말음 동사어간과 개음절 어간이 동일한 모습을 보여 주게 되는 것이다.

이로부터 제주도방언의 'ㅎ'말음 동사어간이 'ㅎ'가 탈락한 개음절 어간으로 재구조화된 것으로 보인다. 제주도방언의 '뻬-(빻-; 석보 13:26, 셸-; 구방, 상:7, 散, 뿌리다)'는 이러한 재구조화의 과정을 겪은 것이다.[23]

---

21 현대 제주도방언에서는 '-ㄴ다'와 '-나'가 음운론적으로 조건된 이형태의 관계를 이루고 있는데 이는 이전까지 '-ㄴ다'와 수의적인 교체를 보이던 어미 '-나'가 '-ᄂᆞ다〉-ㄴ다'의 변화가 완성되는 과정에서 이루어진 새로운 질서에 편입된 데에서 비롯된 것으로 보인다. 두 어미 형태가 음운론적으로 조건된 교체를 보이게 되었던 것이다. 제주도방언의 어미 '-나'와 형식과 분포에서 차이를 보이지만, 이두에서 '누'로 읽히면서 선어말어미로 사용되던 '臥'가 종결어미로 쓰이는 경우가 고려시대의 구결 자료에서 확인된다(이승재 1989: 177-178). 홍종림(1991: 33-52)에서는 '-나'를 '-ㄴ-(〈-ᄂᆞ-)'와 '-아(〈-다)'로 분석하여 이를 '-ᄂᆞ다'에서 직접적으로 기원한 것으로 보았다.
    한편 현대 제주도방언에서 폐음절 동사어간에 어미 '-은다'가 결합되는 것은 개음절 어간에 결합되는 '-ㄴ다'가 세력을 확대한 데에서 비롯된 것으로 여겨진다.
22 어미 '-ㄴ다'가 '먹-'와 같은 폐쇄음 말음 동사어간에 결합되면 '멍다'로 실현된다. 어간의 재구조화에 있어서 'ㅎ'말음 어간과 폐쇄음 말음 어간이 보여 주는 차이는 이들 어간이 모음계 어미와 결합한 활용형의 차이에서 비롯된다. 'ㅎ'말음 어간은 폐쇄음 말음 어간과 달리 모음계 어미와의 활용형에서도 'ㅎ'말음의 흔적을 보여 주지 않기 때문이다. 어미 '-ㄴ다'를 설정하면 이전 시기의 제주도방언에서, 이 어미를 선행하는 어간의 말자음을 필수적으로 비음화하는 음운과정을 가정해야 한다. 이러한 음운과정이 현대 고흥방언에서 확인된다(배주채 1994: 127).
23 제주도방언의 '끈-(絶)'가 이전 시기에 'ㅀ'종성 동사어간이었다면 동일한 과정을 겪은 것이 된다.

5.

현대 제주도방언에는 'ㅎ'말음 용언어간으로 '낳-(産)' 등의 동사어간과 '좋-(好)'의 형용사어간이 존재하는바 후자와 달리 전자는 일련의 음운론적·형태론적인 과정이 관여하여 'ㅎ'를 가지지 않은 개음절 동사어간으로 재구조화가 이루어졌다. 이전 시기의 제주도방언에 'ㅀ'말음 용언어간은 존재했으나 이들도 일련의 음운론적인 변화를 겪어 '으'말음 어간으로 재구조화되었다.

중앙어와의 비교를 통하여 'ㅎ'말음 용언어간으로의 재구조화가 기대되는 '파라ㅎ-/퍼러ㅎ-'류 어간이나 '그러ㅎ-/그리ㅎ-'류 어간은 제주도방언에 특이한 접사 '-앙/엉'의 관여로 'ㅎ'말음 용언어간으로의 재구조화가 이루어지지 않고 '파라ㅎ-/퍼러ㅎ-'류 어간이나 '그러ㅎ-/그리ㅎ-'류 어간이 표면적으로는 평행하게 '-앙/엉 허-'류로 나타난다. 이로써 제주도방언이 보여 주는 특수성을 확인하게 된 셈이다.

제주방언의 음조와 음조군音調群

1. 머리말

제주방언의 고저는 발화 차원에서 실현되는 것이기는 하지만 단어 차원에서 의미를 다르게 해 주지는 못하므로 어휘적 변별성을 가지는 것은 아니다. 제주방언에서 고저는, 발화를 리듬감 있게 해 주는 기능이나 화자의 감정과 태도를 표현해 주는 기능을 수행하는 것으로 여겨진다. 따라서 제주방언의 고저는 형상적 기능을 수행하는 음조와 표현적 기능을 수행하는 어조로 나뉜다고 할 수 있다.

이 논문은, 비교적 관찰하기가 쉬운 음조에 초점을 맞추어 제주방언의 음조가 실현되는 양상을 기술하는 것을 목적으로 한다. 그리하여 이 논문에서는 제주방언에 나타나는 음조형에는 어떠한 것들이 있으며 그러한 음조형의 결정에 어떤 요소가 영향을 미치는지, 그리고 그 음조형이 어떠한 발화 단위에서 실현되는 것인지를 살펴본다.[1] 이는 억양의 차원에서,

* 이 논문은 《진단학보》 88(1999)의 543-554면에 실렸다. 원 논문에는 제보자의 이름이 밝혀져 있으나 여기서는 이를 생략하였다.
1 이 논문의 자료는 제주시 도남동의 ○○○(남, 1992년 12월 조사 당시 76세) 제보자와 남제주군 성산읍 신양리의 □□□(남, 1994년 7월 조사 당시 69세) 제보자로부터 조사한 것이다. 이는 필자가 직접 조사한 것인데 음조의 실현 양상을 살펴보기 위해 당시의 조사·녹음 테이프를 다시 들으면서 전사하였다(자료의 전사는 필자의 청각 인상에 의존하였다). 물론 필자의 아버지(67세)도 도움을 제공하였음을 밝혀 둔다.

다른 방언과 비교하여 제주방언이 가지는 공통점과 차이점을 밝히는 데에 도움을 제공할 수 있을 것으로 생각된다.

국어의 억양에 대한 연구는 '성조'에 대한 연구를 제외할 때, 크게 '강세'에 대한 것과 '고저'에 대한 것으로 나뉜다. 전자는 주로 중부방언에 대한 연구에서 나타나며 후자는 서남방언에 대한 연구에서 나타난다. 대체로 중부방언에 대한 연구(이숭녕 1959b, 이현복 1989, 유재원 1988, 이호영 1996)에서는 이 방언의 주된 억양이 '강세 억양'이며 그것이 '음장'과 '음절 구조'에 따라 결정된다고 하였으며 서남방언에 대한 연구(김차균 1969, Jun 1989, 배주채 1991, 배주채 1998, 정인호 1995)에서는 이 방언의 주된 억양이 '고저 억양'이며 '음장'과 '어형의 첫음절 초성의 성격'에 따라 결정된다고 하였다.

이를 종합해 볼 때, 주된 억양을 무엇으로 파악하든 이들 방언의 억양을 결정하는 요소는 '음장, 음절 구조, 어형의 첫음절 초성의 성격'이라 할 수 있다. 따라서 이 논문에서는 이 요소들을 고려하면서 제주방언에서 어떠한 요소가 음조의 실현에 관여하는지를 살펴볼 것이다.

참고로 이 논문에서 사용하는 용어와 그 대략적인 개념을 표로써 제시한다.

2. 제주방언의 음조형音調型

음조는, 소리의 높낮이로서 일정한 발화 단위에 고조와 저조가 연속적으로 부여되어 발화를 리듬감 있게 해 주는 동시에 발화 단위의 경계를 알려 주는 기능을 한다.[2] 그런데 이러한 음조는 하나의 발화 단위 안에서 일정한 유형을 이루면서 실현되는 것이 일반적이다. 고조와 저조의 모든 가능한 결합이 실제로 다 나타날 수 있는 것은 아니라는 말이다. 따라서 음조의 실현 양상을 살펴보기 위해서는 먼저, 실제 발화 차원에서 어떠한 음조형이 실현되는지를 확인하는 작업이 필요하다고 하겠다. 이때의 음조형이란 '일정한 발화 단위에 부여된 음조의 실현 유형'을 의미한다.

제주방언의 실제 발화에서 발견되는 음조형에는 크게 두 가지 유형이 있다. 하나는 두 번째 음절이 높은 '1-2'형과 '1-2-1'형이고 다른 하나는 세 번째 음절이 높은 '1-1-2-1n'형이다(이 논문에서 고조는 '2'로, 저조는 '1'로 표시해 주기로 한다).

이들 음조형은 대체로 어형의 음절수에 따라 결정된다. 그리하여 2음절 어형은 '1-2'형, 3음절 어형은 '1-2-1'형, 그리고 4음절 이상의 어형은 '1-1-2-1n'형(이때의 n은 1부터 시작)으로 실현되는 것이다.[3] 다른 방언처럼 음조형의 결정에, 어형을 구성하고 있는 음절의 구조가 관련되어 있는

---

2 음파의 주파수와 직접적으로 관련되는 음조에서 고조와 저조의 파악은 주파수의 절대적 가치에 의존하는 것이 아니라 이웃하고 있는 요소와의 상대적 가치에 의존하는 것이다. 그러므로 음조의 상대성을 고려할 때 언어학적으로 의의를 갖는 음조는 고조와 저조뿐이다(배주채 1991: 294-295).

3 제주방언의 음조형에 대해, 예측 가능한 음조를 표시하지 않고 '1-2'형과 '1-1'형의 두 가지 유형으로 나뉜다고 기술할 수도 있다(이때에는 음절수에 따라 '1-2'의 음조형이 '1-2'나 '1-2-1'의 음조로, '1-1'의 음조형이 '1-1-2-1n'의 음조로 실현된다고 해야 한다). 제주방언에서 그 음조가 '1-2'형으로 시작하면 2음절 또는 3음절 어형이고 3음절 어형의 세 번째 음절은 저조로 실현되며 '1-1'형으로 시작하면 4음절 이상의 어형이고 세 번째 음절은 고조, 네 번째 음절부터는 저조로 실현됨을 예측할 수 있기 때문이다.

것도 아니며 어형의 첫음절 초성의 음운론적 성격이 관련되어 있는 것도 아니다. 또한 제주방언에서 어휘적 변별성을 가지지 않는 음장이나[4] 강세도 음조형의 결정에 일차적인 요소가 되지 못함은 물론이다(이들이 '일차적인' 요소가 되지 못한다고 한 것은, 후술하겠지만 음장이나 강세가 '이차적인' 요소로 작용하는 경우가 있기 때문이다).

2.1. '1-2'형과 '1-2-1'형

제주방언에서 어형의 음절수가 2음절이면 '1-2'의 음조형을, 3음절이면 '1-2-1'의 음조형을 갖는다.

(1) ㄱ. 그자(그저), 누게(누구), 아이(兒), 커리(켤레), 토께(토끼), 푸께 (꽈리)

ㄴ. 가심(가슴), 꺼럭(털), 니껍(미끼), 다림(대님), 라멘(라면), 마은 (마흔), 비얄(풀비), 서월(서울), 쏘곱(속), 우영(텃밭), ᄋ덥(여덟), 쪼끔(조금), ᄎ낭(떡갈나무), 펜안(편안),[5] 허벅(물을 길어 나르는

---

4 小倉進平(1944)에는 '다ː만(只), 도ː치(도끼), 돔ː(도미), 벌ː(蜂), 잴ː(매미), 호ː박둥(호박), 방애ː꾀(방앗공이)' 등 장모음이 실현된 제주방언의 예가 보고되어 있다(오구라 신페이小倉進平나 아래 고노 로쿠로河野六郎의 자료가 한글로 전사되어 있는 것은 아니지만 한글 전사로 옮겨 인용한다). 이 예들에 근거하여 그 당시에 제주방언에서 음장이 어휘적 변별성을 가지고 있었다고 보기는 어려울 듯하다. 小倉進平(1944)에 제시되어 있는, 장모음을 가진 어형의 예가 수적으로 너무 적기 때문이다. 한편 河野六郎(1945) 에도 장모음이 실현된 제주방언의 예로 '개ː(犬), 곤ː물(고운 물), 내ː(煙, 川), 돌ː(石), 새ː(鳥), 센ː다(算), 오ː롬(山), 웨ː(오이), 지ː빠이(계집아이)' 등이 제시되어 있으나 이들은 대부분 小倉進平(1944)에 단모음短母音을 가진 것으로 보고되어 있다. ex. 내(川), 뇌(煙), 돌(石), 생이(鳥), 오롬(山), 웨(오이), 지지빠이(계집아이).

5 이 논문에서는 자료에 대한 이해를 쉽게 하기 위해 표기를 형태음소적으로 하지만 어형의 음절 구조에 대한 파악은 표면형을 중심으로 하기로 한다(단, 'ㅇ[ŋ]'은 종성으로 봄). 그리하여 '펜안'은 표면형이 [페난]이므로 '개음절+폐음절'의 음절 구조를 가진 것으로 본다. 이는 3음절 이상의 어형의 경우에도 마찬가지이다. 예를 들어 '돈베기(돈

항아리)

ㄷ. 굴체(삼태기), 놂삐(무), 둠비(두부), 몬지(먼지), 빈네(비녀), 윤디
(인두), 전부(全)

ㄹ. 남펜(남편), 들뢋(다래끼), 땅알(땅 아래), 믄딱(모두), 뽕낭(뽕나
무), 옛날(舊), 일곱(七), 장팡(장독), 폴똑(팔뚝)

(1ㄱ)은 '개음절+개음절', (1ㄴ)은 '개음절+폐음절', (1ㄷ)은 '폐음절+개음
절', (1ㄹ)은 '폐음절+폐음절'의 음절 구조를 가진 어형들인데 제주방언에
서 이들은, 그 음절 구조와는 관련 없이 두 번째 음절이 높은 '1-2'의 음조형
을 갖는다(3음절 이상의 어형을 제시할 때에는 편의상 첫 두 음절에 대해
서만 음절 구조를 고려하기로 한다). 또한 위의 예에서 '그자(그저), 꺼럭
(털), 니껍(미끼), 들뢋(다래끼), 땅알(땅 아래), 라멘(라면), 믄딱(모두), 빈
네(비녀), 뽕낭(뽕나무), 서월(서울), 쏘곱(속), 윤디(인두), 장팡(장독), 쪼
끔(조금), 츠낭(떡갈나무), 커리(켤레), 토께(토끼), 푸께(꽈리), 허벅(항아
리의 일종)' 등은 그 첫음절 초성이 무엇이든 '1-2'의 동일한 음조형을 보여
주므로 제주방언에서 어형의 첫음절 초성이 음조의 결정에 관여하지 않
음을 알려 준다.

(2) ㄱ. 가오리(鰩), 니커리(네거리), 돈베기(돋보기), 보리쏠(보리쌀), 야
게기(모가지), 입바위(입술), 하위욤(하품), 훼초리(회초리)

ㄴ. 시발쉐(삼발이), 제완지(바랭이), 즈껭이(겨드랑이)

ㄷ. 갈레죽(가래), 갈비꽝(갈비뼈), 감비역(깜부기), 돌처귀(돌쩌귀),
멘줴기(올챙이), 울타리(籬), 월라묠(털빛이 얼룩덜룩한 말), 뒷

보기)'와 '호밋즈록(낫자루)'에서 그 표면형이 [도삐기]와 [호미쯔록]이라면 전자는 모
두, 후자는 세 번째 음절까지만 개음절을 가진 것으로 기술하기로 한다.

마리(툇마루)

ㄹ. 강셍이(강아지), 둉셍이(망아지), 장팡뛰(장독대), 톨곡지(딸꾹질)

(2)는 3음절 어형의 예인데 그 음절 구조나 어형의 첫음절 초성의 성격과는 관련 없이 두 번째 음절에 고조를 갖는 '1-2-1'의 음조형을 보여 준다. 한편, 제시한 예 중에서 '돌처귀(돌:쩌귀), 장팡뛰(장:독대), 툇마리(툇:마루)'는 첫음절의 모음이 장모음으로 실현되는 중부방언의 어형에 대응하는 예들이다. 그런데 제주방언에서 이들은, 음장에 있어서의 대응 양상과 관계없이 어형의 음절수에 따라 '1-2-1'의 음조형이 부여된다. 특히 '니커리(네거리), 시발쉐(삼발이)'는 이전 시기에 첫음절이 장모음을 가졌을 것으로 추정되는 어형인데[6] 그 음조형도 이전 시기에 장모음을 가졌는지 여부와 관계없이 음절수에 의해 결정된다. 그리하여 이들도 '1-2-1'의 음조형을 갖는 것이다.

2.2. '1-1-2-1n'형

제주방언에서 어형의 음절수가 4음절 이상이면 '1-1-2-1n'의 음조형을 갖는다.

(3) ㄱ. 누네누니(하루살이), 미꾸라지(鰍), 호밋즈록(낫자루), 바지저구리(바지저고리)

---

6 '니커리(네거리), 시발쉐(삼발이)'는 각각 '닝(네)+거리(街), 시(세)+발(足)+쉐(쇠)'로 분석되는바 '에 → 이'의 고모음화를 겪은 것임을 알 수 있다. 제주방언에서 '에 → 이'(또는 '어 → 으')의 고모음화는 중부방언의 장모음을 가진 어형에 대응하는 어형에 한하여 일어났으므로 이전 시기 제주방언에 장모음이 존재했음을 알려 준다. 따라서 위의 예는 이전 시기에 그 첫음절 모음이 장모음으로 실현되었을 것으로 추정된다.

ㄴ. 마농지시(마늘장아찌), 초불검질[초불껍질](애벌 김매기), 코흘
레기(코흘리개), 바농질롸치(바느질로 먹고사는 사람)

ㄷ. 녹데쉬염(구레나룻), 돌레방석(도래방석), 입주둥이(口), 산뒷고
고리(밭벼 이삭)

ㄹ. 동녕바치(동냥아치), 쿡박세기~쿨롹박세기(박으로 만든 바가지)

(3)은 4음절 또는 5음절 어형의 예인데 4음절 어형은 '1-1-2-1'의 음조를, 5음절 어형은 '1-1-2-1-1'의 음조를 보여 준다. 따라서 이들은 세 번째 음절 이 높은 '1-1-2-1n'의 음조형을 갖는다고 할 수 있다. 위의 예에서 보듯이 어 형을 구성하는 분절음의 음운론적 성격이나 음절 구조가 음조형의 결정 에 관여하지 않음은 물론이다.

제주방언의 음조는 어형의 음절수에 따라 결정되는 것이지만 간혹 그 렇지 않은 경우도 발견된다. 위에 제시한 예 중에 '호밋ᄌ록(낫자루), 마농 지시(마늘장아찌), 녹데쉬염(구레나룻), 누네누니(하루살이)' 등은 4음절 어형임에도 불구하고 그 음조가 '1-2-1-1'로 실현되기도 하기 때문이다.

이는 이들을 두 개의 발화 단위(후술할 용어로는 '음조군')로 나누어 발 음한 데에서 비롯되는 듯하다. '호밋ᄌ록, 마농지시, 녹데쉬염, 누네누니' 등은 두 개의 2음절어가 결합되어 있거나 그렇게 인식될 가능성이 있는 어형이므로 이러한 형태론적 인식이 이들을 두 개의 발화 단위로 나누어 발음하게 한 것이 아닌가 생각된다('호밋ᄌ록' 등이 '1-2-1-1'의 음조로서 발음되는 경우는 주로 단독형으로 쓰일 때인바 이들 어형에 나타나는 마 지막 저조는 기식군 끝에 걸리는 하강 어조에 의한 것이다).[7]

---

[7] 다소 다른 이유에 의한 것이지만 '코흘레기(코흘리개)'도 그 음조가 '1-2-1-1'로 나타나 기도 한다는 점에서 특이하다. 책이나 단어 목록을 리듬 있게 읽는 경우 등 특수한 경 우에는 간혹, 일부의 다음절어를 그 형태론적 구성과 관계없이 음절수에 의해서만 어 형을 분리시켜 발음하기도 하는데 '코흘레기'를 '1-2-1-1'의 음조로서 발음하는 것도 이

3. 제주방언의 음조군

음조형은 발화 차원에서 일정한 단위에 부여되는데 음조형이 부여되는 발화의 단위를 음조군이라 한다(정인호 1995: 78).[8] 음조군은 그 크기가, 휴지와 휴지 사이의 발화인 기식군氣息群(breath group)을 넘어설 수는 없다. 그리고 하나의 음조군이 하나의 기식군으로 나타나는 경우도 있지만 대체로 둘 이상의 음조군이 하나의 기식군으로 나타나는 것이 보통이다.

한편 이러한 음조군의 경계는 어조와 말음절의 장음화에 의해 표시된다. 음조군 경계에 나타나는 어조나 말음절의 장음화에 있어서의 실현 양상과 조건은, 말음절의 장음화에서 말음절 종성이 공명자음일 경우에 간혹 그 종성이 길어지기도 한다는 점을 제외하면 대체로 다른 방언과 유사하다.

3.1. 음조군과 음조형

체언의 곡용형이나 용언의 활용형은 흔히 하나의 음조군을 이룬다(앞 장에 제시한 예들은 체언이나 용언의 어간 단독형이 하나의 음조군을 형성한 것이다).[9]

　　(4) ㄱ. 돔광(도미와), 밧은(밭은), 썹도(잎도), 쏠이(쌀이), 춤을(舞), 콩도(豆)

러한 경향과 관련된 듯하다('월인천/강지곡, 로스앤/젤레스, 샌프란/시스코'도 그러한 예에 속하는 것이라 할 수 있다).

8 '음조군'은, 이보다 좀 더 큰 음운론적 발화의 단위인 '기식군'과의 대응을 고려한 용어이다.

9 제주방언의 음조를 다루는 이 논문에서는 음조군의 끝에서 발견되는 고저의 변동은 특별한 경우가 아니면 언급하지 않고 논의하기로 한다. 이들은 음조와 관련된 것이 아니라 음조군의 끝에 걸리는 어조와 관련된 것이기 때문이다.

ㄴ. 금지(감지), 뛰언(뛰어서), 실퓐(싫어서), 웃언(없어서), 잇당(있
다가), 좇아(從)

(5) ㄱ. 궤기가(고기가), ᄀ레에(맷돌에), ᄀ장은(간장은), 도께로(도리깨
로), 멍석도(席), 비얄도(풀비도), 시상에(세상에), 약초로(藥草),
우영은(텃밭은), 줍쑬은(좁쌀은), 차이가(差異), 초석도(草席), 촙
쑬이(찹쌀이), 혼차만(혼자만)

ㄴ. ᄀ뜨고(같고), ᄀ뜬디(같은데), 노프지(높지), 돌앉저[ᄃ람찌](달
린다), 뜨렸어[뜨렴서](때려), 밧이고(밭이고), 비엇저(베었다),
실프난(싫으니까), 숢으난(삶으니까), 좋은디(좋은데), 초라완
(짧어서), 틀리지(다르지)

(6) ㄱ. 가지마다(枝), 굴겡이가(호미가), 나허고(나하고), 늘궤기는(날고
기는), ᄆ음데로(마음대로), 부모찌리(부모끼리), 신부칩이(신부
新婦집에), ᄉ투리가(사투리가), 야이집인(이 애의 집에는), 옷ᄀ
음을(옷감을), 이제부뗘(이제부터), 하르방이(할아버지가), 한국
말을(韓國말), 호멩이를(낫을)

ㄴ. 굴게기지(호미지), 나가는데(出), 뎅기다가(다니다가), 두물엇저
(드물었다), 보섭이고(보습이고), 비슷허게(비슷하게), 성낭인디
(성냥인데)

(7) ㄱ. 미꾸라지도(鰍), 산뒷고고리가(밭벼 이삭이), 울타릴보고(울타리
보고), 출셍신고를(출생신고를)

ㄴ. 나록이로고(벼구나), 베게옝베께(베개라고밖에), 베껴져그녕에
(벗겨져서), 비얄이옌도(풀비라고도), 신랑집[실랑찝]이지(新郎
집), 주둥이주게(주둥이지), 축ᄇ름이옌(벽이라고)

위의 예에서 (4)는 하나의 음조군이 2음절로 구성되어 있는 예이며 (5)
는 3음절, (6)은 4음절, (7)은 5음절이나 6음절로 구성되어 있는 예이다. (4)

는 '1-2'의 음조, (5)는 '1-2-1'의 음조, (6)은 '1-1-2-1'의 음조, (7)은 '1-1-2-1-1' (5음절일 경우)이나 '1-1-2-1-1-1'(6음절일 경우)의 음조를 갖는바 (4)와 (5) 에는 두 번째 음절이 높은 '1-2'나 '1-2-1'의 음조형이, (6)과 (7)에는 세 번째 음절이 높은 '1-1-2-1n'의 음조형이 부여된 것이라고 할 수 있다. 이들은 제주방언의 음조형이 하나의 음조군을 이루는 음절의 수에 의해 결정됨을 알려 준다.[10]

또한 (4ㄱ)~(7ㄱ)은 체언의 곡용형이며 (4ㄴ)~(7ㄴ)은 용언의 활용형인데 곡용형이든 활용형이든 음절수에 따라 동일한 음조형이 부여되므로 제주방언에서 음조의 결정에 곡용형인지 활용형인지 하는 형태론적인 요소가 관여하지 않음을 알 수 있다. 음절 구조나 음조군을 구성하는 분절음들의 음운론적 성격도 음조의 결정에 관련되지 않음은 물론이다.

제주방언에서 둘 이상의 문장 성분들이 하나의 음조군을 형성하기도 한다(아래 제시한 예에서 붙여 쓴 것은 하나의 음조군임을 가리킨다).[11]

  (8) ㄱ. 그늠이(그 놈이), 그웨에는(그 외에는), 이우에다(이 위에다가)
      ㄴ. 그런거(그런 것), 늘아뎅이는것두(날아다니는 것도), 베껴진것보고(벗겨진 것보고), 부시옌헌거는(부시라고 하는 것은), 심는겐디(심는 것인데), 자빠지는거허고(자빠지는 것하고), 가까운디(가까운 데), 이신디사(있는 데야), 개려날수[쑤]가(가려낼 수가), 헐수[쑤]도잇고(할 수도 있고)

---

10 '쏠이/춥쏠이/보리쏠이 아주 많주게(쌀이/찹쌀이/보리쌀이 아주 많지)'라는 문장에서 그 주어 '쏠이', '춥쏠이', '보리쏠이'가 각각 '1-2', '1-2-1', '1-1-2-1'의 음조로 실현된다는 점은 이를 더욱 분명히 보여 준다.

11 어떠한 문장 성분들이 하나의 음조군을 이룰 수 있는지는 발화의 문법적, 의미적, 화용적 조건 등과 밀접한 관련을 맺고 있다. 이에 대해서는 서남방언을 대상으로 한 배주채(1998: 174-182), 정인호(1995: 83-87)에 자세히 언급되어 있는데 제주방언도 서남방언과 거의 차이를 보이지 않는 듯하다.

ㄷ. 쫄랑헤가지고(짤막해 가지고), 담아두곡(담아 두고), 쓸어내두곡
(쓸어내 두고), 슴져불라(삼켜 버려라), 지와불고(지워 버리고)

(9) ㄱ. 마이갈지(많이 갈지), 아주옛날인(아주 옛날에는), 재기오라~재
게오라(빨리 와라), 소개아이논거(솜을 넣지 않은 것), 아이털어
내면은(안 털어내면은)

ㄴ. 지금은 만히 아이낳는따문에(지금은 많이 안 낳기 때문에)

ㄷ. 보통 ㅅ투린 짠것이맞는데(보통, 사투리로는 짠 것이 맞는데)

(8)은 관형사나 형식명사, 보조용언 등의 비교적 자립성이 약한 성분이
독립된 음조군을 이루지 못하고 이웃하는 성분과 하나의 음조군을 형성
한 예이다. 제주방언에서 이들은 경우에 따라 독립된 음조군으로 나타나
기도 하지만 위에서 보듯이 선행 또는 후행하고 있는 요소와 하나의 음조
군을 이루어 발음되는 것이 일반적이다(관형사나 형식명사에 비해서는
보조용언이 하나의 독립된 음조군을 이루는 일이 더 많다).

(9ㄱ)은 자립성을 가지고 있어 독립된 음조군을 잘 형성할 수 있을 것으
로 여겨지는 부사가 후행하는 성분에 의존하기도 함을 보여 주는 예이
다.[12] 하지만 부사가 언제나, 이웃하는 단어와 한 음조군을 이룰 수 있는
것은 아니다. (9ㄴ)과 (9ㄷ)에서 보듯이 뒤에 다른 부사가 잇따라 나타날
때에나[13] 문장 전체를 수식할 때에는 이들 부사가 독립된 음조군을 형성

---

[12] 이는 대체로 길이가 비교적 짧은, 일부의 부사에 한한다. 하지만 그러한 부사들도 후행
하는 성분의 길이가 길 때에는 홀로 하나의 음조군을 형성하는 경향이 강하다. 즉 '아
주많주게(아주 많지)'와 '아주 만헤나십주게(아주 많았었지요)'를 비교해 볼 때 전자와
동일한 단어로 구성되어 있는 후자에서 부사 '아주'가 독립된 음조군을 이루어 발음되
는 경우가 많은 것이다. 이는 음조군의 형성에 그 음조군을 이루는 음절의 수가 관련되
어 있음을 알려 준다.
[13] 이 경우에도 선행하는 부사가 후행하는 단어들과 함께 하나의 음조군이 되기도 한다.
이때는 부사의 길이나 성격, 의미 초점 등의 문제가 관련되어 있는 듯하다.

하는 것이 보통이기 때문이다.

(10) ㄱ. 나기전에는(나오기 전에는), 베게안네(베개 안에), 일곱설때(일
곱 살 때)
ㄴ. ᄀ뜬이민디(같은 의미인데), 늦은항렬(낮은 항렬), 들어간놈은
(ㅅ)
(11) ㄱ. 그건몰라(그것은 몰라), 그것을입고(그것을 입고), 소개놔그넹
에(솜을 넣어서), 옷덜입어도(옷들을 입어도)
ㄴ. 겨울철에먹고(겨울철에 먹고), 그추룩혜연(그처럼 해서), 칙으
로만들지(칡으로 만들지)
ㄷ. 밥헹강먹지(밥을 해 가서 먹지)

　(10), (11)은 통사 구조상으로 긴밀성을 갖춘 문장 성분들이 연속되어 있
는 예인데 길이가 비교적 짧은 성분들이 연속됨으로써 하나의 음조군으
로 발화된 것이다. (10)과 (11)은 음조군의 형성에 통사 구조상의 긴밀성
정도, 어형의 길이가 관여하고 있음을 보여 준다. 물론 이러한 경우에도
그 음조형은 음조군을 이루는 음절의 수에 따라 결정된다.
　제주방언의 음조는 음조군의 음절수에 따라 결정되는 것이지만 간혹
그렇지 않은 경우도 발견된다. 발화할 때 하나의 음조군 안에 실현되는 음
장이나 강세에 의해 음조가 달리 나타나기도 하기 때문이다.

(12) ㄱ. 쩌:디(저기)
ㄴ. 만:히입고(많이 입고), 내:내(내내)
ㄷ. 모:르큰게(모르겠네)
(13) ㄱ. 북삭:허게(푹신푹신하게), 퍼렁:허다(퍼렇다)
ㄴ. ᄌ근:ᄌ근(자근자근)

(12)와 (13)은 정도성의 의미를 가지는 명사, 부사, 동사, 형용사 등에 표현적 장음을 실어 본래의 의미에 '정도 높임'(김창섭 1991)의 의미를 더해 준 것이다. 다른 방언과 마찬가지로 제주방언의 표현적 장음은 (12)에서 처럼 음조군의 어두음절에 나타나기도 하고 (13)에서처럼 음조군의 비어두음절에 나타나기도 한다.[14]

이처럼 발화 차원에서 표현적 장음이 실현되었을 때에는 음조군의 음절수와 관계없이 길게 발음되는 음절에만 고조가 부여된다. 그리하여 표현적 효과를 위해 첫음절이 길게 발음된 (12)의 예들은 그 음조가 첫음절이 높은 '2-1' 또는 '2-1-1-1'의 음조로 나타나며 두 번째 음절이 길게 발음된 (13)의 예들은 그 음조가 두 번째 음절이 높은 '1-2-1-1'로 나타나는 것이다.

(14) ㄱ. **매**허고 **메**는 뜬허주. ‖ 뜨리는건 **매**고 ‖ 제亽에 올리는건 **메**고.
('매'하고 '메'는 다르지. 때리는 것은 '매'고 제사에 올리는 것은 '메'고.)

ㄴ. 게철이**엔**도허곡(열쇠라고도 하고), 톗마리**엔**도허곡(톗마루라

---

14 표현적 장음에 대해 자세히 다룬 김창섭(1991)에서는 이를 각각 어두음절의 장음화와 어근 말음절의 장음화라 하였다. 그리고 전자는 정도성의 의미를 가지는 형용사, 관형사, 명사, 부사에 적용되는 것이고 후자는 '하다' 형용사와 그로부터의 파생부사, 어근 복합에 의한 반복부사의 선행 어근에만 적용될 수 있는 것이라 하였다. 이는 대체로 제주방언에서도 마찬가지인 것으로 보인다. 다만 어근말 음절의 장음화에 있어서 어근말 음절의 종성이 공명자음일 때 어근말 음절의 중성은 물론 종성도 장음화를 입을 수 있다는 점이 다를 뿐이다. 예를 들어 위에 제시한 예 중에서 어근말 음절 종성으로 공명자음을 가진 '퍼렁ː허다, ㅈ근ːㅈ근'은 중성뿐 아니라 종성이 길게 발음되기도 한다는 것이다(물론 중성과 종성이 동시에 길게 발음되는 경우는 없다). 이때의 어감의 차이는 '정도 높임'에 있다기보다는 선행 요소와 후행 요소 사이의 시간적·공간적·문법적 거리에 있는 듯하다. 이런 점에서 김창섭(1991: 760)의 진술은 시사적이다; '비틀ː비틀, 엉금ː엉금, 띠엄ː띠엄' 등의 장음은 그 부사들이 묘사하는 동작의 어떤 요소들 간의 시간적, 공간적 거리를 장모음의 시간적 길이에 의해 음성상징적으로 표현한 것일 수 있다.

고도 하고), 중진애비[중진내비]**옌**허곡(중신아비라고 하고)

(15) **가**까운디 이시민 ‖ **오**렌 헤그넹에(가까운 데 있으면 오라고 해서)

    (14), (15)는 발화의 특정한 부분을 강조하기 위하여 강세를 부여하여 발음한 것이다(강세를 받은 음절은 진한 글씨로 표시해 준다). 다른 방언과 마찬가지로 제주방언에서도 강세가 부여된 음절은 높고 길게 발음된다.

    (14ㄱ)은 최소대립어 '매'와 '메'를 구분하는 문맥에서 관련 단어에 강세를 부여하여 발음한 것인데 강세를 받은 음절에 고조가 걸리므로 그 음조는 '2-1-1 2-1 2-1-1 ‖ 1-1-2-1 2-1 ‖ 1-2-1 1-1-2-1 2-1'로 나타난다('‖'는 기식군 사이의 경계). (14ㄴ)도 인용어미 '엔'에 강세를 부여하여 발음함으로써 그 음조 '1-1-1-2-1-1-1' 또는 '1-1-1-1-2-1-1'로 나타난 것이다(위의 예에서 인용어미가 '옌'으로 나타난 것은 종결어미와의 융합에 의한 것이다).

    한편 (15)는 기식군이 시작되는 음절에 강세가 부여된 것인데 이처럼 제주방언에서는 기식군의 첫음절에 강세를 부여하여 발음하는 경우가 아주 흔하다.[15] 그리하여 (15)는 강세가 부여된 기식군의 첫음절에 고조가 걸려 '2-1-1-1 1-2-1 ‖ 2-1 1-1-2-1'의 음조로서 발음된다.[16] (14), (15)의 예들에서 강조를 위한 강세가 나타나지 않을 때에는 음조군의 음절수에 따라 음조형이 결정됨은 물론이다.

---

15 이숭녕(1957/1978: 5-6)에서 "ᄀ라세[ˈkˀɔrasə], ᄀ랑비[ˈkˀɔraŋbi]" 등의 "1표는 accent의 표"라고 한 것은 바로 이를 언급한 것으로 생각된다.

16 어휘 항목에 방언 조사에서 그 응답형은 대부분 어간의 단독형이거나 어간의 곡용·활용형이다. 즉 응답형이 하나의 기식군을 이루는 일이 많다는 것이다. 따라서 제주방언과 같이 기식군의 첫음절에 강세가 흔히 놓이는 방언에서는 어휘 항목 조사를 통해 음조형을 확인할 때 주의를 요한다.

3.2. 음조군과 복사 현상

음조군은 음조가 부여되는 운소적 단위이면서도 분절음들의 연쇄로 구성되어 있는 음소적 단위이기도 하므로 그 안에서는 운소적 현상은 물론 분절음들이 변동되는 음소적 현상도 일어난다. 특히 음조군은 적어도 하나 이상의 단어의 존재를 전제로 하는 단위이기 때문에 음운론적인 조건만 맞으면 단어 안에서 일어나는 음운현상은 모두 일어날 수 있다.[17]

또한 단어들이 결합되어 있는 발화의 단위인 음조군 안에서는 단어와 단어가 결합할 때 일어나는 음운현상도 관찰된다. 그런데 제주방언에서는 단어와 단어가 결합할 때의 독특한 음운현상으로 복사 현상이 나타난다. 이 복사 현상은 음조군 안에서는 필수적으로 일어나며 음조군과 음조군 사이에서는 수의적으로 일어나는 음운현상이다.

제주방언은 하나의 음조군 안에서, 선행하는 요소가 폐음절어이고 후행하는 요소가 모음으로 시작하는 단어일 때 선행어의 종성이 후행 단어의 첫음절 초성 자리에 복사하여 발음하는 복사 현상을 보여 준다(간혹 복사 현상을 겪지 않은 발음도 들을 수 있지만 제주방언 화자들은 이를 고유한 제주방언의 발음이 아닌 것으로 생각한다). '뒷우영[뒫뚜영](뒤텃밭), 맏아덜[맏따덜](맏아들), 앞우영[압뿌영](앞텃밭), 지집아이[지집빠이](계집아이), 가죽웃[가죽꾿](가죽옷), 한국음식[한국끔식](한국음식), 오똑오똑[오똑꼬똑](오똑오똑), 비단웃[비단늗](비단옷), 감웃[감몯](감물들인 옷), 똥오좀[t'oŋŋodʒom](똥오줌), 물안경[물란경](물안경), 칠월[칠뤌](七月)'에서 보듯이 복사 현상은 복합어 안에서도 필수적으로 일어난다(정승철 1991).

---

17 이때의 단어는 음운론적인 단어를 가리킨다. 음운론적인 단어에 대해서는 유필재 (1994) 참조.

(16) ㄱ. 밧안[받딴](밭 안), 답알안[답빠란](답을 알아서), 육십이상[육씹
삐상](육십 이상), 초석잇자녀[초석낃짜녀](초석 있잖아)

ㄴ. 눈어둑언[눈너두건](눈이 어두워서), 웃는아이[운는나이](웃는
아이)

남이파리[남미파리](나무 이파리),[18] ᄆᆞ음아판[ᄆᆞ음마판](마음
이 아파서)

땅알로[t'aŋŋallo](땅 아래로)

ㄷ. 더잘알아[더잘라라](더 잘 알아), 오들안헤여[오들라네여](오지
를 않아), 팔아판[팔라판](팔이 아파서)

(17) 집이 가곡오곡[가곡꼬곡](집에 가고 오고)

(16)은 단어 경계에서 복사 현상을 보인 경우인데 선행어 종성의 음운론
적 성격과 관계없이 선행어의 종성은 후행 단어의 초성 자리에 복사된다.[19]
(17)은 두 개의 성분이 하나의 음조군을 이루었을 때에도 조건만 충족되면
복사 현상이 일어남을 보여 준다. 이러한 복사 현상은 음절수에 영향을 미
치는 것은 아니므로 이 현상으로 인해 어형의 음조가 바뀌지는 않는다.

---

18 이는 'ㄴ'첨가를 겪어 [남니파리]로 실현되기도 한다. 제주방언에서 후행하는 단어가
'이'로 시작하는 경우에는 'ㄴ'첨가 현상과 복사 현상이 상호배타적으로 적용된다. 그
러므로 '옷덜입어도[온떨리버도](옷들을 입어도), 그것을입괴[그거슬립꾀](그것을 입
고)' 등은 'ㄴ'첨가 현상에 의한 것일 수도 있고 복사 현상에 의한 것일 수도 있다. 한편
후행하는 단어가 반모음 'j'로 시작하는 경우에는 '섹연필[셍년필](색연필), 암양암녕
(雌羊)' 등에서 보듯이 'ㄴ'첨가 현상만 일어난다. 이는 역사적으로, 'ㄴ'첨가 현상이 복
사 현상을 선행했음을 시사해 주는 듯하다.

19 복사 현상과 관련하여 제주방언에서는 다소 독특한 발음을 보이는 경우가 있다. 복사
현상을 뚜렷이 보여 주지 않고 선행어의 종성만을 길게 발음하기도 하기 때문이다. 예
를 들어 '목:아판[mokʼːapʰan], 눈:어둑언[nunʼːədugən], 팔:아판[pʰalʼːapʰan]'에서처럼 선행
어의 종성을 발음할 때 조음체와 조음점이 맞닿아 있는 상태를 조금 길게 유지한 후,
파열 과정을 생략한 채 다음 분절음을 발음하는 것이다. 그렇지만 제주방언 화자들은
이러한 발음과 복사 현상을 뚜렷이 보인 발음을 구분하지 못한다.

4. 맺음말

제주방언의 음조는 다른 방언과 달리, 하나의 음조군을 이루는 음절의 수와 관련되어 있다. 음조군의 음절수가 2음절이면 '1-2', 3음절이면 '1-2-1'의 음조형이 부여되며 4음절 이상이면 '1-1-2-1n'의 음조형이 부여된다. 이처럼 제주방언의 음조는 음절수에 따라 결정되는 것이지만 발화할 때 실현되는 음장이나 강세에 의해 음조가 달라지기도 한다는 점에서 다른 방언과 마찬가지이다. 즉 제주방언에서도 음장이나 강세가 걸린 음절에 고조가 부여됨으로써 그 음조가 달리 나타나는 것이다. 이로부터 다른 방언과 비교하여 억양의 차원에서 제주방언이 가지는 공통점과 차이점을 확인한 셈이다.

제주방언에서는, 하나의 음조군 안에서 고조를 갖는 음절을 선행하는 음절에 부여된 저조가 다른 방언에 비해 한두 단계 높은 음조로 실현되는 듯하다(이러한 이유로 제주방언의 음조는 그 폭이 상대적으로 좁은 것으로 여겨진다). 그리고 고조를 갖는 음절을 후행하는 음절의 저조는 앞쪽의 저조보다는 조금 더 낮고 작게 발음된다. 그리하여 인상적으로 볼 때 제주방언의 음조군은 앞이 높고 뒤가 낮다고 할 수 있다. 제주목사 이원진李元鎭이 효종 4년(1653)에 간행한《탐라지耽羅志》의 '풍속風俗'조에 나타나는 '村民俚語難澁先高後低(마을 사람들의 말이 어렵고 껄끄러우며 앞이 높고 뒤가 낮다)'라는 기록은 바로 이를 표현한 것으로 여겨진다.

제 3 부

문법

제주도방언의 의문법 어미에 대한 일고찰

1. 머리말

　방언학은 그 방언 자체의 기술뿐 아니라 국어사에의 일조一助, 말하자면 국어사적 관점에서의 방언 비교도 행할 수 있다. 그러기에 어느 한 방언의 기술은 그 방언의 공시적 기술은 물론 그 방언의 특성을 문헌어와 비교해서 기술하는 것이 가능하게 되는 것이다. 이러한 관점에서, 이 글에서는 현대 중앙어와 상당한 차이를 지니는 제주도濟州島방언, 특히 그것의 의문법 체계에 관심을 두고 논의를 진행해 나가려 한다.

　서법이란 전통적으로 문장의 내용에 대한 화자의 심리적 태도가 일정한 형태 변화에 의하여 통일적으로 표시되는 문법범주를 가리킨다.[1] 의문법은 발화 행위상 어떤 사태에 대하여 화자가 청자에게 응답을 요구하는 서법의 하나인데, 비언어적 행위를 요구할 수 있는 명령법과는 달리 의문법은 언어적 응답을 요구한다.[2] 따라서 의문법은 그 언어적 응답과의 관련 속에서 다루어야 하지만, 다만 여기서는 의문법 어미의 특성에만 관심을 두기 때문에 설명법으로서의 응답문에는 관심을 두지 않고 서술해 나갈 것이다.

---

*　이는 대학 졸업(1986년 2월) 논문으로, 《관악어문연구》 10(1985)의 415-427면에 실렸다.
1　고영근(1983), 164면.
2　이현희(1982), 1면.

국어 의문법 표시의 형태상의 수단은 억양, 의문사, 의문 어미[3]이나 본론의 주 대상은 의문 어미이며 억양과 의문사는 필요한 범위 내에서 언급할 것이다. 그리고 의문법이 종결어미에 나타나는 의문 표시의 서술이라는 점에서 필자는 '어떤 서법의 어미란 다른 서법에는 나타날 수 없는 그 서법 특유의 것이어야 한다'는 태도[4]를 취한다. 따라서 여기서의 의문법 어미란 설명법이나 명령법 등에서는 나타날 수 없는 의문법 특유의 어미라고 규정한다.

2. 본론

여기서 언급하는 의문법은 보문補文에서의 의문법이 아니라 문미文尾, 곧 종결법에 나타나는 형태에 한정하는 것이므로 공손법과 밀접한 관련을 갖는다. 특히 제주도방언[5]의 공손법은 중세어의 경우와 마찬가지로 대체로 3등분되는데, 그 구분의 기준은 화자와 청자의 관계에 있어서 어른이냐 아이냐, 연령이 위냐 아래냐, 그리고 가까운 사이냐 아니냐 하는 세 가지 관점에 의한다.[6]

---

3 안병희(1965: 65-66)에서는 "기원적으로는 어떠했든 공시론적인 기술에서 체언에 직접 연결된 경우에 한하여 particle이라 부르고, 그 밖의 경우에는 어미로 다룬다." 하여 어미와 particle을 구별하고 있으나 우리는 편의상 양자를 구별하지 않기로 한다.

4 최명옥(1976a), 150면.

5 이후로는 그냥 '방언'이라 한다. 그리고 여기서의 중세어는 이기문(1972a)의 '후기중세 국어'를 가리킨다.

6 홍종림(1975), 155-158면. 도표도 그에 따른다. 여기서 '흡서'체는 존칭, 'ᄒ여'체는 중칭中稱, 'ᄒ라'체는 평칭. cf. 이숭녕(1957/1978).

표 1

청자 \ 화자		어른		아이
		연상	연하	
어른	연상		ᄒᆞ서	ᄒᆞ서
	연하	ᄒᆞ여/ᄒᆞ라		
아이		ᄒᆞ라		ᄒᆞ라

다음에는 이러한 공손법 구분에 따른 의문법 어미를 살펴보고자 한다.

2.1. 'ᄒᆞ라'체 의문법 어미[7]

2.1.1. '-고'계 …… -고, -가

(1) ㄱ. 그거 무신 음식고?(그거 무슨 음식이니?)

ㄴ. 이거 느네 책가?(이거 너희 책이니?)

(2) ㄱ. 느 무시거 먹음고?(너 무얼 먹고 있니?)

ㄴ. 는 밥 먹음과?[8](넌 밥 먹고 있니?)

여기서 '-고/가'는 체언이나 용언의 명사형에 계사 없이 직접 연결된다.
그런데 '-고'가 의문사를 동반하여 미지의 일에 대한 설명을 요구하는 설명
의문을, 그리고 '-가/과'는 의문사를 갖지 않고 가부의 판정을 요구하는 판
정의문을 형성한다는 점에서 중세어 ᄒᆞ라체 의문법 어미 '-가/고'와 일치
한다.[9] 아울러 현대 중앙어와 마찬가지로 '-고'의 설명의문은 하강조의 억

---

7 홍종림(1975)에서는 'ᄒᆞ라'체 의문법 어미를 '-고'계, '-디'계, '-니'계의 세 계열로 분류했
지만 여기서는 그것들에 대한 분석을 달리하여 '-고'계와 '-니'계 두 계열만을 인정한다.

8 성산-대정 이남 지역은 '-과', 그 이북 지역은 '-가'로 나타난다. cf. 홍종림(1975), 161면.

양을 나타내며 '-가'의 판정의문은 상승조의 억양을 나타낸다. 그러나 방언의 '-가/고'는, 방언의 '-가'가 명사화소 'ㅁ' 뒤에서 '-과'라는 어미를 갖는다는 점에서 중세어의 의문법 어미 '-가/고'와 차이를 지닌다.[10]

2.1.2. '-니'계 ……-니, -니아(냐)

(3) ㄱ. 이거 누게네 책이니?(이것은 누구네 책이니?)[11]

ㄴ. 이거 느네 책이냐?(이것 너희 책이니?)

(4) ㄱ. 그건 누구네 책이라니?(그것은 누구네 책이더냐?)

ㄴ. 그거 느네 책이라냐?(그거 너희 책이더냐?)

(5) ㄱ. 가읜 무시게옌 골아니?(그 애는 무어라고 말하더냐?)

ㄴ. 그 말 가의가 골아냐?(그 말을 그 애가 말하더냐?)

(6) ㄱ. 느네 아방 어디 감시니?[12](너희 아버지는 어디 가고 있니?)

ㄴ. 느네 아방 집의 감시냐?(너희 아버지 집에 가고 있니?)

(7) ㄱ. 느네 아방 어디 가시니?(너희 아버지 어디 갔니?)

ㄴ. 느네 아방 집의 가시냐?(너희 아버지 집에 갔니?)

(8) ㄱ. 는 어느 흑교 흑셍인디?[13](너는 어느 학교 학생이니?)

---

9 현대 경상도방언에서도 '-고/가'의 대립이 존재한다. cf. 최명옥(1976a).

10 발달의 선후에서 '-가'보다 '-과'를 앞세우는 경우도 있다. 기원적으로 '-과'가 더 먼저이고 명사화소 'ㅁ' 뒤에서는 'ㅁ'의 순음성 때문에 원형을 유지하나 체언 전접前接의 경우에는 '오'가 탈락되어 '-가'로 나타난다는 것이다. cf. 홍종림(1975), 160-161면. 이러한 주장이 더 타당한 것으로 보이지만 여기서는 중세어나 경상방언과의 연관을 고려하여 '-과'보다 '-가'를 앞세웠다.

11 중앙어로 번역함에 있어서 공손법은 홍종림(1975)를 따른다.

12 (6), (7)과 같은 예에서 의문법 어미 '-니'는 발음 편의상 흔히 생략된다. ex. (6ㄱ) → 느네 아방 어디 감시?, (6ㄴ) → 느네 아방 집의 감시아?, (7ㄱ) → 느네 아방 어디 가시?, (7ㄴ) → 느네 아방 집의 가시아?

13 '흑셍인디?'는 '흑셍+이+ㄴ+디+이?'로 분석한다.

ㄴ. 는아라 국민흑교 흑 생인디아?14(너는 아라 국민학교 학생이니?)

(9) ㄱ. 는 그때 멧살이란디?(너는 그때 몇 살이었니?)

ㄴ. 는 그때 열 살이란디아?(너는 그때 열 살이었니?)

(10) ㄱ. 는 어디 갈티?15(너는 어디 가겠니?)

ㄴ. 는 집의 갈티아?(너는 집에 가겠니?)

(11) ㄱ. 는 어디 살암디?(넌 어디서 살고 있니?)

ㄴ. 는 서울 살암디아?(넌 서울에서 살고 있니?)

(12) ㄱ. 는 어디서 오란디?(넌 어디에서 왔니?)

ㄴ. 는 부산서 오란디아?(넌 부산에서 왔니?)

(1)~(2)와 마찬가지로, (3ㄱ)~(12ㄱ)은 하강조의 설명의문, (3ㄴ)~(12ㄴ)은 상승조의 판정의문이다.

표 2

	선행 형태의 구성	2인칭 활용어미	의문법 어미
1	체언		고/가
2	용언+(으)ㅁ		고/가
3	체언+이		니/냐
4	체언+이+라		니/냐
5	용언+아/어		니/냐
6	용언+암시/엄시		니/냐
7	용언+아시/어시		니/냐
8	체언+이	-디-	ㄴ…이/이아
9	체언+이+라	-디-	ㄴ…이/이아

---

14 '-인디아?'는 때로 '-인댜, -인다'로 발화되기도 하고 심지어 구개음화되어 '-인자'로 발화
  되기도 한다. 이때의 '-ㄴ다'는 중세어의 2인칭 의문 어미 '-ㄴ다'와 유사한데, 판정의문
  의 어미인 방언의 '-ㄴ다'와는 달리 중세어의 '-ㄴ다'는 판정·설명의문에 두루 쓰인다는
  특징을 지닌다.

15 '-ㅀ'으로 발음되기도 한다. ex. 는 어디 갊디[갈띠]? 여기서 'ㅎ'나 'ㆆ'는 음운론적으로 조
  건된 요소이며 형태론적으로는 아무런 기능을 수행하지 못하는 것으로 보인다.

10	용언+(으)랴	-디-	(ㄴ)…이/이아
11	용언+암/엄(아/어+ㅁ)	-디-	(ㄴ)…이/이아
12	용언+안/언(아/어+ㄴ)	-디-	(ㄴ)…이/이아

〈표 2〉에서 선행 형태로 나타나는 형태소들의 문법적 기능은, 본고가 이들 형태소들의 기능에 관한 것이 아니므로 그에 대한 자세한 논의는 생략하기로 한다. 그리고 현평효(1975), 홍종림(1975), 홍종림(1976)에 의존하여 〈표 2〉의 선행 형태로 나타나는 형태소들의 기능을 살펴보면 3, 4, 8, 9에 나타나는 '-이-'는 계사이며 4, 9의 '-라-'와 5의 '-아/어-'는 회상법 선어말어미, 6의 '-암시/엄시-', 11의 '-암/엄-'은 미완료상 형태소, 7의 '-아시/어시-', 12의 '-안/언-'은 완료상 형태소, 10의 '-(으)랴-'은 의도법 선어말어미이다.

형태소의 지위가 분포와 의미(기능)에 의하여 결정[16]된다고 할 때 위의 '-디-'는 형태소의 자격을 충분히 갖는 것으로 생각된다. 즉 '-디-'가 통합되지 않은 형태 '-니?'가 존재하며 그것이 2인칭 활용이라는 기능을 수행한다는 점에서 '-디-'에 2인칭 활용어미라는 형태소의 자격을 부여해 줄 수 있는 것이다. 만일 이것이 가능하다면, 그리고 이 '-디-'가 현대 제주방언에만 존재하는 것이 아니라 같은 기능을 수행하며 이전부터 있어 온 형태소라면 중세어의 인칭 활용어미 '-오/우-'[17]와 함께 국어에 [인칭 활용]이라는 특수한 문법범주가 있었음을 추정해 볼 수 있다.[18]

그런데 여기서 해결해야 할 중요한 문제가 발생한다. 즉, 왜 10, 11, 12에서는 '-디-'가 결여된 형태가 존재하지 않는가? 왜 유독 '-디-'만 '-니'계 어미를 분리시키고 삽입되는가? 그리고 '-니'계 어미를 갖는다고 한 10, 11, 12

---

16 고영근(1978).

17 허웅(1963).

18 그러나 방언에서 '-디-'는 언제나 2인칭 주어에만 호응하지만 그 역은, 즉 2인칭 주어에 언제나 '-디-'가 호응하는 것은 아니라는 점에서 여기서의 [인칭 활용]이라는 범주의 인정은 더 신중한 고찰을 요구한다.

에서, 'ㄴ'을 갖지 않고 왜 '이'만 단독으로 나타나는가?

이에 대한 해결의 열쇠는 기원적인 데서 찾아볼 수 있을 것 같다. 기원적으로 알타이어의 모든 활용형은 동명사형이었으니, 동사의 술어형述語形으로도 동명사형이 그대로 쓰였으며 이는 국어에도 그대로 부합되는 것[19]으로 생각된다. 그리하여 동명사형 어미 *-n, *-l은 현대 중앙어와는 달리 모두 문장의 서술형 어미로도 사용[20]되었다.

그리고 제주도방언의 경우, 동명사 어미와 의문법 어미 체계가 서로 밀접한 관계[21]를 보여 준다. 방언의 '-니'계 어미는 기원적으로 '동명사형 어미 ㄴ+이'인 것으로 추정되며, 현대 제주방언에서 '-니'는 더 이상 분석될 수 없는 것으로 생각되지만 'ㄴ' 자체가 아직도 동명사적 특성을 가지고 있음으로 해서 앞서 제기했던 문제점을 드러내는 것으로 보인다. 즉 〈표 2〉에서 알 수 있는 바와 같이 '-니'계 어미는 앞에 비非동명사형 어미를 요구하며, 10, 11, 12에서처럼 '-디-'가 삽입된 '-니'계 어미에 동명사형 어미 'ㅭ, ㅁ, ㄴ'이 선행하는 경우, 불연속형태[22] 'ㄴ…이/이아'는 그 동명사적 성격의 충돌에 의해 불연속형태의 'ㄴ'을 탈락시키고 '-이/이아'만이 독립적으로 출현하게 되는 것으로 생각된다.

그런데 여기서 불연속형태 'ㄴ…이/이아'에서 'ㄴ'이 탈락하는 경우는 '-니'계 어미가 '-디-'의 삽입으로 분리된 경우에 한한다는 데에 주목할 필요가 있다. 즉 '-디-'가 삽입되지 않은 '-니/냐'는 동명사형 어미가 선행될 때 'ㄴ'

---

19 이기문(1972a), 20-21면.

20 김완진(1957).

21 한영균(1984), 234면. 이 논문에서 필자는 우리의 '-니'계 어미를 다시 분석하여 'ㄴ'을 선행 요소를 명사화하는 통사론적 기능과, 화자의 발화 내용을 화자의 의지와 무관한 것임을 밝혀 간접화한다는 화용론적 기능을 갖는 부가명사화소의 형태소로 다루었다는 점에서 우리와는 견해를 달리한다.

22 중세어의 'ㅎ쇼셔'체 의문법 어미를 불연속형태 '니…가'로 분석하기도 한다. cf. 고영근(1981), 14면.

탈락의 방향으로 결합되는 것이 아니라 선행 동명사형 어미를 교체시키는 것이다. 그리하여 미완료상 선어말어미 '-암/엄-', 완료상 선어말어미 '-안/언-' 뒤에 '-니/냐'가 연결되는 경우에는 동일 형태소의 이형태[23]이면서 동명사형 어미를 갖지 않는 '-암시/엄시-', '-아시/어시-'로 선행 어미를 교체시키고 '-니/냐'가 결합되는 것이라 할 수 있다.

그러나 '-ㅭ-'만큼은 그것이 의도법인 이상, 의문문에서는 2인칭 주어하고만 호응해야 하는 것으로 보이므로 2인칭 활용어미 '-디-'를 결여시킨 형태는 존재할 수 없고 따라서 'ㄴ…이/이아'의 'ㄴ'탈락 형태로만 존재한다는 것은 당연한 것으로 여겨진다. 이제까지의 결과에 의해 2인칭 활용어미 '-디-'는 그것이 'ㅭ, ㅁ, ㄴ' 뒤에서만 나타난다는 점에서 동명사형 어미와 밀접한 관련을 갖고 있는 듯하며 그러한 성격 때문에 '-니'계 어미를 분리시키고 삽입되는 것으로 보인다.

다음으로 (8ㄴ)~(12ㄴ)의 '-아'에 대해 살펴보면 역시 분포와 의미(기능)의 두 형태소 분석 기준에 의해, 즉 '-아'가 통합되지 않은 의문법 어미 '-니'가 존재하며 '-아'가 판정의문임을 나타내는 기능을 한다는 점에서 이 '-아'에 판정의문의 형태소라는 자격을 부여해 줄 수 있다. 이는 전술했던 '-고'계 어미와도 관계하는 것으로 보인다. 즉 설명의문의 어미인 '-고'에 판정의문의 형태소 '-아'가 결합되어 '-과'를 형성하고 이것이 명사화소 'ㅁ'의 후행 위치에서는 'ㅁ'의 순음성 때문에 원형을 유지하나 체언 전접의 경우에는 '오'가 탈락되어 '-가'로 나타나는 것이라 할 수 있다.[24] 이 형태소 '-아'가 국어 본래의 형태소이고 방언에서처럼 '-과'보다 '-가'로 일반화되는 경향이 중앙어에도 존재했던 것이라면, 중세어 이전 시기에 '*-과'가 존재했을 가능성을 추정해 볼 수 있다.

---

23 홍종림(1976).
24 이때 '오'의 유지가 용언의 명사형에만 한정된다는 것이 특이하다. ex. 이건 느네 옷ㄱ습가?(이것은 너희 옷감이니?)

2.2. '흐여'체 의문법 어미

2.2.1. '-엔'계 …… -엔, -어[25]

    (13) ㄱ. 이건 무시거이엔?(이것은 무엇인가?)

        ㄴ. 이거 느 책이엔?(이것은 네 책인가?)

    (14) ㄱ. 그거 누게네 물이라서?[26](그것은 누구네 말이던가?)

        ㄴ. 그 사름 창수라서?(그 사람 창수던가?)

    (15) ㄱ. 자의 어디서 옴이엔?[27](저 애는 어디서 오는가?)

        ㄴ. 가의 낭 싱금이엔?(그 애는 나무 심는가?)

    (16) ㄱ. 는 어디 가젠?(넌 어디 가겠는가?)

        ㄴ. 는 집의 가젠?(넌 집에 가겠는가?)

    (17) ㄱ. 는 무시거 헤염서?(넌 무얼 하고 있는가?)

        ㄴ. 가원 밧더레 감서?(그 애는 밭으로 가고 있는가?)

    (18) ㄱ. 는 그때 어디 살아서?(넌 그때 어디서 살았는가?)

        ㄴ. 가원 집의 가서?(그 애는 집에 갔는가?)

  아래의 〈표 3〉에서 알 수 있듯이 '-엔'과 '-어'는 그 분포가 다르다. 그리고 (13ㄱ)~(18ㄱ)은 의문사를 갖는 하강조의 설명의문이고, (13ㄴ)~(18ㄴ)은

---

25 홍종림(1975)에서는 이를 '-라'계라 하고 그 속에 '라'와 '-서'를 포함시켰다. 그러나 '-라'는 설명법 어미 또는 명령법 어미로 더 자주 나타나는 것이라 생각되므로 앞에서 세웠던 의문법 어미에 대한 우리의 규정에 어긋난다. 그리고 '-서'는 후술하겠지만 그 분석을 달리하여 '-어'로 본다.

26 홍종림(1975: 200)에서는 '물+이+라+서'로 분석했다. 그러나 여기서는 '물+이+랏+어'로 분석한다. 이 회상법 선어말어미 '-랏'은 '흡서'체에서도 나타난다. ex. 물이라수꽈 → 물+이+랏+우+꽈.

27 옴이엔 → 오멘 → 오멘, 싱금이엔 → 싱그멘 → 싱그멘.

의문사를 갖지 않는 상승조의 판정의문이다. 제주방언 의문법의 특징이, 설명의문과 판정의문의 구분이 어미의 대립으로 나타난다[28]는 것인데 이 계열의 경우에는 그러한 대립이 나타나지 않는 예외적 현상을 이룬다. 또한 주어의 인칭 제약도 별로 받지 않는다.

2.2.2. '-ㄴ고'계 ······ -ㄴ고, -ㄴ가

(19) ㄱ. 이거 누게네 책인고?(이것은 누구네 책인가?)

　　ㄴ. 이거 자네 책인가?(이것은 자네 책인가?)

(20) ㄱ. 자네 그때 멧살이란고?(자넨 그때 몇 살이었던가?)

　　ㄴ. 자네 그때 열 살이란가?(자넨 그때 열 살이었던가?)

(21) ㄱ. 오늘 자네 무시거 ᄒᆞ큰고?(오늘 자네는 무얼 하겠는가?)[29]

　　ㄴ. 자네 바당에 가큰가?(자넨 바다에 가겠는가?)

(22) ㄱ. 자넨 어디 살암신고?(자네는 어디에 살고 있는가?)

　　ㄴ. 자넨 이디 살암신가?(자네는 여기에서 살고 있는가?)

(23) ㄱ. 자네 집의 누게 와신고?(자네 집에 누가 왔는가?)

　　ㄴ. 자네 집의 소님 와신가?(자네 집에 손님 왔는가?)

(19ㄱ)~(23ㄱ)은 설명의문, (19ㄴ)~(23ㄴ)은 판정의문이다. '-ㄴ고'계 어미는 설명의문과 판정의문에 따른 어미의 대립이 존재한다.

---

28 홍종림(1975), 163-164면.

29 '-엔'계 어미의 의도법에는 '-ㅈ-'가 연결되는 데 반해 '-ㄴ고'계, '-순'계 어미에는 '-ㅋ-'가 연결된다. 그러나 의미에는 조금도 차이를 일으키지 않는다. ex. 어디 가젠?(어디 가겠는가?) → 집의 가쿠다.(집에 가겠습니다.)

2.2.3. '-순'계 …… -순

(24) ㄱ. 저거 누게네 책이순?(저것은 누구네 책인가?)

　　ㄴ. 이거 지네 책이순?(이것은 자네 책인가?)

(25) ㄱ. 이거 누게네 몰이라순?(이것은 누구네 말이던가?)

　　ㄴ. 이거 지네 몰이라순?(이것은 자네 말이던가?)

(26) ㄱ. 진 무시거 흐크순?(자네는 무얼 하겠는가?)

　　ㄴ. 지네 바당에 가크순?(자네는 바다에 가겠는가?)

(27) ㄱ. 가의 어디 감순?(그 애는 어디 가고 있는가?)

　　ㄴ. 가의 집의 감순?(그 애는 집에 가고 있는가?)

(28) ㄱ. 가의 어디 갓순?(그 애는 어디 갔는가?)

　　ㄴ. 진 서울 살앗순?(자네는 서울에서 살았는가?)

　　(24ㄱ)~(28ㄱ)은 설명의문이고 (24ㄴ)~(28ㄴ)은 판정의문이다. 양자의 구분이 어미의 대립으로 나타나지 않으며, '-엔'계와 '-ㄴ고'계가 남·녀 화자 모두 사용할 수 있는 데 반해 '-순'계는 여성 화자만이 사용한다.[30] 한편 '-ㄴ고'계는 '-엔'계보다 더 격식성을 가질 때 사용된다.

표 3

	화자의 성별	남녀 공통		여자
	의문법 어미	-격식성	+격식성	'-순'계
	선행 형태의 구성	'-엔'계	'-ㄴ고'계	
13	체언+이	엔	ㄴ고/ㄴ가	순
14	체언+이+라(ㅅ)	어	ㄴ고/ㄴ가	순

---

30 홍종림(1975: 204-206)에는 '-순'계는 여성 화자일 경우에, 그리고 '-ㄴ고'계는 남성 화자일 경우에만 사용된다고 하였으나 실제로 '-ㄴ고'계는 여성 화자일 경우에도 자주 사용되는 것으로 보인다.

15	용언+(으)ㅁ+이	엔	ㄴ고/ㄴ가	순
16	용언+ㅈ	엔		
	ㅋ		ㄴ고/ㄴ가	순
17	용언+암/엄			순
	암시/엄시(앖/없)	어	ㄴ고/ㄴ가	
18	용언+아시/어시(앗/엇)	어	ㄴ고/ㄴ가	순

2.3. '흡서'체 의문법 어미

이 의문법 어미는 단일 계열이어서 아주 간단하다. 또한 주어의 인칭적 제약도 없으며 어미의 대립에 의한 설명의문과 판정의문의 구분도 존재하지 않는다.[31]

> (29) 성님 어드레 감이우꽈?(형님은 어디로 갑니까?)
>
> (30) 집의 가쿠꽈?(집에 가겠습니까?)
>
> (31) 자읜 어드레 감수꽈?(저 애는 어디로 갑니까?)
>
> (32) 철수 집의 가수꽈?(철수는 집에 갔습니까?)
>
> (33) 가읜 공일날에도 흑교 갑네까?(그 애는 일요일에도 학교에 갑니까?)
>
> (34) 성님은 어데 갑데까?(형님은 어디 갔습니까?)

여기서 (29)를 제외한 나머지는 사람에 따라 '-꽈' 또는 '-과', '-까' 또는 '-가'로 발화된다. 이들의 "geminata"인 'ㄲ'의 경음은 그 경음의 "도度"가 육지어의 경우보다 "약하여" 많은 "nuance"를 갖는다. 그리하여 위와 같이 "여러 종류가 존재"하게 된 것이다. 그리고 "계급적으로 따져서 비천한" 계층이

---

31 이 '흡서'체 의문법 어미에 대해서는 홍종림(1975: 209-212)를 거의 그대로 따른다. 단지 거기에서는 상대존대 선어말어미를 '-수-'로 보고 있으나 여기서는 '-우-'로 파악하는 현평효(1975)의 태도를 따른다. ex. 감수꽈 → 가+앖+우+꽈.

나 아동 사이에는 '-깡', '-꽝'이 사용되기도 한다.[32]

　'-까'는, 'ᄒ라'체 '-고'계의 '-가'와 마찬가지로 순음성을 가진 상대존대 어미 '-우-' 뒤에서는 '-우-'의 순음성 때문에 '-꽈'를 유지하지만 직설법 '-네', 회상법 '-데' 뒤에서는 '오'를 탈락시켜 '-까'로 발화된다. 전술했던 판정의문의 형태소 '-아'를 인정한다면 이전에는 '*-꼬'가 존재했으리라는 것을 추정해 볼 수 있다.

3. 맺음말

　이상에서 방언의 의문법 어미를 살펴보았다. 지금 여기서는 머리말에서 제시하였던 서술 관점, 즉 방언 자체의 공시적 기술만이 아니라 문헌어와의 상관관계 속에서의 방언 기술을 염두에 두고 이제까지 진행해 온 작업들을 정리해 보고자 한다.

　1) 방언의 의문법은 중세어와 마찬가지로 삼분의 공손법 등급을 가지며 그에 따라 의문법 어미가 차이를 보이는데, 설명의문과 판정의문의 구분이 대개 이들 어미의 대립에 의한 것이었음을 확인하여 보았다.
　2) 'ᄒ라'체 의문법 어미에는 '-고'계와 '-니'계가 있다. '-고'계의 '-고', '-가'는 각각 중세어와 마찬가지로 설명의문과 판정의문을 나타내는데, 판정의문 어미 '-과'에서 판정의문의 형태소 '-아'를 분석해 내고 중세어 의문법 어미 '-고, -가'의 이전 시기에 판정의문의 어미 '*-과'가 존재했을 가능성을 모색해 보았다. 그리고 '-니'계에서 동명사형 어미와 밀접한 관련을 갖는 의문법의 2인칭 활용어미 '-디-'를 분석해 내

---

32 이숭녕(1957/1978: 70).

고 중세어의 인칭 활용어미 '-오/우-'와 함께 국어에 [인칭 활용]이라
는 특수한 문법범주가 있었을 가능성을 상정해 보았다. 아울러 동명
사적 특성을 갖는 의문법 어미의 불연속형태 'ㄴ…이'를 가정하였다.

3) 'ᄒᆞ여'체 의문법 어미에는 '-엔'계, '-ㄴ고'계, '-순'계의 3계열을 인정하
였다. 여기서 '-ㄴ고'계를 제외하고 '-엔'계와 '-순'계는 어미 대립에 의
한 설명의문과 판정의문의 구분을 갖지 않는데, 이는 중세어의 'ᄒᆞ야
쎠'체 의문법 어미가 설명의문과 판정의문의 구분을 갖지 않고 '-가'의
단일 형태를 갖는다는 점과 일치한다.

4) 'ᄒᆞᆸ서'체 의문법 어미에는 '-꽈'의 단일 계열만이 존재하는데 'ᄒᆞ라'체
와의 비교를 통해 이전 시기의 설명의문을 나타내는 어미 '*-꼬'의 존
재를 추정해 볼 수 있다.

제주도방언의 파생접미사
몇 개의 재구형을 중심으로

1. 머리말

화자가 구성할 수 있는 새로운 단어를 정의하고 더 특수하게는 그 새 단어들을 형성시키는 규칙을 형식화하는 것을 하나의 목표로 하는(이현희 1987: 133) 형태론의 일차적인 작업은 문증文證되거나 현존하는 단어에 대한 공시적인 분석 작업인바 이를 통하여 생산적인 접사나 어기를 추출해 낸다.[1] 그런데 분석의 가능성을 지닌 어떤 단어에서 어기이든 접사이든 어느 한쪽의 성분 의미는 분명히 드러나지만 다른 한쪽의 성분 의미는 분명히 드러나지 않아 그것에 대한 공시적인 분석이 가능하지 않은 경우를 흔히 발견할 수 있다.

이러한 경우에도 공시적인 범위를 넘어 어형에 대한 통시적 탐구에 관심을 가지고 문증되거나 현존하는 단어를 분석할 때에는 그 단어가, 성분 의미를 알 수는 없지만 나름대로의 규칙성을 보여 주는 어형을 포함하고 있다면 이 특이체질의 어형들을 분석하여 이들이 이미 존재하는 어떤 어

---

* 이 논문은《대동문화연구》30(1995)의 359-374면에 실렸다(제보자의 이름은 비非명시).
1 국어에서 어형의 공시적 생산성에 대한 판단은 분석의 차원뿐 아니라 결합의 차원도 고려해야 함은 물론이다(김성규 1987: 10-12). 이 논문의 목적은 제주도방언에 대한 통시적 관심 아래에서의 형태론적 분석 작업이므로 생산성에 대한 논의는 유보하며 특히 접사에 관한 한 재구형이더라도 이에 대한 표시 '*'를 붙이지 않는다.

형 또는 단어와 맺는 관계를 밝힐 필요가 있다(이현희 1987: 133-134). 문헌 자료에서는 물론 현대 방언 자료에서도 흔히 발견되는 이 특이체질의 어형들에 대한 분석은, 면밀한 형태론적인 관찰을 통하여 이 어형들이 이미 존재하는 어떤 어형 또는 단어와 맺는 관계를 밝힘으로써 가능해지기도 하지만 특히 이 특이체질의 어형들과 관련되어 있는 방언형들을 방언학적으로 비교·관찰할 경우에 더욱 합리적으로 그 분석을 가능하게 할 수 있다.[2]

이 글은 제주도濟州島방언에 나타나는 몇 개의 단어를, 문헌어나 다른 현대 방언과의 비교를 통하여 검토함으로써 통시적으로 이들에 대한 형태론적 분석 작업을 시도해 보는 것을 목적으로 한다. 그리하여 제주도방언의 형태와 그와 대응하는 문헌어 또는 다른 현대 방언(주로 중부방언)의 형태를 비교하여 이로부터 몇 개의 파생접사를 재구하고 그 접사가 가지는 분포와 기능을 살펴본다.

아울러 이 과정에서 재구한 어기가, 문증되거나 현대 방언에서 확인되지 않는 어기이더라도 그것들이 존재 가능한 어기라면 이들 파생접사와 결합된 어기를 형태론적 과정에 참여한 어기로서 설정한다. 현존하는 단어의 역사를 추적하는 통시론에 관심을 가지고 제주도방언의 일부 단어에 대한 형태론적 분석 작업을 시도하려는 이 논문에서, 문헌어나 통시적 변화를 겪은 방언들이 실재했던 단어를 모두 보여 주는 것은 아니라는 점을 고려하는 셈이다.[3]

---

2 이 논문에서는 제주도방언의 단어와 다른 방언들의 단어를 비교할 때, 논의의 초점이 되는 어형에서 제주도방언을 제외한 다른 방언들이 큰 차이를 보여 주지 않는다면 중부방언의 어형을 대표적으로 제시한다.

3 이는 모두, 국어에서는 가능하지만 존재하지 않는 단어가 형태론적 과정에 참여하는 경우도 있다는 점으로부터 단어 어기 가설(Word Based Hypothesis)을 완화해야 한다고 하는 태도(이현희 1987: 139-140)를 따르는 것이다.

방언사를 밝힐 수 있게 해 주는 문헌 자료의 부족 등 현실적인 어려움으로 방언의 통시태 通時態를 확인하는 작업은 쉬운 일이 아니다. 그리하여 방언 비교를 통한 제주도방언에 대한 형태론적 분석 작업에서 때로 성분 의미를 분명히 밝히기 어려운 어형이더라도 그것이 존재 가능한 어형이라면 어떤 단어를 분석하여 형태론적 과정에 참여한 어형을 설정하기도 한다. 이러한 재구 과정에는, 둘 또는 그 이상 방언에서 대응을 보여 주는 방언형들이 형태상 공통되는 부분과 상이한 부분을 포함하고 있다면, 다시 말해서 대응되는 방언형들이 공통점과 차이점을 보여 준다면 이는 동일한 어기나 접사의 상이한 형태론적 과정이 공간적으로 투영된 데에서 비롯된 것이라는 점이 전제된다.[4]

2. 방언분화와 형태론적 분석

방언 비교 연구의 관심 아래 어떤 단어를 형태론적으로 분석할 때에는 각 방언의 음운변화에 대한 정밀한 관찰이 선행되어야 한다. 일련의 음운론적인 변화를 입어 통시적 관점에서의 형태론적 분석 작업을 어렵게 하는 단어들이 있기 때문이다.

(1) 쌀물(혈물; 교시조 1206-24, 썰물)

(1)의 '쌀물'은 어기 '싸-'와 관형형 'ㄹ', 어기 '물'로 분석되는데 어기 '싸-'는 제주도방언의 '쌀물'과 중앙어의 '썰물', 문헌어의 '혈물'을 고려해 볼 때

---

4 이 논문에서 다루는 자료는 대부분 정승철(1994)에 나오는 것들이다. 다만 남제주군 일부 지역방언의 자료는 1994년 7월 7일과 7월 29일 사이에 남제주군 성산읍 신양리 新陽里(□□□, 현 70세)에서 조사한 것이다.

어기 '＊혛-[hhje-]'에서 기원한 것이라고 할 수 있다. 제주도방언에서 '쌀물'의 어기 '싸-'는 '혛〉ᄊ'의 어두 'ᄒ'구개음화(정승철 1994: 46-47)와 구개음 아래 활음 'j'의 탈락 현상(정승철 1994: 46-52) 이후 용언어간말 'ᄋ〉아'의 변화(정승철 1994: 11-14)를 겪은 것이며, 중부방언에서 '혈물'의 어기 '＊혀-'는 'ᄋ[jɐ]〉여'의 변화와 '혛〉ᄒ'의 변화를, '썰물'의 어기 '＊써-'는 'ᄋ[jɐ]〉여'의 변화, '혛〉ᄊ'의 어두 'ᄒ'구개음화와 구개음 아래 활음 'j'의 탈락 현상을 겪은 것이다.

일련의 복잡한 음운론적인 변화로 통시적 관점에서의 형태론적 분석 작업에 어려움을 주는 예이지만 현대 제주도방언에서 어기 '싸-'('켜다' 또는 '물이 빠지다'의 뜻)의 존재는 '쌀물'에 대한 분석이 정당한 것임을 뒷받침해 준다.[5] 상이한 음운변화의 관여로 방언분화가 초래되었을 때 방언의 음운변화에 대한 정밀한 관찰이 통시적 관심 아래에서의 형태론적 분석 작업에 도움을 제공할 수 있음을 보여 준다.

어떤 합성어가, 그 합성어를 구성하고 있는 어기와 관계없이 음운론적인 변화를 입어 본래의 어기와 다른 모습을 가지게 되었을 때는 그 합성어에 대한 형태론적 분석 작업이 더욱 어려워진다.

(2) ㄱ. 부쉐, 부시(부쇠; 역해, 하:18, 鎌, 부시)

ㄴ. 부돌(부쇳돌; 역해, 하:18, 부싯돌)

(2)는 모두 어기 '불(火)'과 관련이 있는 단어인데 'ㅅ'나 'ㄷ' 앞에서 'ㄹ'탈락을 겪은 것이므로[6] (2ㄱ)의 '부쉐'는 '불'과 '＊쇠(쇠; 훈몽-초, 중:15, 鐵)'[7]

---

5 재구형 표시 '＊'를 붙인 어기가 반드시 최고最古의 재구형을 나타내는 것은 아니다. 한편 이 논문에서 재구한 어기 '＊혛-'가 중부방언의 '켜-(혀-; 훈민-원, 해례:21, 引)'와 관련이 있는 것인지는 분명하지 않다.

6 제주도방언의 'ㅈ' 앞에서의 'ㄹ'탈락은 '부지땡이(불#짇+뎅이, 부지깽이)'에서처럼 이

로, (2ㄴ)의 '부돌'은 '불'과 '돌'로 분석된다. (1)~(2)의 예들은 형태론적 분석 작업에 앞서 음운론적인 변화에 대한 면밀한 검토가 필요함을 보여 주는 예라 하겠다.

성분 의미를 분명히 알 수 있는 어형을 포함하고 있어 분석의 가능성을 보여 주는 어떤 단어를 방언학적으로 비교해 보았을 때 성분 의미가 분명하지 않은 어형에 대한 정보를 어느 정도 제공받을 수 있는 경우가 있다.

(3) 자랑자랑(자장자장)

(3)의 '자랑자랑'에서 어기 '자-(眠)'의 성분 의미는 분명하지만 접사 '-랑'의 성분 의미는 분명하지 않다. 그런데 이를 중부방언의 '자장자장'과 비교해 보면 중부방언의 접사 '-장'이 청유의 성분 의미를 가진 접사인 반면 제주도방언의 접사 '-랑'은 그 성분 의미가 명령의 기능을 가진 접사임이 분명하게 드러난다.[8] 이는 방언형의 비교가 특이체질의 어형에 대한 성분 의미를 분명히 드러나게 해 줄 수 있음을 보여 준다.

어떤 단어가 분석의 가능성을 보여 주지 않는 경우에도 지리방언학적 비교로 분석이 가능해지는 경우를 발견할 수 있다.

(4) 임뎅이, 이멩이(이마)

(4)의 '임뎅이(額)'는 제주도방언의 '이멩이', 중부방언의 '이마'와의 비교

를 보여 주기도 하지만 대체로 '불저께(불#*접+게, 부젓가락), 불쩍(불#쩍, 부싯깃)' 등에서처럼 'ㄹ'탈락을 보여 주지 않는다. 이들은 'ㄹ'탈락을 겪는 시기가 관련된 것인바 제주도방언의 'ㄹ'탈락에 대한 면밀한 관찰이 요망된다.

7 현대 제주도방언에서 '쒜(鐵)'로 실현된다.

8 두 방언형이 의미상의 유사성을 가지고 있음을 전제로 함은 물론이다.

로부터 어기 '*임'과 접사 '-뎅이'로의 분석이 가능하다. 문헌어의 '니맣(석보 19:7, 額)'이나 '림빅(樂軓動動), 곰븨님븨(청언-원 68, 곰비임비)', 현평효(1962)의 '니물, 이물(배의 앞이 되는 부분)'은 어기 '*임'이 '*님(前)' 또는 '*림'에 기원하고 있음을 보여 준다.[9] 제주도방언의 명사 파생접사 '-뎅이'는 '남 뎅이(*남+뎅이, 식물의 줄기)'와 '부지뗑이(불#진+뎅이, 부지깽이), 검뎅이(검+뎅이, 검댕)' 등에서도 확인된다.[10] 하지만 전자가 '남(木)'[11] 등의 명사어기에 결합되고 후자는 '진-(때다, 燃), 검-(黑)' 등의 동사나 형용사어기에 결합되므로 각각 다른 분포를 보여 주는 접사라고 할 수 있다.[12] 따라서

---

9 이로써 보면 중부방언의 '이마(額)'를 어기 '*임(前)'과 접사 '-아'로 분석하는 셈인데 접사 '-아'와 관련하여 이와 유사한 모습을 중부방언의 '도마(도마; 훈몽-초, 중:6, 俎)'에서도 발견할 수 있다. 이는 제주도방언에서 '돔베'로 실현되는데 '도마'와 '돔베'와의 비교를 통하여 어기 '*돔'의 재구가 가능하며 이로부터 제주도방언에서는 접사 '-베'를, 중부방언에서는 접사 '-아'를 설정할 수 있는 것이다. '돔베'는 제주도방언의 '서답돔베(다듬잇돌)'에서도 확인되는바 이 어형에서 확인되는 어기 '*돔'은 '돌이나 나무로 평평하게 만든 것' 정도의 의미를 가진 어기인 듯하다. 그런데 중부방언의 '이마'와 '도마'는 중세국어 시기에 '평성+거성'의 같은 성조형을 가지는 단어였지만 전자가 'ㅎ'종성 체언이었다는 점에서 두 단어는 차이를 보여 준다. 따라서 중부방언의 두 단어, 즉 '이마'와 '도마'를 일률적으로 접사 '-아'가 결합된 것으로 보기는 어려울 듯하다. 김완진(1980: 84)에서는 향가를 검토하면서 '모마) 몸(身), 고마) 곰(熊)' 등의 변화를 가정하여 이를 어말 모음이 탈락한 것으로 보았는데 이를 고려하면 '도마(俎)'는 접사 '-아'가 결합된 것이기보다는 어말 모음이 탈락하기 이전의 어원적인 모습을 보인 것일 가능성이 있다.

10 이 접사가 모음조화에 따라 '-댕이/뎅이'의 교체를 보였는지는 알 수 없다. 한편 접사 '-뎅이'가 결합되어 있는 것처럼 보이는 '끄뗑이(끝)'는 어기가 가지는 의미의 축소를 보여 주지 않는바 '둥뗑이(둥+뗑이, 등어리)'를 고려하여 '끗(木)+뗑이'로 분석하고 접사 '-뗑이'가 결합된 것으로 본다.

11 제주도방언에서는 일반적으로 '낭(木)'이 쓰이지만 남제주군의 일부 지역에서는 '남'이 쓰이기도 한다. 이를 문헌어(낡; 석보 6:26, 木)와 비교하면 제주도방언에서 어기 '*낢'을 재구할 수 있는바 '낭'은 자음동화 이후 'ㄱ'탈락을 겪은 것이며 '남'은 'ㄱ'탈락만을 겪은 것임을 알 수 있다. 일종의 규칙 재순위화再順位化에 의한 방언분화를 보여 주는 셈이다.

12 '남뎅이'의 '-뎅이'가 '나무(木)'에서 '줄기(莖)'로 의미를 한정시키는 접사이고 '부지뗑이, 검뎅이'의 '-뎅이' 또한 본래의 어기가 가진 의미를 한정시키는 접사이므로 동일한 음운형식을 가진 두 '-뎅이'를 기능상으로도 동일한 접사라고 할 수 있을 듯하다. 다만 이때

'앞(前)'에서 '이마(額)'로 의미를 한정시키면서 명사어기에 결합된 '임뎅이'의 '-뎅이'는 '남뎅이'에 나타나는 접사와 동일한 접사가 결합된 것으로 여겨진다.[13]

한편 (4)의 '이멩이'는 어기 '*이마'에 접사 '-앙이'가 결합된 것으로 보인다. 왜냐하면 제주도방언의 접사 '-앙이/엉이'는 접사 '-뎅이'와 달리 어기로부터 의미적이거나 문법적인 변화를 거의 일으키지 않는 접사이어서 (송상조 1991: 50, 정승철 1994: 59) 어기가 파생어 '이멩이'와 동일한 의미를 가져야 할 것이기 때문이다.[14] 이제까지 살펴본 예들은 방언형의 비교를 통한 어형의 통시론적 탐구가 특이체질 어형의 분포와 기능에 대한 구명뿐 아니라 현존하지 않는 어형의 재구에도 도움을 제공할 수 있음을 보여 준다.

3. 접사 '-옥'

방언학적으로 두 지역 이상에서 쓰이는 방언형을 비교해 보았을 때 동일한 음운형식을 가진 접사가 방언에 따라 기능을 달리하는 경우가 나타난다.

에는 어기의 의미를 한정시키는 기능을 가지는 접사 '-뎅이'가 명사어기뿐 아니라 동사나 형용사어기에도 결합될 수 있는 것이라고 해야 한다. 이 경우, 하나의 접사가 한 통사적 범주의 어기에 대해서만 통합될 수 있다는 가설, 즉 단일單一 어기 가설(Unitary Base Hypothesis)이나 더 나아가 수정修正 단일 어기 가설(Modified Unitary Base Hypothesis)이 국어에서 문제가 된다.

13 '임뎅이'의 '*임'이 명사어기인지는 분명하지 않지만 최소한 동사나 형용사어기일 가능성은 없을 듯하다.

14 '이맹이〉이멩이'는 비어두음절 '애〉에'의 변화(정승철 1994: 16-17)가 관련된 것이다.

(5) 나룩(벼)

(6) ᄆᆞ작(매듭)[15]

(5)의 '나룩'은 남부방언의 '나락'과의 비교로부터 어기 '*날(穀)'과[16] 접사 '-옥'으로 분석할 수 있다.[17] 그리고 제주도방언의 접사 '-옥'에 대응하는 남부방언의 어형으로 접사 '-악'을 재구할 수 있는바[18] 이 접사 '-악'은 명사어기에 결합되어 문법적인 변화를 일으키지 않는 접사라 할 수 있다. 제주도방언에서도 이와 동일한 형태의 접사 '-악'을 발견할 수 있지만 제주도방언의 접사 '-악'은, '믓-(믗-; 석보 9:40, 結, 맺다)'와[19] '-악'으로 분석되는 (6)의 'ᄆᆞ작'에서 알 수 있듯이 동사어기에 결합되어 명사를 파생시켜 주는 접사이다.[20] 이러한 기능의 차이가 남부방언과 달리 제주도방언에서 어기 '*날 (穀)'이 접사 '-옥'을 선택하게 한 것으로 여겨진다.

(7) 가죽(가족; 신합, 상:26, 皮)

(8) 노복, 놉(놉, 일꾼)[21]

---

15 'ᄆᆞ작'과 'ᄆᆞ디'는 의미 적용 대상의 차이를 보여 준다. 전자는 '대(竹)의 마디'에, 후자는 '손(手)의 마디'에 해당한다.

16 어기 '*날'은 어기 '*ᄂᆞᆯ(남; 훈민-원, 해례:22, 穀)'에서 기원할 것일 가능성이 짙다.

17 남부방언이라는 용어는 국어의 동남방언과 서남방언을 모두 포함하는 개념으로 사용한다. '나락'은 전이적인 모습을 보이는 일부 지역을 제외하면 충북의 보은·옥천·영동, 충남의 금산 지역에서도 사용된다. 이로써 보면 '벼'의 방언형은 '벼'계와 '*날'계로 2분된다고 할 수 있다.

18 남부방언의 '나락'과 제주도방언의 '나룩'이 음운론적인 변이에 의한 방언분화일 가능성이 전혀 없는 것은 아니다. 하지만 그러한 과정은 음운론적으로 자연스럽지 않으므로 '나락'과 '나룩'이 보여 주는 방언분화를 상이한 형태론적 과정이 관련된 것으로 본다.

19 제주도방언에서 '*믗-〉믓-'의 변화는 폐음절 어간에서의 '이〉ᄋᆞ'의 변화를 겪은 것이다 (정승철 1994: 66-67).

20 물론 '터럭(털+억), 주먹(줌+억)'에서 보듯이 접사 '-억'은 명사어기에 결합된다.

21 중부방언에서 '놉'은 '얻어온다'고 하지만 제주도방언에서 '놉'은 '빌어온다'고 한다는 점에서 약간의 의미차를 갖는다.

(7)의 '가죽(皮)'은 어기 '*갖'과 접사 '-옥'으로 분석되는바 '-옥'이 명사어기에 결합되며 문법적인 변화를 일으키지 않는 접사라는 점을 보여 준다.[22] 제주도방언의 모음조화(정승철 1994: 77-99)를 고려해 볼 때 이 '가죽'은 비어두음절에서의 '오〉우'변화(정승철 1994: 80-82)를 겪은 것이다. 접사 '-옥'은 (8)의 '노복'에서도 확인된다. 노인층 제주도방언 화자들은 (8)의 '노복'을 의미차 없이 '놉'과 같이 사용하는데 이 '노복'은 어기 '놉'에 접사 '-옥'이 결합되어 형성된 단어로 여겨진다.[23]

4. 접사 '-이'

어떤 단어들이 일련의 형태론적인 과정을 겪어 통시적 관점에서의 형태론적 분석 작업을 어렵게 하는 경우도 있다.

(9) ㄱ. 썹(닢; 용가 9:35.84, 잎)

ㄴ. 썹파리, 이파리(葉)

(9ㄴ)의 '썹파리'는[24] '이파리(*잎+아리)'와의 비교를 통해 어기 '썲(잎)'과 접사 '-아리'로 분석할 수도 있다. 하지만 이 경우, 어기 '썲'의 어원이 문제로 남으므로[25] (9ㄱ)에 제시되어 있는 대로 현대 제주도방언에 나타나는 어기 '썹'이 관련된 단어로 보는 것이 합리적이다.

---

22 이는 남부방언에서도 '가죽, 까죽'으로 나타나는바 남부방언에서는 접사 '-악'과 '-옥'이 공존하는 셈이다.

23 노인층 제주도방언 화자들이 '놉'보다 '노복'을 고형古形으로 여긴다는 점을 고려하면 '노복'을 한자어 '노복奴僕'에서 기원한 것으로 볼 수도 있다.

24 물론 표면 층위에서는 '써파리'로 실현된다.

25 이를 '썹'과 '잎'의 혼효로 형성된 단어라 할 수도 있다.

이때의 어기 '썹'은 한자 '엽葉'과 관련이 있다. 이 한자는 '엽' 또는 '섭'으로 읽히는바 제주도방언의 '썹'은 '엽'의 다른 음 '섭'이 어두경음화를 겪은 것이다.

그런데 '썹파리'는, '이파리'와 비교해 볼 때 어기 '썹(잎)'과 접사 '-파리'로 분석할 수는 없으므로 '썹'과 '이파리'의 혼효混淆로 형성된 단어로 여겨진다. 제주도방언에서 '썹'과 '이파리'는 아무런 의미차 없이 공존하는바 동일한 의미가 전제가 된, 이 두 단어의 공존이 혼효형을 만들어 내게 했던 것으로 보인다. 이는 일련의 형태론적인 과정이 통시적 관점에서의 형태론적 분석 작업을 어렵게 하는 경우가 있음을 보여 준다.

제주도방언에는 통시적으로 어기로부터 의미적이거나 문법적인 변화를 일으키지 않으면서 체언어기에 결합되는 접사 '-이'와 관련된 예들이 보인다.

(10) ㄱ. 직시(몫)

ㄴ. 직세, 찍세(몫)

(10ㄱ)의 '직시'는 어기 '*짃'과 접사 '-이'로 분석되는데 어기 '*짃'은 '*직'과 '몫'의 혼효로 형성된 단어인 것으로 여겨진다.[26] 이 접사 '-이'는 'ᄆᆞ지(*ᄆᆞᆮ+이, 長, 맏이), 매기(*막+이, 末, 마지막)' 등에서처럼 아주 활발하게 폐음절 명사어기에 결합되던 접사이다.

(10ㄴ)의 '직세, 찍세'는 남제주군의 일부 지역방언에서 나타나는 어형인바 이는 접사 '-에'의 결합과 어두경음화가 관련된 것이다. 명사어기에 결합되며 어기로부터 의미적이거나 문법적인 변화를 일으키지 않는 접사

26 어기 '*직'은 한자어 '直'에서 기원했을 가능성이 짙으며 문헌어의 '셗(내훈-초 1:79, 分限)'과 관련되었을 가능성도 있다. 한편 '몫'은 중세국어 시기에는 '목(석보 6:26)'이었는바 '직시'는 '목〉몫'의 변화와 평행하게 '*직〉*짃'의 변화를 겪었던 것으로 볼 수도 있다.

'-에'는 북제주군 방언에서도 발견할 수 있는데 '토끼, 퉤끼(兎), 쮀끼(조끼), 집가지(처마)'와 공존하고 있는 '토꼐, 토께, 퉤께(兎), 쮀꼐, 쮀께, 쮀께, 쪼께(조끼), 집가제(처마)' 등에서 보는 대로 어기 말음으로 '이'를 요구하는 음운론적인 제약을 갖는다(정승철 1994: 37).[27] 이는 (10ㄴ)의 '직세, 찍세'가 어기 '*짗'에 어말 '-이'의 첨가가 이루어진 '직시'를 어기로 하는 형태론적 과정이 관련되었음을 보여 준다고 하겠다.

제주도방언의 접사 '-이'는 '둘둘이(다달이)', '급급이(갑갑하게)'와 '버을이(벌이)' 그리고 '가차이(가깝게)' 등에서 확인된다. 하지만 '직시'의 접사 '-이'는 어근이나 용언어기에 결합되는 '둘둘이, 급급이, 버을이'에서의 접사 '-이'와는 분포에서, 용언어기에 결합되어 부사를 파생시키는 '가차이'의 '-이'와는 분포와 기능에서 차이를 보여 주므로 동일한 접사는 아닌 것으로 여겨진다.

어떤 단어들이 일련의 음운론적·형태론적인 과정의 관여로 통시적 관점에서의 형태론적 분석 작업을 어렵게 하기도 한다. '궤기(고기; 훈몽-초, 하:2, 魚), 고등에(고동어; 물명 2:4, 고등어), 치메(치마; 월석 10:24, 裳), 메쥐(며주; 훈몽-초, 중:11, 麴), 눼(노; 훈몽-초, 중:12, 櫓)' 등에서 보는 대로 현대 제주도방언에서 개음절 체언어기는 한자어를 제외하면 어말 모음이 대체로 전설모음인 '이, 에, 애, 위[wi], 웨'인바 이는 일종의 형태론적 과정, 즉 어말에서의 접사 '-이'의 첨가가 관련된 것이다(정승철 1994: 58-63).

(11) 식게(제사)

---

27 이와 유사한 모습을 보여 주는 '글피, 글페(글픽; 박해, 중:5)'는 문헌어를 고려하면 '의'와 '익'의 교체와 관련된 것일 가능성이 있다. 이렇게 보면 '글피'는 비어두음절 '의〉이'의 변화(정승철 1994: 68-71)를, '글페'는 비어두음절 '익〉에'의 변화를 겪은 것이 되는데 제주도방언에서 비어두음절의 '익'는 한자어를 제외하면 '이(〈의)'로 변화했으므로(정승철 1994: 63-67) 제주도방언의 '글페'를 다른 방언으로부터 차용되었거나 예외적 변화를 겪은 것으로 보아야 하는 점이 문제로 남는다.

(11)의 '식게'는 한자어 '식가式暇(관원에게 집안의 기제사, 즉 가기家忌 때 주던 휴가)'에 어말 '-이'의 첨가로 만들어진 단어로 여겨진다. 현대 제주도방언에서, '에'와 '애'는 어두음절에서만 대립하며 비어두음절에서는 '애〉에'의 모음상승화를 보여 주므로(정승철 1994: 16-17) '식게'는 한자어 어기 '식가'에 어말 '-이'가 첨가된 '*식개'가 모음상승화를 겪은 것으로 여겨진다.

이렇게 보면 '식게'는 특수한 환경에서 쓰이던 단어가 일반적인 의미를 획득하게 되면서 일종의 의미의 확대를 경험한 것이라 할 수 있다. 제주도방언에는 한자어 '권당眷黨'에서 유래한 '궨당(친척)'에서처럼[28] 한자어에서 유래한 단어들이 제법 보이는데 이들이 음운론적인 또는 형태론적·의미론적인 변화를 입어 본래의 형태와 다른 모습을 가지게 되었을 때는 본래의 한자어와의 관계가 단절되어 그 어원론적인 탐구가 불가능하게 되기도 하는 것이다. 이들 예에서 보이는 접사 '-이'는 음절구조상의 이유로 개음절 체언어기에 결합되는 접사인데, 어기의 음운론적인 제약에서 차이를 보이지만 체언어기에 결합되며 어기로부터 의미적이거나 문법적인 변화를 일으키지 않는다는 점에서 (10)의 '직시(몫)'의 접사 '-이'와 동일한 접사일 가능성이 짙다.

5. 접사 '-옹'

분석이 가능할 것 같지 않은 단어도 방언학적 비교를 통해 살펴보면 분석 가능한 특이체질의 어형들이 결합되어 있음을 알 수 있다.

---

28 모음의 변이는 한자음과 관련이 있을 듯하다.

(12) ㄱ. 바농(바늘; 훈몽-초, 중:7, 鍼, 바늘)

　　　ㄴ. 바농쌍지(반짇고리)

(12ㄱ)의 '바농'과 중부방언의 '바늘'의 비교로부터 어기 '*반'을 재구할 수 있다. 따라서 제주도방언의 '바농'은 어기 '*반'과 접사 '-옹'으로, 중부방언의 '바늘'은 어기 '*반'과 접사 '-을'로 분석된다.

(12ㄴ)에서 제시된 제주도방언의 '바농쌍지'는 '바농#상지(상자)'의 구조를 가진 복합어이며 중부방언의 '반짇고리'는 '*반질+고리'의 구조를 가진 복합어이다. 양 방언형이 이른바 '사이시옷' 현상과 관련되어 있다.

제주도방언과 중부방언의 비교는 제주도방언에서 접사 '-옹'이 그와 결합되는 어기의 음운론적 제약을 가짐을 보여 준다.

(13) 마농(마늘; 훈몽-초, 상:7, 蒜, 마늘)[29]

(14) 사농(산영; 어내훈 2:17, 狩獵, 사냥)

접사 '-옹'은 (13)의 '마농'과 (14)의 '사농'에서도 확인되며 마찬가지로 전자는 어기 '*만'과 접사 '-옹'으로, 후자는 어기 '*산'과 접사 '-옹'으로 분석된다.[30] 어기 '*산'은 박용후(1988a: 20)에 제시되어 있는 '사농바치, 사농쟁이, 산쟁이(사냥꾼)'의 '산쟁이'에서도 확인된다. 특히 '산쟁이'는 '*산'이 명사어기라는 점을 보여 준다. '노롬젱이(노름꾼)' 등에서 보듯 접사 '-젱이'

---

29 제주도방언의 '마농'이 중부방언의 '마늘'과 동일한 의미를 가지는 것은 아니다. 제주도방언의 '마농'에는 '파(蔥)'도 포함된다. 물론 '파'를 '마늘'과 구분할 필요가 있을 때에는 '패마농'이라 한다.

30 유사한 음운형식을 가진 '비늘(비늘; 월곡 28, 鱗), 미늘(미늘; 구방, 상:48, 鉤)'은 제주도방언에서 '비농, 미농'으로 나타나지 않는바 이들이 분석될 수 없는 단어라는 점을 보여 준다. '그늘(ㄱ늟; 월석 18:26, 陰)'은 '거성+거성'의 성조형을 가지는바 '평성+거성'의 성조형을 가지는 다른 예들과 차이가 있다.

는 명사어기에 결합되는 접사이기 때문이다.[31]

(12)~(14)에서 재구한 어기 '*반, *만, *산'은 모두 어기의 말음이 'ㄴ'라는 음운론적인 공통점을 지니는바 이는 접사 '-옹'이 어기의 말음으로 'ㄴ'를 요구하는 음운론적 제약을 가지고 있음을 보여 준다. 접사 '-옹'은 명사어기에 결합되는 접사이며 명사어기를 파생하는 접사이다.

제주도방언에서는 접사 '-옹'이 명사어기뿐 아니라 어근을 파생시키기도 한다.

(15) 써농허-, 서노롱허-(서늘ᄒ-; 월석 2:51, 凉, 서늘하다)

(15)의 '써농허-'는 '*서농ᄒ-'로부터 'ᄋ〉어'의 변화(정승철 1994: 20-22)와 어두경음화를 겪은 것이다. 제주도방언의 '써농허-'는 '써농'과 '허-'로 분석이 가능한데 '써농'은 중부방언 '서늘하-'의 '서늘'과의 비교를 통하여 어기 '*썬'과 접사 '-옹'으로 분석할 수 있다.

'선선허-'와 '서노롱허-'를 고려하면 '*선'이 재구되는데 이 어기에 접사 '-옹'이 결합된 '*서농'이 명사어기가 아니라 어근이라는 점에서[32] (12)~(14)의 경우와 다르다. 접사 '-옹'에 있어서는 어기의 말음이 'ㄴ'라는 점에서 음운론적인 공통점을 가지지만 '바농(鍼)'의 '-옹'과 '*서농(冷)'의 '-옹'이 각각 명사어기 파생과 어근 파생이라는 점에서 차이를 보여 주므로 두 접사가 동일한 접사가 아닐 가능성이 있다.

---

31 현평효(1962)에서는 '산쟁이(산에서 사냥과 약초 캐는 일을 업으로 삼는 사람)'를 어기 '산山'과 접사 '-쟁이'로 분석하였다. '사농'의 '*산'이 한자어 '산'에서 유래했을 가능성이 있음은 물론이다.

32 문헌어의 '서늘'이 '서늘지-(동해, 상:27)'로도 나타난다는 점에서 체언어기라고 할 수도 있다. 그러나 다른 예들과 달리 '서늘'은 '서느서늘ᄒ-(금삼 4:42, 冷)'와 같이 첩어疊語의 모습으로 나타날 수 있다는 형태론적 제약을 가진다(이현희 1987: 143)는 점에서 다른 어기들과 차이를 보여 준다.

이는 제주도방언의 접사 '-옹'에 대하여 '-을'의 대응을 보여 주는 중부방언에서도 마찬가지다. 중부방언의 통시태를 보여 주는 문헌어를 참조하면 명사어기 파생의 '-을'과 어근 파생의 '-을'이 어기의 성조형에서 차이를 보이고 있다는 점에서 두 접사는 행동을 달리한다. 즉 문헌어에서 명사어기 파생의 '-을'이 평성의 성조를 가진 어기에 결합되며 어근 파생의 '-을'이 거성의 어기에 결합된다는 점에서 두 접사가 동일한 접사가 아니었음을 확인할 수 있는 것이다.[33] 물론 명사어기 파생의 '-올/을'이 결합된 '바늘 (鍼), 마늘(蒜)'과 어근 파생의 '-올/을'이 결합된 '서늘ᄒ-(凉)'가, 접사의 성조형이 거성이라는 점에서는 차이를 보이지 않는다. 이를 제주도방언에도 평행한 것으로 보면 제주도방언의 접사 '-옹'에도 명사어기 파생의 '-옹'과 어근 파생의 '-옹'이 존재하며 두 접사가 동일한 분포와 기능을 보여 주는 접사가 아니었다고 할 수 있다.

그런데 방언학적으로 두 지역 이상에서 쓰이는 방언형을 비교해 보았을 때 동일한 음운형식을 지닌 접사가 방언에 따라 기능을 달리하는 경우가 나타나기도 한다. 중부방언의 '-을'과 동일한 음운형식을 가진 제주도방언의 접사 '-을'은 '오-, 올-(來), 이끄-, 이끌-(曳), 셀-(漏), 아이셜-(妊)' 등에서 확인되는바 그 기능을 분명히 밝히기는 어렵지만 대체로 어기가 동사일 것을 요구하며 문법적인 변화를 일으키지는 않는 접사이다.[34] 이러한

---

[33] 문헌어의 '서늘ᄒ-(두해-초 9:14)'는 '거성+평성'의 성조형을 가져 접사의 성조형에서도 차이를 보여 주지만 이 경우에 비어두음절의 '평성'은 '거성'과 수의적인 교체를 보이는 데에 기인하는 것이다(김성규 1994: 11-25).

[34] 제주도방언에서 접사 '-을'이 동사어기가 아니라 명사어기에 결합된 예를 발견할 수 있다. 2장에서 언급했던 '이물(배의 앞이 되는 부분)'은 명사어기 *임(前)'과 접사 '-을'로 분석되는바 이 단어는 접사 '-을'이 명사어기에 결합되어 있는 것이다. 이로부터 제주도방언의 접사 '-옹'은 어기의 말음으로 'ㄴ'를 요구한다는 음운론적 제약을 가진 접사라고 해야 할 듯하다. 제주도방언의 '지둥(기둥; 능엄 8:80, 깅; 훈민-원, 해례:22, 柱)'이 '바농(鍼)' 등의 접사 '-옹'과 관련이 있다면 음운론적 제약은 어기의 말음으로 [-grave]의 자음을 요구하는 것으로 수정해야 한다.

분포의 차이가 다른 방언과 달리 제주도방언에서 접사 '-옹'을 선택하게 한 것으로 여겨진다.[35]

6. 접사 '-업-'

어떤 접사의 분포와 기능이 어느 정도 밝혀진 경우에는 문헌어나 어떠한 방언에서도 확인되지 않지만 존재 가능한 어기의 재구가 가능하다.

> (16) 차겁-(차갑다, 츠-; 월곡 102, 冷)[36]
>
> (17) ㄱ. 반갑-(반갑다, 반가비; 월곡 128)
>
>   ㄴ. 반지-(반기다)

(16)의 '차겁-(*차+겁-)'와 (17ㄱ)의 '반갑-(*반기+압-)'에서 알 수 있듯이 접사 '-겁-'은 형용사어기에 붙어 형용사를 파생시키는 접사며 접사 '-압/업-'은 동사어기에 붙어 형용사를 파생시키는 접사이다. 후자의 경우에 동사어기 '*반기-'는 (17ㄴ)에서처럼 '반지-'로 실현되므로[37] 공시적으로 존재하지 않는 어기이다.

이들 접사와 관련하여 다음의 예들은 제주도방언에서, 문헌어나 어떠

---

35 두 방언에서, 공통되는 어기 '*반'에 음운형식은 다르지만 동일한 기능을 하는 접사가 평행하게 붙어 있다는 점은 우연한 일이 아닐 듯한데 각 방언들이 보여 주는 국어로서의 공통성이 작용한 결과일 것으로 여겨진다.

36 문헌어를 고려할 때, 어두음절의 'ᄋ'를 대체로 유지하고 있는 현대 제주도방언에서 '차겁-'는 '츠겁-'로 실현되어야 할 듯하지만 'ᄋ〉아'의 변화를 겪은 형태만을 보여 준다. 제주도방언에서 '차(冷)'는 거의 들을 수 없으며 그 상황에서 '얼-' 또는 '실리-'가 쓰인다. 또한 '차겁-'보다는 '실럽-'가 더 많이 쓰여 '차겁-'는 다른 방언으로부터 차용된 단어일 듯하다.

37 '반지-'는 비어두음절에서의 구개음화를 겪었을 가능성이 있다(정승철 1994: 47).

한 현대 방언에서도 확인되지 않지만 존재 가능한 어기를 재구하는 데에 도움을 제공해 준다.

(18) ㄱ. 두덥-(厚)

　　ㄴ. 두텁-(두텁-; 월석 2:56, 厚)

　　ㄷ. 두껍-(둗겁-; 월석 2:58, 厚)

(19) ㄱ. 두티(두틔; 구방, 상:71, 두께)

　　ㄴ. 두끼(둗긔; 구간 1:72, 두께)

(18ㄱ)의 '두덥-'는 어기 '*둗-'와[38] 접사 '-업-'으로, (18ㄴ)의 '두텁-'는 어기 '*둘-'와 접사 '-업-'으로 분석이 가능한데 접사 '-업-'이 동사어기를 요구하는 접사이므로[39] 어기 '*둗-'와 '*둘-'는 동사라고 할 수 있다.

그런데 이 예들로부터 동사어기 '*둗-'와 '*둘-'를 재구했을 때 (18ㄷ)의 '두껍-'는 이 단어가 접사 '-겁-'이 결합되어 만들어진 것인지, 아니면 접사 '-업-'이 결합되어 만들어진 것인지를 쉽게 판단할 수 없게 한다. 전자는 '-겁-'이 형용사어기에 결합되어 형용사를 파생하는 접사라는 점이, 후자는 (18)의 '두덥-, 두텁-, 두껍-'에서 접사 '-업-'이 결합되는 어기들 사이의 어원론적인 관계가 분명하지 않다는 점이 문제가 되기 때문이다. 제주도방언은 (18)의 예들과 관련되는 어기들 사이의 어원론적인 관계에 대한 정보를 제공해 주는 형태론적인 과정을 보여 주는바 이는 (18ㄷ)의 '두껍-'가 접사 '-업-'이 결합된 것임을 알려 준다.

제주도방언은 통시적으로 동사어기에 붙으면서 문법적인 변화를 일으키지 않는 동사 파생접사 '-그-'가 결합된 예들을 많이 보여 준다. 이 접사는

---

38 이 어기와 관련된 단어로 '두데웃(두꺼운 옷)'을 들 수 있다. 이 단어의 '두데'는 어기 '*둗-(厚)'와 접사 '-에'로 분석된다.

39 접사 '-업-'이 공시적으로 생산적인 접사인지 아닌지는 판단하기 어렵다.

대체로 '주끄-(*줓+그-, 즟-; 법화 2:113, 吷, 짗다), 부끄-(*붗+그-, 붗-; 금삼 5:4, 扇, 부치다), 시끄-(*싗+그-, 시치다), 바끄-(*밭+그-, 밭-; 두해-초 8:31, 唾, 뱉다)' 등에서처럼 말음으로 'ㅈ'나 'ㅊ, ㅌ', 즉 [-grave]의 자음을 가진 어기에 결합된다(정승철 1994: 149-151). 이러한 형태론적 과정이 (18ㄷ)의 '두껍-'의 형성에도 관련되었는바 '두껍-'는 어기 *둘-'와[40] 접사 '-그-'가 결합된 동사어기 '*둗그-'에 형용사 파생접사 '-업-'이 결합되어 만들어진 단어로 여겨지는 것이다.

이를 고려하면 (19ㄱ)의 '두티'는 동사어기 '*둗-'에 명사 파생접사 '-이'가, (19ㄴ)의 '두끼'는 동사어기 '*둗그-'에 명사 파생접사 '-이'가 결합되어 만들어진 단어라고 할 수 있다. '-익/의'에 기원하는 명사 파생접사 '-이'는 형용사어기에 결합되는 접사지만 척도 명사에 관계되는 형용사가 존재하지 않을 경우에는 동사형이 파생에 참여할 수도 있다는 태도(이현희 1987: 145)를 따르는 셈이다. 또한 이는 제주도방언의 형용사 파생접사 '-업-'이 말음으로 '이'를 가진 어기에 결합된다는 음운론적인 제약을 가지지 않음을 전제로 한다.

(20) ㄱ. 질겁-(즐겁-; 석보 9:23, 樂)

　　 ㄴ. 실렵-(冷, 시리다)

(21) 미덥-(信)

(20)은 제주도방언에서 접사 '-업-'이 어기의 말음으로 '이'를 요구하는 음운론적 제약을 가지지 않음을 간접적으로 시사해 준다. 접사 '-업-'이 말음으로 '이'를 가진 어기에만 결합된다고 하면 (20ㄱ)의 '질겁-(樂)'와 (20ㄴ)

---

40 제주도방언의 동사 파생접사 '-그-'는 대체로 말음이 'ㅈ'나 'ㅊ, ㅌ'인 어기에 결합되는 경향을 보여 주므로 어기 '*둗그-'는 '*둗-'보다는 '*둘-'에 접사 '-그-'가 결합된 것으로 보는 것이 합리적이다.

의 '실렵-(冷)'에서 어기 말음 '이'가 보여 주는 음운론적 행위의 차이, 즉 전자는 어기 말음 '이'의 탈락을 보여 주는 데 반하여 후자는 축약을 보여 준다는 차이를 합리적으로 설명하기가 어려워지기 때문이다.[41] (21)의 '미덥-'는 동사어기 '믿-'와 접사 '-업-'으로 분석되는바 접사 '-업-'이 '이'를 말음으로 가지지 않은 어기에도 결합될 수 있음을 직접적으로 보여 준다.[42]

7. 맺음말

이제까지 어형의 통시적 탐구에 대한 관심 아래 제주도방언에 나타나는 일부 단어에 대한 형태론적 분석 작업을 시도하여 보았다. 그리하여 제주도방언에서 분석의 가능성을 보여 주는 단어를 방언학적인 비교를 통하여 관찰함으로써 가능하지만 존재하지 않는 어기를 재구하여 그들이 가지는 의미를 파악해 보기도 하고 성분 의미가 분명하지 않은 특이체질 어형의 성분 의미나 그들이 가지는 음운론적·형태통사론적 제약을 살펴보기도 하였다.

방언학적으로 제주도방언과 다른 방언과의 비교를 통하여 동일한 음운 형식을 가진 접사가 방언에 따라 기능을 달리하거나 동일한 어기나 접사가 음운론적·형태통사론적 제약을 달리하기도 함을 확인할 수 있었는바

---

41 이는 접사 '-업-'이 보여 주는 이른바 어기 말음 '이'의 탈락이 같은 모음계 접사인 '-앙이/엉이'가 보여 주는 어기 말음 '이'의 탈락과 평행한 모습을 보이지 않는다는 데에 근거한다. 접사 '-앙이/엉이'가 결합된 단어를 풍부하게 가진 방언을 참조하면 '고삐이(고삐+앙이, 轡), 새뱅이(*새비+앙이, 蝦), 꼬랭이(꼬리+앙이, 尾)' 등에서처럼 접사 '-앙이/엉이'는 어기 말음 '이'의 탈락을 필수적으로 보여 주는 것이다(이병근 1976c).

42 이는 어기 '졸-(眠)'와 접사 '-압-'으로 분석되는 '조랍-(졸립다)'에서도 그러하다. 파생 규칙도 시대에 따라 변화를 겪는 것이므로 '이'를 말음으로 가지지 않은 어기에 접사 '-업-'이 결합되는 것을 파생어 형성 시기의 차이로 볼 수도 있다. 물론 파생 규칙이 방언차를 보여 주고 있다고도 할 수 있다.

이는 이들 어기나 접사와 관련된 형태론적 과정이 공간적으로 상위相違한 투영을 보인 데에서 비롯된 결과로 여겨진다. 상위한 공간적 투영을 보이는 형태론적 과정이 일련의 음운론적 변화와, 다른 형태론적인 과정의 관여로 더욱 복잡한 양상을 띠게 되지만 문헌어나 다른 방언과의 비교를 통하여 그 상위한 투영 과정을 밝힐 수 있음은 제주도방언이 국어로서 지니는 공통성 아래에서 특이성을 보여 주고 있기 때문이다. 형태론에서 국어로서의 제주도방언이 가지는, 다른 방언과의 공통점과 차이점을 확인하게 된 셈이다.

제주도방언 어미의 형태음소론
인용어미를 중심으로

1. 머리말

이 논문은 제주도濟州島방언의 인용어미에 대한 형태음소론적 고찰을 목적으로 한다.[1] 제주도방언은 피인용문의 종결어미와 인용어미의 결합형에서 매우 독특한 교체를 보여 주는바, 다른 방언과 비교해 볼 때 형태음소론적인 특이성을 지니는 방언이라고 할 수 있다.

이는 제주도방언의 인용어미가, 대체로 '(라) ᄒ고'에서 유래하는 다른 방언의 인용어미와 기원을 달리한 데에 기인한다. 즉 다른 방언과 기원을 달리하는 인용어미가 피인용문의 종결어미와 결합되어 제주도방언이 형태음소론적으로 독특함을 보여 주게 되었다는 것이다. 따라서 제주도방언의 인용어미와 종결어미의 결합 양상에 대한 관찰은 제주도방언이 다른 방언에 대해 가지는 형태음소론적 층위에서의 상이성을 확인할 수 있게 해 준다.

---

* 이 논문은《애산학보》20(1997)의 67-107면에 실렸다. 필자에게는 제주방언에 대한 형태소 표기의 일대 전환점이 된 논문이다. 훗날《국어학강좌 6: 방언》(1998, 태학사)의 313-349면에 재수록되었다.

1 이 논문에 제시한 자료는 대부분 필자의 아버지(65세)로부터 조사한 것이다. 아울러 고영진(1985), 강정희(1988), 박용후(1988b), 홍종림(1993)에 제시된 자료도 참조하였음을 밝혀 둔다.

제주도방언의 인용어미가, 선행하는 피인용문의 종결어미와 결합하는 양상을 관찰하기 위해서는 먼저 종결어미에 대한 형태 확정 작업이 이루어져야 한다. 종결어미의 형태를 확정하는 일은 형태소의 음운형식을 확인하는 작업이므로 이에 대한 음운론적(또는 형태음소론적)인 접근이 요구된다. 이는, 언어 외적인 층위에서의 차용 또는 형태론적인 층위에서의 탈락이나 첨가 등이 관여하지 않았다면 형태소가 가지는 음운형식의 공시적 교체 또는 통시적 변화가 음운론적으로 설명될 수 있어야 한다는 것이다.

공시적이든 통시적이든 음운형식의 변화에는 음운론적인 요소뿐 아니라 비음운론적인 요소가 조건되기도 하여 어떤 음운형식은 일반적인 방향과는 다른 방향으로의 변화를 겪기도 한다. 하지만 그 이질적인 변화도 음운론적으로 설명될 수 있어야 한다. 언어 외적 또는 비음운론적 층위에서의 변화가 직접 관여한 것이 아니라면 그것도 음운론적 층위에서의 변화이기 때문이다. 따라서 이 논문에서는 제주도방언의 공시적·통시적 음운과정을 고려하여 제주도방언의 종결어미에 대한 형태 확정 작업을 진행한다.

제주도방언의 대부분의 종결어미는 선어말어미와 결합되어 쓰이는 경향이 매우 강하다. 그러므로 종결어미의 형태 확정을 위해서는 선어말어미와 종결어미의 결합형에서 선어말어미를 분석해 내는 과정이 먼저 이루어져야 한다. 그리하여 제2장에서는 선어말어미 중에 특히 시상時相의 선어말어미 {없}과 {앗}에 초점을 두고 이를 포함한 선어말어미들과 종결어미의 이형태 및 그 이형태의 분포에 대해 기술한다. 제3장에서는 이들 종결어미와 인용어미의 결합에서 이루어지는 형태음소론적 교체 양상을 관찰한다.

2. 선어말어미 {앖}과 {앗}의 형태음소론

제주도방언의 문법 형태소 {앖}과 {앗}은[2] 각각 '진행상'과 '완료상'을 나타내면서 '실연實演'이라는 양태적 의미를 가지는 선어말어미이다.[3]

(1) ㄱ. 지금 그디 살앖저[사람쩌].(지금 그곳에 산다.)

ㄴ. 요센 날씨 춤 둣앖저.(요새는 날씨 참 따뜻하다.)[4]

(2) ㄱ. 살앗저[사라쩌].(살았다.)

ㄴ. 아팟어[아파서].(아팠어.)

(3) ㄱ. 지금 먹없어.(지금 먹어.)

ㄴ. 요번 저을은 춤 추�저.(이번 겨울은 참 춥다.)

ㄷ. 지금 가이가 막앖시냐?(지금 그 애가 막느냐?)

(4) ㄱ. 먹엇어.(먹었어.)

ㄴ. 지뻣저.(기뻤다.)

---

2 이 논문에서는 기술의 편의상 문법 형태소에 대하여 의존 형태소임을 표시해 주는 부호('-')를 붙이지 않는다.

3 이 선어말어미는 중앙어로 번역할 때 어려움이 많은 형태소이다. 다소 불완전하기는 하지만 이 논문에서는 동사어간에 {앖}과 종결어미가 결합된 '먹없저'를 중앙어의 '먹는다'로, 형용사어간에 {앖}과 종결어미가 결합된 '아팠저'를 '아프다'로 번역한다. 그런데 이 경우에 제주도방언이 중앙어와 의미적으로 정확하게 일치하는 것은 아니므로 동등한 의미의 보장을 위해 적절한 통사론적 구성을 제시하고 이를 번역하기로 한다. 그리고 {앗}은 '는 몬저 가시라. 곧 가켜.(너는 먼저 가라. 곧 가겠다.)'에서처럼 명령문에 사용될 수 있다는 점을 제외하고는 대체로 중앙어의 {았}과 일치하므로(홍종림 1993: 112-113) 동사어간에 결합되든 형용사어간에 결합되든 중앙어의 {았}으로 번역하기로 한다(제시된 예문에서처럼 명령문의 {앗}은 언제나, 명령에 의해 이루어지는 행위 이후의 다른 행위가 전제될 때 나타날 수 있다). 한편 홍종림(1993: 96-125)에서는 {앖}과 {앗}을 각각, 구체적 상황이 현실 세계에서 실연되는 실연상實演相과 그 상황의 결과가 이미 실연된 결과상結果相을 나타내는 형태소라고 하였다.

4 형용사어간에 {앖}이 결합될 때에는 대체로 상태의 지속을 나타내지만 '멩질이 ㅂ닦저.(명절이 가까워진다.)'에서처럼 상태의 변화를 나타내기도 한다(홍종림 1993: 111-112).

ㄷ. 막아시냐?(막았느냐?)

ㄹ. 첵이랏저.(책이었다.)

ㅁ. 첵이라신게[체기라싱게].(책이었네.)

(1)~(2)는 이 형태소가, 선행하는 어간이 동사인지 형용사인지에 관계없이 어간에 직접 결합되는 선어말어미임을 보여 준다. (1ㄱ)의 [사람쩨]는 '살-+앖+저'로, (2ㄱ)의 [사라쩨]는 '살-+앗+저'로 분석된다(홍종림 1976: 465).

(1)~(4)에서 보듯 선어말어미 {앖}과 {앗}의 이형태에는 각각 '앖/없'과 '앗/엇, 랏'이 있다.[5] 이들 이형태의 교체는 선행하는 어간의 음운론적·형태통사론적 성격에 따르는데 '라X'계와 '아/어X'계는 선행하는 어간이 계사인지 아닌지에 따라,[6] '아X'계와 '어X'계는 선행하는 어간의 음절수와 어간말 음절의 음운론적인 성격(정승철 1995a: 114-129)에 따라 교체된다.

그런데 (3ㄷ)과 (4ㄷ), (4ㅁ)은 이 선어말어미가, 후행하는 어미의 음운론적 성격에 따라 각각 '암시(/엄시)'와 '아시(/어시), 라시'로도 교체하는 것처럼 보이게 해 준다. (3ㄱ), (4ㄱ)과 (3ㄴ), (4ㄴ), (4ㄹ)에서 보듯 어미의 두음頭音이 모음으로 시작하는 모음계 어미나 자음으로 시작하는 자음계 어미가 후행할 때에는 '앖/없'과 '앗/엇, 랏'의 'Yㅅ'계가, 그리고 (3ㄷ), (4ㄷ), (4ㅁ)에서 보듯 어미의 두음이 '으'로 시작하는 '으'계 어미가 후행할 때에는 '암시/엄시'와 '아시/어시, 라시'의 'Y시'계가 결합되어 있기 때문이다.[7] (3ㄱ), (4ㄱ)에 모음계 종결어미가, (3ㄴ), (4ㄴ), (4ㄹ)에 자음계 종결어미가 결합되어 있음은 비교적 쉽게 알 수 있다.

---

5 {ᄒ-}(하다) 뒤에서는 '어X'계가 '여X'계로 교체한다. 모든 모음계 어미들이 동일한 교체를 보여 주지만 이 논문에서는 편의상 이러한 유형의 이형태는 제외하고 기술한다.

6 {앗}과 달리 {앖}은 계사 뒤에 결합되지 않는다(홍종림 1994b: 722).

7 의도의 종결어미 {저}에 한하여 '나랑 몬저 감시저(~값저).(나는 먼저 가겠다.)'에서처럼 자음계 어미에 수의적으로 '암시'가 결합되기도 하는데 이는 '값저(간다)'와 동일한 형식이 되는 것을 피하기 위한 조처일 가능성이 짙다(홍종림 1993: 104).

한편 (3ㄷ), (4ㄷ), (4ㅁ)에는 어간과 종결어미 '냐, ㄴ게' 사이에 선어말어미가 개재되어 있어 이 종결어미가 '으'계 어미인지 아닌지를 쉬 판단할 수 없게 한다. 하지만 '족으냐(작냐), 족은게(작네)'에서처럼 선어말어미가 개재되지 않은 경우를 고려하면 이들이 '으'계 어미({으냐}, {은게})임을 알 수 있다.

제주도방언의 {없}과 {앗}에 있어서 '암시/엄시'와 '아시/어시, 라시'의 'Y시'계는, 'Yㅅ'계가 '으'계 어미와 결합되어 일련의 음운과정을 겪은 것으로 보는 것이 합리적이다. 왜냐하면 제주도방언의 음운과정을 고려할 때 'Y시'계에서 'Yㅅ'계를 도출하는 것보다 'Yㅅ'계에서 'Y시'계를 도출하는 것이 음운론적인 타당성의 확보라는 차원에서 더욱 자연스럽기 때문이다.

'Y시'계에서 'Yㅅ'계의 도출을 이끌어 내려면 (1ㄱ)의 [사람쩌], (2ㄱ)의 [사라쩌], (3ㄱ)의 [머검서], (4ㄱ)의 [머거서]를 각각 '살+암시+저', '살+아시+저', '먹+엄시+어', '먹+어시+어'로 분석해야 하며 치찰음 'ㅅ' 아래에서 필수적인 '이'탈락 규칙을 가정해야 한다. 그러나 제주도방언에서 치찰음 'ㅅ' 아래 '이'탈락 규칙은 '이'말음 용언어간이나 문법 형태소에 모음계 어미가 결합할 때[8] 이외에는 적용되지 않는바(정승철 1988: 37-42) '살+암시+저', '살+아시+저'에서의 '이'탈락은 음운론적으로 자연스럽지 않다.

그리고 모음계 어미에 선행하는 형태소가 문법 형태소일 경우에는 '먹엄샤~먹엄사?(먹니?)'에서 보듯 '이'탈락이 수의적이므로 '먹+엄시+어', '먹+어시+어'에서의 필수적인 '이'탈락 또한 음운론적으로 자연스럽지 않은 것이다. 따라서 제주도방언의 음운과정을 고려할 때 'Y시'계에서 'Yㅅ'계를 도출하는 것은 타당하지 않다고 하겠다.

한편 'Yㅅ'계에서 'Y시'계를 이끌어 내려면 (1ㄱ)의 [사람쩌], (2ㄱ)의 [사

---

8 장년층의 방언화자들은 이때에도 '이'탈락 규칙의 수의적인 적용을 보인다. 젊은층의 방언화자들은 대부분 이 규칙을 모른다.

라쩨], (3ㄷ)의 [마감시냐], (4ㄷ)의 [마가시냐]는 각각 '살+았+저', '살+앗+저', '막+았+으냐', '막+앗+으냐'로 분석해야 하며 폐쇄음화(ㅅ → ㄷ/ ___ C)에 의해 형성된 폐쇄음 아래 경음화 규칙(ㅈ → ㅉ/ ㄷ___)과 이 규칙 적용 후의 자음군단순화 규칙(ㅄ → ㅁ/ ___ C),[9] 그리고 치찰음 아래 전설모음화 규칙(으 → 이/ ㅅ___) 등 일련의 필수적인 규칙과 규칙순을 가정해야 한다.

그런데 현대 제주도방언에는 폐쇄음화와 경음화, 자음군단순화 규칙은 물론 활용어미의 두음 '으'에 한하여 치찰음 아래 '으 → 이'의 전설모음화 규칙(정승철 1988: 52-54)도[10] 존재한다. 따라서 'Yㅅ'계에서 'Y시'계를 도출하는 것이 음운론적으로 가능해지므로 이 선어말어미의 기저형을 '았'과 '앗'으로 잡는 것이 타당하다고 할 수 있다. 말하자면 '암시/엄시'와 '아시/어시, 라시'의 'Y시'계에서 모음 '이'는 선어말어미 {았}과 {앗}의 말음이 아니라 후행하는 어미의 두음이며 이것이 전설모음화를 겪은 것으로 보는 셈이다(다소 부적절한 표현이지만 논의의 편의를 위해 'Y시'계라는 표현을 이후로도 사용하기로 한다).

제주도방언에는 선어말어미 {았}과 {앗}의 이형태로 좀 더 기원적인 모

---

9 이 형태소의 기저형을 '았'으로 잡으면 현대 제주도방언에 나타나는 어간말 자음군으로 'ㄼ, ㄽ, ㄿ' 이외에 'ㅄ'를 하나 더 인정해야 하는바 자음군단순화 규칙도 음절말에서, 자음군 중 선행하는 자음이 탈락한다(정승철 1995a: 183-192)고 하기보다는 [-grave] 자음이 탈락한다고 해야 한다.

10 '았'과 '앗'도 이 규칙의 적용을 입는 것으로 보면 치찰음 아래 '으 → 이'의 전설모음화 규칙은 그 적용 환경을, 의존 형태소의 치찰음 말음과 '으'계 어미의 두음 사이라고 해야 한다. 그런데 일부 방언화자들에게는 이 규칙의 적용이 수의적이기도 한데 그들에게 있어서도 용언어간에서와는 달리 문법 형태소 '았'과 '앗'에서는 이 규칙의 적용이 필수적이다. 따라서 이 경우에는 {았}과 {앗}의 이형태로 'Yㅅ'계와 'Y시'계가 공존하는 것으로 보아야 한다. 'Yㅅ'계가 '으'계 어미 앞에서 이미 'Y시'계로 재구조화된 것으로 여겨지기 때문이다. 또한 통시적으로 의존 형태소에 적용되는 어말 '으'삽입 규칙(정승철 1995a: 192-202)도 '으'계 어미와의 관련 아래 이해할 수 있게 하므로 이 변화 규칙의 동기動機에 대한 조그마한 단서를 제공해 주는 듯하다.

습을 보이는 형태가 나타난다.

(5) ㄱ. 는 지금 어디 감디?(너는 지금 어디 가니?)

ㄴ. 는 지금 집이 감디아(~감댜~감다~감쟈)?(너는 지금 집에 가니?)

(6) ㄱ. 는 무시거 먹언디?(너는 무엇을 먹었니?)

ㄴ. 는 밥 먹언디아(먹언댜~먹언다~먹언쟈)?(너는 밥 먹었니?)

(5)와 (6)은 주어가 2인칭인 'ᄒ라'체의 의문문인바 (5ㄱ)과 (6ㄱ)은 종결어미 {이}가 결합된 설명의문이며 (5ㄴ)과 (6ㄴ)은 종결어미 {이아}가 결합된 판정의문이다. (5)와 (6)에 제시된 예에서 알 수 있듯이 'ᄒ라'체 의문의 종결어미 {이}와 {이아}에만 결합되는 {은디}는 2인칭을 나타내 주는 선어말어미이다.

{은디}는 '는 누게 아덜인디?(너는 누구의 아들이니?)'와 (5), (6)의 예가 보여 주는 대로 계사 {이-}와 {앗} 뒤에는 '은디'로, {없} 뒤에는 '디'로 나타난다.[11] 간혹 2인칭의 'ᄒ라'체 의문문에 '는 ᄀ쌔 어드레 가시니?(너는 아까 어디 갔느냐?)', '는 지금 집이 감시냐?(너는 지금 집에 가느냐?)'에서처럼 {은디}가 결합되지 않는 경우도 있지만[12] 2인칭 의문에는 {은디}가 결합되는 것이 일반적이다.[13]

그런데 이 선어말어미 {은디} 앞에서 '앖/없'과 '앗/엇'은 각각 '암/엄'과 '아/어'로 교체한다.[14] 이 '암/엄'과 '아/어'가 바로, {앖}과 {앗}의 'ㅅ'를 {잇-}

---

11 {없} 뒤에서 {은디}의 '은'이 생략되는 것은 이 두 요소가 기원적으로 동일한 기능을 가졌던 것임을 시사해 준다. 한편, {앗}의 기원적인 모습의 이형태 '아/어'는 '는 그때 멧 살이란디?(너는 그때 몇 살이었니?)'에서처럼 계사 뒤에서 '라'로 교체된다.

12 거꾸로 '*가인 지금 어드레 감디?(그 애는 지금 어디 가니?)'에서처럼 {은디}가 3인칭 의문에 사용되는 경우는 없다.

13 이 {은디}는 '는 무시거 먹을티?(너는 무엇을 먹겠니?)'의 {을티}와 양태적으로 대립하고 있다.

(有)에서 유래한 것으로[15] 볼 수 있게 해 준다. {잇-}에 있어서 '잇-'와 '이시-'의 분포가 {없}과 {앗}에 있어서 'Vㅅ'계와 'V시'계의 분포와 일치(강근보 1972)하기 때문이다.

한편 '가이 지금 어디 감순?(그 애 지금 어디 가는가?), 지금 밥 먹엄순?(지금 밥 먹는가?)'에서처럼 {없}의 기원적인 모습을 보여 주는 '암/엄'은 의문의 종결어미 {순}과도 결합될 수 있다. 하지만 '가이 어디 갓순?(그 애 어디 갔는가?)'에서처럼 완료상에서는 '앗/엇'이 결합된다. 따라서 '암/엄'에는 선어말어미 {은디}와 종결어미 {순}이 결합될 수 있으며 '아/어'에는 선어말어미 {은디}가 결합될 수 있다고 하겠다.[16]

제주도방언에서 선어말어미 {없}과 {앗}에는 이른바 회상의 선어말어미 {아}가 후행할 수 있다.

  (7) ㄱ. 가이 지금 밥 먹없어라.(그 애 지금 밥 먹더라.)

    ㄴ. 막앗어라.(막았더라.)[17]

  (8) ㄱ. 막아라.(막더라.)

    ㄴ. 아파냐?(아프더냐?)

    ㄷ. 오라니?(오더냐?)

  (9) ㄱ. 먹어냐?(먹더냐?)

    ㄴ. 지뻐라.(기쁘더라.)

---

14 '암/엄'과 '아/어'는 형용사어간에 결합되지 않는다(홍종림 1976: 470).

15 종결어미 {다}가 선어말어미 {없}과 {앗}뿐 아니라 용언어간 {잇-}(有) 뒤에서도 '저'로 실현(홍종림 1994b: 723)되는 것도 같은 차원에서 이해된다.

16 이때의 '디'와 '순'은 각각 중세국어 시기의 형식명사였던 '드', '수'와 관련되는 어미인 듯하다. 이러한 추정을 바탕으로 하면 제주도방언의 '암/엄'은 기원적으로 동명사형 어미였을 가능성이 있다.

17 회상의 선어말어미가 {없}과 {앗}에 후행하는 경우에는 선행하는 형태소의 음운론적 성격에 따른 '아'와 '어'의 교체를 보이지 않는다. 이는 중앙어의 대과거 형태인 '았었/었었'과 유사하다.

ㄷ. 책이라니?(책이더냐?)

ㄹ. 아프크라라.(아프겠더라.)

(7)에서 보듯 회상의 선어말어미 {아}는 선어말어미 {없}과 {앗}에 후행한다. 그런데 (8)은 {아}가, 선행하는 어간이 동사인지 형용사인지에 관계없이 어간에 직접 결합될 수 있음을 보여 준다.

(9)에서 보는 대로 이 선어말어미의 이형태에는 '아/어, 라'가 있다. 물론 '먹더냐?'나 '자꾸 가던 집' 등에서처럼 간혹 '더'가 나타나는 일도 있지만 이는 중앙어의 영향에 의한 것이다(홍종림 1993: 56). '먹어냐(먹더냐?)'나 '자꾸 간 집(자꾸 가던 집)'이 더 자연스러운 방언적 표현이기 때문이다.

이 선어말어미의 이형태 중에 '아'와 '어'는 선행하는 어간의 음절수와 어간말 음절의 음운론적인 성격에 따라, '라'는 선행하는 어간이 계사인지 아닌지에 따라 교체된다. (8ㄷ)의 '오라니'와 (9ㄹ)의 '아프크라라'는 {오-}(來)와 {으크} 뒤에서도 '아'가 '라'로 교체되는 것처럼 보이게도 하지만, 전자는 분포적인 제약을 가지기는 하지만 현대 제주도방언에서 {오-}(來)와 {올-}가 쌍형어를 이루고 있는 데에서(정승철 1995d: 368-370), 후자는 {으크} 뒤에서 계사 {이-}가 생략된 데에서 비롯된 것이다. 따라서 (8ㄷ)은 동사어간에 '아'가, (9ㄹ)은 (9ㄷ)과 평행하게 계사어간에 '라'가 결합된 것으로 보아야 한다. (7)~(9)는 회상의 선어말어미 {아}에 후행할 수 있는 종결어미가 {다}, {으니}, {으냐}뿐임을 보여 준다.

의미적으로 중앙어의 {겠}에 대응되는 제주도방언의 {으크}는 선어말어미 {없}과 {앗}에 후행할 수 있다.

(10) ㄱ. 지금쯤 가인 밥 먹엄시크라.(지금쯤 그 애는 밥 먹겠어.)

ㄴ. 막아시켜.(막았겠다.)

(11) ㄱ. 가크라.(가겠어.)

ㄴ. 지쁘켜.(기쁘겠다.)

ㄷ. 첵이크냐?(책이겠냐?)

(12) ㄱ. 막으쿠다.(막겠습니다.)

ㄴ. 살쿠다.(살겠습니다.)

(10)은 {으ㅋ}가 선어말어미 {앉}과 {앗}에, (11)은 {으ㅋ}가 선행하는 어간의 형태통사론적 성격과 상관없이 어간에 직접 결합될 수 있음을 보여준다. {으ㅋ}는, '으'를 후행하는 음소가 대체로 공명음이거나 'ㅅ'인 중앙어의 '으'계 어미와는 달리[18] 후행하는 음소가 폐쇄음 'ㅋ'인 '으'계 어미라는 점에서 독특한데 이는 {으ㅋ}가 관형적 구성을 가진 '을 거(을 것)'에 기원하고 있는 데에서 비롯된 것이다.[19]

'을 거'에 기원하는 {으ㅋ}는 명사형어미일 것이므로(홍종림 1993: 17-35) 이 형태소와 후행하는 어미 사이에는 계사 {이-}가 개재되어 있어야 하는

---

18 후행하는 음소가 장애음인 '으'계 어미는 중앙어의 '읍시다, 읍디다, 으되'와 방언의 '으까, 으꼬, 으께(동남방언, 서남방언)'에 불과하다. '읍시다, 읍디다'는 중세국어의 '습'과 관련이 있으므로, 그리고 '으까, 으꼬, 으께'는 각각 중앙어의 '을까, 을꼬, 을게'에 대응하므로 대체로 공명음과 관련이 있다고 할 수 있다. 한편 '으되'는 '있-, 없-, 었, 겠' 뒤에서만 '으'를 가진다는 점에서 독특하다(배주채 1993: 103).

19 제주도방언은 관형형 어미에 형식명사 {거}(것)가 후행할 때 공시적으로 '거'의 경음화를 보여 주지만 '지들커(땔감), 먹으쿨(먹을 것을)'에서처럼 간혹 격음화의 흔적을 보여주기도 한다. '지들커'는 '짇(때다)+을+거'로, '먹으쿨'은 '먹+을+거+을'로 분석되는데 이들은 격음화를 겪은 형태뿐 아니라 관형형 어미의 탈락까지도 겪은 형태가 존재할 수 있음을 알려 준다(김지홍 1992).

그리고 {가}(去)에 대한 청유형의 보충법 어간 '글-'는 '걷-'(步)에 기원한 것인바(정승철 1997a: 110-112) {으ㅋ}와는 다소 환경의 차이는 있지만 일부 형태가 이전 시기에 '어〉으'의 변화를 겪기도 했음을 보여 준다. 마찬가지로 '느(너)'도 '어〉으'의 변화를 겪은 것이다. 이들은 {으ㅋ}가 '을 거'의 구성에 기원하며 격음화와 관형형 어미의 탈락, '어〉으'의 변화를 겪은 형태일 가능성을 시사해 준다.

제주도방언에서 '을 거'에 기원하는 {으ㅋ}는 공시적으로 {을 거}와 양태적으로 대립(홍종림 1993: 17-35)하고 있다. 음운사적인 면에서 형식의 분화가 기능의 분화를 동반한 예인 셈이다.

데 (10)과 (11)에서 보듯이 계사는 나타나지 않는다. 이는 '쉐우다.(소입니다.), 차우다.(차입니다.), 뽀스우다.(버스입니다.)'에서처럼 제주도방언의 계사가 모음으로 끝나는 형태소에 결합할 때 필수적으로 생략되는 데에서 비롯된다. 즉 {으크}와, 선어말어미 {쑤} 또는 종결어미 등의 {으크}를 후행하는 형태소 사이에 계사가 개재되어 있지만 {으크}가 모음으로 끝나는 형태소이므로 계사가 생략되었다는 것이다.

(11ㄴ)의 '지쁘켜'는 '지쁘+으크+이+여'로 분석되는바[20] 이때의 '여'는 계사 뒤에만 나타나는 'ᄒ라'체의 종결어미이다. (12ㄱ)의 '막으쿠댜'는 '막+으크+이+으우+댜'로, (12ㄴ)의 '살쿠댜'는 '살+으크+이+으우+댜'로 분석된다. 모두 계사가 생략된 것이다. 따라서 {으크}는 용언어간, 선어말어미 {없}과 {앗}에 후행하며 계사 {이-}에 선행하는 형태소라고 할 수 있다.

제주도방언의 선어말어미 {없}과 {앗}에 상대존대 선어말어미 {쑤}가 후행하기도 한다.[21]

(13) ㄱ. 가인 아직 그디 살없쑤다.(그 애는 아직 그곳에 삽니다.)

　　　ㄴ. 막앗쑤꿰.(막았습지요.)

(14) ㄱ. 덥쑤다.(덥습니다.)

　　　ㄴ. 젊쑤꽈[점쑤꽈]?(젊습니까?)

　　　ㄷ. 기우다.(깁니다.)

　　　ㄹ. 크우다.(큽니다.)

(15) ㄱ. 첵이우다.(책입니다.)

　　　ㄴ. 가쿠다.(가겠습니다.)

---

20 '-켜'는 '-키여'로도 실현되어 계사 {이-}가 탈락하지 않은 것처럼 보이게도 하지만 이는 '-켜'를 재분석한 데에서 비롯된 것이다.

21 이 선어말어미의 형태를 '쑤'로 본 것은 정승철(1997a: 112-113) 참조.

(13)과 (14)는 {쑤}의 결합에, 선행하는 어간의 형태통사론적 성격이 관련되어 있음을 보여 준다. 즉 선행하는 어간이 동사일 경우에는 선어말어미 {았}이나 {앗}을 개재시키며[22] 형용사일 경우에는 이를 개재시키지 않는다는 것이다. (13)과 (14)에서 보는 대로 이 {쑤}는 선행하는 형태소가 자음으로 끝나는 형태소일 때에는 '쑤'가, 선행하는 형태소가 'ㄹ'말음을 가진 형태소이거나 모음으로 끝나는 형태소일 때에는 '으우'가 결합된다.[23]

그런데 (14ㄷ)과 (14ㄹ)은 '으우'가 결합된 것인지 '우'가 결합된 것인지를 명확하게 알려 주지 않는다. 하지만 (15)의 예를 고려할 때 '으우'가 결합된 것임을 알 수 있다.

(15ㄱ)에서처럼 계사 뒤에서는 '쑤'가 '으우'로 교체되는바 계사를 항상 후행시켜야 하는 {으크}가 어간 {가-}(去)에 결합되어 있는 (15ㄴ)의 '가쿠다'는 '가+으크+이+으우+다'로 분석된다. 이것이 {가-}와 계사, 즉 '으'를 제외한 모음으로 끝나는 형태소 뒤에서 '으크'와 '으우'의 두음 '으'가 탈락하고(으 → ∅ / V+___) 모음으로 끝나는 형태소 뒤에서 계사가 생략된 후('가+크+우+다') 모음 앞에서 '크'의 말음 '으'가 탈락하여(으 → ∅ / ___+V) 표면형 '가쿠다'로 된 것이다.

그런데 만일 모음으로 끝나는 형태소 뒤에서 '쑤'가 '우'로 교체되는 것이라고 하면 선행하는 형태소 말음 '으'의 탈락 규칙(으 → ∅ / ___+V)에 있어서 (14ㄹ)의 '크우다'와 (15ㄴ)의 '가쿠다'가 행위를 달리함을 설명할 수 없다. '크+우+다'로 분석해야 하는 '크우다'는 선행하는 형태소 말음 '으'의

---

22 일부 방언화자의 경우에 '그 사름 말 믿쑤꽈?(그 사람 말 믿습니까?)'에서처럼 {믿-}(信) 등의 일부 동사에 한하여 {았}이나 {앗}의 개재 없이 {쑤}를 어간에 직접 결합시키기도 한다.

23 (14ㄴ)의 '젊쑤꽈'는 '절므우꽈'로 실현되기도 하는바 선행하는 어간이 폐음절일 경우에 '쑤꽈'와 '으우꽈'의 교체는 수의적이다(정승철 1995a: 155-156). 하지만 (14ㄱ)의 '덥쑤다'가 '더우우다'로, '쫍쑤다'가 '쫍으우다'로 실현되지는 않으므로 '쑤다'와 '으우다'의 교체까지 수의적인 것은 아니다.

탈락 규칙을 겪지 않는 반면, '가+으크+이+우+다'로 분석해야 하는 '가쿠다'는 어미 두음 '으'의 탈락 규칙('가+크+이+우+다')과 계사 생략('가+크+우+다')에 이어서 선행하는 형태소 말음 '으'의 탈락 규칙을 겪기 때문이다. 따라서 제주도방언의 음운과정을 고려할 때 모음으로 끝나는 형태소 뒤에서는 '쑤'가 '으우'로 교체되는 것으로 보는 것이 합리적이다. 아울러 (13)~(15)는 {쑤}를 후행하는 어미가 종결어미 {다}, {케}와 {꽈}밖에 없음을 보여 준다.[24]

제주도방언의 선어말어미 {없}과 {앗}은 용언어간에 직접 결합되며 선어말어미 {아}와 {쑤}, 명사형어미 {으크}, 그리고 일부 종결어미가 후행할 수 있는 문법 형태소이다.[25] 이 선어말어미에 있어서 'Yㅅ'계와 'Y시'계의 출현은 후행하는 어미의 음운론적 성격과 관련되므로 'Yㅅ'계가 출현하면 후행하는 어미가 모음계 어미나 자음계 어미임을, 'Y시'계가 출현하면 후행하는 어미가 '으'계 어미임을 알려 준다. 따라서 선어말어미의 개재로 종결어미의 형태 확정이 어려운 제주도방언에서 {없}과 {앗}은 어미에 대한 형태 확정 및 그 분류에서 중요한 기준이 될 수 있다. 이를 참조하여 제주도방언의 종결어미 목록을 분류하여 제시하면 다음과 같다.[26]

(16) ㄱ. 자음계 어미:

　　　평서; '흡서'체 - {케}(~게)

---

24 박용후(1988b: 26-27)에 제시된 '하르바님 요세 라디오를 듣쑤니까?(할아버님 요새 라디오를 듣습니까?)'는 동사어간에 직접 결합한 {쑤}가 {니까}에도 결합할 수 있음을 보여 준다.

25 제주도방언의 선어말어미 {없}과 {앗}은 대체로, 부사형 어미 '아, 게, 지, 고'를 포함한 연결어미나 관형형 어미와는 결합하지 않는다.

26 이 논문은 인용어미에 대한 형태음소론적 관찰을 주목적으로 하므로 어말어미 중에 종결어미만을 대상으로 한다. 따라서 종결어미의 목록만을 제시하였다. 제시한 종결어미가 제주도방언의 모든 종결어미를 포괄하는 것은 아니다. 아울러 관점에 따라 더 분석될 수 있는 형태도 포함되어 있다.

'ᄒᆞ여'체 - {주}, {고}, {네}

'ᄒᆞ라'체 - {다} 다~저({잇-}, {없}과 {앗} 뒤)~여(계사 뒤)~라
   (회상의 선어말어미 뒤)[27]

   {ㄴ다} ㄴ다~나('ㄹ'말음 어간을 제외한 폐음절
   어간 뒤)[28]

   {느니}, {고라}, {저}

의문; 'ᄒᆞᆸ서'체 - {꽈} 꽈(~꽝~까~깡~과~꽝~가~강)[29]

   'ᄒᆞ여'체 - {순},[30] {젠}

   'ᄒᆞ라'체 - {고}(명사, 대명사, 계사 뒤), {가}(명사, 대명사,
   계사 뒤), {니}, {나}

청유; 'ᄒᆞ여'체 - {주}(~쥐)

   'ᄒᆞ라'체 - {게}, {자}

ㄴ. 모음계 어미:

평서; 'ᄒᆞ여'체 - {어} 어~라(계사 뒤), {엔}

   'ᄒᆞ라'체 - {안} 안/언[31]

의문; 'ᄒᆞ여'체 - {어} 어[32]~라(계사 뒤), {엔}

---

27 홍종림(1994b: 721-723)에서 '라'는 선어말어미 {뉘}와 {과} 뒤에서도 나타난다고 하였다.
28 '먹은다(먹+은다), 쫍은다(쫍+은다)'에서처럼 청장년층과 일부 노인층 방언화자들은
   '나'를 써야 할 자리에 '은다'를 쓰기도 한다.
29 이 어미는 {쑤} 뒤에만 결합된다(정승철 1997a: 112). 그런데 {쑤}의 이형태 '쑤' 뒤에서
   는 '꽈'와 '과'가 수의적으로 교체되지만 '으우' 뒤에서는 이들이 수의적으로 교체되지
   않고 '꽈'로만 실현된다. 단, '쿠(으크+이+으우)' 뒤에서는 '꽈'와 '과'의 교체가 수의적이다.
30 박용후(1988b: 30-32)에는 나이 많은 여자가 쓰는 '예사 낮춤'의 의문 종결어미 '손'으로
   보고되어 있다. 이는 {순}이 '손'에 기원하며 '오〉우'의 변화를 겪은 것임을 알려 준다.
31 이 종결어미는 '밥 먹언.(밥 먹었어.)'과 '밥 먹언?(밥 먹었니?)'에서 보듯이 평서의 종결
   어미뿐 아니라 의문의 종결어미로도 사용된다. 언제나 완료상을 나타낸다.
32 홍종림(1976: 199-200)에 제시되어 있는 '우리 아이 혹게더레 감서서?(우리 애 학교로
   가던가?)'와 같은 예는 종결어미 '어'가 '서'로도 실현될 수 있음을 보여 주는 듯하다. '감
   서서'는 '가+앖+어(회상의 선어말어미)+서'로 분석될 수 있기 때문이다.

'ᄒᆞ라'체 - {안} 안/언, {이}, {이아}(~야~아)[33]

ㄷ. '으'계 어미:

　평서; '�서'체 - {읍주}, {읍네다}

　　　　'ᄒᆞ여'체 - {은게}, {으메}

　　　　'ᄒᆞ라'체 - {으네}, {으마}

　의문; 'ᄒᆞ서'체 - {읍네까}, {읍데가}(~읍디가)

　　　　'ᄒᆞ여'체 - {은고}, {은가}, {으코}, {으카}

　　　　'ᄒᆞ라'체 - {으니}, {으냐}

　명령; 'ᄒᆞ서'체 - {읍서}

　　　　'ᄒᆞ라'체 - {으라}

　청유; 'ᄒᆞ서'체 - {읍주}(~읍쥐)

3. 인용어미의 형태음소론

제주도방언의 직접인용과 간접인용은 그 인용어미의[34] 형태가 동일하
다는 점에서 특징적이다.[35]

---

33 {이}는 설명의문, {이아}는 판정의문의 어미인데 전자와 후자는 구개음화에서 행위를
달리한다. 즉 {이아}가 {은디}에 결합된 '은디아(~은댜~은다~은자)'와 {을티}에 결합된
'을티아(~을탸~을타~을차)'에서처럼 {이아}는 수의적으로 구개음화를 보이지만 {이}
는 구개음화를 보이지 않는 것이다. 따라서 {은디}나 {을티}에 결합되어도 구개음화를
보이지 않는 종결어미 {이}는 '의'로 보는 것이 더 합리적일 듯하다.

34 '인용어미'라는 용어는 편의상 쓰는 용어이다. 이 용어에 대한 통사론적 차원에서의 논
의는 이 논문과는 무관하다.

35 더욱 정밀한 조사가 필요하지만 직접인용과 간접인용에 있어서 억양의 차이는 나타나
지 않는 듯하다. 한편 서정목(1987: 62-69)에서는 직접인용과 간접인용의 차이가 인용
어미의 형태 차이에 의해 구분되는 것은 아니라고 하였다.

(17) ㄱ. 방이 쭙쑤다.(방이 좁습니다.)

ㄴ. 철수 친구가 철수 아방고라 방이 쭙쑤뎅 헷저.(철수 친구가 철수 아버지보고 "방이 좁습니다."라고 했다.)

ㄷ. 철수 친구가 철수 아방고라 방이 쭙뎅 헷저.(철수 친구가 철수 아버지보고 방이 좁다고 했다.)

(17ㄱ)의 문장에 대하여 (17ㄴ)은 직접인용이고 (17ㄷ)은 간접인용인데 두 인용문에 모두 인용어미 {엔}이 결합되어 있다.[36] 이들은 제주도방언의 직접인용과 간접인용에서 인용어미의 형태가 동일함을 보여 준다. 그러므로 제주도방언에서 직접인용과 간접인용은 서법의 간접화가 이루어졌는지를 통하여 구분할 수밖에 없다.[37] 인용 동사는 피인용문이 평서문일 경우에는 {곤-}(曰), 의문문일 경우에는 {든-}(問) 또는 {문-}(問)가 쓰이며[38] 두 경우 모두 {ᄒ-}(하다)가 대신할 수 있다.[39]

한편 제주도방언에는 (17ㄴ)과 같은 직접인용문뿐 아니라 '~ 방이 쭙쑤

---

36 피인용문의 종결어미와 인용어미 {엔}의 융합에 있어서 발생하는 공시성과 통시성의 문제는 논의를 유보한다.

37 제주도방언의 간접인용에서 이른바 인칭, 시칭 등의 간접화 양상은 그 형태적인 차이를 제외하면 다른 방언과 대체로 유사하다(고영진 1985: 50). 그런데 '오늘 나 셍일이우다.(오늘 내 생일입니다.)'라는 피인용문에 대하여 인칭어의 간접화가 이루어지지 않은 직접인용의 '철수가 선생님고라 오늘 나 셍일이우뎅 헷저.'와 간접인용의 '~ 오늘 나 셍일이엔 헷저.'가, 인칭어의 간접화가 이루어진 직접인용의 '~ 오늘 지 셍일이우뎅 헷저.'와 간접인용의 '~ 오늘 지 셍일이엔 헷저.'가 모두 가능하다는 점에서 제주도방언은 다른 방언과 차이를 가진다. 말하자면 인칭어의 간접화는 직접인용인지 간접인용인지와는 무관하다는 것인데 이는 화용론적 층위가 관여한 데에서 비롯되는 듯하다.

38 제주도방언에서 {든-}는 {문-}와 쌍형어를 이루고 있는데 제주도방언 화자들은 후자보다 전자를 더 고유한 형태로 판단한다.

39 편의상 이 논문에서 모문은 상대경어의 등급에서 'ᄒ라'체로, 시상에서 완료로, 그리고 의문문이 아닌 경우에 인용 동사를 {ᄒ-}로 통일하기로 한다. 다시 말하면 인용 동사의 형태를 피인용문이 의문문이면 '물엇저', 그 이외의 경우이면 '헷저'로 통일한다는 것이다. 그리고 모문의 여격조사는 {고라}, {신디}, {안티} 등이 쓰일 수 있지만 {고라}로 통일한다.

다 헷저.(~ 방이 좁습니다 했다.)'와 같은 직접인용문의 유형이 하나 더 존재한다. 말하자면 인용어미가 결합된 직접인용문과 그것이 결합되지 않은 직접인용문의 두 가지 유형이 공존한다(강정희 1988: 142-165)는 것이다. 제주도방언 화자들은 두 유형의 직접인용문 중에 전자의 유형보다 후자의 유형이 원 화자의 말을 더 직접 전하는 것으로 이해한다. '~ 방이 좁쑤다 헷저.'와 거의 동일한 의미로 '~ 방이 좁쑤다 경헷저.(~ 방이 좁습니다 그렇게 했다.)'라는 문장을 쓸 수 있다는 사실이 이를 더욱 잘 보여 준다.

그런데 이 논문은 인용어미에 초점을 두고 있으므로 인용어미가 결합되지 않은 직접인용문에 대해서는 언급하지 않기로 한다. 다만, 인용어미가 결합된 직접인용문이 존재하지 않는 경우에 한하여 직접인용문으로서 인용어미가 결합되지 않은 직접인용문을 제시해 준다.

'흡서'체, 'ᄒ여'체, 'ᄒ라'체로 삼분되는 제주도방언의 상대경어 등급(현평효 1975: 57-77)은[40] 화자와 청자와의 대비에 의해 결정되는데 이는 인용문에서도 마찬가지이다.

(18) 철순 집이 갓쑤다.(철수는 집에 갔습니다.)

(19) ㄱ. 철수 친구가 철수 아방고라 철순 집이 갓쑤덴 헷쑤다.

ㄴ. 철수 친구가 철수 아방고라 철순 집이 갓쑤덴 헷저.

(20) ㄱ. 아방 친구가 우리(=철수) 하르방고라 철순 집이 갓쑤덴 헷쑤다.
(아버지 친구가 우리 할아버지보고 "철수는 집에 갔습니다."라고 했습니다.)

ㄴ. 아방 친구가 우리 하르방고라 철순 집이 갓쑤덴 헷저.

(21) ㄱ. 우리 손지(=영수)가 지 아방고라 철순 집이 갓쑤덴 헷쑤다.(우리

---

40 박용후(1988b)에서는 제주도방언의 상대경어 등급을 '아주 높임', '예사 높임', '예사 낮춤', '아주 낮춤'으로 네 등분하고 있다.

손자가 자기 아버지보고 "철수는 집에 갔습니다."라고 했습니
다.)

　　ㄴ. 우리 손지가 지 아방고라 철순 집이 갓쑤덴 헷저.

(22) 철순 집이 갓저.(철수는 집에 갔다.)

(23) ㄱ. 철수 아방이 철수 친구고라 철순 집이 갓젠 헷쑤다.(철수 아버지
　　　가 철수 친구보고 "철수는 집에 갔다."라고 했습니다.)

　　ㄴ. 철수 아방이 철수 친구고라 철순 집이 갓젠 헷저.

　(19ㄱ)~(21ㄱ), (23ㄱ)은 청자가 화자보다 높은 상대일 때 '흡서'체의 '쑤
다'가, (19ㄴ)~(21ㄴ), (23ㄴ)은 청자가 화자보다 높지 않은 상대일 때 'ㅎ라'
체의 '저'가 결합된 예이다. (18)~(23)에서 보는 대로 '흡서'체와 'ㅎ라'체의
결정에서 모문의 주어(=피인용문의 화자)나 여격어(=피인용문의 청자)는
물론 피인용문의 주어도 관여하지 않음을 알 수 있다. 즉 모문의 주어나
여격어, 또는 피인용문의 주어와는 관계없이 청자와 화자의 존비 관계만
을 따져서 청자가 화자보다 높으면 '흡서'체가, 청자가 화자보다 낮으면
'ㅎ라'체가 사용된다는 것이다. 이는 모문의 상대경어 등급이 피인용문의
상대경어 등급과 무관함을 보여 준다.
　이제 제주도방언에서 인용어미의 결합 양상을 살펴보자. 이에 대한 체
계적인 접근을 위하여 피인용문을 서법상으로는 평서문, 의문문, 명령문,
청유문으로, 상대경어법상으로는 '흡서'체, 'ㅎ여'체, 'ㅎ라'체로 구분하여
인용어미의 결합 양상을 고찰한다. 논의의 편의를 위하여 피인용문, 직접
인용문과 간접인용문을 모두 제시해 준다.

(24) ㄱ. 철순 지금 밥 먹없쑤다.(철수는 지금 밥 먹습니다.)

　　ㄴ. 철수 친구가 철수 아방고라 철순 지금 밥 먹없쑤덴 헷저.

　　ㄷ. 철수 친구가 철수 아방고라 철순 지금 밥 먹없젠 헷저.[41]

(25) ㄱ. 철순 집이 갓쑤다.(철수는 집에 갔습니다.)

ㄴ. 철수 친구가 철수 아방고라 철순 집이 갓쑤덴 헷저.

ㄷ. 철수 친구가 철수 아방고라 철순 집이 갓젠 헷저.

(26) ㄱ. 가이 얼굴 고옵쑤다.(그 애 얼굴 곱습니다.)

ㄴ. 철수가 아방고라 가이 얼굴 고옵쑤덴 헷저.

ㄷ. 철수가 아방고라 가이 고옵덴 헷저.

(27) ㄱ. 하늘이 푸리우다.(하늘이 푸릅니다.)

ㄴ. 철수가 아방고라 하늘이 푸리우덴 헷저.

ㄷ. 철수가 아방고라 하늘이 푸리덴 헷저.

(28) ㄱ. 오널 철수 셍일이우다.(오늘 철수 생일입니다.)

ㄴ. 철수 친구가 선생님고라 오널 철수 셍일이우덴 헷저.

ㄷ. 철수 친구가 선생님고라 오널 철수 셍일이엔 헷저.

(29) ㄱ. 글 익으쿠다.(글 읽겠습니다.)

ㄴ. 철수가 아방고라 글 익으쿠덴 헷저.

ㄷ. 철수가 아방고라 글 익으켄[이그켄] 헷저.

(30) ㄱ. 어젠 옛친굴 만낫쑤궤.(어제는 옛친구를 만났습지요.)

ㄴ. 철수가 아방고라 어젠 옛친굴 만낫쑤렌(~만낫쑤젠) 헷저.

ㄷ. 철수가 아방고라 어젠 옛친굴 만낫젠 헷저.

(31) ㄱ. 철수가 글 잘 익읍네다.(철수가 글 잘 읽습니다.)

ㄴ. 철수 친구가 철수 아방고라 철수가 글 잘 익읍네덴 헷저.

ㄷ. 철수 친구가 철수 아방고라 철수가 글 잘 익녠 헷저.[42]

---

41 일부 방언화자들은 (24ㄷ)을 '~ 철순 지금 밥 먹없덴 헷저.'로 발화하기도 하는데 '젠'은 '저+엔'으로, '덴'은 '다+엔'으로 분석되므로 이는 종결어미 {다}의 이형태인 '다'가 '저'의 분포 영역에까지 확대된 데에 기인하는 것이다. {없}과 {앗} 뒤에서의 이러한 '젠'과 '덴'의 수의적 사용은 아래의 모든 인용문에서도 평행하다. '덴'과 '젠'의 분포는 {다}의 이형태 '다'와 '저'의 분포와 일치한다.

42 'ㄹ'말음을 제외한 폐음절 어간에 종결어미 '나' 대신 '은다'를 결합시키는 방언화자들은

(24)~(31)에 제시된 예는 피인용문이 '흡서'체의 평서문인 경우이다. 위에 제시되어 있는 대로 피인용문의 종결어미 {다}, {쿼}, {읍네다}는 직접인용문에서 각각 '덴', '퀜', '읍네덴'으로 실현된다. 간접인용문에서는 피인용문의 상대경어 등급이 'ᄒ라'체로 중화되어 '없쑤다', '앗쑤다', '쑤다/으우다', '이우다', '으쿠다', '앗쑤퀘', '읍네다'는 각각 '없젠', '앗젠', '덴', '이엔', '으켄', '앗젠', '넨'으로 실현된다. 인용어미를 제외한 종결어미의 형태를 제시하면 '저, 다, 여, 나'이다. 그런데 '저, 다, 여'는 {다}의, '나'는 {ᄂ다}의 이형태이므로 피인용문이 '흡서'체의 평서문인 경우에는 인용문의 종결어미가 {다}와 {ᄂ다}로 중화되고 이에 인용어미 {엔}이 결합된 것이라고 할 수 있다.

(32) ㄱ. 그 사름 지금 신문 보았고.(그 사람 지금 신문 보네.)

　　 ㄴ. 철수가 친구고라 그 사름 지금 신문 보았고 (경)헷저.

　　 ㄷ. 철수가 친구고라 그 사름 지금 신문 보았젠 헷저.

(33) ㄱ. 가인 일찍 농장에 갓어.(그 애는 일찍 농장에 갔어.)

　　 ㄴ. 철수가 친구고라 가인 일찍 농장에 갓어 (경)헷저.

　　 ㄷ. 철수가 친구고라 가인 일찍 농장에 갓젠 헷저.[43]

(34) ㄱ. 가인 점점 고왔어.(그 애는 점점 고와져.)

　　 ㄴ. 철수가 친구고라 가인 점점 고왔어 (경)헷저.

　　 ㄷ. 철수가 친구고라 가인 점점 고왔젠 헷저.

(35) ㄱ. 나 오널 일찍 자크라.(나 오늘 일찍 자겠어.)

　　 ㄴ. 철수가 친구고라 나 오널 일찍 자크라 (경)헷저.

　　 ㄷ. 철수가 친구고라 나 오널 일찍 자켄[자켄] 헷저.

(31ㄷ)을 '~ 철수가 글 잘 익은덴 헷저.'로도 발화한다. 이는 아래의 모든 인용문에서도 평행하다.

43 이는 '~ 갓젱 헷저', '~ 갓덴 헷저', '~ 갓뎅 헷저'로 발화하기도 하는데 '젠'과 '젱', '덴'과 '뎅'의 교체가 이루어짐이 특이하다('젠'과 '덴'의 교체는 전술前述).

(36) ㄱ. 나 오널 일찍 잘거라[잘꺼라].(나 오늘 일찍 잘 거야.)

ㄴ. 철수가 친구고라 나 오널 일찍 잘거렌[잘꺼렌] 헷저.

ㄷ. 철수가 친구고라 나 오널 일찍 잘거옌[잘꺼옌] 헷저.

(37) ㄱ. 야이 지금 좀 잠신게.(이 애 지금 잠 자네.)

ㄴ. 철수 친구가 철수고라 야이 지금 좀 잠신게 (경)헷저.

ㄷ. 철수 친구가 철수고라 야이 지금 좀 잢젠 헷저.

(38) ㄱ. 가이 잘 뛰메.(그 애 잘 뛰지.)

ㄴ. 철수 친구가 철수고라 가이 잘 뛰메 (경)헷저.

ㄷ. 철수 친구가 철수고라 가이 잘 뛴덴 헷저.

(32)~(38)에 제시된 예는 피인용문이 'ᄒ여'체의 평서문인 경우이다. (32
ㄴ)~(35ㄴ), (37ㄴ), (38ㄴ)에 대하여 인용어미가 결합된 직접인용문을 가
정하면 각각 '*~ 그 사름 지금 신문 보앖렌(~젠) 헷저.', '*~ 가인 일찍 농장
에 갓엔 헷저.', '*~ 가인 점점 고앖엔 헷저.', '*~ 나 오널 일찍 자크렌 헷저.',
'*~ 야이 지금 좀 잠신겐 헷저.', '*~ 가이 잘 뛰멘 헷저.'인데 이들은 모두 성
립하지 않는다.⁴⁴ (33ㄴ)과 (34ㄴ)은 {어}의 이형태 '어'가 인용어미가 결합
된 직접인용문을 형성할 수 없음을 보여 준다(이는 부사형 어미를 포함하
는 연결어미와 결합하지 않는다는 {앖}과 {앗}의 출현 제약과 관련되는 듯
하다).

(37ㄴ)과 (38ㄴ)에 대하여 인용어미가 결합된 직접인용문이 쓰이지 않
는 이유는 전자는 '은겐'과, 후자는 '음이옌[으멘~으멘]'과의 충돌을 피하기
위해서이다. 즉 전자는 '좀 잠신겐 물엇저.(잠 자느냐고 물었다.)'에서처럼

---

44 중앙어에서 직접인용문은 그 성립에 특별한 제약을 갖지 않는다. 그런데 제주도방언
에서, 인용어미가 결합되지 않은 직접인용문과 달리 인용어미가 결합된 직접인용문
은 그 성립에 제약이 있다. 따라서 제주도방언에서 중앙어의 직접인용문과 동일한 성
격을 가지는 것은 인용어미가 결합되지 않은 직접인용문이라 할 수 있다.

의문 종결어미의 직접인용 형태로, 후자는 '잘 뜀이옌[뛰멘~뛰멘]?(잘 뛰는가?)'에서처럼 의문 종결어미의 결합형으로 쓰이기 때문이다. (36)에 제시되어 있는 대로 피인용문의 종결어미 {어}의 이형태 '라'는 직접인용문에서 '롄'으로 실현된다.

간접인용문에서는 피인용문의 상대경어 등급이 'ᄒ라'체로 중화되어 '앖고', '앗어', '앖어', '으크라', '이라', '암신게', '으메'는 각각 '앖젠', '앗젠', '앖젠', '으켄', '이옌', '앖젠', 'ᄂ덴'으로 실현된다. 인용어미를 제외한 종결어미의 형태를 제시하면 '저, 여'와 'ᄂ다'이다. 그런데 '저, 여'는 {다}의, 'ᄂ다'는 {ᄂ다}의 이형태이므로 피인용문이 'ᄒ여'체의 평서문인 경우에는 인용문의 종결어미는 {다}와 {ᄂ다}로 중화되고 이에 인용어미 {옌}이 결합된 것이라고 할 수 있다.

(39) ㄱ. 하늘은 푸리다.(하늘은 푸르다.)

　　　ㄴ. 철수 아방이 철수 친구고라 하늘은 푸리덴 헷저.

(40) ㄱ. 철순 지금 밥 먹없저.(철수는 지금 밥 먹는다.)

　　　ㄴ. 철수 아방이 철수 친구고라 철순 지금 밥 먹없젠 헷저.

(41) ㄱ. 철순 집이 갓저.(철수는 집에 갔다.)

　　　ㄴ. 철수 아방이 철수 친구고라 철순 집이 갓젠 헷저.

(42) ㄱ. 닐은 추석이여.(내일은 추석이다.)

　　　ㄴ. 철수 아방이 철수 친구고라 닐은 추석이옌 헷저.

(43) ㄱ. 철순 밥 먹어라.(철수는 밥 먹더라.)

　　　ㄴ. 철수 아방이 철수 친구고라 철순 밥 먹어렌 헷저.

(44) ㄱ. 철순 메일 학교레 간다.(철수는 매일 학교에 간다.)

　　　ㄴ. 철수 아방이 철수 친구고라 철순 메일 학교레 간덴 헷저.

(45) ㄱ. 철순 벵이 낫안 이제사 밥 먹나.(철수는 병이 나아서 이제야 밥 먹는다.)

ㄴ. 철수 아방이 철수 친구고라 철순 뱅이 낫안 이제사 밥 먹넨 헷저.

(46) ㄱ. 청손 나가 ᄒ저.(청소는 내가 하겠어.)

ㄴ. 철수 아방이 철수 친구고라 청소는 나가 ᄒ저 (경)헷저.

ㄷ. 철수 아방이 철수 친구고라 청소는 나가 ᄒ켄[ᄒ켄] 헷저.

(47) ㄱ. 어젠 농약 뿌려시녜.(어제는 농약 뿌렸지.)

ㄴ. 철수 아방이 철수 친구고라 어젠 농약 뿌려시녜 (경)헷저.

ㄷ. 철수 아방이 철수 친구고라 어젠 농약 뿌렷젠 헷저.

　(39)~(47)에 제시된 예는 피인용문이 'ᄒ라'체의 평서문인 경우이다. 위에 제시되어 있는 대로 피인용문의 종결어미 {다}의 이형태 '다, 저, 여, 라', {ㄴ다}의 이형태 'ㄴ다, 나'는 직접인용문에서 각각 '덴, 젠, 엔, 렌', 'ㄴ덴, 넨'으로 실현된다. 간접인용문에서 피인용문의 상대경어 등급은 'ᄒ라'체로 중화되므로 'ᄒ라'체의 평서문에서 간접인용과 직접인용은 그 형태가 동일하다. 따라서 'ᄒ라'체 평서문의 간접인용은 종결어미 {다}와 {ㄴ다}에 인용어미가 결합된 것이라 할 수 있다.

　(46ㄴ)과 (47ㄴ)에 대하여 인용어미가 결합된 직접인용문을 가정하면 각각 '*~ 청손 나가 ᄒ젠 헷저.', '*~ 어젠 농약 뿌려시녠 헷저.'인데 이들은 모두 성립하지 않는다. 이들 직접인용문이 쓰이지 않는 이유는 전자가 {앖}이나 {앗}이 결합되지 않은 '-젠 헷저'와, 후자가 '-으녠 헷저'와의 충돌을 피하기 위해서이다. 전자는 'ᄒ젠 헷저.(하려고 했다.)'에서처럼 '젠'이 의도의 어미로, 후자는 '어젠 농약 뿌려시녠 물엇저.(어제는 농약을 뿌렸느냐고 물었다.)'에서처럼 의문 종결어미의 인용형으로 쓰이기 때문이다.

(48) ㄱ. 지금 무시거 먹음이우꽈?(지금 무엇을 먹습니까?)

ㄴ. 철수 친구가 철수 아방고라 지금 무시거 먹음이우꿴(~먹음이우
　　젠) 물엇저.

ㄷ. 철수 친구가 철수 아방고라 지금 무시거 먹음이녠 물엇저.

(49) ㄱ. 집이 가쿠과?(집에 가겠습니까?)

ㄴ. 철수 친구가 철수 아방고라 집이 가쿠퀜(~가쿠꼔) 물엇저.

ㄷ. 철수 친구가 철수 아방고라 집이 가크녠 물엇저.

(50) ㄱ. 철순 지금 어디 갑네까?(철수는 지금 어디 갑니까?)

ㄴ. 철수 친구가 철수 아방고라 철순 지금 어디 갑네꼔 물엇저.

ㄷ. 철수 친구가 철수 아방고라 철순 지금 어디 감시녠 물엇저.

(51) ㄱ. 오널 낮이 무시거 먹읍데가?(오늘 낮에 무엇을 먹었습니까?)

ㄴ. 철수 친구가 철수 아방고라 오널 낮이 무시거 먹읍데꼔 물엇저.

ㄷ. 철수 친구가 철수 아방고라 오널 낮이 무시거 먹어시녠 물엇저.

(48)~(51)에 제시된 예는 피인용문이 '흡서'체의 의문문인 경우이다. 위에 제시되어 있는 대로 피인용문의 종결어미 {꽈}, {읍네까}, {읍데가}는 직접인용문에서 각각 '퀜(~꼔)', '읍네꼔', '읍데꼔'으로 실현된다. 간접인용문에서는 피인용문의 상대경어 등급이 'ᄒ라'체로 중화되어 '이우꽈', '으쿠과', '읍네까', '읍데가'는 각각 '이녠', '으크녠', '암시녠/엄시녠', '아시녠/어시녠'으로 실현된다. 인용어미를 제외한 종결어미의 형태를 제시하면 '으냐'이다. 그러므로 피인용문이 '흡서'체의 의문문인 경우에는 인용문의 종결어미가 {으냐}로 중화되고 이에 인용어미 {엔}이 결합된 것이라고 할 수 있다.

(52) ㄱ. 이제사 밥 먹엄순?(이제야 밥 먹는가?)

ㄴ. 영희가 친구고라 이제사 밥 먹엄순 (경)물엇저.

ㄷ. 영희가 친구고라 이제사 밥 먹엄시녠 물엇저.

(53) ㄱ. 가이 밥 먹엇순?(그 애 밥 먹었는가?)

ㄴ. 영희가 친구고라 가이 밥 먹엇순 (경)물엇저.

ㄷ. 영희가 친구고라 가이 밥 먹어시녠 물엇저.

(54) ㄱ. 이거 누게네 물이순?(이것은 누구의 말인가?)

ㄴ. 영희가 친구고라 이거 누게네 물이순 (경)물엇저.

ㄷ. 영희가 친구고라 이거 누게네 물이녠 물엇저.

(55) ㄱ. 저 바당에 가크순?(저 바다에 가겠는가?)

ㄴ. 영희가 친구고라 저 바당에 가크순 (경)물엇저.

ㄷ. 영희가 친구고라 저 바당에 가크녠 물엇저.

(56) ㄱ. 진 지금 밧더레 값어?(자네는 지금 밭으로 가는가?)

ㄴ. 철수가 친구고라 진 지금 밧더레 값어 (경)물엇저.

ㄷ. 철수가 친구고라 진 지금 밧더레 감시녠 물엇저.

(57) ㄱ. 그거 가이 첵이라?(그것은 그 애 책인가?)

ㄴ. 철수가 친구고라 그거 가이 첵이렌 물엇저.

ㄷ. 철수가 친구고라 그거 가이 첵이녠 물엇저.

(58) ㄱ. 지금 그 방 족암신가?(지금 그 방 작은가?)

ㄴ. 철수가 친구고라 지금 그 방 족암신겐 물엇저.

ㄷ. 철수가 친구고라 지금 그 방 족암시녠 물엇저.

(59) ㄱ. 신문 다 익어신가?(신문 다 읽었는가?)

ㄴ. 철수가 친구고라 신문 다 익어신겐 물엇저.

ㄷ. 철수가 친구고라 신문 다 익어시녠 물엇저.

(60) ㄱ. 일분은 미국보다 족은가?(일본은 미국보다 작은가?)

ㄴ. 철수가 친구고라 일분은 미국보다 족은겐 물엇저.

ㄷ. 철수가 친구고라 일분은 미국보다 족으녠 물엇저.

(61) ㄱ. 구젱길 서월선 소라엔 허는가?(구젱기를 서울에서는 소라라고 하는가?)

ㄴ. 철수가 친구고라 구젱길 서월선 소라엔 허는겐 물엇저.

ㄷ. 철수가 친구고라 구젱길 서월선 소라엔 ᄒᆞ느녠 물엇저.

(62) ㄱ. 가인 밥 먹언가?(그 애는 밥 먹던가?)[45]

　　 ㄴ. 철수가 친구고라 가인 밥 먹언겐 물엇저.

　　 ㄷ. 철수가 친구고라 가인 밥 먹어녠 물엇저.

(63) ㄱ. 집이 가카?(집에 갈까?)

　　 ㄴ. 철수가 친구고라 집이 가카 (경)물엇저.

　　 ㄷ. 철수가 친구고라 집이 가크녠 물엇저.

　　(52)~(63)에 제시된 예는 피인용문이 'ㅎ여'체의 의문문인 경우이다. (52
ㄴ)~(56ㄴ), (63ㄴ)에 대하여 인용어미가 결합된 직접인용문을 가정하면
각각 '*~ 이제사 밥 먹엄순엔 물엇저.', '*~ 가이 밥 먹엇순엔 물엇저.', '*~ 이
거 누게네 물이순엔 물엇저.', '*~ 저 바당에 가크순엔 물엇저.', '*~ 진 지금
밧더레 값엔 물엇저.', '*~ 집이 가켄 물엇저.'인데 모두 성립하지 않는다.
(52ㄴ)~(56ㄴ)은 종결어미 {순}과 {어}의 이형태 '어'가 인용어미가 결합된
직접인용문을 형성할 수 없음을 보여 준다. (63ㄴ)에 대하여 인용어미가
결합된 직접인용문이 성립하지 않는 이유는 '집이 가켄[가켄] 헷저.(집에
가겠다고 했다.)'에서처럼 '켄'이 평서 종결어미의 인용형으로 쓰이기 때
문이다.

　　(57)~(62)에 제시되어 있는 대로 피인용문의 종결어미 {어}의 이형태인
'라', {은가}는 직접인용문에서 각각 '렌', '은겐'으로 실현된다.[46] 간접인용
문에서는 피인용문의 상대경어 등급이 'ㅎ라'체로 중화되어 '엄순', '엇순',
'이순', '으크순', '값어', '이라', '암신가', '어신가', '은가', '는가', '언가', '으카'

---

45 이는 회상의 선어말어미 {아}에 의문의 종결어미 {은가}가 결합된 것이다(고영진 1991:
　　1019).

46 인용어미가 결합된 직접인용문이 {어}의 이형태 '어'에 대해서는 성립하지 않고 {어}의
　　이형태 '라'에 대해서는 성립하는 것은 '라'와 달리 '어'가 시상의 선어말어미 {없}과 {앗}
　　을 항상 선행시키는 데에 기인하는 듯하다.

는 각각 '엄시녠', '어시녠', '이녠', '으크녠', '암시녠', '이녠', '암시녠', '어시
녠', '으녠', '느녠', '어녠', '으크녠'으로 실현된다. 인용어미를 제외한 종결
어미의 형태를 제시하면 '으냐'이다. 그러므로 피인용문이 'ᄒᆞ여'체의 평서
문인 경우에는 인용문의 종결어미는 {으냐}로 중화되고 이에 인용어미
{엔}이 결합된 것이라고 할 수 있다.

(64) ㄱ. 쩌디 오는 거 철수가?(저기 오는 거 철수니?)

　　 ㄴ. 철수 아방이 철수 친구고라 쩌디 오는 거 철수겐 물엇저.

　　 ㄷ. 철수 아방이 철수 친구고라 쩌디 오는 거 철수녠 물엇저.

(65) ㄱ. 는 지금 밥 먹음가?(너는 지금 밥 먹니?)

　　 ㄴ. 철수 아방이 철수 친구고라 는 지금 밥 먹음겐 물엇저.

　　 ㄷ. 철수 아방이 철수 친구고라 는 지금 밥 먹엄시녠 물엇저.

(66) ㄱ. 가이 지금 밥 먹없나?(그 애 지금 밥 먹니?)[47]

　　 ㄴ. 철수 아방이 철수 친구고라 가이 지금 밥 먹없나 (경)물엇저.

　　 ㄷ. 철수 아방이 철수 친구고라 가이 지금 밥 먹엄시녠 물엇저.

(67) ㄱ. 가이 집이 가시아?(그 애 집에 갔니?)

　　 ㄴ. 철수 아방이 철수 친구고라 가이 집이 가시엔[가시엔] 물엇저.

　　 ㄷ. 철수 아방이 철수 친구고라 가이 집이 가시녠 물엇저.

(68) ㄱ. 는 지금 집이 감디아?(너는 지금 집에 가니?)

　　 ㄴ. 철수 아방이 철수 친구고라 는 지금 집이 감디엔[감디엔] 물엇저.

　　 ㄷ. 철수 아방이 철수 친구고라 는 지금 집이 감시녠 물엇저.

(69) ㄱ. 흑게 갈티아?(학교 가겠니?)

　　 ㄴ. 철수 아방이 철수 친구고라 흑게 갈티엔[갈티엔] 물엇저.

---

47 홍종림(1976: 463)에서 '연소층年少層'이나 '극소수'의 화자가 발화하는 [먹엄니], [먹엄
나]를 '먹+엄+니, 먹+엄+나'로 분석하였는데 이는 전술한 {없}의 이형태인 '암/엄'의 분
포와 일치하지 않으므로 '먹+없+니, 먹+없+나'로 분석하는 것이 합리적이다.

ㄷ. 철수 아방이 철수 친구고라 흑게 갈거넨[갈꺼넨] 물엇저.

(70) ㄱ. 가이 집이 가시냐?(그 애 집에 갔느냐?)

ㄴ. 철수 아방이 철수 친구고라 가이 집이 가시넨 물엇저.

(71) ㄱ. 그거 푸리냐?(그것이 푸르냐?)

ㄴ. 철수 아방이 철수 친구고라 그거 푸리넨 물엇저.

(72) ㄱ. 자이 흑셍이라냐?(저 애 학생이더냐?)

ㄴ. 철수 아방이 철수 친구고라 자이 흑셍이라넨 물엇저.

(73) ㄱ. 올리도 풍년 들크냐?(올해도 풍년 들겠느냐?)

ㄴ. 철수 아방이 철수 친구고라 올리도 풍년 들크넨 물엇저.

(74) ㄱ. 올리도 풍년 들커냐?(올해도 풍년 들겠더냐?)

ㄴ. 철수 아방이 철수 친구고라 올리도 풍년 들커넨 물엇저.

(64)~(74)에 제시된 예는 피인용문이 'ᄒ라'체의 의문문인 경우이다. 위에 제시되어 있는 대로 피인용문의 종결어미 {가}, {이아}, {으냐}는 직접인용문에서 각각 '겐, 이엔[이엔], 으넨'으로 실현된다. (66ㄴ)에 대하여 인용어미가 결합된 직접인용문을 가정하면 '*~ 가이 지금 밥 먹없넨 물엇저.'인데 이 문장은 성립하지 않는다.

(70)~(74)에서 보듯이 간접인용문에서는 피인용문의 상대경어 등급이 'ᄒ라'체로 중화되므로 'ᄒ라'체 의문문의 간접인용과 직접인용은 대체로 그 형태가 동일하다. '가', '음가', '없나', '아시아', '암디아', '을티아', '아시냐', '으냐', '이라냐', '으크냐', '으커냐'는 간접인용문에서 각각 '으냐', '암시넨/엄시넨', '엄시넨', '아시넨', '암시넨', '이넨', '아시넨', '으넨', '이라넨', '으크넨', '으커넨'으로 실현된다. 인용어미를 제외한 종결어미의 형태를 제시하면 '으냐'이다. 그러므로 피인용문이 'ᄒ라'체의 의문문인 경우에는 인용문의 종결어미는 {으냐}로 중화되고 이에 인용어미 {엔}이 결합된 것이라고 할 수 있다.

(75) ㄱ. 주무십서.(주무십시오.)

　　ㄴ. 철수 친구가 철수 아방고라 주무십센 헷저.

　　ㄷ. 철수 친구가 철수 아방고라 주무시렌 헷저.[48]

(76) ㄱ. 책 익으라.(책 읽어라.)

　　ㄴ. 철수 아방이 철수 친구고라 책 익으렌 헷저.

　제주도방언에서 명령의 종결어미의 형태는 단순한데 '흡서'체의 {읍서}
와 'ᄒ라'체의 {으라}밖에는 없다. (75)에 제시되어 있는 대로 피인용문의
종결어미 {읍서}는 직접인용문에서 '읍센'으로 실현된다. 간접인용문에서
는 피인용문의 상대경어 등급이 'ᄒ라'체로 중화되므로 (76)에서 보듯이
'ᄒ라'체 명령문의 간접인용과 직접인용은 그 형태가 동일하다. 명령문의
간접인용문에서 인용의 종결어미는 {으라}로 중화되고 이에 인용어미
{엔}이 결합된다.

(77) ㄱ. 책 익읍주.(책 읽읍시다.)

　　ㄴ. 철수 친구가 철수 아방고라 책 익읍준 헷저.

　　ㄷ. 철수 친구가 철수 아방고라 책 익겐 헷저.

(78) ㄱ. 집이 가주.(집에 가자.)

　　ㄴ. 철수가 철수 친구고라 집이 가준 헷저.

　　ㄷ. 철수가 철수 친구고라 집이 가겐 헷저.

(79) ㄱ. 집이 가게.(집에 가자.)

　　ㄴ. 철수 아방이 철수 친구고라 집이 가겐 헷저.

(80) ㄱ. 집이 가자.(집에 가자.)

---

48 이 경우에도 '~ 주무십센 헷저.'로 쓰이기도 한다. 이는 화용론적 층위에서의 간섭이 일
　어난 것이다.

ㄴ. 철수 아방이 철수 친구고라 집이 가자 (경)헷저.

ㄷ. 철수 아방이 철수 친구고라 집이 가겐 헷저.

제주도방언에서 청유의 종결어미의 형태도 비교적 단순하다. (77)~(80)에서 보듯이 '홉서'체의 {읍주}와 'ᄒ여'체의 {주}, 'ᄒ라'체의 {게}와 {자}밖에는 없다. 위에 제시되어 있는 대로 간접인용문에서는 피인용문의 상대경어 등급이 'ᄒ라'체로 중화되므로 인용의 종결어미는 {게}로 나타나고 이에 인용어미 {엔}이 결합된다.

그런데 피인용문이 청유문인 간접인용문에서 (77ㄴ), (78ㄴ)은 인용어미의 형태가 이제까지 언급한 다른 예에서와는 다르다. 즉 다른 예들과 평행하다면 이들은 '*~ 첵 익읍쿈(~젠) 헷저.'와 '*~ 집이 가쿈(~젠) 헷저.'로 나타나야 하는데 그렇지 않기 때문이다. 이 예에서 인용어미의 형태는 'ㄴ'인 것으로 보인다(인용어미 'ㄴ'에 대해서는 후술). (80ㄴ)에 대하여 인용어미가 결합된 직접인용문은 '*~ 집이 가젠 헷저.'인데 성립하지 않는다. 이는 의도의 어미로 쓰이는 '젠'과의 충돌을 피하기 위한 것이다.

제주도방언의 인용어미 {엔}은 기원적으로 {ᄒ-}(하다)에 연결어미 {안}이 결합된 것이다.[49] 제주도방언에서 {ᄒ-}에 {안}이 결합되면 'ᄒ연(하여서)' 또는 '헨(해서)'으로 나타나는데 후자의 '헨'이 인용문에서 피인용문의 종결어미 '다, ㄴ다, 꽈(~까), 으냐, 읍서, 게' 등과 융합되어 '덴, ㄴ덴, 꿴(~껜),

---

49 제주도방언의 인용어미 {엔}이 연결어미 {안}과 관련이 있음은, 연결어미 {안}이 그 대응하는 형태로 {앙}을 가지듯이 인용어미 {엔}도 그 대응하는 형태로 {엥}을 갖는다는 데에서도 알 수 있다. 그렇지만 연결어미의 {안}과 {앙}은 기능상의 차이(이는 이 논문의 주제와는 무관하다)를 가지는 형태인 반면 인용어미의 {엔}과 {엥}은 기능상의 차이를 가지지 않는, 수의적으로 교체되는 이형태인 듯하다. 아울러 연결어미의 {안}과 {앙}은 각각 '안, 아네', '앙, 앙근, 앙그네, 앙그넹에, 아근, 아그네, 아그넹에, 앙은, 앙으네' 등의 수의적인 이형태를 갖지만 인용어미의 {엔}과 {엥}은 이러한 수의적인 이형태를 갖지 않는다. 이러한 차이점들이 기원적으로 인용어미 {엔}과 연결어미 {안}의 관련성을 부인해 주는 것은 아니다.

으녠, 읍셴, 젠' 등으로 나타나게 된 것이다. 융합에 의해 어두의 'ㅎ'가 탈
락되었으므로[50] 인용어미는 '엔'이라 할 수 있다. 중앙어의 간접인용의 어
미 '고'가 'ㅎ고'에 기원하고 있는 것과 달리 제주도방언의 인용어미 {엔}은
'헨(해서)'에 기원하고 있다(정승철 1995a: 80)는 점에서 특징적이다.

(81) ㄱ. 지금 무신 첵 익엄신고?(지금 무슨 책 읽는가?)

　　ㄴ. 철수가 친구고라 지금 무신 첵 익엄신켄(~익엄신젠) 물엇저.

　　ㄷ. 철수가 친구고라 지금 무신 첵 익엄신곤 물엇저.

　　ㄹ. 철수가 친구고라 지금 무신 첵 익엄시녠 물엇저.

(82) ㄱ. 야인 무시거 먹언고?(이 애는 무엇을 먹던가?)

　　ㄴ. 철수가 친구고라 야인 무시거 먹언켄(~먹언젠) 물엇저.

　　ㄷ. 철수가 친구고라 야인 무시거 먹언곤 물엇저.

　　ㄹ. 철수가 친구고라 야인 무시거 먹어녠 물엇저.

(83) ㄱ. 오널 멋 ㅎ코?(오늘 무엇을 할까?)

　　ㄴ. 철수가 친구고라 오널 멋 ㅎ코 (경)물엇저.

　　ㄷ. 철수가 친구고라 오널 멋 ㅎ콘 물엇저.

　　ㄹ. 철수가 친구고라 오널 멋 ㅎ크녠 물엇저.

(84) ㄱ. 그거 무신 꼿고?(그것은 무슨 꽃이니?)

　　ㄴ. 철수 아방이 철수 친구고라 그거 무신 꼿켄(~꼿젠) 물엇저.

　　ㄷ. 철수 아방이 철수 친구고라 그거 무신 꼿곤 물엇저.

　　ㄹ. 철수 아방이 철수 친구고라 그거 무신 꼿이녠 물엇저.

(85) ㄱ. 느 지금 무시거 먹음고?(너 지금 무엇을 먹니?)

　　ㄴ. 철수 아방이 철수 친구고라 느 지금 무시거 먹음켄(~먹음젠) 물

---

50 '헨'의 'ㅎ'는, 피인용문의 종결어미와 인용어미가 융합될 때 공명음 사이에 놓이므로
　 'ㅎ'가 탈락될 환경은 이미 마련되어 있는 셈이다.

엇저.

    ㄷ. 철수 아방이 철수 친구고라 느 지금 무시거 먹음곤 물엇저.

    ㄹ. 철수 아방이 철수 친구고라 느 지금 무시거 먹엄시넨 물엇저.

(86) ㄱ. 가이 지금 어디 감시?(그 아이 지금 어디 가니?)

    ㄴ. 철수 아방이 철수 친구고라 가이 지금 어디 감시엔[감시옌] 물
엇저.

    ㄷ. 철수 아방이 철수 친구고라 가이 지금 어디 감신 물엇저.

    ㄹ. 철수 아방이 철수 친구고라 가이 지금 어디 감시넨 물엇저.

(87) ㄱ. 지금 어디 감디?(지금 어디 가니?)

    ㄴ. 철수 아방이 철수 친구고라 지금 어디 감디엔[감디옌] 물엇저.

    ㄷ. 철수 아방이 철수 친구고라 지금 어디 감딘 물엇저.

    ㄹ. 철수 아방이 철수 친구고라 지금 어디 감시넨 물엇저.

(88) ㄱ. 어디 갈티?(어디 가겠니?)

    ㄴ. 철수 아방이 철수 친구고라 어디 갈티엔[갈티옌] 물엇저.

    ㄷ. 철수 아방이 철수 친구고라 어디 갈틴 물엇저.

    ㄹ. 철수 아방이 철수 친구고라 어디 갈거넨[갈꺼넨] 물엇저.

(89) ㄱ. 가이 지금 어디 감시니?(그 아이 지금 어디 가느냐?)

    ㄴ. 철수 아방이 철수 친구고라 가이 지금 어디 감시넨 물엇저.

    ㄷ. 철수 아방이 철수 친구고라 가이 지금 어디 감시닌 물엇저.

    ㄹ. 철수 아방이 철수 친구고라 가이 지금 어디 감시넨 물엇저.

    (81)~(89)에서 ㄴ과 ㄷ은 직접인용, ㄹ은 간접인용의 예이다. 위의 예에서 보듯 간접인용의 경우에는 인용어미 {엔}이 결합되어 있음을 알 수 있으나 직접인용의 경우에는 '엔'이 결합(ㄴ의 경우)되기도 하고 'ㄴ'이 결합(ㄷ의 경우)되기도 하여 어떤 형태의 인용어미가 결합된 것인지를 알 수가 없다. 제주도방언의 직접인용이 보여 주는 이러한 특이성은 설명의문과

판정의문의 대립, 그리고 이들 어미가 가지는 음운론적인 구조와 관련이 있다.

제주도방언에서 설명의문과 판정의문을 어미의 음운론적 구조에 따라 구분해 보면 'X이'계와 'Y고'계는 설명의문, 'X이아(~X야)'계와 'Y가'계는 판정의문이라 할 수 있는데 인용어미 '엔'의 결합은 두 의문의 양식, 즉 'X이'계와 'X이아(~X야)'계, 'Y고'계와 'Y가'계를 구분할 수 없게 한다. 즉 설명의문의 'X이'계에 '엔'이 결합되면('X이엔') 판정의문의 'X이아(~X야)'계에 '엔'이 결합된 형태와 구분할 수 없게 되고 설명의문의 'Y고'계에 '엔'이 결합되면('Y궨') 제주도방언의 'w'계 이중모음을 가진 어미가 모두 'w'를 탈락시킨 형태의 어미와 쌍형({줴}나 {꽈}를 참조)을 이루므로('Y궨') 판정의문의 'Y가'계에 '엔'이 결합된 형태와 구분할 수 없게 되는 것이다. 그러기에 의문의 두 양식을 구분하기 위해서는 인용어미를 달리할 수밖에 없다.

설명의문 (81)~(89)에 대하여 이에 견줄 수 있는 판정의문은 앞서 (58), (62)~(65), (67)~(70)에 제시하였는바 인용어미 '엔'의 결합에 의해서는 설명의문의 직접인용문과 판정의문의 직접인용문이 구분되지 않으므로 전자의 경우에 한하여 인용어미 '엔'의 '에'가 탈락된 'ㄴ'을 결합시킨 것이다. 이때 '엔'에서 '에'가 탈락하는 과정은 어미 {안}에서 모음이 탈락하는 과정과 평행하다 할 수 있는바 이러한 음운과정은 '세언(세어서) → 센, 뒈언(되어서) → 뒌' 등에서 확인되는 음운과정이다. 융합의 과정에 나타나는 음운론적인 변화도 음운론적으로 설명될 수 있는 과정이어야 하는 것이다.

(90) ㄱ. 철순 메일 신문 봅주.(철수는 매일 신문 보지요.)

　　ㄴ. 철수 친구가 철수 아방고라 철순 메일 신문 봅준 헷저.

　　ㄷ. 철수 친구가 철수 아방고라 철순 메일 신문 본덴 헷저.

(91) ㄱ. 구름 어시민 둘은 붉주.(구름 없으면 달은 밝지.)

　　ㄴ. 철수가 철수 친구고라 구름 어시민 둘은 붉준[북쭌] 헷저.

ㄷ. 철수가 철수 친구고라 구름 어시민 둘은 붉덴[북뗀] 헷저.

앞의 예 (77ㄴ), (78ㄴ)과 위의 예 (90ㄴ), (91ㄴ)에서 인용어미 'ㄴ'의 결합
은 어미 {젠}과 관련을 갖는다. (77ㄱ), (78ㄱ), (90ㄱ), (91ㄱ)이 직접인용될
때 피인용문의 종결어미에 인용어미가 결합된 형태는 '쿈'으로 실현된다.
그런데 제주도방언에서 'w'계 이중모음을 가진 어미는 모두, 'w'를 탈락시
킨 형태의 어미와 쌍형을 이루고 있으므로 이 '쿈'은 '젠'으로도 실현되어
야 한다. 그렇지만 앞에서도 언급하였듯이 {없}과 {앗}이 결합되지 않은
'젠'은 의도의 어미로 쓰이므로 인용어미로서의 '젠'은 나타날 수 없다. 따
라서 인용어미 '엔'의 '에'가 탈락된 'ㄴ'을 결합시킨 것이다.[51]

4. 맺음말

한 형태소의 음운형식을 확인하는 일은 음운론적으로 이루어져야 한
다. 이는 언어 외적 또는 비음운론적 층위에서의 직접적인 간섭이 관여한
것이 아니라면 공시적이든 통시적이든 음운형식의 변동 또는 변화가 음
운론적으로 설명될 수 있어야 한다는 말이다. 그리하여 이 논문에서는 제
주도방언의 선어말어미 및 종결어미에 대한 형태음소론적인 작업에서 제
주도방언의 공시적·통시적 음운과정을 고려하여 논의를 진행하였다.

제주도방언의 선어말어미 {없}과 {앗}은 각각 '진행상'과 '완료상'을 나타
내면서 '실연實演'이라는 양태적 의미를 가지는 문법 형태소이다. 이는 용

---

51 (81)~(89)는 설명의문과 판정의문의 대립 때문에, (90)과 (91)은 의도의 어미 {젠} 때문
에 인용어미로서 '엔'의 '에'가 탈락된 'ㄴ'이 결합된 것이다. 전자의 경우는 수의적이지
만 후자의 경우는 필수적인데 이는 충돌을 일으키는 어미 사이에 유사성의 정도가 관
여한 것인 듯하다.

언어간에 직접 결합하며 선어말어미 {아}와 {쑤}, 명사형어미 {으크}, 그리고 일부 종결어미가 후행될 수 있는 선어말어미이다.

이 선어말어미에 있어서 'Yㅅ'계와 'Y시'계는 후행하는 어미의 음운론적 성격과 관련이 있으므로 제주도방언의 선어말어미 및 종결어미에 대한 형태 확정 및 그 분류에서 중요한 기준이 될 수 있다. 즉 'Yㅅ'계가 출현하면 후행하는 어미가 모음계 어미나 자음계 어미임을 알려 주며 'Y시'계가 출현하면 후행하는 어미가 '으'계 어미임을 알려 주는 것이다. 이에 따라 {앖}과 {앗}의 형태음소론적 양상을 참조하여 제주도방언에 나타나는 종결어미의 목록을 분류하여 제시하였다.

직접인용이든 간접인용이든 인용문은 피인용문의 종결어미와 인용어미의 결합을 통해서 이루어진다. 평서문이 인용된 직접인용문에서 피인용문의 종결어미 {궤}, {읍네다}, {어}의 이형태 '라', {다}의 이형태 '다, 저, 여, 라', {ㄴ다}의 이형태 'ㄴ다, 나'가 각각 '렌(~겐)', '읍네덴', '렌', '덴, 젠, 엔, 렌', 'ㄴ덴, 넨'으로 실현되며 간접인용문에서는 인용문의 종결어미가 'ᄒ라'체의 {다}와 {ㄴ다}로 중화되고 이에 인용어미 '엔'이 결합된다. 의문문이 인용된 직접인용문에서 피인용문의 종결어미 {꽈}, {읍네까}, {읍데가}, {어}의 이형태인 '라', {은가}, {가}, {이아}, {으냐}가 각각 '뤤(~쿈)', '읍네껜', '읍데겐', '렌', '은겐', '겐', '이엔', '으넨'으로 실현되며 간접인용문에서는 인용문의 종결어미가 'ᄒ라'체의 {으냐}로 중화되고 이에 인용어미 '엔'이 결합된다. 명령문이 인용된 직접인용문에서는 피인용문의 종결어미 {읍서}, {으라}가 각각 '읍센', '으렌'으로 실현되며 간접인용문에서는 인용의 종결어미가 'ᄒ라'체의 {으라}로 중화되고 이에 인용어미 '엔'이 결합된다. 청유문의 경우에, 간접인용문에서는 인용의 종결어미가 'ᄒ라'체의 {게}로 나타나고 이에 인용어미 '엔'이 결합된다.

제주도방언에서 인용어미가 결합된 직접인용문의 형성은 피인용문의 종결어미와 인용어미 '엔'의 결합에 의하지만 피인용문의 종결어미에 따라 이 인용어미와의 결합형이 나타날 수 없어 '엔'이 결합된 직접인용문을 형성하지 못하는 경우도 있다. 이는 대체로 피인용문의 종결어미와 인용어미의 결합형이 기존 어미의 형태론적인 목록과 충돌을 일으키는 데에 기인하는바, 그러한 경우에는 인용어미가 결합된 직접인용문을 형성하지 못하기도 하고 인용어미 '엔'에서 모음이 탈락한 'ㄴ'이 결합하여 직접인용문을 형성하기도 한다. 이는 인용의 과정이 언어 층위의 문제와 관련되어 있음을 보여 준다.

제주방언 문법 연구와 자료

1. 머리말

이 논문은 제주방언 문법에 대한 이제까지의 연구 성과를 정리하고 그 과정에서 제주방언의 문법 체계 전반을 소개하는 것을 목적으로 한다. 이를 위해 이 논문에서는 제주방언의 문법 체계 전반을 고려하면서 그동안 중요하게 언급되어 온 논점들을 중심으로 연구사를 기술하되 구체적으로 어떠한 언어 자료에 근거하여 제주방언에 나타나는 문법 형태들의 기능에 대한 규명과 체계화가 시도되어 왔는지를 살펴본다.

제주방언 문법에 대한 연구는 김영돈(1956, 1957a, 1957b), 이숭녕(1957/1978), 박용후(1960)에서 본격적인 연구가 시작된 이래 현평효(1975), 성낙수(1984), 강정희(1984), 홍종림(1993), 정승철(1997c) 등 체계 전반에 관한 연구를 거치면서 제주방언에 나타나는 문법 형태의 목록과 기능을 확인하는 차원을 넘어서서 문법 체계 전반에 대한 고려 아래 다양한 통사 현상을 설명하는 차원으로 나아가고 있다. 즉 형태론적 층위에서 통사론적 층위로 그 논의의 폭을 넓혀 나가고 있다는 것이다.

그렇지만 아직까지는 그 연구의 성과가 충분히 축적되지 않아 통사론

---

* 이는 《문법연구와 자료(이익섭 선생 회갑 기념 논총)》(1998, 태학사)의 955-984면에 '제주방언'이란 제목으로 실린 논문이다.

적 차원에서의 제주방언 문법에 대한 종합적인 논의는 가능할 것 같지 않다. 따라서 이 논문에서는 통사론적 체계보다는 형태론적 체계를 바탕으로, 제주방언에 나타나는 문법 형태들의 목록을 확인하고 그 문법 형태들이 가지는 형태통사론적 기능을 기술해 보고자 한다.

이 논문에서는 그동안의 논의에서 언급되어 온 언어 자료들을 수정 없이 원문 그대로 인용해 주기로 한다. 이는 방언 자료를 다루는 연구자의 태도가 그 표기에 반영되어 있다고 생각하기 때문이다. 그렇지만 원문 그대로의 인용이 언어 사실에 대한 오해를 불러일으킬 수도 있으므로 오해의 가능성을 배제하기 위하여 필요할 때마다 형태 분석을 바탕으로 한 표기를 해당하는 부분에 [ ] 표시를 하고 병기竝記해 준다. 또한 이 논문에서는 기술의 편의상, 문법 형태소에 대하여 의존 형태소임을 표시해 주는 부호('-')를 붙이지 않는다.

2. 조사

제주방언의 격조사로는[1] 주격의 '이(/가), 레', 대격의 '을', 속격의 '이', 구격의 '으로', 처격과 여격 및 향격의 '에, 에서', '신디, 안티, 고라', '더레', 공동격의 '광, 이영' 등이 있다(강근보 1978, 강정희 1984).

(1) ㄱ. 성님이 나신드레 ᄀ라[글아] 줍디다.【강근보 1978: 56】(형님이 나한테 말해 줍디다.)

---

1 제주방언의 특수조사에 대해 종합적으로 고찰한 논의는 보이지 않는다. '베랑 먹지 말라.(배만은 먹지 말아라.)'의 예로부터 '랑'을 '만은'에 가까운 뜻으로 "강의화强意化의 조건법적條件法的 절대격絶對格"이라 한 이숭녕(1957/1978: 33-34) 이래로 일부 특수조사에 대해 부분적으로만 논의가 이루어져 있다.

ㄴ. 저 쇠레 밭[밧] 잘 간다.【박용후 1960: 395】(저 소가 밭 잘 간다.)

(2) 밧을 갈다.【강근보 1978: 71】(밭을 갈다.)

(3) 그게 사람이 짓이우까?【강근보 1978: 61】(그것이 사람의 짓입니까?)

(4) 나무로 책상을 만들어수께[멩글앗쑤께].【강정희 1984/1988: 87】(나무로 책상을 만들었습지요.)

　(1)은 주격조사, (2)는 대격조사, (3)은 속격조사, (4)는 구격조사가 결합된 예이다. 주격의 '이'는 개음절 어간 아래에서 '가'로 교체하는데 "받침이 없는 말 아래"에 '레'가 쓰이기도 한다(박용후 1960: 346). 하지만 현대 제주방언에서 '레'는 거의 들을 수 없는 형태이다. 대격의 '을'도 개음절 어간 아래에서 '를'로 교체하기도 한다. 제주방언의 속격조사는 간혹 '놈으 집(남의 집)' 등에서처럼 '으'(또는 '우')로 나타나기도 하지만 (3)에서 보듯 '이'로 나타나는 것이 일반적이다.[2] 한편 제주방언에서 주격·대격·속격조사는 생략되는 경향이 강하다.

(5) ㄱ. 사발에 물 거려 오라.【이숭녕 1957/1978: 32】(사발에 물 떠 오너라.)

ㄴ. 마리레 무신것 시냐 보라.【이숭녕 1957/1978: 39】(마루에 무엇이 있냐 보아라.)

ㄷ. 동녁 집이 강 말 ᄀ르라[ᄀ르라].【이숭녕 1957/1978: 32】(동쪽 집에 가서 말해라.)

---

2 '느네 어멍 우리 집이 오란[올안] 말 ᄀ랑[ᄀ랑] 감쩨[값저].【이숭녕 1957/1978: 30】(너희 어머니가 우리 집에 와서 말하고 간다.)' 등의 예에서 알 수 있듯이 제주방언의 접미사 '네'가 '느(너), 야이(이 애), 가이(그 애), 자이(저 애), 누게(누구), 성(형)' 등의 "2·3인칭, 부정칭不定稱 및 공통격칭共通格稱의 인칭대명사와 인명·직명"에 결합하여 후행 명사를 "보유保有"함을 나타내 주기도 한다(강근보 1978: 73).

ㄹ. 밭디[밧디] 감수다[값쑤다].【강정희 1980: 78】(밭에 갑니다.)

(6) 혹교에서 기영 ᄀ르처[쳐] 주어냐?【강근보 1978: 77】(학교에서 그렇게 가르쳐 주더냐?)

처격으로 (5ㄱ)은 '에'가, (5ㄴ)은 '레'가, (5ㄷ)은 '이'가, (5ㄹ)은 '디'가 나타난 예이다. 제주방언에서 처격의 '레'는 'ᄒ르(하루), ᄀ르(가루), 마리(마루), 시리(시루)' 등 중앙어의 '우'(또는 '오')말음 어간에 대응하는 일부 체언어간에, '이(〈의)'는 '집(家), 밤(夜), 낮(晝), 아직(아침)' 등 "공간적인 위치"나 "시간적인 위치를 드러내는" 일부 체언어간에(강근보 1978: 75), '디(〈듸)'는 '밧(밭), 솟(솥), 배껫(바깥)' 등 중앙어의 'ㅌ'말음 어간에 대응하는 체언어간에 결합된다.

현대 제주방언에서 처격조사 '레'를 선행하는 어간은 기원적으로 'ㄹ'를 말음으로 가졌던 것이며 '디'를 선행하는 어간은 'ㄷ'를 말음으로 가졌던 것이다(정승철 1995a: 198-202). 따라서 제주방언의 '에'와 '레'는 중앙어의 처격 '에'와, '이'와 '디'는 중앙어의 특이처격 '의(/이)'와 관련되어 있다고 할 수 있다. '레'와 '디'의 초성 'ㄹ'와 'ㄷ'가 기원적으로는 선행 어간의 말음이었기 때문이다. (6)의 처격조사 '에서'도 '이서'와 '디서'로 교체하기도 하는데 이들의 교체는 '에'의 경우와 평행하다.

(7) ㄱ. 어멍안티 안네라.【강정희 1984/1988: 80】(어머니께 드려라.)[3]

　ㄴ. 어멍신듸[디] 안네라.【강정희 1984/1988: 80】(어머니께 드려라.)

　ㄷ. 서방ᄀ라 ᄀ지 맙써[서].【강정희 1984/1988: 80】(남편보고 말하지 마십시오.)

---

[3] 제주방언의 객체경어법은 중앙어와 마찬가지로 그 쓰임이 매우 한정되어 있다. '안네-(드리다)' 등과 같이 객체에 대한 존대를 나타내는 용언이 몇 개 따로 있을 뿐이다(현평효 1977).

(8) ㄱ. 형안티 사과를 철수안티 주렌 허라.(형에게 사과를 철수에게 주
　　라고 해라.)

　　ㄴ. 형안티 사과를 철수신디 주렌 허라.(형에게 사과를 철수한테 주
　　라고 해라.)

　　ㄷ. 형안티 사과를 철수고라 주렌 허라.(형에게 사과를 철수보고 주
　　라고 해라.)

　(7ㄱ)은 여격조사 '안티'가, (7ㄴ)은 '신디'가, (7ㄷ)은 '고라(〈고라)'가 결
합되어 있는 예인데 이들 문장에서는 '안티, 신디, 고라'의 통사의미론적
차이가 명확하게 드러나지 않는다. 그렇지만 (8)과 같이 여격 성분이 중첩
된 문장을 고려하면 '안티, 신디, 고라'가 그 통사의미론적인 기능을 달리
하고 있음을 알 수 있다.

　즉 (8ㄴ)에서는 '신디'를 선행하는 여격 성분이 '주는' 행위의 목표가 되
고 있으며 (8ㄷ)에서는 '고라'를 선행하는 여격 성분이 '주는' 행위의 주체
가 되고 있는 것이다. 따라서 제주방언에서 '신디'는 여격 성분이 내포문
의 성분임을 분명히 해 줄 때에['형안티 사과를 철수아피 주렌 허라.(형에
게 사과를 철수한테 주라고 해라.)'에서처럼 '신디' 대신에 '아피'가 쓰이기
도 한다], '고라'는 여격 성분이 모문의 성분임을 분명히 해 줄 때에 '안티'를
대체하여 쓰이는 여격조사라고 할 수 있다. 특히 '고라'는 'ᄀᆞ르-(말하다)'와
'묻-(問), 들-(問)' 그리고 '허-(하다)'에 의해서만 지배를 받는다는 점에서도
다른 여격조사와 다르다.

(9) ㄱ. 집더레 글라게.【이숭녕 1957/1978: 41】(집으로 가자, 응.)

　　ㄴ. 부두埠頭레 글라게.【이숭녕 1957/1978: 41】(부두로 가자, 응.)

　　ㄷ. 물레레 감저[값저].【박용후 1960: 396】(물로 간다.)

　　ㄹ. 뒤테레 ᄇᆞ래보라.【박용후 1960: 397】(뒤쪽으로 바라보아라.)

ㅁ. 서西레레 감저[값저].【박용후 1960: 396】(서쪽으로 간다.)

  (9ㄱ)과 (9ㄴ)의 예로부터 이숭녕(1957/1978: 41)에서는 제주방언의 향격조사 '더레'가 선행 어간의 음절 구조에 따라 '더레'와 '레'로 교체한다고 하였다. 즉 선행하는 어간이 폐음절 어간일 경우에는 '더레'가, 개음절 어간일 경우에는 '레'가 결합된다는 것이다. 한편 이운금(1965: 8)에서는 선행 어간이 'ㄹ'말음을 제외한 폐음절 어간일 경우에는 '더레'가, 'ㄹ'말음 어간과 개음절 어간일 경우에는 '러레'가 결합된다고 하였다.

  그런데 제주방언의 향격은 그 형태가 다양하다는 점이 특징적이다. 그리하여 박용후(1960: 396-397)에서는 (9ㄷ)~(9ㅁ)에 주목하여 향격조사의 이형태가 더 많음을 지적하고 '더레(~드레~데레)'는 'ㄹ'말음을 제외한 폐음절 어간 아래에, '레'는 "일부" 개음절 어간 아래에, '러레(~르레~레레)'는 'ㄹ'말음 어간과 "일부" 개음절 어간 아래에, '터레(~트레~테레)'는 "ㅎ소리(접요음接腰音)가 붙는 말", 즉 기원적으로 'ㅎ'말음을 가졌던 어간 아래에 결합된다고 하였던 것이다.

  (10) ㄱ. 가이영 나영 이디서 노랐쩌[놀앗저].【이숭녕 1957/1978: 35】(그 애와 나와 여기서 놀았다.)
      ㄴ. 나영 ᄀ티[찌] 가게.【박용후 1960: 397】(나와 같이 가자.)
      ㄷ. 느네 집이영 우리 집이 웬수라낫젠 허여라.(너희 집과 우리 집이 원수였었다고 하더라.)
  (11) ㄱ. 히마라야왕 한라산광 ᄀ트뎅 ᄀ르난[ᄀᆞᆯ으난] 막 우수왕 죽어지케라.【이숭녕 1957/1978: 35】(히말라야랑 한라산이랑 같다고 말하니 아주 우스워 죽겠더라.)
      ㄴ. 곧은 절게가 소낭광 ᄀ트다.【박용후 1960: 397】(곧은 절개가 소나무랑 같다.)

ㄷ. 느네 집광 우리 집이 웬수라났젠[낫젠] ᄒᆞ여라.【강정희 1984/1988:
118】(너희 집이랑 우리 집이 원수였었다고 하더라.)

제주방언에는 공동격으로 '이영'과 '광'이[4] 공존한다. 그런데 이숭녕(1957/
1978: 35)에서는 (10ㄱ), (11ㄱ)의 예로부터 '이영'을 공동격, '광'을 비교격
이라 하고 박용후(1960: 397)에서는 (10ㄴ), (11ㄴ)의 예로부터 '이영'을 "여
동격 與動格", '광'을 "표준격 標準格"이라 하여 이에 대한 기능의 차이를 설명
하려 하였다. 그러나 이러한 차이는 조사 자체에 기인하는 것이 아니고 그
뒤에 오는 서술어에 기인하는 것(김완진 1970: 1)이므로 모두 '접속'이라는
기능을 공유하는 공동격조사로 보는 것이 타당할 듯하다. (10ㄷ)과 (11ㄷ)
이 동일한 의미를 갖는다는 점이 이를 단적으로 보여 준다.

(12) ㄱ. 아방이영 어멍이영 싸왒쑤다.(아버지와 어머니와 싸웁니다.)

ㄴ. 아방이영 어멍이 싸왒쑤다.(아버지와 어머니가 싸웁니다.)

ㄷ. 어멍이 아방이영 싸왒쑤다.(어머니가 아버지와 싸웁니다.)

(13) ㄱ. 아방광 어멍광 싸왒쑤다.(아버지랑 어머니랑 싸웁니다.)

ㄴ. 아방광 어멍이 싸왒쑤다.(아버지랑 어머니가 싸웁니다.)

ㄷ. 어멍이 아방광 싸왒쑤다.(어머니가 아버지랑 싸웁니다.)

(14) ㄱ. 베영 사과영은 석엇저.(배와 사과와는 썩었다.)

ㄴ. 철수안티영 영이안티영 펜지를 보넷저.(철수에게와 영이에게
와 편지를 보냈다.)

(15) ㄱ. 난 국어영 수학을 좋아헸쑤다.(나는 국어와 수학을 좋아합니
다.)

---

4 공동격 '광'은 '왕'의 사용 위치에 '광'을 사용하는 경향(이숭녕 1957/1978: 36)에 따라
현대 제주방언에서는 선행 어간의 음절 구조와 관계없이 '광'으로만 나타나게 되었다.
이전 시기에는 선행 어간의 음절 구조에 따른 '광'과 '왕'의 교체가 있었던 것으로 보인다.

ㄴ. *난 국어광 수학을 좋아했쑤다.

그런데 (12), (13)과 (14)의 비교는 '이영'과 '광'이 명사구 이동에 있어서
는 차이를 보이지 않지만 다른 조사와의 통합에 있어서는 차이를 보임을
알려 준다. '이영'은 대체로 다른 조사를 후행 또는 선행시킬 수 있는 반면
'광'은 그러지 못하는 것이다. (14ㄱ)이나 (14ㄴ)에 대응시킬 수 있는 '*베광
사과광은 석엇저.'나 '*철수안티광 영이안티(광) 펜지를 보넷저.'는 제주
방언 화자에게 자연스럽지 않은 문장이다. 이는 제주방언의 '광'과 '이영'
이 통사의미론적으로 완전히 동일한 것이 아님을 알려 준다('이영'과 달리
'광'은 선행 어간과의 결합 양상에 있어서 문접속일 때와 구접속일 때가 차
이를 보이는 듯하다).

'광'과 '이영'의 좀 더 근본적인 차이는 (15)의 예에서 드러난다. 즉 (15ㄱ)
과 비교하여 (15ㄴ)은 자연스럽지 않은데 이는 '광'을 선행하는 성분이 주
어 '나'와 접속되는 힘이 강한 데에서 비롯하는 것이므로 '광'은 '이영'보다
선행 성분을 주어에 견인시키는 힘이 강한 공동격조사라고 할 수 있는 것
이다.

(16) ㄱ. 그 사람[름] 입은 것광 불쌍ᄒ여라.【박용후 1960: 406】(그 사람
　　　　 입은 것도, 불쌍하더라.)
　　 ㄴ. 그 사름 양지광 곱다.【박용후 1960: 406】(그 사람 얼굴도, 곱다.)

(16)은 다소 특이한 예인데 '광'이 "나무라거나 칭찬할 때" 사용되는 "느
낌토씨"로서 쓰인 예이다(박용후 1960: 406).

3. 선어말어미

제주방언의 선어말어미에는 진행상과 완료상을 나타내는 시상時相의 '없(/없)'과 '앗(/엇)', 회상의 '아(/어)'와 추측의 '으크', 상대존대를 나타내는 상대경어법의 '쑤(/으우)' 등이 있다.[5]

> (17) ㄱ. 밥 먹엄져[먹없저].【김영돈 1957b: 43】(밥 먹는다.)
>
> ㄴ. 감시난 부릅디다.【김영돈 1957b: 43】(가니까 부릅디다.)
>
> ㄷ. 는 밥 먹엄다?【현평효 1975/1985: 23】(너는 밥 먹니?)
>
> (18) ㄱ. 밥 먹엇져[저].【김영돈 1957b: 44】(밥 먹었다.)
>
> ㄴ. 가시난 욕흡디다.【김영돈 1957b: 44】(갔으니까 욕합디다.)
>
> ㄷ. 무싱거 먹언디?【김영돈 1957b: 44】(무엇을 먹었니?)

선어말어미 '없' 또는 '암'이 결합된 (17)은 동작이 진행되고 있음을, 선어말어미 '앗' 또는 '아'가 결합된 (18)은 동작이 이미 종결되었음을 나타내 주는 예이다. 이로부터 김영돈(1957b: 43-44), 이숭녕(1957/1978: 54-55)에서는 '없'을 현재진행의 시상 형태소, '앗'을 과거의 시제 형태소라 하였다. 박용후(1960: 461-463)은, 이들을 각각 "이적 이음(현재 계속)"과 "지난적(과거), 이적마침(현재완료)"의 형태소로 보아 '없'과 '앗' 모두를 시상 형태소로 파악한 최초의 논의인데 그러면서도 '없(없)'을 "이음 때도움줄기(계속 시時보조어간)"의 '암(엄)'과 "이적 때도움줄기(현재 시時보조어간)"의 'ㅅ'이 결합된 복합 형태소로 보았다.

이처럼 '없'과 '앗'을 시상의 형태소로 보면서 단일 형태소가 아닌 것으

---

5 홍종림(1993: 78-94)에서는 이들 이외의 선어말어미로 '과'와 '노/누' 등이 있다고 하였다. 한편 주체경어법의 선어말어미 '시'는, 제주방언에서 그것이 쓰이는 경우를 간혹 발견할 수 있으나 방언 본래의 것은 아닌 듯하다(이운금 1965: 13, 현평효 1977).

로 파악하는 관점은 현평효(1975/1985: 12-56)에서 좀 더 체계적으로 나타
나게 된다. 즉 '암/엄'을 "미완료상", '암시/엄시'를 "미완료존속상存續相",
'앗/엇, 안/언'을 "완료상", '아시/어시'를 "완료존속상"이라 하여 이제까지
의 논의와는 다른 체계를 제시하였던 것이다.

현평효(1975)의 체계는 제주방언의 '앖'과 '앗'을 시상의 형태소로 파악
했다는 점에서는 정당한 것으로 보인다. (17ㄱ)의 '먹엄져(먹+없+저)'가
'먹는' 동작이 진행 중임을 나타내고 (18ㄱ)의 '먹엇져(먹+엇+저)'가 '먹는'
동작이 완료되었음을 나타내기 때문이다('먹엄져'와 '먹엇져'는 각각 [머
검쩌]와 [머거쩌]로 발음된다).

그렇지만 홍종림(1976)에서 지적하였듯이 현평효(1975)의 체계를 그대
로 받아들이면 현대 제주방언에서 "미완료상"과 "미완료존속상", "완료상"
과 "완료존속상"이 상보적 분포를 보이는 까닭을 설명할 수 없다. 아마도
현평효(1975)의 체계는 이 선어말어미의 통시적인 면을 고려한 데에서 비
롯된 것으로 여겨진다. 왜냐하면 기원적으로 볼 때 '앖/없'과 '앗/엇'은 '암/
엄'과 '아/어'에 '시-(有)'가 통합된 '암시/엄시', '아시/어시'가 말음 '이'의 탈
락을 겪어 재구조화한 것이기 때문이다.[6]

그러나 현대 제주방언에서 '앖'과 '앗'은 복합 형태소가 아니므로 '존속
상'의 존재는 공시적으로 인정하지 않는 것이 바람직하다. 따라서 제주방
언의 '앖'과 '앗'은 각각 진행과 완료를 나타내 주는 시상의 선어말어미라
고 할 수 있다.

김영돈(1957b: 43-44) 이래로 (17)과 (18) 등의 예에 대한 분석을 통해 '앖'

---

[6] 이 형태소들의 결합이 문법화하는 과정에서 일어난 이러한 재구조화는 제주방언에
나타나는 '셔, 져, 쳐' 등의 음절에서의 반모음탈락 현상과 관련되어 있다. 즉 '암시/엄
시, 아시/어시'와 모음계 어미 '어'가 결합한 '암셔/엄셔, 아셔/어셔'는 반모음 'j'의 탈락
을 겪어 '암서/엄서, 아서/어서'로 되는데 이때 이 선어말어미의 기저형을 '앖/없, 앗/
엇'으로 재분석하게 됨으로써 재구조화가 이루어졌다는 것이다.

과 '앗'이 각각 그 이형태로 '암/엄, 암시/엄시', '앗/엇, 안/언, 아시/어시'를 가지는 것으로 기술하여 왔다. 그러나 제주방언의 음운과정 및 어미 체계를 고려할 때 '암시/엄시, 아시/어시'의 말음 '이'나 '안/언'의 말음 'ㄴ'는 선행 형태의 요소가 아니라 후행 형태의 요소로 분석되므로 '앖'의 이형태로 '앖/없, 암/엄', '앗'의 이형태로 '앗/엇, 아/어'가 있다고 하는 것이 타당하다 (정승철 1997c: 69-75). '암/엄'은 2인칭 의문의 어미 '(은)디'와 의문의 종결어미 '순', '아/어'는 '(은)디' 앞에만 나타나는 '앖'과 '앗'의 이형태인 것이다 ['(은)디'와 '순'에 대해서는 후술].

(19) ㄱ. 이 방 춤 돗암쩌[돗앖저].【홍종림 1987: 202】(이 방 참 따뜻하다.)
ㄴ. 이 방 돗나.【홍종림 1987: 202】(이 방 따뜻하다.)

홍종림(1987)에서는 (19ㄱ)과 (19ㄴ)의 비교로부터 '앖'과 '앗'이 "명제 내용이 특정의 시간과 장소에 실연화實演化"하는 기능을 갖는 것이라고 하였다. (19ㄱ)이 지금 바로 '따뜻함'을 느끼고 있음을 나타내며 (19ㄴ)이 '따뜻함'을 "보편적 성향"으로 하고 있음을 나타내기 때문이다. 이를 토대로 하면 '앖'과 '앗'은 각각 '진행상'과 '완료상'을 나타내면서 '실연實演'이라는 양태적 의미를 가지는 선어말어미라고 할 수 있다(정승철 1997c: 69).

(20) ㄱ. 보암섯수다[보앖엇쑤다].【박용후 1960: 463】
ㄴ. 우리 아이 흑게더레 감서서[갔엇어]?【홍종림 1975: 200】
(21) ㄱ. 보앗엇수[쑤]과?【박용후 1960: 461】
ㄴ. 지가 날 춫아서서[춫앗엇어]?【홍종림 1975: 199】
(22) 보암섯엇수다[보앖엇엇쑤다].【박용후 1960: 464】

박용후(1960: 460-464)에 (20)은 "지난적 이음(과거계속), 이적 이음의 마침(현재 계속완료)", (21)은 "지난적 마침(과거완료)", (22)는 "지난적 이음의 마침(과거 계속완료)"의 예로 제시되어 있는 것인데 이를 참조하면 (20ㄱ)은 '보고 있었습니다.', (20ㄴ)은 '우리 애가 학교로 가고 있었는가?', (21ㄱ)은 '보았었습니까?', (21ㄴ)은 '자네가 나를 찾았었는가?', (22)는 '보고 있었었습니다.' 정도로 번역될 수 있는 것으로 여겨진다. 홍종림(1975)에서는 이들을 의문의 종결어미 '서'가 결합된 것으로 보았다. 말하자면 (20)의 '앖엇'은 '과거 진행' 또는 '현재완료 진행', (21)의 '앗엇'은 '과거완료', (22)의 '앖엇엇'은 '과거완료 진행'을 나타내 준다는 것이다. 한편 현평효(1979: 42)에는 이들을 "이 방언 언중言衆들의 발화에서는 좀처럼 들어 볼 수 없는 것"이라고 하였다.

(23) ㄱ. 이 집의[이] 살아나시냐?【김영돈 1957b: 44】(이 집에 살았었느냐?)
ㄴ. 나는 축구 선수라낫수[쑤]다.【박용후 1988b: 48】(나는 축구 선수였었습니다.)

제주방언의 시상 체계와 관련하여 용언어간에 '아낫(/어낫), 라낫'이 결합되어 있는 (23)의 예도 흥미롭다. 김영돈(1957b: 44)에서는 (23ㄱ)이 "단순히 '이 집에 살았었나?'는 뜻을 말해 주는 외싸에 특히 '그렇게 한 바가 있었느냐?'는 어감"을 주는 것임에 주목하고 이를 "대과거"라 하였다. '아낫'을 "과거 행동의 완결을 나타낼 때에 쓰이는 어미"라 한 이숭녕(1957/1978: 114)과 "움직씨의 끝 '아(어)'와 잡음씨의 끝 '라' 아래에 붙어 어떤 행동을 겪고 남을 보이는 말"이라 한 박용후(1988b: 48)를 참조하면 제주방언의 '아낫'이 '과거완료'를 나타내 주는 형태소임을 알 수 있다.

(24) ㄱ. 그 산 춤 높아라[노파라].【홍종림 1993: 59】(그 산 참 높더라.)

ㄴ. 그 사름도 하영 먹어냐?【현평효 1975/1985: 90】(그 사람도 많이
　　먹더냐?)

ㄷ. 난 멧 등이라니?【홍종림 1975: 170】(나는 몇 등이더냐?)

ㄹ. 철수 인칙 오라냐?【현평효 1975/1985: 92】(철수가 일찍 오더냐?)

(25) ㄱ. 가이 지금 밥 먹없어라.【정승철 1997c: 75】(그 애 지금 밥 먹더
　　　라.)

ㄴ. 그 구둘은 촘 둣앗어라.【홍종림 1993: 71】(그 방은 참 따뜻했더
　　라.)

ㄷ. 그 사름 일 잘 ᄒ크라라.【현평효 1975/1985: 92】(그 사람 일 잘 하
　　겠더라.)

(24)는 이른바 회상의 선어말어미 '아'가, 선행 어간의 통사 부류에 관계
없이 어간에 직접 결합될 수 있으며 이 선어말어미에 후행할 수 있는 종결
어미가 '라'와 '으니', '으냐'뿐임을 알려 준다('노파라'는 '노프-(높다)'에 '아
라'가 결합된 것이다). 위에서 보는 대로 이 선어말어미의 이형태에는 '아/
어, 라'가 있다. 물론 '먹더냐?'나 '자꾸 가던 집' 등에서처럼 간혹 '더'가 나타
나는 일도 있지만 이는 중앙어의 영향에 의한 것이다(홍종림 1993: 56). '먹
어냐?'나 '자꾸 간 집'이 더 자연스러운 방언적 표현이기 때문이다.

이 선어말어미의 이형태 중에 '아'와 '어'는 선행 어간의 음절수와 어간
말 음절의 음운론적인 성격에 따라, '라'는 선행 어간이 계사인지 아닌지에
따라 교체된다(정승철 1997c: 75-76). (24ㄹ)의 '오라냐'는 '오-(來)' 뒤에서
'아'가 '라'로 교체되는 것처럼 보이게도 하지만 이는, 분포적인 제약을 가
지기는 하지만 현대 제주방언에서 '오-'와 '올-'가 쌍형어를 이루고 있는 데
(정승철 1995d: 368-370)에서 비롯된 것이다.

(25)는 회상의 '아'가 선어말어미 '없'과 '앗', '으크'에도 후행할 수 있음을
보여 준다. (25ㄴ)에서 보듯 '아'는, '앗(또는 '없')에 후행하는 경우에 선행

형태소의 음운론적 성격에 따른 '아'와 '어'의 교체를 보이지 않는다(이는 중앙어의 대과거 형태인 '았었/었었'과 유사하다). 그리고 '아'가 '으크'에 후행하는 경우에는 (25ㄷ)의 'ᄒ크라라'에서처럼 '라'로 교체된다. 이는 '으크' 뒤에서 계사 '이-'가 생략된 데에 기인한 것이므로(후술) (24ㄷ)과 평행하게 이해할 수 있다.

(26) ㄱ. 싯당 가크라.【이숭녕 1957/1978: 57】(있다가 가겠어.)

ㄴ. 비가 오쿠다.【박용후 1960: 465】(비가 오겠습니다.)

ㄷ. 난 죽으키여[죽으켜].【홍종림 1981: 569】(나는 죽겠다.)

(27) ㄱ. 걱정ᄒ지 말라. 붙을꺼여[부틀 거여].【홍종림 1981: 579】(걱정하지 말아라. 붙을 것이다.)

ㄴ. 걱정ᄒ지 말라. 붙으키여[부트켜].【홍종림 1981: 579】(걱정하지 말아라. 붙겠다.)

(26ㄱ)은 의도를 나타내고 (26ㄴ)은 추측을 나타낸다. 이로부터 김영돈 (1957b: 44), 이숭녕(1957/1978: 56), 박용후(1960: 465)에서는 제주방언의 '으크'를 각각 "미래시상", "의지意志 미래", "올적(미래)과 믿움(추측)"의 시상 또는 시제 형태소라 하였으며 현평효(1975/1985: 93-101)에서는 "의도법"과 "추측법"의 서법 형태소라 하였다.

그런데 홍종림(1981)에서는 (26ㄷ)이 의도를 나타내기도 하고 추측을 나타내기도 한다는 점에 주목하여 "서술어가 [+자의성自意性]을 취하느냐, [-자의성]을 취하느냐"에 따라 그것이 '으크'의 의미와 결합하여 '으크'를 포함하는 문장의 의미가 결정되는 것이라고 하였다. (26)의 예문이 나타내 주는 화자의 의도나 추측이 '으크' 또는 '주어의 인칭'에 따라 결정되는 것은 아니라는 것이다.

또한 제주방언의 문법 기술에서 '으크'를, 그 의미적 대응으로 인하여 중앙어의 '겠'과 비교해 옴으로써 '으크'의 기능을 정확히 파악할 수 없었다고 하고 '겠'과의 비교를 통해서가 아니라 제주방언의 전체적인 문법 체계, 특히 명사적 구성인 '을 거'와의 관련 속에서 그 기능을 살펴보아야 한다고 하였다. 그리하여 (27)의 예로부터 제주방언의 '으크'가 "개연적蓋然的 상황을 전제로 하면서도, 그 모순적矛盾的 대립관계에 있는 진술陳述의 가능성을 배제함으로써, 그 진술을 '실연화實然化하는' 화자의 확신"을 나타내는 양태적 의미를 가지는 형태라고 하였던 것이다(홍종림 1981: 581). 김지홍(1992: 73)에서는 이를 좀 더 정밀화하여 '으크'를 "상황의 사실성 여부를 부분적으로나마 지금 직접 확인"하는 양태적 형태소로 보았다.

한편 (26ㄷ)의 '죽으키여'(또는 '죽으키여')와 (27ㄴ)의 '붙으키여'는 '죽으켜'와 '부트켜'를 재분석한 데에서 비롯된 것이다(정승철 1997c: 76-78).

(28) ㄱ. 지금쯤 가인 밥 먹엄시크라.【정승철 1997c: 76】(지금쯤 그 애는 밥 먹겠어.)

ㄴ. 철수가 가시켜.【김지홍 1992: 40】(철수가 갔겠다.)

(29) ㄱ. 오늘밤 비 오키여[오켜].【현평효 1975/1985: 93】(오늘 밤에 비 오겠다.)

ㄴ. 오늘밤 비 오크라.【현평효 1975/1985: 94】(오늘 밤에 비 오겠어.)

ㄷ. 가이 츰 착허크라라.【홍종림 1993: 73】(그 애 참 착하겠더라.)

(28)은, 용언어간은 물론 선어말어미 '앖'과 '앗'도 '으크'를 선행할 수 있음을 보여 준다. 그런데 '으크'를 후행하는 어미의 형태를 관찰해 보면 이들이 계사 '이-'를 후행하는 어미의 형태와 동일하다는 사실을 알 수 있다. 즉 (29ㄱ)의 '여'와 (29ㄴ)의 '라', (29ㄷ)의 선어말어미 '라'는 각각 종결어미 '다'와 '어', 회상 선어말어미 '아'의 이형태인데 이들은 모두 계사 뒤에서 출현하는 형태인 것이다. 이는 '으크'가, 그와 양태적으로 대립하고 있는 '을

거'에 기원하는 데에서 비롯된다. '으크'가 기원적으로 명사적 구성이었다는 것이다.

이러한 점은 홍종림(1981: 567)에서 처음으로 제기되었다. 제주방언의 '으크'를 선어말어미가 아니라 "명사형 분간分揀어미"로 본 것이다. 이남덕 (1982: 12)에서도 '으크'를 관형형 어미 '을'의 기능뿐 아니라 "체언적 기능" 도 포함하고 있는 형태라 하였다.

(30) ㄱ. 밥을 먹을쿠과?【小倉進平 1944: 481】(밥 먹겠습니까?)
ㄴ. 지금 밥 먹을쿠다.【小倉進平 1944: 481-482】(지금 밥 먹겠습니다.)
ㄷ. 내일 홀키여[홀켜].【小倉進平 1944: 482】(내일 하겠다.)

제주방언의 '으크'는 명사적 구성인 '을 거'에 기원하며 문법화 과정에서 격음화('을커')와 '어〉으'의 변화('을크'), 관형형 어미 'ㄹ'의 탈락을 겪은 형태이다(정승철 1997c: 77). 小倉進平(1944: 481-482)에 제시되어 있는 (30)의 예는 관형형 어미의 탈락 이전의 모습을 보여 준다[小倉進平(1944)의 자료가 한글로 전사되어 있는 것은 아니지만 이 논문에서는 한글 전사로 옮겨 인용한다]. 이 형태소와 후행하는 어미 사이에는 계사 '이-'가 개재되어 있으나 제주방언의 계사는 모음으로 끝나는 형태소에 후행할 때 필수적으로 생략되므로 표면에 나타나지 않는다(정승철 1997c: 76-78).

한편 小倉進平(1944: 481-482)에는 (30)에 대응하는 형태로 '밥 먹쿠과? (밥 먹겠습니까?)', '지금 밥 먹쿠다.(지금 밥 먹겠습니다.)', '내일 ᄒ키여[ᄒ 켜].(내일 하겠다.)'의 예가 제시되어 있다. 그런데 '먹쿠과, 먹쿠다'는 '먹으 쿠과, 먹으쿠다'로 발화해야 제주방언의 음운과정에 부합한다. '막-(防)' 등과 같이, 'ㄹ'말음을 제외한 폐음절 어간 뒤에서는 '막으쿠다(막겠습니다)' 에서처럼 '으크'의 '으'가 탈락하지 않기 때문이다. 하지만 유일하게 '먹-(食)'만은 '으크'와 결합될 때 '으'의 탈락을 보여 주기도 한다는 점에서 형태론적으로 특이하다(정승철 1988: 21).

(31) ㄱ. 날씨가 춤 덥수[쑤]다.【홍종림 1995: 151】(날씨가 참 덥습니다.)

ㄴ. 우리 씨집은 막 머우다.【홍종림 1995: 151】(우리 시집은 아주 멉 니다.)

ㄷ. 가이 지렌 크우다.【홍종림 1995: 151】(그 애 키는 큽니다.)

ㄹ. 그거 우리 몰이우다.【홍종림 1995: 149】(그것은 우리 말입니다.)

(32) ㄱ. 가인 아직 그디 살았쑤다.【정승철 1997c: 78】(그 애는 아직 그곳 에 삽니다.)

ㄴ. 난 밧디서 일헷쑤궤.(나는 밭에서 일했지요.)

ㄷ. 오늘 밧듸[디] 가쿠가?【현평효 1975/1985: 41】(오늘 밭에 가겠습 니까?)

제주방언의 상대경어법은 '흡서'체(존칭), 'ᄒ여'체(평칭), 'ᄒ라'체(비칭) 로 삼분되며(현평효 1977) 주로 어미에 의해 표시된다.[7] 종결어미에 선행 하여 '흡서'체를 나타내는 상대존대의 선어말어미 '쑤'는 (31)에서 보는 대 로 선행하는 형태소가 자음으로 끝나는 경우에는 '쑤'로, 선행하는 형태소 가 'ㄹ'말음을 가진 형태소이거나 모음으로 끝나는 경우에는 '으우'로 나타 난다(정승철 1995a: 154-156).

(31)과 (32)는 '쑤'의 결합에, 선행 어간의 통사 부류가 관련되어 있음을 보여 준다. (31)에서처럼 형용사나 계사가 선행할 때에는 '쑤'가 어간에 직 접 결합하지만 (32)에서처럼 동사가 선행할 때에는 선어말어미 '앖'이나 '앗', '으크'가 개재되기 때문이다. 또한 (32)는 '쑤'에 후행하는 종결어미가

---

7 제주방언의 상대경어법은 '마씀(~마씸~마슴~마심)'에 의해 표시되기도 한다. 이 '마 씀'은 '추원마씀.(추워요.)', '그거 나 ᄒ엿어마씀?(그것을 내가 했어요?)'에서처럼 '흡서' 체 이외의 어미에 결합되어 상대존대를 나타내 준다(현평효 1977/1985: 152-156).

'다', '궤', '꽈(~꽝~까~깡~과~광~가~강)'밖에 없음을 알려 준다.

4. 어말어미

4.1. 접속어미

제주방언의 접속어미에는 등위접속의 '곡(~고)', 종속접속의 '멍, 으난
(~으나네), 으민, 으레, 아사'와 '단, 젠, 안' 등이 있다(김영돈 1957a: 38-43,
이숭녕 1957/1978: 81-110, 박용후 1960: 348-353, 374-379, 성낙수 1984).

> (33) 이걸랑 느 먹곡 저걸랑 놔두라.【이숭녕 1957/1978: 104】(이것은 네
>   가 먹고 저것은 놔두어라.)
>
> (34) ㄱ. 아이가 울멍 감쪄[값저].【이숭녕 1957/1978: 94】(아이가 울면서
>   간다.)
>
>   ㄴ. 들이 붉으난 놀기 좋다.【박용후 1960: 374】(달이 밝으니까 놀기
>   좋다.)
>
>   ㄷ. 들이 붉으민 놀레 가키여[가켜].【박용후 1960: 374】(달이 밝으면
>   놀러 가겠다.)
>
>   ㄹ. 공부ㅎ레 서울에 갓수[쑤]다.【박용후 1960: 353】(공부하러 서울
>   에 갔습니다.)
>
>   ㅁ. 얼굴이 붉어사 좋수[쑤]다.【김영돈 1957a: 40】(얼굴이 붉어야 좋
>   습니다.)

(33)은 등위접속의 예이며 (34)는 종속접속의 예이다. (34ㄱ)은 '동시同時',
(34ㄴ)은 '이유', (34ㄷ)은 '조건', (34ㄹ)은 '목적', (34ㅁ)은 '필연'을 나타낸

다. 이들 접속어미 중에 '곡', '멍', '으레', '아샤'는 어간에 직접 결합되며 어떠한 선어말어미의 개재도 허용하지 않는다.

(35) ㄱ. 나비 잡단 왓수[쑤]다.【김영돈 1957b: 47】(나비 잡다가 왔습니다.)

ㄴ. 나비 잡단 왐수다[왒쑤다].【김영돈 1957a: 41】(나비 잡다가 옵니다.)

ㄷ. 나비 잡당 오쿠다.【김영돈 1957b: 47】(나비 잡다가 오겠습니다.)

(36) ㄱ. 나비 잡젠[젠] ᄒ엿수[쑤]다.【김영돈 1957b: 47】(나비 잡으려 하였습니다.)

ㄴ. 나비 잡쟁[젱] 가쿠다.【김영돈 1957b: 47】(나비 잡으러 가겠습니다.)

(37) ㄱ. 나비 잡안 왓수[쑤]다.【김영돈 1957b: 47】(나비 잡아서 왔습니다.)

ㄴ. 나비 잡앙 오쿠다.【김영돈 1957b: 47】(나비 잡아서 오겠습니다.)

제주방언에는 문법적으로 특이한 대립 관계를 보여 주는 일부 접속어미가 나타난다. (35)의 '단(~다네)'과 '당(~당으네~당으넹에~다그네~다그넹에)', (36)의 '젠'과 '쟁', (37)의 '안(~아네)'과 '앙(~앙으네~앙으넹에~아그네~아그넹에~앙그네~앙그넹에)'에서처럼 이 접속어미들은 이른바 'ㄴ계'와 'ㅇ계'의 대립을 보여 주는 것이다.

(35)~(37)에 제시된 예에서 알 수 있듯이 대체로 'ㄴ계'는 "다음 술어가 과거이거나 현재인 경우"에, 'ㅇ계'는 "다음 술어가 미래인 경우"에 쓰인다(김영돈 1957a: 39-42). 'ㄴ계'와 'ㅇ계'의 대립을 "정반대되는 aspect적인 대립"으로 파악한 이숭녕(1957/1978: 84)의 견해나 'ㄴ계'가 "지난적"에 쓰이고 'ㅇ계'가 "올적"에 쓰인다고 한 박용후(1960: 351)의 견해도 이

와 거의 동일하다.

(38) ㄱ. *완 보라.【강정희 1978: 176】(와서 보아라.)

ㄴ. *오랑 구경ㅎ당 가수다[갓쑤다].【강정희 1978: 177】(와서 구경
하다가 갔습니다.)

ㄷ. *오랑 구경ㅎ당 감수다[값쑤다].【강정희 1978: 177】(와서 구경
하다가 갑니다.)

(39) ㄱ. 잡안 감수다[값쑤다].【강정희 1978: 179】(잡아서 갑니다.)

ㄴ. 잡앙 감수다[값쑤다].【강정희 1978: 179】(잡아서 갑니다.)

(40) ㄱ. 가당 오당 들려수다[들렷쑤다].【강정희 1978: 180】(가다 오다 들
렸습니다.)

ㄴ. 가당 오당 들립네다.【강정희 1978: 180】(가다 오다 들릅니다.)

ㄷ. 가당 오당 들리라.【강정희 1978: 180】(가다 오다 들러라.)

강정희(1978)에서는 (38)의 예가 성립하지 않음을 지적하면서 'Xㄴ'계와
'Xㅇ'계의 대립을 좀 더 체계화하여 기술하고 있는데 이 접속어미를 선행
하는 사건이 발화시 현재 "[+past]"일 경우에는 'Xㄴ'계가, "[-past]"일 경우에
는 'Xㅇ'계가 사용되며 "선행절의 시제 표시가 있은 후에 후행절의 시제가
결정"된다고 하였다. 그리고 (39)에서처럼 이 접속어미를 선행하는 사건
이 "발화시 영역" 내에 있을 때에는 'Xㄴ'계와 'Xㅇ'계가 서로 혼용되며 (40)
에서처럼 "습관적 동작" 등 "기준시점基準時點"을 설정하기 어려운 경우에
는 'Xㅇ'계가 쓰인다고 하였다(강정희 1978).

김지홍(1983: 21-24)에서는 'Xㄴ'계와 'Xㅇ'계가 서로 혼용되는 현상에
주목하여 제주방언에 나타나는 'Xㄴ'계와 'Xㅇ'계의 대립 현상을 체계화하
였다. 그리하여 이 접속어미를 후행하는 사건이 "[+착수, ±완료]"일 경우에
는 'Xㄴ'계가, "[±착수, -완료]"일 경우에는 'Xㅇ'계가 실현되며 자질들이 서

로 겹치는 "[+착수, -완료]"일 경우에는 'Xㄴ'계와 'Xㅇ'계가 모두 실현될 수 있지만 그럼에도 불구하고 현대 제주방언에서는 'Xㅇ'계가 "실현 범위를 넓히고" 있다고 하였던 것이다.

4.2. 종결어미

제주방언의 종결어미에는 평서의 '궤(~게), 읍네다, 읍데다(~읍디다); 주, 어(/라), 은게; 다(/저/여/라), 나(/은다), 으네', 명령의 '읍서; ∅ ; 으라', 청유의 '읍주(~읍쥐); 주(~쥐), 심; 게, 자' 그리고 의문의 '꽈(~까), 읍네까, 읍데가(~읍디가); 순, 어(/라), 엔, 은고, 은가, 으코, 으카; 고, 가, 이, 이아, 으니, 으냐' 등이 있다(정승철 1997c: 81-83).[8]

(41) ㄱ. 철수가 글 잘 익읍네다.(철수가 글 잘 읽습니다.)

　　　ㄴ. 구름 어시민 둘은 붉주.(구름 없으면 달은 밝지.)

　　　ㄷ. 가인 일찍 농장에 갓어.(그 애는 일찍 농장에 갔어.)

　　　ㄹ. 야이 지금 좀 잠신게.(이 애가 지금 잠 자네.)

　　　ㅁ. 어젠 농약 뿌려시네.(어제는 농약 뿌렸지.)

(42) ㄱ. 주무십서.(주무십시오.)

　　　ㄴ. 책 익으라.(책 읽어라.)

(43) ㄱ. 책 익읍주.(책 읽읍시다.)

　　　ㄴ. 집이 가주.(집에 가자.)

　　　ㄷ. 집이 가게.(집에 가자.)

---

8 이들은 제주방언의 상대경어법 등급('흡서'체; 'ᄒ여'체; 'ᄒ라'체)에 따라 배열한 것이다('평서, 명령, 청유, 의문'은 편의상의 구분이다). 제시된 종결어미가 제주방언의 모든 종결어미를 포괄하는 것이 아님은 물론이다.

(41)은 평서, (42)는 명령, (43)은 청유의 종결어미가 결합된 것이다. (41ㄱ)의 '읍네다', (42ㄱ)의 '읍서', (43ㄱ)의 '읍주'는 'ᄒᆞᆸ서'체 종결어미이고 (41ㄴ)~(41ㄹ)의 '주, 어, 은게'('은게'는 '정감적 태도'를 드러내는 어미), (43ㄴ)의 '주'는 'ᄒᆞ여'체 종결어미이며 (41ㅁ)의 '으네', (42ㄴ)의 '으라', (43ㄷ)의 '게'는 'ᄒᆞ라'체 종결어미이다. (42)에서 보듯이 'ᄒᆞ여'체의 명령 종결어미는 나타나지 않는다.

(44) ㄱ. 철순 지금 어디 갑네까?(철수는 지금 어디 갑니까?)

　　　ㄴ. 오널 낮이 무시거 먹읍데가?(오늘 낮에 무엇을 먹었습니까?)

　　　ㄷ. 어디 감이엔(~감엔)?(어디 가니?)

　　　ㄹ. 지금 무신 책 익엄신고?(지금 무슨 책 읽는가?)

　　　ㅁ. 신문 다 익어신가?(신문 다 읽었는가?)

　　　ㅂ. 오널 멋 허코?(오늘 무엇을 할까?)

　　　ㅅ. 집이 가카?(집에 갈까?)

(44)는 의문의 종결어미가 결합된 예인데 (44ㄱ)과 (44ㄴ)은 'ᄒᆞᆸ서'체 종결어미 '읍네까, 읍데가'가, (44ㄷ)~(44ㅁ)은 'ᄒᆞ여'체 종결어미 '엔, 은고, 은가'가, (44ㅂ)과 (44ㅅ)은 'ᄒᆞ라'체 종결어미 '코, 카'가 결합된 것이다. 그런데 (44ㄱ)~(44ㄷ)과 달리 (44ㄹ)~(44ㅅ)은 'ᄒᆞ여'체나 'ᄒᆞ라'체에서 설명의문과 판정의문의 구분이 어미의 대립에 의하기도 함을 보여 준다. (44ㄹ)과 (44ㅂ)의 '은고, 코'는 설명의문의 종결어미이며 (44ㅁ)과 (44ㅅ)의 '은가, 카'는 판정의문의 종결어미이다.

(45) ㄱ. 어디서 잡암시?【김영돈 1957a: 35】(어디서 잡니?)

　　　ㄴ. 어디서 잡아시?【김영돈 1957a: 35】(어디서 잡았니?)

(46) ㄱ. 나비 하영 잡암샤?【김영돈 1957a: 35】(나비 많이 잡니?)

ㄴ. 나비 하영 잡아샤?【김영돈 1957a: 35】(나비 많이 잡았니?)

제주방언에서 어미 대립에 의한 설명의문·판정의문의 구분이 단적으로 드러나는 것은 (45), (46)과 같은 예에서이다. (45)는 설명의문이며 (46)은 판정의문인데 (45)의 '잡암시'와 '잡아시'는 '잡+앖+이'와 '잡+앗+이'로, (46)의 '잡암시아(~잡암샤~잡암사)'와 '잡아시아(~잡아샤~잡아사)'는 '잡+앖+이아'와 '잡+앗+이아'로 분석된다. 따라서 '이'는 설명의문, '이아(~야~아)'는 판정의문의 종결어미라 할 수 있다. 그리하여 김영돈(1957b: 50)에서는 'X이'계가 (45)와 같이 "의문 대명사가 낀 문장에만", 'X이아'계가 (46)과 같이 "의문 대명사의 유무에 구애됨이 없이" 쓰인다고 하였던 것이다. 'X이'계가 "부정不定을 나타내는 말 '언제, 어디, 누구, 무엇, 얼마, 무슨, 왜, 어떻게'들 아래"에 쓰인다고 한 박용후(1960: 344-345)도 동일한 차원에서 이해된다. 현대 제주방언에서는 어미 대립에 의한 설명의문·판정의문의 구분이 약화되어 가고 있다.

(47) ㄱ. 무사 잡암디?【김영돈 1957a: 34】(왜 잡니?)

　　　ㄴ. 어디서 잡안디?【김영돈 1957a: 34】(어디에서 잡았니?)

　　　ㄷ. 어디서 잡을디[띠]?【김영돈 1957a: 34】(어디에서 잡겠니?)

(48) ㄱ. 나비 잡암다?【김영돈 1957a: 34】(나비 잡니?)

　　　ㄴ. 나비 잡안다?【김영돈 1957a: 34】(나비 잡았니?)

　　　ㄷ. 나비 잡을다[띠]?【김영돈 1957a: 34】(나비 잡겠니?)

(49) ㄱ. 는 누게 아덜인디?【홍종림 1975: 165】(너는 누구 아들이니?)

　　　ㄴ. 는 창수 아덜인디아[야]?【홍종림 1975: 165】(너는 창수 아들이니?)

그런데 제주방언의 의문법은 어미 대립에 의해 판정의문과 설명의문이 구분된다는 점뿐 아니라 인칭 제약을 가진 어미가 존재한다는 점에서도 특징적이다(홍종림 1975). (47)~(49)는 모두 2인칭 의문을 나타내는데 2인칭 의문을 나타내는 어미 '은디, 을띠(~을티)'가 설명의문의 종결어미 '이'와 판정의문의 종결어미 '이아'에 결합되어 있는 예이다. (47)의 '잡암디, 잡안디, 잡을띠(~잡을티)'는 각각 '잡+암+(은)디+이, 잡+아+은디+이, 잡+을띠+이'로, (48)의 '잡암디아(~잡암댜~잡암다~잡암자), 잡안디아(~잡안댜~잡안다~잡안자), 잡을띠아(~잡을티아)'는 각각 '잡+암+(은)디+이아, 잡+아+은디+이아, 잡+을띠+이아'로 분석된다.

한편 (47ㄱ), (48ㄱ)을 (49)와 비교해 보면 2인칭을 나타내는 어미의 형태는 '은디'임을 알 수 있다. '을띠(~을티)'와 양태적으로 대립하고 있는 '은디'가 시상의 선어말어미 '암/엄'과 결합할 때 '은'이 생략되는 것이다(정승철 1997c: 73-75).

(50) ㄱ. 느 무시거 먹언디?【홍종림 1993: 97】(너 무엇을 먹었니?)

ㄴ. *자이 무시거 먹언디?【홍종림 1993: 97】

ㄷ. 느 무시거 먹어시?(너 무엇을 먹었니?)

ㄹ. 자이 무시거 먹어시?(저애 무엇을 먹었니?)

(51) 무사 얼굴이 붉언디?【김영돈 1957a: 34】(왜 얼굴이 붉어졌니?)

(50)의 예는 '은디'가 2인칭 의문을 나타내지만 2인칭 의문에 '은디'가 나타나지 않을 수도 있음을 직접적으로 보여 준다. 이러한 점은 김영돈 (1957b: 50)에 이미 지적되어 있다. '은디'가 결합된 형태가 "대화자의 행동만을 묻는 말"임에 대하여 '은디'가 결합되지 않은 형태는 "삼인칭의 행동을 대화자에게 묻는 경우에도" 쓰인다고 함으로써 "삼인칭의 행동"뿐 아니라 "대화자의 행동"을 물을 때에도 쓰일 수 있다고 하였던 것이다.

한편 '은디'는 동사어간에만 결합된다(박용후 1960: 344-345). (51)은 형용사어간에 '은디'가 결합될 수 있는 것처럼 보이게도 하지만 이는 형용사가 동사화한 것이다(김영돈 1957a: 34).

(52) ㄱ. 나비 잡심.【김영돈 1957a: 38】(나비 잡자.)

ㄴ. 이녁 무슴엣거 사와지심는?【이운금 1965: 18】

제주방언에는 성별에 의해 분포가 제한되어 있는 종결어미들이 나타난
다. (52)에서 보듯이 청유의 종결어미 '심'은 "부부夫婦 사이에 또는 나이 많
은 여자가 수하에게 쓰는 시킴꼴 예사 낮훔 마침씨끝(명령형 보통普通비
칭 종지終止어미)"(박용후 1960: 452)으로 사용되는 것이다. 이를 "부녀만
이 많이 쓰는 말"이라 한 이운금(1965: 18)에는 종결어미 '심'이 결합된 예
와 함께 (52ㄴ)에서처럼 '심는'이 결합된 예도 제시되어 있다. 현대 제주방
언에서 확인되지는 않지만 이운금(1965: 18)를 참조하면 (52ㄴ)은 '자네 마
음에 드는 것을 사올 수 있을까?' 정도로 번역할 수 있다. 또한 필자가 확인
하지는 못했지만 박용후(1960: 346)에는 '옷을 입엄심.(옷을 입고 있게.)'
이나 '옷을 입엇심.(옷을 입었게.)'과 같이 어간과 종결어미 '심' 사이에 시
상의 선어말어미 '앖'이나 '앗'이 개재된 예가 제시되어 있다.

(53) ㄱ. 나비 하영 잡싼?【김영돈 1957a: 37】

ㄴ. 그 사름 나비 하영 잡암싼?【김영돈 1957a: 37】

(54) ㄱ. 활을 쏘셴?【박용후 1960: 340】

ㄴ. 활을 쏘암셴?【박용후 1960: 340】

ㄷ. 활을 쏘았[앗]셴?【박용후 1960: 340】

김영돈(1957a: 37)에서는 (53)의 '싼'이 "부인들 사이에서만" 쓰이며 (53
ㄱ)은 '나비 많이 잡았어?', (53ㄴ)은 '그 사람 나비 많이 잡고 있었어?'로 번
역된다고 하였다. 그리고 박용후(1960: 451-452)에서는 (54)의 '셴'이 "부부

夫婦 사이에 또는 나이 많은 여자가 수하에게 쓰는 물음꼴 예사 낮훔 마침씨끝(의문형 보통普通비칭 종지어미)"으로 쓰이며 (54ㄱ)은 '활을 쏘았는가?', (54ㄴ)은 '활을 쏘고 있었는가?', (54ㄷ)은 '활을 쏘았었는가?'로 번역된다고 하였다. 현대 제주방언에서 '촨'이나 '셴'은 확인되지 않는 어미이다.

(55) ㄱ. 활을 쏘암손?【박용후 1960: 341】(활을 쏘는가?)

　　　ㄴ. 활을 쏘앗손?【박용후 1960: 341】(활을 쏘았는가?)

(56) ㄱ. 무시걸 먹엄순?【홍종림 1975: 204】(무엇을 먹는가?)

　　　ㄴ. 가이 밥 먹엇순?(그애 밥 먹었는가?)

　　　ㄷ. 이거 누게네 물이순?【홍종림 1975: 204】(이것은 누구의 말인가?)

　　　ㄹ. 지 바당에 가크순?【홍종림 1975: 204】(자네 바다에 가겠는가?)

박용후(1960: 451-452)에서는 (55)의 '손'이 "부부 사이에 또는 나이 많은 여자가 수하에게 쓰는 물음꼴 예사 낮훔 마침씨끝(의문형 보통비칭 종지어미)"으로 쓰인다고 하였다. 그리고 홍종림(1975)에서는 (56)의 '순'이 "화자의 성별 제약을 받고 있어서 여성일 경우에 한하여 사용"된다고 하였다. 현대 제주방언에서 확인할 수 있는 것은 '순'이지만 이들이 분포나 기능에서 차이를 보이지 않으므로 '손'과 '순'은 동일한 어미로 여겨진다.

5. 인용어미

제주방언의 인용어미는 직접인용과 간접인용의 어미 형태가 동일하다는 점에서 특징적이다(정승철 1997c: 83).

(57) ㄱ. 철순 지금 밥 먹없쑤다.【정승철 1997c: 86】(철수는 지금 밥 먹습

니다.)

ㄴ. 철수 친구가 철수 아방고라 철순 지금 밥 먹없쑤덴 헷저.【정승
철 1997c: 86】(철수 친구가 철수 아버지보고 "철수는 지금 밥 먹
습니다."라고 했다.)

ㄷ. 철수 친구가 철수 아방고라 철순 지금 밥 먹없젠 헷저.【정승철
1997c: 86】(철수 친구가 철수 아버지보고 철수는 지금 밥 먹는다
고 했다.)

(57ㄱ)에 대하여 (57ㄴ)은 직접인용, (57ㄷ)은 간접인용의 예인데 이들
은 제주방언에서 인용이 이루어졌을 때 피인용문 종결어미의 말모음이
그에 대당하는 전설모음으로 교체되고 있음을 알려 준다. 이러한 예들로
부터 김영돈(1957a)나 이숭녕(1957/1978), 박용후(1960)에서는 제주방언
인용어미의 형태를 모두 동일하게 '인(~잉)'으로 보았다. 제주방언의 인용
형은 "종결어미+ㅣ+ㅇ(ㄴ)"으로서 "i-를 부가하는 형성법"은 명사의 "suffix
없는 기본형에다 -i를 부가"하여 새로운 명사어간을 형성하는 법과 "동궤
의 것"이며(이숭녕 1957/1978: 98-99) "인용격引用格"의 '인'은 "제주방언에
서 가장 널리 쓰히는 자리토씨(격조사)"로서(박용후 1960: 397-398) "언제
나 앞 음운과 합쳐지는 게 원칙"(김영돈 1957a: 42)이라고 하였던 것이다.
이 어미의 통사적 성격을 어떻게 파악하는지를 고려하지 않을 때 강정희
(1984), 성낙수(1984: 95-109), 홍종림(1993: 140-146)도 제주방언 인용어미
의 형태를 '인'으로 본다는 점에서는 모두 일치한다.

(58) ㄱ. 지금 집이 감디아?(지금 집에 가니?)

ㄴ. 철수 아방이 철수 친구고라 지금 집이 감디엔 물엇저.(철수 아
버지가 철수 친구보고 "지금 집에 가니?"라고 물었다.)

ㄷ. 철수 아방이 철수 친구고라 지금 집이 감시녠 물엇저.(철수 아

버지가 철수 친구보고 지금 집에 가느냐고 물었다.)

(59) ㄱ. 지금 어디 감디?【정승철 1997c: 101】(지금 어디 가니?)

　　 ㄴ. 철수 아방이 철수 친구고라 지금 어디 감디엔 물엇저.【정승철 1997c: 101】(철수 아버지가 철수 친구보고 "지금 어디 가니?"라고 물었다.)

　　 ㄷ. 철수 아방이 철수 친구고라 지금 어디 감딘 물엇저.【정승철 1997c: 101】(철수 아버지가 철수 친구보고 "지금 어디 가니?"라고 물었다.)

　　 ㄹ. 철수 아방이 철수 친구고라 지금 어디 감시녠 물엇저.【정승철 1997c: 101】(철수 아버지가 철수 친구보고 지금 어디 가느냐고 물었다.)

　(58ㄱ)에 대하여 (58ㄴ)은 직접인용, (58ㄷ)은 간접인용이며 (59ㄱ)에 대하여 (59ㄴ)과 (59ㄷ)은 직접인용, (59ㄹ)은 간접인용의 예이다. 직접인용에 있어서 (58ㄴ)이나 (59ㄴ)을 (59ㄷ)과 비교해 보면 전자에서는 피인용문 종결어미의 말모음이 그에 대당하는 전설모음으로 교체되지만 후자에서는 전설모음으로의 교체를 보이지 않음을 알 수 있다.

　이로부터 강정희(1984)에서는 제주방언 인용어미의 형태를 '인'으로 보고 전자에서는 인용어미 '인'에 의한 종결어미의 "전설모음화"가 이루어진 것으로, 후자에서는 인용어미의 '이'가 특정한 모음 아래에서 탈락한 것으로 보았다. 이때의 특정한 모음이란, (59ㄷ)과 '그거 무신 붓곤 ᄒ여라.【박용후 1960: 398】("그것이 무슨 붓이니?"라고 하더라.), 철수 친구가 철수 아방고라 철순 메일 신문 봅준 헷저.【정승철 1997c: 103】(철수 친구가 철수 아버지보고 "철수는 매일 신문을 보지요."라고 했다.)' 등을 참조하면 '이, 오, 우'임을 알 수 있다.

　그런데 제주방언의 인용어미를 '인'으로 볼 때 선행 모음의 전설화와 특정한 모음 아래에서의 탈락을 설명하기 위해서는 그것이 기원적으로 어떠한 형태에서 유래한 것인지를 규명해야 할 필요가 있다. 그리하여 강정희(1984)에서는 제주방언의 인용어미가, 계사 '이-'와 어미 'ㄴ'의 결합 구성에 그 기원을 두고 있다고 하였던 것이다. 이는 모문 속에서 차지하는 피인용문의 통사적 성격과 계사 구성인 '이라 ᄒ고'에서 유래한 중앙어의 직접인용의 어미 '(이)라고'를 고려한 데에서 비롯된 것으로 보인다.

하지만 제주방언의 인용어미를 계사와 관련이 있는 형태로 보는 데에는 어려움이 있다. 왜냐하면 제주방언에서 계사 '이-'는 공시적으로, 선행하는 모음을 전설화할 수 없을 뿐 아니라 그 생략이 어떠한 모음 아래에서도 필수적으로 이루어지기 때문이다(정승철 1997c: 78). 이처럼 계사 '이-'와 인용어미가 보여 주는 행위의 차이는 제주방언의 인용어미가 계사와 관련이 없는 형태임을 알려 준다.

이로부터 정승철(1997c)에서는 제주방언의 인용어미가 'ᄒ-(하다)'와 접속어미 '언(어서)'이 결합된 '헨(해서)'에 기원하며 '헨'이 피인용문 종결어미와의 융합 과정에서 두음 'ㅎ'의 탈락을 겪어 '엔(~엥)'으로 나타나게 된 것이라고 하였다.[9] 이 제주방언의 인용어미는, 피인용문 종결어미와의 융합이 이루어질 때 종결어미의 말모음과 축약되는 것이 일반적이지만 경우에 따라 어미의 두음 '에'를 탈락시키기도 한다.

(60) ㄱ. 그거 붓가?(그것이 붓이니?)

　　ㄴ. 그거 붓갠[갠] ᄒ여라.【박용후 1960: 398】("그것이 붓이니?"라고
　　　하더라.)

---

9 제주방언 인용어미의 형태를 '엔'으로 본 것은 고영진(1985)가 처음이다. 이 논문에서는 종결어미와 인용어미 '엔'의 "축약", 그리고 특정한 모음 아래에서의 '에'탈락 등 일련의 과정을 설정하고 있다. 하지만 이러한 일련의 과정들도 현대 제주방언에서는 공시적으로 인정될 수 없는 것들이다.

ㄷ. 그거 붓이녠 물엇저.(그것이 붓이냐고 물었다.)

(61) ㄱ. 그거 무신 붓고?(그것이 무슨 붓이니?)

ㄴ. 그거 무신 붓궨(~붓겐) 허여라.("그것이 무슨 붓이니?"라고 하더
라.)

ㄷ. 그거 무신 붓곤 ᄒ여라.【박용후 1960: 398】("그것이 무슨 붓이
니?"라고 하더라.)

ㄹ. 그거 무신 붓이녠 물엇저.(그것이 무슨 붓이냐고 물었다.)

(60ㄱ)에 대하여 (60ㄴ)은 직접인용, (60ㄷ)은 간접인용이며 (61ㄱ)에 대
하여 (61ㄴ)과 (61ㄷ)은 직접인용, (61ㄹ)은 간접인용의 예이다. (60ㄴ)과
(61ㄴ)은 직접인용문에서 피인용문의 종결어미와 인용어미의 융합으로
종결어미의 말모음이 인용어미 '엔'과 축약되었음을 보여 준다. 그리고
(60ㄷ)과 (61ㄹ)은 간접인용문에서 피인용문의 종결어미가 'ᄒ라'체로 중
화된 후 인용어미 '엔'과의 융합이 이루어짐을 알려 준다.

그런데 이러한 융합 과정 자체는 형태론적인 현상이지만 그 과정에 형
태론 이외의 층위에서의 간섭이 일어나는 일이 있다. 제주방언에서 피인
용문의 종결어미와 인용어미가 융합될 때 통사론적 층위의 관여로 인하
여 그 융합 양상이 달라지기도 함은 바로, 융합 과정에 형태론 이외의 층위
에서의 간섭이 일어날 수도 있음을 보여 준다. 즉 (61ㄷ)에서 보듯이 종결
어미와 인용어미가 융합될 때 인용어미 '엔'의 두음 '에'가 탈락하는 것은
어미 대립에 의한 판정의문과 설명의문의 구분을 유지하기 위함이므로
인용어미의 융합 과정에 통사론적 층위가 관여하여 그 양상을 달리하게
한 예라고 할 수 있다(정승철 1997c: 100-103). 이는 인용의 과정이 언어 층
위의 문제와 관련되어 있음을 보여 준다.

(62) ㄱ. 청손 나가 ᄒ저.【정승철 1997c: 91】(청소는 내가 하겠어.)

ㄴ. 철수 아방이 철수 친구고라 청손 나가 ᄒ저 헷저.【정승철 1997c: 91】(철수 아버지가 철수 친구보고 "청소는 내가 하겠어." 했다.)

ㄷ. 철수 아방이 철수 친구고라 청손 나가 ᄒ켄 헷저.【정승철 1997c: 91】(철수 아버지가 철수 친구보고 청소는 자기가 하겠다고 했다.)

(63) ㄱ. 어젠 농약 뿌려시녜.【정승철 1997c: 91】(어제는 농약 뿌렸지.)

ㄴ. 철수 아방이 철수 친구고라 어젠 농약 뿌려시녜 헷저.【정승철 1997c: 91】(철수 아버지가 철수 친구보고 "어제는 농약 뿌렸지." 했다.)

ㄷ. 철수 아방이 철수 친구고라 어젠 농약 뿌렷젠 헷저.【정승철 1997c: 91】(철수 아버지가 철수 친구보고 어제는 농약 뿌렸다고 했다.)

또한 제주방언에서는 피인용문의 종결어미에 따라 인용어미가 결합된 직접인용문을 형성하지 못하고 (62ㄴ)이나 (63ㄴ)과 같이 인용어미가 결합되지 않은 직접인용문만을 형성하는 것이 가능한 경우가 있다. 이는 대체로 피인용문의 종결어미와 인용어미의 융합형이 제주방언 어미의 형태론적인 목록과 충돌을 일으키는 데에 기인한다. 즉 (62ㄴ)이나 (63ㄴ)에 대하여 인용어미가 결합된 직접인용문을 가정하면 '~ 청손 나가 ᄒ젠 헷저.'와 '~ 어젠 농약 뿌려시녠 헷저.'이지만 이들은 모두 성립하지 않는데 전자가 성립하지 않는 것은 의도의 어미 '젠'과, 후자가 성립하지 않는 것은 인용어미 융합형 '으녠'과의 충돌을 피하기 위해서라는 것이다. 제주방언에서 선어말어미가 결합되지 않은 '젠'은 '청손 나가 ᄒ젠 헷저.(청소는 내가 하려고 했다.)'에서처럼 의도의 접속어미로, '으녠'은 '어젠 농약 뿌려시녠 물엇저.(어제는 농약 뿌렸느냐고 물었다.)'에서처럼 의문의 종결어미와 인용어미의 융합형으로 쓰인다.

제주방언의 인용문은 직접인용이든 간접인용이든 피인용문의 종결어미와 인용어미의 융합을 통해서 이루어진다. 정승철(1997c: 83-105)에 의존하여 그 융합 양상을 정리하면 다음과 같다.

평서문이 인용된 직접인용문에서 피인용문의 종결어미 '궤(~게)', '읍네다', '라', '다/저/여/라', '나/은다' 등이 각각 '렌(~젠)', '읍네덴', '렌', '덴/젠/엔/렌', '넨/은덴' 등으로 실현되며 간접인용문에서는 인용문의 종결어미가 'ᄒ라'체의 '다(/저/여/라)'와 '나(/은다)'로 중화되고 이에 인용어미 '엔'이 결합된다. 의문문이 인용된 직접인용문에서 피인용문의 종결어미 '꽈(~까)', '읍네까', '읍데가', '라', '은가', '가', '이아', '으냐' 등이 각각 '꿴(~껜)', '읍네껜', '읍데겐', '렌', '은겐', '겐', '이엔', '으넨' 등으로 실현되며 간접인용문에서는 인용문의 종결어미가 'ᄒ라'체의 '으냐'로 중화되고 이에 인용어미 '엔'이 결합된다. 명령문이 인용된 직접인용문에서는 피인용문의 종결어미 '읍서', '으라'가 각각 '읍센', '으렌'으로 실현되며 간접인용문에서는 인용의 종결어미가 'ᄒ라'체의 '으라'로 중화되고 이에 인용어미 '엔'이 결합된다. 청유문의 경우에, 직접인용문에서는 피인용문의 종결어미 '읍주', '주', '게' 등이 각각 '읍준', '준', '겐' 등으로 실현되며 간접인용문에서는 인용의 종결어미가 'ᄒ라'체의 '게'로 나타나고 이에 인용어미 '엔'이 결합된다.

6. 맺음말

이상에서 제주방언의 문법 기술에 있어서 중요하게 언급되어 온 형태들과 그들의 형태통사론적 기능이 무엇인지, 그리고 이에 대하여 그동안 어떤 언어 자료를 통해 어떻게 이해하여 왔는지를 서술해 보았다. 그 과정에서, 기존의 연구에서는 논의가 이루어지지 않았더라도 체계 전반에 관련된 형태라면 보충하려고 하였다.

제주방언은 중앙어의 심대한 영향으로 그 고유의 형태들이 급속히 사라져 가고 있다. 또한 제주방언에 대한 연구가 주로, 소수의 제주 출신 국어학자들에 의해 이루어졌기 때문에 아직까지 연구자의 관심이 닿지 않은 부분도 상당하다. 제주방언 문법에만 한정하더라도 그 문법 형태 전체의 목록마저도 완전히 파악되지는 않은 실정이다. 사라질 위험이 있는 형태에 대한 우선적인 조사·연구가 요구된다 하겠다.

제주방언의 설명의문과 판정의문
어미의 중화 현상을 중심으로

1. 제주방언과 의문문

　의문문은 화자가 미지의 정보를 얻기 위해 청자에게 질문을 하는 문장으로, 청자에게 응답을 요구하는 화자의 심적 태도를 드러낸다. 이때 화자가 청자에게 요구하는 응답은 크게 셋으로 나뉜다. 첫째는 해당 문장 속의 의문사에 대해 설명을 요구하는 것이고, 둘째는 해당 질문에 대해 '긍정/부정'의 가부 판정을 요구하는 것, 그리고 셋째는 제시한 응답항 중에서 하나의 선택을 요구하는 것이다. 그리하여 이들 각각에 대하여 설명의문, 판정의문, 선택의문이란 명칭을 붙여 불러 왔다. 제주방언의 다음 예를 보자.

> (1) ㄱ. 느네 방학 언제고?(너희 방학은 언제니?)
>   ㄴ. 낼부터우다.(내일부터입니다.)
> (2) ㄱ. 느네 방학 오널가?(너희 방학은 오늘이니?)
>   ㄴ. 아니마씸, 낼부터우다.(아니요, 내일부터입니다.)
> (3) ㄱ. 야인 지집아이가, 스나이가?(얘는 여자애니, 남자애니?)
>   ㄴ. 아덜이우다.(아들입니다.)

---

*이 논문은 김보향(제주대)과의 공동 논문으로 《방언학》 17(2013)의 79-103면에 실렸다.

위의 대화에서 알 수 있듯, 제주방언의 문장 (1ㄱ)은 의문사 '언제'에 대한 구체적 정보를 청자에게 요구하므로 설명의문문이며 (2ㄱ)은 청자에게 '예/아니오'의 가부 판정을 요구하므로 판정의문문이다. 나아가 (3ㄱ)은 두 선택항 중에 하나를 선택할 것을 요구하는 선택의문문의 예가 된다. 이들은 화자가 청자에게 어떤 정보를 구하는 전형적인 성격의 의문문으로, 통상적으로 '일반의문문'이라 부른다.

경우에 따라 이러한 일반의문문들이 '정보'가 아니라 청자의 어떤 '행위'를 요구하거나, 화자 자신의 '감탄'을 나타내는 수가 있다.

(4) ㄱ. 무사 공부 안 헴시?(왜 공부 안 하니?)

ㄴ. 이제 허젠 헴쑤다.(이제 하려고 합니다.)

(5) ㄱ. 아이구, 우리 막넹이 언제 영 커시?(아이고, 우리 막내 언제 이렇게 컸니?)

ㄴ. 오랜만이우다. 다들 펜안헷지예?(오랜만입니다. 다들 편안하셨지요?)

(4ㄱ)에서처럼 의문문이 사실상 명령의 의미로 쓰이거나 (5ㄱ)과 같이 감탄의 의미를 나타내기도 하는 것이다. 그러기에 (4)~(5)는 청자에게 구체적인 정보를 요구하는 질문으로서의 성격이 다소 약화된 의문문이라 할 수 있다.

한편 의문은 언제나 청자의 존재를 전제하기 마련이다. 그런데 남이 아니라 화자 자신을 청자로 하여 스스로에게 의문을 제기하는 경우도 있다.

(6) 삼춘이 무사 날 촛암신고? 무신 일 신가?(삼촌이 왜 날 찾으실까? 무슨 일 있나?)

예문 (6)에서의 청자는 화자 자신이다. 이처럼 자신을 청자로 삼아 의심을 드러내는 의문 형식이 바로 '자문'이다.[1] 두말할 필요 없이, (6)은 제주방언에서 실현되는 자문의 전형적인 예다. 일반적인 청자를 가정하지 않으므로 자문은 이른바 '특수의문문'이 되는 셈이다. '자문' 이외에, 실제 세계에서는 여러 유형의 특수의문문이 상정된다.

(7) ㄱ. 거짓깔허는 것도 사름이카?(거짓말하는 것도 사람일까?)

ㄴ. 게메이.(그러게.)

(8) 장에 웨 낫어녜?(장에 참외 나왔지?)[2]

(9) 요 웨, 즐아도 막 맛 좋은게, 기지?(요 참외, 잘아도 아주 맛있네, 그렇지?)

(7ㄱ)은 화자가 청자에게 대답을 요구하는 것이 아니라 어떤 사실에 대해 강하게 긍정 또는 부정하는 화자의 심적 태도를 드러낸다. 의문문의 형식을 취하였지만 기저 층위의 긍정/부정적 진술을 표면 층위에서 부정/긍정적 진술로 바꿔 표현하는 문장이다. 그리하여 이와 같은 유형의 의문문을 '수사의문문'이라 부른다. 이와 달리 (8)은 어떤 내용의 진위 여부를 청자에게 확인하는 '확인의문문', (9)는 그러한 확인의문의 한 종류로서 '부가의문문'이 실현된 예다.

---

1 서정목(1987: 5)에서는 의문을, 화자가 모르는 사실에 대해 청자에게 응답을 요구하는 '질문'(1차적 기능)과 자신을 청자로 삼아 의심이나 회의를 나타내는 '자문'(2차적 기능)으로 구분하였다.

2 (8)의 '낫어녜'는 '나(出)-앗(과거)-어(회상)-으냐(종결어미)-에'로 분석되는데 이때의 '-에'는 확인의문을 나타내는 제주방언의 특수한 형태다(그대로 번역하면 '나왔더냐'이지만 확인의문의 '나왔지'로 번역하였다). 이에 대해 홍종림(1999: 109)에서는 "확인의문"의 "어미"로 '-궤, -디에, -니에'를 들고 이들을 설명의문의 어미 '-고, -은디, -으니' 뒤에 "첨사" '-에'가 결합된 형태로 보았다.

아울러 의문문이, 다음과 같이 내포문으로 인용될 때도 있다.

> (10) 선생님이 어디 감시닌 들어라.(선생님이 "어디 가니?"라고 물으시
> 더라.)
> (11) 선생님이 장에 감시녠 들어라.(선생님이 장에 가냐고 물으시더라.)

(10)은 원 화자의 말을 직접 청자에게 전하는 직접인용문이며 (11)은 원
화자의 말을 화자 자신의 말로 바꾸어 청자에게 전달하는 간접인용문이
다. 이들 인용문 속에 내포된 의문은 현장성을 띠지 않으므로 이제까지 언
급해 온 의문들과는 성격이 다르다. 하지만 설명의문 어미와 판정의문 어
미의 중화 현상을 다루는 이 논문에서, 그러한 어미 대립의 변화 양상을 관
찰하기 위해 직접/간접 인용된 의문문의 경우를 포함시켜 논의를 진행하
기로 한다.

2. 설명의문의 어미와 판정의문의 어미

의문문은 화자가 청자에게 미지의 정보를 얻기 위해 사용되기도 하고
화자의 심적 태도를 드러내기 위해 쓰이기도 한다. 이러한 의문문을 다른
유형의 문장들과 구별하는 형식적 요소로 흔히, '의문사, 어조(intonation),
의문 어미'의 셋을 든다.

의문사는 의문문의 의미 특성을 드러내는 직접적인 요소로 기능하며
그것의 존재 유무는 의문문의 유형을 구분 짓는 하나의 요소가 된다.[3] 어

---

3 설명의문문과 판정의문문의 구별에서 기저 구조를 중시하는 견해가 있다. 의문사의
존재 유무와 관계없이 해당 의문문이, 심층적으로 어떤 사항에 대해 설명을 요구하는
지 아니면 판정을 요구하는지에 따라 양자를 구별해 지칭하기도 한다는 말이다.

조는 소리의 상대적 높이의 변화로, 문장의 끝에서 '상승, 하강, 평탄'의 세 가지로 실현된다. 의문문의 어조는 다른 문장 형식에 비해 상승조로 실현되는 게 일반적이다.[4] 마지막으로, 의문의 어미는 상대경어법과 밀접한 관련을 맺으면서 해당 의문문을 끝맺는 요소가 된다.

이들 세 요소 중에, 제주방언은 다른 방언과 비교하여 의문 어미에서의 특징이 두드러진다. 그 어미의 종류가 다양하면서도 형태상으로 매우 이질적인 모습을 보여 주기 때문이다. 논의의 전개를 위해, 정승철(2013: 179-188)에 의지하여 제주방언의 의문 어미를 정리해 보이면 다음과 같다.

표 1

'흡서'체(존대)	'허여'체(평대)	'허라'체(하대)
-과[5]	-엔, -순 -주~-지 -어/라 -안/언 -는고(설명)/-는가(판정) -은고(설명)/-은가(판정) -으코(설명)/-으카(판정)	-고(설명)/-가(판정) -으니(설명)/-으냐(판정) -으이(설명)/-으야(판정) -은디(설명)/-은디아(판정) -을티(설명)/-을티아(판정)

특히 위 표에서 알 수 있듯 제주방언은, 의문의 어미들이 상대경어법 등급에 따라[6] 정연하면서도 어미 대립에 의한 설명/판정의문의 구별이 상당히 폭넓게 자리하는 특징적인 체계를 드러낸다.[7]

---

4 다만, 설명의문에서는 문말의 어조가 하강조로 실현되는 경향이 강하다.

5 흥미롭게도 이 어미는 '-가~-광~-강~-꽈~-까~-꽝~-깡'의 변이를 보인다.

6 제주방언의 상대경어법은 윗사람에게 쓰는 '흡서'체, 친구에게 쓰는 '흐여'체, 아랫사람에게 쓰는 '흐라'체로 삼분된다(현평효 1975: 57-77). 다만 이 논문에서는 'ᄋ'의 변화를 반영하여 이를 각각 '흡서'체, '허여'체, '허라'체로 바꿔 부르기로 한다. 한편 '허라'체의 '-고/-가'는 체언어간에 직접 연결되므로 '어미'라 하기는 어려우나 서술의 편의상 이 체계 속에 포함시켜 다루기로 한다.

7 15세기 국어에서 설명/판정의문의 어미가 형태적으로 대립하고 있었다는 것(안병희 1965/1992)은 이미 널리 알려진 사실이다. 아울러 경상도방언에서도 이와 같은 대립이 존재한다(최명옥 1976a, 서정목 1987). 하지만 경상도방언에 비해 제주방언은 훨씬

(12) ㄱ. 느네 방학 언제고?(너희 방학은 언제니?)

ㄴ. 느네 방학 오널가?(너희 방학은 오늘이니?)

(12ㄱ=1ㄱ)은 의문사 '언제'에 대한 설명을 청자에게 요구하는 설명의문문, (12ㄴ=2ㄱ)은 '예/아니오'의 판단을 요구하는 판정의문문이다. 이와 같이 제주방언은 어미 대립에 의한 설명/판정의문의 구별을 비교적 전면적으로 정시하는 것이다. 하지만 제주방언의 모든 어미들이 그러한 대립을 보이는 것은 아니다.

(13) ㄱ. 어디 감쑤과?(어디 가십니까?)

ㄴ. 족은아덜네 집이 갓당 오켜.(막내아들네 집에 갔다 오겠어.)

(14) ㄱ. 닐 장에 가젠 헴신디 ᄀ치 가쿠과?(내일 장에 가려고 하는데 같이 가시겠습니까?)

ㄴ. 기여, ᄀ치 걸라.(그래, 같이 가자.)

(15) ㄱ. 우리 손지 어디서 봅데강?(우리 손주 어디서 보셨어요?)

ㄴ. 신작로더레 걸어감선게.(신작로 쪽으로 걸어가던데.)

(16) ㄱ. 우리 손지 봅데강?(우리 손주 보셨어요?)

ㄴ. 엇다, 못 봣저.(아니, 못 봤어.)

(13ㄱ)~(16ㄱ)에 출현하는 '-과, -강'은 윗사람에게 질문할 때 쓰는 '협서' 체의 의문 어미다. 이들 예문에서 보듯 '협서'체 의문문에서는 의문사가 있는 설명의문문(13ㄱ, 15ㄱ)과 의문사가 없는 판정의문문(14ㄱ, 16ㄱ)이 어미의 대립을 보여 주지 않는다.

더 많은 의문 어미들이 설명/판정의 대립항을 가진다.

(17) ㄱ. 어디 감엔?(어디 가니?)

ㄴ. 혹게 감엔.(학교 가.)

(18) ㄱ. 혹게 감엔?(학교 가니?)

ㄴ. 아니, 할망네 집이 감엔.(아니, 할머니네 집에 가.)

　종결어미가 설명의문문과 판정의문문에서 동일한 형태로 나타남은 (17)과 (18)에서도 확인할 수 있다. (17ㄱ)과 (18ㄱ)에 나타나는 '-엔'은 '허여'체의 의문 어미로, 앞서 서술한 '협서'체 의문 어미의 경우와 마찬가지로 형태 변화 없이 설명의문과 판정의문에 모두 쓰이는 것이다.[8]

(19) ㄱ. 성은 집이서 무시거 헴신고?(형은 집에서 무엇을 하는가?)

ㄴ. 놀레 강 집이 엇이메.(놀러 가서 집에 없어.)

(20) ㄱ. 성은 집이 와신가?(형은 집에 왔는가?)

ㄴ. 와실 거라.(왔을 거야.)

(21) ㄱ. 장에 언제 가코?(장에 언제 갈까?)

ㄴ. 이제 가게.(이제 가자.)

(22) ㄱ. 장에 ㄱ치 가카?(장에 같이 갈까?)

ㄴ. 경허게.(그러자.)

　(19ㄱ)의 '헴신고'는 '허(爲)-엄시(현재)-ㄴ고', (20ㄱ)의 '와신가'는 '오(來)-아시(과거)-ㄴ가', (21ㄱ)의 '가코'는 '가(去)-코', (22ㄱ)의 '가카'는 '가(去)-카'로 분석된다. 이때 (19ㄱ)의 '-(으)ㄴ고'와 (21ㄱ)의 '-(으)코'는 설명의문에 쓰는 어미이며 (20ㄱ)의 '-(으)ㄴ가'와 (22ㄱ)의 '-(으)카'는 판정의문에 쓰는

---

8 (17ㄴ)과 (18ㄴ)의 대답에서 보듯 '-엔'은 평서문의 종결어미로도 쓰인다. 이는 '허여'체의 의문 어미 '-주~지'나 '-어/라', '-안/언'의 경우에도 마찬가지다.

어미다. 이들은 '허여'체 의문 어미지만 앞서 (17ㄱ), (18ㄱ)에서 언급한 '-엔'과 달리, 어미 대립에 의한 설명/판정의문의 구별을 보여 준다. 이러한 어미의 대립은 오히려, 아랫사람에게 쓰는 '허라'체에서 현저하다.

(23) ㄱ. 가인 누게 아덜고?(걔는 누구 아들이니?)

ㄴ. 철수 아덜이우다.(철수 아들입니다.)

(24) ㄱ. 가인 철수 아덜가?(걔는 철수 아들이니?)

ㄴ. 예, 철수 아덜이우다.(예, 철수 아들입니다.)

(25) ㄱ. 가이가 무시거엔 굴아니?(걔가 무엇이라고 말하더냐?)

ㄴ. 아미 말도 아니 헙데다.(아무 말도 안 하던데요.)

(26) ㄱ. 가이가 경 굴아냐?(걔가 그렇게 말하더냐?)

ㄴ. 아니우다. 똔 디서 들엇수다.(아닙니다. 다른 데서 들었습니다.)

(23ㄱ)의 '아덜고'는 '아덜(子)-고', (24ㄱ)의 '아덜가'는 '아덜(子)-가', (25ㄱ)의 '굴아니'는 '굴(曰)-아(회상)-니', (26ㄱ)의 '굴아냐'는 '굴(曰)-아(회상)-냐'로 분석된다. 역시 (23ㄱ)의 '-고'와 (25ㄱ)의 '-(으)니'는 설명의문 어미이며 (24ㄱ)의 '-가'와 (26ㄱ)의 '-(으)냐'는 판정의문 어미다. 이처럼 설명/판정의문의 대립이 어미로 구현되는 것은 다음의 '-(으)이/-(으)야, '-(으)ㄴ디/-(으)ㄴ디아', '-(으)ㄹ티/-(으)ㄹ티아'에서도 마찬가지다.

(27) ㄱ. 철수 어디 가시?(철수 어디 갔니?)

ㄴ. 혹게 갓수다.(학교 갔습니다.)

(28) ㄱ. 철수 혹게 가샤?(철수 학교 갔니?)

ㄴ. 아니우다. 방에 잇수다.(아니에요. 방에 있습니다.)

(29) ㄱ. 느 누게 똘인디?(너 누구 딸이니?)

ㄴ. 우카름 감나무칩 똘마씸.(윗동네 감나뭇집 딸이에요.)

(30) ㄱ. 느 철수 똘인디아?(너 철수 딸이니?)

　　 ㄴ. 예, 족은똘이우다.(예, 막내딸입니다.)

(31) ㄱ. 는 무시거 먹을티?(넌 뭐 먹을래?)

　　 ㄴ. 그냥 이신 거 줍서.(그냥 있는 거 주세요.)

(32) ㄱ. ᄌ냑 먹을티아?(저녁 먹을래?)

　　 ㄴ. 아니, 안 먹으쿠다.(아니, 안 먹겠습니다.)

(27ㄱ)의 '가시'는 '가(去)-아시(과거)-이', (28ㄱ)의 '가샤'는 '가(去)-아시(과거)-야', (29ㄱ)의 '똘인디'는 '똘(女)-이(계사)-ㄴ디', (30ㄱ)의 '똘인디아'는 '똘(女)-이(계사)-ㄴ디아', (31ㄱ)의 '먹을티'는 '먹(食)-을티', (32ㄱ)의 '먹을티아'는 '먹(食)-을티아'로 분석된다. 이제까지 살핀 대로 제주방언에서 '허여'체의 '-(으)ㄴ고/-(으)ㄴ가'와 '-(으)코/-(으)카', 그리고 '허라'체의 '-고/-가', '-(으)니/-(으)냐', '-(으)이/-(으)야', '-(으)ㄴ디/-(으)ㄴ디아', '-(으)ㄹ티/-(으)ㄹ티아'[9] 등은 어미 대립에 의해 설명의문문과 판정의문문이 구별되는 어미들이다.

한편 특정한 유형의 의문문에서 설명/판정의문의 어미 대립이 실현되지 않는 경우도 있다.

(33) 느도 장에 감시네?(너도 장에 가지?)

(34) ㄱ. 느네 식게 오늘게, 기주?(너희 제사 오늘이지, 그렇지?)

　　 ㄴ. 장에 웨 쌋어네, 아니라?(장의 참외가 쌌지, 아니니?)

(33)의 '감시네'는 '가(去)-암시(현재)-냐,에'로 분석되며 의미상으로 확인

---

9 다음 예를 통해 '-(으)ㄴ디/-(으)ㄴ디아' 또는 '-(으)ㄹ티/-(으)ㄹ티아'가 2인칭 의문에 사용되는 어미임(정승철 2013: 182-183)을 알 수 있다. ex. 느 멧 설인디?(너 몇 살이니?)/
*철수 멧 설인디?

의문을 나타낸다. 그리고 (34ㄱ)의 '기주'는 '기(是)-주', (34ㄴ)의 '아니라'는 '아니(非)-라'로 분석되며 모두 부가의문문이다. 이들에서 보듯, 확인의문문과 부가의문문은 제주방언에서 의문 어미의 대립 없이 판정의문의 형태로만 실현된다. (33)의 확인의문에서는 설명/판정의문의 대립을 확인할 수 없게 하는 특수한 의문 어미 '-에'의 존재로 인해, 그리고 (34)의 부가의문에서는 어미의 대립을 아예 보일 수 없는 부가의문의 특징으로 인해 그러한 대립이 나타나지 않았다 하겠다.

3. 설명의문과 판정의문 어미의 중화

제주방언의 의문문은 어미 대립에 의해 설명의문과 판정의문이 구별된다는 특징을 가진다. 그런데 실제 언어생활을 살피면 그러한 대립이 점점 약해져 가고 있음(김미경 1987)을 보게 된다.

(35) ㄱ. 방학 언제고?(방학 언제니?)

ㄴ. 방학 언제가?

(36) ㄱ. 누게가 경 골아니?(누가 그렇게 말하더냐?)

ㄴ. 누게가 경 골아냐?

(37) ㄱ. 철수 어디 가시?(철수 어디 갔니?)

ㄴ. 철수 어디 가샤?

(38) ㄱ. 느 어디 감디?(너 어디 가니?)

ㄴ. 느 어디 감디아?

(39) ㄱ. 느 무시거 먹을티?(너 뭐 먹을래?)

ㄴ. 느 무시거 먹을티아?

(35ㄱ)~(39ㄱ)과 (35ㄴ)~(39ㄴ)은 의미상으로 전혀 차이가 느껴지지 않을뿐더러 문법적으로 자연스럽다. 전자의 (35ㄱ)~(39ㄱ)은 의문사 '언제, 누게(누구), 어디, 무시거(뭐)'에 대한 응답을 요구하는 의문으로, 설명의문의 어미 '-고, -(으)니, -(으)이, -(은)디, -을티'가 결합하는 것이 보통이다. 하지만 이들 문장에서 종결어미를 판정의문의 어미 '-가, -(으)냐, -(으)야, -(은)디아, -을티아'로 바꾸어도 문장이 어색하지 않고 자연스럽다. (35ㄴ)~(39ㄴ)이 바로 그러한 모습을 정시한다.

(40) ㄱ. 이걸 서월선 무시거렌 허는고?(이걸 서울에서는 무엇이라고 하는가?)

ㄴ. 이걸 서월선 무시거렌 허는가?

(41) ㄱ. 장에 언제 가코?(장에 언제 갈까?)

ㄴ. 장에 언제 가카?

(40ㄱ)과 (41ㄱ)에서도 '무시거, 언제'라는 의문사가 있으므로 뒤에 설명의문의 어미 '-는고, -(으)코'가 오는 것이 일반적이다. 그러나 (40ㄴ)과 (41ㄴ)에서 보듯, 이 경우에도 판정의문의 어미 '-는가, -(으)카'가 실현되기도 한다. 이를테면 판정의문의 어미가 설명의문의 어미를 대신할 수 있는 셈이다. 이는 판정의문의 어미가 그 영역을 확장한 결과로,[10] 어미 대립에 의

---

10 판정의문의 어미가 설명의문에 쓰인 경우, 즉 의문사와 함께 판정의문 어미가 출현할 때에는 중의성을 띤다. 가령 '언치냐 누게 왔어냐?(엊저녁에 누가 왔더냐?)'라는 질문에 '아니마씸, 아미도 안 와낫수다.(아니요, 아무도 안 왔었습니다.)'와 같은 대답과 '상봉이 어멍이 와십데다.(상봉이 어머니가 왔습데다.)'와 같은 대답이 모두 가능한 것이다. 다만 양자는 문장의 어조에서 약간의 차이가 있다. 그리하여 상승조의 어조로 질문(엊저녁에 누군가가 왔었는지 아닌지를 묻는 질문, 결국 판정의문)을 하면 전자의 대답이 상정되고, '누게'에 초점을 두면서 하강조로 질문(엊저녁에 왔던 사람이 누구인지를 묻는 질문, 결국 설명의문)을 하면 후자의 대답이 상정된다.

한 설명/판정의문의 구별이 약화되어 가고 있음을 시사한다.

그런데 이러한 중화 현상은 세대별로 조금 차이를 보이는 듯하다. 그리하여 의문 어미의 대립 및 중화 현상의 세대별 양상을 살펴보기 위해 20대~80대의 제보자를 선정해 조사하였다. 일단, 각 제보자의 신상을 간단히 밝혀 둔다.

· 20대(1984년생): 여, 제주시 출생, 제주시 거주(29년), 강사
· 30대(1977년생): 여, 제주시 출생, 제주시 거주(36년), 사무직
· 40대(1971년생): 여, 안덕면 출생, 제주시 거주(23년), 강사
· 50대(1956년생): 남, 남원읍 출생, 제주시 거주(30년), 교사
· 60대(1945년생): 여, 애월읍 출생, 애월읍 거주(68년), 농업
· 70대(1939년생): 남, 함덕리 출생, 함덕리 거주(74년), 농업
· 80대(1932년생): 여, 애월읍 출생, 제주시 거주(62년)

이 논문에서는 위 20대~80대의 제보자들(각 연령대별 1인)에게 각각, 설명/판정의문의 어미 대립을 확인할 수 있는 예문들의 성립 여부를 면접·조사하였다. 조사의 결과, 그러한 어미 대립의 양상과 관련하여 제주방언 화자들은 크게 세 계층, 즉 20~40대 계층, 50대 계층, 60~80대 계층으로 나뉘었다. 이로써 제주방언에서 설명/판정의문 어미의 대립 양상이 변화해 가는 과정을 대략적으로 짐작할 수 있게 된 셈이다.[11]

먼저, 설명의문의 예문 (35)~(41)에 대한 어미 대립의 세대별 양상을 표

---

11 이 논문에서는 각 연령대별로 1명의 제보자를 조사하였는바 그 대표성에 문제가 없지 않다. 제보자마다 표준어의 영향이 다르다는 점도 문제다. 특히 해당 변화의 중간 단계(후술)를 보여 주는 50대 제보자가 '남자 교사' 1인으로 한정된 것은 더욱 논란의 여지가 있다. 이에 관한 한, 훨씬 더 많은 제보자를 대상으로 세대별 양상을 정밀하게 관찰하는 통계적 연구가 절실히 요청된다.

로 제시하면 다음과 같다.[12]

표 2

유형	질문	20대~40대	50대	60대~80대
일반 의문문	설명의문 어미 대신 판정의문 어미를 사용할 수 있다.	대체로 그렇다	보통이다	대체로 그렇지 않다

위 표에서 보듯, 20~40대는 대체로 설명의문문에 판정의문 어미가 쓰인 문장을 자연스럽게 받아들이며 60~80대는 그것을 부자연스럽게 생각하는 경향이 있다(물론 50대는 그 중간이다).[13] 이는 설명/판정의문 어미의 대립이 젊은 세대일수록 점점 약화되어 간다는 사실을 단적으로 알려 준다. 이처럼 설명/판정의문 어미의 대립이 약해지거나 사라지는 현상이 바로 '중화'다.

그런데 이러한 중화 현상의 관찰에서 의문 어미의 종류를 고려하면 매우 흥미로운 점이 발견된다. '-고(설명)/-가(판정)'나 '-는고(설명)/-는가(판정)' 또는 '-은고(설명)/-은가(판정)'에 비해, '-으니(설명)/-으냐(판정)'나 '-으이(설명)/-으야(판정)'가 더 첨단적인 변화를 보여 주기 때문이다.[14] 즉 제주방언에서 '-으니/-으냐'와 '-으이/-으야'의 중화 현상은 현재 노년층에서도 출현하는바 이들은 비교적 이른 시기에 설명/판정의문의 중화를 겪은 어미라 할 만하다.

---

12 표에서는 전체 질문(7개)에 대해 '판정의문 어미를 사용할 수 있다'는 응답이 1~2개인 경우에 '대체로 그렇지 않다', 3~5개인 경우에 '보통이다', 6~7개인 경우에 '대체로 그렇다'로 바꿔 진술하였다.

13 김미경(1987: 9)에 따르면, 1980년대 중반 무렵에는 "중년층 이하"에서 설명의문의 어미 대신 판정의문의 어미를 사용하는 경향을 보였던 모양이다.

14 이와 유사한 경향이 경상도방언에서도 나타나는 듯하다. '-나'와 '-노'가 의문사와 결합하는 양상은 '-가/고'에 비해 그 규칙성이 많이 파괴 … 의문사가 있더라도 의문사의 기능을 상실한 채 쓰이는 경우에는 '-은가'의 형태가 쓰이기도 한다(목지선 2006: 21-22).

그렇다면 거꾸로 판정의문 어미 대신 설명의문 어미가 쓰이는 경우는
어떠할까?

(42) ㄱ. *오널 방학고?

   ㄴ. 오널 방학가?(오늘 방학이니?)

(43) ㄱ. *성이 경 굴아니?

   ㄴ. 성이 경 굴아냐?(형이 그렇게 말하더냐?)

(44) ㄱ. *철수 흑게 가시?

   ㄴ. 철수 흑게 가샤?(철수가 학교 갔니?)

(45) ㄱ. *느 장에 감디?

   ㄴ. 느 장에 감디아?(너 장에 가니?)

(46) ㄱ. *느 ㅈ냑 먹을티?

   ㄴ. 느 ㅈ냑 먹을티아?(너 저녁 먹을래?)

(47) ㄱ. *이걸 서월선 소라렌 허는고?

   ㄴ. 이걸 서월선 소라렌 허는가?(이걸 서울에서는 소라라고 하는
      가?)

(48) ㄱ. *이건 느가 허코?

   ㄴ. 이건 느가 허카?(이건 네가 할래?)

(42ㄴ)~(48ㄴ)은 의문사가 없이 쓰인 판정의문문이다. 따라서 이들 예
문에서 '-가, -냐, -야, -디아, -을티아, -는가, -카'의 판정의문 어미가 사용된
것은 매우 당연하다. 이때 (42ㄱ)~(48ㄱ)에서와 같이 판정의문 어미 대신
설명의문 어미가 쓰이면 자연스럽지 않은 문장이 된다. 다음 〈표 3〉을 통
해, 모든 세대가 이러한 의식을 공유한다는 사실을 알 수 있다.

표 3

유형	질문	20대~40대	50대	60대~80대
일반 의문문	판정의문 어미 대신 설명의문 어미를 사용할 수 있다.	안 된다	안 된다	안 된다

결과적으로 제주방언에서 설명의문 어미 대신에 판정의문 어미를 사용하는 일은 가능하지만, 판정의문 어미 대신에 설명의문 어미를 사용하는 일은 가능하지 않은 것이다.[15] 이러한 비가역적非可逆的 경향은 모든 의문 어미에 공통되는바[16] 설명/판정의문 어미의 중화 현상을 단순히, 어미 형태의 단일화 경향으로 단정 짓는 태도가 타당하지 않음을 시사해 준다.

(49) ㄱ. 무사 フ만이 앚앙 잇지 못허크니?(왜 가만히 앉아 있지 못하겠니?)

ㄴ. 무사 フ만이 앚앙 잇지 못허크냐?

(50) ㄱ. *곱닥허게 쓸지 못허크니?

ㄴ. 곱닥허게 쓸지 못허크냐?(깨끗하게 쓸지 못하겠니?)

(49)는 '가만히 앉아 있어라', (50)은 '깨끗하게 쓸어라' 하는 명령의 의미로 사용된 의문문이다. 의문사가 쓰인 (49)에서는 설명의문의 어미가 오든, 판정의문의 어미가 오든, 모두 자연스럽다. 하지만 (50)에서 보듯, 의문사가 쓰이지 않은 문장에 설명의문의 어미가 연결되면 어색해진다. 이

---

15 이러한 점은 일찍이, 김미경(1987)에서 지적된 바 있다.

16 다만, 2인칭 의문에 사용되는 '-은디/-은디아'와 '-을티/-을티아'는 다소간의 설명을 요한다. 이상의 비가역적 경향을 절대적으로 따르는 어미가 아니기 때문이다(판정의문 어미 대신 설명의문 어미가 쓰이는 일도 있다는 말이다). 이는 설명/판정의문 어미의 중화 현상보다 2인칭 의문 어미의 소멸 현상이 먼저 일어난 데 따른 결과로 여겨진다. 현대 제주방언에서 이 어미의 소멸은 이미 상당히 진척되어 있는 듯하다.

로써 설명/판정의문 어미의 중화 현상에서 비가역적 경향을 보이는 일반 의문문들[즉 예문 (35)~(48)]과 맥을 같이함을 알 수 있다. 이는 감탄을 나타내는 의문문의 경우에도 마찬가지다.

(51) ㄱ. 아이구, 우리 막넹이 언제 영 커시?(아이고, 우리 막내 언제 이렇게 컸니?)

ㄴ. 아이구, 우리 막넹이 언제 영 커샤?

(52) ㄱ. *느 볼써 스무 살고?

ㄴ. 느 볼써 스무 살가?(너 벌써 스무 살이니?)

(51)에서는 의문사 '언제' 뒤에 설명의문 어미가 오는 (51ㄱ)은 물론, 판정의문 어미가 오는 (51ㄴ) 모두 자연스럽다. (52)에서는 판정의문 어미가 결합된 (52ㄴ)은 자연스러운 반면, 설명의문 어미가 결합된 (52ㄱ)은 어색하다. 이 또한 비가역적 경향을 띤다는 점에서 앞선 일반의문문의 경우와 동궤의 모습을 보인다.

표 4

유형	질문	20대~40대	50대~70대	80대
일반 의문문 (명령/감탄)	설명의문 어미 대신 판정의문 어미를 사용할 수 있다.	그렇다	대체로 그렇다	안 된다
	판정의문 어미 대신 설명의문 어미를 사용할 수 있다.	안 된다	안 된다	안 된다

위 〈표 4〉에서 보는 바와 같이, 명령 또는 감탄을 나타내는 의문문에서는 판정의문 어미가 설명의문 어미를 대신하여 사용될 수는 있지만 설명의문 어미가 판정의문 어미를 대신하여 사용되지는 않는다. 이는 앞서 언급한 바다.

그런데 위의 〈표 4〉를 앞의 〈표 2〉 및 〈표 3〉과 비교할 때 판정의문 어미의 사용 빈도에서, 명령/감탄을 나타내는 일반의문문(〈표 4〉)이 그렇지 않은 일반의문문(〈표 2〉)보다 훨씬 높다는 사실을 보게 된다. 가령, 명령/감탄의 의문문에서 설명의문 어미 대신 판정의문 어미가 쓰인 예문 (49ㄴ), (51ㄴ) 등에 대해 20~40대는 물론 50대, 심지어 60~70대까지도 자연스럽다고 응답한 것이다.[17]

이와 같은 사실은 설명/판정의문 어미의 중화가 기저 층위에서 이루어지는 현상이라는 점을 시사한다. 그러한 중화 현상에서, 단순히 '의문사'의 존재 유무뿐 아니라, 해당 '의문문'의 심층적 의미가 그 빈도에 영향을 미치는 것으로 여겨지기 때문이다. 이들 문장이 '의문'이 아니라 '명령'이나 '감탄'을 나타내는 문장으로 인식될 때 설명/판정의문 어미의 중화가 더 잘 일어나리라는 것은, 상상하기 그리 어려운 일은 아니다.[18]

한편 다음의 선택의문문은 의문 어미의 대립에서 비교적 뚜렷한 경향성을 보인다. 대체로 설명의문의 어미는 설명의문문에만, 판정의문의 어미는 판정의문문에만 쓰이는 것이다.

(53) ㄱ. 누게가 성이고, 누게가 아시고?(누가 형이고, 누가 동생이니?)

  ㄴ. *누게가 성이가, 누게가 아시가?

(54) ㄱ. *오널 감시, 내일 감시?

  ㄴ. 오널 감샤, 내일 감샤?(오늘 가니, 내일 가니?)

---

17 이로써 보면 60~80대를 더 세분하여 제주방언 화자를 다섯 계층(즉 10대 이하, 20~40대, 50대, 60~70대, 80대 이상)으로 나누는 게 옳을는지도 모른다.

18 이를 의문 유형의 차이에서 비롯한 문제가 아니라 의문 어미의 종류가 관여하여 발생한 문제로 이해할 수도 있다. 예문 (49ㄴ)과 (51ㄴ)에 출현한 어미는 '-으니/-으냐'와 '-으이/-으야'인데 이들이 어미 대립의 중화를 일찍 겪은 의문 어미(292면 참조)여서 〈표 4〉에서 보듯 모든 세대에 걸쳐 긍정적 반응을 보이게 되었을지도 모른다는 말이다. 좀 더 정확한 관찰을 위해 훨씬 더 많은 제보자를 대상으로 한 조사가 필요하다.

이처럼 일반의문문에 비해 선택의문문이 의문 어미의 대립을 선명히 드러내는 것은 아마도, 병렬 구성을 지닌 선택의문문의 특성 때문으로 여겨진다. 선택의문문에서는 의문 어미가 반복해서 나타나므로 설명/판정의문의 대립에 좀 더 주의를 기울이게 되었으리라는 말이다. 이를테면 병렬 구성의 어미 반복에서 오는 각인 효과로 인해, 선택의문문에서 설명/판정 의문 어미의 대립을 더 오래 유지할 수 있게 된 것으로 이해하는 셈이다.

표 5

유형	질문	20대~40대	50대	60대~80대
선택 의문문	설명의문 어미 대신 판정의문 어미를 사용할 수 있다.	안 된다	안 된다	안 된다[19]
	판정의문 어미 대신 설명의문 어미를 사용할 수 있다.	대체로 그렇다	안 된다	안 된다

이러한 경향은 거의 모든 세대에서 동일하다(〈표 5〉 참조). 하지만 (54 ㄱ)에 대해 20~30대 제보자는 이를 자연스럽다고 답변하였는데 이는 어미의 종류가 관여한 결과로 여겨진다.

예문 (54)에 나타나는 '-으이/-으야가 설명/판정의문 어미의 중화에 민감한 존재라는 점은 앞(292면)에서 밝힌 바 있다. 따라서 설명/판정의문의 어미 대립에 무뎌진 젊은 세대들이 이 어미를 가진 선택의문문(54ㄱ)에 자연스럽다는 응답을 보이게 된 것이라 할 수 있다. 이로써 제주방언의 젊은 세대에서는 설명/판정의문 어미의 중화가 상당히 진척되었다 할 만하다.

---

19 다만 예문 (53)에 대해, 60대 제보자 1인이 설명의문 어미 대신 판정의문 어미를 쓸 수 있다고 응답하였다. 이러한 이질성이 해당 제보자의 개인적 특성 때문인지, 선택의문문이 가진 구조적 특징 때문인지 현재로선 판단하기 어렵다.

이제 특수의문문의 경우를 살펴보자.

(55) ㄱ. 삼춘이 무사 날 춫암신고?(삼촌이 왜 날 찾으실까?)

ㄴ. 삼춘이 무사 날 춫암신가?

(56) ㄱ. *수박 비싸시코?

ㄴ. 수박 비싸시카?(수박이 비쌌을까?)

(55)와 (56)은 자문의 예다. 통상적으로, 설명의문 어미 대신에 판정의문 어미는 쓸 수 있지만 판정의문의 어미 대신 설명의문의 어미를 쓰는 것은 그다지 자연스럽지 않게 여겨진다. 다만 제주방언에서 자문의 의문 어미로 '-(으)ㄴ고/-(으)ㄴ가' 또는 '-는고/-는가'가 주로 사용된다는 점은 세대별 양상을 관찰하는 데 어려움을 제공한다. 이들이 중화를 늦게 경험한 어미(292면 참조)여서[20] 통계적으로 어떤 의의 있는 경향성을 파악하기가 쉽지 않은 것이다.

다음으로, 수사의문문은 의문 어미의 대립 양상에서 일반의문문과 동일한 경향을 보인다. 역시 설명의문 어미 대신에 판정의문 어미는 쓰일 수 있지만, 판정의문의 어미 대신 설명의문의 어미는 쓰이지 않는다.

(57) ㄱ. 나가 언제 경 골아시?(내가 언제 그렇게 말했니?)

ㄴ. 나가 언제 경 골아샤?

(58) ㄱ. *거짓깔허는 것도 사름이코?

ㄴ. 거짓깔허는 것도 사름이카?(거짓말하는 것도 사람일까?)

(57)은 '나는 그렇게 말한 적이 없다', (58)은 '거짓말하는 것은 사람이 아

---

20 어떤 변화에 있어서 '시작'이나 '끝'에 가까울수록 개별성은 커지게 마련이다.

니다' 하는 뜻을 나타내는 수사의문문이다. (57)에서 의문사 '언제'가 출현해 있는데 설명의문의 어미가 연결된 (57ㄱ)과 판정의문의 어미가 연결된 (57ㄴ)이 모두 자연스럽다. 또 (58)에서 보듯 판정의문 어미가 오는 (58ㄴ)은 자연스러운 데 반해, 설명의문 어미가 오는 (58ㄱ)은 자연스럽지 않다.

표 6

유형	질문	20대~40대	50대~70대	80대
수사 의문문	설명의문 어미 대신 판정의문 어미를 사용할 수 있다.	그렇다	대체로 그렇다	안 된다
	판정의문 어미 대신 설명의문 어미를 사용할 수 있다.	안 된다	안 된다	안 된다

〈표 6〉에서 보듯, 수사의문문은 일반의문문(〈표 2〉 참조)보다 판정의문 어미의 사용 빈도가 훨씬 높다. 가령 수사의문문의 예문 (57ㄱ)에 대하여 20대에서 70대까지, 설명의문 어미 대신 판정의문 어미를 사용한 (57ㄴ)을 자연스럽게 느낀다고 답변한 것이다. 이는 명령/감탄을 나타내는 의문문의 경우와 거의 일치한다(〈표 4〉 참조).

이 또한 설명/판정의문 어미의 중화가 의문문의 심층 의미와 관련되어 있음을 알려 준다. 그러한 중화 현상에서, '의문사'의 존재 유무뿐 아니라 심층적 차원에서의 '의문'의 유형이 그 빈도에 영향을 미친 것으로 판단되기 때문이다. 사실상 답변을 요구하지 않는 문장으로서의 수사의문문에서 설명/판정의문 어미의 중화가 더 잘 일어나리라는 것은 쉬 예측할 수 있다.

그런데 다음의 수사의문문은 이제까지의 예들과는 사뭇 그 양상이 다르다.

(59) ㄱ. *무사 나 어디 감시?

　　ㄴ. 무사 나 어디 감샤?(왜 내가 어디 가니?)

(59)는 '나는 아무 데도 가지 않는다' 하는 뜻의 수사의문문이다. 이 문장은 1인칭 주어가 쓰였으며 의문사 '무사'와 '어디'가 중첩되어 나타나, 의문문으로서는 매우 독특한 구성을 이룬다. 나아가 (59)의 예문은 의문사 '무사, 어디'가 쓰여 형식상으로 설명의문문임에도 불구하고 설명의문의 어미가 결합된 (59ㄱ)이 오히려 부자연스럽기까지 하다.

(60) ㄱ. *나 어디 감시?

　　ㄴ. 나 어디 감샤?(내가 어디 가니?)

(61) ㄱ. *무사 어멍 어디 감시?

　　ㄴ. 무사 어멍 어디 감샤?(왜 어머니가 어디 가시니?)

이러한 결과는 유사한 구성의 예문 (60)과 (61)에서 또한 마찬가지다. 이 예문들로 미루어 짐작건대, (59)~(61)에서 설명의문의 어미보다 판정의문의 어미가 선택됨은 아마도 이 문장들이 지닌 독특한 구성에서 비롯한 것으로 판단된다. 즉 (60)은 '1인칭 주어 의문 구성', 그리고 (61)은 '의문사 중첩 구성'이[21] 위의 문장들에 대해 판정의문문으로의 해석을 분명히 해 줌으로써 해당 문장에서 판정의문 어미의 출현을 보게 되었으리라는 말이다.[22]

---

21 '의문사 중첩 구성'에서 의문사는 사실상 '부정사'의 역할을 할 터이다.

22 제주방언의 수사의문문으로서 '나가 언제 경 굴앗고?(내가 언제 그렇게 말했니?)' 하는 문장은 '*나가 언제 경 굴앗가?'로 교체되지 않아 독특하다. 이때의 '-고'는 과거의 선어말어미 '-앗-'에 연결되었는데 그러한 점에서 제주방언의 고유형 '-고/-가'와 분포를 달리한다. 제주방언의 '-고/-가'는 체언 또는 용언의 명사형에 직접 연결될 뿐, 어떤 선어말어미 뒤에도 결합되지 않기 때문이다(홍종림 1975: 175). 이로써 보면 이때의 '-고'는 연결어미이며 그것이 문장 종결의 위치에 나타나 의문 구성을 이루었음에 틀림없다.

(62) ㄱ. 선생님이 어디 감신 들어라.(선생님이 "어디 가니?"라고 물으시
   더라.)

   ㄴ. 선생님이 어디 감시엔 들어라.

(63) ㄱ. *선생님이 장에 감신 들어라.

   ㄴ. 선생님이 장에 감시엔 들어라.(선생님이 "장에 가니?"라고 물으
   시더라.)

(64) ㄱ. 선생님이 어디 감시넨 들어라.(선생님이 어디 가냐고 물으시더
   라.)

   ㄴ. 선생님이 장에 감시넨 들어라.(선생님이 장에 가냐고 물으시더
   라.)

   (62)와 (63)은 의문문의 직접인용, (64)는 간접인용의 예이다. 이를 더 세
분하면 (62)는 설명의문문의 직접인용이고 (63)은 판정의문문의 직접인
용이다. 아울러 (64ㄱ)은 설명의문문의 간접인용, (64ㄴ)은 판정의문문의
간접인용이다.

   제주방언에서 의문문의 직접인용은 의문 어미 뒤에 인용어미 '-ㄴ'이 결
합(62ㄱ)되거나 '-엔'이 결합(62ㄴ)된 형태로 나타난다.[23] 간접인용의 경우
에는 설명의문이든 판정의문이든 관계없이 모두 '허라'체의 판정의문 어
미 '-으냐'로 바뀌고 이에 인용어미 '-엔'이 결합된다(64ㄱ, ㄴ). 이로써 간접
인용에서 설명/판정의문의 어미 대립이 판정의문의 어미로 중화함을 알
수 있다.

   특히 (62)와 (63)은 직접인용에서 설명의문의 어미 대신 판정의문의 어
미가 사용될 수 있으며 그 역은 성립하지 않는다는 사실을 보여 준다.[24] 의

---

23 제주방언의 인용어미에 대해서는 정승철(1997c) 참조.

24 물론 요즘의 제주방언에서는 설명의문 어미 대신 판정의문 어미가 결합된 (62ㄴ)이 훨
   씬 더 선호된다.

문문의 인용문에서 또한, 다른 의문문들의 경우와 마찬가지로 설명/판정 의문 어미의 중화 현상에서 비가역적 성향을 드러내는 것이다.

이러한 성향은, 의문문의 간접인용에서 그 어미가 판정의문의 어미로 중화되는 양상과 공통된다. 이로써 보면 판정의문 어미로의 수렴,[25] 이것이 제주방언의 모든 의문문에서 설명/판정의 의문 어미가 중화하는 현상의 최종 결과이리라는 점은 어느 정도 예상할 수 있는 일이다.

4. 맺음말

이 논문은 제주방언의 통사적 특징으로 언급되어 온 설명/판정의문의 어미 대립 현상을 중심으로, 해당 어미들의 특징과 그러한 어미 대립의 중화 과정을 대략적으로 검토하는 데 목적을 두었다. 이를 위해 의문문의 유형 및 세대 그리고 어미의 종류에 따라 설명/판정의문의 중화 현상이 어찌 전개되고 있는지를 살폈다. 그 결과를 표로 정리하여 보이면 다음과 같다.

표 7[26]

유형	질문	20대~40대	50대	60대~80대
일반 의문문	설명 어미 대신, 판정 어미 사용	대체로 ○	△	대체로 ×
	판정 어미 대신, 설명 어미 사용	×	×	×

---

25 어미 대립에 의한 설명/판정의문의 구분이 더 이상 유효하지 않으며 일부 설명의문 어미를 제외하면 대부분 판정의문 쪽의 어미가 살아남아 제주방언의 의문 어미로서 기능하게 된다는 말이다.

26 표 안의 기호는 '○(그렇다), △(보통이다), ×(안 된다)'를 나타낸다.

일반 의문문 (명령/감탄)	설명 어미 대신, 판정 어미 사용	○	○	△
	판정 어미 대신, 설명 어미 사용	×	×	×
선택 의문문	설명 어미 대신, 판정 어미 사용	×	×	×
	판정 어미 대신, 설명 어미 사용	대체로 ○	×	×
수사 의문문	설명 어미 대신, 판정 어미 사용	○	○	△
	판정 어미 대신, 설명 어미 사용	×	×	×

1) 대체로 설명의문 어미 대신에 판정의문 어미가 사용되는 반면에 그 역은 성립하지 않는다. 이는 설명/판정의문 어미의 중화 현상이 판정 의문 어미 중심으로 이루어지고 있음을 알려 준다.

2) 설명/판정의문 어미의 중화 현상에서, 젊은 세대일수록 그 빈도가 높다. 이는 제주방언의 전통적 모습이 사라져 가는 양상의 일단을 보여 준다.

3) 명령/감탄을 나타내는 일반의문문이나 수사의문문에서 설명/판정 의문 어미의 중화 현상이 더 확산적이다. 이에 반해 선택의문문은 그 러한 중화 현상에 대해 가장 저항적이다. 의문문의 유형이 설명/판정 의문 어미의 중화 현상에 영향을 미친다고 하겠다.

4) '-고/-가', '-(으)ㄴ고/-(으)ㄴ가', '-는고/-는가' 등은 설명/판정의문의 중 화 현상에 민감하지 않은 어미이며 '-(으)니/-(으)냐', '-(으)이/-(으)야' 등은 이 현상에 아주 민감한 어미다. 이로써 이 현상이 확산되는 데에 어미의 종류가 관여함을 알 수 있다.

제 4 부

어학사

제주본《훈몽자회》에 대한 서지학적 고찰

1. 머리말

한 지역 방언의 방언사를 밝히는 일은 그 방언을 반영하는 문헌 자료에 대한 관찰로부터 가능해진다. 그런데 제주방언의 경우에는 이러한 방언사 재구 작업이 내적 재구의 방법, 비교 방법 등의 고려 아래 제한적으로만 행해져 왔다. 이는 제주방언을 반영한 문헌 자료의 결핍에 기인한다. 따라서 이전 시기의 제주방언의 모습을 보여 주는 문헌 자료가 발견된다면 그 자료는, 간행된 것이 아니라 필사된 것이더라도, 제주방언의 반영이 전면적인 것이 아니라 부분적인 것이더라도 제주방언의 방언사를 밝히는 데에 매우 소중한 자료가 될 수 있다.

이 논문은 19세기 초에 필사된 것으로 보이는 제주본濟州本《훈몽자회訓蒙字會》에 대한 서지학적인 고찰을 목적으로 한다. 그리하여 이 논문에서는 먼저, 형태서지학적인 관찰과 훈몽자회 이본들과의 비교를 통하여 제주본《훈몽자회》의 문헌적 성격을 명확히 하고 다음으로 내용서지학적인 관찰을 통하여 제주본《훈몽자회》의 문헌적 특징을 살펴본다.

한 문헌에 대한 문헌적 성격과 특징의 규명은 그 문헌에 반영되어 있는 언어의 모습이 어느 시기의 언어 상태를 반영한 것인지를 판단하는 데에

---

* 이 논문은《인하어문연구》3(1997)의 507-524면에 실렸다.

기초가 된다. 더구나 그것이 이전 시기에 간행된 문헌과 관련을 갖는 중간본이거나 필사본인 경우에는 더욱 그러하다. 이러한 점에서 이 논문에서는, 현대 제주방언뿐 아니라 현전하는 훈몽자회 이본들과의 관련 아래 제주본《훈몽자회》를 관찰한다.[1]

이 논문의 구성을 좀 더 구체적으로 언급하면 2장에서는 제주본《훈몽자회》와 관련된 서지적 사항을 검토하고 3장에서는 제주본《훈몽자회》를 현전하는 훈몽자회의 이본들과 비교하여 관찰함으로써 제주본《훈몽자회》가 어떤 계열의 훈몽자회 이본과 관련을 가지는지를 추적해 본다. 마지막으로 4장에서는 제주본《훈몽자회》가 보여 주는 표기법적인 특징을 살펴본다.

2. 서지

제주본《훈몽자회》는 동래東萊 정鄭씨 26세손인 정달원鄭達元(1790~1843)이 26세(1815) 때에 필사한 자료이다.[2] 정달원은 제주도 입도入島 10세손이므로 이는 제주도에서 19세기 초에 필사된 문헌이라고 할 수 있다.

제주본《훈몽자회》는 상·중·하 3권 1책의 필사본이다. 표제表題 서명은 '자회집字會集'이며 장정裝幀은 위에서부터 두 번째와 다섯 번째 끈이 끊어져 흔적만 남아 있지만 오침안정五針眼訂이다. 책의 크기(세로×가로)는 대

---

1 분량 등의 이유로 이 논문에서는 한자음이나 음운현상 등의 음운론적인 면은 다루지 않는다. 이는 별고別稿를 통해 발표할 예정이다. 한편, 제주본《훈몽자회》에 방점이 찍혀 있는 장張도 간혹 있으나 특별한 경우가 아니면 이에 대해서는 언급하지 않는다.
2 이는 정달원의 고손高孫인 자료 제공자의 진술을 전적으로 따른 것이다. 제주본《훈몽자회》의 필사자와 필사 연대에 대한 다른 기록은 보이지 않는다. 승낙을 얻지 못하여 이 자리에서 자료 제공자의 신상을 밝히지 않지만 이 자료의 복사를 허락해 주신 자료 제공자께 감사드린다.

략 23×20(표지는 26×25)이며 반엽광곽半葉匡郭의 크기는 21×19이다. 제주본《훈몽자회》는 사주단변四周單邊 유계有界 8행이며 각 행에 6자씩 표제標題 한자를 쓰고 이에 대한 풀이(석釋, 음音 및 주註)가 베풀어져 있다.[3]

또한 상·중·하 3권을 장張이 아니라 행行을 달리함으로써 구분하고 있는데 각 권의 마지막 행 끝에 각각 '훈몽자회訓蒙字會 상권종上卷終, 훈몽자회訓蒙字會 중권종中卷終, 훈몽자회訓蒙字會 하권종下卷終'이라고 명기明記되어 있다. 장수張數는 총 39장인데 훈몽자회인訓蒙字會引이 1장, 목록 및 범례가 3장, 상·중·하권이 35장이다. 한자 연습을 위해 뒷면이 사용된 장이 많기 때문에 판독하는 데에 어려운 부분이 상당하다.

제주본《훈몽자회》에는 '성誠, 경敬, 정貞, 열烈, 공恭, 양讓, 근謹(하25b)' 7자가 표제 한자에서 제외되어 있으며 '이二(하33b)'자에는 석과 음이 달려 있지 않아 총 3,352자에 대하여 풀이가 베풀어져 있다.[4] 제주본《훈몽자회》를 규장각본《훈몽자회》와 비교해 볼 때 표제 한자의 배열 순서가 다른 부분이 있는데 이를 표로 보이면 다음과 같다.

---

3 한 행에 배열되어 있는 표제 한자의 수가 33장~35장(35ㄱ면은 공란空欄)에서는 일정하지 않다(6자~10자). 한편 이 논문에서는 기술 및 참조의 편의를 위해 표제 한자에 대하여 대부분 제주본《훈몽자회》의 한자음과 규장각본《훈몽자회》의 장차張次를 표시해 준다. 아울러 구별을 위하여 장차를, 제주본은 '1ㄱ, 1ㄴ' 식으로, 규장각본은 '1a, 1b' 식으로 달리 표시한다.

4 제주본《훈몽자회》는 낙예본洛汭本이지만 현전하는 훈몽자회의 이본과 비교해 보면 미만본瀰漫本 계열에 속하는 것으로 여겨진다. 필자가 참조한 낙예본인 광문회본光文會本《훈몽자회》와 비교해 볼 때 광문회본과만 일치하는 제주본의 석釋은, 한자음이나 'ㅿ'과 관련된 형태를 제외하고는 '골와이라(螺, 상23b), 눈마을모(眸, 상25a), 숫돌단(碫, 중19a), 쑤디(綏, 중23b), 匸딥(疸, 중33b), 셰믈님(賨, 하21b), 우움봉(捧, 하22b)'에 불과하기 때문이다. 제주본《훈몽자회》가 낙예본이면서도 미만본 계열과 더 공통적임은 낙예본 계열 이본의 존재 혹은 낙장落張과 관련되었을 수도 있다.

제주본	규장각본
1ㄱ~3ㄴ	天(상1a)~稗(상9b)
4ㄱ~5ㄴ	脖(상14b)~魷(상19b)[5]
5ㄴ	柞(상10b)~橡(상11b)
6ㄱ	藻(상9b)~栩(상10b)[6]
6ㄱ~6ㄴ	荏(상13a)~賈(상14b)
7ㄱ	楠(상11b)~苽(상13a)
7ㄱ~35ㄴ	龍(상20a)~極(하35b)

제주본《훈몽자회》에는 규장각본과 달리 범례보다 목록이 먼저 나온다. 또한 훈몽자회인訓蒙字會引과 범례에 있어서도 규장각본과 제주본이 차이를 보이는 부분이 있다. 이를 제시하면 다음과 같다.

不知誰之手也(훈몽자회인 1a) → 不知誰之乎也

以至讀遍經史諸書(1b) → 以至讀扁經史諸書

盖由誦習文字而已(1b) → 盖曰誦習文字而已

而終不至於字與物二之差矣(1b) → 而終不知於字與物二之差矣

其不通文字者(범례 2a) → 其不通文者

每於一村一巷(2a) → 每於一村一卷

聚誨幼穉(2a) → 聚誨幼稚

의시·며(4a) → ·이·시·며

·업·스·며(4a) → : 업·스·며

: 져·금·으·로(4a) → : 져·금·오·로

삿·믈(4a) → 아·믈

---

5 '魷(상19b)'자 아래에 '상장동上章同'이라 명기되어 있고 그다음 행에 '柞(상10b)'자가 배열되어 있다.

6 '栩(상10b)'자 아래에 '하장역下章易'이라 명기되어 있고 그다음 행에 '荏(상13a)'자가 배열되어 있다.

平平聲셩·이·니(4a) → 平평聲셩·이니

가·리혀 : 나·죵(4a) → 가·리·혀 : 내·죵

곧고(4a 6行) → 곳고

흔가·지·라(4a) → 흔가·디·라

字ᄌᆞ·들·히(4a) → 字ᄌᆞ·들 : 히

쓰·면그달·이(4a) → 쓰·며·그날·이

소리·로(4a) → 소·리·로

·ᄒᆞ·ᄂᆞ니(4a) → ··ᄒᆞ·ᄂᆞ니

: 녜가짓(4b) → 녜가짓

平평上 : 샹去·거入·입 : 네·ᄌᆞ·ᄂᆞ사ᄅᆞ·미平평地·디·로브·터올·아ᄃᆞ녀·가도
로·드러 : 옴·과ᄀᆞ·튼ᄠᅳ디라(4b) → 平평上 : 샹去·거入입네ᄌᆞ·ᄂᆞ사ᄅᆞ미平평
地디로보터올아ᄃᆞ니가도로드러옴과ᄀᆞ튼ᄡᅳ디라.

3. 제주본《훈몽자회》의 저본底本

한 문헌에 대하여 여러 개의 이본이 존재할 때 그들 사이의 상호 연관 관
계 및 선후 관계를 추적해 보는 것은 매우 중요한 일이다. 특히 그것이 어
떤 문헌을 저본으로 한 필사본인 경우에는 더욱 그러하다. 왜냐하면 그 이
본에 나타난 언어의 모습들이 그 당시의 언어 상태를 반영한 것인지 그렇
지 않은 것인지에 대한 판단에서 이본 사이의 상호 연관 관계 및 선후 관계
가 중요한 기준이 될 수 있다고 여겨지기 때문이다. 이러한 점에서 이 장
에서는 필사본인 제주본《훈몽자회》가 어떤 계열의 훈몽자회 이본을 저본
으로 했는지를 추적해 본다. 이를 위하여 현전하는 훈몽자회의 이본들과
제주본《훈몽자회》를 비교·검토한다.

제주본《훈몽자회》를 현전하는 훈몽자회의 이본들과 비교해 보면 우선

그것이 예산본 및 규장각본과 관련이 있음을 알 수 있다. 제주본에 나타난 어떤 형태가 예산본 및 규장각본《훈몽자회》에서 발견되지 않으면 대개 다른 종류의 이본에서도 발견되지 않기 때문이다. 이는 제주본《훈몽자회》가 예산본이나 규장각본을 제외한 다른 계열의 훈몽자회 이본과는 관련이 없음을 단적으로 보여 준다.

그러면 제주본《훈몽자회》가 가지는, 예산본 및 규장각본《훈몽자회》와의 관계는 어떠한가? 이를 위하여 제주본《훈몽자회》와 예산본 및 규장각본《훈몽자회》를 비교하여 살펴본다.[7]

먼저 제주본《훈몽자회》에서 오자誤字를 보인 것으로 판단되는 예부터 제시한다.

(1) 닝귱ㅅ금(檳, 상11a) 닝긊(예, 규)

　　소파리귈(鱖, 상20b) 소과리(예, 규)

　　ㅁ룹슬(膝, 상28a) 무룹(예, 규)

　　굿ㄴ권(卷, 상34b) 권(예, 규)

　　쟝군몬경(扃, 중7a) 쟝군목(예, 규)

　　술빔(槽, 중12b) 술집(예, 규)

　　믈그믈티다(矕, 중17a) 믈그믈티다(예, 규)

　　비믹(舶, 중26a) 빅(예, 규)

　　뮤셕(銅, 중31b) 듀셕(예, 규)

　　즈힐샤(瀉, 중32b) 즈칠(예, 규)

　　ㅁ딥(疸, 중33b) ㅁ딥(예, 규)

　　알이늘포(苞, 하7a) 알아늘(예, 규)

---

7 아래 제시하는 자료에서 (예)는 예산본을, (규)는 규장각본을 가리킨다. 또한 어중語中의 독립되어 있는 자모字母는 원본에서는 모두 앞 음절의 종성으로 표기되어 있다.

귀묘쁜다(櫚, 하12a) 귀모(예, 규)

　　헤나모레(梣, 하16a) 허릿나모(예, 규)

　　눈ᄌᆞ길슌(瞬, 하28a) 눈ᄀᆞᆷᄌᆞ길(예, 규)

(2) 손금과(膈, 상25b) 손금(예) 손ᄉᆞᆷ(규)

　　바퇴곡식뷔다(割, 하5b) 바팃곡식뷔다(예) 바팃곳식뷔다(규)

(3) 산힝흘렵(獵, 중2b) 산힝 홀(예) 산힝홀(규)

　　쥭밈숨(糝, 중22a) 쥭심(예) 쥭임(규)

　　불뭇ᄃᆞ틸녈이래(梣, 하16a), 불뭇ᄃᆞ틸녈아래(예) 불뭇ᄃᆞ틸녈아래(규)

(4) 무돌기딜(垤, 상4a) 무들기(예, 규)

　　무들기과(科, 상34a) 무들기(예, 규)

　　멱마기(鶩, 상17a) 멱·마기(예) 멱·마·기(규)

　　디믈기술(醅, 중21b) 디믈긴술(예) 디믈·기술(규)

(5) 금션ㄴ금(錦, 중31a) 긄금(예) 금션ㄴ(규)

　　어월랑(瓢, 하5b) 어월(예)

　　(1)은 예산본과 규장각본의 동일한 석釋에 대하여 제주본《훈몽자회》에
서 오자로 나타난 것이다. 특히 ‘긋ㄴ권(卷, 상34b), 비믹(舶, 중26a), 즈힐샤
(瀉, 중32b), 헤나모레(梣, 하16a)’는 규장각본의 인쇄 상태를 참조해 볼 때
제주본에 나타난 오자가 규장각본에서 비롯되었음을 알려 준다.

　　(2)와 (3)에 제시된 오자의 예는 각각, 예산본 및 규장각본과 관련된 것
으로 여겨지는 예이다. 그런데 (2)가 예산본과의 직접적인 관련에서 비롯
된 것이라고 단정적으로 말하기는 어려우므로 제주본《훈몽자회》는 예산
본보다는 규장각본과 더 밀접한 관련을 가진 것이라고 해도 무방하다.

　　(4)는 방점을 ‘·’로 잘못 파악한 데에서 비롯된 오자임이 확실하다.[8] 이

---

8 이들은 ‘이’와 ‘의’가 혼기를 보인 것이므로 비어두음절의 ‘ᄋ〉으’와 자음 아래 ‘의〉이’

로부터 제주본이 방점을 가진 문헌을 저본으로 했음을 알 수 있다. 그런데 '멱마기(鷲, 상17a), 디믈기술(醋, 중21b)'은 제주본《훈몽자회》가 규장각본 계열의 훈몽자회를 저본으로 하여 필사된 것임을 단적으로 보여 준다. 제주본의 형태가 예산본의 형태('멱·마기, 디믈긴술')보다는 규장각본의 형태('멱·마·기, 디믈·기술')와 직접적으로 관련되어 있다고 보는 것이 합리적일 듯하기 때문이다.

(5)는 규장각본의 오각誤刻이 제주본《훈몽자회》에서 그대로 반영되어 나타난 것이다. '금섯ㄴ금(錦, 중31a)'은 규장각본의 오각(이기문 1971: 79)을 반영하여 석으로 삼은 것이며 '어월량(鼈, 하5b)'은 규장각본의 오각(이기문 1971: 127)이 그대로 나타난 것이므로 제주본과 규장각본이 관련되어 있음을 알려 주는 예인 셈이다.

제주본《훈몽자회》를 예산본이나 규장각본과 비교해 보면 제주본이 규장각본을 저본으로 했지만 예산본도 약간 참조한 것임을 알 수 있다.

> (6) 머리두(頭, 상24b) 마리(규)
>
> 슈건건(巾, 중22b) 슈걵(예) 슈깃(규)
>
> 도을보(輔, 중26b) 도울(규)
>
> (7) 곡도숑쳔(儁, 상9b) 곡도숀(예)
>
> 가시렸감(芡, 상12a) 가시렸(예)
>
> 싱앙쌍(薑, 상14a) 싱양(예)
>
> 표웜표(豹, 상18a) 표엄(예)
>
> 삽살가히(犬, 상19b) 삽살개히(예)
>
> 빈얌당어만(鰻, 상20b) 빈얌당어(예)

의 두 변화에 대한 과도교정의 예로 볼 수도 있지만 제주본《훈몽자회》에 '의〉이'의 변화를 보여 주는 표기가 나타나지 않는 것이 문제다. '머구리밥표(蘋, 상9b) 머구릐밥(예, 규)'은 '의〉이'의 변화에 의한 것이 아니라 속격의 개입 여부에 의한 것이다.

키쟈글좌(銼, 상30a) 킈쟐글(예)

아추나들딜(姪, 상32a) 아추아들(예)

흥졍흘샹(商, 중3b) 흥졍흘(예)

버덩팀(砧, 중11a) 버텅(예)

버덩심(椹, 중15b) 버텅(예)

버덩딜(櫍, 중15b) 버텅(예)

누륵국(麴, 중21b) 누룩(예)

귀엿골이(珥, 중24b) 귀엿골회(예)

여월쳑(瘠, 중33a) 어월(예)

어르러지뎐(癜, 중33a) 어루러지(예)

노을고(蠱, 중33b) 노올(예)

여회예(薉, 하4a) 여희(예)

고그리톄(蔕, 하4a) 고고리(예)

기슬셔(棲, 하7a) 기슬(예)

암물과(騍, 하7b) 아물(예)

구울쟈(炙, 하13a) 구을(예)

량태격(鬲, 하18a) 량톄(예)

튱텽튱(忠, 하25b) 튱뎡(예)

기릴차(叉, 하26b) 거릴(예)

공로젹(勣, 하31b) 공노(예)

(8) 딸기미(苺, 상12a) ·딸기(예) ·딸기(규)

    오자인지 아니면 당시의 언어 상태를 반영한 것인지는 분명하지 않지
만 예산본과 규장각본의 동일하지 않은 석에 대하여 제주본《훈몽자회》의
석이 (6)은 예산본의 석과, (7)은 규장각본의 석과 일치하는 것이다. 수적
으로 많은 것은 아니더라도 (6)은 제주본과 예산본의 관련을 보여 주는 예

로 여겨진다.

(8)은 방점을 '·'로 잘못 파악한 데에서 비롯된 오자일 듯한데 이는 제주본《훈몽자회》가 예산본 계열의 훈몽자회를 참조로 하여 필사된 것임을 시사해 준다. 앞서 제시한 (2)의 예나, 예산본과만 일치를 보이는 일부 한자음의 예 등을 통해서도 제주본이 예산본을 어느 정도 참조하여 필사된 것임을 알 수 있다. 하지만 제주본《훈몽자회》에 예산본과 일치하는 예(6)보다 규장각본과 일치하는 예(7)가 압도적으로 많다는 사실은 예산본보다는 규장각본의 영향이 더욱 절대적이었음을 알려 준다.[9]

제주본《훈몽자회》에는 예산본이나 규장각본에서 발견되지 않는 독특한 석이 많이 나타난다.

    (9) 녑가지륵(肋, 상25b) 녑발치(예, 규)

         상통계(髻, 중25a) 샹투(예, 규)

         그림묘(描, 하20b) 그릴(예, 규)

         그림암(罨, 하20b) 그릴(예, 규)

         우를명(鳴, 하8a) 우룸(예) 우름(규)[10]

         몸욕욕(浴, 하11a) 모욕(예, 규)

    (10) 닙압피플(吻, 상26a) 입아괴(예, 규)

         허튓쌔쳔(膪, 상26b) 허튓비(예, 규)

         곳플농, 곳롬(膿, 상30a) 골믈, 고롬(예, 규)

         겨집동셩툭(妯, 상31a) 겨집동셰(예, 규)

---

9 이 논문에서는 많은 예들이 제외되어 있지만 그들을 포함하더라도 두 경우의 수적 비율은 크게 차이나지 않는다.

10 'ㄹ'말음 용언어간은 '이울호(槁, 하4b)'처럼 대체로 관형형 어미 앞에서 말음 'ㄹ'의 탈락을 보여 주는데 '우를명(鳴, 하8a)'은 'ㄹ'의 탈락을 보여 주지 않는다. '우를포(咆, 하8a)'를 참조할 때 '울-'는 'ㄹ'의 탈락을 수의적으로 보여 주는 형태라 할 수 있다.

아ᅀᆞ족(族, 상31b) 아ᄋᆞ숨(예, 규)

ᄆᆞᆮ빅(伯, 상31b) ᄆᆞᆮ아자비(예, 규)

ᄲᆞᆷ쳐(鰲, 중16b) ᄲᅵᆯ(예, 규)

반찬슈(饌, 중20a) 차반(예, 규)

관구(柩, 중35b) 곽(예, 규)

일워홀졀(竊, 하25a) 일워슬(예, 규)

ᄆᆞᇰ슴져버보셔(恕, 하25b) ᄆᆞᇰ슴져버볼(예, 규)

혀뎌를걸(吃, 하28b) 혀더를(예, 규)

   (9), (10)에 제시된 예는 형태론적 또는 어휘론적 인식의 차이에서 비롯
되어 제주본《훈몽자회》가 독특한 석을 보인 것들이다. (9)는 접미사 또는
어미의 방언적 차이나[11] 어원론적 분석의 차이 등의 형태론적인 면에서,
(10)은 난해어 또는 유의어에 대한 해석의 차이[12] 등의 어휘론적인 면에서
저본이 된 훈몽자회의 석에 대하여 인식을 달리한 데에서 비롯된 것이다.
   참고로 특별한 이유를 가지지 않으면서도 예산본이나 규장각본에 나타
나지 않고 제주본《훈몽자회》에만 나타나는 석의 예를 제시한다. 현재로
서는 그것이 오자인지 당시의 언어 상태를 반영한 것인지를 판단하기 어
렵다.

---

11 '그림묘(描, 하20b), 그림암(畵, 하20b)'의 경우에서 보는 대로 한자의 석에 나타나는
   (동)명사형 어미(위의 예들은 동명사일 가능성이 짙으므로 명사형 어미라 하기보다는
   동명사형 어미라 해야 할 듯하다)와 관형형 어미의 대응은 제주도 천자문千字文의 '조름
   면(眠), 잠매(寐)' 등을 참조(이기문·손희하 편 1995: 211)해 볼 때 한자음과 관련되어 있
   는 듯하다.
12 '일워홀(竊, 하25a)'은 난해어에 대한 해석의 차이를 보여 준 예라 할 수 있다. 'ㅿ'은 제
   주본에서 'ㅇ'으로 대응되므로 '일워슬(예, 규)'은 '일워울'로 읽히고 이것이 다시 '일워
   홀'로 분석되었다는 것이다. 이러한 인식에는 공명음 사이의 'ㅎ'탈락 규칙이 전제되는
   데 제주본《훈몽자회》에 '우움봉(捧, 하22b)'에서처럼 이 환경에서의 'ㅎ'탈락을 보여 주
   는 예가 나타난다.

(11) 루글루(漏, 상2a) 루극(예, 규)

물신열로(澇, 상3a) 물끄일(예, 규)

솔옷데, 고믈외(薅, 상9b) 솔옷데, 곰돌외(예, 규)

느틔나모유(楡, 상10b) 누튀나모(예, 규)

사라손(豹, 상18a) 시라손(예, 규)

두믜밑(虻, 상22a) 등의(예, 규)[13]

귓도리미공(蛬, 상23b) 귓도라미(예, 규)

긔결흘령(垎, 상35a) 긔걸흘(예, 규)

방사오기올(兀, 중11b) 방사오리(예, 규)

납삼(釤, 중16a) 낟(예, 규)

씀돌례(礪, 중19a) 붓돌(예, 규)

씓돌지(砥, 중19a) 붓돌(예, 규)

씓돌형(硎, 중19a) 붓돌(예, 규)

굴위츄(鞦, 중19b) 글위(예, 규)

굴위천(韆, 중19b) 글위(예, 규)

쑤디(繸, 중23b) 쑤리(예, 규)

아니뷔니근실(縷, 중24b) 아니뷘니근실(예, 규)

빅브룬(鼓, 중28a) 빅브른(예, 규)

쳔지뎐(驏, 중29b) 쳥딕(에, 규)

도외리확(癨, 중34b) 도와리(예, 규)

가믈렴(殮, 중35b) 갈믈(예, 규)

샹공(梢, 하4b) 샤공(예, 규)

벼릴비(排, 하24a) 버릴(예, 규)

---

13 제주본《훈몽자회》는 19세기 자료이므로 'ㅸ, ㅿ, ㆁ' 등의 이른바 소실 문자가 나타나
지 않는 것은 당연하다. 그런데 제주본《훈몽자회》에서 'ㅿ'이 쓰인 예를 하나 발견할
수 있다. '두믜밑(虻, 상22a) 등의밍(예, 규)'이 그것인데 이는 오자가 분명하다.

아올로욀데(悌, 하25b) 아ᅀ로욀(예, 규)

힝역힝(行, 하31a) 힝뎍(예, 규)

붓벼룽자(炸, 하35a) 붓벼룩(예, 규)

열욀혼(渾, 하35b) 얼욀(예, 규)

(12) 긱플긱(刻, 상2a) 외플극(예) 사길극(규)

말왕빈(蘋, 상9b) 말왐(예) 말왐(규)

눈ᄌ을청(睛, 상25a) 눈ᄌ싀(예) 눈ᄌᅀ(규)

슷돌단(碫, 중19a) 붓돌(예) 숫돌(규)

쳔궁시(豉, 중21a) 젼국(예) 쳔국(규)

4. 표기

근대국어의 표기법은 음소적 원리에 기초한 중세국어의 연철 표기에서 형태음소적 원리가 근간을 이루는 현대국어의 분철 표기로 옮아가는 과도기적 성격을 지닌다. 이러한 성격에서 비롯되어 근대국어 자료는 어휘 형태소와 문법 형태소가 결합될 때 연철, 분철, 중철 등의 다양한 표기 경향을 보여 준다. 그런데 이 경향은 일반적으로, 문헌의 간행 또는 필사 시기나 문헌의 종류와 관련되며 동일한 문헌에서는 해당 언어의 형태론적 또는 음운론적 층위와 관련되기도 한다(정승철 1990: 45-49).

제주본《훈몽자회》는 어휘 형태소와 문법 형태소가 결합될 때 언제나 연철 표기를 보여 준다. 그런데 문헌의 성격상,《훈몽자회》에서 어휘 형태소와 문법 형태소가 결합할 때의 표기를 확인할 수 있는 경우는 폐음절 용언어간이 관형형 어미와 결합하는 경우밖에 없다.[14]

---

14 'ㅇ'말음 용언어간이 존재하지 않아 'ㅇ'말음 어간의 표기 경향은 확인할 수 없다. 하지

(13) 마글잡(牐, 상6b), 주글홍(薨, 중35a),

　　알이늘포(菢, 하7a), 안즐좌(坐, 하27a),

　　모돌딥(集, 중8a), 이바돌넘(餂, 하10b),

　　시를타(馱, 하24a), 드를텽(聽, 하28a),

　　늘글기(耆, 상33a), 블글뎍(赤, 중30a), 굴근깁톄(綈, 중30b),

　　올믈뎐(轉, 하1a), 슬믈핑(烹, 하12a), 글흘비(沸, 하11b),

　　거믈흑(黑, 중29b), 시믈죵(種, 하5a),

　　고기자불어(漁, 중2b), 니블금(衾, 중23b), 흔 폴 업슬혈(孑, 하33b),

　　기슬셔(棲, 하7a), 스슬온(搵, 하23b),

　　느즐만(晩, 상1b), 고즐삽(挿, 하5a), 또츨간(趕, 하30a),

　　바틀즈(沘, 하14b), 브틀분(焚, 하35a), 가플소(鞘, 중18a),

　　나흘면(娩, 상33b), 디흘용(舂, 하5b)

　(13)은 제주본《훈몽자회》에서 어간말 자음의 음운론적 성격과 관계없
이 폐음절 용언어간이 언제나 연철됨을 알려 준다.[15] '칙읫딜(帙, 상34b),
닙압피믈(吻, 상26a), 관원원(員, 중1b)' 등처럼 합성어나 한자어에서는 연
철되지 않는 것이 보통인데 합성어의 경우인 '아츠나둘딜(姪, 상32a) 아츠
아둘(예)'에서처럼 연철된 예도 나타나는 것으로 보아 제주본《훈몽자회》
가 연철 표기의 경향을 강하게 보이고 있음을 알 수 있다. 물론 이러한 경
향은 규장각본을 저본으로 한 데에서 비롯된 것이다.

　　(14) 낫쓸됴(釣, 하9a) 나쓸(예, 규), 열툴계(啓, 상35b),

만 '당아리구(梂, 상11b)'처럼 형태소 내부에서의 'ㅇ'이 언제나 종성으로 표기되는 것
으로 보아 'ㅇ'말음 어간은 분철될 것임을 예상할 수 있다.
15 '마쏠이(任, 하31b)'만으로는 이것이 'ㅺ'말음 어간인지, '으(ᄋ)'말음 어간인지 판단하
기 어렵다.

입플음(吟, 하32b) 이플(예, 규)

(15) ᄆᆡ얌미됴(蜩, 상22b) ᄆᆡ야미(예, 규),

진네오(蜈, 상23a) 지네(예, 규), 숣핌가(珂, 중27a)

(16) 목ᄆᆞᆯᄅᆞᆯ갈(渴, 하13b) 목ᄆᆞᄅᆞᆯ(예, 규)

(14)는 형태소 경계에서 중철 표기를 보인 것이다.[16] (15)는 형태소 내부에서의 중철 표기를 보여 주는 예인데[17] 현대 제주방언을 참조하면 실제 발음을 표기한 것이 아닐 가능성이 짙다. (16)은 단순한 중철 표기인지 유추 변화에 의한 실제 발음을 표기한 것인지 알 수 없다.

제주본《훈몽자회》에서는 'ㄱ, ㄷ, ㅂ, ㅅ, ㅈ'의 경음을 표기하기 위하여 각각 'ㅴ, ㅺ', 'ㅵ, ㅼ', 'ㅽ, ㅃ', 'ㅄ, ㅆ', 'ㅶ'이 사용되었다.[18]

(17) ᄣᅱ모(茅, 상9b), ᄣᅳᆯ디(墀, 중6a), ᄣᅦ패(簰, 중25b),

ᄣᅳᆺ지(旨, 상35a) ᄠᅳᆮ(예, 규) cf. ᄯᅳᆺ졍(情, 상29a) ᄠᅳᆮ(예, 규)

ᄡᅩᆯ쌰(射, 하9a), 댓ᄡᆞ리형(莿, 상10a)

ᄧᅩ출간(趕, 하30a), 뵈ᄧᅪ이부(芣, 상15b) 뵈ᄧᅪᆼ이(예, 규)

(18) ᄢᅥ딜함(陷, 하17b) cf. ᄭᅥ딜멸(滅, 하35b) ᄢᅥ딜(예, 규),

ᄢᅳ릴위(衛, 중8a), ᄢᅳᆷ쳑(鑿, 중16b) ᄢᅳᆯ(예, 규)

---

16 '낫ᄉᆞᆯ됴(釣, 하9a)'는 '목ᄉᆞ무후(喉, 상26b)'를 고려할 때 중철 표기가 아닐 수도 있다. 중앙어에서는 이미 18세기에 'ㅺ'말음 용언어간이 'ㄲ'말음 용언어간으로 재구조화되었는바(정승철 1990: 51) 제주방언도 이와 평행하다면 이에 대한 중철 표기는 '낙ᄉᆞᆯ'일 것이기 때문이다. 따라서 이는 중철 표기가 아니라 경음의 폐쇄지속시간과 관련되는 것(김주필 1990)이라 하는 편이 합리적일 듯하다. '봇글람(爁, 하13a), 밧ᄉᆞᆯ역(易, 상34a)'도 모두 마찬가지이다.

17 '마ᄂᆞᆯ숸(蒜, 상13a), 돗바ᄂᆞᆯ피(鈹, 중15b)'는 규장각본에서 중철 표기('만ᄂᆞᆯ, 돗반ᄂᆞᆯ')를 보이는데 제주본《훈몽자회》가 이를 따르지 않은 것으로 보아 예산본과의 관련을 보여 주는 예라 할 수 있다.

18 'ᄩᆞᆯ탄(彈, 중17a), ᄩᅥ딜분(幩, 하16b)'에서처럼 'ㅳ'이 나타나기도 한다.

ᄠᅳ리포(疱, 중33a), ᄢᅵ를뎨(觝, 하8b)

(19) ᄭᅯᆼ티(雉, 상16b), 듧ᄭᅢ임(荏, 상13a), ᄭᅮ디(纓, 중23b) ᄭᅮ리(예, 규),

낫ᄭᅳᆯ됴(釣, 하9a) 나ᄭᅳᆯ(예, 규)

ᄯᅥᆨ병(餠, 중20b), 넘ᄯᅵᆯ건(蹇, 하11b), ᄎᆞᆺᄯᅥᆨᄌᆞ(餈, 중20b) ᄎᆞᄯᅥᆨ(예),

마ᄯᆞᆯ이(任, 하31b) 맛ᄯᆞᆯ(예, 규)

ᄲᅦ유기뎨(荑, 상9b), 허튓ᄲᅧ쳔(腨, 상26b) 허튓ᄇᆡ(예, 규)

(20) ᄡᅮᆨ번(蘩, 상9a) ᄡᅮᆨ(예, 규) cf. ᄡᅩᆯ쌰(射, 하9a),

쓸쌰(寫, 하20b), 씨불금(禽, 하14a) 씨블(예, 규), 일ᄊᆞ(事, 하31b)

(21) ᄡᅵ삐타(種, 하5a) ᄡᅵᄲᅵ타(예, 규)

제주본《훈몽자회》에는 (17)에서 보는 대로 'ㅂ'계 합용병서로는 'ㅳ, ㅄ, ㅶ'이, (18)에서 보는 대로 'ㅄ'계 합용병서로는 'ㅴ, ㅵ'이 나타난다.[19] (19)에서처럼 'ㅅ'계 합용병서로는 'ㅺ, ㅼ, ㅽ'이 보이며 'ㅾ'은 보이지 않는다. (17)의 'ᄠᅳᆮ지(旨, 상35a), ᄯᅳᆮ졍(情, 상29a)', (18)의 'ᄣᅥ딜함(陷, 하17b), ᄯᅥ딜멸(滅, 하35b)'은 'ㅂ'계나 'ㅄ'계가 'ㅅ'계와 혼란을 보인 것인데 이는 이들 합용병서가 모두 경음을 표기한 것임을 알려 준다.

그런데 합용병서 표기에서 'ᄯᅥ딜멸(滅, 하35b) ᄣᅥ딜(예, 규), ᄯᅳᆮ졍(情, 상29a) ᄠᅳᆮ(예, 규), 허튓ᄲᅧ쳔(腨, 상26b) 허튓ᄇᆡ(예, 규)'의 'ㅺ, ㅼ, ㅽ'을 제외하면 모두 예산본 및 규장각본의 형태와 일치하는 것이므로 제주본의 'ㅂ'계나 'ㅄ'계 합용병서는 예산본 및 규장각본과의 관련 아래 출현한 것이라고 할 수 있다. 제주본《훈몽자회》의 필사자는 합용병서로서 'ㅅ'계만을 인정했을 가능성이 짙다. (20)과 (21)에 제시되어 있는 대로 각자병서는 'ㅆ, ㅃ' 이외에는 나타나지 않는다.

한편 제주본《훈몽자회》에서는, 대체로 'ㅅ'으로의 통일을 보이는 다른

19 'ᄣᅢ니시(時, 상2a)'는 'ᄢᅵ니(예, 규)'의 오자임이 확실하다.

근대국어 자료와는 달리 음절말 'ㅅ'과 'ㄷ'의 혼기混記를 보여 준다.

(22) 돗뎨(猪, 상19a) 돋(예, 규), 비웃청(鯖, 상20b) 비운(예, 규),
　　　귀밋빙(鬢, 상25b) 구민(예) 귀민(규), 쁫졍(情, 상29a) 뜯졍(예, 규),
　　　붓필(筆, 상34b) 붇(예, 규), 뜻지(旨, 상35a) 뜬(예, 규),
　　　솟뎡(鼎, 중10a) 손(예, 규), 볏화(鏵, 중17a) 볃(예, 규),
　　　벗졔(儕, 하24b) 벋(예), 못홀불(否, 하31a) 몯홀부(예, 규),
　　　즛블올채(跐, 하27a) 즐발올(예) 즌블올(규)

(23) 몬디(池, 중8b) 못디(예, 규),
　　　뜯돌지(砥, 중19a) 뿟돌(예, 규), 뜯돌형(硎, 중19a) 뿟돌(예, 규),[20]
　　　곧갈개(枛, 중22b) 곳갈(예), 눋가올비(卑, 하26a) 눗가올비(예, 규),
　　　준구릴준(蹲, 하27a) 줏그릴(예) 줏구릴(규),
　　　갇가올근(近, 하34b) 갓가올(예, 규)

(22)는 예산본 및 규장각본의 음절말 'ㄷ'이 제주본에서 'ㅅ'으로, (23)은 예산본 및 규장각본의 'ㅅ'이 제주본에서 'ㄷ'으로 표기된 것이다. 위에 제시되어 있는 대로 제주본《훈몽자회》에서는 음절말의 'ㅅ'과 'ㄷ'이 혼기되므로 음절말에서 'ㅅ'과 'ㄷ'은 대립하지 않음을 알 수 있다. 따라서 19세기 초 제주방언의 음절말 종성은 7종성이었다고 하겠다.

　사이시옷이 개재된 경우를 제외하면 제주본《훈몽자회》에서 음절말 자음군으로는 'ㄺ, ㄼ, ㄳ'이 나타난다.

(24) ㄱ. 두듥파(坡, 상3b), 둙계(鷄, 상16b), 우슭학(貉, 상19a), 슭리(狸,

---

20 '슷돌단(碫, 중19a) 뿟돌(예) 숫돌(규)'에서처럼 예산본이나 규장각본과 차이를 보이지 않은 예도 나타난다. '뜯돌례(礪, 중19a) 뿟돌(예, 규)'은 특이한 모습을 보여 준다.

상19a), 붉쥐편(蝙, 상22b), 기슭쳠(簷, 중5b), 홁무디독(墩, 중9a),

지즑인(茵, 중5b), 섥협(篋, 중13a), 긁쥘좌(抓, 하22b)

ㄴ. 츨갈, 츨너츨(葛, 상9a) 츩갈, 츩너츨(예, 규)

(25) ㄱ. 듧쌔임(荏, 상13a), 샆쵸(鍬, 중17b), 여듧팔(八, 하34a) 여듧(예,

규), 여듧치디(叭, 하34a) 여듧치(예, 규)

ㄴ. 앎남(南, 중4a) 앎(예, 규)

(26) ㄱ. 낛구(鉤, 중15b), 넋빅(魄, 중35a)

ㄴ. 넉혼(魂, 중35a)

(27) 옴겨시믈시(蒔, 하5a), 옴길슈(輸, 하22b), 흔 발옴기규(跬, 하27b) 흔

발옴길(예, 규)

(24ㄱ)과 (25ㄱ)은 각각 'ㄹㄱ, ㄹㅍ'이, (26ㄱ)은 'ㄱㅅ'이 음절말 자음군으로 나
타난 것이다. 그런데 (24ㄴ), (25ㄴ), (26ㄴ)은 자음군 말음 용언어간이 단
순화되는 모습을 보여 준 것이므로 이들 자음군 말음은 그대로 실현된 것
이 아니라고 할 수 있다.[21] (27)은 'ㄹㅍ'말음 용언어간의 단순화를 보여 주는
표기이다. 역시 'ㄹㅍ'자음군 말음이 그대로 실현되지 않았음을 알려 준다.

제주본《훈몽자회》는 사이시옷의 표기에 있어서[22] 예산본이나 규장각
본《훈몽자회》와 다른 모습을 보여 준다.

---

21 '츨갈, 츨너츨(葛, 상9a)'은 'ㄱ'이 탈락된 표기를 보여 주는데 현대 제주방언을 참조하면
단순화의 방향이 다르다. 현대 제주방언에서 '칡넝쿨'은 '끅줄', '칡뿌리'는 '칙뿔리'라 하
는데 어느 경우에도 제주본《훈몽자회》의 형태와 관련된 경우는 없다.

22 제주본《훈몽자회》에서 연속된 표제 한자의 석이 동일할 경우에는 대부분 석을 표시해
주지 않았다. 따라서 이러한 경우에 '합(鴿, 상16a) 집비두리(예) 지비두리(규)'에서처
럼 예산본과 규장각본이 석의 모습을 달리할 때에는 제주본이 어느 것에 일치하는지
판단하기 어렵다. 이러한 이유로, '(표고)고(菇, 상14a) 표곳(예, 규)'에서처럼 사이시옷
의 존재를 확인할 수 없는 경우도 있다.

(28) 비믈료(潦, 샹6a) 빗믈(예) 빗몰(규)

　　년밤뎍(葤, 샹12a) 녓밤(예, 규)

　　눈부텨동(瞳, 샹25a) 눖부텨(예, 규)

　　눈마올모(眸, 샹25a) 눖망올(예) 눖마올(규)

　　눈두에검(瞼, 샹25a) 눖두에(예, 규)

　　씌돈과(錁, 중23b) 씻돈(예, 규)

　　문댱만(幔, 중13b) 믓댱(예)

　　슈건건(巾, 중22b) 슈겄건(예) 슈깃건(규)

　　거즈말황(謊, 하28b) 거즛말(예)

　　하늘ᄃ래괄(䒷, 샹9a) 하ᄂ래(예) 하늘래(규)

　　손금과(膕, 샹25b) 손금(예) 손ᄉᆷ(규)

(29) 셩뉴류(榴, 샹11a) 셕늇(예, 규)

　　효근귤등(橙, 샹11b) 효근귨(예, 규)

　　ᄉ지ᄉ(獅, 샹18a) ᄉ짓(예, 규)

　　됴회됴(朝, 중7b) 됴횟됴(예, 규)

　　평샹샹(牀, 중10b) 평샹ᄉ샹(예, 규)

　　쥰준(樽, 중12a) 즚준(예, 규)

　　댱댱(帳, 중13b) 댱ᄉ(예, 규)

　　셔툐토(菟, 중23b) 셰톳(예, 규)

　　비단단(段, 중30b) 비닶단(예, 규)

　　긔린긔(麒, 샹18a) 긔린ᄉ(예)

(30) 슌슌(蒪, 샹14a) 슌쓷(예, 규)

　　기운긔(氣, 샹33b) 긔운씌(예, 규)

　　깅깅(羹, 중21a) 깅깅ᄉ(예) 깃ㅇ깅(규)

(31) 빗함(艦, 중26a) 빅(예, 규)

　　류릿류(琉, 중32a) 류리(예, 규)

비홧슬(瑟, 중32a) 비화(예, 규)

묏당(嶂, 상3b) 뫼(예)

(32) 귨귨(橘, 상11b)

(33) 여귀료(蓼, 상13b) 엿귀(예, 규)

사기고(羔, 상19a) 삿기(예, 규)

사기훤(狟, 상19a) 삿기(예, 규)

고갈젹(幘, 중22b) 곳갈(예, 규)

고갈면(冕, 중22b) 곳갈(예, 규)

비글횡(橫, 하17a) 빗글(예, 규)

　　(28)은 석 내부에서, (29)~(32)는 석과 한자음 사이에서 사이시옷의 개
재 여부가 차이를 보인 것이다. (28)~(30)은 제주본에서 사이시옷을 보여
주지 않는 경우이며 거꾸로 (31)~(32)는 제주본에서 사이시옷을 보여 주
는 경우인데 전자의 경우가 훨씬 우세하다. (31)~(32)에서 보듯 제주본
《훈몽자회》의 사이시옷은 거의 선행하는 석釋의 종성으로 표기된다.23
(32)는 사이시옷이 'ㄱ'으로 표기된 것이다. 후행하는 한자음과 관련된 듯
하다.24

　　(33)은 제주본이 형태소 내부에서 'ㅅ'이 탈락된 표기를 보이는 것이다.
그런데 '고갈젹(幘, 중22b)'과 '곧갈개(帣, 중22b)'의 비교를 통해 보면 이들

---

23 '싱앙깡(薑, 상14a) 싱양깡(예, 규), 님굼쓴(君, 중1a), 반짠(盤, 중10b), 일쌋(事, 하31b)'에
서처럼 사이시옷이 후행하는 한자음에 표기된 경우도 있다.

24 관형형 어미와 후행하는 한자음 사이에서의 경음화 표기를 보여 주는 '돍군(鞁, 중34b)
둘군(예, 규), 젉가(鞦, 중34a)'는 사이시옷이 개재된 경우는 아니지만 이 예와 관련이
있다(물론 중철 표기와 관련이 있다고도 할 수 있다). 이는 '젉가(鞦, 중34a)'에서 보듯
예산본이나 규장각본에도 나타나는바 두 경우 다 석이 'ㄹ'말음 용언어간이면서 한자
음의 초성이 'ㄱ'이라는 공통점을 갖는다. 하지만 '갈경(耕, 하5a)'에서처럼 동일한 환경
을 가진 경우가 모두 'ㄱ'표기를 보이는 것은 아니다.

이 당시 발음을 반영한 예가 아니라 과도교정을 한 예임을 시사해 준다. 현대 제주방언을 참조해도 마찬가지이다.

5. 맺음말

이제까지 필자는 제주본《훈몽자회》에 대한 서지학적인 관찰과 훈몽자회 이본들과의 비교를 통하여 제주본《훈몽자회》가 가지는 문헌적 성격과 표기법적 특징을 살펴보았다. 이를 요약하면 다음과 같다.

19세기 초에 정달원鄭達元이 필사한 제주본《훈몽자회》는 예산본을 참조하면서 규장각본을 저본으로 하여 필사한 것이다. 제주본《훈몽자회》가 낙예본洛汭本이면서도 이들 미만본瀰漫本 계열의 이본과 더 많은 공통점을 보여 주는 것은 제주본《훈몽자회》가 미만본을 저본으로 했기 때문이다.

제주본《훈몽자회》는 연철 표기의 경향을 강하게 보여 준다. 또한 경음을 표기하기 위하여 합용병서와 각자병서를 사용하였다. 물론 연철 표기 경향이나 'ㅂ'계와 'ㅄ'계 합용병서의 표기 경향은 예산본 및 규장각본과의 관련 아래 출현한 것이다. 이들과의 관련을 제외할 때 제주본《훈몽자회》의 경음은 주로 'ㅅ'계 합용병서나 각자병서에 의해 표기했다고 할 수 있다. 각자병서로는 'ㅆ, ㅃ' 이외에는 나타나지 않는다.

한편, 제주본《훈몽자회》에서는 음절말 'ㅅ'과 'ㄷ'이 통일되지 않고 혼기된다. 또한 사이시옷 표기를 제외하면 음절말 자음군으로 'ㄺ, ㄼ, ㄳ'이 보이지만 자음군 말음 어간이 단순화되는 모습을 보여 준 표기도 나타나므로 이들 자음군 말음은 그대로 실현된 것이 아니라고 할 수 있다. 그리고 제주본《훈몽자회》의 사이시옷은 거의 선행하는 석의 종성으로 표기되는데 예산본이나 규장각본과 비교하여 제주본에서 사이시옷을 보여 주지 않는 경우가 제주본에서 사이시옷을 보여 주는 경우보다 훨씬 우세하다.

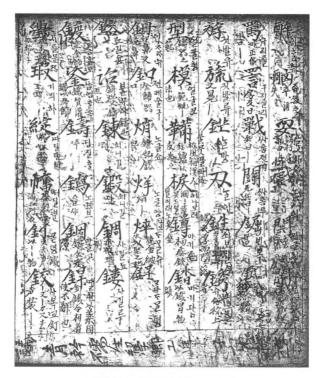

제주본 29ㄴ (규장각본 하 15a~16b)

제주본《훈몽자회》의 한자음

1. 머리말

이 논문은 제주본《훈몽자회》의 한자음과, 예산본 및 규장각본《훈몽자회》의 한자음을 비교하여 고찰하는 것을 목적으로 한다. 즉 한자음과 관련하여《훈몽자회》의 이들 이본들 사이에서 발견되는 공통점과 차이점을, 제주본《훈몽자회》에 초점을 두고 관찰·기술하는 동시에 그러한 차이점이 어떠한 연유에 기인하여 발생하게 되었는지를 살피려 한다는 것이다. 이를 위해 이 논문에서는 각 이본들을 효율적으로 비교할 수 있도록, 세 이본에서 완전히 동일한 표기를 보이는 한자음은[1] 제외하고 논의를 진행하기로 한다.

제주본《훈몽자회》는 동래 정鄭씨의 제주도 입도入島 10세손인 정달원鄭達元(1790~1843)이 필사한 상중하 3권 1책(총 39장)의 전사본轉寫本이다.[2]

---

* 이 논문은《한국문화》25(2000)의 1-16면에 실렸다.

1 이들이, 당시 제주방언의 한자음을 반영한 것인지 아니면 저본을 그대로 옮긴 데에 불과한 것인지를 판단하기는 쉽지 않다. 한편 제주본《훈몽자회》에는, 표제 한자에서 빠져 있는 7자('성誠, 경敬, 정貞, 열烈, 공恭, 양讓, 근謹')와 표제 한자에서 빠져 있지는 않으나 새김과 음音이 베풀어져 있지 않은 1자('이二')를 제외하고 총 3,352자의 표제 한자에 한자음이 달려 있다(정승철 1997b: 509-510). 한자음과 관련하여 이들 중에는 오각·탈각을 포함해 확인이 가능한 것으로, 예산본과 동일하지만 규장각본과 다른 것이 26자, 거꾸로 규장각본과 동일하지만 예산본과 다른 것이 49자, 두 이본 모두와 다른 것이 126자가 나타난다.

전사본은 대체로, 어느 문헌을 저본底本으로 하여 필사되었는지에 따라 그 모습을 달리하게 된다. 그러므로 제주본《훈몽자회》를 검토하기 이전에 그것이,《훈몽자회》의 여러 이본들 중에 어느 것을 저본으로 했는지를 밝히는 작업이 선행되어야 한다.

그런데 이 자료를 표기의 면에서 자세히 관찰해 보면 제주본《훈몽자회》가, 현존하는《훈몽자회》의 이본들 중 예산본을 약간 참조하면서 규장각본을 저본으로 하여 전사한 것임을 알 수 있다(정승철 1997b: 511-516). 이러한 이유로 이 논문에서는 예산본 및 규장각본만을 비교 대상으로 하여 제주본《훈몽자회》의 한자음을 관찰·기술하려는 것이다.

그렇지만 전사본이 어떤 특정 문헌을 저본으로 했다 하여도 저본 그대로 필사되는 것은 아니다. 전사본에는 필사 과정과 관련하여, 오독誤讀과 오사誤寫로 인한 오자誤字는 물론이려니와 시대나 지역 또는 관련 참조 문헌을 달리하는 경우에 음운·형태변화 등으로 인한 변개變改 또는 참조 문헌으로 인한 변개가 나타나게 마련이기 때문이다. 이는 제주본《훈몽자회》에서도 마찬가지인 것으로 보인다. 따라서 이본 비교를 통해 예산본 및 규장각본《훈몽자회》와 제주본《훈몽자회》에 나타나는 한자음상의 차이점을 살펴보려 하는 이 논문에서는 그 차이를 유발한 원인에 따라 오독·오사에 의한 것, 음운변화에 의한 것, 참조 문헌에 의한 것으로 나누어 제주본《훈몽자회》의 한자음을 검토하기로 한다.[3]

---

2 정승철(1997b: 508) 참조. 이 자료는 제주濟州에서 전사轉寫된《훈몽자회》이므로 서명을 '제주 전사본《훈몽자회》'로 하는 것이 좀 더 정확하다. 하지만 이제까지 제주에서 발견된《훈몽자회》는 이 자료가 유일하므로 이를 '제주본《훈몽자회》' 또는 더 줄여 '제주본'이라 부르기로 한다.

3 아래 제시하는 자료에서 '예'는 예산본《훈몽자회》, '규'는 규장각본《훈몽자회》를 가리킨다. 그리고 이 논문에서는 표제 한자에 대하여 기술 및 참조의 편의를 위해 규장각본《훈몽자회》의 장차張次를 표시해 준다. 한편 예산본이나 규장각본의 'ㆁ'은 편의상 'ㅇ'으로 표기하기로 한다.

2. 오독과 오사에 의한 변개

전사본은, 어떠한 이유로 저본을 잘못 읽었거나 또는 제대로 읽었더라도 필사하는 과정에서 잘못을 범하였을 경우에 저본과 차이를 보이게 된다.

(1) 률(訹, 하28b) 튤(예, 규) / 탁(絡, 하19a) 락(예, 규)

(2) ㄱ. 념(餂, 하10b) 녑(예, 규), 암(罯, 하20b) 압(예, 규), 텸(貼, 하21b) 텹 (예, 규) / 집(斟, 하14b) 짐(예, 규)

　　ㄴ. 강(紺, 하19b) 감(예, 규), 릉(檁, 중5b) 름(예, 규) / 남(囊, 하2b) 낭 (예, 규), 홈(瀕, 중15b) 홍(예, 규)⁴

　　ㄷ. 밒(虻, 상22a) 밍(예, 규)

(3) 픠(㬴, 하10a) 곽(예) 괵(규), 휴(泗, 중2a) 슈(예) 츄(규)

(1)은 초성에서, (2ㄱ)과 (2ㄴ)은 종성에서 오자가 나타난 예인데 이들 오자는 각각 'ㄹ'과 'ㅌ', 'ㅁ'과 'ㅂ', 'ㅇ'과 'ㅁ'의 자형이 유사한 데에서 비롯된 것으로 여겨진다. (2ㄷ)의 '밒'은 제주본 《훈몽자회》에서 'ㅿ'이 쓰인 유일한 예인바 종성의 'ㅇ'을 적는 과정에서 잘못을 범한 것이라 할 수 있다.

(3)은 제주본 《훈몽자회》가 한자음에 있어서도 규장각본 《훈몽자회》를 저본으로 했음을 시사해 주는 예이다. 자형을 고려할 때 제주본의 '픠(㬴), 휴(泗)'가, 예산본의 '곽, 슈'보다는 규장각본의 '픠, 츄'와 직접적으로 관련되어 있다고 보는 것이 합리적일 듯하기 때문이다.

(4) ㄱ. 견(峴, 상3b) 현(예, 규), 광(舡, 중13a) 굉(예, 규), 담(簟, 상13b) 심

---

4 제주본에서 '瀕'의 한자음을 '홈'으로 적은 것은 그것의 새김이 '홈'인 것과 관련된다. 이처럼 새김의 관여로 한자음에서 오자를 보인 예는 '강남콩왕(豌, 상13a) 완(예, 규)' 에서도 발견된다.

(예, 규), 뎐(碾, 중11a) 년(예, 규), 뎡(淀, 상6a) 뎐(예, 규), 동(蚤, 상 23a) 종(예, 규), 량(狼, 상18b) 랑(예, 규), 려(蠡, 상20b) 리(예, 규),[5] 막(蟆, 상24a) 마(예, 규), 믈(吻, 상26a) 믄(예) 곤(규),[6] 불(否, 하 31a) 부(예, 규), 슈(蓍, 상9b) 유(예, 규)

ㄴ. 념(捻, 하23b) 녑(예, 규), 청(晴, 상25a) 청(예) 정(규)

(5) ㄱ. 탁(榻, 중10b) 탑(예) 탐(규)[7]

ㄴ. 박(珀, 중32a) 빅(예, 규), 빙(殯, 중35b) 빈(예, 규)

(4)와 (5)는 다른 한자 또는 한자어로부터의 유추가 한자음상의 차이를 나타나게 한 예이다. 일종의 오독과 관련된 변개인 셈이다.

(4)는 표제 한자를 구성하고 있는 성분 한자의 음音에 유추되어 제주본 에서 한자음이 달라진 것이다. (4ㄴ)의 '념(捻)'이나 '청(晴)'은 각각 성분 한 자 '념念'이나 '청靑'에 이끌린 음인데 전자는 한계본閑溪本《훈몽자회》에[8] '념'으로, 후자는 예산본《훈몽자회》에 '청'으로 나타나 동일한 음을 보이는 이본이 현재 보고되어 있다는 점에서 (4ㄱ)의 예와 다르다.

(5)는 뜻을 같이하는 다른 표제 한자 또는 새김에 나타난 한자어로부터 의 유추로 제주본에서 한자음상의 차이를 보인 것이다. (5ㄱ)의 '탁(榻)'은 이와 뜻을 같이하는 '탁(拓)'의 한자음에,[9] (5ㄴ)의 '박(珀)', 빙(殯)'은 새김에 나타난 한자어 '호박(琥珀), 빙소(殯所)'의 한자음에 이끌린 것으로 여겨 진다.

다음은, 뚜렷한 이유는 알 수 없으나 제주본의 한자음이 예산본 및 규장

---

5 장삼식(1996)에 따르면 '蠡'의 현대 한자음은 '려'와 '리', 둘로 나타난다.
6 규장각본의 '곤'은 '믄'의 오각이다(이기문 1971: 77).
7 규장각본의 '탐'은 '탑'의 오각이다(이기문 1971: 78).
8 한계본《훈몽자회》에 대해서는 홍윤표(1985) 참조.
9 '탑본榻本'은, 국립국어연구원 편(1999)에 '탁본拓本'과 동의어로 처리되어 있다.

각본의 한자음과 차이를 보이는 예들이다. 하지만 이들의 경우에도 오독
이나 오사가 관련되었을 가능성은 매우 짙다.

    (6) ㄱ. 딘(電, 상2b) 뎐(예, 규), 목(陸, 상3b) 류(예, 규), 톄(綈, 중30b) 데
           (예, 규), 튜(軸, 중26b) 튝(예, 규)[10]

       ㄴ. 결(囷, 상32a) 견(예, 규), 율(毓, 상33b) 육(예, 규), 흘(欽, 하10b) 흠
           (예, 규)[11]

       ㄷ. 눈(訥, 하28b) 눌(예, 규), 당(丈, 중19a) 댱(예, 규), 독(墩, 중9a) 돈
           (예, 규), 박(俘, 하25a) 부(예, 규), 반(蚌, 상20a) 방(예, 규), 봉(輻,
           중26b) 복(예, 규), 삼(探, 하23a) 탐(예, 규), 양(躍, 하27b) 약(예,
           규),[12] 열(嘁, 상29b) 얼(예, 규), 잔(桙, 상11a) 좀(예) 진(규), 지(踉,
           하26b) 긔(예, 규), 척(鑿, 중16b) 착(예, 규), 탁(禓, 하19b) 텩(예, 규)

3. 음운변화에 의한 변개

    제주본《훈몽자회》에서는 음운변화가 관여한 결과로 표제 한자의 본음
이 변한 예들이 발견된다.[13] 이는 물론, 제주본《훈몽자회》가 예산본 및 규

---

10 이들을, 이와 성분 한자를 같이하는 '진震, 목睦, 체綈(또는 체涕), 추抽'의 한자음에 이끌린
   것으로 볼 수도 있다.
11 이들의 새김은 '아들(囷), 도일(毓), 자실(欽)'인바 새김 말음의 관여로 한자음에서 오자
   를 보인 것이라 할 수도 있다.
12 제주본《훈몽자회》에서는 연속된 표제 한자의 새김이 동일할 경우에 후행하는 한자의
   새김을 표시해 주지 않는 것이 보통인데 '양(躍)'도 바로 그러한 예 중의 하나이다. 이러
   한 경우에는 선행 한자와 후행 한자가 좀 더 긴밀한 관계를 유지하게 된다고 할 수 있는
   바 '약躍'의 한자음 '양'도, 선행하는 표제 한자 '踊'의 한자음 '용'에 영향을 받은 것이 아닌
   가 생각된다.
13 권인한(1997: 333)에서는 한자음의 변화 양상이 크게 두 유형, 즉 음운현상의 결과로 해

장각본《훈몽자회》와 시대(또는 지역)를 달리한 데에서 비롯된 것이다.

> (7) ㄱ. 연(堧, 상12a) 션(예, 규), 유(孺, 상32b) 슈(예, 규), 일(日, 상1a) 실
> (예, 규)[14]
>
> ㄴ. 약(箬, 하5b) 샥(예) 약(규), 유(茉, 상15a) 슈(예) 유(규), 육(肉, 중
> 21b) 슉(예) 육(규), 이(珥, 중24b) 싀(예) 이(규), 이(爾, 하24b) 싀
> (예) 이(규)
>
> ㄷ. 약(弱, 하30b) 약(예) 샥(규)

(7)은 'ᅀ'과 관련하여 제주본이, 예산본이나 규장각본과 한자음상의 차이를 보인 예이다. 앞장에서 오자의 예로 언급한 '밀(虻)'의 경우를 제외하면 제주본에서는 예산본이나 규장각본의 'ᅀ' 유지 여부와 관계없이 언제나, 'ᅀ'이 탈락된 모습을 보여 준다. 이처럼 오자를 제외할 때 제주본《훈몽자회》에 'ᅀ'이 전혀 나타나지 않음은 이 자료를 필사하던 시기에 제주 방언도 'ᅀ〉∅'의 음운변화를 겪어 이미 이 방언에서 'ᅀ'이 비음운화한 데에 기인한다.

그런데 어떤 음운변화가 광범위하게 일어났을 때 개신형보다 보수형(즉 이전 시기의 형태)을 선호하는 언어화자는 때때로 이에 대한 의식이 지나쳐 그 음운변화를 겪지 않은 형태까지도 과도하게 교정하기도 한다. 따라서 이러한 과도교정은, 언어화자가 가지는 보수형에 대한 선호 정도에 비례하여 그 출현 빈도가 결정된다고 할 수 있다. 이는 시대적 간격을 다소 두더라도 전사본에서, 특히 중앙에서 간행된 문헌 자료를 저본으로

당 글자의 본음까지 변한 것과 본음은 변하지 않았으면서 특정 위치나 어휘에서 변이음이 나타난 것으로 나뉜다고 하였다.

14 제주본의 '나일(日)'은, 'ᅀ'의 소실에도 불구하고 '날'의 'ㄹ'이 탈락했다는 점에서 흥미롭다.

하여 필사한 전사본에서 과도교정이 더 흔히 이루어지게 될 가능성을 제기해 준다.[15]

(8) ㄱ. 디(哣, 하34a) 지(예, 規), 딘(眹, 하32a) 진(예, 規), 딜(磧, 중6b) 질
(예, 規), 딜(櫃, 중15b) 질(예, 規), 딥(集, 중8a) 집(예, 規), 틸(七, 하
34a) 칠(예, 規)

ㄴ. 댱(嶂, 상3b) 쟝(예, 規), 댱(漿, 중20b) 쟝(예, 規), 뎍(赤, 중30a) 적
(예, 規), 뎡(鉦, 중29a) 정(예, 規), 텹(睫, 상25a) 첩(예, 規)

(9) 젼(奠, 하1a) 뎐(예, 規), 죠(鵰, 상15b) 됴(예, 規)

(8)과 (9)는 'ㄷ〉ㅈ, ㅌ〉ㅊ'의 'ㄷ'구개음화와 관련하여 제주본이, 예산본
및 규장각본과 표기상의 차이를 드러낸 예이다. 제주본《훈몽자회》의 새
김을 검토해 보면 제주본에서는, '댓질위댱(棠, 상11b) 댓딜위(예, 規)'와 같
은 'ㄷ'구개음화 반영 표기보다 '디도리외(機, 중7a) 지도리(예, 規), 문뎐곤
(闐, 중7a) 문젼(예, 規), 무딜무(撫, 하32a) 문질(예, 規)'과 같은 과도교정 표
기를 더 흔히 발견할 수 있다. 이는 한자음에서도 마찬가지여서 (9)에서처
럼 'ㄷ〉ㅈ'의 'ㄷ'구개음화를 겪은 표기보다 (8)에서처럼 'ㄷ'구개음화에 대
한 과도교정 표기를 더 많이 보여 주는 것이다.[16]

(10) ㄱ. 샹(鬵, 중21b) 상(예, 規), 쇼(鞘, 중18a) 소(예, 規), 췌(箠, 중27b)

---

15 과도교정은 표기 층위에서 일어난 것일 수도 있고 음성 층위에서 일어난 것일 수도 있
다. 그런데 어떤 음운변화 또는 형태변화가 발생한 시기와 시대적 간격을 많이 둔 문헌
자료에서 그 변화에 대한 과도교정 표기가 나타났을 때에는 적어도, 과도교정이 음성
층위에서 일어난 것은 아니라고 할 수 있다.
16 과도교정의 예가 '이, 야, 여' 앞에 한정된다는 점이 특이하다. 김주필(1994: 55)에서도,
경상도방언의 'ㄷ'구개음화 과정을 통시적으로 검토하면서 이에 대한 과도교정의 예
가 '이, 야, 여' 앞에 한정된다고 하였다.

췌(예, 규)

ㄴ. 샹(牀, 중10b) 상(예, 규), 셔(鋤, 중16b) 서(예, 규), 쥰(樽, 중12a)
준(예, 규)

(10)은 치찰음 'ㅅ, ㅈ, ㅊ' 아래에서의 반모음 'j' 탈락과 관련된 예이다.
예산본 및 규장각본과 비교해 볼 때 (10ㄱ)은 제주본에서 반모음 'j'가 탈
락된 표기를, (10ㄴ)은 이에 대한 과도교정으로서 반모음이 삽입된 표기
를 보여 준다.[17]

(10ㄱ)에서 보듯이 한자음에 관한 한 'ㅈ' 아래에서 반모음의 탈락을 보
인 예는 발견되지 않으나 반모음 'j' 탈락은 경구개음과 반모음 'j'가 결합
될 수 없었던 데에 기인한 현상이므로 이는 우연한 공백으로 여겨진다.
'쟉벼리젹(磧, 상4a) 쟉벼리(예, 규), 조릭조(笊, 중13a) 죠릭(예, 규), 주젼즈
됴(銚, 중12a) 쥬젼즈(예, 규)' 등에서 보듯이 제주본《훈몽자회》의 새김에
서는 'ㅈ' 아래 반모음 'j' 탈락을 반영한 표기가 드물지 않게 발견된다.

(11) ㄱ. 북(北, 중4a) 븍(예, 규), 붋(拂, 하23b) 블(예, 규), 붕(崩, 중35a) 븡
(예, 규)

ㄴ. 믄(門, 중7a) 문(예, 규)[18]

(11)은 양순음 'ㅂ, ㅁ' 아래에서의 원순모음화와 관련된 예인바 (11ㄱ)은
제주본에서 '으〉우'의 원순모음화를 겪은 모습을, (11ㄴ)은 원순모음화에

---

[17] 제주본의 새김을 검토해 보면 'j'의 탈락 표기이든 삽입 표기이든, 'ㅅ' 아래에서 반모
음 'j' 탈락과 관련된 예는 '문션광(閻, 중7a) 문젼(예) 문션(규)'이 유일하다. 새김보다 음
에서 보수형을 더 선호하리라는 점을 고려하면 제주본《훈몽자회》에 나타나는 'ㅅ' 아
래 반모음 'j'의 탈락 현상은, 이 문헌 자료와는 시대적 간격을 조금 두고 있는 현상임
을 추정해 볼 수 있다.
[18] 제주본에 '믄문, 오라믄'으로 나타난다.

대한 과도교정의 모습을 보인 것이다. '고기자불어(漁, 중2b) 고기자블(예,
규), 씨불금(噲, 하14a) 씨블(예, 규), 자불보(捕, 하9a) 자블(예, 규)' 등은 제
주본에서 용언어간과 어미가 결합할 때에도 원순모음화가 일어났음을 알
려 준다.

(12) 로(樓, 중5a) 루(예, 규), 보(符, 상35a) 부(예, 규), 외(餧, 하8b) 위(예,
규)

(12)는 '오〉우'의 변화와 관련된 것이다. 제주본에는 '눈시울텹(睫, 상
25a) 눈시올(예, 규)'에서 보듯이 '오〉우' 변화를 반영한 표기가 나타나는데
새김에서와는 달리 한자음에 있어서는 모두, 과도교정의 예만 보이고 있
다는 점이 특이하다.[19]

현대 제주방언에서 모음으로 끝난 명사는 특별한 경우가 아니라면 대
체로, 전설모음('이, 에, 애, 위, 웨')을 말음으로 갖는다(정승철 1995a: 79-
80). 이는 이전 시기의 제주방언에서 개음절 어간말에 '이'가 첨가되는 변
화가 광범위하게 일어난 데에 기인하는바 제주본《훈몽자회》에도 '니매뎡
(顁, 상24b) 니마(예, 규), 니매익(額, 상24b) 니마(예, 규), 빈혜계(笄, 중24b)
빈혀(예, 규), 슬괴힝(荅, 상11b) 슬고(예, 규)' 등과 같이 '이'가 첨가되는 변
화를 겪은 예가 많이 나타난다.[20]

그런데 제주본《훈몽자회》에서는 간혹, 새김뿐 아니라 한자음에서도

---

19 제주본의 '오산산(傘, 중13b) 우산(예, 규)' 또한 '오〉우'의 변화와 관련이 있는 것으로 여
   겨지는데 그것이 어두음절에서 반영되어 있다는 점이 독특하다고 할 수 있다.
20 '나쳔(川, 상4b) 내(예, 규), 나조셕(夕, 상2a) 나죄(예, 규), 두드러딜(㾦, 중15a) 두드레
   (예, 규), 디혓디(智, 중26a) 디혯(예, 규), 므지거훙(虹, 상3a) 므지게(예, 규), 벼가침(枕,
   중11b) 벼개(예, 규), 부처션(扇, 중15b) 부체(예, 규), 서흐러파(杷, 중17b) 서흐레(예,
   규), 오라믄(門, 중7a) 오래(예, 규), 져저시(市, 중8a) 져제(예, 규), 화거(炬, 중15a) 홰(예,
   규)' 등에서처럼 '이' 첨가에 대한 과도교정 표기도 보여 줌은 물론이다.

'이' 첨가와 관련된 표기를 발견할 수 있다.[21]

(13) ㄱ. 례(脅, 상27b) 려(예, 규), 싀(寺, 중10a) 스(예, 규), 채(靫, 중29b)
차(예, 규)

ㄴ. 려(犂, 중17a) 례(예, 규), 려(儷, 하33b) 례(예, 규), 로(耒, 중17a)
릭(예) 뢰(규),[22] 훠(卉, 하3b) 훼(예, 규)

(14) 긱플긱(㓨, 상2a) 극(예, 규), 측측(冊, 상34b)[23] 칙(예, 규)

위에 제시한 예에서 (13ㄱ)은 어간말 '이'첨가를 겪은 표기, (13ㄴ)은 어간말 '이'첨가에 대한 과도교정 표기를 보인 것으로 여겨진다. (14)는 '이' 첨가 또는 과도교정이, 개음절이 아닌 폐음절 어간과 관련된 경우인데 한자음뿐 아니라 새김에서도 평행한 표기를 보인다는 점에서 독특하다.

제주본《훈몽자회》에는, 음운변화의 결과로 본음까지 달라진 것은 아니나 특정 위치에 나타나는 변이음이 출현함으로써 예산본 및 규장각본과 차이를 보이는 한자음이 발견된다.[24]

(15) ㄱ. 역(櫪, 중19b) 력(예, 규), 이(姨, 상31a) 리(예, 규), 이(簃, 상33a)

---

21 현대국어 한자음과 비교해 볼 때 '개(街, 중8a)'는, '이'첨가에 있어서 예산본·규장각본·제주본이 완전히 동일한 모습을 보이는 것이다.

22 '례犂'나 '례儷'는, 예산본 및 규장각본《훈몽자회》와 달리《전운옥편》에 그 한자음이 '려'로 되어 있다('儷의 경우 규장각본에는 '려'로 나타나나 이는 탈각脫刻에 의한 것이다). 이는, '이'첨가에 관한 한 과도교정이 표기 층위가 아니라 음성 층위에서 일어난 것일 가능성을 제기해 주기도 한다. 또한 '뢰耒'는 제주본이 예산본보다 규장각본을 저본으로 했음을 직접적으로 보여 주는 예라 할 수 있다. '이'첨가에 대한 과도교정을 고려할 때 제주본의 '로(耒)'가 예산본의 '릭'보다는 규장각본의 '뢰'와 관련되어 있다고 보는 것이 합리적이기 때문이다.

23 '칙윗딜(帙, 상34b)'에서는 '칙'으로 나타난다.

24 '슌슌(蕁, 상14a) 슌쓘(예, 규)은 한자음상의 차이가 아니라 사이시옷의 개재 여부와 관련된 표기상의 차이에 불과하다.

리(예, 規), 인(麟, 상18a) 린(예, 規), 인(鱗, 하3a) 린(예, 規), 입(立, 하27a) 립(예, 規)

ㄴ. 량(瓢, 하5b) 양(예, 規), 롱(鸝, 상29b) 농(예, 規)

ㄷ. 니(裏, 하34a) 리(예, 規)

(16) 양(兩, 하34a) 량(예) 냥(規), 연(撚, 하23b) 년(예, 規)

위에 제시한 (15)와 (16)의 예들은 이른바 두음법칙으로 인한 어두 'ㄹ' 또는 'ㄴ'의 회피 현상과 관계가 있다. 즉 'ㄹ'이 어두 위치에 나타날 수 없다는 제약과 'ㄴ'이 어두 위치에서 '이'나 반모음 'j' 앞에 나타날 수 없다는 제약에 따라 제주본《훈몽자회》에서 'ㄹ' 또는 'ㄴ'탈락을 반영한 한자음 표기가 출현하고 있는 것이다.

(15ㄱ)은 어두 위치에 나타나는 'ㄹ' 또는 'ㄴ'탈락형이, (15ㄴ)과 (15ㄷ)은 음운변동과 관련하여 비어두 위치에 나타나는 'ㄹ' 또는 'ㄴ'출현형이 한자음에서 선택된 것이다. 물론 (15ㄴ)의 '어월량(瓢)'과 '곳믈롱(鸝)'에서 'ㄹ'출현형의 선택은 표제 한자의 새김이 말음으로 'ㄹ'을 갖는 것과 관련되며 (15ㄷ)의 '솝니(裏)'에서 'ㄴ'출현형의 선택은 그 새김이 말음으로 자음을 갖는 것과 관련된다. 이로부터 (15ㄴ)의 '량(瓢)'은 'ㄴ'첨가와 유음화 그리고 '롱(鸝)'은 유음화를 반영한 표기, (15ㄷ)의 '니(裏)'는 'ㄹ'이 'ㄴ'으로 되는 치조비음화를 반영한 표기임을 알 수 있다. 한편 (16)은 어두 위치 '이'나 반모음 'j' 앞에서의 'ㄴ'탈락과 관련된 예인바 제주본《훈몽자회》에서는 'ㄴ'탈락형이 선택되고 있다.[25]

---

[25] 제주본의 새김에서 '이슬믜(每, 하24b) 니슬(예, 規), 입엽(葉, 하4a) 닙(예, 規)'은 어두 위치 '이' 앞에서의 'ㄴ'탈락을, '닙압피믈(吻, 상26a) 입아괴(예, 規)'는 이에 대한 과도교정을 반영해 준 것이다.

4. 참조 문헌에 의한 변개

표기의 면에서 제주본《훈몽자회》를 검토해 보면 제주본은, 규장각본
《훈몽자회》를 저본으로 하되 예산본《훈몽자회》도 약간 참조한 것임을 알
수 있다. 하지만 한자음에 관한 한 제주본은, 예산본의 한자음을 거의 반
영하지 않은 것으로 여겨진다.[26]

> (17) 경(畎, 상7a) 경(규) 견(예), 기(揩, 하23b) 기(규) 기(예), 념(稔, 하19a)
> 념(규) 님(예), 됴(淘, 하11a) 됴(규) 도(예), 빅(舶, 중26a) 빅(규) 빅
> (예), 사(醝, 중22a) 사(규) 자(예), 요(燎, 하13a) 요(규) 오(예), 졔(砌,
> 하17a) 졔(규) 체(예), 좌(抓, 하22b) 좌(규) 과(예), 츠(厠, 중6a) 츠(규)
> 치(예), 츄(炊, 하12a) 츄(규) 취(예), 칠(拶, 하24a) 칠(규) 찰(예), 피
> (靶, 중27a) 피(규) 파(예), 한(慳, 하30a) 한(규) 간(예)

(17)에서 보듯이 규장각본과 예산본의 일치하지 않는 한자음에 대하여
제주본은 규장각본의 한자음을 따르고 있다.[27] 제주본은, 특별한 경우가

---

26 이 장에서는 제주본《훈몽자회》의 한자음을 다른 문헌 자료의 한자음과 비교하면서 그
영향 관계를 추정해 보는데 아래 제시한 제주본의 모든 또는 일부 한자음이 필사 당시,
제주방언의 실제 한자음이었을 가능성도 있으나 가급적 이를 전제하지 않고 논의를
진행하기로 한다. 한편 아래 제시하는 자료에서 '전운'은《전운옥편》(1796)을 가리킨
다. 그리고 동일한 한자이지만 새김도 다르고 음도 다른 이음이의자異音異義字의 음은
표시('/')를 따로 하여 구분해 주기로 한다.

27 한자음에 있어서 제주본은《전운옥편》을 참조한 것으로 여겨지지만(후술) (17)의 경우
에는 제주본이《전운옥편》보다는 규장각본의 한자음을 반영하고 있다. 이는 제주본
《훈몽자회》가 한자음에서도 규장각본을 저본으로 하여 필사한 것임을 알려 준다.《전
운옥편》에 (17)의 예들은 각각 '견畎, 기揩, 임稔, 도淘, 빅舶, 차醝, 오燎, 체砌, 조抓, 치厠, 취炊,
찰拶, 파靶, 간慳'으로 나타나 예산본의 한자음과 유사하거나 동일한 모습을 보여 준다.
'어(䤃, 하28a) 어(규) 오(예, 전옥), 온(媼, 상33a) 온(규) 오(예, 전옥), 호(槁, 하4b) 호(규)
고(예, 전옥), 흔(釿, 상26a) 흔(규) 은(예, 전옥)'도 마찬가지인데 이들에서 제주본이 규
장각본의 한자음을 따른 데에는, 그 성분 한자('音, 昷, 高, 斤')를 같이하는 다른 표제 한

아니면 예산본의 한자음을 따르지 않는데[28] 이는 제주본이, 한자음의 필사 과정에서 예산본《훈몽자회》를 거의 반영하지 않았음을 알려 준다.

제주본《훈몽자회》에는 오독과 오사 또는 음운변화 등으로 인한 변개와 관련되지 않음에도 불구하고 규장각본과 차이를 보이는 한자음들이 발견된다. 이들 중에 많은 예들은 제주본《훈몽자회》가, 일차적으로는 규장각본《훈몽자회》의 영향을 크게 받았으면서도 이차적으로는 다른 관련 참조 문헌이 어느 정도 영향을 미친 데에 기인한 것으로 여겨진다.

그런데 이제까지의 관찰에 의하면 제주본은, 규장각본《훈몽자회》를 제외할 때 한자음에 관한 한《전운옥편全韻玉篇》(1796)과 매우 밀접한 관련을 맺고 있는 것으로 판단된다.[29] 왜냐하면 한자음에서 제주본은 대체로 규장각본을 따르고 있지만 특정한 이유가 있는 경우에는 규장각본의 한자음을 따르지 않고《전운옥편》의 한자음을 반영하여 표기했기 때문이다.

(18) ㄱ. 간(趕, 하30a) 간(규, 전옥) 한(예), 오(梧, 상10a) 오(규, 전옥) 요(예), 잠(賺, 하20b) 잠(규, 전옥) 담(예), 츤(櫬, 중35b) 츤(규, 전옥)

자의 음이 큰 영향을 미친 듯하다.

28 이때의 특별한 경우란, 예산본이《전운옥편》과 한자음에서 동일한 모습을 보이는 경우를 말한다. 예산본·규장각본《훈몽자회》및《전운옥편》이 모두, 한자음에서 동일하지 않은 모습을 보이는데도 제주본이 예산본의 한자음을 직접적으로 반영한 예는 '뎡(梃, 상10a) 뎡(예) 팅(규) 졍(전옥), 튜(妯, 상31a) 튜(예) 류(규) 쥬/츅(전옥)'에 불과하다. 하지만 이들도 음운변화를 고려하면《전운옥편》의 한자음과 관련된다고도 할 수 있다.

29 제주본《훈몽자회》는, 예산본 및 규장각본《훈몽자회》와《전운옥편》을 제외한 다른 문헌 자료와는 그다지 큰 관련을 갖지 않는 듯하다. 예를 들어 제주본의 필사 연대보다 시기적으로 다소 뒤지기는 하지만《자류주석字類註釋》(1856)은 한자음에 있어서 제주본에 전혀 영향을 미치지 못했던 것이다. 이는《자류주석》의 한자음을,《전운옥편》및 제주본의 한자음과 비교해 보면 쉽게 알 수 있다. '간(趕, 하30a) 간(규, 전옥) 한(예, 자류), 상(孀, 상33a) 상(예, 전옥) 솽(규) 샹(자류), 협(脇, 상25b) 협(전옥) 협(예, 규, 자류)'에서 보듯이《자류주석》의 한자음이《전운옥편》에 나타나지 않으면 제주본에도 결코 나타나지 않기 때문이다.

친(예)

ㄴ. 감(撼, 하17b) 감(규) 함(예) 함俗감(전옥), 격(覡, 중3b) 격(규) 혁
(예) 혁俗격(전옥), 당(鐺, 중12a) 당(규) 팅(예) 당/징(전옥), 식(塞,
상6b) 식(규) 시(예) 시/식(전옥), 복(鰒, 상20a) 박(예) 븍(규) 박俗
복(전옥),[30] 졈(笘, 하18a) 졈(규) 셤(예) 셤正졈(전옥), 탁(坼, 하
34a) 탁(규) 틱(예) 칙俗탁(전옥)

(18)은, 한자음에서 규장각본이 예산본과는 다르지만《전운옥편》과 동
일한 모습을 보일 때 제주본이 규장각본의 한자음을 따른 예이다. 이들로
부터《전운옥편》이 제주본《훈몽자회》의 한자음 표기에 어느 정도의 영향
을 미치고 있었음을 알 수 있다.

(19) ㄱ. 견(繭, 중24b) 견(예, 전옥) 건(규), 경(瓊, 중31b) 경(예, 전옥) 졍
(규), 국(麴, 중21b) 국(예, 전옥) 극(규), 던(癲, 중34a) 뎐(예, 전옥)
던(규), 뎜(店, 중8a) 뎜(예, 전옥) 덤(규), 셜(舌, 상26a) 셜(예, 전
옥) 설(규), 역(易, 상34a) 역(예) 억(규) 이/역(전옥)

ㄴ. 미(麋, 상12b) 미(예) 마(규) 미/문(전옥), 슈(睡, 상30b) 슈(예, 전
옥) 주(규), 승(僧, 중2b) 승(예, 전옥) 슴(규), 튝(妯, 상31a) 튝(예)
륙(규) 츄/축(전옥)

ㄷ. 상(孀, 상33a) 상(예, 전옥) 솽(규), 쇼(弰, 중28b) 쇼(예, 전옥) 소
(규), 슈(葵, 상13b) 슈(예) 슈(규) 슈俗유(전옥)

(18)의 예와는 달리 (19)의 예는, 예산본의 한자음이 규장각본과는 다르
지만《전운옥편》과 동일한 모습을 보일 때 제주본이 예산본의 한자음을

---

30 규장각본의 '븍'은 '복'의 오각이다.

따랐음을 보여 주는 것이다. 제주본의 한자음이 일차적으로는 규장각본의 큰 영향을 받았으면서도 (19)의 예들에서는 제주본이 예산본의 한자음을 반영하여 표기한 것은 다른 문헌 자료와 비교해 볼 때 규장각본이 한자음상의 특이성을 드러내고 있는 데에 기인한다.

즉 (19ㄱ)과 (19ㄴ)은 탈각 또는 오각 등에 의한 오자, (19ㄷ)은 중국음 또는 'ㅿ' 등과 관련된 음운변화에서 비롯되어 규장각본이 독특한 한자음을 보이고 있는바 이러한 이유로 제주본에서 좀 더 일반적인 예산본의 한자음을 따랐다는 것이다.[31] 이러한 선택에 《전운옥편》의 한자음이 중요한 영향을 미쳤을 것임은 물론이다.

> (20) ㄱ. 경(脛, 상26b) 형(예, 규) 형俗경(전옥), 단(袒, 하19b) 탄(예, 규) 단/
>   탄(전옥), 익(鷁, 상17a) 익(예) 외(규) 역正익(전옥), 협(脇, 상25b)
>   협(예, 규) 협(전옥)
>   ㄴ. 라(騾, 상19b) 로(예, 규) 라(전옥)[32]

(20)의 예에서는 제주본이, 예산본이나 규장각본의 한자음을 따르지 않고 《전운옥편》의 한자음을 그대로 따르고 있다. 속음俗音·정음正音 또는 이음이의자異音異義字 등과 관련되어 동일한 표제 한자에 대해 한자음이 둘로 나타나든 하나로 나타나든 관계없이 제주본에서는 《전운옥편》의 한자음을 반영하고 있는 것이다.

---

31 '뎡(椗, 상10a) 뎡(예) 팅(규) 정(전옥), 소(櫠, 상11a) 소(예, 전옥) 등(규), 좌(矬, 상30a) 좌(예, 전옥) 촤(규)' 또한 마찬가지라 할 수 있는데 현재로서는 규장각본의 한자음에 대해 그 출현 배경을 설명하기는 쉽지 않다. 단, '矬'에 한하여 이기문(1971: 77)에서는 규장각본의 한자음 '촤'가 동중본東中本 또는 존경본尊經本 《훈몽자회》에도 나타난다는 점으로부터 이를 당시의 속음俗音과 관련된 것이라고 하였다.
32 이기문·손희하 편(1995: 225)에는 '騾'가, 제주방언의 구술口述 천자문에서 '노새나'로 나타나는 것으로 보고되어 있다.

이처럼 위의 예에서 제주본이《전운옥편》과 한자음상의 일치를 보인 것은, (20ㄱ)의 '경(脛), 단(袒), 익(鷁), 협(脇)'은 그 성분 한자('巠, 旦, 益, 劦')의 음이 영향을 미친 데에서, (20ㄴ)의 '라(騾)'는 이와 성분 한자('累')를 같이 하는 다른 한자의 음이 영향을 미친 데에서 비롯한 듯하다. 물론 제주본 《훈몽자회》가 필사되던 당시, 제주방언의 한자음이 그러했던 데에 기인했을 가능성도 매우 짙다.[33]

다음은 제주본의 한자음이 예산본 및 규장각본《훈몽자회》나《전운옥편》에도 발견되지 않는 것이다. 이들이 제주 방언의 한자음에 보이는 독특한 음운 변화 또는 다른 참조 문헌과 관련된 변개인지, 아니면 단순히 오독이나 오사와 관련된 오자인지 하는 것은 확실하지 않다.

> (21) ㄱ. 비(帛, 중30b) 빅(예, 규, 전옥), 쇼(贖, 하22a) 속(예, 규, 전옥)
>
> ㄴ. 부텨부(佛, 중2b) 불(예, 규) 불/필(전옥)[34]
>
> ㄷ. 과(冠, 중22b) 관(예, 규, 전옥), 과(輨, 중26b) 관(예, 규, 전옥), 뎌 (簟, 중11b) 뎜(예, 규, 전옥), 려(帘, 중12b) 렴(예, 규, 전옥), 비 (嬪, 중1a) 빙(예, 규) 빈(전옥),[35] 이(任, 하31b) 심(예, 규) 임(전옥), 탸(脹, 중33b) 탕(예, 규) 챵(전옥)
>
> ㄹ. 묘(畝, 상7a) 모(예, 규) 무(전옥),[36] 벼(蟞, 중28a) 비(예, 규, 전옥)

---

33 '용(舂, 하6a) 숑(예, 규) 숑俗용(전옥)'에서도 마찬가지이다.

34 '佛'의 새김은 '부텨'인바 한자음 '부'가, 새김의 영향을 받은 것일 가능성도 있다.

35 제주본에는 '며느리빙'으로도 나타나므로 필사 과정에서 오자가 난 것으로 보인다.

36 '畝'의 한자음은,《광주천자문》과《석봉천자문》에 '묘'로 나타난다. 또한 제주방언의 구술口述 천자문에서도 그 한자음이 '묘'로 나타나는 것으로 보고되어 있다(이기문·손희하 편 1995: 165).

5. 맺음말

이제까지 제주본《훈몽자회》의 한자음을, 예산본이나 규장각본《훈몽자회》및《전운옥편》의 한자음과 비교하면서 이들 사이에 발견되는 차이점이 어떠한 연유에서 비롯된 것인지를 살펴보았다. 앞의 논의를 요약하여 제시하면 다음과 같다.

제주본에는 특정한 이유가 있는 경우를 제외할 때 대체로 규장각본의 한자음이 반영되었다. 이로부터 제주본이, 표기의 면뿐 아니라 한자음의 면에서도 규장각본을 저본으로 하여 전사된 것임을 알 수 있다.

한편 제주본의 한자음을 예산본이나 규장각본 및《전운옥편》의 한자음과 비교해 보면 이들 문헌 자료 사이에 한자음상의 많은 차이가 발견된다. 이는 전사자轉寫者·시대·지역을 달리함으로써 그 전사 과정에서 오독과 오사에 의한 변개, 음운변화에 의한 변개, 참조 문헌에 의한 변개가 이루어졌기 때문이다.

아울러 제주본은 한자음의 특이성, 성분 한자의 음 등과 관련되어 규장각본의 한자음을 따르지 않고《전운옥편》의 한자음을 따르기도 하였다. 이는 제주본《훈몽자회》가 규장각본《훈몽자회》를 저본으로 하였으면서도《전운옥편》을 한자음 수정을 위한 참조 자료로 활용하였던 데에 기인한 것이다. 물론 제주본《훈몽자회》의 한자음 표기에 당시 제주방언의 한자음이 어느 정도 관련되었을 가능성도 매우 짙다.

방언 표기법의 이상과 현실

제주방언을 중심으로

1. 머리말

방언 표기법은 일정한 문자로 한 언어의 방언을 표기하기 위해 정한 규칙의 체계를 가리킨다. 그런데 이 글에서 다루는 방언 표기법은 한국의 방언, 특히 제주방언을 대상으로 하므로 결국 이때의 방언 표기법이란 제주방언을 '한글'로 적기 위해 마련한 표기 원칙의 총체를 말하게 된다.

이러한 방언 표기법은 해당 방언의 단어나 문장을 정확히 표기할 목적으로 상정된다. 그러기에 방언 표기법은, 그것의 효율성에 대한 판단 기준이 표기의 '정확성'에 두어진다. 하지만 그러한 정확성이 반드시, 표기를 '발음'에 일치시켜야 함을 전제로 하는 것은 아니다. 문자와 소리를 1:1로 대응시켜 그대로 적는 일도 쉽지 않을뿐더러, 설사 그리 적었다 하더라도 독자가 그 표기를 쉽게 이해하리란 보장도 하지 못하기 때문이다. 따라서 이때의 '정확성'은, 해당 표기법이 그 방언의 언어적 정보를 얼마나 합리적(또는 규칙적)으로 전달하는지를 의미하는 것이라고 할 수 있다.

아울러 표기의 정확성은 원칙의 일관성을 수반할 때 의의를 가진다. 표기 원칙의 내용 또는 그 원칙의 적용이 일관되어 있지 않은 표기법이 해당

---

* 이는 〈2007영주어문학회 학술대회 '제주어 표기법, 어떻게 할까?'〉(2007.11.2.)에서의 발표문으로,《영주어문》15(2008)의 33-51면에 실렸다.

방언의 언어적 정보를 합리적(또는 규칙적)으로 표기할 수 없음은 너무나 분명한 사실이다. 그러므로 표기 원칙의 '일관성'은 방언 표기법의 좋고 나쁨(경우에 따라서는 그것의 옳고 그름)을 판단하는 결정적인 기준이 되기도 한다.

한편 방언 표기법에서 표기 방식의 선택은 그 이용자(필자 및 독자)의 성격을 고려하여 이루어져야 한다. 표기법 이용자가 방언(또는 언어) 연구자인 경우에는 표기 원리가 어떠하였든 원칙의 일관성만 잘 유지되면 표기법 사용이나 이해의 측면에서 그다지 큰 어려움은 발생하지 않는다.[1]

그렇지만 이용자가 방언(또는 언어) 연구자가 아닌 경우에는 어떠한 표기 원리를 택하느냐에 따라, 쓰고 읽는 데 있어 그 편리성 또는 효율성의 정도가 달라진다. 가령 쓰기에 편하지만 읽기에는 불편한 표기 방식과 읽기에는 편하지만 쓰기에 불편한 표기 방식 중, 어느 쪽에 비중을 두어 표기의 원칙을 정하는가에 따라 문자 생활이 크게 영향을 받는다는 말이다.[2]

2. 방언 표기법의 원리

일반인을 위한 방언 표기법에서는 '이해'의 측면이 더욱 강조되는바 그런 까닭에 대개는 '한글 맞춤법'의 원리를[3] 따르는 것이 효율적이다. 이른

---

1 방언에 대한 형태음소적 표기를 위해서는 각 방언형들의 기저형을 파악하는 작업이 우선된다(후술). 따라서 기저형을 파악하지 못한 상태에서 방언을 표기할 때는 음소적 표기에 의존할 수밖에 없다. 그러기에 익숙하지 않은 방언을 조사하여 전사하는 데 IPA 기호가 선택되는 것은 실재적 필요에 의한 일이라고 할 수 있다. 특히 우리의 경우처럼 형태음소적 원리에 의한 표준 표기법이 방언 표기에 간섭할 가능성이 매우 농후한 경우에는 IPA 전사가 더욱 유용할는지도 모른다.
2 표기법이 사용과 이해의 측면 중 후자의 편익을 도모하는 쪽, 구체적으로 말해 인쇄와 독서(또는 작문과 독해) 중 '독서'의 능률을 높이는 쪽에 기반을 두고 정해져야 함은 이익섭(1985: 30)의 논의를 참조.

바 "표의주의"를 표방한 한글 맞춤법은 "각 형태소의 기본형"을 "자형까지 고정시켜 표기"하여 하나의 형태소가 항상 동일한 모습을 간직하게 함으로써, "표음주의"를 따르는 표기법보다 이해의 차원에서 훨씬 더 큰 편익을 제공해 주기 때문이다(이익섭 1992: 381-383). 따라서 방언 표기법의 원리를 정립하기 위해서는 현행 한글 맞춤법의 원리를 정확히 이해하는 일이 선행되어야 한다.

2.1. 한글 맞춤법의 원리

현행 한글 맞춤법의 표기 원리는 다음과 같이 '제1장 총칙 제1항'에 선언적으로 잘 나타나 있다.

> (1) 한글 맞춤법은 표준어를 소리대로 적되, 어법에 맞도록 함을 원칙으로 한다.

(1)에는 표기법의 두 원리, 즉 '소리대로'와 '어법에 맞도록' 표기하라는 두 원리가 하나의 조항 속에 포괄되어 있다. 이 조항에서 '소리대로'는 "표음주의"의 원리, '어법에 맞도록'은 "표의주의"의 원리를 나타내므로 결국 제1장 총칙의 제1항은 "두 원리를 적정한 선에서 잘 조화"(이익섭 1992: 390)시켜 표기하라고 명시한 규정이 되는 셈이다.

이 규정을 분명히 이해하기 위해서는 이 조항에서 '어법에 맞도록 함'이란 표현이 의미하는 바가 무엇인지를 살펴보는 일이 필요하다.

---

3 한글 맞춤법의 형성 과정 및 그 원리에 대해서는 이기문(1963), 이익섭(1985), 신창순(2003), 정승철(2005b) 참조. 한편 이 글에서의 '한글 맞춤법'은, 특별한 언급이 없는 한 1989년 3월 1일부터 시행된 현행 한글 맞춤법 규정을 가리킨다.

(2) ㄱ. 체언은 조사와 구별하여 적는다. 밭이, 밭을, 밭에, 밭도, 밭만 등.

ㄴ. 용언의 어간과 어미는 구별하여 적는다. 젊다, 젊고, 젊어, 젊으니 등.

(2ㄱ)은 한글 맞춤법 제4장(형태에 관한 것) 제1절(체언과 조사) 제14항의 내용, (2ㄴ)은 제2절(어간과 어미) 제15항의 내용을 간략히 옮겨 놓은 것이다. 이는 체언어간과 조사, 용언어간과 어미를 구별하여 적으라는 규정이다. 물론 그것은 형태소와 형태소의 경계에서 발생하는 표기의 문제와 관련된 조항이기도 하다.

여기서 '밭이[바치], 밭만[반만], 젊다[점따]'의 예를 고려하면 이 규정의 대상이 되는 체언과 용언, 그리고 어미(조사 포함)는 모두 해당 형태소의 기본형을 가리킴을 알 수 있다. 표면형으로는 '밫, 반, '점-', '-따'로 나타남에도 불구하고 표기할 때는 각각 그 기본형 '밭', '젊-', '-다'로만 적게 하고 있기 때문이다.4 이러한 차원에서 '어법에 맞도록'의 원리는 곧 "형태소 표기의 단일화"(이기문 1983: 71)를 의미하게 된다.

그러면서도 '밭을, 젊어'를 '바틀, 절머'로 표기하지 않도록 한 것은 형태소 표기를 기본형으로 단일화하여 적되 "자형까지 고정시켜 표기"하라는 원리(이익섭 1992: 383)를 표명한 데에서 비롯한다. 다시 말해 규정 (2)에는 체언과 조사, 그리고 용언과 어미에 대해 '표면형'이 아니라 '기본형'을 적되 그 사이에 경계를 두어 표기하라는 원리가 함축되어 있다는 것이다.5

---

4 기본형은 하나의 형태소에 속한 여러 이형태들 중에 그 형태소를 대표하기 위해 정한 이형태로 정의된다(이익섭·임홍빈 1983: 112). 이때 어느 이형태를 기본형으로 정하느냐는 다른 이형태의 도출을 자연스럽게 설명할 수 있는지 여부에 따른다.

5 이 규정에 대해 한 가지 덧붙여야 할 내용이 있다. 어간과 어미의 기본형을 구별하여 적으라는 (2)의 조항이 '와(來), 세워(立)' 등에서 보듯, 모음으로 끝나는 용언어간과 모음 '-아/어'로 시작하는 어미가 결합할 때에는 반드시 적용되는 것이 아니라는 사실이다. 이는 기본형의 "자형"을 고정시켜 표기하되 그것도 '소리대로'의 원칙을 벗어나지

그것이 바로 (1)의 '어법에 맞도록 함'이란 표현이 의미하는 바다.

(3) ㄱ. 어간에 '-이'나 '-음/-ㅁ'이 붙어서 명사로 된 것과 '-이'나 '-히'가 붙
어서 부사로 된 것은 그 어간의 원형을 밝히어 적는다. 길이, 걸
음, 같이, 밝히 등.
ㄴ. 둘 이상의 단어가 어울리거나 접두사가 붙어서 이루어진 말은 각
각 그 원형을 밝히어 적는다. 꺾꽂이, 엇나가다 등.

(3ㄱ)은 한글 맞춤법 제4장(형태에 관한 것) 제3절(접미사가 붙어서 된
말) 제19항, (3ㄴ)은 제4절(합성어 및 접두사가 붙은 말) 제27항의 대략적
내용이다. 이들은 파생어나 합성어에서 어기와 어기, 또는 어기와 접사를
구별하되 어기나 접사 등 각 요소의 원형을 밝혀 적으라고 한 규정이다.

그런데 (3ㄱ)에서 원형을 밝혀 적는 대상은 명사 파생의 '-이'나 '-음/-ㅁ'
그리고 부사 파생의 '-이'나 '-히'와 결합하는 어기에 한한다. 이때의 명사
파생 또는 부사 파생의 요소는 대개 공시적으로 생산성을 인정받는 접사,
이를테면 음운론적이나 의미론적으로 규칙성을 보이는 접사다.

또 (3ㄴ)에서 원형을 밝혀 적으라 한 대상 역시, 그 소리나 의미가 규칙
적으로 예측되는 것들로 한정된다. 선행 또는 후행하는 요소가 가지는 소
리와 의미가 일정하여 그들이 결합한 형태의 전체적인 의미를 쉽게 예측
할 수 있는 한도 안에서, 선행 또는 후행 요소의 원형을 밝혀 표기하게 하
였다는 말이다. 따라서 (3)에서의 '원형'은, 공시적으로 분석되는[6] 동시에

않는 한도 안에서만 허용되는 것이었음을 시사해 준다. '와, 세워' 등은 절대로 '오아,
세우어'로 발음되지 않기 때문이다. 다만 '꼬-(荼)'처럼 자음을 두음으로 하는 경우에
는 활음화가 수의적인 양상을 보이므로 다음의 제5절(준말) 제35항에서 보듯이 "자형
까지 고정시켜 표기"하는 원칙을 '본말'에서 유지하고 있기는 하다. cf. 모음 'ㅗ, ㅜ'로
끝난 어간에 '-아/-어, -았-/-었-'이 어울려 'ㅘ/ㅝ, ㅘ/ㅝ'으로 될 적에는 준 대로 적는다.
꼬아(본말), 꽈(준말) 등.

자형字形까지 고정된 형태소의 기본형이라고 정의할 수 있다.

요약건대 한글 맞춤법 규정의 '어법에 맞도록 함'은, 공시적 차원에서 형태소의 기본형을 서로 경계 지어 표기해야 한다는 원칙을 추상화한 표현이라고 할 수 있다. 그러기에 이 원칙의 적용은 항상, 어떤 형태가 두 개의 요소로 분석되는지 또 그리 나누어진다면 각 요소의 기본형은 어떠한지 하는 문제와 결부되기도 한다. 물론 이러한 원칙이 기본형을 자형까지 그대로 고정시켜 적음으로써 독해의 능률을 향상하는 데 기여할 목적으로 설정된 것이었음은 앞에서 언급한 바다.

이와 같이 '어법에 맞도록'이란 표현이 함축하는 의미로 미루어 볼진대, '소리대로'는 두 요소로 분석되지 않는 형태 또는 기원적으로는 복합어였더라도 공시적으로는 단일어로 인식되는 형태에 적용되는 원칙임을 알 수 있다.

> (4) 어원이 분명하지 아니한 것은 원형을 밝히어 적지 아니한다. 골병, 골탕, 끌탕, 며칠, 아재비, 오라비, 업신여기다, 부리나케.

(4)는, 위 (3ㄴ)의 규정, 즉 제4장 제4절 제27항 규정에 [붙임 2]로 부가되어 있는 것이다. 이는 곧, 두 요소로 분석하기 어려운 단어의 경우는 그 기본형 자체를 '소리대로' 적으라는 말이다. 이처럼 공시적으로 분석되지 않는 형태를 적을 때 구성 요소 또는 기존의 표기에 대한 정보는 고려될 여지가 없다. 이른바 표기의 "비역사주의"(이익섭 1992: 375)를 내포하는 셈이다. 다만 다음과 같이 음절 종성의 'ㅅ'이나 변화가 진행 중인 형태의 표기

---

6 단어 형성(word formation) 자체를 통시적 과정으로 이해하는 최명옥(2007)을 따르면 이들은 공시적으로 분석될 수 있는 형태가 아니다. 따라서 이때의 '공시적으로 분석' 된다는 표현은 통상적인 의미에서의 언급이다. 해당 형태가 분석 가능한지 또는 생산성을 가졌는지 하는 문제는 일단 유보해 두고 논의를 진행하기로 한다.

에 한해서는 이전의 표기 습관을 반영하게도 한다.

    (5) ㄱ. 'ㄷ' 소리로 나는 받침 중에서 'ㄷ'으로 적을 근거가 없는 것은 'ㅅ'
          으로 적는다. 돗자리, 무릇, 옛 등.
      ㄴ. '계, 례, 몌, 폐, 혜'의 'ㅖ'는 'ㅔ'로 소리 나는 경우가 있더라도 'ㅖ'
          로 적는다. 혜택(○) 헤택(×) 등.
      ㄷ. '의'나, 자음을 첫소리로 가지고 있는 음절의 'ㅢ'는 'ㅣ'로 소리가
          나는 경우가 있더라도 'ㅢ'로 적는다. 희망(○) 히망(×) 등.

    (5)는 각각 제3장(소리에 관한 것) 제3절('ㄷ'소리 받침)의 제7항, 제8항,
제9항인데 (5ㄱ)은 음절 종성 위치에서 'ㄷ'으로의 실현을 확인할 수 없는
경우, (5ㄴ)과 (5ㄷ)은 현재 변화가 일어나고 있는 경우에 해당한다. 이들
에 한해 '소리대로'의 원칙에서 벗어남을 허용하고 있는 것이다.

    후자는 1933년의 〈한글 마춤법 통일안〉에서 제4장(한자어)의 제36항,
제39항으로 규정되었던 것이다. 이를테면 변화가 진행 중인 것은 틀림없
으나 그것이 한자어이므로 그 본음을 고정시켜 적게 한 셈이다. 현행 한글
맞춤법에는 '계집(○), 게집(×)'이나 '늴리리(○), 닐리리(×)' 등의 예가 제
시되었는바 이전의 표기 관습을 그대로 유지하는 태도를 우리말에까지
확대·적용하고 있다.

    한편 제4장(형태에 관한 것) 제2절(어간과 어미) 제18항에서는 "다음과
같은 용언들은 어미가 바뀔 경우, 그 어간이나 어미가 원칙에 벗어나면 벗
어나는 대로 적는다."라고 하면서 소리 나는 대로 적는 9개의 경우를 제시
하고 있다. 그중에 두 예(4, 6)만 들어 본다.

    (6) ㄱ. 어간의 끝 'ㅜ, ㅡ'가 줄어질 적. 끄다: 꺼, 껐다 등.
      ㄴ. 어간의 끝 'ㅂ'이 'ㅜ'로 바뀔 적. 맵다: 매워, 매우니, 매웠다 등.

(6)은 '소리대로'의 원칙이 어느 경우에 적용되는지를 분명히 보여 준다. (6ㄱ)에서처럼 음절이 줄어들거나, (6ㄴ)에서처럼 이형태의 불규칙적 교체가 이루어질 때[7] 소리대로 적게 하고 있기 때문이다. 음절이 축약되거나 교체 방식이 불규칙한 경우에도 단일화한 기본형을 적게 하면 '끄어, 맵어' 등에서 보듯, 그러한 표기가 언어 현실과 부합하지 않게 되는 것을 고려한 처사다.

결국 한글 맞춤법의 '소리대로' 적는 원리는 두 요소로 분석되지 않는 형태, 그리고 둘 이상의 요소로 구성된 경우에는 음절의 축약이나 불규칙적 교체를 보이는 형태에 한해 적용되는 원칙이라고 할 수 있다. 다만 음절 종성의 'ㅅ'이나 변화가 진행 중인 형태의 경우에는 이전의 표기 습관을 인정하기도 한다.

2.2. 한글 맞춤법과 방언 표기법

이 글에서 논하는 방언 표기법은 통상적인 의미에서 방언형을 적는 방식을 이르나, 방언에 대한 학술적 조사에서 이루어지는 '전사(transcription)'와는[8] 구분되어야 한다. 후자는 방언(또는 언어) 전문가 집단을 대상으로 하

---

7 앞에서 '어법에 맞도록' 원리는 형태소 표기를 단일화하여 '기본형'을 대상으로 한다고 하였다. 그러기에 불규칙적 교체를 보이는 이형태에 대해 기본형을 적게 하면 언어 현실에 어긋나게 된다. 하지만 한글 맞춤법에서 형태소 표기를 단일화하지 않고 '기저형'을 적도록 하였다면 위의 (6)에서 언급한 제4장 제2절 제18항의 규정은 굳이 덧붙여야 할 필요가 없어진다[물론 음절의 탈락이 이루어진 (6ㄱ)의 경우만을 제외하고서의 이야기다]. 이때의 기저형이란 "머릿속에 가지고 있다고 추정되는 형태소의 음운 정보"를 가리키는바 "다중기저형" 등의 용어에서 보듯, '기본형'과 달리 하나의 형태소에 대해 여러 개의 기저형이 설정될 수도 있다(김성규·정승철 2005: 105). 물론 기저형도, 한 형태소가 보이는 "음성 형식의 교체를 음운규칙을 적용하여 설명"할 수 있어야 한다(김성규·정승철 2005: 274).

8 전사는 제보자로부터 제공되는 조사 대상 언어의 음성을 일정한 부호나 문자로 기록하는 일을 가리킨다(곽충구 2001: 292). 넓게 보면 '방언 전사'도 방언 표기법의 일종이

나 전자는 주로 일반인을 대상으로 하기 때문이다. 이는 방언 표기법에서 '이해'의 측면을 중시한 표기 방식이 선택되어야 함을 의미하는 것이기도 하다. 이러한 점에서 현행 한글 맞춤법의 원리가 원용된다.

앞 장에서 살핀 한글 맞춤법의 원리는 크게 두 가지로 요약된다. 하나는 '어법에 맞도록' 적는 원리인데 이는 공시적으로 분석되는 형태소의 기본 형을 적되 그 사이에 경계를 두어 표기하라는 원칙을 의미한다. 다른 하나는 '소리대로' 적는 원리인데 이는 두 요소로 분석되지 않는 형태, 그리고 둘 이상의 요소로 구성된 경우에는 음절의 축약이나 불규칙적 교체를 보이는 형태를 소리 나는 대로 적으라는 원칙이다. 다만 후자의 경우에는 예외적으로, '소리대로'가 아니라 이전의 표기 방식대로 적기도 하는데 이때는 음절 종성의 'ㅅ'이나 변화가 진행 중인 형태의 표기로 한정된다.

이를 바탕으로 방언 표기법의 원리를 상정하면 다음과 같다.

① 공시적으로 분석되지 않는 형태는 소리 나는 대로 적는다.
② 둘 이상의 공시적 요소로 분석되는 형태소는 각각의 기본형을 그 사이에 경계를 두어 적는다.
③ 규칙적 교체를 보이지 않는 형태소는 소리 나는 대로 적는다.[9]
④ 둘 이상의 공시적 요소로 분석되는 형태이더라도 음절이 줄어들면 소리 나는 대로 적는다.

다만 음절 종성의 'ㅅ'이나 변화가 진행 중인 형태는 이전의 표기 방식을 따른다는 규정에 대해서는 다음과 같이 약간의 서술상의 변개가 필요하

라 할 수 있다.

9 방언 표기법의 대상으로 '기본형' 대신 '기저형'을 택하면 원칙 (2)와 (3)을 합쳐 다음과 같이 하나의 원칙으로 기술하는 일이 가능하다; 둘 이상의 공시적 요소로 분석되는 형태소는 각각의 기저형을 그 사이에 경계를 두어 적는다.

다. 방언 표기법에 있어 이전의 표기 방식이란 대개 그 존재 자체를 상정할 수 없기 때문이다. 따라서 이 경우에는 이전의 표기 방식이 곧 한글 맞춤법에 의한 표기 방식이 된다.[10]

⑤ 변화가 진행 중인 형태는 변화 이전의 형태를 적는다.
⑥ 음절 종성의 'ㅅ'에 한해서는 '한글 맞춤법'을 따른다.

그런데 방언 표기법은 한글 맞춤법과 근본적인 면에서 차이를 보여 준다. 한글 맞춤법은 그 표기의 대상으로, 정해진 표준어를 가지고 있지만 방언 표기법은 그렇지 않기 때문이다. 이는 한글 맞춤법이 한국어를 대상으로 하면서 규범적인 성격을 지니고 있는 데에 기인한다. 따라서 방언 표기법을 정하기 전에 먼저, 그 성격을 규범적으로 할 것인지 여부를 결정해야 한다. 규범적 성격의 방언 표기법이라면 그 전제가 되는 '표준 방언형'의 사정査定을 위해서 방언의 '공식어(=문어), 한자음, 표준 발음' 등에 대해 전체적인 합의가 필요하다.

한편 방언 표기법의 대상이 되는 '방언'이란 "그 자체로 독립된 체계를 가지고 있는 한 언어의 변종"(최명옥 1998b: 201)을 말한다. 따라서 각 방언들은 동등한 가치와 지위를 지니며 그러기에 한 방언의 표기를 위해 다른 방언(표준어 포함) 또는 다른 방언의 표기법을 고려할 필요는 없다. 그럼에도 불구하고 표기의 역사성을 감안할 때, 기존의 '한글 맞춤법'에 의한 표기만큼은 방언형을 표기하는 데 간섭을 미칠 수밖에 없다.

하지만 그러한 간섭이 방언 표기법의 원칙 속에 투영되어서는 곤란하다. 표기법의 일관성에 장애가 생기기 때문이다. 이는 표기법 규정이 아니

---

10 제주방언의 경우, 제주방언연구회의 '제주어 표기법'(1995)이 '이전 표기 방식'의 예가 될 수도 있으나 공식화의 기간이나 합의의 측면을 고려하면 그러한 대상으로 간주하기에는 충분치 않다.

라 그러한 표기법의 부수 규정을 통해서 해결할 문제다.

그러한 부수 규정에는 해당 방언의 규칙적 음운변동에 관한 내용이 반드시 포함되어야 한다. 방언 표기법에서 공시적으로 분석되는 형태소는 각각의 기본형을 적기로 하였는바 이때 두 기본형 사이에서 일어나는 규칙적 음운변동이 문제가 된다. 한국어 공통의 음운변동이라면 굳이 명시할 필요까지는 없다 하더라도, 방언 특유의 규칙적 음운변동의 경우에는 따로 밝혀 두지 않으면 해당 표기를 어찌 발음하는지 전혀 알 수 없기 때문이다.

가령 '닭고'란 표기는 그것을 어찌 발음하는지, 즉 [글꼬]나 [극꼬] 중 어느 쪽으로 발음하는지에 대해 어떠한 정보도 알려 주지 않는다. 표기법의 부수 규정 중에 일종의 '방언 표준 발음법'이 우선적으로 마련되어야 한다는 말이다.

3. '제주어 표기법'(1995)의 검토

이른바 '제주어 표기법'이란 이름으로 공포된 제주방언 표기법은 총 4장 26항으로 구성되어 있다. 그 제1장 총칙 제1항에서는 '한글 맞춤법'의 원리를 따른 표기법임(7ㄱ)을, 그리고 제2항에서는 규범적 성격보다는 기술적 성격을 띤 표기법임(7ㄴ)을 명시하고 있다.

(7) ㄱ. 제주어 표기법은 "한글 맞춤법"에 따라 제주어를 소리대로 적되, 어법에 맞도록 함을 원칙으로 한다.
ㄴ. 제주어에서 한 가지 의미의 말이 둘 이상의 형태로 나타날 경우에는 그 모두를 표기 대상으로 삼는다.

따라서 일반인을 대상으로 한 이 표기법은, 표준 방언형을 정하지 않고 제주 지역에서 발화되는 모든 형태의 기저형에 대해 방언 표기법의 원리(앞 장에서 언급)를 준용하여 적는 방식을 규정한 것이 된다.[11] 이러한 차원에서 보면 다음 조항은 잉여적이다.

> (8) ㄱ. 'ㄱ'이 'ㅣ'나 'ㅑ, ㅕ'와 결합될 적에 'ㅈ'으로, 'ㅎ'이 'ㅣ'나 'ㅑ, ㅕ,
>   ㅛ, ㅠ'와 결합될 적에 'ㅅ'으로 소리 나는 것은 각각 'ㄱ'과 함께
>   'ㅈ', 'ㅎ'과 함께 'ㅅ'으로도 적는다. 겨를·즈를·저를, 혀·세[12] 등.
>   ㄴ. '며, 벼, 펴'의 'ㅕ'는 'ㅔ' 또는 'ㅣ'로도 소리 나므로 'ㅕ'와 함께 'ㅔ,
>   ㅣ'로 적는다. 면장·멘장·민장面長 등.
>   ㄷ. 연결어미 '-면'은 소리 나는 대로 '-면·-믄·-민'으로 적는다. 가면·가
>   믄·가민 등.

(8ㄱ)은 제3장(소리에 관한 것) 제1절(구개음화) 제5항, (8ㄴ)은 제2절(모음) 제10항, (8ㄷ)은 제4장(형태에 관한 것) 제2절(어간과 어미) 제20항이다. 그런데 제1장의 표기법 총칙에서, 제주 지역에 출현하는 모든 방언형을 적기로 했으므로 (8)의 수의적 변이 형태들에 대해서는 굳이 별도의 조항을 두어 표기 여부를 언급할 필요가 없다.[13] 실현되는 대로 그 기저형

---

11 방언 표기법에서 기술적 성격이 엄격해지면 학술적 차원에서의 '전사'와 크게 다를 바가 없어진다. 그리되면 약간의 형태 차이도 반영하여 적게 되므로 한 단어에 대해 형태를 달리하는 수많은 동의어가 존재하게 된다. 이러한 점에서 기술적 성격의 방언 표기법은 일반인들의 이해에 지장을 초래할 가능성이 매우 높다.

12 '혀'와 '세'는 이른바 'ㅎ〉ㅅ'의 구개음화에서만 차이를 보이는 것이 아니므로 이 조항의 적절한 예가 아니다.

13 총칙 제2항의 "한 가지 의미의 말이 둘 이상의 형태로 나타날 경우에는 그 모두를 표기 대상으로 삼는다."라는 표현은 좀 모호하다. 제주 지역에 출현하는 모든 방언형을 "표기 대상"으로 하되 형태차를 그대로 반영할지, 아니할지는 세부 규정에 따른다는 뜻으로 이해할 수도 있기 때문이다. 그렇지만 (8)과 같은 예에 대해 별도의 조항을 두어 언

을 그대로 적으면 그만이다.

또 이 표기법에서는 공시적으로 분석되는 형태소에 대해 그 기본형을 경계를 두어 적기로 하였으나 그러한 원칙의 적용이 적절하게 이루어지지 못한 예가 보인다.

(9) ㄱ. 체언은 조사와 구별하여 적는다. 새벽(晨): 새벽의 등.

ㄴ. 밧(外): 밧긔, 끗(末): 끗틔, 밋(底): 밋틔[14]

(10) 종결어미 '-저'와 '-주(-쥐)'는 '-쩌'와 '-쭈(-쮜)'로 소리 나는 경우가 있더라도 '-저', '-주(-쥐)'로 적는다. 먹엄저(○), 먹엄쩌(×) 등.

(9)는 제4장(형태에 관한 것) 제1절(체언과 조사) 제13항인데 이 규정을 문맥대로 이해할 때 (9ㄴ)의 '밧긔, 끗틔, 밋틔'는 '밧-긔, 끗-틔, 밋-틔'로 분석한 것으로 여겨진다. 하지만 이때의 처격조사 '-긔'와 '-틔'는 선행 어기의 말음을 포함한 것이므로 이들은 '밖(外)-의, 끝(末)-의, 밑(底)-의'로 분석되며[15] 그러기에 표기할 때는 '밖의(밖에), 끝의(끝에), 밑의(밑에)'로 적어야 한다. 물론 표준어의 'ㅌ'말음 어기에 대응하는 일부 단어로서 처격조사 '-듸'와[16] 결합하는 '배꼇(外), 밧(田), 솟(鼎)' 등은 처격조사가 연결될 때 '배꼇듸, 밧듸, 솟듸'로 적는다.

급한 것은 역시 잉여적이다. 형태상의 차이를 표기에 반영하지 않는 경우에 대해 규정을 따로 마련하는 것만으로도 충분하다.

14 이 예들은 제주방언 고유의 형태라기보다는 표준어형과의 혼효를 통해 생성된 형태일 가능성이 짙다. 그러한 점에서도 표준 방언형을 정하는 일이 필요하다.

15 이때의 처격조사는 음성적으로 '-이'로 실현되나 '밑-이(처격)'의 연결에서 구개음화를 겪지 않는 것으로 보아 그 기저형은 '의'라 할 수 있다. 이는 15세기 문헌어의 특이 처격조사 '의/익'에 기원하는 형태다(정승철 1995a: 190). 그렇지만 제주방언에 공시적인 구개음화는 존재하지 않으므로 기저형을 '-이'라 해도 무방하다.

16 이 또한 기원적으로는 선행 어기의 말음을 포함한 것이지만(정승철 1995a: 198-202) 공시적으로 분석될 수 있지는 않다.

(10)은 제4장 제2절(어간과 어미) 제21항인데 '-저, -주'가 '-쩌, -쭈'로 나타나는 현상을 어미 자체의 수의적 변이 형태로 보고 있어 문제가 된다. [먹엄쩌]는 '먹-없-저'로 분석되며 이때의 [-쩌]는 선어말어미 '-없-' 뒤에서 종결어미 '-저'의 두음이 경음화를 겪은 데에서 비롯한 것이기 때문이다. 현재시제의 선어말어미는 기저형이 '-앖/없-'이므로[17] 용언어간 및 종결어미와 결합될 때 '먹없어(먹어), 먹없저(먹는다), 값어(가), 값저(간다)' 등으로 적어야 표기의 일관성을 해치지 않는다.

이와는 성격이 좀 다르지만, 해당 표기법 조항에 적절하지 않은 예가 포함되어 있는 경우도 발견된다.

> (11) 다음과 같은 용언들은 어미가 바뀔 경우, 그 어간이나 어미가 원칙에 벗어나면 벗어나는 대로 적는다. 4. 어간의 끝음절 '르'의 '_'가 줄고, 그 뒤에 오는 어미 '-아/-어'가 '-라/-러'로 바뀔 적. 가르고/가르지/갈란, 갈르고/갈르지/갈란 등.

(11)은 제4장(형태에 관한 것) 제2절(어간과 어미) 제15항으로 그 해당 예로서 '갈르고' 계열의 어형들을 제시하고 있다. 하지만 이들은 '으'탈락의 규칙적인 모습을 보여 주는 형태이므로 오히려 제16항의 규정(어간의 끝음절과 어미 '-ㅏ/-ㅓ'가 결합되면서 어간 끝음절 모음 '_'가 줄 적에는 준 대로 적는다. 고프다, 고판 등)에 들어맞는 예다.

한편 이 표기법에서 현재 진행 중인 변화에 대해서는 대개, 보수적인 형태를 적도록 하고 있다.

---

17 정승철(1997c) 참조. 이 선어말어미는 '으'계 어미 앞에서 '-암시/엄시-'로 교체된다. ex. 감시니? 먹엄시냐? 한편 선어말어미 '-앖/없-'의 표기에 대해 인쇄의 어려움을 지적하는 일이 있으나 이에 대해서는 언급할 가치가 전혀 없다.

(12) ㄱ. '·'는 'ㅓ'나 'ㅗ' 비슷하게 소리 나는 경우가 있더라도 '·'로 적는
　　　다. ᄃ리(橋)(○), 도리·더리(×) 등.

　　ㄴ. 'ᆢ'는 'ㅛ'나 'ㅑ·ㅕ' 비슷하게 소리 나는 경우가 있더라도 'ᆢ'로
　　　적는다. ᄋᆢ든(○), 요든·야든(×) 등.

　　ㄷ. 'ㅐ'는 'ㅔ' 비슷하게 소리 나는 경우가 있더라도 'ㅐ'로 적는다.
　　　개(犬) 등.

　(12)는 제3장(소리에 관한 것) 제2절(모음)의 제6항, 제7항, 제8항이다.
'ᄋ, ᄋᆢ, 애'와 관련하여, 변화 이전의 형태를 적게 하였으므로 이 표기법에
서 진행 중인 변화를 인정하지 않았음을 알 수 있다.[18]

　(13) ㄱ. '·ㅣ'음은 'ㅔ' 소리로 변해졌으므로 'ㅔ'로 적는다. 베(腹·梨·船) 등.

　　ㄴ. '의'나, 자음을 첫소리로 가지고 있는 음절의 'ㅢ'는 'ㅣ'로 소리 나
　　　는 경우가 있더라도 'ㅢ'로 적는다. 의심疑心(○)/이심(×), 희다
　　　(白)(○)/히다(×), 늬(齒)(○)/니(×) 등.

　(13)은 제3장 제2절의 제9항과 제12항으로 이들 모두, 소리의 변화와 관
련된 표기에 대한 규정이다. 그런데 앞서 언급한 'ᄋ, ᄋᆢ, 애'의 변화에 비
해, '이'와 '에'의 합류(13ㄱ)나 어두음절의 '의〉이' 변화(13ㄴ)는[19] 시기적으

---

18 현재 제주방언의 50대 화자들은 '애'와 '에'를 거의 변별하지 못한다. 따라서 이 조항의
　기준이 되는 연령은 60대 이상이라 할 수 있다. 한편 'ᄋ'의 변화(주로 'ᄋ〉오')는 '애'의
　변화('애〉에)에 비해 10여 년 정도 늦게 일어난 것으로 추정된다(정승철 1995a: 29-30).
19 제주방언의 '의'는 "비어두음절에 한하여 음절 두음으로 자음을 가지지 않을 때"에만
　실현되므로(정승철 1995a: 93) 현대 제주방언에서 '자음+의'의 음소 연쇄는 나타나지
　않는다. 다만 일부 노인층의 발화에서 두음 'ㄴ'가 구개음화하지 않은 '늬(齒, 蝨)'를 들
　을 수 있는데 그 제한된 분포로 인해 이를 자음('ㄴ') 뒤에서 '의'가 실현된 예라고 하기
　에는 좀 주저스러운 바가 없지 않다.

로 훨씬 이전에 발생하여 지금은 거의 완료된 변화라 할 수 있다. 이들은 진행 중인 변화가 아니므로 (13ㄱ)뿐 아니라 (13ㄴ)에서도 그 변화를 인정하여 소리 나는 대로 적게 해야 원칙에 벗어나지 않는다.[20]

하지만 (13ㄴ)의 예들을 모두 소리대로 적게 하는 데에는 다소 문제되는 점이 있다. 한자음의 경우에 그 실현 위치(즉 어두와 비어두)와 관계없이 일관된 표기를 유지하는 것이 한글 맞춤법의 원칙적인 모습으로 여겨지기 때문이다. 따라서 (13ㄴ)의 적용 대상을 한자어로 한정하고 고유어는 소리 나는 대로 적게 하는 것이 표기의 일관성을 잘 유지하는 방안이라고 하겠다.

이와 같이 소리의 변화와 관련된 것은 아니지만 '한글 맞춤법'과의 차이를 부각시키기 위해 부가한 조항들도 나타난다.

> (14) ㄱ. 'ㅚ'는 이중모음 'ㅞ'로 소리 나서 단모음으로도 발음되지 않으므로 'ㅞ'로 적는다. 궤기(魚·肉) 등.
>
> ㄴ. 용언어간의 끝 'ㅅ'은 줄어들지 않으므로 그 어간의 원형대로 적는다. 긋다(劃): 긋언 등.
>
> ㄷ. 용언어간 'ㅎ'는 줄어지지 않으므로 그 어간의 원형대로 적는다. 거멓ᄒ다: 거멓ᄒ지 등.
>
> ㄹ. 선어말어미 '-았-/-었-'에 해당되는 형태는 '-앗-/-엇-'으로 적는다. 보앗수다(○), 보았수다(×).
>
> ㅁ. 어간에 '-이'나 '-음/-ㅁ'이 붙어서 명사로 된 것과 '-이'가 붙어서 부사로 된 것은 그 어간의 원형을 밝히어 적는다. 무끔, 보끔 등.

---

20 (12ㄷ)의 규정을 감안할 때 (13ㄱ)의 경우에는 '의 〉에'의 변화라는 역사적 정보를 고려해야 하는데 이는 언어화자가 인식하지 못하는 것이므로 표기 원칙상 현실적이라고 하기 어렵다. 오히려 이러한 예들에서는, 표준어와 형태가 일치하는 것은 현행 한글 맞춤법을 따라 적게 하는 편이 효율적일 수 있다.

(14ㄱ)은 제3장(소리에 관한 것) 제2절(모음) 제11항, (14ㄴ)~(14ㄹ)은 제4장(형태에 관한 것) 제2절(어간과 어미)의 제17항, 제18항, 제19항, (14ㅁ)은 제3절(접미사가 붙어서 된 말) 제23항이다.

이들은 방언 표기법의 원리를 준용하기만 하면 따로 부가적 설명이 필요치 않은 조항이다. 표준어의 '외'가 '웨'로, 또 '-았/었-'이 '-앗/엇-'으로 발음된다든지, 'ㅅ'이나 'ㅎ-'가 안 줄어들어 불규칙적 양상을 보이지 않는다든지, '무끄-(束), 보끄-(炸)'에 '-음/-ㅁ'이 결합하면 '무끔, 보끔'이 된다든지 하는 언급은 소리 나는 대로 적기만 하면 문제될 바가 없는 것들이다. 그러기에 이들에 대해 별도의 표기법 조항을 마련하기보다는 '제주방언 표기법과 한글 맞춤법의 어형 대비표' 등의 부수 장치 또는 그러한 부수 규정을[21] 마련하여 정보를 따로 제공해 주는 것이 표기법의 일관성이라는 면에서 바람직하다.

4. 맺음말

한국어의 방언 표기법이라면 한글 표기의 전통을 초월할 수 없으므로 원칙의 수립에서부터 실제 사용에 이르기까지 한글 맞춤법의 간섭에서 벗어나지는 못한다. 그러기에 방언 표기법은 전반적인 원칙에서 일관성

---

21 그러한 부수 규정으로는, 앞서 언급했듯이 이른바 '방언 표준 발음법'이 가장 우선된다. 가령 제3장(소리에 관한 것) 제3절(접미사가 붙어서 된 말) 제25항의 "둘 이상의 단어가 어울리거나 접두사가 붙어서 된 말은 그 원형을 밝히어 적는다. 꽃잎, 웃옷, 홀아방 등"에서, '꽃잎[꼰닙]'은 차치하고서라도 '웃옷, 홀아방' 등에 대해 제주방언 화자의 발음을 표기만으로는 전혀 예측할 수 없는 것이다. '웃욋[욷뙫], 홀아방[홀라방]' 등에서 보듯, 제주방언에서는 선행하는 요소가 받침을 가진 말이고 후행하는 요소가 모음으로 시작하는 단어일 때 선행어의 말음을 후행 단어의 첫음절 초성 자리에 복사하여 발음하는 복사 현상이 일반적이다(정승철 2001a: 307).

을 유지하되 그 세부 항목에서는 유연성을 드러내야 한다. 원칙의 엄격한 적용에서 발생하는 생경함과 느슨한 규정이 노정하는 무원칙함 사이에서 깊은 고민을 전제하면서 방언 표기법이 마련되어야 하는 것이다.

아울러 방언 표기법을 정하는 일은 해당 방언 사용자들 간의 의사소통을 필수적으로 요구하는 사안이다. 표기법의 기반을 규범적 성격에 둘지 아니면 기술적 성격에 둘지, 또 그에 따라 세부 조항은 어떻게 구성해야 할지, 그리고 그러한 표기 원칙으로 명료하게 규정하기 어려운 형태는 어떤 것들이 있으며 그것은 또 어찌 적어야 할지 등에 대해 연구자들의 폭넓은 조사·연구 및 사용자들의 총체적인 합의가 이루어져야만 표기법의 제정과 실제적 운용이 가능해진다. 이를 위해서는 무엇보다도 그 사회 구성원들의 적극적인 의지와 관계 당국의 전폭적인 지원이 절실히 요청된다.

제주방언의 음운론 연구사
'♀' 관련 업적을 중심으로

1. 서론

이 논문은, '♀'를 중심으로 제주방언의 음운론 연구사를 기술하는 데 목적이 있다. 이처럼 음운론 연구사의 서술에서 여러 주제들 중 '♀'에 초점을 두는 것은 제주방언의 경우, 다른 주제들에 비해 '♀'에 관한 연구가 비교할 수 없을 만큼 양적으로 매우 많기 때문이다. 더군다나 '♀'는 제주방언 연구가 시작된 이래 지금까지 지속적으로 연구자들의 관심을 끌어 온바 그러한 까닭에 제주방언의 음운론 연구에서 '♀'는, 일정한 관점을 견지하면서 일관된 연구사의 서술이 가능한 거의 유일한 주제가 된다.[1]

한편 제주방언에 대한 연구 중, 음운론에 관한 것은 총 130여 편 정도다. 이 중에 '♀' 관련 업적(제주방언의 '♀'에 대해 어느 정도 이상의 비중을 둔 연구 업적)은 50편 정도로, 전체의 1/3을 넘어 차지한다.[2] 이들을 한데 모아 전체적으로 훑어보면, '♀'에 대한 연구 경향에서 1990년대까지는 미시언어학적 연구가 주류를 이루었지만 2000년대에 들어서면서 거시언어학

---

* 이 논문은 《제주방언 연구의 어제와 내일》(2014, 제주발전연구원)의 29-60면에 실렸다.
1 말하자면 '♀' 이외의 음운론 관련 주제들은 제주방언 연구에서 일정한 흐름을 보여 주지는 않는다는 말이다.
2 이처럼 양적인 면만으로도 제주방언 연구에서 '♀'가 얼마나 중심적인 위치를 차지해 왔는지 알 수 있다.

적 연구(특히 사회언어학적 방법에 의한 연구) 등 좀 더 다양한 관점에서의 접근이 시도되었음을 보게 된다.

2. 미시언어학적 연구

미시언어학은 '음성·음운론, 형태·통사(의미)론, 어휘론' 등 언어 내적 요소에 대한 분석에 중점을 둔, 언어학의 하위 영역이다. 이 영역은 각종 음성에 대한 관찰에서부터 해당 언어의 음운/문법 체계와 현상에 대한 공시·통시적 기술 및 설명에 이르기까지, 언어 그 자체 구조에 대한 해명을 목표로 하는 연구들을 모두 포괄한다. 다만, 이 논문에서는 제주방언의 음운론, 특히 'ᄋ·'를 중심으로 한 연구의 역사를 서술하는 데 목적이 있으므로 여기서는 미시언어학적 연구 중, '음성학'과 '음운론' 두 영역에서 'ᄋ·' 연구가 어떻게 진행되어 왔는지를 서술하기로 한다.

2.1. 'ᄋ·'에 대한 음성학적 관찰

본격적인 서술에 앞서 이해의 편의를 위해 우선, 모음에 관한 국제 음성 기호를 표로 제시한다.

표1 국제 음성 기호의 모음도(배주채 2011: 38)[3]

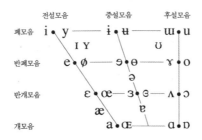

2.1.1. 문헌어와의 대비 속에서의 'ᄋ́'

제주방언의 'ᄋ́'에 대한 본격적인 관찰은 오구라 신페이小倉進平(1882~1944)의 〈濟州島方言〉(1913)에서 처음으로 이루어졌다. 그는 각지 방언에서 'ᄋ́'가 '아'로 변하기도 하고('ᄑᆞᆯ〉팔' 등) '오'로 변하기도 하였으므로('ᄑᆞᆯ〉폴' 등) 'ᄋ́'의 "原音"은 '아'와 '오'의 "中間音"이며[4] 제주방언의 'ᄋ́'도 이와 같은 "口形"으로 발음되는 소리라 하였다(24면). 문헌어 'ᄋ́'의 변화에 유추하여 제주방언의 'ᄋ́'를 문헌어와 동일한 소리(즉 '아'와 '오'의 중간적인 소리)로 이해하는 태도를 취했던 것이다.

이러한 태도는 《南部朝鮮の方言》(1924)에 와서 약간 다른 모습을 보인다. 문헌어와 제주방언의 'ᄋ́'를 동일하게 인식하지 않고 별개의 소리로 다루기 시작했기 때문이다. 그리하여 그는 문헌어의 'ᄋ́'는 '오'와 '아'의 중간음, 이와 달리 제주방언의 'ᄋ́'는 '오'와 '어'의 중간음이라 하였다.[5]

더 나아가 〈濟州島方言〉(1931)에 이르면 제주방언 'ᄋ́'의 음가를 《南部朝鮮の方言》과 동일하게 이해하되, 이전과는 달리 국제 음성 기호를 사용하여 '오[o]'와 '어[ə]'의 중간음[6]으로 기술하였다. 말하자면 보편적 음성학 지식(가령, 국제적으로 표준화한 음성 표기 규약)에 기대어, 제주방언의 'ᄋ́'에 대한 진술을 시도했던 것이다. 아울러 그는, 육지 방언에서 'ᄋ́'가 '오'로 변하기도 하고('ᄆᆞᆯ〉몰' 등) '어'로 변하기도 한 것('ᄐᆞᆨ〉턱' 등)은 'ᄋ́'가 가진

---

3 이 표는 최근에 발표된 국제 음성 기호다. 다만, 'ᄋ́'의 음가에 관한 고노 로쿠로河野六郎의 견해(2.1.1의 주석 10에서 후술)를 이해하기 위해 중설의 반개모음 [ɐ]가 이전 시기에는 '기본 모음'이 아니라 '부가 기호'로 되어 있었다는 점을 부연해 둔다.

4 이진호·飯田綾織 공편 및 역주(2009: 262)에, 'ᄋ́'에 관한 小倉進平의 견해와 근거 그리고 해당 견해의 문제점 등이 언급되어 있다.

5 순전히 연도상으로, 제주방언의 'ᄋ́'를 '오'와 '어'의 중간음으로 보는 견해는 1924년 2월의 〈朝鮮語の歷史的研究上より見たる濟州島方言の價値〉(《조선》106)에 처음 등장한다. 《南部朝鮮の方言》은 이보다 한 달 늦은 1924년 3월에 간행되었다.

6 《朝鮮語方言の研究》(1944)에서 오구라 신페이는 이를 [ɒ]로 표기하였다.

중간음적인 특질 때문이라 하였다.

오구라 신페이의 이와 같은 생각은 그의 제자 고노 로쿠로河野六郎(1912~
1998)에게서도 거의 그대로 유지된다.《朝鮮方言學試攷》(1945)에 따르면
그는 제주방언의 '♀'를 '오[o]'와 '어[ɔ]'의 중간음7으로 보았다. 이를테면 오
구라 신페이와 마찬가지로 고노 로쿠로도 제주방언과 문헌어의 '♀'를 별
개의 소리로 인식하고 있었던 셈이다.

다만 고노 로쿠로는, 제주방언과 문헌어의 '♀'를 직접 비교하여 양자의
차이를 서술했다는 점에서 오구라 신페이와 달랐다. 즉 그는 '♀'의 "원음
으로 [ʌ]를 비정"하고 이 소리를 내되 혀를 '오'의 높이만큼 조금 올리면 제
주방언의 '♀[ω]'음이 된다고 한 것이다(이진호 역주 2012: 65).《朝鮮方言學
試攷》에서는 제주방언의 '♀[ω]'와 문헌어의 '♀[ʌ]'8 그리고 이들과 인접해
있는 소리들을 비교하면서 '♀'의 음가에 대해 진술하고 있는데, 해당 내용
을 직접 드러내 보이면 다음과 같다.

　　　[ʌ]는 후설모음이지만 혀의 모양이 [a]의 상태와 같다.9 [ʌ]가 [ω]로 변하
기 위해서는 단지 혀를 [o]의 상태로 바꾸기만 하면 되며, 거기에 원순성을
더해 주면 [o]가 된다. 혀를 좀 더 아래로 내리면 [a]가 되고 앞으로 움직이
면 [ə]에 가까워진다. 또한 위쪽으로 올리면 [ɯ]에 근접한다.(이진호 역주
2012: 65)

---

7 고노 로쿠로는 이를 [ω]로 표기하였다. 그는 제주방언 '♀'의 음가를 오구라 신페이와
　동일하게 보았지만, 음성 기호마저 스승을 그대로 따른 것은 아니었다.
8 오구라 신페이는 문헌어의 '♀'를 [ɒ]로 적었다. 그는 로마자 표기 기호와 음성 기호를
　구분하였는데 [ɒ]는 '♀'의 로마자 기호로, [ʌ]는 제주방언 '♀'의 음성 기호로 사용하였
　다(이진호·飯田綾織 공편 및 역주 2009: 509). 이로써 보면 오구라 신페이는 문헌어의
　'♀'에 대해 음성 기호를 부여하지 않은 셈이다.
9 이들은 후설모음에 대한 진술이므로 여기서의 [a]는 [ɑ]임에 틀림없다. [a]는 전설의 저
　모음(=개모음), 그리고 [ɑ]는 후설의 저모음을 나타내는 음성 기호다.

위의 문면만을 참조할 때, [ɯ]는 현재의 국제 음성 기호(IPA)로 [ɤ] 정도의 음이 된다.[10] [ɤ]는, 후설의 반폐모음(Close-mid) [o]에 대응하는 비원순 짝이다. 반면에 후설의 반개모음(Open-mid) [ɔ]에 대응하는 비원순 짝은 [ʌ]다(2.1의 〈표 1〉 '국제 음성 기호의 모음도' 참조).

결국 고노 로쿠로는 문헌어의 'ᄋ'와 제주방언의 'ᄋ'를 혀의 높이에 의해 구별되는 모음 그리고 각각 [ɔ]와 [o]에 상응하는 비원순모음으로 해석한 셈이다.[11] 이처럼 고노 로쿠로가 오구라 신페이에 비해 훨씬 더 체계적 인식을 보인 것은 분명하지만 두 사람 모두, 제주방언의 'ᄋ'를 비원순모음으로 보았다는 점 그리고 제주방언을 문헌어와의 관련 속에서 이해하려 했다는 점에서 공통된다 하겠다.

한국 사람으로서 제주방언 'ᄋ'의 음가에 대해 처음으로 언급한 이는 이극로(1893~1978)다. 유럽에서 음성학을 부전공한[12] 그는, 고노 로쿠로의 《朝鮮方言學試攷》보다 앞서 발표된 〈'·'의 음가에 대하여〉(1937)에서[13] "내가 여러 제주 사람의 구음口音을 조사하여 본 결과" 'ᄋ'의 음가는 음성 기호로 "만국음성기호萬國音聲記號 ɔ음에 상당한 것"(2면)이라 하였다.

1941년에 나온 그의 논문 〈'·'의 음가를 밝힘〉은 해례본 《훈민정음》의

---

10 고노 로쿠로가 IPA의 기본 모음을 알고 있었으리라 전제하면 [ɯ]에 대한 IPA 대응음은, 기본 모음의 하나인 [ɤ]가 아니라 부가 기호(Additional mid central vowel)로서의 중설의 비원순 반개모음 [ɜ]일 수도 있다. "적당한 기호가 없"어 'ᄋ'를 [ɯ]로 적었다는 《朝鮮方言學試攷》(1945)의 진술(이진호 역주 2012: 17)을 감안할 때 그럴 개연성도 무시하기는 어렵다.

11 이는 'ᄋ'의 음운사에서 매우 중요한 진술이다. 중세국어의 'ᄋ'에서 제주방언의 'ᄋ'로 발달하는 동안, '혀의 높이'가 상승했다는 것, 다시 말해 고모음화했다는 것을 의미하기 때문이다.

12 이극로는 독일 베를린 대학 철학부에서 정치경제학을 전공하여 철학박사 학위를 받았다.

13 기존 업적의 제목을 인용할 때에는 원문을 그대로 따르는 것이 원칙이나 이 논문에서는 독자의 편의를 위해 '한자' 표기만은, 특별한 경우가 아니라면 한글 표기로 바꾸어 제시하기로 한다(이하 동일).

발견(1940년) 이후에 'ᄋᆞ'의 음가를 다시 논의한, 두 면짜리의 짧은 글이다. 이에서는 《훈민정음》의 제자해 규정을 통해 주로 문헌어의 'ᄋᆞ'를 다루면서 제주방언의 'ᄋᆞ'가 "훈민정음 제정制定 당시當時 음音"(4면)인 것을 의심치 않는다 부연하였다. 문헌어와 제주방언의 'ᄋᆞ'를 동일한 음(즉, 원순 후설 반개모음의 [ɔ])으로 파악했던 것이다. 제주방언의 'ᄋᆞ'를 원순모음, 또 혀의 높이가 좀 더 낮은 모음으로 보았다는 점에서도 이극로는 오구라 신페이나 고노 로쿠로와 다르다.

한편 방종현(1905~1952)은 1937년에 제주도를 직접 답사한 후, 그 채집 결과를 바탕으로 제주방언에 관한 논문을 여러 차례 발표하였다. 특히 'ᄋᆞ'에 관한 한 〈'·'와 'ㅿ'에 대하여〉(1940)에 그의 견해가 집중되어 있는데 이에서는, 그 음가를 특별히 규정하지는 않았지만 제주방언의 'ᄋᆞ'를 '아'도 아니고 '어'도 아니고 '오'도 아닌 음으로 보았다. 나아가 문헌어에서 'ᄋᆞ'를 가진 단어가 제주방언에서 "모두" 'ᄋᆞ'로 나타난다면서도 "훈민정음 제정 당시의 원음原音인 그대로서 오늘날까지 전해 온 것인지는 자못 의문"(1면)스럽다고 하였다.

광복 후, 《제주도방언》(1947)을 낸 석주명(1908~1950)도 제주방언 'ᄋᆞ'의 음가에 대해 짧은 소견을 제시했다. 해당 책의 일러두기쯤에서 제주방언의 'ᄋᆞ'는 '아, 어, 오'도 아닌 "거진 'ㅗㅓ'의 발음"(9면)이라 한 것이다. 이때의 "ㅗㅓ"를 '오'와 '어'의 중간음 정도를 가리켰다 한다면 석주명은 오구라 신페이와 유사한 견해를 가졌다고 하겠다. 하지만 그는 오구라 신페이가 가정한 제주방언의 단모음 'ᄋᆡ'에[14] 대해서는 "구별하기에 곤란"(176면)하다며 오구라 신페이의 견해를 부정하였다.

더 나아가 석주명은 같은 책에서 제주방언의 'ᄋᆞ'가 "옛날의 'ᄋᆞ'음 그대

---

14 오구라 신페이는 〈濟州島方言〉(1931)에서 '아'와 'ᄋᆞ'가 구별되듯, 단모음 '애'와 'ᄋᆡ' 사이에도 명백한 구별이 있다고 하였다. 당시의 제주방언에 단모음 'ᄋᆡ'의 존재를 상정한 것이다.

로"인지에 대한 직접적인 판단은 보류하고[15] 있으면서도, 문헌어의 '♀'는 "역시" 제주방언의 '♀'와 가까울 것이라 추정하였다(176면). 이로써 보면 그는 문헌어와 제주방언의 '♀'음을 거의 동일한 소리로 인식한 것이 된다.

박용후(1909~1993) 또한, 문헌어의 '♀'와 제주방언의 '♀'를 동일한 소리로 파악하였다. 그는 《제주방언연구》(1960: 422-423)에서 '♀'를 '아'와 '오'의 중간음이며 "원순"의 "후설모음"이라 하면서 "조선조 초기의 음가"와 다름없다고 한 것이다. 한자 제목을 단 1988년의 개정판 《濟州方言研究》(고찰편)에서는 이를 명시적으로 [ɒ]로[16] 적었다. 같은 책 74면에서 제주방언의 '♀'는 "우리 겨레의 독특한 음운"으로 모음에 관한 국제 음성 기호 중에서 "가장 가까운" 것이 [ɒ]라 진술하고 있다.

이와 달리 이숭녕(1908~1994)은 1956년 1월 초에 제주도를 직접 답사하여 자료를 채집하고 쓴 〈제주도방언의 형태론적 연구〉(1957)에서[17] 제주방언의 '♀'가, 선행하는 자음에 따라 [ɔ] 또는 이보다 원순성이 강한 [ɔ²]로 실현된다(4-5면)고 하였다.[18] 분명히 밝히고 있지는 않지만, 자신의 저서 《국어 음운론 연구 제1집 '·'음고》(1954)에서 제주방언의 '♀'가 "과연 고음古代音 그대로인가, 변이變異한 음인가"에 대해 의문을 나타내었으므로 그는 문헌어와 제주방언의 '♀'를 동일하게 인식했던 것 같지는 않다.[19]

---

15 아마도 이는 "외우畏友"(130면) 방종현의 영향이었을 듯싶다.

16 '♀'를 후설모음이라 했으므로 여기서의 [ɒ]는 [ɒ]로 적어야 한다. [ɒ]는 전설의 원순 저모음(=개모음), 그리고 [ɒ]는 후설의 원순 저모음을 나타내는 음성 기호다.

17 이는 1978년에 동일한 제목의 단행본(탑출판사)으로 출판되었다. 여기서의 인용 면수는 1978년도판의 것이다.

18 홍미롭게도, 1957년의 원 논문에서는 '♀'의 음성 기호로, [ɔ] 대신 고노 로쿠로의 [ɯ]를 사용하고 있다.

19 이숭녕은 문헌어의 '♀'를 "ㅅ음 또는 ㅅ음 근방近傍의 음"이라 했으므로 결국, 중세국어 '♀'에서 제주방언 '♀'로의 발달을 [ʌ]에서 [ɔ]로 원순모음화한 것으로 이해한 셈이다.

2.1.2. 독립된 제주방언 체계 속에서의 '♀'

현평효(1920~2004)의 〈제주도방언 '·'음 소고〉(1963)는 제주방언의 '♀'
를 문헌어와 비교하여 살피고 있다는 점에서 이전의 업적들과 유사한 경
향을 보인다. 이 논문에서 현평효는 제주방언의 '♀'를 15세기의 음이 "잔
재殘在"한 것이라 주장하면서 그러한 '♀'의 조음 상태를 토박이 화자의 처
지에서 상세히 기술하였다. 그 결과, 문헌어의 '♀'와 음가상 거의 동일한
제주방언의 '♀'는 후설 저모음 '아'보다 "아주 뒤쪽" 그리고 "약간 높은 위
치"에서 발음되는 음, 즉 '아'의 "후고음後高音 [ɒ]"임을 주장하였다.

하지만 이 논문은, 문헌어와 관련지음 없이 제주방언의 '♀' 모음을 관찰
하려는 모습의 일단을 보여 주기도 한다는 점에서 매우 시사적이다. 해당
논문에서, 자신이 엮은 제주방언 자료집《제주도방언연구》(1962)에 실린
단어 중에 '♀'를 가진 단어의 수를 보고하였는바[20] 이는 제주방언의 공시
태 속에서 '♀' 모음을 살피는 태도의 한 단면을 노정한다고 할 수 있기 때
문이다. 이를테면 현평효는 〈제주도방언 '·'음 소고〉에서, 국어사적 관심
아래 '♀'를 관찰하되 제주방언의 모음체계에 대한 공시적 관심을 드러내
기도 했던 셈이다.

그 이후, 제주방언 음운론에 대한 연구의 역사에서 통시적 관심을 완전
히 배제하게 된 것은 현평효의 〈제주도방언의 단모음설정〉(1964)에 이르
러서의 일이었다. 이 논문에서 그는, 순전히 공시적으로 최소대립어(minimal
pair)를 통한 제주방언의 단모음 분석을 시도하였다. '♀'의 조음 상태를 바

---

20 그는 총 13,785개 중에 '♀'를 가진 단어가 2,901개이며, 해당 단어들의 빈도를 감안할
때 제주방언에서 7.63% 정도의 비율로 '♀'를 가진 단어가 나타난다고 하였다. 한편 김
공칠은 〈제주방언의 어휘론적 연구〉(1965)에서 '♀'를 가진 단어의 비율이 12% 정도
로, 출현 비율로는 모음 중에서 3~4위라 하였다. 이에서 더 나아가, '♀'의 출현 비율이
상당함으로 인해 제주방언이 "형태소 내부의 모음조화를 유지"할 수 있게 되었다 한 점
은 주목할 만하다.

탕으로, 이와 비슷하여 한 음소의 변이음이 될 가능성이 있는 '의심스러운 짝(suspicious pair)'을 찾고 이들 사이의 최소대립어를 제시함으로써 제주 방언의 단모음 아홉을 설정한 것이다. 특히 'ᄋᆞ'와 관련하여 이의 "의심스런 짝"으로 '아'와 '오'를 든바 'ᄋᆞ, 아, 오' 세 모음이 "비슷한 성질"을 가진 소리임을 인정하였음도 특기할 만하다.

이와 같이 문헌어와의 대비 없이 'ᄋᆞ'의 음가를 관찰하려는 시도는, 그 이후 주로 실험 음성학적인 방면에서 이루어졌다. 이의 시초는 김한곤의 〈제주방언 모음체계의 음향분석〉(1980)이라[21] 하겠는데 여기서는 각 모음들의 음향 분석(즉 포먼트 분석)을 통해 'ᄋᆞ'의 음가가 [ɒ]임을 주장하였다. 'ᄋᆞ'에 관한 한, 현평효의 견해를 지지하는 실험 결과가 제공되었다고 할 수 있다.

이와 달리 현우종은 'ᄋᆞ'에 대한 실험 음성학적 관찰의 결과를 종합하여 'ᄋᆞ'의 음가를 [ɔ]로 보았다. 그는 석사학위논문(건국대) 〈제주도 방언 'ㆍ' 음가의 음성학적 연구〉(1985)에서[22] 카메라 입술 촬영과 X선 촬영(조음 음성학) 및 포먼트 분석(음향 음성학)을 통해 'ᄋᆞ'가 [ɔ]에 "가까운 음가"를 가진 소리라 하였다. 결론적으로, 영어·불어·독어에 나타나는 [ɔ]도 그 음역이 모두 다르므로 정확히 일치하지는 않으나 제주방언의 모음 'ᄋᆞ'에 대해 그 음가를 [ɔ]로 규정해도 "무방"하다는 말이었다.

현우종은 박사학위논문(건국대) 〈제주 방언 홀소리의 실험 음성학적 연구〉(1992)에서 'ᄋᆞ'를 비롯한 모든 모음으로 논의의 대상을 확대하고 그 연구 결과를 통해 자신의 주장을 보강하였으며 이로부터 'ᄋᆞ'에 관해 이전

---

21 이 논문과, 《언어》에 실린 "An Acoustic Study of the Cheju Dialect in Korean"(1980)은 거의 동일한 논문이지만 후자가 전자에 대한 단순한 번역은 아니다. 음성 실험 자료를 공유하기는 하나 전자보다 후자에 제주방언 모음에 관한 더 자세한 서술이 나타난다.

22 《탐라문화》에 실린 〈제주도 방언의 'ㆍ' 음가의 음성학적 연구〉(1988)는 이 논문과 완전히 동일한 것이다.

과 동일한 결론을 제시하였다. 다만 '♀'의 조음 특성과 관련하여 이 논문에서는, 입술의 움직임의 면에서 제주방언의 '♀'는 원순모음이지만 '오'나 '우'에 비해 "약간 퍼진 원순"이라는 사실을 새로이 지적하였다.

한편 현우종의 〈제주도 방언의 '♀' 음가 고찰〉(1987)은 '♀'를 포함하는 이중모음 '♀'에 대한 실험 음성학적인 보고다. 이에서는 스펙트로그램 분석을 통해 '♀'가 활음 j와 핵모음 '♀'로 구성된 제주방언만의 특징적인 이중모음임을 확인하였다. '♀'의 음가에 있어서 특별히 다른 견해를 제시한 것은 아니다.

이러한 '♀'의 음성 분석 작업들에 대하여 김원보는 〈제주방언에서 [·] 음의 음향분석〉(2005)에서 선행 연구의 문제점을 간단히 지적하고 이를 보완하여 '♀'에 대한 음향 분석을 재시도했다고 하였다. 즉 현평효의 견해는 "조음적 청각 인상"(26면)에 너무 크게 의지해서 문제되며, 김한곤의 견해는 제보자의 수가 1명으로 "제한적"이어서[23] 그리고 현우종의 견해는 "연구자 자신이 녹음제보자"(28면)여서[24] 문제된다 한 것이다.

그리하여 그는 "70대 이상의 정규교육을 받아본 적이 없는" 토박이 제보자, 각 시·군별로 남녀 각 1명씩 총 8명의 제보자를 녹음 대상으로 하여 실험을 진행하였다. 그 결과, '혀의 높이'와 관련된 제1포먼트 값에 따라 '♀'는 '아'보다는 고모음이지만 다른 모음보다는 저모음이며, '혀의 앞뒤 위치'와 관련된 제2포먼트 값에 따라 '♀'는 '아, 어'보다는 "후설모음"이지만 '오'보다는 "전설모음"(32면)이라[25] 하였다. 그러고는 현우종의 견해와 마찬가지로, 제주방언의 '♀'가 [ɒ]보다는 [ɔ]에 더 가깝다고 결론을 맺었다.[26]

---

23 비토박이 연구자와 토박이 제보자 사이에 "의사소통의 어려움"(28면)까지도 있었다고 하였다.

24 현우종의 석사학위논문에서 제보자는 연구자 본인 1명이었지만 박사학위논문에서는 지역 및 연령을 고려한 9명(연구자 본인 포함)을 제보자로 하였다.

25 이는 약간 중설 쪽에서 난다는 뜻인데 이로써 보면 제주방언의 '♀'는, 앞서 주석 10에서 언급했던 '비원순의 중설 반개모음 [ɜ]에 가까운 소리가 될 수도 있을 터이다.

이와 같은 김원보와 실험 결과를 공유하면서 김종훈은 〈제주방언 단모음과 현대국어 단모음의 음향 분석 비교〉(2006)에서 김원보의 견해(즉 제주방언의 '♀'가 [ɔ]라는 판단)에 동조했다. 하지만 앞선 논의와 달리, 이 논문에서는 제주방언의 모음과 서울말의 모음을[27] 음향적으로 대조하였다.

이제까지의 논의를 종합해 보면 제주방언의 '♀'에 대한 실험 음성학적인 결과는 크게 두 가지 견해, 즉 [ɒ]로 보는 견해와 [ɔ]로 보는 견해로 나뉘는 셈이다.[28] 이를 감안할 때, Kim Soon-Taek(김순택)의 "A Study on / · /, a Sound of Cheju Dialect in Korean"(1988)에서 영어와 인상적으로 비교하여 제주방언의 '♀'가 [ɔ]와 [ɒ]의 음역을 합친 음이라 한 주장도 일견 주목해 볼 만하다.

2.2. '♀'에 대한 음운론적 성격 구명

제주방언의 음운론에 관한 연구에서 통시론은 공시론보다 출발점에서 현저히 앞섰을 뿐 아니라, 양적·질적으로도 비교가 안 될 정도로 차원이 훨씬 높다고 할 수 있다.[29] 이는 '♀'에서도 마찬가지인바 그러한 이유로 이

---

26 결국 "연구자 자신이 녹음제보자"인 것은, 이 음성 실험에서 크게 문제되지 않은 셈이다.

27 이 논문에서 서울말의 음성 분석 자료는, 서울 출신의 20대 대학생 20명을 제보자로 한 조성문의 〈현대 국어의 모음 체계에 대한 음향음성학적인 연구〉(《한국언어문화》 24, 2003)의 실험 결과를 따랐다. 결과적으로 20대의 서울말과 70대의 제주방언을 대조한 것인데 비교·대조를 위한 자료의 균질성 측면에서 문제가 되지 않을 수 없다.

28 물론 오구라 신페이와 고노 로쿠로는 [ɣ](또는 [ɜ])로, 이숭녕은 선행 자음에 따라 [ɔ] 또는 [ɔˑ]로 실현된다고 하였다.

29 제주방언의 공시론은 통시론에 비해, 수적뿐만 아니라 내용적으로도 매우 빈약하다. 단적으로, 제주방언의 통시음운론적 성과는 '한국어사'(또는 음운사) 교재에 상당 부분 반영되어 있는 데 반해 공시음운론적 성과는 한국어 음운론 교재에 반영되어 있는 경우가 매우 드물다. 후자의 경우에, 기존의 음운론 교재에서 주목받아 온 것은 정승철 (1991) 정도에 불과하다. 정승철(1991)은 '목가프다(목아프다), 맏다딜(맏아들), 지집바이(계집아이), 비단놋(비단옷), 칠뤌(칠월)' 등에서 발견되는 제주방언의 복사 현상 (선행어의 종성이, 비어 있는 후행어의 초성 자리에 복사되는 현상)을 기술한 것이다.

절에서는 통시론 분야를 먼저 서술하고 후에 공시론 분야를 서술하고자 한다.

2.2.1. 제주방언의 'ᄋ'와 통시음운론

제주방언의 'ᄋ'가 경험한 통시론에 대한 개괄적 기술은, 이숭녕의《국어 음운론 연구 제1집 'ㆍ'음고》(1954)에서 사실상 처음으로 이루어졌다. 이 책 보수편補修篇의 제1절 〈제주도방언과 그 의의〉에서[30] 그는, 제주방언의 'ᄋ'가 후설의 원순모음으로 "제1음절"에서만 유지되며 "제2음절"에서는 대체로 'ᄋ〉으'의 발달을 겪었다고 하였다. 또 제2절의 〈'ᄋ'음과 '익'음의 발달의 대응〉에서 제주방언이 문헌어와 달리 '히〉헤(태양太陽), 빅〉베(船, 腹, 梨)' 등과 같이 '익〉에'의 변화를 겪었음을 언급한 것도 제주방언 음운론 연구사에서 매우 중요하게 다루어져야 할 사실이다. 이러한 사실들은 훗날, 국어 음운사 연구에서 모음 'ᄋ'의 통시적 성격을 구명하는 데 크게 이바지하였다.

김완진은 〈제주도방언의 일본어사 차용에 대하여〉(1957)에서 외래어에 나타나는 'ᄋ'에 주목하였다. 그리하여 'ᄂᄌ오(라디오), ᄂ레비(나란히)' 등 외래어에서 'ᄋ'가 출현하는 예를 통해 "어원적으로 'ᄋ'가 아닌 곳에서도 'ᄋ'가 발견"(118면)될 수 있다는 점을 지적하였다. 문헌어의 'ᄋ'와 제주방언의 'ᄋ'가 다른 발달을 경험할 수도 있음을 언급하였다는 데 의의가 있다 하겠다.

이기문의 〈제주도 방언의 'ᄋ'에 관련된 몇 문제〉(1977)는 문헌어에 드러나지 않은 역사적 사실을 제주방언을 통해 재구하려는 시도의 하나다. 이에서는 가령, 제주방언의 'ᄀ를(겨를), ᄉ다(서다), ᄌ(젖)' 등을 통해 국

---

[30] 이를 위한 방언 채집으로서의 제주도 답사는 "1952년 여름"에 한 것으로 되어 있다.

어사에서 자음 뒤 'ᄋ'를 가진 단어('*ᄀ를, *ᄉ다, *ᄌ' 등)를 재구하고 이로부터 방언으로의 발달을 설명하고자 하였다. 이들의 경우, 문헌어('겨를, 서다, 젖')와 제주방언('ᄌ를, ᄉ다, ᄌ')의 상위는 각각 서로 다른 변화(즉 'ᄋ〉여'의 대치와 'ᄋ〉ᄋ'의 활음탈락)를 겪은 데에 기인한 결과로 이해하였다.

아울러 '헤(태양太陽), 베(船, 腹, 梨)' 등 제주방언에 나타나는 'ᄋ〉에'의 변화 예로부터 국어사에서 단모음 'ᄋ'가 존재했을 가능성을 제기하였다. 문헌어에서 'ᄋ'를 가졌던 단어에 대해 '애'로의 발달을 보이는 육지 방언과 달리 제주방언은 '에'로의 발달을 보이는바 이러한 상위가 'ᄋ'의 음운론적 지위차에서 비롯하였으리라는 말이다. 이에 따르면 제주방언의 'ᄋ'는 단모음이었으므로 'ᄋ〉에'의 변화를 보인 것이고, 육지 방언은 'ᄋ'가 이중모음이었으므로 핵모음 'ᄋ〉아'에 편승하여 'ᄋ〉애'의 변화를 보인 것이 된다.

한편 현대 제주방언에서 'ᄋ'를 가진 단어는 '오'를 가진 단어와 쌍형어를 이루고 있다. 이는 일부 연령층에서 'ᄋ〉오'의 변화가 일어났기 때문인데, 그동안의 제주방언 연구의 역사에서 이와 같은 변화를 처음으로 언급한 논문이 바로, 현평효의 〈제주도 방언의 음운〉(1971)이다. 이 논문에서는 'ᄃ〉독(닭), ᄆ〉몰(馬)' 등과 같이 당시의 "연소층年少層"에서 일어난 'ᄋ〉오'의 변화를 보고하였다.[31]

이러한 제주방언의 'ᄋ'에 대해 종합적이면서 상세한 기술은 정승철의 박사학위논문(서울대), 〈제주도 방언의 통시음운론〉(1994)에서 이루어졌다.[32] 'ᄋ'의 출현 환경을 어두음절과 비어두음절로 나누고 각각의 위치에서 'ᄋ'가 어찌 실현되는지를 파악한 후 해당 공시태를 초래한 통시적 변화

---

31 물론 그러한 "연소층"에서는 표준어의 영향으로 'ᄋ'를 가진 단어가 '아'를 가진 단어로 나타나기도 한다고 하였다.

32 이는 1995년에 동일한 제목의 단행본(태학사)으로 출판되었다. 여기서의 인용 면수는 1995년도판의 것이다.

의 '규칙'을 상정하여 그 변화의 과정을 설명하였다. 그 결과, 제주방언의 '♀'는 다섯 단계에 걸친 변화를 경험했다고 하였다. 이를 간략히 순서대로 정리해 보이면 다음과 같다(②~⑤의 변화는 수의적).

① 비어두음절에서 '♀〉으'의 변화 규칙: ᄇ름(〈ᄇᆞ름, 風), 사름(〈사ᄅᆞᆷ, 人)

② 어두음절에서 어간말 '♀〉아'의 변화 규칙: ᄊ다~싸다(싸다, 包), ᄏ다~
   카다(타다, 燒)

③ 잔존해 있는 '♀'가 '어'로 바뀌는 변화 규칙: 아ᄃᆞᆯ~아덜(子), 모ᄌᆞ~모저
   (帽子)

④ 잔존해 있는 '♀'가 '오'로 바뀌는 변화 규칙: ᄉᆞ나이~소나이(사내), ᄀᆞᆮ다~
   곧다(曰)

⑤ '♀'를 가졌던 단어가 '아'를 가진 단어로 대체되는 변화: ᄭᆞᆷ짝~깜짝(깜
   짝), ᄒᆞ다~허다~하다(爲)

특히 어떤 변화가 일어났을 때 해당 조건을 만족하는 모든 단어가 일시에 그 변화를 겪는 것이 아니라는 관점을 견지하면서, 각 단계에서 발견되는 예외를 설명하고자 하였다. 가령, '아덜'은 ①의 변화에서, 그리고 '허다'는 ②의 변화에서 벗어나 있다가 훗날 ③의 '♀〉어' 변화를 보이게 된 예, 또 '슥(〈ᄉᆞᆰ)'은[33] ①의 변화를 좀 일찍 겪어 어두 음절에서 '♀〉으'의 변화를 보이게 된 예로 이해했던 것이다.

아울러 현대 제주방언에 나타나는 '♀〉오'의 변화에 주목하고 이를 "모음체계 상의 균형을 유지"(53면)하기 위해 일어난 현상으로 간주하였다. 즉 '♀〉오'의 변화보다 "최소한 10년 이전"(30면)에[34] 발생한 '애〉에'의 변화

---

33 이 단어는 '살쾡이'를 가리키는데 제주방언에서는 더 흔히 '식'으로 나타난다.
34 이러한 진술은, '연소층'의 '애〉에' 변화에 대한 50년대 후반의 보고(1957년에 나온 이숭녕의 〈제주도방언의 형태론적 연구〉 등)와 '♀〉오' 변화에 대한 70년대 초의 보고(1971

로 모음체계가 이지러지는 불균형이 생긴바, 이를 바로잡기 위해 'ᄋᆞ〉오'의 "모음상승화上昇化"(28면)가 일어났다는 말이다. 이를 표로 나타내면 다음과 같다(정승철 1995a: 53).

표 2	표 3	표 4
이 으 우	이 으 우	이 으 우
에 어 오	에 어 오	에 어 오
애 아 ᄋᆞ	아 ᄋᆞ	아

이 논문에서의 대략적인 언급을 고려할 때 〈표 2〉는 지금으로 환산하여 대체로 현재 70세 이상의 제주방언 화자의 모음체계, 〈표 3〉은 50~60대의 모음체계, 〈표 4〉는 50세 이하 방언 화자의 모음체계가 된다.[35] 이와 같은 변화와 관련하여, 문헌어/제주방언에서 모두 'ᄋᆞ'를 가진 단어 및 제주방언에서만 'ᄋᆞ'를 가진 단어 등 언어재言語財를 구분하여 'ᄋᆞ'의 변화를 살피고 있는 점도 특기할 만하다.

2.2.2. 제주방언의 'ᄋᆞ'와 공시음운론

현대 제주방언의 'ᄋᆞ'가 보이는 공시태와 관련하여 기존 연구에서는 다음과 같은 사실의 보고가 이루어졌다. 이들에 대해서는 해당 내용을 간략

년에 나온 현평효의 〈제주도 방언의 음운〉 등)를 바탕으로 한 것이다. 보고가 이루어진 시기만을 놓고 단순히 비교하면 두 변화 사이에는 약 15년 정도의 간격이 존재한다.

[35] 이를 절대적 기준으로 바꾸어 말하면 대략 〈표 2〉는 1940년생 이전, 〈표 3〉은 1940~50년대생, 〈표 4〉는 1960년대생 이후의 모음체계가 된다. 물론 이러한 세대 규정마저도 확고한 것은 아니다. 전통 제주방언에 대한 친숙도에 따라 개인마다 10여 년 정도 위아래로 넘나들 수 있기 때문이다. 한편 제주방언의 '애〉에' 및 'ᄋᆞ〉오' 변화에 대한 실태 보고의 대상은 모두 '연소층'이므로 이 논문에서는 연소층을 '10세~15세' 정도로 규정하고 현재의 연령을 환산하였다.

히 요약하여 제시함으로써 앞에서 언급한 논의들과 서술이 중복되는 것을 피하고자 한다.

① 오구라 신페이의 〈濟州島方言〉(1913): 제주방언에 'ᄋᆞ'가 존재한다는 사실을 보고함.

② 이숭녕의 《국어 음운론 연구 제1집 'ᆞ'음고》(1954): 제주방언의 'ᄋᆞ'가 어두음절에서만 유지된다는 사실을 보고함. 아울러 '아ᄃᆞᆯ(子), 에비ᄯᆞᆯ(부녀父女)'과 같은 고유어나 '제ᄉᆞ祭祀, ᄎᆞᄎᆞ次次'와 같은 한자어 등 비어두음절에서 'ᄋᆞ'를 유지하는 예가 일부 존재한다는 사실을 보고함.

③ 이숭녕의 〈제주도방언의 형태론적 연구〉(1957): 제주방언에 활음 j와 'ᄋᆞ'가 결합된 이중모음 'ᄋᆢ'가 존재한다는 사실을 보고함.

④ 이기문의 〈제주도 방언의 'ᄋᆞ'에 관련된 몇 문제〉(1977): 감탄사나 의성어 등을 제외할 때, 제주방언의 'ᄋᆞ'가 원칙적으로 "어두에 나타나지 않는"(184면) 소리라는 사실을[36] 보고함.

이와 같이 'ᄋᆞ'의 음운 목록상의 특징에 관해 서술한 업적 이외에, 제주방언의 'ᄋᆞ'와 관련된 음운현상에 대해 부분적으로라도 기술한 업적으로 두세 편 정도를 더 언급할 수 있다. 'ᄋᆞ'와 관련된 공시적 현상은 모음조화와 모음탈락이 거의 전부라 하겠는데, 정승철의 석사학위논문(서울대)과 박사학위논문(서울대) 정도에서 이 현상에 대한 기술이 나타나 있는 것이다.[37]

우선 그 석사학위논문 〈제주도방언의 모음체계와 그에 관련된 음운현

---

36 이의 예외가 'ᄋᆞ지다(持)'인데 이는 'ᄀᆞ지다'와의 "어원적語源的인 관계"(184면)로 인해 어두에서 'ᄋᆞ'를 유지할 수 있게 된 것으로 설명하였다.

37 제주방언 모음의 공시론에 관한 한, 김광웅의 박사학위논문(세종대) 〈제주도 지역어의 음운론적 연구〉(1988.8.)는 정승철의 석사학위논문(1988.2.)의 서술 내용과 크게 다르지 않다.

상)(1988)에서는, '뿔(洗)-안→뿔안(빨아서), ᄀᆞ물(旱)-안→ᄀᆞ물안(가물어서)' 등처럼 제주방언의 모음조화(일명, 어미 '-안/언'의 교체 현상)에서 'ᄋᆞ'가 양성모음으로 기능함(즉 '-안'이 연결됨)을 언급하였다. 후자의 'ᄀᆞ물다(旱)'에 '-언'이[38] 아니라 '-안'이 연결되는 것은, 다음절 어간의 마지막 음절에 놓이는 '으' 또는 '우'가, 어미 '-안/언'의 교체 현상에 영향을 미치지 못하는 "무관無關모음"(31면)이기 때문이라 하였다.

제주방언의 모음조화에 대한 더 자세한 기술은 정승철의 박사학위논문 〈제주도 방언의 통시음운론〉(1994)에서 이루어졌다. 여기서는 제주방언의 모음조화(즉, '-안/언'의 교체) 현상을 살피되 단음절 어간과 다음절 어간, 폐음절 어간과 개음절 어간 및 정칙 어간과 변칙(=불규칙) 어간을 구분하여 검토하였다.

그 결과, 제주방언의 모음조화에는 "어간 모음의 음운론적 성격, 어간의 음절수, 어간말 음절의 구조"(127면)가 관여하며 그러한 모음조화에서 'ᄋᆞ'는 기본적으로 양성모음으로서의 성격을 가지고 행동한다고 결론하였다.[39] 나아가 일부 어간의 경우에 '으(<ᄋᆞ)' 또는 '우(<으<ᄋᆞ)'가 "무관모음"(120면)으로 기능하는 것은, 모음조화의 부류를 바꾸는 음운변화(이 경우에는 'ᄋᆞ>으'의 변화)가 관계하더라도 모음조화에 있어서 "이전 버릇을 유지"(122면)한 데 따른 결과라 하였다.

아울러 이 논문에서, 'ᄋᆞ'와 관련하여 동모음탈락 현상(122면)을 언급하고 있음도 주목할 만하다. 동모음탈락이란 '가(去)-안→간(가서)' 등에서처럼 '아'로 끝나는 용언어간에, '아'로 시작하는 어미가 연결되었을 때 어간 또는 어미의 모음 중 하나가 탈락하는 현상이다. 이때 탈락하는 모음이

---

38 '죽언(죽어서), 머물언(머물러서)' 등에서 보듯, 원칙적으로 제주방언의 '우'는 음성모음으로 기능한다. 즉, 어미 '-안/언'의 교체 현상에서 어간의 모음이 '우'일 경우에는 보통 '-언'이 연결된다는 말이다.

39 여기서의 면수 또한, 1995년에 간행된 단행본의 것이다.

어간의 것인지, 아니면 어미의 것인지가 불명확하여 문제되어 왔는데 이에 대해 제주방언은, 어간 모음이 탈락했음을 지지하는 간접적 증거를 제공해 준다고 한 것이다. 다음 예를 보자.

추(鹹)-안 → 찬(짜서)
차(鹹)-안 → 찬(짜서)

제주방언에서 어간말 모음으로 '약'를 가지는 경우에는 '약〉아'의 변화 규칙을[40] 수의적으로 겪어 '약'형과 '아'형이 "쌍형어"(122면)를 이룬다. 그러기에 해당하는 예 '추다'와 '차다'는 '약〉아'의 변화 규칙에 있어서 입력('추다')과 출력('차다')이 된다.

그런데 위의 예에서 보듯, 이들 두 어간은 어미 '-안'과의 결합에서 동일한 모습을 보여 준다. 특히 '추다'는 '-안'과 결합할 때 '춘'이 아니라 '찬'으로 실현되는바 이 경우에는 어간 모음 '약'가 탈락한 것이 분명하다. 이를 감안할 때 '차다'는 '추다'의 후계형이므로, 어미 '-안'과의 결합(즉, '찬')에서 어간 모음 '아'가 탈락되었다고 보는 게 합리적이다.

만일 '차(鹹)-안 → 찬'에서 어미 모음이 탈락했다고 하면, 모음탈락에서 '추(鹹)-안'과 '차(鹹)-안'이 드러내는 상이성을 설명하기 위해 일련의 복잡한 절차를 상정하는 일이 부가적으로 필요해진다. 즉 '추(鹹)-안 → 찬'에서는 어간 모음이 탈락하는데 왜 '차(鹹)-안 → 찬'에서는 어미 모음이 탈락하는지에 대해 부가적인 설명이 덧붙여져야 한다는 말이다.

---

40 이는 2.2.1에서 전술한 ②번 규칙(어두음절에서 어간말 '약〉아'의 변화 규칙)을 가리킨다.

3. 거시언어학적 연구

거시언어학은 언어의 사회적 기능이나 심리적·미적 기능 등 언어의 외적 측면에 대한 분석에 중점을 둔, 언어학의 하위 영역이다. 이 영역은 언어의 외적 요소와 내적 구조 사이의 상관성을 해명하는 데 목표를 두는바 사회언어학, 심리언어학, 문체론, 화용론, 전산언어학 및 언어교육 등의 응용언어학 분야를 모두 포괄한다.

이 장에서는 앞에서와 마찬가지로, 제주방언에 관한 거시언어학적 연구 중, 'ᄋ' 관련 업적에 초점을 두고 해당 연구들에 대한 사적 고찰을 시도한다. 이들의 수가 그리 많지는 않으므로 따로 절을 나누지 아니하고 논의를 진행하기로 한다. 여기서 언급하는 모든 업적은 2000년대 이후에 출현한 사회언어학적 방법에 의한 것들이다.

먼저 Taehong Cho, Sun-Ah Jun, Seung-chul Jung(조태홍·전선아·정승철) 및 Ladefoged의 "The Vowel of Cheju"(2001)에서는 제주방언에 나타나는 '에/애'와 '오/ᄋ'의 '통합(merger)' 현상에 주목하였다. 그리하여 시골 출신의 제보자(66세~74세, 총 5명)와 도시 출신의 제보자(55세~68세, 총 3명)를 대상으로 음성 실험을 수행하고 그 결과를 바탕으로 이 현상을, '애〉에'와 'ᄋ〉오'로의 일방향성을 보이는 '전이에 의한 통합(merger by transfer)' 현상으로 규정하였다.

아울러 제주방언에서는 '애〉에'의 변화가 'ᄋ〉오'의 변화보다 빨리 일어났으며 그러한 변화들이 제주의 도시 지역에서 발생하여 시골 지역으로 퍼진 것으로 이해하였다. 'ᄋ〉오'의 변화를 방언 화자가 거주하는 지역적 공간의 사회적 성격과 관련지었다는 점에 의의를 둘 수 있다.

다음으로 강정희의 〈언어접촉과 언어변화 — 오사카 거주 제주방언 화자 사회의 방언 보존에 대한 조사〉(2002)는 제주방언 화자의 거주 공간을 국외(여기서는 일본)까지 확장하여 'ᄋ'의 변화 양상을 관찰·검토한 것이다. 이 논문에서는 1920년에서 1960년 사이에 일본으로 이주한 제주 출신의 재일동포 1세 방언 화자(오사카 거주) 총 33명을 대상으로 'ᄋ'의 보존 실태를 조사, 분석하였다.

그 결과, 1950년대를 기점으로 그 전에 이주한 화자와 그 이후에 이주한 화자 사이에 상당한 방언차를 보인다는 사실을 확인하였다. 이로써 제주 방언의 'ᄋ'가 50년대에 급격한 변화를 겪었음을, '이주' 문제를 통해 직접적으로 입증할 수 있게 된 셈이다.

또한 이 시기에는 제주방언의 'ᄋ'를 현장 시간(apparent time) 또는 실재 시간(real time)에 따라 검토한 논의들도 출현하였다. 이때의 '현장 시간'이란 특정 언어 공동체의 상이한 연령 집단이 사용하는 언어 변종을 직접 비교하여 언어변화를 관찰하려 할 때 두 변종 사이에 존재하는 시간적 거리를 뜻하며, 이에 반해 '실재 시간'이란 특정 언어 공동체의 상이한 시기에 사용된 언어 변종을 비교하여 언어변화를 관찰하려 할 때 두 변종 사이에 존재하는 시간적 거리를 뜻한다. 단적으로 말해, 전자는 같은 시기의 서로 다른 세대의 언어 자료를 비교할 때 그리고 후자는 물리적인 시간 선상에서 과거와 현재의 언어 자료를 비교할 때 관여하는 시간 개념을 가리킨다.

김원보의 〈제주방언화자의 세대별 단모음의 음향분석과 모음체계〉(2006)는 제주방언의 현장 시간 속에서 모음체계의 변화를 살핀 것이다. 성별 및 지역적 균형을 고려하면서 20대와 50대 및 70대 이후의 3세대 총 96명(각 세대별로 32명씩)을 제보자로 음성 실험을 수행하였다. 그 결과, 70대는 9모음체계(앞서 2.2.1의 〈표 2〉), 50대는 "대부분" 8모음체계(2.2.1의 〈표 3〉), 20대는 "극히 예외적인 경우를 제외"(135면)하고 7모음체계(2.2.1의 〈표 4〉)를 유지하고 있다고 하였다.[41]

---

41 이는 결국, 정승철(1994)의 주장과 동일하다. 그럼에도 불구하고 이 논문에서는, 어떤 이유에서인지 자신의 결론이 "정승철의 주장"과 다르다(김원보 2006: 135)고 말하고 있다.

고동호의 〈제주방언 'ㆍ'의 세대별 변화 양상〉(2008) 또한, 제주방언의 현장 시간 속에서 'ㆍ'의 변화를 살핀 것이다. 한 집안의 할아버지(70대), 아버지(50대), 아들(20대)의 3대 총 3명을 제보자로 하여 음성 실험을 하였다. 그 결과로서 제시한 'ㆍ'의 세대별 실현 양상은 앞선 논의들과 대체로 일치하나 다음과 같은 사실을 지적한 점은 특기해 둘 만하다. 첫째, 70대 및 50대에서 'ㆍ'가 중설화 경향을 보인다. 둘째, 50대에서 'ㆍ〉오'의 변화가 진행 중이다. 셋째, 20대에서는 'ㆍ〉오'의 변화가 종결되었으며 기원적으로 'ㆍ'를 가졌던 단어들이 '아'로 나타나는 것은, '오'가 '아'로 변했다고 하기 어려우므로 표준어로 대치된 것이라 할 수 있다.

한편 권미소는 석사학위논문(제주대) 〈제주도방언의 실재시간 경과에 따른 언어 변이 양상 연구〉(2012)에서 'ㆍ'를 가진 단어들의 변화를, 실재 시간의 흐름에 따라 관찰하였다. 이를 위해 제주대 탐라문화연구소에서 펴낸 《제주설화집성》(1985)의 특정 설화 구술자를 제보자로, 2011년에 해당 설화를 다시 구술케 하여 이를 채록하고 두 설화 자료를 직접 비교함으로써 약 30년 동안 이루어진 언어재의 변화 양상을 검토하였다. 그 결과, 표준어형으로의 대체가 상당 부분 이루어졌음을 확인하였다.

신우봉·신지영의 〈제주 방언 단모음에 대한 음향 음성학적 연구〉(2012)는 제주방언 단모음의 실현 양상을 세대, 지역, 성별을 고려하여 살피고자 한 것이다(제보자는 총 40명). 특히 이 논문은, 제주방언에 대한 기존의 음성 실험들이 '단어 목록 읽기' 방식을 택하였음을 문제로 지적하고 "목표 단어"(68면)에 대한 유도 질문 방식을 사용하여 좀 더 자연스러운 상황에서 발음된 모음을 녹음하여 분석 자료로 삼았다는 점에서 기존의 연구들과 차별된다. 하지만 'ㆍ'의 경우, 지역이나 성별 요소와는 무관하며 오직 "세대"(87면) 요소만 그 실현 양상의 차이에 관여한다는 결론에 도달함으로써 기존 결과를 다시 한번 확인하는 차원에 머무른 업적이라 할 수 있다.

4. 결론

한국어 연구의 역사에서 제주방언에 대한 인식은 크게 세 유형으로 나뉜다. 하나는 제주방언을 한국어 연구의 보조 재료로 이해하는 관점이며, 다른 하나는 제주방언을 한국어에서 따로 떼어 내어 독립적(심지어 고립적)으로 인식하는 관점, 마지막으로 제주방언을 한국어의 다른 방언들과 동등하게 바라보는 관점이다.

우리의 논의를 'ㅇ'로 한정할 때, 첫 번째 관점에 의한 업적으로는 문헌어와 대비하여 제주방언의 'ㅇ'를 다루어 왔던 논저들을 들 수 있다. 앞서 기술한 바에 따르면 이 시기는 대체로, 제주방언 연구가 시작된 이래 1950년대까지다(2.1.1절 참조). 이 시기는 한국어 연구의 초창기로 이때에는 제주방언뿐 아니라 모든 지역방언들을, 문헌을 통한 한국어사 기술의 보조 재료(즉 역사적 잔재형) 정도로 인식하는 경향이 매우 강했다.

두 번째 관점은 제주방언의 'ㅇ'를 다른 방언과의 비교 없이 다루어 왔던 논저들에서 발견된다. 앞서 기술했듯 주로, 조음 상태의 관찰 및 음성 실험을 통해 제주방언 음성체계 속에서의 'ㅇ'의 위치 등 'ㅇ'가 가진 음성학적 특성을 밝히려 한 업적들이 이에 해당한다. 1960년대(더 정확히는 1950년대 말)부터 이러한 경향의 업적들이 나타나기 시작하는바, 이의 출현에는 '방언'을 독립된 체계를 가진 하나의 언어로 인식하는 구조 언어학의 영향이 절대적이었다고 할 수 있다(2.1.2절과 3장 참조).

이러한 업적들 중에 'ㅇ'의 음성이 국제 음성 기호로 어떤 소리에 해당하는지 확인하는 논의가 지나치게 많았다든지, 일부 논저의 경우 모음체계를 고려하지 않고 'ㅇ'만을 따로 떼어 내어 관찰하는 원자론적 연구 태도를 보였다든지 하는 문제를[42] 드러내기도 했지만 이 관점은 한국어 연구에서

---

[42] 이들 문제는 사실상, 선행 업적에 대한 검토가 철저하지 못했던 데에서 비롯된 과오들

제주방언을 보조적으로 인식하는 태도를 극복하는 데 크게 기여하였다. 다만, 이러한 인식이 지나쳐 제주방언을 고립적으로 바라보는 것은, 제주 방언을 제대로 이해하는 데에 큰 도움이 되지 않는다는 사실을 명심해 둘 필요가 있다.

세 번째 관점을 반영한 업적에서는 다른 방언과의 관련 속에서 제주방 언을 해명하려는 태도를 견지한다.[43] 이에서는 제주방언과 다른 방언의 모음체계를 비교하고 이들 사이에 드러나는 모음체계상의 공통점과 차이 점을 파악하며 이를 바탕으로 제주방언의 'ᄋ'가 가지는 체계상의 특성을 구명하는 작업이 이루어졌다 할 만하다. 2.2절에서 서술했듯, 이러한 업 적은 대체로 1980년대 후반부터 출현하기 시작하였다.

이러한 관점을 유지하는 가운데 좀 더 진전된 업적을 산출하기 위해 각 방언들의 공시태를 비교하는 작업이 요구된다. 이와 같은 공시태의 비교 는 방언들 간의 분화 과정을 설명하는 데 궁극적인 목적을 두는바 이를 위 해서는, 전국 모든 방언에 대해 공시태의 변화를 정밀하게 관찰·정리한 기 초 자료의 확보가 필수적이다. 'ᄋ'를 예로 들면, 제주방언의 'ᄋ'가 보이는 음성학적·음운론적 실현 양상을 조사하되 제보자의 연령을 '세대'(즉 20~30년) 단위가 아니라 '1년' 또는 '5년'(적어도 10년) 단위로 하여 세밀하 게 관찰한 자료가 필요하다는 말이다. 이러한 관찰 결과가 확보될 때, 이 에 유추하여 전국 방언들이 경험한 'ᄋ'의 소멸 과정을 해명하는 작업이 수 행될 수 있을 것으로 판단한다.

임에 틀림없다.

43 이러한 태도는 제주방언의 'ᄋ'에 대한 음성기호 표기를 정하는 데에도 유효하다. 앞서 제주방언의 'ᄋ'에 대하여 [ɒ]로 보는 견해와 [ɔ]로 보는 견해로 나뉜다고 했는데(2.1.2 절 참조) 다른 방언을 고려할 때 제주방언의 'ᄋ'는 [ɒ]로 표기하는 쪽이 유용할 것으로 여겨진다. 제주방언의 'ᄋ'를 [ɔ]로 적으면 서북방언의 '어[ɔ]'와 구별할 수 없게 된다.

논저 목록(연도순)

小倉進平(1913), 濟州島方言,《朝鮮及滿洲》5, 20-25면.

小倉進平(1923),《國語及朝鮮語發音槪說》, 近澤印刷所出版部. [재수록:《小倉進平博士著作集》, 京都大學, 1975]

小倉進平(1924), 朝鮮語の歷史的研究上より見たる濟州島方言の價値,《朝鮮》106, 조선총독부, 24-32면.

小倉進平(1924),《南部朝鮮の方言》, 朝鮮史學會. [재수록:《小倉進平博士著作集》, 京都大學, 1975]

小倉進平(1931), 濟州島方言,《청구학총》5. [재수록: 小倉進平(1944),《朝鮮語方言の研究》, 岩波書店]

이극로(1937), ' · '의 음가에 대하여,《한글》5-8, 1-2면.

小倉進平(1940), The Outline of the Korean Dialects, *Memoirs of the Research Department of the Toyo Bungo* 12. [재수록:《小倉進平博士著作集》, 京都大學, 1975]

방종현(1940), 고어연구와 방언,《한글》8-5, 1-3면.

방종현(1940), ' · '와 'ㅿ'에 대하여,《한글》8-6, 1-2면.

이극로(1941), ' · '의 음가를 밝힘,《한글》9-1, 4-5면.

小倉進平(1944),《朝鮮語方言の研究》, 東京: 岩波書店. [영인본: 아세아문화사, 1973]

河野六郎(1945),《朝鮮方言學試攷―'鋏語考'》, 京城: 東都書籍. [재수록:《河野六郎著作集》, 平凡社, 1979]

석주명(1947),《제주도방언》, 서울신문사 출판부.

이숭녕(1954),《국어 음운론 연구 제1집 ' · '음고》, 을유문화사. [재수록:《심악 이숭녕 전집》, 한국학술정보, 2011]

이숭녕(1957), 제주도방언의 형태론적 연구,《동방학지》3, 39-193면.[재수록:《심악 이숭녕 전집》, 한국학술정보, 2011]

김완진(1957), 제주도방언의 일본어사 차용에 대하여,《국어국문학》18, 112-131면.

김영돈(1957), 제주도방언의 음운개관,《제주문화》1, 63-85면.

서정범(1957), 제주도방언 점고點考,《고봉》1-2면.

이숭녕(1959), '·'음고 재론,《논문집》(학술원) 1. [재수록:《심악 이숭녕 전집》, 한국학술정보, 2011]

강윤호(1959), 제주도 방언에 있어서의 공통어계 어휘의 음운체계와 그 환경에 대하여,《논총》1, 이화여대 한국문화연구원, 111-142면.

강윤호(1960), 제주도 방언에 있어서의 공통어계 어휘의 음운 양상: 특히 Morpho-phonemic patterns에 관하여,《한글》126, 80-94면.

박용후(1960),《제주방언연구》, 동원사. [1988: 과학사]

현평효(1962),《제주도방언연구》(자료편), 정연사. [1985: 태학사]

현평효(1963), 제주도방언 '·'음 소고,《무애 양주동 박사 화탄기념논문집》, 탐구당. [재수록: 현평효(1985),《제주도방언연구》, 이우출판사]

현평효(1964), 제주도방언의 단모음설정,《한국언어문학》2. [재수록: 현평효(1985),《제주도방언연구》, 이우출판사]

김공칠(1965), 제주방언의 어휘론적 연구(1)― 음운 조직과 어사 구성에 대해서,《국어국문학》28, 23-44면.

서정범(1965), 제주도방언의 음운변화고,《논문집》(경희대) 4, 11-38면.

서정범(1967), 제주방언의 'ᄋ·' 표기법,《문리학총》(경희대) 4, 58-78면.

※성낙수(1968), 제주도방언에 나타난 음운체계,《방언》2, 연세대.

현평효(1971), 제주도 방언의 음운,《교육제주》17. [재수록: 현평효(1985),《제주도방언연구》, 이우출판사]

강윤호(1974), 한국어방언에 있어서의 모음 음소배합 유형에 관한 연구: 남부 한국해안, 도서지역어를 중심으로, 박사논문(이화여대).

※박지호(1976), 제주도방언에서 본 '·'음 소고,《논문집》(제주실업전문대) 1.

이기문(1977), 제주도 방언의 'ᄋ·'에 관련된 몇 문제,《국어국문학 논총》(이숭녕 선생 고희기념), 탑출판사, 183-195면.

김한곤(1980), 제주방언 모음체계의 음향분석,《연암 현평효 박사 회갑기념논총》, 형설출판사, 289-297면.

김한곤(1980), An Acoustic Study of the Cheju Dialect in Korean,《언어》5-1,

25-61면.

현우종(1985), 제주도 방언 'ㆍ' 음가의 음성학적 연구, 석사논문(건국대).

현우종(1988), 제주도 방언의 'ㆍ' 음가의 음성학적 연구,《탐라문화》(제주대) 7, 25-57면.

현우종(1987), 제주도 방언의 'ㆍ' 음가 고찰,《건국어문학》11·12합집(부암 김승곤 박사 회갑기념논총), 465-478면.

Kim, Soon-Taek(1988), A Study on / ㆍ /, a Sound of Cheju Dialect in Korean,《탐라문화》(제주대) 7, 11-23면.

정승철(1988), 제주도방언의 모음체계와 그에 관련된 음운현상, 석사논문(서울대).

김광웅(1988), 제주도 지역어의 음운론적 연구, 박사논문(세종대).

정승철(1991), 음소 연쇄와 비음운론적 경계 ― 제주도 방언을 중심으로,《국어학의 새로운 인식과 전개》, 민음사, 360-372면.

현우종(1992), 제주 방언 홑소리의 실험 음성학적 연구, 박사논문(건국대).

정승철(1994), 제주도 방언의 통시음운론, 박사논문(서울대). [1995: 태학사]

Taehong Cho, Sun-Ah Jun, Seung-chul Jung, and Peter Ladefoged(2001), The Vowel of Cheju,《언어》26-4, 801-819면.

강정희(2002), 언어접촉과 언어변화 ― 오사카 거주 제주방언 화자 사회의 방언 보존에 대한 조사,《국어학》40, 139-170면.

김원보(2005), 제주방언 모음의 음향분석,《언어학연구》10-2, 161-174면.

김원보(2005), 제주방언에서 [ㆍ]음의 음향분석,《언어과학연구》33, 23-37면.

김원보(2006), 제주방언화자의 세대별(20대, 50대, 70대) 단모음의 음향분석과 모음체계,《언어과학연구》39, 125-136면.

고영림(2006), 현대 제주방언 단모음의 음향음성학적 특성 연구,《한국언어문화》30, 5-20면.

김종훈(2006), 제주방언 단모음과 현대국어 단모음의 음향 분석 비교,《언어연구》21-3, 261-274면.

고동호(2008), 제주방언 'ㆍ'의 세대별 변화 양상,《한국언어문학》65, 55-74면.

조성문(2008), 산포이론에 의한 제주방언의 음운적 특성 분석,《동북아 문화 연구》14, 123-142면.

권미소(2012), 제주도방언의 실재시간 경과에 따른 언어 변이 양상 연구, 석사논
　　문(제주대).

신우봉·신지영(2012), 제주 방언 단모음에 대한 음향 음성학적 연구, 《한국어학》
　　56, 63-90면.

'※' 표시한 것은 필자가 구해 보지 못한 논저.

석주명의 방언 연구
《제주도방언》(1947)을 중심으로

1. 석주명과 제주도

'나비 박사'로 알려진 석주명石宙明(1908~1950)은 평양 출신의 과학자다. 그는 한국의 '나비 분류 체계'를 확립한 자연과학자일 뿐만 아니라 제주도에 관한 종합적 조사·연구(이른바 '제주도학') 업적으로서 총 6권의 '제주도총서'를 남긴 지역학 연구자이기도 하다.[1] 이로써 보면 석주명은 '나비'는 물론, '제주도'와도 매우 밀접한 관련을 가진 인물임에 틀림없다.

석주명은 1908년에 평양에서 태어났다. 그는 평양의 숭실학교를 다니다 개성의 송도고보로 전학·졸업하였다(1926년). 졸업 후 일본으로 유학, 가고시마고등농림학교 농학과 '농예생물' 전공으로 졸업하였다(1929년). 졸업하자마자 귀국, 함경남도 함흥의 영생고보 박물 교사로 2년간 근무했으며 1931년에 모교인 송도고보(1938년부터는 송도중학교)로 자리를 옮겼다. 그 후, 1942년 3월까지 모교의 박물 교사로 재직하며 나비 연구에 몰두하였다.

그는 1936년에 처음으로 제주도 채집 여행(7.21.~8.22.)을 하고 〈제주도

---

* 이 논문은《애산학보》45(2018)의 183-211면에 실렸다. 다만 이해의 편의를 위해 석주명의 생애와 관련된 사항을 약간 보충하였다.
1 석주명이 1950년 6월에 쓴 '제주도자료집'(사후 간행)의 〈서문〉에 "제주도총서濟州島叢書" 6권의 출간 계획이 밝혀져 있다.

산 접류 채집기〉(1937)를 써 그 결과를 보고하였다. "접류蝶類', 즉 '나비'를 출발점으로 이때부터 석주명의 제주도 연구가 시작된 것이다.

그의 본격적인 제주도 연구는 송도중학교 사직 후 1942년 4월에 경성제국대학 의학부 미생물학교실 소속 '생약연구소'(경기도 개성 소재)에 촉탁(=기간제 위촉직 직원)으로 들어가면서 이루어졌다. 그는 1943년 4월에 해당 연구소의 '제주도 시험장'(제주도 서귀포시 토평동 소재, 지금은 제주대 아열대농업생명과학연구소로 편입)으로 자진해서 전근 신청을 하고 1945년 5월까지 2년 남짓을 제주도에서 근무하였다. 그는 이 기간 동안 제주에 머무르면서 '방언'을 비롯한 제주도 관련 자료를 수집하고 연구하는 일에 전력을 다하였다.[2]

광복 후 석주명은 1946년 9월에 국립과학박물관(1948년부터 국립과학관)의 동물학 연구부장이 되었는데 여기에서 그는 전문적 연구를 계속 수행하는 동시에, 나비 이름의 명명·통일 작업 그리고 각종 신문·잡지에의 투고 등을 통해 과학을 대중화하는 일에 적극적으로 관여하였다. 6·25전쟁의 와중에도 자신의 연구 및 대외 활동을 소홀히 하지 않던 석주명은 과학관이 전소되자 이의 재건을 위해 동분서주하다가 1950년 10월, 서울 수복의 혼란 상황 속에서 행인이 쏜 총에 맞아 급작스레 서거하였다.

석주명은 과학관에 근무하던 이 4년여의 기간 동안에도 제주도에 대해 지속적인 관심을 기울였다. 일례로 1949년에 〈신문기사로 본 해방 후 1년간의 제주도〉, 〈신문기사로 본 해방 후 둘째 해의 제주도〉, 〈신문기사로 본 해방 후 셋째 해의 제주도〉를 《학풍》에 연재하고 이어서 1950년에 〈신문기사로 본 해방 후 넷째 해의 제주도〉를 《제주신보》에 게재한 것은 그가 제주도 사회를 늘 관찰하고 있었음을 단적으로 드러내 준다. 이에다가 '제

---

2 석주명의 생애에 대한 서술은 윤용택(2018)에 실려 있는 〈석주명 연보〉(305-331면)를 따른다.

주도총서' 집필 및 간행 작업까지 포함하면 그의 생애 후기는 상당 부분, 제주도가 차지했었다 할 만하다.

2. '제주도총서' 속의 《제주도방언》

석주명은 자신을 "반半 제주인"이라 부를 정도로, 제주도에 상당한 관심과 애정을 가진 학자였다. 그리하여 그는 평생토록 "17권의 저서, 120여 편의 학술논문, 180여 편의 잡문"(윤용택 2012: 293-294)을 쓰는 가운데, 다음 6권의 '제주도총서'를 남겼다.[3]

제1집: 제주도방언(서울신문사, 1947)
제2집: 제주도의 생명조사서 ― 제주도인구론(서울신문사, 1949)
제3집: 제주도관계문헌집(서울신문사, 1949)
제4집: 제주도수필(보진재, 1968)
제5집: 제주도곤충상(보진재, 1970)
제6집: 제주도자료집(보진재, 1971)

제1~3집은 그의 생전에, 그리고 제4~6집은 사후에 그의 동생이자 전통 복식 연구가 석주선石宙善(1911~1996)에 의해 유고집으로 간행되었다.[4]

---

3 편의상, 책 제목의 한자를 모두 한글로 바꿔 제시한다(석주명의 업적 내용을 직접 인용할 때에도 거의 동일). 다만 이 책들의 제목에 등장하는 '제주도'의 한자가 '濟州島'라는 점은 특기해 둘 필요가 있다.

4 2008년에, 제주도의 서귀포문화원에서 이들을 새로 입력하고 모두 한데 모아 '서귀포문화원 연구총서'로 재간행하였다. 다만 총서 6권 중에 《제주도방언》(제1집)만은 그 제목을, 겉표지명을 따라 '제주도방언집濟州島方言集'(제1편의 소제목)으로 출간하였다. 이 책은 겉표지('제주도방언집')와 속표지('제주도방언')의 제목이 다른바 이 논문에서

제1집은 그가 채집한 제주방언을 한곳에 모으고 이를 연구한 것, 제2집은 제주도 16개 마을의 인구 구성 및 분포상의 특징을 통계적으로 조사·서술한 것, 제3집은 기왕에 나온 제주도 관련 논저를 일정한 분류 체계에 의한 '종합목록' 체재로 정리한 것, 제4집은 자연(기상·해양·식물·동물 등)과 인문(방언·역사·인물·민속 등) 등에 걸친 제주도의 지역 정보를 이른바 '지리지' 형식으로 기술한 것, 제5집은 제주도의 곤충 목록을 작성하고 그에 관한 연구 논저 목록을 약간의 통계와 함께 제시한 것, 제6집은 신문·잡지·보고서 등에 게재하였거나 그럴 요량으로 미리 써 둔 원고를 모아 놓은 것이다.

이러한 총서 면면에 반영된 석주명의 제주도 연구는, 기초 자료를 철저히 조사해 그 목록을 만들고 이로부터 통계적이거나 귀납적인 결론에 이르는 작업 과정에 기반을 두었다(사실, 그의 모든 연구가 다 그러하다). 그에 따라 그의 '제주도총서'에는 기초 자료의 목록 및 통계가 우선적으로, 아주 충실히 작성·제시되어 있다.

아울러 그는 언어의 문제에도 매우 큰 주의를 기울였다.[5] 총서 중에 가장 먼저 간행된《제주도방언》(제1집)은 말할 것도 없지만《제주도자료집》(제6집)도 전체의 반 이상이 제주방언에 관한 기술이고《제주도수필》(제4집) 또한 제주방언에 기초하여 상당한 서술이 이루어져 있다. 그러므로 석주명의 제주도학에서 차지하는 제주방언의 비중을 고려할 때《제주도방언》(1947)은 그의 제주도 연구를 대표하는 저술이라 할 수 있다. 특히 이

는 구성의 체계성(편명과 서명이 동일할 수 없음)을 고려하여 속표지명('제주도방언')을 책 제목으로 삼아 논의를 전개하기로 한다.

한편 총서의 입력 과정에서 대체로 원문의 한자는 노출하지 않고 "의미 전달에 문제가 있는 경우"에 한해 괄호 속에 넣어 한글과 병용·표기하였다(총서의 〈일러두기〉 참조). 그리고 한글 표기는 현행 맞춤법 및 표준어 규정에 맞추어 고치지 아니하고 대체로 원문을 그대로 따랐으나 '띄어쓰기'만은 현행 규정에 맞게 거의 모두 수정하였다.

[5] 석주명이 나비 이름에 지대한 관심을 가졌던 것도 동일한 차원에서 이해된다.

책은 석주명이 작업한 제주방언에 대한 조사·연구의 직접적 결과물이므로 그가 수행한 방언 조사·연구의 내용과 특징을 서술하고 그 연구 방법의 연원을 밝히려는 이 논문의 집중 검토 대상이 된다.

석주명의《제주도방언》은 서울신문사 출판부를 발행처로 하여, 1947년 12월 30일에 간행되었다. 아래에다가 이 책의 체재 및 구성(면수 포함)을 그대로 드러내 보인다.[6]

내표지

서序(제3면)

목차(제5면-제6면)

제1편 제주도방언집濟州島方言集(제7면-제94면)

제2편 고찰考察(제95면-제136면)

제3편 수필隨筆(제137면-제188면)

간기

제1편의 〈제주도방언집〉은 석주명이 경성제대 부속 생약연구소 제주도 시험장 소장으로 근무(1943.4.~1945.5.)하면서 채집한 방언형(7,012개)

---

6 이에 비해 서귀포문화원에서 펴낸《제주도방언집濟州島方言集》(2008)의 체재 및 구성 (면수 포함)은 다음과 같다. 내표지/발간사(서귀포문화원 원장, 제3면-제4면)/인사의 말씀(석윤희, 제5면-제7면)/Greeting Address(석윤희, 제8면-제10면)/서序(제11면)/목차 (제13면-제15면)/일러두기(제16면)/제1편 제주도방언집濟州島方言集(제17면-제342면)/ 제2편 고찰考察(제343면-제482면)/제3편 수필隨筆(제483면-제555면)/간기. 이 중에 서두의 '발간사, 인사의 말씀, Greeting Address'는 총서 6권 모두에 실려 있다. 여기서의 '인사의 말씀'은, 석주명의 외동딸인 '석윤희'(1935~현재)의 'Greeting Address'를 번역한 것이다.

한편 이 논문에서 '제주도총서'의 원문을 인용할 경우에는 판독이 용이한 서귀포문화원의 '제주도총서'(2008)를 따르기로 한다(면수도 이에 준하여 표시). 하지만 입력 과정에서 발생한 오자 및 탈자들을 배제하기 위해 인용에 앞서 원문과의 대조 작업을 항상 수행하였음을 여기 부연해 둔다.

을 모아 간행한 것이다. 이에서는 제주방언형을 표제항으로 하여 이들을 자모순으로 배열하고 그에 대한 '뜻풀이'(또는 '대응 표준어')[7]를 나란히 제시하였다.

제2편의 〈고찰〉은 〈제주도방언집〉의 자료를 바탕으로 한 석주명의 제주방언 연구다. 여기서는 주로 통계적 방법을 사용하여 제주방언과 다른 방언을 대조·연구하였다. 즉 전라·경상·함경·평안 방언 및 표준어와 제주방언 사이에 존재하는 "공통어共通語"(=공통 어형)의 비율을 여러 각도로 분석·추출하고 이를 통해 방언 간의 "상관도相關度"(=관련성 정도)를 측정하였다. 아울러 중세국어 및 외국어(몽골어, 중국어, 만주어, 일본어)와 관계있는 방언형을 따로 정리해 제시하기도 하였다.

제3편의 〈수필〉은 주로, 제주도에 나타나는 독특한 생활어나 생활 표현 등을 '지식백과'의 형식으로 짧게 서술한 것이다. 여기에는 제주도의 전통적 친족어, 민속어, 동식물 관련어, 의성의태어, 외래어 및 특징적인 문법 형태 그리고 속담, 민요, 무가, 지명, 어원에다가 언어변화 및 이들에 대한 연구자 또는 수집가 등에 관한 사항이 포괄되어 있다. 이들을 항목별로 각각 정리하고 자신의 생각을 보태어 가나다순으로 배열·제시하였다.

3. 《제주도방언》의 방언 채집 자료

이 책의 방언 자료는 제1편 〈제주도방언집〉에 모두 실렸는데 석주명은

---

7 '안쟈리쿨 Ligularia Taquetii Nakai, 우럭 笠子(魚), 쟈리 カジキリ' 등에서 보듯 이 뜻풀이가 언제나 한글로만 되어 있는 것은 아니다. 《한국민족문화대백과사전》(1991)이나 〈네이버 일본어사전〉, 〈Yahoo Japan〉 등을 참조할 때 'Ligularia Taquetii Nakai'는 '개취' 그리고 '笠子(かさご)'는 '쏨뱅이'('쏨뱅이'와 '우럭'은 둘 다 '양볼락과'의 바닷물고기)이고 'カジキリ'는 'スズメダイ(자리돔)'의 대마도 사투리다.

그 '일러두기'에서 문세영文世榮(1895~1952?)의 《조선어사전》을 "텍스트"로 해서 해당 자료를 모았다고 밝히고 있다. 즉 문세영의 사전 초판(1938) 또는 수정증보판(1940)의 표제항을 조사 항목으로 삼아 방언 채집을 했다는 말이다.[8]

그렇다면 석주명은 제주방언을 조사하기 위해 《조선어사전》의 어느 판본을 이용했을까? 또 그는 이 사전의 어떤 항목을 조사하고 어떤 항목을 조사에서 제외했을까? 아울러 그의 방언 채집 과정에서 문세영의 사전 표제항 이외에 어떠한 단어들이 조사 항목으로 추가되었을까? 나아가 그 조사 결과물로서의 〈제주도방언집〉은, 그것을 전후로 하여 발간된 다른 제주방언 관련 자료집과 비교해 어떠한 내용과 특징을 지니는 것일까?

사실상 모든 논점은, 석주명이 〈제주도방언집〉을 꾸미면서 어떤 자료를 참조하고 어떤 단어를 조사 항목으로 선정했는지 하는 문제에서 출발한다. 그것은 결국, 《제주도방언》(1947)을 중심으로 석주명이 수행한 제주방언 조사·연구의 특징을 구명하는 작업이 된다.

3.1. 조사 항목

〈제주도방언집〉은 각 '방언형'에다가 '대응 표준어'를[9] 달고 방언형의

---

8 이 사전은 덩치가 커서 조사를 위해 야외로 들고 나가려면 매우 불편했을 터이다. 따라서 석주명의 조사는 근무지(제주도 시험장) 또는 숙소(시험장 관사) 근방에서 이루어졌을 가능성이 농후하다. 이 자료집의 주제보자 '김남운金南雲'이, 토평동 관사로 이 사해 와 살면서 그와 함께 제주도 시험장에서 근무한 직원이었다는 점(27번 주석에 후술)은 이러한 추정을 가능케 해 주는 하나의 근거가 된다.

9 이때의 대응 표준어는 대개, 문세영의 《조선어사전》에 수록된 표제항이다. 하지만 모든 항목에서 이 사전의 표제항을 그대로 따른 것은 아니다. 〈제주도방언집〉에서 '가라치다, 갈때, 구녕' 등과 같은 형태를, 해당 방언형에 대한 대응 표준어로 제시하고 있기 때문이다. 이들은 《조선어사전》(1940)에 각각 '가리치다(指), 갈대(蘆), 구멍(穴)' 등으로 실려 있어 〈제주도방언집〉의 "표준어"와 차이를 보인다('갈때/갈대'의 경우는

가나다순으로 자료를 배열·제시한 자료집이다. 그러기에 이대로는, 조사 항목으로 어떠한 표준어 단어가 선택되었는지 총체적으로 확인하기가 어렵다. 따라서 그 순서를 '표준어-방언형'으로 바꾸고 이때의 표준어를 기준으로 해당 자료를 재배열하는 작업이 필요하다.[10]

그와 같은 작업의 결과는 이 방언집의 자료가 문세영의 《조선어사전》 (수정증보판)을 사용해 조사한 것임을 쉬 알 수 있게 해 준다.[11] '가마닛더기, 거베(발이 굵은 베), 거적더기, 고기잡잇배, 구수닭(얼룩점이 박힌 닭), 길맛가지' 등처럼 수정증보판 사전(1940)에 추가된 단어들이 〈제주도방언집〉에서 상당수 발견되기 때문이다.[12]

아울러 그러한 작업은, 석주명이 제주방언을 조사할 때 《조선어사전》의 많은 특정 항목을 제외했으며 추가 조사 항목을 정할 때 《조선식물향명집》(1937)이나 '천자문' 등을 참조·활용했음을 직접적으로 알려 주기도 한다. 우선, 《조선어사전》의 표제항 중에 석주명이 조사하지 않았을 법한 항목[13]을 일정 부류로 묶어 열거하면 다음과 같다.

㉠ '가격價格'을 비롯한 대부분의 한자어[14]나 '게다(ゲダ=일본 나막신), 고무

표기 방식의 차이). 이러한 사실과 관련하여 "반도 표준어 중에는 경성 출신 서정준徐廷俊, 개성 출신 김기중金器重 양 씨의 도움으로 기록한 것이 적지 않다."(21면)라 한 〈제주도방언집〉 '일러두기'의 진술이 흥미롭다. 이는 서울말('서정준'의 말)뿐 아니라 개성말('김기중'의 말)도 〈제주도방언집〉의 "표준어標準語" 속에 반영되었음을 시사한다.

10 이를 위해 해당 자료의 일부('ㄱ'으로 시작하는 방언형 및 'ㄱ'으로 시작하는 표준어형)를 입력한 뒤 '대응 표준어'의 가나다순으로 배열하는 작업을 수행하였다.
11 '나맛심(나 말입니까)'과 같은 표현이 이 자료집에 수록되어 있다는 사실은, 석주명이 일상 대화 속에 등장하는 단어나 표현도 항시 채집의 대상으로 삼았음을 단적으로 증명해 준다.
12 문세영의 《조선어사전》 초판(1938)에는 10만 단어가 수록되었고 이에다가 1만여 단어를 추가하여 수정증보판(1940)을 만들었다(사전의 〈일러두기〉 참조).
13 물론, 조사에 실패했을 항목 또는 조사는 했으나 어떠한 이유로든 그 결과를 〈자료집〉에 싣지 않은 항목도 이에 포함된다.

（ゴム=gum), 그람(gram)' 등 영어·일본어 계열의 외래어[15]

ⓛ 거의 대부분의 식물명

ⓒ '개구멍받이(대문 안에서 얻은 남이 갖다 버린 아이),[16] 그루갈이' 등 상
당수의 고유어 합성어(compound)

ⓔ '-가'(주격), '-기'(명사형 전성) 등 대부분의 조사나 어미류[17]

ⓜ '가는 날이 장날' 등 상당수의 속담

ⓗ 'ㄱ, ㄴ, ㄷ, ㄹ' 등의 자모 이름이나 '거무죽죽하다,[18] 그래서' 등 조사가
어렵다고 간주되었을 항목

특히 〈제주도방언집〉에는 '거미(蛛)' 등처럼 형태상으로 표준어형과 전
혀 차이를 보이지 않는 방언형은 실려 있지 않다. 이로써 보면 자료집을
엮는 과정에서, 방언 조사는 했으나 표준어와 형태가 동일하다는 이유로
그 방언형을 수록하지 않은 예도 상당수 있었을 것으로 판단된다.

한편 '식물명'의 경우에는 문세영의 《조선어사전》을 거의 참고하지 않
은 듯하다.

---

14 '가격'이란 단어를 통해 볼 때, 석주명의 조사에서 《조선어사전》의 한자어는 거의 대부
분 배제되었던 것으로 여겨진다. 만일 '가격' 등의 한자어가 조사 대상에 포함되었었다
면 이 자료집 속에, 표준어형과 다른 한자어 형태가 보고되지 않았을 리가 없다. 단적
인 예로 '가격'의 경우, 그것을 조사했더라면 〈제주도방언집〉에는 제주방언형 '까격'이
분명히 실렸을 터이다. 그러기에 극히 드물지만 해당 자료집에 실려 있는 '쪼껀條件'과
같은 일부 한자어는 일상 대화 속 관찰의 결과로 판단된다.

15 '나츠미깡(하귤), 득 술(소름), 이까리(닻), 하리비고장(할미꽃)' 등 "일본어와 관계있는"
《제주도방언》 473면) 50개 단어가 〈제주도방언집〉에 실려 있으니 일본어계 외래어가
전혀 조사되지 않은 것은 아니다(물론 이들 중 '득 술, 하리비고장' 등은 일본어와 관련
된다고 보기 어렵다).

16 다만, '개구멍바지'에 대해서는 방언형('강알터주은바지')이 조사되었다.

17 '가그네=강(가서)', '가난(가니까)', '-쿠다(겠습니다)' 등 일부 특징적인 방언 어미는 〈제
주도방언집〉에 수록되었다. 이때의 '가그네=강'과 '가난'은 어간 '가-(去)'에다가 어미
'-아그네=앙'과 '-(으)난'이 결합된 활용형이다.

18 '노르스럼하다, 불그스럼하다' 등 '-으스럼하다'류의 방언형은 조사·보고되었다.

내가 제주도의 식물명을 조사할 때는 농민으로부터 직접 듣고 수집하였
는데 … 아직 우리말은 표준명이라고 하드라도 보편화하지 않았고 참고문
헌 관계도 있어 일명까지를 부附하였다.(《제주도자료집》 40면)

표준화가 아직 덜 된 까닭에 《조선어사전》의 식물 명칭을 따르지 않았
고 참조를 위해 표준화된 일본어명까지 부기했다는 말이다. 이 자료집에
나오는 식물명(대응 "표준어")은 거의 대부분 《조선식물향명집》(정태현
외)과 일치하는바 이러한 사실은, 석주명이 식물을 조사할 때 문세영의 사
전보다 《조선식물향명집》(1937)에 크게 의지했음을 직접적으로 알려 준다.
아울러 〈제주도방언집〉에, 180여 개 '한자'의 석과 음 그리고 190여 개의
'지명'이 수록되어 있다는 점도 특기할 만한 사항이다.[19]

한자: 너블홍(洪) … 입게야/잇게야(也)
지명: 가는꼿[20](구좌면 세화리細花里) … 흑불근오름(조천면 토적악土赤岳)

특히 '한자'는 대부분 '천자문'에서 가져와 조사한 것으로 여겨진다.[21] 그
런데 첫 6자[천天지地현玄황黃우宇주宙]를 제외하고 7번째 재홍洪부터 마
지막 재야也까지 그 사이의 글자들이 간간이 조사·보고되어 있음을 감안
할 때 아마도 1,000자를 모두 조사는 했으나 "표준어"와 차이를 드러내는
글자들만 자료집에 수록했던 것으로 판단된다.

---

19 '공제孔子, 맹제孟子, 옥춘(=옥춘당, 사탕과자의 한 가지)' 등의 고유 명사도 몇 개 실려 있다.
20 이 자료집에서 경음 부호로는 합용병서('ㅅㄱ, ㅅㄷ, ㅅㅂ, ㅅㅈ')가 사용되었으나 편의상 이 논
   문에서는 이들을 인용할 때 각자병서('ㄲ, ㄸ, ㅃ, ㅉ'), 즉 쌍자음 표기로 고쳐 제시하기
   로 한다.
21 그리 많진 않지만 '흘 일[一], 점엇신갓머리[宀], 씨집씨[媤]' 등처럼 "천자문에 나오지 않
   는 한자"(이권홍 2011: 343)도 20자 정도 포함되어 있다.

3.2. 조사 결과

〈제주도방언집〉(1947)은 한 지역의 언어 자료만을 모아 간행한 방언 자료집으로 한국 최초의 것이다. 이에는 1면당 2단 편집에 각 50여 행씩, 총 83면(서귀포문화원의 〈제주도방언집〉은 1단 편집에 1면당 24행씩, 총 321면)에 걸쳐 총 7,012개[22]의 매우 방대한 제주방언 자료가 실려 있다. 1개 방언을 대상으로 한, 이 정도 규모의 자료집은 〈제주도방언집〉 이전에 간행된 적이 없다.[23]

이 자료집에서는 "제주어濟州語", 즉 제주방언형을 표제항으로 하여 이들을 가나다순으로 배열하고 그에 대응하는 "표준어標準語"(또는 '뜻풀이')를 나란히 제시하였다. 다만 방언형의 배열순서에서 경음의 처리 방식은 문세영의《조선어사전》과 마찬가지로 '가까갸꺄거꺼겨�껴…'의 자모순을 따랐는바 그 결과, 오늘날의 표준 자모순('가갸거겨까꺄꺼껴…')과 순서상의 차이를 보이게 된 점도 여기 언급해 둘 필요가 있다.

아울러 〈제주도방언집〉에서 채집 자료를 한글로 적을 때에는, 방언형이든 표준어형이든 관계없이 소리 나는 대로 쓰는 '음소적 표기 원리'를 준용하였다. 그리하여《제주도방언》(1947)은 두 개의 표기 체계를 갖춘 하나의 책이 되었다. 즉 자료를 제시하는 부분에서는 '음소적 원리'에 의해 해당 자료의 표기가 이루어진 반면에, 관련 내용을 설명하는 부분에서는 '형태음소적 원리'에 기초한 당시의 맞춤법을 준수하면서 서술이 이루어져 있는 것이다.[24]

---

[22] 이 책의 제2편 〈고찰〉의 서두에, 방언형의 총 개수와 초성별 개수가 밝혀져 있다.

[23] 이보다 이른 시기에 간행된 小倉進平(1944)의 조사 항목은 860여 개(어미와 조사 제외)이고 박용후(1960)에 이르러서야 9,500여 개 항목(조사나 어미 포함)에 다다르게 되었으니 석주명의 〈제주도방언집〉은 훗날 간행된 제주방언 자료집들의 원천으로 기능했을 것으로 여겨진다.

[24] 이는 제3편 〈수필〉의 표제항 '갚다'와 이 항목에 대한 설명("제주어론 '가프다'라고 하

이에 따라 석주명의 〈제주도방언집〉은 그 기본 골격을 문세영의 《조선어사전》(1940)에 크게 의지하였으면서도 표기법에서만은 해당 사전의 '형태음소적 원리'를 그대로 따르지 않은 자료집(전체적으로, 소리 나는 대로 적는 방식에 의해 표기된 자료집)이 되었다.[25] 그러한 까닭에 모든 자음이 받침으로 등장하는 《조선어사전》과 달리, 〈제주도방언집〉('일러두기' 제외)에는 7종성('ㄱ, ㄴ, ㄹ, ㅁ, ㅂ, ㅅ, ㅇ') 및 'ㄺ, ㄼ' 종성만 받침 표기로 출현하게 된다.

나아가 《제주도방언》 속 진술 및 관련 정보로부터 석주명이 수집한 결과물, 즉 제주방언 자료의 언어적 성격을 파악해 보는 일도 가능하다. 우선, 〈제주도방언집〉 서두의 '일러두기'에, 석주명 자신이 채집한 제주방언형의 출처를 밝혀 놓은 점이 참조된다.

1. 여기 수집한 말은 필자의 제주도 생활 2개년 간에 도내島內 각처에서 수집된 것이나 주로는 애월면 출신 장주현張周鉉, 서귀면 호근리 출신 김남운金南雲 양군의 조력으로 문세영文世榮 씨의 조선어사전을 '텍스트'로 하야 모흔 것이다.

2. 그러나 필자의 생활한 장소가 서귀면 토평리이니 남부어가 비교적으로 많을 것이다.

고 원한을 '갚다'란 때는 '척흐다'라고 하니 '척지다'에서 변한 양 싶다.")을 비교해 보면 더욱 분명해진다.

25 이처럼 석주명이 《제주도방언》의 제1편과 제2·3편의 표기 체계를 달리한 것은, 그가 '형태음소적 원리'에 따라 방언형을 전사하는 방식이 매우 어렵다고 판단했기 때문일 듯하다. '형태음소적 표기'는 '기저형'의 설정을 전제하는바 제주방언을 접한 지 얼마 되지 않은 그가 제주방언의 기저형을 모두 정확히 파악하기란 쉬운 일이 아니다. 그와 동일한 이유로 요즈음에도, 익숙하지 않은 방언을 대상으로 조사·연구하거나 자료집을 간행하는 경우에는 '음소적 원리'를 준용해 방언형을 표기하는 것이 보통이다.

그의 제주 체류 기간(2년 1개월) 동안, 문세영의《조선어사전》을 기초로 하여 "도내" 각처에서 방언형을 수집하였으되 주로 장주현(제주시 애월읍 출신)과 김남운(서귀포시 호근동 출신) 두 사람에게서 방언 자료를 모았다는 말이다. 아울러 자신의 거주지(서귀포시 토평동) 근처에서 방언을 자주 채집한 까닭에 "남부어"가 북부어보다 훨씬 더 많다는 사실을 부연해 두기도 했다.

하지만 이 두 제보자와 관련한 신상 정보는 이 정도로 매우 소략한바 그 언어재言語財의 성격(특히 방언 사용의 세대나 계층)이 어떠한지 더 이상 밝혀 말하기는 어렵다. 그렇지만 여러 경로를 통해 해당 인물의 생몰 연대 및 신상을 확인한 결과로서 장주현(1920~1975)[26]과 김남운(1920~1998)[27]의 생년을 고려할 때 이 자료는 20세기 초에 태어난 제보자의 언어재를 모아 놓은 제주방언 자료집이 된다.

한편 이와 같은 성격의 〈제주도방언집〉(1947)을, 그 전후로 간행된 다른 방언 자료집들과 비교하여 살필 때 다음 두어 가지 사항은 사소하지만, 제주방언 화자의 직관과 관련해 약간 논란의 소지를 제공한다. 여기서의 비교 대상은 小倉進平(1944), 박용후(1960), 현평효(1962)의 세 자료집이다.

첫째, 〈제주도방언집〉에서 제법 많은 항목에 대해 '북부어'와 '남부어'의

---

26 '장주현'에 관한 정보는 제주대 강영봉 명예교수님이 제공해 주셨다(이에 감사드린다). 그에 따르면 '장주현'은 제주농고를 졸업한 뒤 경성대학 생약연구소에서 근무한 적이 있었다고 한다(광복 후, 서울대 약대 졸업). 아마도 석주명과 동일 시기에, 해당 연구소의 제주도 시험장에서 근무하던 직원이었으리라 짐작된다.

27 '김남운'은 제주도 시험장에서 석주명의 "지도"를 받는 '목향木香의 재배 시험'(1943) 담당자였다(《제주도자료집》249면). 그의 신상과 관련하여 〈꿈꾸는 섬〉(윤봉택의 블로그) 속의 글('김광협')은 매우 중요한 정보를 제공해 준다. 해당 글 속에서, 김광협(1941~1993) 시인은 "서귀포시 호근동 … 아버지 김남운 … 본은 광산"이며 "아버지가 당시 경성대학 부속 생약연구소에 취직하게 되자 아버지 따라 가족들이 토평동 관사로 이사 … 4살 때 석주명 박사가 나비 잡는 모습을 보았"다는 진술을 발견하게 되는 것이다. 이를 단서로 광산 김씨 족보에서 '김남운'의 생몰 연대를 확인할 수 있었다.

구별 표지를 두었는데 그것의 근거가 다소 불명확하다. 이를 좀 더 면밀히 관찰하기 위해 먼저 그러한 항목(특히 'ㄱ'으로 시작하는 표제항) 중에, 네 자료집에 공히 출현하는 단어만을 모아 표로 정리해 보인다.[28]

	석주명(1947)	小倉進平(1944)	박용후(1960)[29]	현평효(1962)
가루	가를(북부어) ᄀᆞ루(남부어)	ᄀᆞ루(전역)	ᄀᆞ로, ᄀᆞ루	ᄀᆞ를(전역) ᄀᆞ르, ᄀᆞ로(남부)
감자	지실(북부어) 지슬(남부어)	지실(전역)	지슬, 지실	지실(전역) 지슬(전역)
거머리	거말(북부어) 거머리(남부어)	거멀장(제주) 거멀(대정, 성산, 서귀)	거말	거말, 거머리, 거마리(북부) 거멀(남부)
거지	동녕밧치(북부어) 걸바시(남부어)	동녕받치(전역)	동녕바치 걸바시, 걸렁바쉬	동녕바치(전역) 걸바시(전역)
거품	북굴래기(북부어) 거꿈, 게꿈(남부어)	개끔(전역)	부끌래기 거꿈, 게꿈	부끌레기(북부) 부글레기, 벌굴레기, 버굴레기(남부) 게꿈(전역)
게	깅이(북부어) 겡이(남부어)	깅이(제주, 대정) 겡이(성산, 서귀)	깅이, 겡이	깅이, 기, 경이(북부) 겡이(남부)

---

28 小倉進平(1944)의 조사 지점은 '제주(북부), 서귀(남부), 성산(동부), 대정(서부)'의 4곳이며 박용후(1960)의 조사 지점은 따로 밝혀져 있지 않다. 한편 현평효(1962)에는 조사 지점이 총 33곳이나(정승철 2010b: 216-219) 여기서는 〈제주도방언집〉과의 비교를 위해 해당 조사 지점을 '북부'와 '남부' 두 영역으로 거칠게 재분류하여 제시하였다.

29 이 책은 훗날, 한자 제목의 '자료편'(1988년, 고려대 민족문화연구소)과 '고찰편'(1989년, 과학사) 두 권으로 나뉘어 재간행되었다. 조사 지점과 관련해서는 박용후(1988a: 5)에서 "본인이 알고 있는 말을 정리 … 비일상적인 부분은 거의 제외되었는데 이 부분은 주로 동식물, 기구 등에 관한 것으로서 이런 것은 … 제주도 전역을 돌아다니면서 조사"했다고 하였다(〈자료 조사 방법 및 과정〉). 자신의 일상어를 기반으로 하여 자료집을 만들었으며, '동식물명, 기구명' 등의 비일상어에 한해 여러 지역에서 채집한 결과물을 자료집에 수록했다는 말이다.

그런데 위 표에 전적으로 의지할 때 석주명의 '북부어/남부어' 구분이
타당하다고 단정 지어 말하기는 어렵다. '게'를 제외하면[30] 〈제주도방언집〉
의 '북부어' 또는 '남부어'가 다른 자료집에서는 대부분 상이한 지역 분포
를 드러내고 있기 때문이다.

특히 '거품'의 경우에는 그가 상정한 '북부어/남부어'의 일부 항목이 '지
역차'가 아니라 '의미차'로 해석되어야 함을 시사하기도 한다. 단적으로
〈제주도방언집〉의 '북굴래기(북부어)'와 '게꿈(남부어)'이 현평효(1962)에
는 '부끌레기(거품)'[31]와 '게꿈(입으로 내뿜는 속이 빈 침방울 따위)'으로,
뜻이 다른 단어로 풀이되어 있는 것이다.

이에 관하여 박용후(1988a: 6)의 다음 진술은 석주명의 '북부어/남부어'
구분을 아예 직접 겨냥한 듯 보인다. 제주방언 화자[32]로서의 직관에 기반
할 때 '남부어'와 '북부어'의 차이는 몇 단어에 불과하므로 그러한 분별이
무의미하다는 말이다.[33]

제주방언을 남북으로 구분하려는 사람이 있을지 모르나 이것은 의미가
없는 일이다. 왜냐하면 지역적으로 구분할 수 있을 만큼 차이가 있지 아니

---

30 심지어 '게'의 경우에도 '깅이(북부어)'와 '겡이(남부어)'의 지역 구분이 확고한 것은 아
　니다. 《한국방언자료집》(제주도 편)에는 '깅이'와 '겡이'가 '북제주'와 '남제주' 모두에서
　쓰이는 형태로 보고되어 있다(물론 남제주에서 '겡이'는 '깅이'보다 빈도상 우위에 있는
　것으로 조사됨).

31 제주방언에서 비어두음절의 '에'와 '애'는 변별되지 않는다(정승철 1995a: 28). 따라서
　석주명(1947)의 '북굴래기'와 현평효(1962)의 '부끌레기'는 거의 동일한 발음이라 할 수
　있다('부끌레기〉부꿀레기'는 원순모음화).

32 박용후(1909~1993)는 제주도 서귀포시 대정읍 하모리 출신의 교육자이자 향토사학자
　다. 이른바 제주도 '남부'(더 정확히는 '서부') 출신의 방언 연구자인 셈이다.

33 정승철(2013: 190)의 다음 진술도 참조된다. 전통적으로 제주방언은 "한라산을 중심"
　으로 '산북'과 '산남'으로 이분하여 왔다. 하지만 이 두 방언이 보여 주는 언어적 차이는,
　다른 방언권과 비교할 때 "하나의 소방언권을 하위 구획한 방언, 즉 핵방언권 정도의
　차이"에 불과하다.

할 뿐 아니라 지역에 따라 다른 말은 몇 말에 지나지 않기 때문이다.(〈자료 조사 방법 및 과정〉)

이러한 사실 및 진술을 감안하면 석주명의 '북부어/남부어' 구분은 표본의 크기(거의 2명)가 작은 데서 비롯한 '지나치게' 일반화된 주장으로 여겨진다. 그러기에 그의 자료집에 나타난 구별 표지 '북부어/남부어'는, 당시 제주방언의 현실을 정확히 반영한 것으로 보기는 어렵다.

둘째, 조사자가 '비토박이'인 데에 기인하여 〈제주도방언집〉에서는 제주방언 화자의 언어 직관을 제대로 반영하지 못한 예들이 종종 발견된다.

	석주명(1947)	小倉進平(1944)	박용후(1960)	현평효(1962)
가을	ᄀᆞ을	ᄀᆞ실, 가실, ᄀᆞ울	ᄀᆞ슬, ᄀᆞ을	ᄀᆞ슬, ᄀᆞ을
겨울	저울	저실	저슬, 저을	저슬, 저을, 겨을
기와집	지에집	지새집, 지애집, 재집	지새집, 지에집	지세집, 지에집
가루	가를, ᄀᆞ루	ᄀᆞ루	ᄀᆞ로, ᄀᆞ루	ᄀᆞ를, ᄀᆞ르, ᄀᆞ로
견디다	전디다	전듸다	전디다, 준디다	전디다, 준디다
꼬리	층지=꼴랑지 =꼴랭이 =꼴리	꼴랑지, 꼴렝이	총지, 꼴랑지, 꼴랭이, 꼴리	총지, 꼴리
계집애	비바리	비바리, 지집빠이	비바리, 지집아	비바리, 지집아의
길(長)	지레=질	질	질	질, 길

우선 '가을, 겨울, 기와집'의 경우, 이들은 제주방언에서 전통형의 변이('ᄀᆞ슬~ᄀᆞ을, 저슬~저을, 지세집~지에집')를 보이는 대표적인 형태다. 이는 해당 단어들이 모두, 이전 시기에 'ㅅ~ㅿ'의 공존을 유지하던 형태였다는 사실과 관련된다(정승철 1995a: 155).[34] 중세 시기 제주방언의 'ㅿ'은 대

---

34 16세기 중엽까지 중세국어 문헌어(≒중부방언)에 존재했던 'ㅿ'은 대부분, 현대 제주방언에서 'ㅅ'으로 대응되어 나타난다(정승철 1995a: 150).

체로 탈락('△〉∅')을 경험하였는바 그로 인해 'ㅅ'으로의 대응형('ᄀ슬, 저슬, 지세집')과 '△'의 탈락형('ᄀ을, 저을, 지에집')이 현대 제주방언에서 쌍형어를 이루게 된 것이다(정승철 1995a: 154-161). 그럼에도 〈제주도방언집〉에서는 이들에 대해 그러한 'ㅅ'형(즉 'ᄀ슬, 저슬, 지세집')을 보고하고 있지 않다.

또 '가루, 견디다, 꼬리'의 경우에는 'ᄋ'에 관한 인식에서 제주방언의 전통적 실상과 다른 모습을 드러낸다. 박용후(1960)나 현평효(1962)에 제시된 대로, 노인층 제주방언 화자라면 누구나 'ᄀ를'과 '즌디다(~전디다)'가 어두음절의 'ᄋ'를 가진 형태라는 사실 그리고 '총지'라는 단어의 어두음절 모음은 'ᄋ'가 아니라 '오'라는 사실을 분명히 인지하고 있다.[35]

마지막으로, '계집애'와 '길'에처럼 단어들 사이의 의미차가 무시되어 있기도 하다. 현평효(1962)에 전적으로 의지할 때 '비바리(조금 성숙하나 아직 미혼인 여자를 상스럽게 일컫는 말)'[36]와 '지집아의(계집아이)'[37] 그리고 '길(길이의 한 단위)'과 '지레(키=신장)'는 의미상으로 명확히 구별되는 단어들이다.

이와 같이 〈제주도방언집〉에는 '전통적 쌍형어'나 'ᄋ'를 가진 단어 그리고 단어의 의미 등의 면에서 방언 직관에 어긋나는 예가 일부 포함되어 있다. 하지만 아무리 그렇다 해도 해당 방언집이 지닌 자료의 방대함에 비하면 그러한 부분적인 문제들은 매우 사소한 데에 지나지 않는다.

---

35 물론 석주명이 당시에, 새로운 변이형을 실제로 듣고 이를 그대로 채록했으리라는 추정도 가능하다.

36 이에 대해 小倉進平(1944)에는 '大きな娘(어리지 않은 여자)', 박용후(1960)에는 '처녀'라는 보충 설명이 붙어 있다. 《제주도방언》의 제3편(〈수필〉)에도 '비바리'가 "계집애, 처녀" 등을 뜻한다(518면)고 되어 있기는 하다.

37 이 단어는 '지집+아이→지집바이'의 복사 현상(정승철 2013: 167-168)을 겪어 '지집빠이'로 실현된다. 小倉進平(1944)의 '지집빠이'는 바로 이를 포착한 것이다.

4. 석주명의 제주방언 연구

앞서 살핀《제주도방언》의 제1편(〈제주도방언집〉)이 '자료편'이라면 그 제2편(〈고찰〉)과 제3편(〈수필〉)은 이른바 '연구편'이다. 방언 연구로 한정할 때, 제2편에서는 〈제주도방언집〉에 수록된 단어들 중에 전라·경상·함경·평안 방언과 공통되는 요소의 비율을 산출·비교하여 방언 상호간의 "유연관계類緣關係"(석주명 1992: 81)를 측정하였고 제3편에서는 제주방언을 구성하는 독특한 언어 요소들에 대한 공시·통시적 관찰을 통해 제주방언이 지닌 언어적 특징을 규명하려 하였다. 이와 같은 석주명의 제주방언 연구는 근본적으로, 자신이 "전문專門"으로 하는 "곤충을 연구하는 방법"(석주명 1992: 80)에 바탕을 두고 있었다.

4.1. 방언들 사이의 언어적 거리에 대한 관심

'언어적 거리'란 방언구획을 위한 도구로, 인접하는 두 지점 사이의 방언 차를 가리키는 말이다(정승철 2013: 151). 일반적으로 '언어적 거리에 의한 방언구획'에서는, 두 지점 간에 차이나는 단어의 수를 백분율로 환산하여 언어적 거리를 측정하고 해당 값을 기준으로 방언구획을 한다. 이는 언어들 사이의 친족 관계를 판단하는 데 근거를 제공하는 언어 측정(또는 방언 측정)의 한 방법이 되기도 한다.

석주명은《제주도방언》제2편(〈고찰〉)에서 바로, 이 '언어적 거리'에 주목하였다.[38] 한국어 방언들 사이에 나타나는 '언어적 거리'(여기서는 '공통

---

[38] 일반적으로 방언학계에서는 프랑스 언어학자 Séguy의 논문 "La dialectometrie dans l'Atlas linguistique de Gascogne"(*Revue de Linguistique Romane* 37, 1973)를 언어적 거리에 의한 방언구획론의 효시로 본다. 이로써 보면 석주명은, 이른바 '언어적 거리'에 의한 언어 측정법을 누구보다도 먼저 활용한 연구자가 되는 셈이다.

어형'의 개수)를 측정하여 방언 간의 가깝고 먼 관계(곧 "상관도")를 따져
보고자 한 것이다. 그리하여 그는 〈제주도방언집〉에 실린 어휘를 바탕으
로 전라도·경상도·함경도·평안도 각 방언[39]과 제주방언 사이 그리고 이들
"반도방언" 2개 또는 "3개씩을 조합"한 방언군方言群 사이의 "공통어수"를
산출한 결과, 다음과 같은 결론(〈제5장 제주도방언과 반도 대표의 4방언〉
및 〈제13장 제주도방언과 타 4방언의 상관도〉 참조)에 도달했다.[40]

① 제주방언은 전라·경상방언과 가장 가깝고 (함경방언은 그 중간이며) 평
  안방언과 가장 멀다.(434면)
② "반도방언"들 사이에는 전라·경상방언이 가장 가깝고 그 다음은 경상·함
  경방언 그리고 전라·함경방언의 순이다. 평안방언은 이들과 가장 관계
  가 적으나 함경방언과는 "다소" 관계가 있다.(434면)

---

[39] 제2편(〈고찰〉)의 중간중간에, 전라방언은 전남 광주 출신의 "장형두張亨斗 씨", 경상방언
은 대구 출신의 "백갑용白甲鏞 씨 부처", 함경방언은 함북 주을朱乙 출신의 "윤경열尹京烈
씨 부처", 평안방언은 평양 출신의 "필자와 우처愚妻" 및 "동생들"의 도움을 받았다고 밝
혀져 있다. 석주명은 이들에게 〈제주도방언집〉의 단어를 하나하나 물어 해당 방언 자
료를 모은 것으로 판단된다.

[40] 석주명은 이들 방언을 대조하면서 "제주도방언, 전라도방언, 경상도방언, 함경도방언,
평안도방언"이란 용어와 "제주(도)어, 전라도어, 경상도어, 함경도어, 평안도어"란 용
어를 섞어 썼다. 〈제주도방언집〉('일러두기')의 진술("제주도어는 1방언으로 볼 수 있
으나 제주, 정의旌義, 대정大靜의 3지방언으로 다시 논할 수도 있고") 및 〈고찰〉('후기')의
진술("정의旌義를 중심으로 한 동부어, 대정大靜을 중심으로 한 서부어도 수집하야겠고
적어도 대정어만은 추가하야 된다.")을 마저 참조하면 석주명의 '방언'은 '지방어'의 상
위어 그리고 '○○어'는 '○○방언' 또는 '○○지방어'와 동위어로 사용된 개념임을 알
수 있다. 이러한 사실에 기반할 때 석주명의 '제주어'는 '제주 지역어'('○○도어'는 '○
○도 지역어') 정도의 뜻으로 쓰인 용어임에 틀림없다.
  일반적으로 방언학에서는 방언권(=언어 특징을 공유하는 개별 방언들의 묶음)의 설
정을 전후로 하여 '지역어'와 '방언' 두 용어를 구별해 쓴다. 방언권이 확정되기 전에, 어
떤 지역에서 쓰이는 말을 "잠정적으로" 가리켜 이를 때 '지역어'라 부른다는 것이다(정
승철 2013: 13).

③ 제주방언과 전라·경상방언 중에 "전동"한 형태가 "불과 5%"에도 이르지 못하므로 제주방언의 특이성은 현저하다.(413면)

형태가 "전동"(413면)한 단어와 "근원"(434면)이 동일한 단어를 합쳐 "공통어"라 하고[41] 그것의 개수를 산출한 수치를 근거로 하여 제주방언과 "반도방언" 사이에 드러나는 관련성 정도를 상대적으로 기술한 결론을 도출해 냈던 것이다.[42] 물론 이에서 사용한 방법은 이미, 곤충학에서 오랫동안 소용되어 온 것이었다. 이로써 석주명의 〈국학과 생물학〉(1948)에 나오는 다음 진술이 의미하는 바를 직접 확인하게 된다.

곤충학에서 사용하는 방법인 지방 곤충상 상호 간의 유연관계(Affinities)를 숫자적으로 연구하는 것처럼 기其 어휘 중에서 전라도, 경상도, 함경도 및 평안도의 제 방언과 공통되는 것들을 뽑아서 기其 백분비를 산출해 볼 뿐만 아니라 제 방언 상호 간의 유연관계를 음미하여 보았다. … 이 연구 방법은 별로 독창적의 것은 아니고 곤충학에서는 흔히 쓰이는 것이나 방언 연구에 응용한 데에 의의가 있었고 필자가 감히 전문 외의 학문에 손대게 해 준 것이었다.(석주명 1992: 81)

4.2. 언어변이에 대한 인식

언어변이(linguistic variation)란 일정한 사회 집단의 말 또는 동일한 화자

---

41 석주명은 표준어를 사정할 때 이 공통어의 "분포 상태"를 고려해야 한다고 여기고 있었다. 그러기에 〈고찰〉 편에서 경기도를 제외한 "제지諸地의 방언"에 공히 나타나는 단어라면 표준어로 "편입"되어야 한다(414면)고 주장했던 것이다.
42 〈고찰〉 편의 제17장 '외국어에서 유래한 제주도 방언'에서는 "몽고어, 중국어, 만주어, 일본어"와의 대조를 통해 외국어의 "영향" 관계를 살피기도 하였다.

의 말에서, 어떤 사물이나 개념을 가리키는 서로 다른 표현 방식이 공시적으로 교체되어 쓰이고 있는 언어 상태를 가리킨다(정승철 2013: 247). 어떤 사회에서 하나의 의미를 나타내는 표현이 둘 이상 존재할 때 그것을 언어변이라 부른다는 말이다. 이 정의에 따르면 석주명이 〈수필〉 편에서 따로 언급한 'ㄸ'와 'ㅌ'는 한국 사회에 나타나는 음운변이의 예가 된다.

'ㄸ'와 'ㅌ'(496면): 양음兩音이 혼동 … 타다/따다(열매를), 뜰림없이/틀림없이[43]

이와 같은 언어변이의 출현은 대개, 해당 사회의 '세대, 성별, 계층' 등 특정한 조건과 관련되게 마련이다. 석주명의 《제주도방언》 속에는 그러한 언어변이에 대한 기술이 이따금씩 등장한다.

야로꼬떼(528-529면): 서귀면 법환리에서만 들은 말인데 아이들의 말로 '야 우섭다'의 뜻.
수애=수외(208면): 순대. 여자나 아해의 말이고 남자의 말은 '피창'.
좀팍(203면): 곡물 용기로 사용하는 목제 바가지. 주로 대정大靜 지방서 사용하는 말이고 도회지서는 '손빡'이라고 칭함.

그의 기록에 의하면 제주방언에서 '야 우습다'에 대해 '야로꼬떼'는 아이들의 말, '순대'에 대해 '수애, 수외'는 여자나 아이들이 그리고 '피창'은 남자 어른이 쓰는 말, '좀팍'에 대해 '손빡'은 "도회지" 사람들이 쓰는 말이다. 이로써 보면 석주명은 세대나 성별, 사회경제적 계층 등 언어변이에 영향

---

43 설명의 편의를 위해 '/'을 사용해 예를 제시하였다. 이때 '/'의 앞쪽이 '제주방언형'이고, 뒤쪽이 '표준어'다.

을 미치는 사회적 조건을 관찰하는 일에도 상당한 주의를 기울이고 있었던 셈이다. 해당 진술의 타당성 여부는 차치하고 그의 조사·보고에 언급된 이 같은 언어변이들은 오늘날, 현대 사회언어학 분야의 주요 연구 대상이 된다.

이에서 더 나아가 석주명은 〈수필〉 편에서 제주방언의 일부 어휘 체계에 대한 기술을 종종 시도하였다. 그 대표적인 예로 접두어 '큰'은 가히 여기서 언급할 만하다.

큰(550면): '큰, 맏'의 뜻. 순서를 표시하면 다음과 같다.

```
┌①큰    ┌①큰    ┌①큰    ┌①큰
└②조근   ├②셋    ├②셋    ├②셋
        └③조근   ├③말젯   ├③큰말젯
                └④조근   ├④조근말젯
                        └⑤조근
```

제주방언은 '백숙伯叔' 또는 '자녀' 항렬의 순위를 나타내는 친족어 체계에서 매우 독특한 모습을 드러내는데(정승철 2013: 50-52) 위의 예에서처럼 석주명은, 동 항렬 구성원 수에 따른 명칭의 분화 체계를 일목요연하게 보여 주었던 것이다. 이와 같은 언어변이 및 어휘 체계에 대한 그의 세심한 보고는, 그가 오랜 기간에 걸쳐 체득한 생물학적 사고에서 비롯했음에 틀림없다. 제주방언의 언어변이와 어휘 체계에 대한 그의 관찰이, 나비의 생물학적 조직의 특정 "형질" 요소를 대상으로 "개체 변이의 범위를 밝혀 동종이명을 제거"(문만용 2012: 111)하는 데 연구의 목표를 두었던 석주명의 나비학에서 연유한 자연스러운 응용의 결과물이었으리라는 말이다.

4.3. 어형의 분화 과정에 대한 이해

석주명의 《제주도방언》 제3편(〈수필〉)을 훑어보면 '언어변화'에 대한 서술이 차지하는 비중이 상당하다. "기둥(柱)의 고어"(492면)나 "가슴(胸)의 어원"(485면) 등과 같은 항목에서 보듯 어떤 단어의 '고어' 또는 '어원'에 대한 자료 고증 및 그것으로부터 현대 방언형에 이르는 변화 과정에 대한 추론이 곳곳에 베풀어져 있다. 종종, 해당 어형의 분화 과정을 "도해圖解"로 풀어 보이기도 하였다.

가슴(고어) ┌→ 가심(제주, 전라, 경상, 함경)
          └→ 가슴(현대 표준어)

이 "도해"는 제2음절에서 각기 달리 일어난 'ᄋᆞ〉이'의 변화와 'ᄋᆞ〉으'의 변화로 인해 제주·전라·경상·함경 방언('가심')과 표준어('가슴')의 방언분화가 이루어지게 되었음을 알려 준다. 이에서 더 나아가 그는, 어형 분화의 과정을 점진적으로 드러내는 단계적 변화를 상정하기도 하였다.[44] "바람의 어원"(512면)을 보자.

ᄇᆞᄅᆞᆷ(고어古語) ┌→ ᄇᆞ름(제주어)   → ᄇᆞ룸(제주어)
               └→ 바ᄅᆞᆷ(중고어中古語) → 바람(현대 표준어)

'ᄇᆞᄅᆞᆷ'이 제1단계 변화를 겪어 'ᄇᆞ름'(제주방언)과 '바ᄅᆞᆷ'(경기도방언)으

---

44 사실, '가심'과 관련된 'ᄋᆞ〉이'의 변화는 한국어의 역사를 고려할 때 단계적 변화로 이해하는 편이 더 자연스럽다. 즉 비어두음절의 'ᄋᆞ〉으' 변화('가ᄉᆞᆷ〉가슴')를 겪은 형태가 'ᄉ' 뒤에서의 '으〉이' 변화('가슴〉가심')를 경험했다고 봐야 한다는 말이다(이기문(1998)에 따르면 전자의 변화는 "16세기", 후자의 변화는 "19세기"에 일어났다). 이를 연쇄 변화로 규정하면 '가슴'과 '가심'은 결과적으로 "이종異種"의 어형이 아니라 "동종同種"의 어형이 된다('이종' 및 '동종' 관계에 대해서는 후술).

로 분화되고 이들이 각각 상이한 제2단계 변화를 경험함으로써 제주방언
('ᄇᆞ름〉ᄇᆞ룸')과 표준어('바름〉바람') 사이에 상당한 방언차가 나타나게 되
었다는 말이다. 그가 보기에, 이때의 제2단계 변화는 어형의 방언분화를
초래하지는 않는 연속된 변이(또는 변화)에 불과했다.

이러한 추론 과정에서 석주명이 상정한 변화들은 어형의 동종 여부 판
단에 매우 중요한 기준이 되었다. 즉 제1단계 변화에 의해서는 이종異種의
어형이 산출되고 제2단계 및 그 이상의 변화에 의해서는 동종同種의 어
형[45]이 유지된다고 이해한 것이다. 이와 같은 생각의 중심에는 제2단계
및 그 이상의 변화들을 연속된 변이로 간주하는 그의 생물학적 경험이 굳
게 자리하고 있었다. 마치 '나비'의 동종 여부 판단 작업에서 사용되는 방
법을 그대로 방언 연구에 재현해 놓은 느낌이다.

석주명은 무수히 많은 나비에 대한 채집·관찰을 통해 한국산 나비의 분
류 체계를 확립하였다. 당시는 나비 연구가 무르익지 않은 시기, 그러하기
에 그는 단순히 각종 나비를 잡아서 표본화하고 이를 정량적으로 정리하
는 "원시적 방법"(석주명 1992: 6)을 사용해 나비들 사이의 동종 및 이종 관
계를 파악하는 작업을 수행하였다.

그의 연구에서 나비들의 동종 여부 판단에는 "변이의 연속성 여부"가 주
요 기준이 되었다(문만용 1997: 20). 즉 각종 나비가 가지는 형태상의 특질
과 관련된 요소는 개체마다 차이를 보이게 마련인데[46] 그러한 형질상의
차이가 연속적인 변이(또는 변화)에 속하는지, 아닌지 하는 판단[47]을 통해

---

45 석주명은 이를 "공통어"(=공통 어형)로 보았다. 앞서 서술했듯 그는, 그러한 "공통어"의
  수를 세서 방언들 간의 '언어적 거리'를 측정하였다.
46 이에 대해 석주명은 〈동물의 종류 이야기〉(1939)에서 다음과 같이 서술하였다; 이 개
  체 변이는 어느 동물에나 있는 사실인 고로 이 세상에는 한 마리도 똑같은 경우는 없습
  니다.(석주명 1992: 37)
47 이에는 해당 변이가 "정규분포곡선" 상에 위치하는지 여부가 주요 기준이 된다(문만용
  1997: 21).

어떤 두 개체가 같은 종인지, 다른 종인지를 판별해 냈다는 말이다. 이로써 방언 연구에 곤충학의 방법을 "응용"했다는 석주명의 진술을 다시 한번 확인하게 된다.

5. 맺음말

석주명의 《제주도방언》(1947)은 7천여 개의 제주방언형을 직접 채집·수록한 방언 자료집이다. 그는 문세영의 국어사전에 실린 표제항에 근거하여 방언들 간의 언어적 거리를 측정할 목적으로 1920년생의 주제보자 두 명의 언어를 조사·기록하였다. 그러한 과정에서 제주방언에 나타나는 세대·성별·계층 등의 사회적 조건에 따른 언어변이를 관찰하는 일에 세심한 주의를 기울이기도 했다.

나아가 석주명은 자신이 모은 제주방언 자료를 분석·기술하되 자연과학적인 연구 방법론을 응용하여 이에 대한 설명을 시도하였다. 언어변이에 관심을 가지고 통계적 방법을 사용하여 타 방언과 제주방언 사이의 언어적 거리를 측정하였다든지, 단계적 변화를 상정하고 변화의 연속성 여부를 따져 어형 분화의 과정을 기술하고자 했다든지 하는 것은 바로 그가 곤충학의 방법을 언어 연구에 응용했음을 직접적으로 드러내 준다.

석주명이 활동하던 당시는 한국 방언 연구, 나아가 국어 연구의 초창기. 자료 조사나 연구의 면에서 발견되는 학문적 미진함은 논외로 하고, 그가 심혈을 기울여 완성한 《제주도방언》은 20세기 초의 언어재로서 제주방언의 방대한 자료를 보고하고 있다는 점만으로도 국어사 및 방언 연구상의 충분한 의의를 갖는다고 할 만하다.

현평효의 제주방언 음운론

1. 토박이 방언 연구자 현평효

연암延嵒 현평효玄平孝(1920~2003)는 제주도 북제주군 애월읍(현재는 제주시 애월읍) 출신의 국어학자다. 광복 전 일본 오사카의 게이한京阪상업학교(야간부, 1937.4.?~1940.3.)와 간사이關西대학(법률학과, 1943.4.?~1944.1.) 수학 그리고 광복 후의 동국대학교 재학(1947.9.~1951.8.) 기간을 제외하면 생애의 거의 대부분을 제주도에 거주하며 활동하였다.

그는 1946년에 개교한 제주제일중학교(현재의 오현중학교)에 교사로 부임(6개월 근무)하여 "아무도 맡기 싫어하는 국어"를 "자원하다시피" 담당하게 되면서 국어에 관심을 가지기 시작하였다(〈되돌아본 세월〉 5).[1] 해당 분야를 전문적으로 공부하기 위해 사직 후 상경, 동국대 국어국문학과에 들어갔고 재학 시에 들어 "심취"한 양주동(1903~1977) 강의의 "학문적 영향"으로 인해 "고어학古語學"에 흥미를 느끼게 되었다(〈되돌아본 세월〉 6). 귀향한 뒤, 1952년에 갓 설립된 제주초급대학(제주대학교 전신)의

---

* 이는 〈현평효 선생 탄생 100돌 기념 전국학술회의 '연암 현평효를 그리다 ― 그의 삶과 학문'〉(2020.8.5.)에서의 발표문으로《제주어》4(2021)의 53-73면에 실렸다.
1 〈되돌아본 세월 제8화: 연암 현평효〉는《한라일보》에 1993년 3월 6일부터 8월 14일까지 "매주 수요일과 토요일"에 총 45회 연재되었던 "회고록 성격의 글"이다(강영봉 2019: 202). 해당 자료를 제공해 주신 강영봉 제주대 명예교수님께 감사드린다.

국어국문학과 교수가 되어 교육 및 행정 일로 바삐 근무하다가 4년제 대학으로 승격한 1955년에 이르러서야 비로소 '국어학 전공'을 "확정"하고 국어학 중에 제주방언 연구의 영역을 "개척"할 목적으로 본격적인 방언 조사를 수행하였다(〈되돌아본 세월〉 16).[2]

그러한 방언 조사의 결과물로 "1만3천9백5어語"(〈되돌아본 세월〉 17)의 방언형이 수록된《제주도방언연구(자료편)》(1962)를 발간하고 난 후 이를 바탕으로 하여 수십 편의 국어학 업적을 발표하였다. 이들을 연도별로 늘어놓고 일별해 보면 〈제주도 방언의 활용어미에 대한 연구〉(1974)[3]와 〈제주도 방언의 정동사어미 연구〉(1975)[4]를 경계로 그 이전에는 대체로 음운이나 어휘 형태사 관련 논문, 그 이후에는 문법 형태(특히 활용어미)나 방언 연구사 관련 논문이 쓰여졌음을 알 수 있다. 따라서 현평효의 음운론 연구에 관해 종합적으로 살피려는 이 논문에서는 〈제주도 방언 'ㆍ'음 소고〉(1963)를 비롯해 그 전반기에 출현한 업적을 주 검토 대상으로 삼아 논의를 진행하기로 한다.[5] 물론 해당 시기에 그의 음운론적 관심이 한결같이 제주방언에 베풀어졌음도 예서 따로 언급해 둔다.

---

2 "1956년 1월"부터 시작된 그의 방언 조사는 대부분 "조사 사항을 미리 선정해서 현지에 나가 제보자에게 질문을 하면서 기록"하여 수집하는 "임지臨地 조사"의 형태로 진행되었다. 그 "제1차" 조사에서 "고어 요소가 많은 말, 'ㆍ'음으로 발음되는 말 등 약 2천 어휘"를 조사 항목으로 선정한 것(〈되돌아본 세월〉 17)은 그의 방언학적 관심이 애초부터 통시적인 데에 놓여 있었음을 알려 준다.

3 이는 '현평효, 김홍식, 강근보'(제주대 국어국문학과 교수)의 3인 공동 논문이다.

4 이는 동국대 국어국문학과 박사논문인데 기존 연구사에서는 대개 1974년도 업적으로 보고 있다. 하지만 학위를 취득한 해가 1975년(2월)이므로 학계의 통례에 따라 여기서는 이 논문을 1975년도의 업적으로 다루기로 한다.

5 다만 후반기의 업적이지만 '음운, 형태, 어휘'에 걸쳐 제주방언의 특징을 개관한 현평효(1982)만은 여기서의 논의에 포함한다. '음운'에 관한 한 이 논문은 '구개음화, 격음화, 경음화, 움라우트' 등의 통시적 음운현상을 다루고 있는바 개별 음운이나 체계에 대해 주로 언급한 다른 음운 관련 논문들과 차별된다.

2. 현평효의 제주방언

현평효는 제주대 국어국문학과 국어학 전공 교수로 재직(1955.7.~1980.1.)하는 동안 내내 제주방언 연구에 대한 일종의 사명감을 가지고 있었다.

> 제주 지역에 위치한 대학에 몸담고 있는 국어학도로서 이 지역의 학술 자원에 대해서 관심을 안 가질 수가 없었다. 학술 자원 중에서도 제주 지역의 방언에 대해서 개척해 보자는 의욕을 자연 갖게 되었다. … 방언 중에서도 제주 지역의 방언은 여타 어느 지역의 방언보다도 국어학상 특이한 점이 많으리라는 것은 능히 짐작할 수 있는 일이었다.(〈되돌아본 세월〉 16)

특히 "고어古語가 많이 보존"된 제주방언은 국어학적으로 "가장 중요한 가치"를 지니는 것이었기에 그는 개척자와 같은 심정으로 방언 연구에 전념하였다. 그에게 '방언'이란 특정 언어변화의 수용 여부에 따른 지리적 분화의 소산이므로 제주방언이 지니는 독특함은 그러한 방언 분화의 당연한 결과물이었다.

> 방언이란 언어의 지역적 분파에서 생겨 나온 어느 한 지방에서 사용되는 언어를 말한다. …A지역이 보다 정치적으로나 문화적으로 우위에 처해 있다면 A지역의 방언은 B지역에 마구 전파되어 들어간다.[279면] … 언어의 전파력은 우위 지역에서 하위 지역으로 무제한하게 뻗쳐 나가는 것은 아니다. 각 지역의 방언대로 정도의 차이는 있을지라도 제각기 보수력과 배타력을 가지고 있는 것이다.[280면] … 이와 같은 자신의 방언을 유지해 나가려는 보수성이나 우위 지역의 방언일지라도 배제하려는 배타성은 지리적 형세와도 관계가 깊은 것 … 교통이 불편한 벽지나 절해고도인 '섬'에 고어를 많이 보유하게 되는 이유가 여기에 있는 것이다.[281면](현평효

1971b)⁶

　그가 보기에 제주도는 "절해고도"여서 타지로부터의 방언 전파가 적극
적으로 방해 또는 저지되는바 그 결과 제주방언이 새로운 언어변화의 물
결에 침식되지 않고 "고어를 많이 보유"하는 특이점을 지니게 되었다는 말
이다. '고어'도 시대에 따라 여러 단계(그의 용어로는 '층위層位')로 나뉘는
데 그는 제주도가 처한 열악한 "지리적 여건"이 매우 큰 장벽으로 작용하
여 수많은 어사에서 제주방언에 "최고最古의 어형", 즉 가장 이전 단계의
고어를 남아 있게 한 것으로 여기고 있었다.

　　제주도는 4면이 바다로 에워싸여 있는 절해고도絶海孤島이다. 그리고 정
　치·문화의 중심지인 서울에서 거리상으로도 가장 멀리 떨어져 있는 지역
　이다. 개신파의 말이 좀처럼 여행하여 들어갈 수 없는 절해고도, 중앙지에
　서 가장 멀리 떨어져 있는 지리적 조건, 이것이 제주도 방언으로 하여금 특
　이한 존재가 되게 해 온 것이다. 한국 어느 지역보다도 제주도를 가리켜 고
　어의 보고니 국어학의 개척지 등등으로 일컬어져 온 것도 이런 지리적 조
　건과 바다에서 멀리 떨어져 있는 섬이라는 데서였다.(〈되돌아본 세월〉 16)
　　문화 중심지에서 가장 멀리 떨어진 지역 또는 절해고도와 같은 지역은
　가장 오래된 말들이 잔존 … 그러고 보면 제주도야말로 그 지리적 조건이
　한국 어느 지역보다도 최고最古의 어형들을 보존할 수 있는 여건에 놓여 있
　다.[285면](현평효 1971b)

---

6 여기에 인용한 논문은 현평효(1985)에 재수록된 것이다(면수도 이를 따름). 인용 시
　필요에 따라 '한글(한자)'의 병용을 하고 문장부호나 띄어쓰기 등의 면에서 약간의 수
　정을 가하기도 했음을 밝혀 둔다(이해의 어려움이 없는 한, 대부분의 한자어는 한글
　로 바꿔 표기하였다).

그러하기에 그의 방언 연구의 목적은 당연히 각지 방언에서 그러한 언어변화의 "흔적"을 찾아 언어사를 "재건"하는 데 놓여진다. 이러한 점에서 "가장 오래된 말들"을 무수히 포함하고 있는 제주도는 틀림없이 한국 방언 연구의 최적지였다.

방언 연구에는 여러 가지 목적이 있겠지만 그 중요한 한 가지는 대부분 매몰되어 버린 언어 형태의 제諸 층위를 재건해 내는 일이다. 재건하기 위해서는 그 말의 노두露頭를 어느 지역에서 조사해 내어야 한다. 언어는 순차로 생성하여 왔다가 사멸하여 들어간다. 그러나 그 사멸하여 버리는 말들이라 하더라도 그것이 어느 지역의 어느 구석에도 전혀 남아 있지 않다든가, 그 말이 파생어 따위를 파생시키지 않았다든가, 그 말이 다른 말에 전혀 영향을 미치지 않았다든가 하지는 않고 그 지역의 어디엔가에는 그 흔적을 남기는 것이다.[8면](현평효 1975)

언어지리학은 제주도와 같은 변방 도서 지역에 고대의 언어 형태나 고어가 많이 보존되어 있을 것임을 말해 주었다. 이렇게 고어가 많이 보존되어 있는 제주도 방언에 대한 연구는 국어의 역사적 연구에 있어서 가장 중요성을 지닌다고 이숭녕 선생과 小倉進平(오구라 신페이)은 주장했다. 역사 언어학, 전통 언어학적 방법의 시대인 그 당시에 있어서는 제주도 방언 연구의 의의를 역사 언어학적 측면에 두었던 것이다. 내가 조사하기 시작할 당시의 제주도 방언 연구의 목적도 여기에 두었었다.(〈되돌아본 세월〉 16)

위 서술에서 보듯 현평효는 방언 연구의 궁극적인 목적을, 통시적 변화에 대한 역사 언어학적 기술 그리고 그에 관한 언어지리학적 해명에 두고 있었다. 이를테면 그에게 있어 '방언'은, 하나의 독립된 언어 체계가 아니라 해당 언어의 역사적 변화를 밝히기 위한 보조 자료 또는 언어 화석(정승철 2013: 75)으로 인식되었던 셈이다. 이러한 인식은 연구 생활 전반기에 매우 확고하였던바 그로 인해 이 시기에 집중된 그의 제주방언 음운론에서는 대체로 자신의 연구 주제를, 단모음 'ᄋ'나 '애'의 변화 또는 '나무(木), 나물(菜)'의 형태사 등 통시적인 것으로 한정하게 된다.

3. 현평효의 음운 연구 방법

하나의 형태소는 언제나 '형식(=기호)'과 '내용(=의미)'을 갖는다. 경우에 따라 어떤 형태소는 공시적으로나 통시적으로 형식상의 변화[7]를 경험하기도 하는데 이를 음운론적 변화라 한다.[8] 따라서 여기서는 현평효의 음운 관련 연구 업적을 두루 살피되, 제주방언의 음운체계 및 그것의 변화를 관찰·기술한 논문뿐만 아니라 한 단어(ex. '나무')가 통시적으로 겪어 온 형식상의 변화를 추적·기술한 어휘 형태사 관련 논문을 모두 음운론으로 포괄하여 해당 업적들에 드러난 그의 연구 방법에 대해 서술하기로 한다.

3.1. 비교 방언론

비교 방언론이란 "한 언어에서 갈려 나간 지역 방언형을 서로 비교하거나 또는 방언과 문헌을 비교하여 분화 이전의 형태를 재구하고 이로부터 각 방언으로 분화된 과정을 역사적으로 기술하는 방언학의 한 분야"(곽충구 2005: 73-74)를 가리킨다. 이러한 정의에 비추어 보면 아래 인용문에서의 "층위학"은, 언어변화에 대한 이해 속에서 지역 방언 실현형과 문헌 출

---

7 이는 해당 형태소를 구성하는 음운 요소의 불안정성에 기인한 자체적 변화와 주위에 오는 다른 형태소의 영향에 의한 결합적 변화로 나뉜다.
8 공시적 변화를 '변동'이라 하여, 통시적 변화와 용어상으로 구별하기도 한다.

현형들을 종합적으로 대비·검토하여 각 방언형의 시간적 위치를 정립하는 데 목표가 두어졌으므로 비교 방언론의 범주에서 크게 벗어나지 않는다고 할 수 있다.

한 어사語詞의 어형이 여러 어형으로 실현되는 것을 어떻게 처리하여야 할 것인지, 얼른 결정을 내리기 곤란하다.[255면] … 이들 사이에 통시성을 인정할 경우, 어느 어형이 고대형이고 어느 어형이 중세어형, 근세어형인지 속단키 어려운 문제들이다. … 이와 같이 언어 지리상에서 또 문헌상에서 고찰한 결과의 방언 어형들에 대하여 이번에는 층위학적層位學的인 고찰을 시도한다. 그리하여 그들 어형의 위치를 정립시키려 한다.[256면](현평효 1969)

제주도방언은 단편적이나마 12·3세기의 고어로부터 16·7세기의 언어 그리고 오늘날 교통의 빈번으로 말미암아 개신파의 언어가 마구 쏟아져 들어오고 이렇게 하여 여러 시대의 언어가 한데 뒤섞여져서 실로 복잡한 혼태를 이루고 있는 실정이다.[287면](현평효 1971b)

여러 시대의 어형이 혼재된 제주방언을 대상으로 한 실제의 연구 작업에서 현평효는 '나무(木)'란 단어를 중심으로 비교 방언론을 전개하였다. 전국적으로 이의 방언형은 '낭'계 어형('낭, 낭구, 낭기, 낭이, 낭키' 등)과 '남'계 어형('남, 남기, 남구' 등) 그리고 기타 어형('나모, 나무' 등)으로 나뉘는데 제주방언에는 '낭, 남, 나모, 나무' 등 네 어형이 동시에 출현하여 "복잡한 혼태"를 이룬다. 이에 대해 그는 "문헌상의 사실"을 고려하면서 다른 지역의 방언형들과 비교·검토해 보면 시대순으로 제1기의 어형이 '남'이며[9] 이 어형으로부터 '낭'(제2기), '나모'(제3기), '나무'(제4기) 등이 파생되

---

9 이와 같은 어형의 발달 단계 추정이 일본어 등과의 언어 대조에 근거하여 이보다 더

었음을 알게 된다고 하였다.

우리는 '낭, 낭, 나모, 나무' 네 어형이 국어사 상에서 볼 때는 각각 그 연기年紀를 달리하는 것임을 알 수 있다.[286면] … 계림유사에 의하여 국어사는 우리에게 '낭' 어형이 최고最古의 어형임을 가르쳐 준다. 이 최고 어형이라 함은 우리가 현재 가지고 있는 문헌 자료 상에서의 이야기다.[287면] … 문헌상의 사실과 지리상의 사실로 미루어 보아 '낭'이란 11세기의 어형이 유독 제주도에만 남아 있는 것임을 알 수 있다. … '낭'의 노두露頭가 있는 제주도 방언 지층地層을 제1기층紀層이라 함 … 小倉進平(오구라 신페이) 박사의 《朝鮮語方言の研究》 334면에 의하면 평북 후창에서는 '낭이'라 하면 주격까지 표현하는 일이 있다 하니 이것을 그대로 믿는다면 체언은 '낭'뿐이다. 이것은 제주도방언의 '낭' 어형과 동일형이다. 언어지리학적으로 고찰할 때 남북 양변역兩邊域에 동일한 어형이 잔재하여 있는 것이라겠다. 문화 중심지에서 새로 생기는 어형의 전파력에 파쇄당하고 말살당하다가 벽지인 후창과 제주도에 남아 있는 최고의 어형이라 할 것이다. 이리하여 이 '낭' 어형의 지층은 제2기층이라 하게 된다.[288면] … '나모' 어형의 방언 지층은 제3기층 … '나무' … 이 어형의 방언 지층은 제4기층이다.[289면](현평효 1971b)

이와 같이 분화 이전의 형태('낭')를 재구하고 이 형태로부터 시간의 흐름에 따라 분화되어 가는 과정, 즉 "어형의 발달 과정"을 단계적으로 밝혀

이전 단계로 나아가기도 하였다: '나물' 어사의 일본어 어음 'na'(菜)는 원시 시대에 국어에서 분파되어 나간 어음이 아닌가 하며 이 '나물' 어사의 어음을 일본에서 'na'로 표현하여 국어의 '나무(木)'의 원시 어음과 동일한 어형으로 되어 있다는 것은 '나무'와 '나물' 또는 일본어 'na'가 모두 동원어同源語임을 입증하는 것이라 본다.[276면](현평효 1969)

서술하고 있는 것이다. 결국 그는 제주방언에 공존하는 동의同義의 방언형들 사이의 상대적 순서를 정하기 위해 "층위학적 방법"을 활용했다 할 만하다.

층위학적 방법을 원용하여 그 각각을 지리적 사실과 문헌적 사실을 대비시키면서 기층별로 구분하여 고찰한다면 그 여러 어형의 발달 과정이나 상호 간의 관계는 물론 또 그 여러 어형들이 사실 변천하여 나가는 어느 단계에서 분파되었다거나 또는 어떤 역사적 변환기에 차용하여 들여왔다거나 한 사실들을 천명하여 낼 수 있겠고 또 그 어사의 역사를 엮어 놓는 일도 되리라 본다.[274면](현평효 1969)

오늘날 제주도 방언의 상태는 그 음운 분야에 있어서는 후설 저모음인 'ᄋᆞ'음이 제2음절에서는 많이 소멸되어 버렸지만 제1음절에서는 다른 단모음에 비하여 상당한 세력으로 아직 사용되고 있어서 국어 음운사상 17세기 전후의 상태를 유지하고 있다고 한다.[4면](현평효 1975)

나아가 제주방언의 모음 'ᄋᆞ'가 보여 주는 "국어 음운사상"의 위치를 "17세기 전후"로 규정한 것도 "층위학"의 대상을 '단어'에서 '음운'의 차원으로 진전시킨 데 따른 결과로 볼 수 있다. 이를테면 그는 '어휘, 음운, 문법' 전 영역에 걸쳐[10] 비교 방언론을 점차 확장시켜 나감으로써 한국어의 역사 속에서 차지하는 제주방언의 위치를 정립해 보려 한 셈이다.

---

10 현평효(1975)의 결론, 즉 "사적史的으로 근 천 년 간이나 연기年紀 차가 있는 정동사 어미의 형태들이 오늘날 공시태로 사용된다는 것도 제주도 방언의 특유한 현상"[133면]이라 한 진술을 보면 그는 문법 차원에서도 동일한 연구 목표를 유지하고 있었다 하겠다.

3.2. 계량화와 언어변이론

현평효의 제주방언 연구는 그 출발선상에 'ᄋ̣'가 놓여 있었다. 그는《제주도방언연구(자료편)》(1962)에 근거하여 'ᄋ̣'의 사용 실태를 살피되 먼저 "추계학적 분석"을 시도하였다.

> 7.24%~8.22% … 방언 전 어휘에서의 비율을 추계학推計學적 분석 용구用具를 원용함으로써 확정하여 내었다. 이것으로써 'ᄋ̣'음의 사용 실태를 계수상計數上으로 나타낸 셈이다. 여기 'ᄋ̣'음은 아직도 제주도 방언에서는 상당한 세력으로 사용되고 있는 상태임을 거듭 말해 둔다.[316면](현평효 1963)

통계적으로 보아 'ᄋ̣'의 출현 빈도가 '에'("8.346%~9.714%")보다 낮지만 '애'("2.94%~3.42%")나 '으'("6.28%~7.01%")보다는 높아 "상당한" 활용도를 보인다는 것이다. 아울러 해당 모음의 출현 위치에 따른 단어수 비교 및 세대별 관찰을 통해서 'ᄋ̣'에 관한 중요한 국어사적 사실이 "암시"된다 하였다.

> 제1음절에 'ᄋ̣'음을 보유하고 있는 어휘는 … 1175어 … 제2음절에 'ᄋ̣'음을 보유하고 있는 어휘는 … 209어[312면] … 제2음절 'ᄋ̣'음어가 제1음절 'ᄋ̣'음어에 비해 숫자상 절대적 차이가 있는 것은 조선조어朝鮮朝語의 'ᄋ̣'음가 해명에 중대한 암시를 주는 것이라 하겠다. 여기 'ᄋ̣'음은 제1단계로 제2음절에서 먼저 소멸되어지고 그 다음 적어도 수십 년 내지 1세기 이후에야 제1음절에서도 소멸되어졌다는 사실을 알 수 있다.[313면](현평효 1963)
>
> 제주도 지역의 연소층의 언어에서는 후설모음 'ᄋ̣'를 '오'음 혹은 '아'음에 융합시켜 나가고 있다. 이리하여 오늘날 방언의 모음체계로서는 두 체

계가 병존하고 있다고 하게 된다.[5면](현평효 1975)

특히 제1음절에 'ᄋ̣'를 가진 단어가 제2음절에 'ᄋ̣'를 가진 단어를 수적으로 압도하고 있다는 사실 그리고 제주방언에서 발견되는 'ᄋ̣'의 변이 양상 등으로부터 그는, 'ᄋ̣'의 음운사에 대해 다음과 같은 결론에 도달하였다.

구분	변화의 위치 및 순서	근거
제1단계 변화	제2음절 이하에서 "먼저" 일어남.	출현 위치에 따른 단어 수 비교
제2단계 변화	제1단계 변화 후 "수십 년 내지 1세기 이후"에 제1음절에서 일어남.	언어변이에 대한 세대별 관찰

일반적으로 말해 한 언어 또는 방언에 출현하는 언어변이는 곧 진행 중인 언어변화인바 제주방언의 'ᄋ̣'가 보여 주는 언어변이의 다양한 모습('ᄋ̣~아, ᄋ̣~으, ᄋ̣~어, ᄋ̣~오')은 제주방언뿐 아니라 한국어 모음사 속에서 'ᄋ̣'음 변화의 양상을 추적하는 데에도 중요한 정보를 제공해 준다(정승철 1995a: 17-53). 우선 현평효(1966)에 관찰·기술된 'ᄋ̣'의 변이 양상을, 약간의 보충 설명을 붙여 표로 정리해 보이면 다음과 같다.

변이 양상	실례	대응 표준어	보충 설명
ᄋ̣~아	ᄀ̣ᆯ-~갈-	갈다(替)	매우 많음. 표준어의 영향
ᄋ̣~어	모ᄌ̣~모저	모자(帽子)	주로 제2음절 이하
ᄋ̣~으	ᄒ̣ᆰ~흑	흙(土)	극히 드묾.
ᄋ̣~오	ᄉ̣나의~소나의	사나이(男)	연소층에서의 제한적 변화

문헌 자료에 대한 국어학적 검토를 통해 'ᄋ̣'음 변화의 큰 흐름을 파악해 온 기존의 거시적 연구와 달리, "산 자료"로서의 방언에 기초한 'ᄋ̣'음 연구는 해당 흐름 속에서의 변화의 미세한 과정을 간취해 내는 미시적 연구를 가능케 한다.[11] 그러한 까닭에 'ᄋ̣'의 변화에 관한 한 제주방언은 국어 음운

사 연구의 필수 대상이 된다.

　이미 소멸되어 버린 어음의 음가를 구명하는 데 있어서는 문헌상의 추정도 중요하지만 보다 더 산 자료를 제공해 주는 방언이 등장되어져야 한다 함은 오늘날 언어학에 있어서의 한 개 상식이다.[311면](현평효 1963)
　제주도 지역의 연소층의 언어에서는 후설모음 'ᄋᆞ'를 '오'음 혹은 '아'음에 융합, 소멸시켜 나가고 있다. 사실 연소층의 언어에서는 '득(鷄)'을 '독'으로, 'ᄆᆞᆯ(馬)'을 '몰'로, 'ᄑᆞᆺ(小豆)'을 '폿'으로 발음하는 경향이 있다. 그러나 오늘날 표준어 교육의 영향은 이 방언 'ᄋᆞ'음을 '오'음으로만 변화시킬 것 같지는 않다. … 아무튼 오늘날 제주도 지역의 연소층의 언어에서는 'ᄋᆞ'는 급격히 소멸되어 버리는 단계에 있다.[378면](현평효 1971a)

　아울러 그는 제주방언의 "연소층의 언어"에서 발견되는 'ᄋᆞ~오'나 'ᄋᆞ~아'의 변이를 'ᄋᆞ'음 "소멸"의 전조로 이해하였다. "표준어 교육의 영향"이든, 제주방언의 독자적 발달이든 'ᄋᆞ'가 차지하는 모음체계상의 지위가 불안정하여 소멸 직전에 여러 방향으로의 변이가 나타나게 되었다는 말이다. 이로써 현평효의 'ᄋᆞ' 관련 논문들에 나타나는 모음 변이론과 계량화는 그 작업의 최종 목적이 방언 통시론에 두어졌음을 알 수 있다.

3.3. 구조주의

　구조주의는 각각의 요소나 현상들을 전체 체계 속에서 파악해야 함을 주장한 언어 사조의 하나다.[12] 현평효는 이와 같은 구조주의 언어학 이론

---

11 그러한 연구 결과의 하나로서 정승철(1995a: 30-37)에서는 위 표와 같은 제주방언의 방언적 사실을 바탕으로 'ᄋᆞ'음 변화의 순서를 다음과 같이 추정하였다: ① 'ᄋᆞ〉으'의 변화 ② 어두음절의 'ᄋᆞ〉아' 변화와 비어두음절의 'ᄋᆞ〉어' 변화 ③ 'ᄋᆞ〉오'의 변화.

을 수용한바[13] 자연스레 그의 음운 관련 논문에서 '체계'를 중시하게 된다. 그러한 까닭에 한국 방언들 간에 체계적 차이가 거의 드러나지 않는 자음은 연구 영역에서 대체로 벗어나 있으며 방언권별로 상당한 체계상의 차이를 노정하는 모음이 그의 주요 관심 대상이 되었다. 물론 그 관심의 대부분도 해당 모음이 경험한 체계상의 변화에 기울여졌다.

> 하나의 음운은 그 음운체계 안에서 다른 음운들과 구별되고 대립되는 데서 존재한다. 이 대립을 이루지 못하는 음운은 대립의 짝을 구하든지 아니면 소멸하여 버리든지 한다. 음운은 이와 같이 대립의 짝을 구하고 혹은 소멸하여 버리고 하는 데서 그 음운체계는 변화를 입게 되는 것이다.[370면](현평효 1971a)
>
> 제주도방언의 단모음 음소로서는 전설모음에 '이, 에, 애' 셋이고, 중설모음에 '으, 어, 아' 셋이고, 후설모음에 '우, 오, ᄋᆞ' 셋이다.[369면](현평효 1964b)

제주방언은 '이, 에, 애, 으, 어, 아, 우, 오, ᄋᆞ'의 9모음체계를 이루는데 그가 보기에 체계상으로 주목할 모음은 'ᄋᆞ'와 '에, 애'의 셋에 불과했다. 'ᄋᆞ'는 제주방언에만 존재하는 모음이고 '에'와 '애'는, 당시로선 '에/애' 대립의 소멸이 언급된 비교적 이른 시기의 사례[14]이기 때문이었다.

> 제주도방언의 'ᄋᆞ'음에 대하여 논함은 한갓 방언 모음론의 일부가 될 뿐

---

12 구조주의에서는 전체를 구성하는 요소들 사이에 맺고 있는 (가깝고 먼) 관계를 '구조'라 하며 해당 구조들의 총합을 '체계'라 부른다.

13 그의 업적에서 '대립(opposition), 기능부담량(functional load), 방언 체계(diasystem)' 등의 구조주의적 용어나 개념을 발견하는 것은 그다지 어려운 일이 아니다.

14 여기에는 19세기 이전에 이미 '에/애'의 대립이 사라진 경상도방언이 제외된다.

만 아니라 '♀'음가론에 있어서의 선행 작업으로 요구되는 것이라 하겠다.[312면](현평효 1963)

제주도방언에서 '에'와 '애'음은 음운론적으로 서로 대립되어서 각각 별개의 음소로 존재하는지? 안 하는지? 이는 제주도방언의 모음론상 중요한 문제의 하나이다.[327면](현평효 1964a)

즉 '♀'가 다른 모음들과 대립하는지 여부 그리고 '에'와 '애'가 서로 대립하는 모음인지 여부가 제주방언의 모음체계 및 그것의 변화를 기술하는 데에 관건이 된다는 말이다. 그리하여 그는 일단 제주방언의 '♀'는 "발음 상태"에서 '아' 또는 '오'와 "비슷"하지만 이들과 대립을 보이는 별개의 음소이고, '에'와 '애'는 "서로 가까운 위치에서 조음"되나 서로 변별되므로 별개의 음소로 "분립"된다 결론하였다.

'♀'의 발음 상태에 대해서 이상과 같이 설명하고 '♀'를 '아'보다 아주 뒤쪽에서 그리고 약간 높은 듯한 위치에서 발음해지는 음이라고 결론했다. … '♀'는 가장 '아'에 가깝고 비슷한 점이 있는 음이라고 하게 된다.[365면] … 오늘날 제주도 언어 사회의 연소층에 있어서 '♀' 발음할 때의 입술의 상태 등을 보면 '오' 발음 시의 입술의 상태와 비슷한 점이 있다. 이것이 '아'와 '오'는 서로 성질이 비슷한 점이 있는 음임을 말해 주는 것이라 할 수 있지 않을까 한다.[366면](현평효 1964b)

'에'와 '애'가 뚜렷이 방언의 음소 조직 체계상 별개의 음소로 분립됨에도 불구하고 이 두 음이 잘 구별되어지지 않는다고 한다.[15] … '에'와 '애'가 서

---

15 이에 대해 이숭녕의 《국어학논고》(1960: 281)의 진술을 인용하였다; 단모음 '애'는 [ɛ]~[e]의 간음間音인 [E]로 의식되나 연소층에서는 오직 [e]로 발음함이 일반이어서 '애, 에' 간의 구별이 분명하지 않다.[352면](현평효 1964a) 사실 현평효에게 있어 음운론뿐 아니라 제주방언 연구 전반에 걸쳐 이숭녕(1908~1994)의 학문적 영향이 상당했던 것

로 가까운 위치에서 조음되기 때문에 그 발음 결과의 음이 '에'로도 들리고 '애'로도 들리는 것이 아닌가 한다. [362면] (현평효 1964b)

이처럼 노년층 토박이 화자에게는 뚜렷이 변별되던 모음들이 특정한 이유로 대립 관계의 변화를 경험하게 된다. 그가 보기에 제주방언의 모음 체계에서 "가장 먼저" 일어난 변화는 '애'의 "고설화"(즉 '애>에'의 변화)였는데 그러한 변화를 일으킨 "요인"은 모음 '애'가 지닌 음성적 불안정성이었다. 즉 '애'는 "빈출 도수나 기능부담량"이 낮지만 발음에는 더 많은 "노력"이 필요한데 그로 인해 '애'의 변화가 촉발되었으리라는 것이다. 그 후 연쇄적으로 '♀'의 "고설화"(즉 '♀>오'의 변화)나 "중설화"(즉 '♀>아'의 변화)가 일어나 제주방언의 '♀'는 "급격히 소멸"하는 "처지"에 놓이게 된다.

오늘날 제주도 지역의 연소층의 언어에서는 '♀'는 급격히 소멸되어 버리는 단계에 있다. [378면] ··· 제주도방언에서 '애'음은 그 빈출 도수나 기능부담량이 단모음 중 가장 낮다. 이와 같이 '애'를 발음하기 위해서는 발음기관의 긴장, 노력의 증대를 요하게 되고 한편 또 이 '애'음은 빈출 도수나 기능부담량이 낮다는 이러한[380면] 요건들이 9모음 중에서 가장 먼저 변화를 입게 된 요인이 아닌가 생각된다. ··· '애'음이 고설화하여 나가는 과도過渡의 현상··· 후설모음 '♀'는 그 대립의 짝을 잃어 고설화('오'음화) 또는 중설화('아'음화)의 길을 떠나지 않을 수 없는 처지에 놓여 있는 것이라 하겠다. [381면] (현평효 1971a)

으로 여겨진다. 이숭녕의 〈제주도방언의 형태론적 연구〉(1957)에 대한 다음 진술을 보아도 그러한 사실을 짐작할 수 있다; 이 논문은 개별 방언에 대한 논고로서는 획기적인 것이었다. 제주방언의 조어법에서부터 명사, 대명사, 수사 및 격어미(조사)와 용언의 활용어미 특히 동사의 어미 등 광범위하게 논했다. (〈되돌아본 세월〉 16)

나아가 그는 '애〉에'의 "고설화"에서 촉발된 "체계상 불균형"을 해소하기 위해 후설모음 'ᄋ'가 변화를 겪은 것으로 간주하였다. 즉 전설의 '애'가 사라져 전설:중설:후설이 3:3:3(장년층)에서 2:3:3(연소층)으로 바뀌자 후설의 'ᄋ'를 "소멸시킴으로써" 결과적으로 2:3:2의 대칭적 체계를 지향하는 변화가 일어나게 되었으리라는 말이다. 이른바 모음 변화의 동인에 대한 설명이었다.

오늘날 제주도방언의 전설모음은 그 체계가 이중으로 되어 가고 있다 하게 된다. 장년층 이상의 언어에서는 3모음 체계이고 연소층의 언어에서는 2모음 체계라 하게 된다. … 연소층의 언어에 있어서 이와 같은 전설모음에서의 음운의 융합은 '구조상의 구멍'(hole in the pattern)을 초래하고 체계상 불균형 상태를 면치 못하게 된다. 즉 전설모음이 2모음 체계인 데 대하여 후설모음은 3모음 체계로 '통합되지 않은 음소' 하나가 후설모음 체계에 더 있는 것이다. 이런 경우에는 그 '구조상의 구멍'이 되어 있는 곳에 다른 음소를 끌어당겨서 메우든지 그렇지 않으면 그 '통합되지 않은 음소'를 소멸시킴으로써 체계적 균형을 취하든지 하게 된다.[378면](현평효 1971a)

결국 그의 음운론 연구에서는 구조주의의 여러 개념들, 특히 "체계적 균형"을 유지하기 위한 변화의 개념을 적극적으로 받아들여 제주방언의 모음 변화의 방향과 그 원인을 규명하려 했다 할 만하다.

4. 맺음말: 비판을 넘어

현평효는 제주방언의 역사에 주된 관심을 가진 제주 출신 국어학자의 한 사람이었다. 음운론으로 한정하여 말하면 그는 타 방언과의 비교를 통해 제주방언의 이전 모습을 재구하고 그로부터 현재까지의 변화 과정을 구명하고자 하였다.

이를 위해 그는 제주도의 "33지점", "163명의 제보자"(정승철 2010b: 218)를 조사하여 방대한 방언 자료집(《제주도방언연구》)을 간행하였으며 이를 바탕으로 제주방언의 언어변이 및 모음 변화의 양상을 관찰·기술하였다. 당시까지의 제주방언 연구는 개괄적이거나 특정 주제에 한하는 경향을 보였는데 현평효는 제주방언의 음운체계뿐만 아니라 문법·어휘 체계의 전모를 드러내는 업적을 주로 산출함으로써 제주방언 연구를 위한 기초 자료를 제공하는 데 크게 기여했다고 할 수 있다.

그럼에도 불구하고 그의 업적은 오늘날 여러 방면의 비판에서 자유롭지 못하다. 음운론에 관한 한 그 비판 대상 중의 하나는 제주방언 문법 형태소의 형태 확정 작업, 이른바 '형태소의 음운 분석'과 관련된 것들이었다. 일찍이 여러 제주방언 연구자들이 지적한 대로 현평효(1975) 등에서 한 형태소의 이형태인데 별개의 형태소로 보았다든지,[16] 서로 다른 형태소인데 동일 형태소의 이형태로 보았다든지,[17] 또 두 형태소의 결합인데 하나의 형태소로 보았다든지[18] 하는 잘못이 종종 발견되는 것이다.[19]

그런데 국어학의 경우, 이와 같은 형태소 분석 작업은 1970년대 후반에

---

16 홍종림(1976)에서는, 현평효(1975)에서 상정한 "미완료상"의 '-암/엄-'과 "미완료존속상"의 '-암시/엄시-'를 양자의 상보적 분포에 근거하여 동일 형태소의 이형태로 보았다. 이에 따르면 '는 무시걸 먹엄디?'(넌 뭘 먹니?)의 '-엄-'과 '자인 무시걸 먹엄시니?'(쟨 뭘 먹니?)의 '-엄시-'가 나타내는 문법적 의미는 동일하다.

17 김지홍(1992)에서는, 현평효(1975)에서 이형태로 본 "추측법"의 '-리-'와 '-ㅋ-'을 그 분포(동일 위치에 출현함)에 근거하여 별개의 형태소로 보았다. 그러므로 '가다그네 털어지려!'(가다가 떨어질라!)의 '-(으)리-'와 '가다그네 털어지켜!'(가다가 떨어지겠어!)의 '-(으)ㅋ-'가 나타내는 문법적 의미는 다를 수밖에 없다.

18 고영진(1991)에서는 현평효(1975)에서 상정한 "회상법"의 '-안/언/연-'을 '-아/어/여-'와 'ㄴ'(이는 후행하는 종결어미에 속함)으로 나누었다. '그 흑생 글 잘 익언게.'(그 학생 글을 잘 읽던데.)의 '익언게'를 '익(읽)-어(더)-ㄴ 게(ㄴ 데)'로 분석하였다는 말이다.

19 정승철(1997c)에서 이들을 종합적으로 정리·수정한 바 있다.

'생성음운론'을 수용하면서 음운론(이를 '형태음소론'이라 함)의 제1과제로 다루어지기 시작하였다. 그리하여 1980·90년대에는 각 방언마다 기저형을 설정하고 이로부터 음운규칙의 적용을 받아 표면형이 도출되는 절차를 단계적으로 자연스럽게 기술하여 형태소의 형식(=기저형)을 확정하는 작업이 전국의 방언 음운론 영역에서 활발히 전개되었다. 이러한 작업 절차를 명시적으로 보여 주는 제주방언의 예 하나를 들어 보이면 다음과 같다.

기 저 형: 가-으크-우다
중간단계: → 가크(어미초 '으'탈락[20])-우다 → 가 크(어말 '으'탈락[21])-우다 →
표 면 형: 가쿠다(가겠습니다)

이에 비추어 보면 현평효(1975) 등에 보이는 형태소 분석 오류는 일정 부분, 형태음소론의 도입 초기라는 당시의 시대적 상황과 맞물려 있다 할 것이다. 나아가 토박이 연구자로서 가지는 한계(토박이 화자는 자신의 말을 무의식적으로 받아들이는 경향이 있다는 점)에서 비롯한 오류도 보인다. 다음은 현평효의 《제주도방언연구》(1962)에 등재된 예들이다.

흰-자위: 힌-알 hin-al
술-안주: 술-안주 sul-anžu

이들은 전통 제주방언에서 이른바 "복사 현상"(정승철 1991)을 겪어 '힌

---

20 '먹으명, 가멍, 살멍'(먹으면서, 가면서, 살면서)에서 보듯, '으'로 시작하는 어미(ex. -으멍)는 모음 또는 'ㄹ'로 끝나는 말(ex. 가, 살-) 뒤에서 어미초 '으'탈락을 겪는다.
21 '크곡, 크난, 컹'(크고, 크니까, 커서)에서 보듯, '으'로 끝나는 말(ex. 크-)은 모음으로 시작하는 어미(ex. -엉) 앞에서 어말 '으'탈락을 겪는다.

날, 술란주'로 발음된다. 그럼에도《제주도방언연구》(1962)에서는 이러한 복사 현상을 간과하고 있지 못한 것이다. 이는 해당 어사들과 관련하여 선행어의 종성이 후행어의 초성으로 이동하지 않는다고만 여기는 토박이 제주방언 화자들의 인식이 반영된 결과임에 틀림없다.[22] 이와 같이 너무 익숙하여 자신의 말을 객관적으로 관찰하지 못하는 토박이 방언 연구자로서의 특성은 그의 문법 형태 분석 작업에서 오분석을 초래하기도 하였다.

이처럼 현평효의 업적에서 여러 문제들이 발견될지라도 그의 업적들은, 이후에 출현한 제주방언 연구에 대해 기초 자료 제공이라는 뚜렷한 의의를 갖는다. 오류 극복의 대상이었거나 새로운 현상 발견의 단서 제공자였거나 어떤 형태로든 후속 연구에 영향을 미쳤기 때문이다.

그가 활동했던 시기는 제주방언 연구의 초창기. 아마도 그는 더 많은 연구자들이 출현하여 자신이 쌓아 놓은 연구의 토대를 딛고 또 그것을 뛰어넘는 제주방언 연구 업적들이 많이 나오기를 바람, 그것이 '매우 부지런한' 토박이 제주방언 연구자 현평효의 소망이 아니었을까 생각해 본다.

---

22 《제주도방언연구》(1962)의 'sok-ot'(속옷)과 'nabuzag-i'(나부죽이) 그리고 'sul-anžu'(술안주)와 'ciur-ida'(기울이다)를 비교해 보면 k:g 및 l:r의 대응 표기로부터 부분적이지만 이 자료집 속에 복사 현상이 반영되어 있음을 알게 된다(정승철 1991). 이때의 'k'와 'l'은 이 소리가 선행어의 종성임을 명시한 표기다.

제 5 부

기타

[서평]

제주대학교 박물관(제주방언연구회) 편《제주어사전》

1.

　제주대학교 박물관(제주방언연구회)에서 펴낸《제주어사전》은 확장형 사전이라 할 수 있는 일반 국어사전과 표제어의 언어적 성격을 달리하는 선별형 사전이다. 몇 가지 원칙 아래 선정한 항목을 6명의 조사·집필 위원 (현평효玄平孝, 김종철金鍾喆, 김영돈金榮墩, 강영봉姜榮峯, 고광민高光敏, 오창명吳昌命)이 분야별로 분담하여 1년여 동안 조사한 방언형을 표제어로 삼은, 방언 자료집의 성격을 가진 특수한 선별형 사전이다. 지역이나 세대, 화용론적 상황에 따라 변이를 보이는 방언형도 각각을 표제어로 삼았다는 점에서 기술적인 성격을 가진 사전이며 표준어와의 관련성에 대한 고려 아래에서 한글맞춤법에 기초한 방언 맞춤법에 따라 표제어를 표기했다는 점에서 어느 정도 규범적인 성격을 가진 사전이라 할 수 있다.

2.

　《제주어사전》에서는 제주방언연구회에서 정한 방언 맞춤법인 '제주어

＊ 이는《국어국문학》116(1996)의 466-470면에 실렸다. 원 논문의 내용 중에 해당 사전을 인용한 부분에서 지명만 한글로 바꾸었다.

표기법'에 따라 한글로 전사한 방언형을 표제어로 삼아 한글 자모순으로 배열하였다. 관용 표현(㊌)으로서의 단어와 어구뿐 아니라 민요 제목(〈요〉), 무속어(〈무〉),[1] 지명(〈지〉) 등도 표제어로 삼았다.

베선이 ㊌ 임신부가 배를 타고 해녀 작업하러 나갔을 때에 그 배 위에서 계집애를 분만했을 경우 그 애에게 붙여지는 별명. [중문]

삼성제 절 ㊌ 〈해〉 연거푸 세 번이나 꺾으며 몰려오는 물결. … [전역]

진-사데 ㊓ 〈요〉 가락이 느린, 밭매는 노래의 한 가지. [전역]

요왕-맞이(龍王-) ㊓ 〈무〉 바다의 신(神)인 요왕을 맞아들여 축원하는 굿. [전역]

분부 사룀 ㊌ 〈무〉 무점(巫占)을 쳐서 신(神)의 뜻을 판단한 뒤 그 내용을 기원자(祈願者)에게 전하는 일. [전역]

성널-오름 ㊓ 〈지〉 한라산 국립공원의 남제주군 남원읍 신예리와 북제주군 조천읍 교래리 경계에 걸쳐진 산. 표고 1,215.2미터. [전역] = 성판-악 (城板岳), 성-오름.

《제주어사전》에서 방언형이 여럿인 경우에는 각각을 표제어로 올렸는데 이 경우에 뜻풀이는 대부분 대표형으로 삼은 표제어에 베풀어져 있으며 여러 방언형 사이의 관계를 보여 주기 위하여 대표형에 대한 언어적 정보를 기술하고 '='표 아래 다른 관련 표제어를 나열하였다. 관련 표제어의 뜻풀이는 '→'표로 지시하여 대표형을 찾아가 보게 하였다. 대표형의 설정은, '일러두기'에 명시되어 있지 않지만 크게는 대체로 다음 세 가지 원칙을 따른 듯하다.

---

1 '일러두기'의 '전문어' 약호 표시에는 '무속'을 뜻하는 〈무〉 대신 〈설〉이 제시되어 있다.

(1) 많은 지역[2]에서 사용하는 것

다님 명 대님. [서홍] [수산] [가시] [김녕] = 다림, 뎅김.
다림 명 [조수] [노형] [인성] → 다님.
뎅김 명 [노형] → 다님.

(2) 어원을 달리하는 경우에는 한자어에 기원하는 것 또는 표준어에 가
   까운 것

처부 명 처부(妻父). [전역] = 가시-아방.
가시-아방 명 [전역] → 처부(妻父).

숨다 동 숨:다(隱). [전역] = 곱다.
곱다 동 [전역] → 숨다.

(3) 어원을 같이하는 경우에는 제주도의 고유한 어형으로 판단되는 것

소-낭 명 〈식〉 소-나무(松). [전역] = 소-남.
소-남 명 〈식〉 [전역] → 소-낭.

물방에 짛는 소리 명 〈요〉 제주도의 연자매인 물방에를 찧으면서 드물게
   부르는 민요. [전역] = 물 그레 짛는 소리.
물 그레 짛는 소리 명 〈요〉 [전역] → 물방에 짛는 소리.

---

2 조사 지점의 제시 순서를 통일하고 아울러 조사 지점을 표시한 제주도 지도를 제시해
  주었으면 편리했을 것이다.

그런데 한 방언권의 모든 방언형을 표제어로 올리는 방언사전에서는 중심이 되는 한 지역의 방언형을 대표형으로 삼아 그 대표형에 뜻풀이를 해 주고, 차이를 보여 주는 방언형에 대해서는 해당 표제어에 그것을 기술해 주는 것이 체계적이다(《제주방언사전》이 아니라 《제주어사전》이라면 더욱 그렇다).

3.

《제주어사전》에서 표제어에 대한 언어적 정보는 '**표제어**(한자)·문법 관계·〈전문 영역〉·뜻풀이·**예문**(표준어 대역)·[조사 지점]·고어'의 순으로 배열되어 있다. 또한 속담은 대표 어휘에 따라 표제어 밑에 한 칸을 들여 제시하였다.

《제주어사전》에서 표제어에 대한 뜻풀이는, 표준어와 일치하는 경우에는 대응하는 표준어를 제시하였고 표준어와 일치하지 않는 경우 또는 대응하는 표준어가 없는 경우에는 독자적으로 뜻풀이하였다.

> **둣다** 閑 다습다. [전역] = 두스다.
> **눕삐** 图 무(菁根). 무의 뿌리만을 일컫는 말. [전역] = 놈삐.
> **두령청-이** 閨 ① 정신이 얼떨하여 어찌할 줄을 몰라 하는 모양. [전역] ② 아무 헤아림도 분간함도 없이 거저 홀연히. [전역] = 두령성-이, 두렁청-이.

물론 많은 표제어에 대하여 뜻풀이 뒤에 예문을 제시하였다.

> **지역-지역** 閨 주렁-주렁. 열매가 많이 매달려 있는 모양. *지역지역 멜뤼도 올아, 두렌 무사 웨 홀로 올리.(주렁주렁 머루도 열어, 다랜 어째 외 홀로

열리.) [전역]

봉그다 图 돈이나 노력을 들임이 없이 뜻하지 않은 물건을 거저 줍다. ***우리 남펜이 사농ᄒ레 나가서 꿩을 ᄒ나 봉갓다.**(우리 남편이 사냥하러 나가서 꿩을 하나 주웠다.) [전역]

표준어와 통사적 차원을 달리하는 표제어에 대해서는 많은 경우에, 표제어 또는 예문에 이를 표시해 주기도 하였다.

질-트다 图 기:지개-켜다. [전역]

놉 图 놉(雇軍). ***ᄒ루는 할머니가 이 팔월인디 목장에 목초를 빌랴고 놉딜을 ᄒ 이십멩 빌려서³ 목초밧을 보냇는디.**(하루는 할머니가 이 팔월인데 목장에 목초를 베려고 놉들을 한 이십 명 빌려서 목초밭에 보냈는데.) [전역]

《제주어사전》에서, 제시된 예문이나 속담에 나타난 방언형이 표제어로 올라 있지 않은 경우라든지 속담에 대하여 표준어 대역만 제시되고 그 본뜻 또는 대응하는 표준어 속담⁴이 제시되어 있지 않은 경우는 이용자들에게 약간의 불편함을 느끼게 한다.

놀 图 파도 ***바당물은 들망들망ᄒ나 ᄒ뒈 놀은 불어도 금새예 물은 아니 들어.**(바닷물은 들망들망하나⁵ 하되 파도는 불어도 곧 물은 아니 들어.) [전역] = 노대, 노을.

---

3 '놉'은 '빌려'보다는 '빌어'라고 한다.
4 이기문(1962/1980)의 《속담사전》(민중서관/일조각) 참조.
5 '들망들망ᄒ다'의 대응하는 표준어는 '들랑날랑하다' 정도이다.

동세 명 동서(同壻). [전역]

동세 간에 산 쉐다리 빈다 속 동서 간에 산 쇠다리⁶ 벤다. [전역]

도새기 명 돼지 중에서도 비교적 작은 돼지. [전역]

ᄃ라멘 도새기가 기시린 도새기 타령ᄒ다 속 달아맨 돼지가 그슬린 돼지 타령한다.⁷ [전역]

《제주어사전》에 발음 표시가 없는 것도 이 방면의 이용자들에게 불편함을 준다.⁸ 폐음절 어휘 형태소와 모음으로 시작하는 어휘 형태소의 복합어에서, 선행하는 어휘 형태소의 말음절 종성을, 후행하는 어휘 형태소의 초성 자리에 복사하여 발음한다든지⁹ 자음군 말음 용언어간이 어떠한 자음계 어미와 결합할 때에도 자음군 중에 선행 자음을 탈락시켜 발음한다든지¹⁰ 하는 규칙적인 발음 정보는 적어도 '일러두기'에 밝혀 두었어야 한다.

지집-아의 명 계:집-아이. [전역]

붉다 형 밝다(明). [전역]

굶다 동 굶:다. [전역]

얇다 형 얇다. [전역]

---

6 이 속담의 '쉐다리'는 '우족牛足'을 의미하며 대응하는 표준어 속담은 '두 동서 사이에 산 쇠다리'이다.

7 이 속담은 '기시린 도세기가 ᄃ라멘 도세기 타령ᄒ다'가 원형이며 대응하는 표준어 속담은 '똥 묻은 개가 겨 묻은 개 나무란다'이다.

8 어미 '-근에[그네], -란에[라네], -단에[다네]'에 한해서만 발음 표시가 되어 있는데 이는 이 사전의 체제상 필요 없다.

9 뒤에 제시되는 예에서 '지집-아의'는 [지집빠이]로 발음된다.

10 뒤에 제시되는 예에서 '붉다'는 [북따]로, '굶다'는 [굼따]로, '얇다'는 [얍따]로 발음된다.

또한 표기와 같게 발음되는 경우에는 그 발음 표시를 생략하지만 그렇지 않은 경우에는 발음 표시를 해 주어야 한다.

공-질 圐 벽장 위에 가로 건너 지른 나무를 받치는 기둥. [노형] [조수] → 공질-기둥.

불-부띠다 图 [전역] → 불-부티다.[11]

가슴-벵 圐 〈병〉 가슴-앓이. [전역] = 가슴-빙.

구둠-받이 圐 〈도〉 [노형] [조수] → 쓰레-박.[12]

4.

《제주어사전》은 제주도방언의 일반 어휘뿐 아니라 관용어나 민요 제목, 지명 등을 표제어로 수록한 사전이다. 그리고 지역이나 세대, 화용론적 상황에 따라 변이를 보이는 방언형도 각각을 표제어로 삼아 언뜻 보기에 거의 20,000개 정도는 됨직한 수의 표제어를 가진 방대한 방언 자료집이다. 이는 각 표제어에 대하여 자세한 언어적 정보는 물론 관련 속담 및 관련 표제어를 나열해 줌으로써 제주도방언의 전반적인 모습을 체계적으로 이해할 수 있게 해 주는 사전이며 또한 표제어의 언어적 정보가 표준어와 일치하지 않는 경우 또는 대응하는 표준어가 없는 경우에 독자적으로 이를 표시해 줌으로써 제주도방언의 특징적인 모습을 정밀하게 관찰할 수 있게 해 주는 사전이다.

---

11 이들 예에서, '제주어 표기법'에 따라 '공-질'은 '공-짓'으로, '불-부띠다'는 '불-부쩌다'로 표기해야 한다.

12 이들 예에서 '가슴-벵'은 [가슴뻥]으로, '구둠-받이'는 [구둠바지]로 발음된다.

《제주어사전》은 그 자료의 방대함에서나 정밀함에서나 제주도방언의 연구뿐 아니라 방언 연구, 나아가 국어 연구에도 큰 도움을 줄 수 있을 것으로 여겨진다. 《제주어사전》 간행에 관여한 분들께 고마운 마음을 전한다.

　(제주도, 1995, 조사 경위, 일러두기, 제주어 표기법, 제주어 연구 논저 목록 포함 625쪽)

'서동/마퉁이'고

1. '서동'의 해독

향가 〈서동요〉의 주인공 '서동薯童'에 대한 기존 연구자들의 해독은 다음과 같이 크게 네 계열로 나뉜다.

- 보류: 小倉進平(1929), 김완진(1980) 등
- 음독: 김선기(1967) 등
- 훈독: 정렬모(1965) 등
- 훈독[薯]+음독[童]: 양주동(1942), 서재극(1975), 유창균(1994) 등

이 중에 김선기(1967/1993: 398)의 '쑈뚱'은 한자 '薯'와 '童'에 대한 이전 시기 국내외 운서韻書들의 원음을 참조한 것이고[1] 정렬모(1965: 112-113)의 '머선(> 머슴)'은 '薯'와 '童'을 각각 '메(산山)'와 '산(남아男兒)'으로 훈독한 결과다. 하지만 이 두 견해가 사실적 근거에 기반을 두었다고 말하기 어려울 뿐만 아니라 해독의 필연성도 가지지 않은 것으로 판단되므로 이 논문

---

* 이 논문은 《관악어문연구》 46(2021)의 101-113면에 실렸다.

1 김선기(1967/1993)에서는 향가의 음독자가 "절운 시대 발음"보다 앞선 "고고 시대 발음"을 반영한 것으로 추정하고 있다(〈범례〉). 이때의 '절운切韻'은 중국 수나라 때의 육법언陸法言(562~?)이 601년에 편찬한 운서를 가리킨다.

에서는 이들 견해('보류' 포함)를 제외하고 훈독과 음독을 혼합한 양주동 (1942)의 견해를 중심으로 '서동'의 해독에 대해 살펴보기로 한다.

양주동(1903~1977)은《고가연구》(1942/1960: 432-453)에서 〈서동요〉를 해독하기 위해《삼국유사》(1281)의 〈무왕 설화〉를[2] 비롯하여《삼국사기》(1145),《고려사》(1451),《세종실록》(1454) 등의 관련 역사 기록이나 15·16 세기의 한글 문헌들을 폭넓게 검토하였다. 그 결과로서 그는 '薯(마 서)'를 훈독하고 '童(아이 동)'을 음독한 뒤[3] 약간의 형태상의 조정을 거쳐 '薯童' 을 '맛둥'이나 '막둥' 또는 '마퉁'으로 읽을 수 있다 하였다.

薯 訓讀「마」, 童 音讀「둥」(양주동 1942/1960: 447)

이때의 '맛둥'은 '몿(末)+둥'의 결합이 '뭇둥〉맛둥'의 변화를 겪은 것, 그리 고 '맛둥〉막둥'의 "전轉(=변형)은 "마즈막-마그막, 마츰-마금"과 동궤의 변 화를 겪어 형성된 것으로 보았다(양주동 1942/1960: 448). 하지만 '뭇둥〉맛 둥'에서의 'ᄋ〉아' 변화나 '맛둥〉막둥'에서의 음절말 'ㅅ〉ㄱ' 변화는 언어변 화의 시대성과 일반성의 면에서 그다지 자연스럽다고 하기 어려운데[4] 그 럼에도 불구하고 양주동이 그와 같은 변화를 상정한 것은 서동의 '薯'를

---

2 사실 〈서동요〉는《삼국유사》(권2)의 〈무왕 설화〉 속에 삽입되어 있는 향가다. 이 설 화에 따르면 〈서동요〉의 주인공, 즉 백제 무왕(재위 기간: 600년~641년)은 어려서 '마' 를 캐다가 팔아서 먹고살았으므로 '서동'이라 불렸다고 한다. 이러한 〈서동요〉에 대 해 양주동(1942/1960: 448)은 이를 식물 '마'와 관련지을 수 없고, 무왕의 아명이 '맛 둥'(=막둥이)이었는바 해당 명칭 사이의 동음성에서 생겨난 "전설"이라 하였다. 한편 서동을 백제 무왕으로 보지 않는 견해에 대해서는 이병도(1952), 김선기(1967), 사재 동(1971), 최운식(1973), 유창균(1994: 543-556) 등 참조.

3 다만 양주동은 '童'에 대해 "음의병차자音義並借字", 즉 음차音借와 훈차訓借를 겸한 글자일 수도 있다 하였다;「童」古音「둥」 … 古來로 小兒 명칭에「둥」(童)이 흔히 사용되었음 …「둥」은 혹 고유어요,「童」은 音義並借字인지도 모른다(양주동 1942/1960: 448).

4 어두음절의 'ᄋ〉아'는 대체로 18세기 이후에 일어난 변화이며 음절말의 'ㅅ〉ㄱ'은 일 반적으로 연구개음 'ㄱ, ㄲ, ㅋ'이 후행할 때에 한해 주로 일어나는 변화다.

'마지막'이나 '끝'을 뜻하는 말, 즉 '뭇'으로 해독하고자 한 데에서 비롯된 결과로 보인다.

한편 '마퉁'으로의 해독은 《고려사》(권 57)와 《세종실록》(권 151)에 무왕武王 또는 무강왕武康王의 속칭[5]으로 언급되어 있는 문구 "말통대왕末通大王"에 근거한 것이었다.

「末」義字 並音借 「맛」, 「通」 古音 「퉁」 … 「末」의 義는 「뭇」(終, 畢), 그 古音은 「맏」(양주동 1942/1960: 448)

'末'('맛'의 음차)의 고음古音이 '맏'(뜻은 "종終, 필畢"), '通'의 고음이 '퉁'(뜻은 "소아小兒")이므로 이를 '마퉁'으로 읽었다는 말이다.[6] 여기서 '末'이 "뭇"(= 마지막)에 대응하므로 결국 '마퉁'은 "말자末子"(=막내아들)를 뜻하게 된다. 이로써 보면 양주동은 "맛둥" 또는 "마퉁"을, '마지막'을 나타내는 '맛(〈뭇)'에다가 '아이'를 나타내는 '둥' 또는 '퉁'이 결합하여 만들어진 말로 이해했던 셈이다.

이와 같은 해독의 기본 방식(훈독[薯]+음독[童], 뜻은 '막내아들')은 유창균(1994) 등에서도 동일하다. 다만 해당 업적들에서 해독의 결과물에 대한 언어사적 설명은 조금씩 다르다.

가령 유창균(1994: 565-567)에서는 '薯'를 "맣"이나 "맏" 또는 "막"으로,

---

5 물론 양주동(1942)에서는 무왕과 무강왕을 동일인, 즉 서동으로 이해하였다. 하지만 이들을 동일한 인물로 보지 않는 견해도 상당하다. 예를 들어 유창균(1994)에서는 서동, 즉 무강왕을 "마한 왕"(553면)으로 봉해진 인물이라 하고 훗날 해당 설화가 구전되면서 그러한 무강왕이 "백제의 무왕으로 변형"(554면)된 것이라고 하였다.

6 하지만 이때의 '말통末通'은 그것의 한국 한자음을 따라 '말통'(또는 '말퉁')으로 음독하는 편이 훨씬 더 자연스러운 것으로 판단된다. 한편 식물 '마'는 중세국어 시기에 'ㅎ'를 말음으로 갖는 명사 '맣[ex. 마훌 키야(=마를 캐어)]'이었으므로 '薯'를 훈독하고 '童'을 음독하면 그것은 자동적으로 '(맣-둥 →)마퉁'이 된다. 따라서 이 논문에서는 '薯童'은 '마퉁' 그리고 '末通'은 '말퉁'으로 읽기로 한다.

'童'을 "동"으로 읽고 '동童'과 '통通'의 "통용"을 한국어에서 격음이 발달하기 이전 시기에 일어난 일로 간주하였다. 물론 이는 틀림없이, 양주동(1942)의 해독이 지니는 부자연스러움을 해소하기 위한 차원에서 이루어진 조정의 결과다.

하지만 이러한 유창균(1994)의 설명도 양주동(1942)에 비해 언어사적으로 더 그럴듯하다고 말하기는 어렵다. 아무런 조건의 명시가 없는 '맣~맏~막' 및 '동~통'의 수의적 교체 또한, 한국어의 역사 속에서 발견되는 그리 자연스러운 현상은 아니기 때문이다. 따라서 유창균(1994)의 견해 역시 서동을 '막내아들'(=말자末子)로 해독하려는 과정에서 빚어진 부자연한 결과로 여겨진다. 그러나 실제의 역사나 〈무왕 설화〉 등의 어떠한 관련 자료도 서동(또는 무왕)을 '막둥이'로 규정하고 있지는 않다.[7]

이러한 점에서 보면 '훈독[薯]+음독[童]'의 기본 방식을 따르되 '薯童'에 대한 "나대羅代"의 음을 알 수 없으므로 "우선"은 제주도 무가 〈삼공 본풀이〉에 나오는 이름을 따라 서동을 "마퉁"으로 읽는다고 한 서재극(1975: 23)의 견해가 한결 더 실상에 가깝다고 할 만하다. 물론 서재극(1975)에서는 서동을 '막내아들'로 한정하고 있지도 않다.

2. 〈무왕 설화〉와 〈감은장아기 설화〉

장주근(1961: 239-242) 이래 여러 논저에서 〈서동요〉가 실린 〈무왕 설화〉와 제주도의 〈감은장아기 설화〉[8] 사이의 상관성이 언급되어 왔다. 특

---

7 이미 이병도(1952: 58)에서 '薯童'을 "마동"으로 읽으면서 "과연 말자末子의 의義인지 아닌지는 자못 의심"스럽다고 지적한 바 있다.
8 '감은장아기'는 제주도의 무가 〈삼공三公 본풀이〉에 등장하는, 운명을 관장하는 여신의 이름이다. 따라서 〈감은장아기〉는 설화가 아니라 '무가巫歌'임에 틀림없다. 하지만

히 〈무왕 설화〉를, 선화공주 중심의 이야기로 바꾸어 보면 두 설화 간의 관계가 더욱 선명해진다(정운채 1995). 이렇게 재구성한 '선화공주 이야기'[9]를 아래에 간략히 제시해 보인다.

신라 진평왕의 셋째딸 선화공주는 〈서동요〉 때문에 궁에서 쫓겨나 귀양을 가게 된다. 귀양 가는 도중에 만난 서동과 정이 들어 훗날 두 사람은 결혼한다. 그 후 서동과 함께 백제 땅에 가 살던 선화공주는 서동이 어려서부터 마를 캐던 곳에 쌓여 있는 것들이 금덩이임을 알게 되고 이들을 모아 아버지 진평왕에게 보낸다. 이로 인해 서동은 진평왕의 환심을 사고 그의 도움과 백성들의 인심을 얻어 훗날 (백제의) 왕이 된다.

이렇게 줄여 놓고 보면 그 내용이 제주도의 〈감은장아기 설화〉와 매우 비슷하다. 특히 '쫓겨난 셋째딸, 마 캐는 남자와 결혼, 마를 캐던 곳에서 발견한 금덩이'는 두 이야기 사이의 필연적 관계를 드러낸다.[10]

세 딸("은장아기, 놋장아기, 감은장아기")의 아버지가 어느 날, 잘 먹고 잘사는 게 누구 덕인지 딸들에게 묻는다. 그런데 부모님의 덕이라고 이야기한 언니들과 달리, 셋째딸 감은장아기는 자신의 운수 덕이라 대답하는 바람에 집에서 쫓겨난다. 그녀가 집을 나간 후 집안이 망하고 부모는 장님이 된다. 그 후 감은장아기는 여기저기 떠돌다가 마를 캐어 먹고 사는 삼 형제의 집에서 하루를 묵는다. 그날 저녁, 부모를 박대하는 "큰마퉁이"나 "셋

이때의 〈삼공 본풀이〉란 "세 개의 설화 요소의 연결"로 이루어진 "서사무가"(장주근 1961: 241)를 가리키므로 이 논문에서는 편의상 이를 〈감은장아기 설화〉라 이름 붙이고 논의를 진행하기로 한다.

9 이는 유창균(1994)의 〈무왕 설화〉 번역본(542-543)을 바탕으로 얼개를 꾸민 것이다.

10 여기에 제시하는 〈감은장아기 설화〉의 요약본은 현용준(1980)의 〈삼공 본풀이〉(192-204)를 대본으로 하였으되 이 논문의 논지와 관련 없는 부분은 가급적 생략하였다.

마퉁이"와 달리 부모를 지극히 공대하는 "족은마퉁이"를 본 뒤 감은장아기는 효성이 지극하고 또 심성이 착한 족은마퉁이와 결혼한다. 어느 날 그녀는 족은마퉁이를 따라 마 캐는 곳으로 구경을 갔다가 그곳에 굴러다니는 것들이 금덩이임을 알게 된다. 이 금덩이로 인해 감은장아기는 훗날 부자가 되었는데 부모 생각이 나서 100일 동안 걸인 잔치를 벌인다. 마지막 날, 맹인 거지가 되어 잔치에 온 부모는 감은장아기를 만나 눈을 뜨며 부자로 같이 잘살게 된다.[11]

위의 두 이야기에서 선화공주와 감은장아기는 마를 캐던 곳에 있는 물체를 금덩이로 인지하는 인물, 서동과 족은마퉁이는 금덩이를 알아보지 못하고 그 주변에서 마를 캐던 인물로 상정되어 있다. 비록, 발견한 금덩이를 활용해 성공에 이르는 인물(사실상, 설화의 주인공)이 서로 다를지라도 두 설화의 서사 구조 속에서 선화공주와 감은장아기 그리고 서동과 족은마퉁이는 직접적인 대응 관계를 보여 준다.[12]

이처럼 구조적 유사성을 보이는 두 설화의 비교는 서동을 제주방언의 '마퉁이'와 관련지어 해독할 수 있게 해 주는 실마리를 제공한다. 이러한 점에 주목하여 일찍이 서재극(1975)에서 서동을 〈감은장아기 설화〉에 나오는 이름대로 "마퉁"으로 읽은 바 있다.[13] 그 외 여러 논저에서도 서동과 마퉁이의 관련성이 언급된 적이 있으나 그럼에도 불구하고 해당 업적들

---

11 이와 같은 결말은 〈심청전〉의 해당 요소를 수용한 결과일 터이다.
12 이로써 보면 〈무왕 설화〉의 조력자 '선화공주'를 서사의 주인공으로 변개한 제주도판 설화가 바로 〈감은장아기 설화〉인 셈이다. 거꾸로, 여러 가지 면에서 그 개연성이 그리 높지는 않지만 '감은장아기'를 신라 출신의 조력자로 바꾼 것이 〈무왕 설화〉라고 할 수도 있다.
13 서재극(1975)에서는 "개개 어사의 형태가 현 방언에 어떻게 잔존하고 있는가"(1면)를 향가 해독 작업의 주요 고려 사항으로 내세우고 있다. 그러한 까닭에 '薯童'을 해독하면서 제주방언의 '마퉁이'를 끌어들이는 데 큰 어려움이 없었던 것으로 판단된다.

에서 제주방언의 '마퉁이'가 어떠한 의미로 쓰이는 단어인지 확인하는 데까지 이르지는 못했다.

이상에서 언급한 〈감은장아기 설화〉를 제외할 때, 이제까지 출간된 제주방언 관련 자료집 중에 '마퉁이'를 수록하고 있는 것은 《제주말 큰사전》(송상조 2007)이 유일하다.[14] 이 사전에 따르면 제주방언의 '마퉁이'는 제주도 "전역"에서 사용되는 "사내아이"를 뜻하는 말이다. 아래에 해당 사전 항목의 뜻풀이를 그대로 옮겨 온다.

> **마-퉁이**: '마를 캐는 아이'의 뜻으로 보이나, 그 뜻이 변하여 사내아이를 가리키는 말로도 쓰임. '큰놈, 작은놈' 하는 것과 거의 같은 뜻임. '큰-, 족은-' 따위. [전역]

그러나 그 외 수많은 종류의 사전류 자료집이나 텍스트 자료집[15] 어느 곳에서도 '마퉁이'는 발견되지 않는다. 심지어 방대한 규모의 《제주어구술자료집》(총 28권)[16]에도 이 단어가 전혀 포함되어 있지 않다. 이와 같은 사실은 '마퉁이'가 제주 "전역"이 아니라 제주도 내의 '특정' 지역에서만 쓰이는 단어일 가능성을 시사한다.

또 이 단어가 지시하는 의미도 "사내아이"라기보다는 '아들'이다. 그리하여 〈감은장아기 설화〉의 '큰마퉁이, 셋마퉁이, 족은마퉁이'는 각각 아들 삼 형제를 서열대로 이른다. 이때 '마퉁이'에 선행한 '큰-, 셋-, 족은-'은 제주방언의 친족 관련어에 주로 결합하여 동기同氣간의 서열을 나타내 주는

---

14 물론 이 단어는 《(개정증보) 제주어사전》(2009)에도 실려 있지 않다.
15 이 유형의 방언자료집에는 '생활사'에 관한 구술 발화나 '설화, 무속, 민요, 속담' 등을 채록한 것들이 포함된다(정승철 2014a: 16).
16 제주학연구센터에서 펴낸 《제주어구술자료집》(2015~2019)은 각 권마다 제주도 내의 1지점을 택해 '조사 마을, 제보자 일생, 밭일, 들일, 바다일, 의생활, 식생활, 주생활, 신앙, 세시풍속' 등에 관한 구술 발화를 조사하여 그 결과를 정리·수록한 자료집이다.

접두사다.[17] 아울러 '마퉁이'는 '남에게 자기 아들을 이르는 말'로 쓰이는 "사내아이"와도 용법상 분명한 차이를 보인다. 제주방언의 '마퉁이'가 '아들'을 가리키는 까닭이다.

참조를 위해 이들 접사를 대표하여 '큰-'에 관한 《제주말 큰사전》(2007)의 뜻풀이를 덧붙인다.

큰: 가족을 나타내는 말에 결합되어 '첫째의'의 뜻을 나타내는 말. [전역]

다만 제주방언의 '큰-, 셋-, 족은-'은 형제·자매[ex. 큰성(=맏형)]나 자녀·손주[ex. 셋뚤(=둘째딸), 큰손지(=맏손자)] 및 그들의 배우자[ex. 셋동세(=둘째동서), 족은사위(=막내사위)]뿐만 아니라 삼촌·조카[ex. 족은삼촌(=막내삼촌), 큰조캐(=맏조카)]는 물론 '집'[ex. 족은집(=작은아버지의 집)]에도 연결될 수 있으므로 이들 접두어가 꼭 "가족을 나타내는 말"에만 한정되어 쓰인다고 말하기는 어렵다. 제주방언에서 이 접사는 친가와 외가, 직계와 방계, 친척과 인척의 구분 없이 남녀노소를 불문하고 모든 친족 관련어에 붙을 수 있다.[18]

요약건대, 현대 제주방언을 고려할 때 〈감은장아기 설화〉에 나오는 인물명 '마퉁이'는 '아들'을 가리키는 말이다. 나아가 해당 설화의 '큰마퉁이, 셋마퉁이, 족은마퉁이'에서 보듯, 동기간의 서열을 나타내는 접두사 '큰-,

---

17 제주방언에서 동기간의 서열을 나타내는 접두사를 순서대로 이르면 '큰-, 셋-, 말젯-, 족은-' 모두 넷이다(정승철 2013: 50). 그래서 동기가 다섯 이상일 경우에는 이들 접사의 연쇄로 해당 서열의 인물을 지칭하게 된다. ex. 아들이 6형제일 경우: 큰아들, 셋아들, 큰말젯아들, 셋말젯아들, 족은말젯아들, 족은아들.

18 한라산의 백록담 남쪽에 위치한 '윗세오름'은 애월읍 광령리에 속한 세 봉우리를 가리키는데 그 크기와 위치에 따라 각각 '큰오름∽붉은오름'(1,743m), '셋오름∽누운오름'(1,714m), '족은오름∽새끼오름'(1,711m)으로 불린다(오창명 1998: 76-77). 이때의 '큰오름, 셋오름, 족은오름'은 의인화된 사물[이 경우에는 '오름'(=산)]에 '큰-, 셋-, 족은-'이 결합된 지명일 터이다.

셋-, 죽은-'이 이 단어에 자유로이 결합될 수 있음은 '마퉁이'가 '막내아들'로 한정되지 않는다는 사실을 함축한다. 그러므로 '薯童'을 '막둥이'로 규정하고 이에 대해 해독을 시도한 양주동(1942) 등의 견해는 적어도 어원론적으로는 받아들이기 어렵다.

3. '마퉁이'와 '말퉁이'

제주방언에서 '아들'의 뜻을 지닌 '마퉁이'는 '말퉁이'로도 쓰인다.[19] 그런데 전국 어디에서도 '마'(=미끈거리는 점액질인 '뮤신' 성분이 풍부한 맛과의 덩굴풀)를 '말'이라 부르지는 않으므로 '마퉁이'는 식물 '마'와 관련된 단어가 분명히 아니다. 따라서 이들 단어의 어원론을 전개하는 데는 선행 요소로서 '마-∽말-'(또는 '맣-∽맗-')의 의미 규명이 관건이다.

일단 '마퉁이'와 '말퉁이'를 형태적으로 분석하면 '맣-둥이'와 '맗-둥이'가 된다. 이때의 '-둥이'(<-동이)'는 '어떠한 성질을 가졌거나 그러한 성질과 관련이 있는 사람'을 뜻하는 접사로, 흔히 특정한 '성질'을 나타내는 어기에 직접 결합한다[ex. 늦둥이, 막둥이, 쌍둥이, 억지둥이(=억지를 잘 부리는 사람)]. 나아가 '쉰둥이(=나이가 쉰이 넘은 부모에게서 태어난 아이), 일곱둘둥이(=칠삭둥이), 해방둥이' 등에서처럼 이 접사에 시간 관련어가 선행하는 수도 있다. 이때의 '-둥이'는 '어떤 시간과의 관련 아래에서 태어난 사람'을 가리킨다. 하지만 어떠한 경우의 '-둥이'를 가정하더라도 이에 결합시킬 수 있는 어기로 '마-∽말-'(또는 '맣-∽맗-')의 교체[20]를 보이면서 '薯童'

---

19 유일하게 '서귀포시 대정읍 무릉2리'에 대한 조사 결과로 '마퉁이∽말퉁이'가 쓰인다는 사실을 알려 주신 제주대학교의 강영봉 명예교수님께 감사드린다. 강 교수님의 의견을 참조하면 '마퉁이'나 '말퉁이'는 제주도의 모든 지역에서 사용되는 그런 단어는 아닌 것으로 판단된다. 한편 김지홍(2014)의 서두에 실린 '부모님께 바치는 글' 속의 "샛말퉁이(次子 薯童)"란 표현에서도 '말퉁이'의 존재를 확인할 수 있다.

(또는 '무왕')과 필연적 관련을 지니는 특정 요소가 딱히 떠오르질 않는다.

그런데 다음 예들에서 보듯 제주방언의 '-둥이'가 공간을 나타내는 말에 결합되기도 한다는 사실은 '마-∞말-'의 의미 추정에 일말의 단서를 제공한다.[21]

> **길둥이∞질둥이**: 임신부가 밭이나 바다에 일하러 나갔다가 돌아오는 사이에 미처 집에 도착하기 전에 길에서 분만했을 때 그 애에게 붙여지는 별명. [전역]
> **축항둥이**: 임신부가 바다에 해녀 작업하러 나갔다가 돌아오는 사이에 미처 집에 도착하기 전에 항구에서 분만했을 때 그 아이에게 붙여지는 별명. [오조]

이때의 '-둥이'는 '어떤 장소에서 태어난 사람'을 가리키는바 선행 요소로 특정 장소를 거론하는 일이 가능해지기 때문이다. 백제어도 동일한 용법을 보였으리라는 전제 아래, '薯童'과 관련된 지명을 '-둥이'의 선행 어기로 상정할 수 있게 되었다는 말이다. 결국 기존의 통설대로 서동이 백제 무왕이라면 그의 출생지나 성장의 근거지가 그 대상이 된다.

백제 무왕(재위: 600~641)은 실제 역사상으로 출생이 불확실하나 "즉위 이전까지 생활한 삶의 터전"이 익산이었다(박현숙 2017: 64)는 것만은 역사적 사실로 널리 인정받고 있다. 사실상 전북 익산 지역이 무왕 세력의 근거지였던 셈이다. 그가 재위하는 동안 익산 천도를 계획했던 점이나 〈무왕 설화〉 속에 등장하는 '미륵사'(629년 완공)의 실제 위치가 익산이라는 점 등은 무왕이 이 지역과 매우 밀접한 관련을 가진 인물이었음을 단적

---

20 이에 대해 'ㄹ'탈락을 겪어 '말퉁이〉마퉁이'로 변했다고 할 수도 있다.
21 이해의 편의를 위해 아래의 단어들에 대해 《(개정증보) 제주어사전》(2009)의 뜻풀이를 덧붙인다.

으로 드러낸다. 익산 땅에서 성장하여 백제 왕의 지위에까지 오른 인물, 요즘 같으면 '자랑스러운 익산의 아들'로 불렸음 직하다.

한편 전북 익산은 "한때 마한연맹체의 맹주국의 지위"를 누리던 '건마국 乾馬國'이 위치했던 곳이다(노중국 2018: 396). 비록 4세기의 끝 무렵에 건 마국을 포함한 마한연맹체가 백제에 흡수되었을지라도[22] 익산은 "한때" 마한을 대표했던 지역으로서 연맹체 소멸 후 꽤 오랜 기간 '馬韓'(또는 '乾 馬')이란 별칭을 유지하고 있었을 것으로 짐작된다. 그러한 익산 출신의 입지전적인 인물 무왕이 당시의 백제 사회에서 '馬韓의 후예'로 일컬어졌 을 가능성도 충분하다.

이러한 추론과 연관 지어 '마퉁이∽맛퉁이'의 어원을 다시 살필 때 흥미 로운 점은 그동안 역사학계에서 '馬韓'이 '말한'의 한자 차용 표기, 곧 '말한'의 '훈차[馬]+음차[韓]' 표기로 간주되어 왔다는 사실이다. 가령 신채호(1880~ 1936)의 〈조선사〉(1931)[23]를 보자.

신한 (말한)불한을 當時朝鮮에서 辰韓馬韓卞韓으로 音譯 … 말한불한은 義譯하야 左輔右輔라하얏스니(《조선일보》 1931.7.2.)[24]

'馬韓'에 대해 '말한'으로의 해독을 명시적으로 보여 주는 것이다.[25] 만일

<hr>

22 마한은 "경기·충청·전라도 지역"에 산재해 있던 50여 개 "국"의 "연맹체"(385면)로, 맹주 국이 일부 교체되면서 4세기 중후반까지 존립하다가 백제에 완전히 병합되었다(중앙 문화재연구원 엮음 2018).

23 〈조선사〉는 1931년에 《조선일보》(6월 10일~10월 14일, 총 103회)에 연재된 논설인데 이들이 훗날 《단재 신채호 전집》(1972)으로 묶여 간행되면서 '조선상고사'로 이름이 바 뀌어 출판되었다(박기봉 2006: 10).

24 여기서는 원문 표기 그대로 인용하였다. 다만 인용 원문 앞쪽에는 '말한'이 나타나지 않으나 앞뒤 문맥을 고려하여 '말한'이 누락된 것으로 판단, 이를 괄호 속에 삽입하였다.

25 노중국(2018: 396)에서는 신채호(1931)와 마찬가지로 '馬'를 '말'로 읽되 이 단어가 "크 다"라는 뜻을 가진다 하였다. 한편 전진국(2020: 10)에 따르면 김정호金正浩(1804?~ 1866?)가 이미, 일부 방언에서 '馬' 자가 '크다(大)'라는 뜻을 나타낸다고 언급한 바 있다

해당 시기에 한자 음독音讀 방식의 관습화[26]가 어느 정도 이루어졌다면 응당 '마한'과 '말한'의 수의적 공존이 예상된다. 비로소 '-둥이'의 선행 어기로서 '마∽말-'의 교체[27]를 보이는 무왕 관련 지명을 특정할 수 있게 된 셈이다.

정리하면, 서동이 살았던 백제 시대에 익산, 즉 옛 마한 출신의 걸출한 인물을 가리켜 '마퉁이' 또는 '말퉁이'라 불렀다. 이때의 '마퉁이∽말퉁이'는 '마한'을 뜻하는 '마∽말-'(더 정확히는 '많∽많')에다가 '사람'을 뜻하는 '-둥이'가 결합하여 만들어진 말이었다. 실제 역사상으로 서동, 즉 백제 무왕은 익산 지역을 근거지로 하여 왕이 된 사람이므로 '마퉁이∽말퉁이'로 불릴 만한 충분한 자격을 갖춘 인물이었다. 그리하여 당시에 그는 '마한의 아들'이란 뜻으로 '마퉁이∽말퉁이'라 일컬어졌는데 백제로의 합병 후 오랜 시일이 지나 '마한'이란 명칭이 세간에서 잊혀지면서 '마퉁이∽말퉁이'는 그 뜻이 그냥 '아들'로 변경되었다. 특히 무왕의 이야기가 설화로 정착되는 과정에서 '마퉁이'는 식물 '마'와 관련을 가지는 말, 즉 '薯童'으로 어원 인식의 변화가 이루어지기까지 하였다. 세월이 흘러 해당 단어가 옛 백제 지역의 일상에서는 사라졌으나 현대에 이르러 그 흔적을 제주방언에 남기게 되었다.[28]

고 한다. 《대동지지》(권 29)의 〈삼한제국三韓諸國〉에 나오는 김정호의 해당 진술을 소개하면 다음과 같다; 우리나라 방언에서 사물의 큰 것을 일컬어 '말'이라 한다. 또 무릇 크다고 말할 때 '한'이라고 한다.(東人方言稱物之大曰馬 又凡言大曰韓)

26 한자 음독의 "관습"은 신라 경덕왕(재위 기간: 742년~765년) 때 지명을 "중국식"으로 전면 개명改名하는 등 오랜 기간의 "중국화 과정"을 거쳐 일반화되었다(이기문 1972a: 46). 이로써 보면 익산의 미륵사지가 위치한 '금마면金馬面'은 한자 음독의 "관습"이 정착된 이후에 출현한 지명이라 할 수 있다.

27 '마퉁이∽말퉁이'에 보이는 '-둥이〉-퉁이'의 격음화는, 삼한三韓 중 마한의 구별 표지로서의 '마-, 말-'이 'ㅎ'를 말음으로 가지는 형태, 즉 '많-, 많-'이었음을 시사한다.

28 제주도의 일부 지명, 즉 제주시 조천읍 대흘2리의 '마퉁전馬桶田~ 물퉁난밧'이나 서귀포시 안덕면 광평리의 '마퉁동馬通洞~ 물퉁동네' 등에서 '마퉁~ 물퉁'의 대응이 발견된다(오창명 2007). 하지만 제주방언은 어두음절에서 '아'와 'ᄋ'의 변별을 보여 주므로 이들 지명은 우리의 '마퉁이∽말퉁이'와는 전혀 관련이 없는 말이다. 이들 지명에 나타나 있는 '퉁'은 '물퉁'의 준말로 여겨진다.

외지 출신 문인의 제주도 기행문
1930년대 신문 연재물을 중심으로

1. 머리말

1935년에 조선총독부는 관광 산업을 "활성화"할 목적으로 '조선 팔경'을 선정하였는데 이 작업의 결과, 한라산이 제1위를 차지하였다(박찬모 2015: 237-241). 또 이 시기에 출간된 《조선 여행 안내기》(조선총독부 철도국, 1934)나 《조선의 관광》(조선지관광사, 1939) 등과 같은 일본어 여행 안내서에도 한라산을 필두로 하여 제주도의 풍물, 박물(지질과 식물), 명소, 등산 등에 관한 사항이 매우 자세히 소개되었는바(박찬모 2015: 241-248) 이러한 사실들은 당시에 제주도가 '조선'의 대표적인 관광지로 주목받고 있었음을 알려 준다.

특히 1930년대 중후반 무렵, 신문·잡지 등의 언론매체는 관광 여행지 홍보 등을 위해 유명 문인 등 명사들의 제주도 기행(한라산 등반 포함)을 기획하고 해당 신문·잡지의 주요 지면을 할애하여 그들의 기행문을 단편 또는 연재의 방식으로 게재하였다. 이러한 차원에서 제주도 기행문을 집필한 당대의 대표적인 문인으로 이무영李無影, 이은상李殷相, 정지용鄭芝溶을 들 수 있다.[1] 이들은 《동아일보》나 《조선일보》 등 언론매체의 청탁을 받아

---

* 이 논문은 《제주 방언과 언어 연구의 구심력과 원심력》(2022, 역락)의 407-426면에 실렸다.
1 이들 이외에도 해당 시기의 일간지에 제주도 탐방기를 게재한 이는 여럿이나 여러 가

제주도를 탐방한 후, 한라산이나 바다 및 해녀 그리고 제주도 사투리 등에 관해 자신의 감상과 느낌을 적은 기행문을 남겼다.

2. 이무영의 〈꿈속의 나라 제주도를 찾아서〉(1935)

충북 음성 출신의 이무영(1908~1960)은 동아일보사 기자로 근무하면서 일종의 기획 기사로 제주도 기행문 〈꿈속의 나라 제주도濟州島를 찾아서〉를 《신동아》(1935년 8월호, 147-159면)에 발표했다(〈사진 1〉 참조). 이 기행문의 서사와 말미에 적힌 집필 날짜(7월 4일)를 참조할 때 그는 나중에 내용을 가감하고 구성을 조금 바꾼 개작 원고를 써서 《동아일보》(1935.7. 30.~8.8.)에 〈수국기행〉(1~8)이란 제목으로 연재했음을 알 수 있다(〈사진 2〉 참조).[2] 제주에 머무는 기간 내내 폭우가 내린 까닭에 기행문의 제목도 "꿈속의 나라 …"에서 "수국水國 …"으로 변경했던 것으로 여겨진다.

지 이유로 이 글의 논의 대상에서 제외했다. 가령, 함북 학성 출신의 김기림金起林 (1908~?)도 《조선일보》(조간, 1935.8.2.~8.9.)에 〈생활 해전海戰 종군기: 제주도 해녀 편〉(1~7)을 연재한 바 있지만 이 연재물은 기행문이라기보다 해녀에 관한 '집중 취재 기사'에 더 가까워 여기에서 다루지 않았다.

한편 이 논문에서는 특별한 경우(작가의 고유 문체나 표현 등)가 아니라면 작품의 원문을 인용할 때 대체로 현행 한글 맞춤법(띄어쓰기 및 문장부호 포함)에 맞추어 제시한다. 아울러 이해의 편의를 위해 원문의 한자도 대부분 한글로 바꾸되 필요할 경우에는 이를 병기하기로 한다.

2 1920년 4월 1일에 창간된 《동아일보》(석간)는 1932년 11월 25일부터 조간과 석간을 모두 발행하는 조·석간제를 시행하였다. 이러한 체제 아래에서 〈수국기행〉의 1회(7.30.), 2회(7.31.), 5회(8.5.)는 석간에 실렸고 3회(8.3.), 4회(8.4.), 6회(8.6.), 7회(8.7.), 8회(8.8.)는 해당 일자의 조간에 실렸다. 한편 원문을 인용할 때 《신동아》에 실린 것은 면수, 《동아일보》에 실린 것은 연재 횟수를 표시하여 그 출처를 달리 밝혀 준다. 다만 여기서는 서사와 표현 및 표기의 면에서 좀 더 완결성을 보이는 《신동아》 게재 기행문을 중심으로 논의를 진행하기로 한다.

사진 1 《신동아》 1935년 8월호

사진 2 《동아일보》 1935년 7월 30일

　이무영은 '목포(17:00) → 제주' 여객선으로 1935년 6월 26일(수) 새벽 3시, 제주도에 도착해서 5일간 머무르다가 6월 30일(일)에 목포행 배를 타고 제주를 떠났다. 〈꿈속의 나라 제주도를 찾아서〉에 따르면 원래는 한라산 등반을 하려 했으나 폭우로 인해 어쩔 수 없이 이를 포기하고 대절차를 빌려 1박 2일간 도내 일주를 하였다(폭우 때문에 이틀은 시내에 머묾). 그는 비

가 내리는 가운데 읍내(삼성혈-공자묘-용연)-조천-김녕-서귀포(1박, 천지
연폭포-정방폭포)-모슬포-협재-읍내까지 해안도로를 따라 제주도 일주를
하며 보고 듣고 느낀 바를 기행문으로 썼다.

　이 기행문에 나타나 있는 제주도에 대한 이무영의 지배적 인상은 '신기
함(=믿을 수 없을 정도로 색다르고 놀라움)' 또는 이를 넘어서는 '신비함(=
도저히 이해할 수 없을 만큼 신기하고 묘함)'이다. 그리하여 원고 곳곳에
서 "진기스러운 인상"(148면)이나 "여기 아니면 못 볼 풍치"(153면), "동양
에서도 진기한 존재"(제8회) 나아가 "인어人魚의 나라"(제1회), "지상낙원,
꿈속의 나라"(158면) 등의 표현을 통해 그러한 인상을 직접적으로, 때로는
상징적으로 그려 냈다.

　이는 제주방언에 대해서도 마찬가지였다. 전혀 알아듣지 못하는 제주
도 사투리가 그에게는 그저 신기했을 따름이다.

　　밭머리의 여인 한 분이 "저리 가면 어떠쑤까!" 하고 고함을 칩니다. '쑤까'
　　는 '데쓰까?'에서 온 방언인 상싶습니다. 이 씨는 한동안 그 여인과 이야기
　　를 합디다. 그러나 '했쑤까'라든가 '그랬쑤까' 하는 말 이외에는 한마디도
　　알아들을 수 없더니(153면)

　그런 신기함에 경도되어 제주방언의 의문 종결형 '-수까(=-습니까)'를
외국어에서 기원한 어미로 파악하는 우를 범했다. 이때의 '-수-'는 15세기
한국어의 겸양 선어말어미 '-ᅀᆞᆸ-' 또는 '-ᄉᆞ오-'에서 유래한 것인데(정승철
1995a: 156) 이무영은 이 어미를 일본어의 의문 종결형 '-ですか(=-입니까)'
의 "쓰까"와 잘못 연결 지은 것이다.[3] 그 외, 외지인이 보기에 신기해할 제

────────────

3 '족수까(=작습니까)/크우까(=큽니까)'에서 보듯 이 어미가 모음으로 끝나는 말 뒤에서
　'-우까'로 나타난다는 사실, 그리고 '족수다(=작습니다)/크우다(=큽니다)'에서 보듯 이
　에 대응하는 평서문 어미가 '-수다/우다'라는 사실 등을 참조할 때 이 '-수까'를 일본어

주도 사투리 두 개를 더 소개했다.

> "우러러!" … 이 신호가 자기의 말을 부르는 소리라 합니다.(158면)
> '육지' 제주도에서는 조선 본토를 이렇게 불른다.(제6회)

아울러 생계 때문에 불가피하게 부단히 물질을 해야 하는 '해녀' 또한 그가 느끼는 신기함의 대상에서 크게 벗어나지는 못했다.

> 대정리를 지나 모슬포에 이른 것은 오후 4시 … 해녀들의 작업하는 광경을 구경하였습니다. 고목 줄기 같은 그네들의 팔다리 … 이것이야말로 현대과학으로도 정복하지 못할 수중국水中國을 정복하는 위대한 권세를 가진 것이외다.(158-159면)
> 밤낮으로 대양 창파와 싸우는 그들인 만큼 그 체격의 균형됨은 말할 것도 없거니와 남국인 기후와 극치를 다한 자연의 감화인지 아름답기가 비길 곳이 없다.(제6회)

해녀들이 처한 고단한 현실에 대한 인식 없이[4] 그들의 딴딴한 육체만을 "위대"하고 "아름답"게 바라보고 있는 것이다. 이에서 더 나아가, 실제 생활이 결핍된 외지인 관찰자의 낭만적 시선 속에 제주도는 풍요로운 "자유국"이 된다.

의 '-ですか'에서 기원한 것으로 보는 견해는 명백한 잘못이다.
[4] 물론 1930년대, 제주도 해녀들이 일치단결하여 일제에 항거했던 "사건"에 대해 언급하기도 했다; 해녀 300여 명이 자기네의 생명선인 해상권과 작업 임금에 대한 불평으로 … 최후까지 항쟁한 사건 등은 아직도 우리의 기억에 새로운 사건이다. … 그것은 대개 남성 사회의 일이었고 여성들이 정의를 위하고 자기네의 이권을 위하여 싸운 기억은 아직도 없다.(제6회)

> 제주도의 여성들은 헤엄 못 치는 여성이 하나도 없다. … 그들이 근면하
> 니 어찌 생활이 군색하다 하랴.(제8회)
> 제주도는 꿈의 나라! 미美의 나라! 그러나 그보다도 어느 정도의 자유국
> 입니다.(159면)

이처럼 이무영은 다소 편향된 시각을 가지고 제주도를 바라보았는바
자신이 소속된 신문사의 기획 의도에 따라 주로 관광지 홍보 차원에서 해
당 기행문을 작성했기 때문이라고 할 만하다. 물론 제국주의 일본에 대한
의식이 이 글의 시점視點이나 서사 구조에 영향을 미친 바도 없지 않다. 단
적으로 〈수국기행〉의 결말 부분에서 "꿈의 나라"에 대한 서술과 "너무 동
떨어지는" 이야기로 끝맺음을 한 것은 그러한 의식의 직접적 발현이라 할
수 있다.

> 마지막으로 소개할 것은 요새지로서의 제주도다. … 두 곳에는 군용비
> 행장이 있어서 지하에 중유가 채워 있다고 한다. …너무 동떨어지는 것 같
> 으나 극동의 풍운이 이러도록이나 순조롭지 못할 때에는 이 또한 어찌하
> 지 못할 것이다.(제8회)

중일전쟁 발발(1937년) 전, 중국에 대한 본격적인 침략을 준비하기 위해
일제가 제주도의 모슬포 지역을 해군 항공기지로 요새화한 사건에 관한
이야기다.

3. 이은상의 《탐라기행 한라산》(1937)

경남 창원 출신의 이은상(1903~1982)은 조선일보사가 주최한 제2회 산

악순례 사업의 한라산 탐험단 단장으로 한라산 등정에 참여했다.[5] 이 탐험단 일행(총 53명)은 전날 "밤"에 출발한 '목포→제주' 여객선을 타고 1937년 7월 26일(월) 아침 6시, 제주도에 도착해서 3박 4일간의 여정을 마친 뒤 29일(목) 밤 "열한 시"에 여수행 배를 타고 제주를 떠났다. 그들은 26일과 27일 양일간, 제주 읍내(삼성혈)-애월-한림-안덕(산방산-안덕계곡)-중문(천제연폭포)-서귀포(1박, 정방폭포-천지연폭포)-성산포-구좌(비자림)-김녕-조천-읍내(1박)까지 "자동차"로 도내 일주를 하고 28일과 29일 양일간은 "트럭"으로 산천단까지 가서 관음사-백록담(1박)-영실 코스로 한라산 등반을 마쳤다.

사진 3 〈한라산 등반기 6〉(《조선일보》 1937.8.6.)

사진 4 《탐라기행 한라산》 표지

---

5 조선일보사의 산악순례 사업은 1936년 8월의 백두산 탐험단(단장: 서춘)으로부터 시작되었다.

이은상은 이 기간 동안의 행적과 느낌을 적은 기행문을 써《조선일보》
(석간)에 2개월가량 연재했는데(1937.7.27.~9.23.)[6] 두어 달쯤 뒤에 이 연
재 기사들을 한데 묶어 조선일보사에서 단행본(《탐라기행耽羅紀行 한라산
漢拏山》, 1937년 12월)으로 간행하였다(〈사진 3〉, 〈사진 4〉 참조).[7] 구성과
내용, 표현 및 표기 등 여러 가지 면에서 이 두 기행문을 비교해 보면 양자
는 표기 이외에는 그다지 큰 차이를 보이지 않는다.[8] 표기의 경우,《조선일
보》연재본은 조선어학회의 〈한글맞춤법통일안〉(1933)을 따르지 않은 데
반해 단행본은 이 표기법을 전적으로 따른 까닭에 양자 사이에 근본적 차
이를 시현하고 있는 것이다.[9] 그러기에 여기서는, 둘 중에 단행본을 대상
으로 논의를 진행함으로써 인용의 편의를 도모하고자 한다.

다소 방대하지만, 이 기행문 전체를 관통하는 제주도에 대한 이은상의
지배적 심상은 '거룩함(=뜻이 매우 높고 위대함)'이다. 그는 "거룩한 순례
의 길"(30면), "이 순간의 거룩한 감화"(99면), "거룩한 의도"(101면), "거룩
한 산악"(220면) 등 직접적인 표현을 사용해 기행문 곳곳에서 그러한 심상

---

6 이 기행문은 연재 시기에 따라 기사 제목이 다르다. 7월 27일에서 7월 29일까지 그리
  고 8월 4일에서 8월 22일까지는 〈한라산 등반기〉(1~20)이며 8월 24일에서 9월 3일까
  지는 〈한라산 순례기 해안선 행각〉(21~30), 그리고 9월 5일에서 9월 23일까지는 〈한
  라산 순례기 등산편〉(1~16)이란 제목으로 연재되었다. 다만 9월 23일 기사의 마지막
  연재 번호가 '15'로 표기되어 있으나 9월 9일과 10일의 두 기사의 연재 번호가 똑같이
  '4'이므로 '등산편'은 총 16편의 연재 기사가 실린 것으로, 이를 바로잡아 둔다.
7 《반도산하》(1944)에 실린 이은상의 〈탐라의 한라산〉(총 39편)은,《탐라기행 한라산》
  의 내용을 순서대로 일부 발췌하여 별도의 여행기로 엮은 것이다(표현 및 표기를 약
  간 수정하였다).
8 이 두 기행문에는 본 기행담 외에도 관련 설화나 전설, 민요 그리고 연관된 역사적 사
  실 및 창작시가 공히 베풀어져 있다.
9 이처럼 단행본에서 표기법의 근본적인 수정이 이루어지게 된 것은 이은상이 조선어
  학회 회원이었던 데에 기인한다(그는 '조선어학회 사건'으로 투옥된 33인 중의 1인이
  다). 단행본 간행에 이은상 자신이 주체적으로 관여하면서 표기 전반을 조선어학회의
  맞춤법에 맞게 수정하였으리라는 말이다. 한편 《조선일보》는 1946년 3월부터 〈한글
  맞춤법통일안〉(1933)에 따른 표기를 전면적으로 보여 준다.

을 명시적으로 드러냈다. 그러기에 제주도를 찾는 대부분의 사람들이 그저 "신기하게만" 바라보던 "잠녀"를 대할 때도 그는 '건숙함(=경건하고 엄숙함)'을 잃지 않는다.

> 말로만 듣고 그림으로만 보는 그 해녀들을 만나려는 우리는 모두가 극도의 흥미를 가진 것이다.(49면) … "저기, 저기다." 하고 일행은 모두들 외쳤다. … 잠녀들이 혹은 나란히, 혹은 떨어져 물결 따라 넘노는 것을 볼 때 내 입에서는 '저런, 저런' 하는 경탄의 소리가 나오는 것뿐(51면) … 이것을 신기하게만 볼 사람이 뉘가 있느냐. 열 살에 헤엄을 배우고 오십이 넘도록 물속에 살아 추운 겨울도 생활을 위하여 오히려 저 물속에 몸을 던지고 어린 자식을 물가에 앉혀 두고서 저녁 끼니를 얻으려고 저 깊은 바다 밑을 더듬는 것이어늘 뉘가 저들을 '재주'라고만 이를 것이냐.(53면)
> 방수경 우에 주름 잡힌 이맛살은 그대로 고해일생苦海一生이 상으로 주고 간 금선金線일런가 하매 나는 여기서 다시 한번 저 늙은 해녀 앞에 고개를 숙이고 건숙虔肅하게도 경의를 표하지 않을 수 없다.(108면)

위 인용문에서 보듯 그는, 식구들의 생계를 위해 극한의 환경에서 평생토록 물질을 해 온 해녀를 거룩하게 바라보고 있는 것이다. 이러한 '거룩함'은 "한라산 상"의 백록담에 이르러 '신성함(=함부로 가까이할 수 없을 만큼 고결하고 거룩함)'으로 발전하기도 했다.

> 운하雲霞 속으로 백록담을 나려다보매 이것은 신선神仙의 동부洞府일 수밖에 없고 지금 이 홍몽한 경관은 천지창조의 첫 페이지를 실연하는 듯하다.(188면) … 이 거룩하고 신비한 한라산 상(198면) … 지금 이곳이야말로 최고의 영장靈場, 최대의 성전聖殿으로 뽑은 곳(202면)

나아가 결코 "다른 데서는 들을 수 없는" 제주도의 "이상한 사투리" 또한 그에게 "거룩함"의 대상으로 인식되었다.

저 바당에 배 많이 뜬들 어느 배에 님 온 줄 알리. 명주바당 실바람 불어 귀에 쟁쟁 열위건마는 님도 배도 안 오람서라.(106면) … 포녀浦女가 이상한 사투리로 부르는 노래를 듣노라매(107면)[10]
한자로 무슨 '봉'이라, 무슨 '악'이라 쓴 것은 전부 '오름'이라고 부르는 것이 다른 데서는 들을 수 없는 이곳 특수한 언어(205면)
경관이 이러하고야 이름인들 함부로 지을 것이랴.(114면) … 이름의 거룩함과 실상의 장려함을 고맙게 보고 느껍게 생각(115면)

특히 제주도 곳곳에 남아 있는 고유한 옛 지명은 '조선어'의 원형을 간직한 "조선 민족"의 성스러운 문화유산으로, 어원론적으로나 민속학적으로 탐구할 만한 가치를 지닌 것이었다.

'도근천都近川' … '독내'일 것 … '도근포都近浦'라 함은 곧 '독개'니 그 지형에 따라 '도가니'같이 생긴 포구라는 뜻(59면)
우리말에 '북北'을 '뒤'라 하는 점에 의하여 '도刀'의 '도'와 '북北'의 '뒤'가 같은 것이요, '별別'의 음과 '화禾'의 '벼'가 또한 그 넘나든 자취를 볼 수 있는 점에서 '별도別刀'와 '화북禾北'은 같은 명칭의 서로 다른 번역한 자임이 분명하다.(143면)
한라漢拏라는 것을 '하늘'로 해석하는 것과 아울러 백록白鹿이라는 것은

---

10 이때의 "포녀"는 서귀포에서 들른 주점의 여인을 가리킨다. 한편 해당 여인이 부른 "민요"에 대한 표준어 대역은 다음과 같다; 저 바다에 배가 많이 뜬들 어느 배에 님 온 줄 알리. 명주바다(=명주 결처럼 잔잔한 바다)에 실바람 불어 귀에 쟁쟁 울리건마는 님도 배도 안 오더라.

'불늪'의 역자譯字로 보려 한다. 광명光明이란 것이 이미 조선 민족의 고신도古神道에 있어서 표어標語와 중심이 되어 있음은 여기 중언을 요할 것도 없는 일이요, 또 '백白'자가 '블'의 대표 역자譯字임도 새삼스러이 고증할 것이 없다.(191면)

그리하여 그는 탐방 기간 내내 이르는 곳마다 관련 지명에 대한 자신의 어원론적·민속학적 견해를 드러냈다. 그가 언급한 지명들을 순서대로 정리해 보이면 다음과 같다(한자 표기/한글 표기).

모흥혈毛興穴(40면)/멍굴(42면), 옹포甕浦/독개(79면), 사포沙浦/모실개(85면), 보한리保閑里/불ㅅ개(118면), 한라산漢拏山∞무두악頭無岳(148면), 굴치(155면), 갈밧(166면), 의항蟻項/개모∞개암이목(168면), 안막은다리, 막은다리(174면), 부악釜岳/가마오름, 막울, 움텅밭(203면), 방아오름, 모새밭(205면), 영실(209면), 삼형제산三兄弟山/세오름(214면), 원봉圓峯/못뱅디(215면), 어승산御乘山∞어승마산御乘馬山∞어승생악御乘生岳∞어승마생악御乘馬生岳/얼시목∞얼시심오름(218면), 노루오름, 검오름(219면)

그는 제주도의 옛 지명 속에 한국어의 기원적인 모습이 마치 화석처럼 잔존해 있다고 생각하였다.

제주도의 명칭 … 탐모라耽毛羅, 섭라涉羅, 담라儋羅 … '탐, 섭, 담' 등은 모두 다 '섬'이란 말의 음역자요, '라'라고 한 것은 '나라'란 말의 음역자이어서 '섬나라' 즉 '도국島國'이란 뜻(32면) … '모라, 부라'는 … '무라' 즉 '촌村'이란 말 … '무라'란 것이 'ムラ(村)'이지마는 원래에는 조선어이었던 것(33면)

제주도의 옛 "명칭"을 구성하는 요소 '(모)라'가 본래 "나라"를 뜻하는 말이었으며 훗날 일본어로 전해지면서 "무라" 즉 '마을'로 뜻의 전이가 일어 났다는 것이다. 이를테면 그는 고대 한국어의 선대형 중에 일본어보다 기원적으로 앞선 형태들이 존재한다는 사실로부터 한국의 언어나 문화가 일본의 그것보다 더 원형에 가까움을, 구체적인 예를 들어 주장하고자 했던 셈이다.

이처럼 이은상이 자신의 기행문에서 상당한 지면을 할애하여 제주도 지명에 대해 어원론적·민속학적 해석을 베푼 것은, "조선"의 독자들에게 민족의식을 고취하려는 데 궁극적인 뜻이 있었다.[11] 고유 지명에 깃들어 있는 우리 민족의 문화적 원형을 찾아 이를 일반 대중에게 전달함으로써 민족적 정체성을 함양하는 기회로 삼고자 했다는 말이다. 결국 이은상은 제주도 "순례" 기행문을 통해 우리 민족 문화의 독자성 및 우수성을 주창하여 민족정기를 앙양하는 민족주의의 한 단면을 보여 주었다고 할 만하다.

4. 정지용의 〈다도해기〉(1938)

1938년 8월, 충북 옥천 출신의 정지용(1902~1950)은 전남 강진 출신의 김영랑金永郎(1903~1950)·김현구金玄鳩(1903~1950)와 함께 제주도 탐방(한라산 등반 포함)을 하고 기행문 〈다도해기〉(1~6)를 써 《조선일보》(석간, 1938.8.23.~8.30.)에 연재하였다.[12] 이 연재물은 '학예면'에 실렸는데 해당 지면에 배정된 특집 연재 기획의 큰 제목은 '해변海邊 풍정기風情記'다(〈사진 5〉 참조).

---

11 이은상의 탐방 일정이 당시의 "여행 안내서 코스"와 "대체로 일치"한다는 점(박찬모 2015: 254)에서 그의 기행문이 관광지 홍보의 목적을 전혀 가지지 않았다고 말하기는 어렵다.

12 이들은 훗날 《문학독본》(1948, 박문출판사, 108-129면)에 재수록되었다.

사진 5 〈다도해기 3〉(《조선일보》 1938.8.25.)

《조선일보》의 〈해변 풍정기〉는 '동해편'(백철, 8.18.~8.21.), '남해편'(정지용, 8.23.~8.30.), '서해편'(임학수, 8.31.~9.2.)으로 나뉘어 세 명의 필자가 각각 동해·남해·서해의 특정 해안 지역을 탐방하고 해당 지역의 '바닷가 풍광'에 대해 쓴 세 편의 기행문으로 구성되었다.[13] 이로써 정지용의 〈다도해기〉가 '바다'에 관한 연속 기획의 하나로, 해당 신문사의 청탁을

---

13 '동해편'은 평북 의주 출신의 백철白鐵(1908~1985)이 '서호진西湖津 산경散景'이란 제목으로 총 4회 연재를 했다. 〈서호진 산경〉은 함경남도 흥남시의 해안에 면해 있는 '서호진'에서 며칠 묵으며 해당 명소에 대해 "처음"(제1회) 탐방한 감상을 적은 기행문이다. 게재된 날마다 '해면대海面臺의 낙조落照'(제1회) 등 부제가 붙어 있다.
한편 '서해편'은 전남 순천 출신의 임학수林學洙(1911~1982)가 '몽금포夢金浦 소묘素描'란 제목으로 총 3회 연재한 것이다. 그는 〈몽금포 소묘〉에서 "처음 온 곳"(제1회)으로서 황해도 장연군 '몽금포' 및 그 인근 명소에 대한 감상을 적었다. 역시 '사구沙丘 야취夜趣'(제1회) 등의 부제가 붙어 있다. 이로써 보면 정지용의 '남해편'을 포함한 세 편의 '해변 풍정기'는 동일한 연재 기획물에 속한 기행문으로, 글의 체제나 성격에서 어느 정도 일관성을 띠고 있었던 셈이다.

받아 쓴 글이었음이 분명해진다. "내가 본래 바다 이야기를 쓰기로 한 것" (〈다도해기 6〉)이라는 진술에 그러한 사정이 명시적으로 드러나 있다.

정지용은 제주도에 2박 3일간 머무르며 한라산 등반을 하고 떠나는 날 당일 오전 바닷가에서 해녀들을 만났다. 하지만 그의 〈다도해기〉에는 한라산 등반 이야기가 매우 소략하게 서술되어 있는바 아마도 이는 바다 이야기를 써 달라는 '해변 풍정기'의 원고 청탁 지침에 따라 산 이야기를 줄여 쓴 데에서 비롯한 결과로 여겨진다.[14]

당시의 정지용 일행의 개략적인 제주도 탐방 일정 및 그가 쓴 기행문의 대략을 쉽게 알아볼 수 있도록 각 기사의 제목(부제 포함)과 해당 기사의 주요 내용을 표로 정리해 보이면 다음과 같다. 이 표를 통해 볼 때 정지용의 '제주도濟州島' 기행 본문은 〈다도해기 5〉('일편낙토')와 〈다도해기 6〉('귀거래')의 기사만으로 한정된다고 하겠다.

표1 정지용의 〈다도해기〉 일람

게재 날짜	제목	시간적 배경 및 주요 서술 내용
8.23.(화)	다해기[15] 1: 이가락離家樂	목포행 호남선 열차(23:30)를 타기 전, 등산 여행 준비 ('서울 → 목포' 기차에서 1박)
8.24.(수)	다도해기 2: 해협병海峽病 1	제주행 여객선(21:30)을 탄 후, 선실 안 풍경 및 뱃멀미에 관한 단상
8.25.(목)	다도해기 3: 해협병海峽病 2	갑판 위 정경 및 갑판에서 바라본 다도해 풍광 ('목포 → 제주' 배에서 1박)
8.27.(토)	다도해기 4: 실적도失籍島	갑판 위에서 맞은 새벽, 중간 기착점으로서의 추자도 풍경
8.28.(일)	다도해기 5: 일편낙토一片樂土	"한숨 실컷 자고 나서도 날이 새인 후" 아침, 제주항 어귀에서 바라본 한라산의 모습 (입항) 제주 읍내 풍경 및 생활상 개요 (한라산 등반 중 1박)

14 한라산 등반에 관한 이야기는 사실, 그의 시 〈백록담〉(《문장》 3호, 1939.4.)에 베풀어져 있다고 해야 할 듯하다.

8.30.(화)	다도해기 6: 귀거래歸去來	(하산 후 제주 읍내에서 1박) "오시午時"(12:00)의 여수행 여객선 타기 전, 한라산의 잔상 및 등반의 여운, 해녀에 대한 관찰

이 기행문을 일관하는 정지용의 제주도를 대하는 기본적 심성은 '동심 (=어린아이의 마음)'이라 할 수 있다. 정지용과 그의 일행은 제주행 배를 타고 목포에서 다도해를 빠져나가면서부터 마치 "소년" 시절로 되돌아간 듯 동심을 발현하기 시작하였다.

　갑판 우에서 통풍기를 통하여 "지용! 지용! 올라와! 등대! 등대!" 하는 영 랑의 소리였습니다.(〈다도해기 2〉)
　저 섬들이 총수總數가 늘 맞는 것일지, 제 자리를 서로 바꾸지나 않는 것 일지, 몇 개는 하루아침에 떠들어온 놈이 아닐지, 몇 개는 분실하고도 해도 海圖 우에는 여태껏 남아 있는 것이 아닐지 모르겠으며(〈다도해기 3〉)
　동행인 영랑永郎과 현구玄鳩도 푸른 언덕까지 헤엄쳐 오르랴는 물새처 럼이나 설레고 푸드덕거리는 것이요, 좋아라 그레는 것이겠지마는 갑판 우로 뛰어 돌아다니며 소년처럼 히살대는 것이요, 꽥꽥거리는 것이었습니 다.(〈다도해기 5〉)

그러한 동심은 제주도가 지니는 순수함(=다른 것의 섞임이 전혀 없음/ 사사로운 욕심이나 못된 생각이 없음)에 대한 기대에서 유발되는 것이었 다. 그러기에 바다와 관련하여 해녀 이야기를 쓸 때도 "너무도" 상업적인 어른 해녀는 그의 관심 대상에서 제외되었다.[16]

---

15 영문은 잘 모르겠지만 제1회의 제목만은 '다도해기多島海記'가 아니라 '다해기多海記'다.
16 여기에서 인용하는 제주방언의 구술 발화에 대한 표기는 가급적 원문을 따랐으나 형 태 분석상의 오해를 불러일으킬 수 있는 경우(띄어쓰기 포함)에 한해 원문을 수정하였

"반 시간 시민 우리들 배 타그냉애 일하레 가쿠다.[반 시간 있으면 우리들이 배 타고 일하러 갈 것입니다.]" 우리 서울서 온 사람이니 구경 좀 시키라니깐 "구경해그냉애 돈 주쿠강?[구경하고 돈 주겠습니까?]" 돈을 내라고 하면 낼 수도 있다고 하니깐 "경하민 우리 배영 가찌 탕 안 가쿠가?[그러면 우리 배에 같이 타고 안 가겠습니까?]" 돈을 내고라도 볼 만한 것이겠으나 어쩐지 너무도 bargain's bargain(매매계약)적인 데는 해녀에 대한 로맨티시즘이 엷어지는 것이다.(〈다도해기 6〉)

어른 해녀와의 대화를 끝내고 "축항"을 돌아다니는 도중에, 생활전선에 뛰어들었음에도 "천진한 부끄림을 속이지 못하여 약간 뺨을 붉히"기도 하는 어린 해녀들이 그들의 눈에 포착되었다.

우리는 축항築港을 달리 돌아 한편에서 해녀라기보담은 해소녀海少女 일단을 찾아냈으니 … 우리는 그들이 뭍에로 기어 올라오기를 기다리고 있었던 것입니다. 열육칠 세쯤 되어 보이는 해녀들이 인어와 같은 모양을 하고 올라오는 것입니다. … 그러고도 천진한 부끄림을 속이지 못하여 약간 뺨을 붉히는 것입니다. 우리는 그중에 한 소녀를 보고 그것을(잠수경) 무엇이라고 하느냐고 물으니깐 "거 눈이우다.[그거 눈입니다.]" … 소녀의 육안肉眼을 손고락으로 가르치며 저 '눈'은 무슨 눈이라고 하노 하니깐 "그 눈이 그 눈이고 그 눈이 그 눈입주기, 무시거우깡?[그 눈이 그 눈이고 그 눈이 그 눈이죠, 무엇입니까?]" 소녀는 혹시 성낸 것이나 아니었을까? 그러나 내가 웃어버리니깐 소녀도 바로 웃었습니다.(〈다도해기 6〉)

다. 아울러 이해의 편의를 위해 해당 발화에 대한 표준어 대역을 [ ] 속에 따로 붙였다. (이하 동일)

"잠수경"이란 말을 아예 모를 정도로 제주도의 언어적 순수함을 간직하고 있던 "해소녀". 그는 그런 순수함을 놀림감으로 삼은 자신이 그녀를 화나게 했을까 걱정하며 그 상황을 웃음으로 모면하였다.

소라와 같이 생기었으나 그보다 적은 것인데 '꾸정이'라고 이릅니다. 하나에 얼마냐고 물으니 "일 전錢마씸.[일 전입니다.]" 이것을 어떻게 먹는 것이냐고 물으니 "이거 이제 곳 깡 먹으민 맛좋수다.[이것을 지금 바로 까서 먹으면 맛있습니다.]" … 소녀는 돌멩이로 꾸정이를 까 알맹이를 손톱으로 잘 발라서 두 손으로 공순히 바치며 "애, 이거 먹읍서.[여기요, 이거 잡수세요.]" 맛이 좋고 아니 좋고 간에 우리는 얼골을 찡그리어 소녀들의 고운 대접을 무색하게 할 수가 없었습니다.(〈다도해기 6〉)

더 나아가 돌멩이로 소라를 깨서 알맹이만 발라 주는 어린 해녀 앞에서 그들은 더 이상 장난기나 싫은 내색을 드러내 보이지 못하였다. 순수함에다가 진지함(=마음을 쓰는 태도나 행동 따위가 참되고 착실함)마저 갖춘 "소녀들의 고운 대접"을 그저 기꺼이 받아들일 수밖에 없었던 것이다.

이처럼 정지용은 "자연과 근로와 직접 격투하는 여성"으로서 아직 순수함을 그대로 유지하고 있는 "해소녀"들을 만나면서 자신이 목적한바 "제주에 온 보람"을 비로소 "다" 찾을 수 있었다.

호-이, 호-이, 회파람소리.(물속에서 나오면 호흡에서 절로 회파람소리가 난다.) 두름박을 동실동실 띄우고 물속을 갈매기보다 재빨리 들고 나는 것입니다. 제주에 온 보람을 다 찾지 않았겠습니까. … 잠수경을 이마에 붙이고 소중의(잠수의潛水衣)로 간단히 중요한 데만 가린 것에 지나지 않았으나 그만한 것으로도 자연과 근로와 직접 격투하는 여성으로서의 풍교風敎에 책잡힐 데가 조금도 없는 것이오, 실로 미려하게 발달된 품이 스포-츠나

체조로 얻은 육체에 비길 배가 아니었습니다.(〈다도해기 6〉)

그녀들과의 만남을 통해 꽤 오랫동안 잊고 있었던 순수하고 진지한 "청춘"의 감정을 완전히 되살려 내게 된 것이다. 물론 그러한 감정은 이미 제주항에 들어서면서부터 "불현듯" 다시 살아난 것이었다.

나는 이날 아침에 평생 그리던 산을 바로 모시었습니다. 이지음 슬프지도 않은 그늘이 마음에 나려앉아 좀처럼 눈물을 흘린 일이 없었기에 인제는 나의 심정心情의 표피가 호두 껍질같이 오롯이 굳어지고 말았는가 하고 남저지 청춘을 아주 단념하였던 것이 제주도 어구 가까이 온 이날 이른 아침에 불현듯 다시 살아나는 것이 아니오리까.(〈다도해기 5〉)

"제주도 어구"에서 "평생 그리던" 한라산을 대하며 한동안 무뎌졌던 감성이 분출하기 시작했다는 말이다. 이러한 서술에 의지해 판단하건대 이미 굳어져 버린 "심정의 표피"를 벗겨 슬픔도 느끼지 못하는 "그늘"에서 벗어나고자 함, 그것이 곧 정지용의 제주도 탐방(한라산 등반 포함) 목적이고 또 〈다도해기〉에 드러난 작가의 심경이라 할 수 있다.

5. 맺음말

앞서 밝혔듯 조선총독부의 '조선 팔경' 선정 작업에서 '한라산'이 1위를 차지하였지만 정작 당시의 제주도 탐방객들이 가까이에서 꼭 만나 보고 싶어 했던 제1의 대상은 '해녀'였다. 이는 위의 세 기행문 모두에서 해녀가 비중 있게 다루어져 있다는 것 외에도 1930년대 후반의 양대 신문(동아·조선일보)에 매년 3차례 이상 제주의 '해녀'가 기사의 주 제목으로 등장했다

는 사실만으로 어느 정도 가늠해 볼 수 있다.[17]

서울서 산 표 한 장으로 해녀의 나라에(《동아일보》 1935.3.24.)

(사진) 제주의 해녀(《동아일보》 1935.7.9.)

(사진) 해중海中 작업 나가는 제주 해녀(《동아일보》 1935.8.8.)

제주에서만 보는 해녀 어조漁組 통제(《조선일보》 1936.5.28.)

바다를 제집같이: 부러워 뵈는 해녀(《조선일보》 1936.7.24.)

해녀 삼십여 명 인천에 기항(《조선일보》 1936.10.7.)

해녀 삼백여 명 일본 내지에 원정 작업(《조선일보》 1937.4.10.)

제철 만난 해녀군海女群(《조선일보》 1937.5.1.)

(사진) 해녀(《동아일보》 1937.8.1.)

당시의 시대 상황 속에서 "잠수경을 이마에 붙이고 소중의로 간단히 중
요한 데만 가린"(〈다도해기 6〉) 해녀가 외지 탐방객들에게 호기심의 대상
이 되었으리라는 점은 충분히 짐작되고도 남는다. 하지만 그들이 그런 해
녀를 매우 엄격하게 비하의 시선을 가지고 바라보았다는 사실도 여기에
언급해 두어야 할 일이다.

제주도의 해녀라는 이름은 즉 해산물을 캐는 직업 부인을 가르쳐 말함

---

17 물론 '한라산'도 당시의 신문 기사 제목에 '해녀' 이상으로 자주 등장하기는 했다. 다만
'한라산 탐방대 모집(안내)' 광고와 이은상의 〈한라산 등반기〉(1937)를 제외하면 30년
대 후반에 주 제목으로 '한라산'이 등장한 것은 다음에 제시하는 기사 정도에 불과해
('사진' 제외) '해녀'에 비하여 수적으로 결코 많았다고 말하기는 어렵다. 〈경성제대 스
키대 한라산 등산〉(《동아일보》 1935.12.24.), 〈성대 산악부원 한라산서 조난〉(《조선일
보》 1936.1.6.), 〈한라산·지리산 국립공원 계획〉(《동아일보》 1937.6.12.), 〈세의전 등반
대 장백산과 한라산에〉(《조선일보》 1937.7.10.), 〈연전 산악부 일행 한라산을 정복〉
(《동아일보》 1938.7.28.)

이외다. … 몰상식한 일부 인사들은 해녀를 천대합니다. 직업에 무슨 귀천이 있겠습니까? 이에 대하여는 참으로 유감이라 안 할 수 없습니다. 바라건대 해녀를 천대하는 여러분! 해녀는 결코 하등 인종이 아닙니다. 바꾸어 말하면 해녀는 해산물 캐는 직업 부인의 대명사입니다. 직업 종류에 따라서 귀천을 구별하며 색안경으로써 보는 것은 시대의 착오라 안 할 수 없습니다. 부디 각성하시오. (〈내 지방 소개: 절해의 제주도〉, 《조선일보》 1927. 2. 3.)

위의 기사에서 보는 대로 당시에 해녀는, 심지어 "하등 인종"으로 치부될 정도로 멸시와 "천대"를 받았던 모양이다. 그러기에 이 글을 쓴 무명無名의 필자는 해녀를 "직업 부인"이라 부르며 일부 "몰상식한" 이들에게 절대로 그들을 "천대"하지 말라고 단호히 주장하였다. 이 기사 하나만으로도 제주 해녀에 대한 편견이 전국적으로 사회 전반에 걸쳐 널리 퍼져 있었음이 단적으로 드러난다.

또 제주 해녀를 고소득의 원천으로 간주하여 그로 인해 제주도민들의 생활이 풍족했었으리라고 여기는 것도 일정 부분 오해되고 있는 사실 중의 하나다. 진관훈(2004)에서는 "일제하" 제주도 경제에서 "해녀 노동에 의한 소득"(149면)이 차지하는 비중이 대단히 큰 것은 분명하나[18] 그러한 수입을 포함하더라도 제주도 해안 마을의 "경제력"은 전국의 다른 지역(1930년대 기준)과 비교해 "가장 열악한 지역"보다 "약간 낮게"(173면) 나타났다고 보고하였다.[19] 이로 미루어 볼 때 해녀들의 상당한 근로 수입에도 불구하고 당시의 제주도민들은 그리 풍족한 삶을 영위하지 못했음을

---

18 1939년 기준, 해안 마을 농가의 평균 총수입(962엔 92전) 중에 외지 "출가" 수입을 포함한 해녀 총수입 평균은 231엔 45전으로(진관훈 2004: 175) 그 비중은 약 24% 정도를 차지했다고 할 수 있다.
19 진관훈(2004)에 따르면 당시 중산간 마을의 "경제력"은 해안 마을의 70% 정도에 불과했다.

알 수 있다. 앞서 검토한 세 편의 기행문 또한, 이러한 편견과 오해에서 완전히 벗어나 있었다고 말하기는 어려운 듯해 사족으로 이러한 사실을 덧붙인다.

〈제주도 언어 자료〉 해제

1. 자료 개요

여기에 소개하는 〈제주도濟州島 언어言語 자료資料〉는 박철희朴喆熙 선생님(서강대 명예교수)이[1] 1956년(당시 2학년)에 개설된 '국어사' 강좌(이기문李基文 선생님 담당) 시간에 제출했던 리포트다.[2] 그 첫 장에 '濟州島 言語 資料'라는 제목이 씌어 있으며, 분량은 200자 원고지 총 191매, 모두 30편의 이야기가 전사·정리되어 있다(〈사진 1〉, 〈사진 2〉 참조).[3]

---

* 이는 《한국어연구》 7(2010)의 211-224면에 실렸다.
1 제주시 화북2동 출신, 1955년~1959년 서울대 국어국문학과 재학.
2 이 자료는 2010년 4월에, 이기문 선생님께서 필자에게 제공해 주셨다.
3 이 리포트에는 별도의 표준어 대역문(200자 원고지 94매)이 첨부되어 있다. 이는 본문의 88매(제11편 이야기의 중간)까지 번역한 것인데, 이 주해를 작성하는 데에 매우 유용한 보조 자료가 되어 주었다. 그리하여 기존 자료집에서 전혀 확인되지 않는 표현에 대해서는, 【박철희 역】이라 하고 이 자료를 인용하였다. 한편 원문 전체의 곳곳에 이기문 선생님의 가필이 있는데, 이에 대해서도 기존 자료집에서 확인되지 않는 경우에 한해 이 주해에서 인용하였다(【이기문 주】).

사진 1 〈제주도 언어 자료〉 제1면   사진 2 〈제주도 언어 자료〉 제2면

채집·전사자 박철희 선생님의 진술에 따르면, 이 자료는 구술자 집에 직접 방문하여 조사한 것이다. 조사하면서 구술자에게 여러 번 불러 달라고 하여 그 자리에서 전사했다고 한다(녹음은 하지 못함). 구술자 20명은 모두 무학無學의 여자라 하는데, 해당 자료에 제시된바 그들의 신상 및 구술 편수를 표로 정리해 보이면 다음과 같다. 조사 당시(1956년)의 나이를 기준으로 환산하면 최고령자(86세)는 1870년생, 최연소자(50세)는 1906년생이 된다.

현 소속지	마을	구술자	나이 (조사 당시)	구술 편수
제주시		동림東林 모친母親	73	4편
		고월선高月仙	50	1편
		고인식高仁式[4]	50	2편
	화북동 거로巨老	김신이金辛已	82	1편
		부을생夫乙生	62	1편
		미상		1편
	마곰부리 마을	김영일金英一 모친母親	58	3편
	외도外都동	이운행李雲行 모친母親	86	1편
		신상언申相彦 모친母親	86	1편
		박애숙朴娃淑	58	1편
	오라리吾羅里	여女	60	1편
제주시 조천읍	신촌新村	양순생梁順生	60	2편
제주시 구좌읍	김녕金寧	김용범金龍範 외조모外祖母	79	2편
제주시 애월읍		김모정	72	1편
		쌀장수 할머니	63	1편
제주시 한림읍		윤수병尹秀炳	67	1편
제주시 한경면	고산高山	미상		2편
서귀포시 대정읍		문석文錫 할머니	85	2편
기타		제주濟州 여女	50?	1편
		미상		1편

이 주해에서는 원문을 원래의 표기 그대로 제시하지는 않았으며 현행
한글 맞춤법의 형태음소적 원리(띄어쓰기 포함)에 따라 원문을 수정·표기
하였다.[5] 가령 '먹엄서(먹어)', '먹엄쩌(먹는다)'는 각각 '먹없어', '먹없저'로
고쳐 적었다. 한글 맞춤법의 표기 원칙에 따라, 선어말어미('-없-')와 종결
어미('-어, -저')를 구별하여 표기한 것이다. 하지만 원문의 표기가 독특하

---

4 박철희 선생님의 모친母親.
5 문단 구분도 내용에 맞추어 주해자 임의대로 하였으며, 경우에 따라 문장 부호도 덧
붙였음을 밝혀 둔다.

여 특별히 언급할 필요가 있을 경우에는 원래의 것을 주석에 드러내기도 했다.

원문 표기에 관한 한, 'ㅇ'의 경우는 다른 모음('오, 아, 어')으로 전사되어 있더라도 'ㅇ'의 변화가 일어난 것으로 판단하여 이를 수정하지 않았다. 이를테면 언어변화를 표기에 반영한 셈이다. 하지만 거꾸로 다른 모음을 'ㅇ'로 표기한 경우에는, 과도교정이 확실하다고 여겨지면 원문을 수정하였다('의'는 모두 '에'로 바꾸어 표기).

그리고 '에'와 '애'의 경우에는 비어두음절에서는 대개 '에'로 통일시켜 표기하였지만 어두음절에서는 거의 대부분, 원문 그대로 두었다.[6] 단모음 '외'는 현대 제주방언에서 실현되지 않으나 이해의 편의를 위해 자동사(또는 접사)의 '되다/뒈다'만은, 통상적인 철자를 따라 '되-'로 적었다. 마지막으로, 이 주해에서 사용된 기호 몇을 아래에 따로 모아 제시한다.[7]

=: 뜻풀이 표시 예 체=겨, 올레=골목에서 마당으로 들어오는 짧은 진입로

∽: 수의적 형태 표시 예 돌다∽드리다=데리다: '돌다'와 '드리다'를 모두 사용

-: 의존 형태소 표시 예 다심-=의붓-, -이=-에(처격조사)

/: 이형태 표시 예 -영/이영=-와/과(공동격조사)

6 이 자료 곳곳에, 어두음절의 '애'와 '에'를 혼동하고 있음을 보여 주는 표기가 나타난다. 현대 제주방언의 어두음절의 '애/에'는 광복 이후에 출생한 세대에서는 전혀 변별되지 않는다(정승철 1995a). 박철희 선생님은 그 이전 세대인바 이는 '애/에'의 합류 과정이 꽤 오래전에 시작되었음을 의미한다고 하겠다.

7 이 주해를 하는 데 있어 제주대 강영봉 교수님(국어국문학과)은 제주도에서의 1차 확인 작업(2010.8.22.) 및 이메일을 통한 2차 확인 작업을 도와주셨다. 그리고 원문의 사진 촬영 및 입력 작업을 맡아 해 준 김아영 대학원생(서울대 국어국문학과)까지, 이 자리를 빌려 감사의 마음을 전한다.

2. 제주방언 자료집 개관

제주방언을 본격적으로 처음 조사·수집한 이는, 널리 알려져 있다시피 일본인 한국어학자 오구라 신페이小倉進平(1882~1944)다. 그가 수집한 자료는 《朝鮮語方言の研究》(1944, 岩波書店)로 정리·간행되었는바 자료편 (상권)의 [전남全南에 제주 5개 지역(정의旌義, 제주濟州, 성산城山, 서귀西歸, 대정大靜)의[8] 방언형이 제시되어 있다.

물론 이는 제주방언만을 대상으로 한 자료집은 아니다. 오구라 신페이는 1911년부터 제주방언을 조사하였지만 제보자를 보통학교 상급반 학생으로 제한하였기에 아쉽게도, 그의 자료는 20세기 초의 언어재言語財로서의 성격을 보여 준다(정승철 2010a: 168-169).

오구라 신페이의 제자였던 고노 로쿠로河野六郎(1912~1998)도 《朝鮮方言學試攷—'鋏語考'》(1945, 東都書籍)에서 제주방언을 조사·보고한 바 있는데 새로 제시한 자료의 양이 그다지 많지 않을 뿐 아니라 그 역시, 보통학교 상급반 학생을 제보자로 선택한 까닭에 그것의 자료적 성격 또한 小倉進平(1944)를 크게 넘어서지는 못한다.

또 1937년에 경성京城사범학교師範學校 조선어연구부朝鮮語研究部에서 펴낸 《방언집方言集》도 전국 방언 자료집이다. 이 자료집에는 제주시 한림翰林읍의 방언이 보고되어 있는바 "초당방의 머슴을 찾고 초동급부樵童汲婦와도 대화"(심재완 1995: 4)했다는, 제보자에 관한 유일한 기록을 참조할 때 이 자료의 시기적 성격도 小倉進平(1944)와 유사하다고 할 수 있다.

한국인에 의한 최초의 제주방언 자료집은 석주명石宙明(1908~1950)의 《제주도방언집濟州島方言集》(1947, 서울신문사)이다.[9] 수천 개의 방언형에

---

8 이 중, 정의旌義의 경우에는 '가을, 겨울'의 두 방언형이 제시된 데에 불과하다.
9 서문에 따르면, 석주명은 1943년 4월에서 1945년 5월까지 경성제국대학 부속 생약연구소 제주도 시험장(서귀포시 토평동)에서 근무·생활하였다.

대해 "제주어濟州語"를 가나다순으로 제시하고 이에 대응하는 "표준어標準語"를 병치시켜 놓았다. 그 서문에 "문세영文世榮 씨의 조선어사전朝鮮語辭典을 『텍스트』로 하야 모흔 것"(9면)이라 하고 제주시 애월읍涯月邑의 장주현張周鉉과 서귀포시 호근리好近里의 김남운金南雲 "양군兩君의 조력助力"을 받았다고 되어 있으므로 이 자료집의 간행에 두 사람이 크게 관여했음을 알 수 있다. "양군兩君"이란 표현에서 장주현과 김남운 두 사람은 석주명보다 나이가 적거나 그와 비슷한 연배의 인물이었을 것으로 추측된다. 그렇다면 이 자료의 시기적 성격도 小倉進平(1944)와 유사하다고 할 만하다.

박용후朴用厚(1909~1993)의 《제주방언연구》(1960, 동원사)와 현평효玄平孝(1920~2004)의 《제주도방언연구濟州島方言硏究》(1962, 정연사)는 거의 비슷한 시기에 출간된 제주방언 자료집이다.[10] 전자는 범주별(천문天文, 지리地理 등)로 방언형을 제시하고 그에 대응하는 표준어형을 병치시켰으며 후자는 방언형을 가나다순으로 제시하고 그에 대응하는 표준어형을 사전 뜻풀이 형식으로 제시하였다. 후자의 부록에서 밝힌 제보자 정보로[11] 미루어 보면 이 자료집은 대체로, 1870년에서 1920년 사이에 출생한 제주 방언 화자의 방언을 기록한 것이 된다. 전자의 자료집에 대해서도 이와 유사한 시기를 상정해 볼 수 있다.

이들에 비해 시기적으로는 다소 뒤지지만, 제주방언연구회 편《제주어사전濟州語辭典》(1995, 제주도)[2009년: 개정증보판, 제주문화예술재단 편]과 송상조의 《제주말 큰사전》(2007, 한국문화사)도 사전 형식으로 출간된

---

10 박용후의 《제주방언연구》는 1988년에 고려대 민족문화연구소에서 《제주방언연구濟州方言硏究》(자료편)로, 현평효의 《제주도방언연구濟州島方言硏究》(자료편)는 동일한 제목으로 1985년에 태학사에서 재출간되었다.

11 현평효의 《제주도방언연구》(태학사) '피조사자被調查者 일람一覽'(597-601면)에는 조사 시기(1956년~1958년), 면 단위의 조사 지역(33지점) 그리고 37세에서 87세에 이르는 163명의 제보자(50대 이하 36명, 60대 67명, 70대 57명, 80대 3명) 신상이 간략히 밝혀져 있다.

제주방언 자료집이다. 사전 형식은 아니지만, 한국정신문화연구원 편의
《한국방언자료집韓國方言資料集》IX(제주도 편, 1995)는 '전국 방언 조사 연
구' 사업 그리고 국립국어원의 《제주 지역어 조사 보고서》(2005~2010)는
'지역어 조사' 사업의 결과 보고서로서의 성격을 갖는다. 이들 모두, 단어
중심의 자료집이라는 점에서 공통된다고 할 수 있다.

이와 달리 이운금의[12] 《제주도 사투리》(1965, 박문출판사, 국판의 1/2,
총 39면)는 문장 중심으로 제주방언을 수록한 책이다. 이에서는 '물건을
산다, 길을 묻는다, 차편을 묻는다, 구두를 닦는다, 방문訪問, 식당에서, 농
부와, 해녀와, 민요를 듣는다, 전설을 듣는다, 소녀少女의 대화, 할머니와
손자, 회화를 위한 간단한 어법語法'으로 절을 나누어 한 면에다가 "사투리
회화"와 "표준말" 대역을 나란히 제시하고 있다. 자료의 대부분이 구어체
문장이라는 점에서 이제까지 소개한 단어 중심의 자료집들과 차별된다.
그러기에 진성기秦聖麒의 〈제주도 민요〉(1958)를 비롯한 일련의 업적들도[13]
주목할 만하다.

이 이외에도, 어떠한 성격으로든 제주방언을 수록한 업적들은 아주 많
다. 1970~80년대에 나온 김영돈金榮敦의 《제주도민요연구濟州島民謠研究(상)》
(1977, 일조각), 현용준玄容駿의 《제주도무속자료사전濟州島巫俗資料辭典》
(1980, 신구문화사), 현용준·김영돈의 《한국구비문학대계韓國口碑文學大系》
(제주편, 1980~1983, 한국정신문화연구원), 김영돈·현용준·현길언의 《제
주설화집성濟州說話集成(1)》(1985, 제주대 탐라문화연구소), 제주교대 속담
연구회의 《제주도속담사전濟州島俗談辭典》(1999, 제주도) 등에서부터, 가장

---

12 이 책의 필자로서 '이운금'이란 인물에 대해서는 아직까지, 어떠한 정보도 알려져 있지
않다.
13 이들은 《남국의 신화》(1965, 아림출판사)를 시작으로 《탐라어로 나온 제주도 옛말사
전》(2008, 제주민속연구소)까지 '제주민속총서濟州民俗叢書'로 명명, 총 "28권"이 연속 간
행되었다(최낙진 2008: 351).

최근에 나온 김순자의 《제주어 구술 자료 총서》(2008~2010, 제주대 국어문화원)에 이르기까지 구비문학, 속담, 지명, 음식, 여성 등 다방면에 걸쳐 여러 자료집이 출간되었다.

3. 〈제주도 언어 자료〉의 특징

이 자료는 총 30편의 이야기로 구성되어 있다. 제1편의 '콩데기와 팥데기' 이야기와 같이 무가나 설화를 적은 것도 몇 편 있지만 대부분은 제주도민(주로 여성들)의 생활사를 그대로 구술·전사해 놓은 것이다. 굳이 제목을 붙여 이야기해 보자면, '고단한 인생'(제9편=원자료의 제16편)이나 '부부 싸움'(제6편=원자료의 제10편)처럼 제주 여인네의 그저 답답하고 힘들기만 한 삶을 그려 놓은 것에서부터 '해산물 따기'(제3편=원자료의 제4편), '빨래와 다림질'(제4편=원자료의 제6편), '갓 만드는 일'(제7편=원자료의 제12편)처럼 고달프지만 그래도 건강한 삶을 엿볼 수 있게 하는 것에 이르기까지 이 자료에 담긴 이야기들은 내용이 매우 다양하다. '장보기'(제8편=원자료의 제15편)는 예전 장터의 왁자한 모습을 생생히 전해 준다.

그처럼 이야기가 다양한 까닭에, 이 자료에는 담긴 어휘가 매우 풍부하다. 특히 '장터 구경'(제5편=원자료의 제8편)은 200자 원고지 열두어 장에 대해 달아 놓은 주석이 꼭 300개다. 그만큼 많은 단어들이, 하나의 이야기 속에 출현해 있다는 뜻이다. 또 생활사가 주류이므로 각각의 이야기 속에 구어가 그대로 드러나 있기도 하다. 그러한 차원에서, '부부 싸움'(제6편)에 나타나는 욕설은 기존 어느 자료에서도 발견하기 어려운 것들이다. 그 이외에 기존 자료집에서 확인되지 않는 어형들도 상당하다.

더구나 〈제주도 언어 자료〉는 문장 중심의 구술 자료다. 그리하여 오늘날의 제주방언이 보이는 양상과 사뭇 다른 모습을 보여 주는 문장들이 곳곳에 나타나 있기도 하다. 그러기에 문법적으로도 매우 흥미롭다.

음운론적으로, 현대 제주방언에서 전설고모음화는 활용에서는 일어나지만 곡용에서는 일어나지 않는다(정승철 2001a: 307). 그런데 자료 제10편(=원자료의 제23편)의 '돌 멘 엿이여. 엿인 부튼다.(달면 엿이다. 엿은 붙는다.)'는 예전 시기에 전설고모음화가 곡용에서도 일어났을 가능성(엿+은→엿인)을 시사해 준다. 물론 이 경우에, 발화 실수의 여지가 전혀 없는 것은 아니다.

그리고 이 자료 곳곳에서, 종성의 'ㄴ'과 'ㅇ'이 상당 부분 혼동되어 있는 것도 매우 특징적이다. 이를 통해 볼 때 제주방언에 보이는 '-Xㄴ'계와 '-Xㅇ'계 연결어미의 대립(정승철 2001a: 311)은 어쩌면 비교적 최근에 형성된 것일 수도 있다.

한편 조사나 어미의 면에서도, 이 자료는 매우 흥미로운 형태를 보여 준다.[14] 제1편의 '옷도 니따기<u>두군</u> 나가 낫저.(옷도 너따워보다는 내가 낫다.)'나 제7편의 '가이따기<u>두군</u> 반이나 이겻주게.(그 아이따워보다는 반이나 이겼지.)'에서 나타나는 비교격조사 '-두군'이 단적인 예다. 15세기의 비교격 '-두고'와 맥이 닿아 있기 때문이다(이는 어느 현대 방언에서도 확인되지 않는 형태다). 하지만 '-두구' 단독형은 보이지 않고 '-두구(보다)+ㄴ(는)'의 결합형으로만 쓰이고 있어, 독특한 일면을 보인다. 제한된 양의 자료에서 오는 편재일 수도 있다.

또 제2편(=원자료의 제3편)의 '아들이 또 어멍<u>앙테신디데레 구락</u> 콩을 숢앙 줍셍 하도 흐닝(아들이 또 어머니한테 콩을 삶아 달라고 하도 말하니까)'은 이 자료에서 가장 독특한 특징을 보이는 부분이다. 이를 분석하면 '어멍(어머니)+앙테(한테)+신디(에게)+데레(더러)+구락(보고)'인바 여격

---

14 '어미'의 경우는 예가 많을 뿐 아니라 주해를 참조하면 되므로 굳이 여기서 언급하지 않는다.

조사가 무려 네 개가 연속되어 있다.

이처럼 여격조사가 두 개에서 네 개까지 연속되는 경우가 자료 전면에
걸쳐 출현하는바 이는 실제로 발화되는 조사군助詞群이라 할 수 있다(조사
들의 연결 순서는 대체로 일정하다). 이러한 경우가 아직까지 보고된 바가
없으므로 그 원리를 밝힐 필요가 있다. 이 중, '신디'는 '시(있-)+ㄴ(관형형
어미)+디(데)'에서, 'ᄀ락'은 'ᄀᆯ(말하-)+악(아서)'에서 문법화한 것이다.

아울러 '-영/이영'은 둘 이상의 명사를 연결하는 접속조사인데 이 주해
의 언어 자료에서는 거의 언제나, 병렬된 마지막 명사의 끝에도 연결되어
쓰인다. 가령, 제2편의 '떡 차롱이영 술펭이영 들렁 강 지붕 우테레 올라강
(떡 채롱과 술병을 들고 가서 지붕 위로 올라가)'에서 보듯 '-이영'이 마지
막 명사 '술펭(술병)'에도 결합되어 있다. 이는 중세국어에서 '-와/과'가 보
이는 특징과 상당 부분 일치하는바 '-영/이영'이 중부방언의 '-와/과'와 문
법적으로 유사함을 보여 주는 일면이라 하겠다.

문장의 차원에서 어순도 주목할 만하다. 제2편의 '지붕 우테레 올라강
뭉탁 그걸 벌려 노멍(지붕 위로 올라가 그것을 모두 벌여 놓으면서)' 등에
서 보듯 부사의 위치가 독특한 경우가 곳곳에서 발견된다. 구어적 성격에
서 비롯한 것인지, 제주방언이 보이는 어순상의 특징에서 비롯한 것인지
현재로선 단언하여 말하기 어렵다.

결론적으로, 〈제주도 언어 자료〉는 대체로 1870년에서 1906년 사이에
출생한 제주방언 화자의 언어를 채집한 것이다. 또 단어가 아니라 문장으
로 구술된 이야기를 기록한 것이기도 하다. 이 주해를 작성하면서 기존의
제주방언 사전류를 상당히 많이 참조하였는데,[15] 새로 확인된 어형이나
해당 사전의 뜻풀이가 들어맞지 않은 어형을 종종 발견할 수 있었던 것도

---

15 이 주해는 송상조(2007)과 제주문화예술재단 편(2009)에 상당 부분 의존하였다. 그렇
지만 특별한 경우가 아니라면 이를 따로 밝히지는 않는다.

바로 이 자료가 보이는 구어적 성격에서 비롯한다. 결국, 〈제주도 언어 자료〉는 기존의 어느 자료집보다 오래된 언어재를 보여 줄 뿐 아니라 단어나 어미들의 실재적 쓰임을 쉬 확인할 수 있게 해 주는 자료로서 중대한 가치를 갖는다고 할 수 있다.

[부록]

〈제주도 언어 자료〉 주해

* 이는《한국어연구》7(2010)의 225-366면에 실렸다. 원자료에는 30편의 이야기가 담겨 있으나 사정상 여기서는 이를 다 수록하지는 않고 〈해제〉에서 언급된 것만 따로 제시하기로 한다. 그 과정에서 원자료의 편수가 다음과 같이 조정되었다(원 자료의 면수 표시도 삭제함). 제3편→제2편, 제4편→제3편, 제6편→제4편, 제8 편→제5편, 제10편→제6편, 제12편→제7편, 제15편→제8편, 제16편→제9편, 제23편→제10편.

1.

잇날[1] 사름[2]이 서방 얻엉[3] 사는디, 콩데기영 풋데기영[4] 둘 앙[5] 사는디, 콩데긴 콩만 숢앙 주고 풋데긴 풋만 숢앙 주당[6] 보낭[7], 다심애기[8] 콩데긴 어이[9]에 뭉글뭉글 술찌고 지네 뚤 풋데긴 풋빈뎅이[10]만 일엉 삐작삐작[11] 곱질 안ᄒ영, 경ᄒ낭 콩데기안테레[12] '저걸 어떵ᄒ영 못 전디게 굴 거? 이젱 멋을 ᄒ고 어떵ᄒ영 ᄌ들코[13]?' 경 싱각[14]ᄒ는디.

ᄒ 번은[15] 어디레 부영케[16] 출령 잇뚤[17]이 나가멍[18] 콩데기ᄀ락[19] ᄀ는[20] 말이 "닐랑 굳[21] 터진 항데레[22] 물 ᄒ 항 ᄀ둑여[23] 두고, 느 아방 올앗겅[24] 체 캉[25] 주곡 개랑 오멍[26] 상 출령 주곡[27], 돌리[28] 끝에 홰[29] 굴고[30] 경ᄒ여 뒁 오라." ᄒ낭, 물은 암마리[31] 질엉[32] 왕 바도 항은 ᄀ둑지 안ᄒ고 정지로 물은 ᄒ나고 경ᄒ낭 '어떵ᄒ멘 좋으꼬[33]?' ᄒ멍, 항이[34] 물은 안 ᄀ득고 난 지치고, 경 앚앙 울엄시낭[35].

까메기가 올레낭[36]에 올앙 앚앙 '강글락[37] 강글락' 우낭 이젠 '어떵ᄒ 일인고?' ᄒ영, 콩데기가 싱각ᄒ낭 '이건 글렝[38] ᄒ 말인가? 항을 ᄀ둑이렝 ᄒ 말인가?' 경 싱각이 감시난 까메기가 선방[39] 우테레 보라 '강글락', 살레[40] 뒤테레[41] 보라 '강글락' 경ᄒ낭.

이젱 살레 뒈레영[42] 선방 위테레영 보낭 송징도 싯고[43] 굴겡이[44]도 싯고 경ᄒ난 그 송징 아정[45] 불데레[46] 녹이멍 불르고 굴겡이로 다리멍 그 항을 굴어[47] 두웡 물을 시너 번 지낭[48] 어이에[49] 항은 거둑고[50] 속[51]도 구낭[52] 속도 거둑고 ᄒ영 지뻔 가젠 ᄒ낭, 출령 갈 옷이 엇이낭[53] "옷이 어디 시엉 입엉 가꺼[54]?" 경 ᄒ느렝 ᄒ난[55] 궷문[56] 열엉 보라 '강글락' 궷문 열엉 보라 '강글락', 까메기가 하도 경ᄒ낭 궷문데레 강 궷문 열엉 보낭 지네[57] 어멍 입당[58] 옷이 시낭 출령입엉 좋은 까막코 창신[59]에 코제비[60] 보선에 좋은 방페 건지[61] ᄒ고.

[표준어 대역]

옛날 사람이 남편을 얻어서 사는데, 콩데기와 팥데기를 데리고 사는데, 콩데기에게는 콩만 삶아서 주고 팥데기에게는 팥만 삶아서 주다가 보니까, 의붓자식 콩데기는 어느새 몽글몽글 살찌고 자기 딸 팥데기는 마른버짐만 일고 푸석푸석 곱지를 않아서, 그러니까 콩데기한테 '저것을 어떻게 하여 못 견디게 할까? 이젠 무엇을 하고 어떻게 괴롭힐까?' 그렇게 생각하는데.

한 번은 어디론가 바삐 차려 모녀가 나가면서 콩데기보고 하는 말이 "널랑 밑 터진 항아리로 물 한 항아리 가득 채워 두고, 네 아버지가 오셨거든 겨를 물에 타서 드리고 개가 오면 상 차려 주고, 도리 끝에 횃대를 걸고 그렇게 해 두고 오너라." 하니까, 물은 아무리 길어 와 보아도 항아리는 가득 차지 않고 부엌으로 물은 하나 가득이고 그러니까 '어떻게 하면 좋을까?' 하면서, 항아리에 물은 가득하지 않고 자기는 지치고, 그렇게 앉아서 울고 있는데.

까마귀가 올레(골목에서 마당으로 들어오는 짧은 진입로)에 있는 나무에 와 앉아 '강글락 강글락' 우니 이제는 '어찌된 일인가?' 하고, 콩데기가 생각하니 '이건 가자고 하는 말인가? 항아리를 가득 채우라는 말인가?' 그렇게 생각이 드는데 까마귀가 선반 위를 봐라 '강글락', 찬장 뒤를 봐라 '강글락' 그러니까.

이젠 찬장 뒤와 선반 위를 보니 송진도 있고 호미도 있고 그러니 그 송진을 불에 녹이면서 바르고 호미로 다리면서 그 항아리를 때워 두고 물을 서너 번 지어 오니 어느새 항아리는 가득 차고 속을 때우니 속도 가득 차고 해서 기뻐서 가려고 하는데, 차려입고 갈 옷이 없으니까 "옷이 어디 있어서 입고 갈 것이냐?" 그렇게 하니까 궤 문을 열어 봐라 '강글락' 궤 문을 열어 봐라 '강글락', 까마귀가 하도 그러니까 궤 문으로 가서 궤 문을 열어서 보니까 자기 어머니 입던 옷이 있으니 차려입고 좋은 까만 코 가죽신에 뾰족 코 버선에 연지머리를 하고.

경ᄒᆞ영 굿이 올랑올랑[62] 하는 디 곱게 출령 쑥 들어가나네[63] 풋데긴 싯당 어멍안티신디 ᄀᆞ락[64] "어멍, 콩데기 왓수다." "히여뜩ᄒᆞᆫ[65] 소리. 아니여. 콩데기가 어디 시영 정 출리느니?" 경ᄒᆞ낭 "암만 바도 콩데기우다[66]. 나가 보쿠다[67]." 즐락ᄒᆞ게[68] 나강 보낭 콩데기난 "니사[69] 고운 옷 입엇저[70]. ᄋᆞ이구, 어디 정 고운 옷이 시어니[71]? 나도 ᄒᆞᆯ쑬[72] ᄀᆞ라 도라[73]." "아무디 시낭 들엉 무시거 홀띠[74]?" "ᄋᆞ이구, ᄒᆞᆯ쑬 ᄀᆞ라 도라. 나도 입읍켜[75]." "ᄋᆞ이구, 니따기[76] 입을 것 말랑[77] 나 입을 것도 엇저. 옷도 니따기두군[78] 나가 낫저[79]." 경ᄒᆞ낭.

이젠 ᄒᆞᆯ 수 엇이 성으로 위ᄒᆞ영[80] "ᄋᆞ이구 성님, 옷 ᄒᆞᆯ쑬 빌려줍소[81]. 옷도 안 빌려주쿠광[82]?" "메께라[83], 니 입을 걸랑 말앙 나 입을 것도 엇저. 못 빌리켜[84]." 경ᄒᆞ낭 "ᄋᆞ이구, 경ᄒᆞ멘 어떵ᄒᆞ느니?" 경ᄒᆞ당 ᄒᆞᆯ쑬 싯당 "정ᄒᆞ멘[85] 성님, ᄀᆞᆯ읍소게[86]. 덥고 ᄒᆞ낭 몸이나 ᄀᆞᆷ게." ᄒᆞ멍 몸ᄀᆞᆷ게[87] 해도 "ᄋᆞ이구, 난 몸ᄀᆞᆷ으레[88] 안 가켜. 느네 아지방[89] 오멘 욕흔다." "아따가라[90], 아지방 오기 전이 ᄒᆞ저[91] ᄀᆞᆯ읍소. 몸ᄀᆞᆷ앙 오게." 하도 경ᄒᆞ영 추구리낭[92] ᄒᆞᆯ 수 엇이 몸들 ᄀᆞᆷ으레 성제가 갓주.

몸ᄀᆞᆷ으레 강 몸ᄀᆞᆷ당 아시가 ᄀᆞ는 말이 성데레 ᄀᆞ락[93] "성님, 등떼기 밀어 내쿠다." ᄒᆞ낭 성 ᄀᆞ는 말이 "ᄋᆞ따, 그것두 차레가 시냐? 아무라도 밀게." 이젠 성이 아시 등떼길 밀어 주엇주. 경ᄒᆞ낭 아신 싯당 "나 밀어내쿠다." ᄒᆞ멍 등을 슬슬 두어 번 밀당 자락[94] 물ᄅᆞ레[95] 거려밀엉[96] 부낭 물ᄃᆞ레[97] 빠정 죽어 부낭. 지가 나왕 성 입어낭[98] 옷들 다 입엉 보낭 치메도 크고 저구리도 크고 뭉땅[99] 다 컹 창신도 크낭 창신을 거꿀로 신고 칠각칠각[100] 콩데기 사는 디 들어올앙 보낭.

아지방이 암만 바도 풋데기가 지네 각시 콩데기가 닮지[101] 안ᄒᆞ낭 이젠 요것[102]이 옷은 크니 그전 닮지 안ᄒᆞ영 소곱이 노리수룽ᄒᆞ영[103] 지레[104]도 헤끔ᄒᆞ낭[105] "옷도 크고 신도 크낭 무신 일고[106] ᄀᆞ라 보라." 영 물으낭 "무사[107] 날 영 못 믿엇수광[108]?" 또 서방신디데레[109] 때[110] 해 놓는 일 보멘 국사발도 그렇게 해서 굿이 우럭우럭 하는 데 곱게 차리고 쑥 들어가니 팥데기는 있다가 어머니한테 "엄마, 콩데기가 왔어요." "허무맹랑한 소리. 아니다. 콩데기가 (옷이) 어디 있어서 저렇게 차리느냐?" 그러니까 "아무리 봐도 콩데기예요. 나가서 볼게요." 재빠르게 나가서 보니 콩데기니까 "너야말로 고운 옷 입었다. 어디 저렇게 고운 옷이 있었더냐? 나에게도 좀 말해 줘라." "아무 데 있으니 들어서 뭘 할 거니?" "아이고, 좀 말해 줘라. 나도 입겠다." "아이고, 너 따위가 입을 것은 고사하고 내가 입을 것도 없다. 옷도 너 따위보다는 내가 낫다." 그러니까.

이제는 할 수 없이 형으로 대접하여 "아이고 형님, 옷 좀 빌려줘요. 옷도 안 빌려주겠어요?" "어처구니없다. 네가 입을 것은 고사하고 내가 입을 것도 없다. 못 빌려주겠다." 그러니까 "아이고, 그러면 어떻게 하지?" 그러다가 조금 있다가 "그러면 형님, 갑시다. 덥고 하니 멱이나 감게." 하면서 멱감자고 해도 "아이고, 나는 멱감으러 안 가겠다. 네 형부가 오면 욕한다." "아따, 형부 오기 전에 어서 갑시다. 멱감고 오게." 하도 그렇게 하여 추기니까 할 수 없이 멱들 감으러 형제가 갔지.

멱감으러 가서 멱감다가 동생이 하는 말이 언니에게 "형님, 등때기 밀어낼게요." 하니까 언니가 하는 말이 "아따, 그것도 차례가 있니? 아무라도 밀자." 이젠 언니가 동생 등때기를 밀어 주었지. 그러니까 동생은 있다가 "내가 밀어낼게요." 하면서 등을 살살 두어 번 밀다가 와락 물로 떠밀어 버리니 물 쪽으로 빠져서 죽어 버리니. 자기가 나와서 언니가 입었던 옷들 다 입어 보니 치마도 크고 저고리도 크고 몽땅 다 커서 가죽신도 크니까 가죽신을 거꾸로 신고 찰가닥찰가닥 콩데기 사는 곳에 들어와서 보니.

남편이 암만 봐도 팥데기가 자기 아내 콩데기를 닮지 않으니까 이젠 요것이 옷은 크니 그전과 같지 않고 속이 노르스름하고 키도 자그마하니까 "옷도 크고 신도 크니 무슨 일인지 말해 봐라." 이렇게 물으니까 "왜 나를 이렇게 못 믿습니까?" 또 남편에게 끼니를 해 놓는 일을 보면 국사발도 바까 놓고 밥사발도 바까 놓앙 차레 출리지 못ᄒᆞ영 거꿀로 노다[111] ᄒᆞ여 가낭 징말 이녁[112] 각시가 아니주.

경ᄒᆞ니 홀 수 엇이 문 더꺼[113] 놓고 답도리ᄒᆞ길[114] "니가 어떵 일로 그전 닮지 않게 안ᄒᆞ느니[115]? 영 보낭 아멘해도 나 각시가 아니다." 문출[116] 아주 씨게[117] ᄒᆞ니 홀 수 엇이 "난 각시가 아니우다." ᄒᆞ멍 그제사 닌물[118] 닥닥[119] 흘리멍 바른말 나왕 "나가[120] 풋 데기우다. 몸곰으레 갓당마씀[121] 성님 콩데길 물레레 거려밀엉 빠정 죽여 불엇으게[122]마씀." ᄒᆞ니 기신[123] 엇이 왓닥갓닥[124]ᄒᆞ멍 "ᄋᆞ이가[125], 이게 무신 말고? 이 몹씬[126] 년아! 영ᄒᆞᆫ 일이 어디 시니? 그 고당[127]을 강 ᄀᆞ리치라." ᄒᆞ멍 강 ᄀᆞ리치레[128] 행 ᄀᆞ리쳐 강.

큰 소[129]에 물이 봉봉[130] 해 시낭 이젠 "콩데기 흔정[131] 이시멩[132] 눈데레[133] ᄒᆞᆫ 번만 베이라[134]." ᄒᆞ낭 그 물이 ᄒᆞᆫ 너이[135]에 물이 뿔어[136] 불엉 거긴 콩데기가 누웡 꽝[137]만 쓸그렝이[138] 누웡 이시낭 홀 수 엇이 꽃밧디[139] 둘려들엉 피 오를 꽃, 살 오를 꽃, 뻬 부를[140] 꽃 뭉[141] ᄒᆞ여당 저근저근[142] 차레로 신체레[143] 놓아 낭 그 열낭[144] 몽둥이로 시너 번 앗아[145] 흐리닝[146] 와당당히[147] 일어낭 "ᄋᆞ이구, 난 줌두 너미[148] 자젓수다[149]." 경ᄒᆞ낭 그 사름이 콩데길 데령 아들ᄄᆞᆯ 나멍 잘 살앗드렝 ᄒᆞᆫ다.

[거로巨老 부을생夫乙生(62세)]

2.

옛날 수첩[1] 사름이 하도 장게[2] 못 가지엉[3] 메날[4] 어멍앙테데레[5] 들엉[6] 하도 복식을 ᄒᆞ고[7] 원이 지낭[8] 어멍은 새각시 울엉[9] 맞추엉 장게 보네영 사는디 그 사름이 숫이주게이[10].

바꿔 놓고 밥사발도 바꿔 놓아 차례를 차리지 못하고 거꾸로 옆으로 해 가니까 정말 자기 아내가 아니지.

그러니 할 수 없이 문을 닫아 놓고 잠도리하기를 "네가 어떤 일로 그전과 같지 않게 하느냐? 이렇게 보니 아무리해도 내 아내가 아니다." 문초를 아주 세게 하니 할 수 없이 "나는 언니가 아닙니다." 하면서 그제야 눈물을 뚝뚝 흘리면서 바른말 나와서 "나는 팥데기입니다. 먹감으러 갔다가요, 언니 콩데기를 물로 떠밀어 빠뜨려 죽여 버렸지요." 하니 기운 없이 오락가락하면서 "어어, 이게 무슨 말이니? 이 몹쓸 년아! 이러한 일이 어디 있니? 그곳을 가서 가리켜라." 하면서 가서 가리키라 하고 가리키는 데로 갔는데.

큰 못에 물이 넘실넘실하니까 이젠 "콩데기야, 혼정이 있으면 눈에 한 번만 보여라." 하니 그 물이 어느새 물이 빠져 버려 거기에는 콩데기가 누워 뼈만 고스란히 남아 있으니 할 수 없이 꽃밭에 달려들어 피 오를 꽃, 살오를 꽃, 뼈 붙을 꽃 모두 해다가 차근차근 차례로 몸에 놓아두고 겨릅대 몽둥이로 서너 번 붙잡고 갈기니까 와락 일어나 "아이고, 나는 잠도 너무 자게 되었습니다." 그러니까 그 사람이 콩데기를 데리고 아들딸 낳으면서 잘 살았다고 한다.

[표준어 대역]

옛날 숫된 사람이 하도 장가를 갈 수 없어 만날 어머니에게 하도 졸라대고 바라니까 어머니가 (아들을) 위하여 새 각시를 맞추어서 장가를 보내사는데 그 사람이 숫된 사람이지.

그 춤, 새서방칩[11]이 큰일[12]이 닥청 하강[13] 제물 올려낭[14] 떡을 뭉탁[15] 처가칩데레 아정 강 꼴이나 베왕 오라[16] ᄒ낭 처가칩데레 부영케[17] 돌아강[18] 보난.

가시아방[19]은 지붕 욱에서 집 일엄시난[20] 떡 차롱이영[21] 술펭[22]이영 들렁[23] 강 지붕 우테레 올라강 뭉탁 그걸 불려[24] 노멍이[25] "이건 물떡[26] 줍은 등[27]이우다." 또 "요건 새미[28] 삼돌[29]이우다." 또 "이건 공떡[30] 해발레기[31]우다." 또 "요건 침떡[32] 베질레기[33]우다." 경ᄒ여 두워네[34] 술은 질어[35] 놓앙 "이건 올랑촐랑[36]이우다." 경ᄒ영 다시 옆테레 불려 놓은 걸 보멍 "요건 공떡[37]이우다. 상웨떡[38]이우다. 둑강알[39], 도레기[40]우다." 또 "이경[41] 중게[42]우다. 약게[43]우다." 경 글앙 꼴만 베와 두웡 저근저근[44] 걸엉 뭉 술러[45] 아정 지붕 알레레 ᄂ려왕.

통시펜이[46] 가시어멍 사시낭[47] 이젠 통시밋데레영 ᄌ꿋디[48]영 뭉탁 불려 놓아 두웡 "이건 물떡 줍은등이우다." 또 "요건 새미 삼돌이우다." 또 "이건 공떡 해발레기우다." 또 "요건 침떡 베질레기우다." 경ᄒ여 두워네 술은 질엉 노멍 "이건 올랑촐랑이우다." 경ᄒ영 다시 ᄌ꿋디 불려 놓은 걸 들르멍 "요건 공떡이우다. 상웨떡이우다. 둑강알, 도레기우다." 또 "이건 중게우다. 약게우다." 경 글앙 뭉 술러 아정 부영케 올레레[49] 나돌아[50] 가낭 가시어멍은 "ᄋᆞᆨᄋᆞᆨ[51], 저거 무사? 사이[52]아기, 저거 무사?" ᄒ낭 "꼴만[53] 베왕 오렝 ᄒ난 값주[54]." ᄒ여 뒹 집데레 가시낭[55].

어멍은 아들신디데레 ᄀᆞ락 "ᄋᆞ이구! 저거 무사 아정 완디[56]? 설은[57] 아기야, 무사 아정왕?" ᄒ난 "꼴만 베왕 오렝 ᄒ난 꼴만 베와 뒹 아정 왔주." ᄒ낭 어멍은 금착ᄒ게[58] 네기멍[59] "ᄋᆞ이구, 이게 무신 소리고[60]? 설은 아기야! 두림인디[61], 역음인디[62]? ᄋᆞ이구, 춤 이 설은 아기야! 이걸 무사 아정 왐디[63]?" 헷젱.

거 참, 새신랑 집에 대상大喪이 닥쳐서 여러 가지 제물로 올렸던 떡을 모두 처갓집으로 가져가서 드리고 오라고 하니까 처갓집으로 바삐 달려가서 보니.

장인은 지붕 위에서 지붕을 이고 있으니까 떡 채롱과 술병을 들고 가서 지붕 위로 올라가 그것을 모두 벌여 놓으면서 "이것은 물떡으로, 접은 등짝입니다." 또 "요것은 새미떡으로 삼각형입니다." 또 "이것은 콩떡으로, 해바라기입니다." 또 "요것은 시루떡으로, 잘라진 것입니다." 그렇게 해 두고 술을 따라 놓고 "이것은 출렁출렁입니다." 그렇게 하고 다시 옆으로 벌여 놓은 것을 보면서 "요것은 곤떡입니다. 술떡입니다. 닭똥집, 둥근 모양입니다." 또 "이것은 중게떡입니다. 약과입니다." 그렇게 말하고 모습만 보여 두고 차근차근 걷어 모두 치워 가지고 지붕 아래로 내려왔는데.

변소 쪽에 장모가 서 있으니까 이제는 변소 밑으로 그리고 옆에 모두 벌여 놓아두고 "이것은 물떡으로, 접은 등짝입니다." 또 "요것은 새미떡으로 삼각형입니다." 또 "이것은 콩떡으로, 해바라기입니다." 또 "요것은 시루떡으로, 잘라진 것입니다." 그렇게 해 두고 술을 따라 놓으면서 "이것은 출렁출렁입니다." 그렇게 하고 다시 옆에 벌여 놓은 것을 들면서 "요것은 곤떡입니다. 술떡입니다. 닭똥집, 둥근 모양입니다." 또 "이것은 중게떡입니다. 약과입니다." 그렇게 말하고 모두 치워 가지고 바삐 올레로 내달아 가니까 장모는 "아휴! 저것은 왜? 사위, 저것은 왜?" 하니까 "모양만 보이고 오라고 하니 가요." 해 두고 집으로 갔는데.

어머니는 아들에게 "아이고! 저것을 왜 가져왔니? 내 아기야, 왜 가져왔어?" 하니까 "모습만 보이고 오라고 하니까 모습만 보여 두고 가져왔지." 하니 어머니는 가슴 철렁하게 여기면서 "아이고, 이게 무슨 소리니? 덜된 아기야! 어리석은 거니, 약은 거니? 아이고, 참 이 덜된 아기야! 이것을 왜 가져와?" 했다고.

흔 번은 아들이 또 어멍앙테 신디 데레 ᄀ락[64] 콩을 숨앙 줍셍[65] 하도 ᄒ낭 어멍은 어디 강 콩을 ᄒᄀᆷ[66] 비어당[67] 숨앙 주난 ᄀᆸ덕[68]체 깍지체[69] 난체[70] 우막우막[71] 먹어 가낭 어멍은 "메께[72]! 저거 무사 콩을 ᄭᄀ척[73]체 먹엄시니? 두리염디야, 역암디야[74]? 귀신 미쳔디야[75]? 콩을 난체 먹엄디야? 깡 먹낭[76]." 경ᄒ난 "허 춤, 우리 처가칩이 가 보낭 ᄆᆯ도 콩 숨안 주낭 무큰무큰[77] 난체 먹었어구[78]." "ᄋ이구 야야, 게난[79] 는[80] ᄆᆯ 먹는 거 보앙 먹엄시야[81]? ᄆᆯ인디야, 쉔디야[82]?" 경ᄒ낭.

말짝[83] 처가칩이 가시낭 떡을 주낭 소곱[84]에 여물[85]만 파먹엉 바깟테레[86] 훅훅[87] 데껴[88] 가낭 "ᄋ ᄋ, 시상[89]. 저거 무사 사이아기 둥 데껴 불었어[90]? 이거 어떵 일이라[91]?" ᄒ난 "나 이 집에 ᄆᆯ이라, 쉐라? ᄀᆸ떡체 먹으렝." 경ᄒ ᄋ망진[92] 사이도 잇어낫젱 ᄒ다. 경ᄒ영 밤인 어이에[93] 베게동산[94]으로, 눈미[95]로 ᄌ플케 가[96] 불엇저.

[애월涯月 김모정(72세)]

3.

"오늘 갯ᄀᆽ이[1] 글라. 바르참으레[2] 가게[3]." "오늘 멫 물찌우꽝[4]?" "모르켜. 오늘 아홉 물인가, 열물인가?" "아따가라! 열물 날에 강 굴멩이[5] 잡젱?" "겨나저나[6] 가 보주[7]." "무시거 아정 갑네깡[8]?" "송동구덕[9] 들렁[10] 가 보주. 글라." "갯ᄀᆽ데레 ᄂ려글읍소[11]." "경ᄒ주."

갯ᄀᆽ디레 ᄂ령 가 보낭 물은 점북점북[12] 들어나낭[13] "곰셍이[14]영 보말[15]이영 잡아 가주." 돌을 ᄒ나 일렁[16] 보낭 깅이[17]가, 돌킹이[18]영 산킹이[19]영 이레[20] 발발발 저레 발발발 기여 들암시낭[21] "이것들 ᄒ저[22] 심으라[23]." "아이고, 이건 잡앙 보낭 손관[24] ᄯᆨ[25] 젭체[26] 불엉. 아이고, 손콥[27]에 피 낛수다[28]." "확 뿌령 구덕드레 담으라."

한 번은 아들이 또 어머니한테 콩을 삶아 달라고 하도 하니까 어머니는 어디 가서 콩을 조금 베어다가 삶아서 주니 껍데기째, 깍지째 생으로 우적우적 먹어 가니까 어머니는 "어처구니없어! 저것은 왜 콩을 껍질째 먹니? 어리석니, 약니? 귀신이 들었니? 콩을 생으로 먹니? 까서 먹는 거야!" 그러니까 "허 참, 우리 처갓집에 가 보니 말도 콩을 삶아 주니 문덕문덕 생으로 먹더라." "아이고 야, 그러니까 너는 말이 먹는 것을 보고 (그렇게) 먹니? 말이니, 소니?" 그랬는데.

나중에 처갓집에 가 있는데 떡을 주니 속에 있는 알맹이만 파먹고 바깥으로 휙휙 던져 가니까 "아휴, 세상에. 저것은 왜 사위가 모두 던져 버려? 이것은 어떤 일이야?" 하니까 "내가 이 집의 말이야, 소야? 껍질째 먹으라고." 그런 요망스러운 사위도 있었다고 한다. 그렇게 하여 밤에는 어느새 잠이 들어 버렸다.

[표준어 대역]

"오늘 바닷가에 가자. 해산물 잡으러 가자." "오늘 몇 물때입니까?" "모르겠다. 오늘 아홉 물인가, 열물인가?" "아따! 열물 날에 가서 군소 잡으려고?" "그러나저러나 가 보세." "무엇을 가지고 갑니까?" "작은 바구니 들고 가 보세. 가자." "바닷가로 내려갑시다." "그러세."

바닷가로 내려가 보니까 물은 첨벙첨벙 들고나니 "작은 고둥, 큰 고둥을 잡아 가세." 돌을 하나 일으켜 보니 게가, 돌게와 산게가 이리로 발발발 저리로 발발발 달으니까 "이것들 어서 잡아라." "아이고, 이건 잡아 보니 손을 콕 물어 버려. 아이고, 손톱에 피 난다." "확 뿌려서 바구니에 담아라."

"이제랑 큰 돌이나 일렁 보주." 큰 돌을 우꾹[29] 일렁 보낭 "아이고, 여긴 오봉젱이[30]도 부트고[31] 구젱기[32]영 좃구젱기[33]영, 아이고 여긴 수두락헷저[34]." 이젱 믄 잡앙 구덕디레 놓아 뒹, 이젠 또 큰 돌을, 물레레 들어산[35] 으꼭[36] 큰 돌을 들렁 보낭 "아이고, 머이[37] 좋다. 뭉게[38] 싯저[39], 뭉게. 아이고, 자기[40] 왕 잡으라. 얼른, 얼른." 물끄럭[41]을 손에 잡으낭 부닥부닥[42] 손이[43] 부텅 물어 불젱 ᄒᆞ난 "상퉁이[44] 뒈씨라[45], 상퉁이 뒈씨라. 돌아난다, 돌아난다." 뒈쌍 돌ᄅᆞ레[46] 착 두두령 춤[47] 탁 바깡[48] 구덕드레 두리첫주[49]게.

"아이고, 저 엉덕[50] 알레레나 가 봥 집이나 가주." "저 엉덕 신[51] 디 가 보라." "아이고, 엉덕 알레렌 가 보낭 솜[52]이영 구살[53]이영 막 싯수다게. 아이고, 하수다[54]." "기여, 값저. 오늘은 머이도 좋다. 어치냑[55] 꿈 잘 바진[56] 셍[57]이여." "영ᄒᆞ낭 골겡이로 구살 ᄒᆞ쓸 캐영 좃이라[58], 좃이라. 손으룬[59] 아픈다[60]." "구살은 믕 골겡이로 좃앙 구덕데레 믕 놓으라[61], 솜이영. 아이고, 믕 잡당 귀마리[62]영 정겡이영 돌에 벳겨지영 막 아프다." "아이고, 경ᄒᆞ다. 갯ᄀᆞ디레 오멩[63] 긁어정. 바르궤기[64] 먹젱 ᄒᆞ멘 손발이 믕 헌다[65]."

"아이고, 믈콥조겡이[66]도 싯고 문다다리[67]도 싯고. 어따, 믕탁 바지는 대로 줏어 노라." "이경[68] 무시거우꽝[69]? 쉐군벗[70]이우꽝?" "엉엉, 쉐군벗이여. 쉐군벗은 막[71] 맛도 좋나[72]." "아이고, 그것도 테[73] 놓아야켜[74]." "경ᄒᆞ라. 군벗두 테 노꼬[75] 그 저끄티[76] 베말도 테 노라." "메역[77]도 싯수다." "메역 툴아[78] 노라." "요건 무시거우꽝?" "웬보말[79]이여. 그것두 줏어 놓으라. 아이고, 영도 하느냐. 요건 고동[80]인게. 이건 모살조겡이[81]여. 또 저건 메홍이[82]여, 지름보말[83]이여. 아이고, 오늘은 머이도 좋다. 요건 거드레기[84], 저건 웬보말, 아이고." "여기도 싯수다. 구살이영 베말이영 군벗이영. 아이고게, 요건 믈미루리[85]영." "건[86] 테지 말라. 먹지 않은 거여, 믈미루린." "아이고, 춤 물찌가 좋은 때 와젓저." "바르[87]가 막 머이 좋다." "이젠 얼곡[88] 날도 저물곡 집데레 올라갑주. 글으씸[89]." "기여. 저기 메역세[90] ᄒᆞ끔 툴아

"이제는 큰 돌이나 일으켜 보세." 큰 돌을 슬쩍 들어 보니 "아이고, 여긴 떡조개도 붙고 큰 소라와 작은 소라가, 아이고 여긴 수두룩했다." 이젠 모두 잡아서 바구니에 놓아두고 이젠 또 큰 돌을, 물에 들어서서 살짝 큰 돌을 들어 보니 "아이고, 재수 좋다. 문어 있다, 문어. 아이고, 빨리 와서 잡아라. 얼른, 얼른." 문어를 손에 잡으니까 착착 손에 붙어서 물어 버리려고 하니 "대가리 뒤집어라, 대가리 뒤집어라. 달아난다, 달아난다." 뒤집어 돌에 착 두드려서 침 탁 뱉어 바구니에 집어넣었지.

"아이고, 저 언덕 아래로나 가 보고 집에나 가세." "저 언덕 있는 데 가 봐라." "아이고, 언덕 아래엔 가 보니 말똥성게와 성게가 막 있습니다. 아이고, 많습니다." "그래, 간다. 오늘은 재수도 좋다. 엊저녁에 꿈을 잘 본 모양이다." "이러니까 호미로 성게를 조금 캐어 쪼아라, 쪼아라. 손으로는 아프다." "성게는 모두 호미로 쪼아서 바구니에 모두 넣어라, 말똥성게와 함께. 아이고, 모두 잡다가 복사뼈와 정강이가 돌에 벗겨져서 막 아프다." "아이고, 그러하다. 바닷가에 오면 긁혀. 바닷고기를 먹으려 하면 손발이 모두 헌다."

"아이고, 말조개도 있고 눈알고둥도 있고. 아따, 모두 보이는 대로 주워 놓아라." "이것은 무엇입니까? 군부입니까?" "응응, 군부다. 군부는 아주 맛도 좋다." "아이고, 그것도 떼어 놓아야겠다." "그렇게 해라. 군부도 떼어 놓고 그 곁의 고둥도 떼어 놓아라." "미역도 있습니다." "미역 뜯어 놓아라." "요건 무엇입니까?" "다슬기다. 그것도 주워 놓아라. 아이고, 이렇게도 많은가. 이건 고둥이네. 이건 무명조개다. 또 저건 두드럭고둥이고 남방울타리고둥이다. 아이고, 오늘은 재수도 좋다. 요건 소라게, 저건 다슬기, 아이고." "여기도 있습니다. 성게와 고둥과 군부. 아이고, 요건 말미잘." "그것은 떼지 말라. 먹지 않는 거다, 말미잘은." "아이고, 참 물때가 좋은 때 오게 되었다." "해산물 잡이가 아주 재수 좋다." "이제는 춥고 날도 저물고 집에 올라갑시다. 갑시다." "그래. 저기 미역 조금 뜯어

노라. 또 메사리[91], 가시리[92], 갯구드리[93], 톨[94]이영, 또 파레도 한끔 담아 노라. 깅이가 둘아난다."

들렁들[95] ㄱ치[96] 오멍 보낭 아이고, 줌녀[97]들은 태왁[98]둘 들르멍 소중이[99]만 입엉 물레[100] 들엇당 나왕 얼엉 불둘 술앙[101] 초멍[102] 망사리[103]레둘 보낭 전북[104]이영 메역이영, 미[105]영. "아이고, 저기 하영도 ㅈ물앙[106] 왓저." 바당데레 바레보낭[107] 보제기[108]둘이 "어따 생선이영 동치[109]영, 어따 갈치영, 어따 하영도 잡앙 욌저. 오늘둘은 바르 머이둘이 다 좋다. 보제기도 좋고 우리도 좋고 줌녀도 좋고."

"아이고, 저기 큰 배 욌수다. 내[110] 팡팡 한멍 고동 불없수다, '빵' 한멍. 어따 큰 화룡선[111]이여. 어디서 오는 밴고? 육지서 온 밴가?" 이젱 날도 어둑고[112] 저녁때두 돼신게[113]. "아이고, 저기 보라. 닐은 날이 좋으켜." "아이고게, 참 할락산[114] 봉구리[115]가 한끔 펭펭한당[116] 딍그스레[117] 오름[118] ㄱ튼 것이 둥겨시녜[119]." "닐랑[120] 다시 가고 한게." 경한영 집이 아정 올앙 숢앙 뒤칩이도 아저가고 앞칩이데레도 아정 가고 한여 뒹 집안 식기[121] 다 잘 먹엇주게.

[제주시濟州市 고인식高仁式(50세)]

4.

경, 정 몬앙 보낭 "무사 서답[1]은 영 하영 몬아 놓앙? 오늘 뺄아사 한켜. 물이[2] 강 늘리젱[3] 한여두 물이 ㄱ물앙 산지물데레망[4] 웃드르[5] 사름이영 뭉 담아들어[6] 놓으멩 팡[7] 춤녜헤져사주[8]. 집이서 물 데왕 서답 늘려사 한주." "무시거에 늘립네까?" "도구리[9]레 늘리주. 도구리레 물 데운 것 퍼 노라. 나 늘리저[10]. 요 싸분[11] 씨당 거 어디 가심?" "살레저끄티[12] 싯수다." "부죽한지 나 않을 것가?"

놓아라. 또 매생이, 풀가사리, 우뭇가사리, 톳과 또 파래도 조금 담아 놓아라. 게가 달아난다."

들고서들 같이 오면서 보니 아이고, 해녀들은 테왁들 들고 속곳만 입고 물에 들었다가 나와 추워서 불들을 살라 쬐면서 망사리에들을 보니 전복과 미역과 해삼. "아이고, 저기 많이도 캐어 왔다." 바다 쪽으로 바라보니 어부들이 "아따 생선과 쑤기미와, 아따 갈치와, 아따 많이도 잡아 온다. 오늘들은 해산물 잡이가 재수들이 다 좋다. 어부도 좋고 우리도 좋고 해녀도 좋고."

"아이고, 저기 큰 배 옵니다. 연기 팡팡 내면서 고동 붑니다, '빵' 하면서. 아따 큰 화륜선이다. 어디서 오는 배인가? 육지서 온 배인가?" 이젠 날도 어둡고 저녁때도 되었네. "아이고, 저기 보아라. 내일은 날이 좋겠다." "아이고, 참 한라산 봉우리가 조금 평평하다가 둥그스름하게 산 같은 것이 늘어져 있네." "내일랑 다시 가고 하자." 그렇게 해서 집에 가져와 삶아서 뒷집에도 가져가고 앞집에도 가져가고 하여 두고 집안 식구가 다 잘 먹었지.

[표준어 대역]

그러저러 모아 보니 "왜 빨래는 이렇게 많이 모아 놓았어? 오늘 빨아야 하겠다. 물에 가서 헹구려고 해도 물이 가물어서 산지천에만 산촌 사람들 모두 모여들어 놓으면 자리를 차지할 수 있어야지. 집에서 물 데워 빨래 헹궈야 하지." "무엇에 헹굽니까?" "함지박에 헹구지. 함지박에 물 데운 것을 퍼 놓아라. 내가 헹굴게. 여기 비누 쓰던 거 어디 있니?" "찬장 곁에 있어요." "부족하지나 않을 것인가?"

이젠 늘려 아정 질구덕[13]으로 하나 잔뜩 지영 마께[14] 놓고[15] 산지물레레 가 보낭 하도 사름이 하영 부피영[16] 놀림ᄆ티[17] 가시네[18]. 강 ᄒ참 판[19] 엇엉 지드리당[20] 서답을 ᄒ는디, 어따 어뗭[21] 년 난[22] 것이 욱에서 뚱걸레 뺄앙. 부웨[23]가 뒈싸정[24] 후려[25] 욕헷저. 어따 나 뚱코망[26]에서 아진[27] 건 물을 착착 티와[28] 부낭 옷이 벌렝이[29] 젖엉 강알트멍[30] 빌착ᄒ낭[31] 뚱 ᄆ류웡[32] 믈[33] ᄂ리는 코[34]에 강 뚱을 팡팡[35] 싸저.

경ᄒ영네[36] 서답 다 뺄앙 졉치와[37] 아정 집이 올앙 보낭 ᄒ 시 되영[38] 이젠 양짓물[39] 사당 ᄒ 말치[40] 솖앙 놓앙 또 강 짓물 서답[41] ᄒ곡, 아이구, 구찬ᄒ영[42] 믕 들[43] 버무려[44] 놓앙, 이젠 저냑 ᄒ영 먹엉 누웡 자당.

딧날[45]은 아시날[46] ᄒ당[47] 서답 믕 늘어[48] 뒹 부틍[49] 짐[50]에 풀 헤 불젱 썰ᄒ 줌 컹[51] 풀ᄀ레[52] 강 굴아당 풀 쑤웡 작산[53] 서답에 풀 다 헷저. 경ᄒ영 손 보젱 ᄒ낭 ᄇ름은 팡팡[54] 불고 믕 민드려[55] 분 거. 봉가당[56] 다시 믕 풀 ᄒ여 놓앙 제우[57] 시들룅[58] 거두와 들이낭 비가 오주게. 아이, 비 와도 조켜, 시드르와시낭[59]. 믕 손 보멍 개영 안방네[60] 놓앙 두두는[61] 첵ᄒ영 덩두렝마께[62]루 닥닥[63] 나 혼제 두두렁[64] 곱게 다듬고, 안 다듬건[65] 풀만 부쳥. 이것 두 헤뜩ᄒ[66] 거. 푸답[67] 믕 ᄒ젱 ᄒ낭 ᄒ 이틀 걸령.

다릴 것 다리는디 홋옷도 다려사 ᄒ 거라 부낭[68] "촉촉[69] ᄒ띠[70] 다려 불게." 경ᄒ디 ᄇ름 불엉[71] 막 옷이[72] 구듬[73] 부터신게[74]. 부뜨그데고[75] ᄒ 수 엇저. 경ᄒ디 "다리웨레[76] 불 살으라[77]." "날은 왁왁ᄒ디[78] 낼랑[79] 다리주." "어따, 석이각지[80]에 불 쌍[81] 다리주게."

옷은 다리젱 ᄒ낭 망홀 놈이[82] 숫[83]이 나빵 이경 믕 녱바리[84]낭 내[85]만 팡팡 낭. 다림 시젝ᄒ낭[86] 아인 옷 심당[87] 조라운[88] 거라. 손을 틸랑[89] 내 부낭 다리웨 불은 쏟아지엉 옷도 카고[90] 손두 데고, 어뗭사 북부기[91]가 뒈싸정 못 살켜. "이놈이 새키, 데겡상일[92] 내후려[93] 불어사 하켜." 싸우멍 틀으멍 옷은 제우[94] 다 다령 두웡.

이젠 헹궈 가지고 큰 대바구니 하나 잔뜩 지어서 빨랫방망이 놓고 산지천으로 가 보니 하도 사람이 많이 붐벼서 놀림맡에 갔다. 가서 한참 자리가 없어 기다리다가 빨래를 하는데, 아따 어떤 년이 낳은 것이 위에서 똥걸레를 빨아. 부아가 뒤집혀서 마구 욕을 했어. 아따 내 똥구멍에서 앉은 것은 물을 착착 튀겨 버리니 옷이 흠뻑 젖어서 사타구니가 축축하니 똥이 마려워 똥 누는 곳에 가서 똥을 팍팍 쌌다.

그렇게 해서 빨래 다 빨고 비틀어 짜 가지고 집에 와 보니 한 시 되어서 이젠 양잿물을 사다가 한 말치 삶아 놓고 또 가서 양잿물 빨래하고, 아이고 귀찮아서 모두들 대충 비벼 놓고, 이젠 저녁 해서 먹고 누워 자다가.

다음날은 전날 하던 빨래를 모두 널어 두고, 하던 김에 풀을 먹이려고 쌀 한 줌을 불려 작은 맷돌로 갈아다가 풀 쑤어서 많은 빨래에 풀을 다 먹였다. 그렇게 하여 손을 보자고 하니 바람이 쌩쌩 불고 모두 떨어뜨려 버린 거야. 주워다가 다시 모두 풀 먹여 놓고 겨우 말려 거둬들이니까 비가 오지. 아이, 비가 와도 좋다, 말렸으니까. 모두 손보면서 개어 다듬잇돌에 놓아 두드리는 척하고 방망이로 딱딱 나 혼자 두드려 곱게 다듬고, 안 다듬은 것은 풀만 붙었어. 이것도 정신없는 거야. 푸새를 모두 하려고 하니 한 이틀 걸렸어.

다릴 것을 다리는데 홑옷도 다려야 할 것이므로 "촉촉 한꺼번에 다려 버리자." 그런데 바람이 불어 막 옷에 먼지가 붙었네. 붙더라도 할 수 없다. 그런데 "다리미에 불살라라." "날이 캄캄한데 내일 다리지." "아따, 석유등에 불 켜 다리지."

옷은 다리려고 하니 망할 놈의 숯이 나빠서 이건 모두 질이 안 좋은 숯이니 연기만 팡팡 나. 다림질을 시작하니 아이는 옷을 잡다가 졸린 거야. 손을 쑥 내 버리니 다리미의 불은 쏟아지고 옷도 타고 손도 데고 어찌나 부아가 뒤집혀 못 살겠다. "이놈의 새끼, 대가리를 내리쳐 버려야 하겠다." 싸우면서 뜯으면서 옷은 겨우 다 다려 두었는데.

이젱 옷을 ᄒ젱 ᄒ낭 바농상질[95] 춫지 못ᄒ영 ᄒ당 보난 궤 위테레 놓앙 잊어불엉 놓아둔 거 알레레 쏟아정. ᄀ세[96]영 골메[97]영 멘경[98]이영 실페영 바농출레[99]영 헌벅[100]들 싼 거영 가리삭산[101] 삐어정[102] 부웰 뒈싸도 담앙 놓앙. 바농을 심으낭 눈은 부영ᄒ고[103] 바농퀴[104]를 퀴어져사[105] ᄒ주. 즘진 씰로[106] 바농퀴 꿰영 후리메[107]를 시젝헷주.

후리메는 시젝ᄒ영 ᄀ젝[108]이영 안이영[109] 다 고앙[110] 덧날은 소케[111] 사당 밍 놓앙 후리메 뒈씨고[112] 바지저구리 ᄒ곡 이젱 염낭도 줍아사[113] 홀걸. 토시영 허리티[114]영 다님[115]이영 보선이영 "어따, 사름 울에[116] 둫 것[117]도 핫저[118]." 베게닛[119]이영 이불 토레기[120]영 ᄒ엿주. 나도 옷 입어사 홀건디, 너사[121] 나중에 ᄒ고. 저구리도 ᄒ고 치메도 고앙 ᄒ곡 바지영 소중이[122]영 굴중이[123]영 속치메들 박앙 와사 ᄒ고 소중이꺼정 다 해 두웡 아이들은 양북[124]들 뿔앙 입지고[125] 대비[126]들 터진 거 다 줴[127] 뒹 ᄒ쓸 한걸리[128] 놀러도 가고 ᄒ켜.

[신촌新村 양순생梁順生(60세)]

5.

홀 것도 천지만지[1] 핫정마는[2] 어떵 몸살도 ᄒ고 데겡이도 아프고 어떵 정신이 엇다 ᄒ멍 춤, 오늘랑 장 구겡[3] 가카[4]? 시언히[5] 장이나 구겡ᄒ영 오카? 돈두 엇지마는 눈 구겡이나 ᄒ주.

첨 들어가낭 득장일[6] 들어가컷구나. 어따, 득세기들도. 큰 것도 싯고 상이득세기[7]만씩 준 것도 싯저. 어따, 저 득은 씨암툭 ᄀ치 북삭ᄒ게[8] 아깝다[9]. 어따, 이 장득은 씨켜[10]. 요건 네공[11] 종리가[12]? 요건 네공 닮다[13]. 어따, 빙에기[14]들도 질룸직ᄒ다[15]. 아이고, 귀ᄒ 웨게득인게[16]. 황게[17]구나. 약ᄒ는[18] 거. 어따, 가심[19] 아픈 디 갈라진[20] 호박에 흔디[21] 딸령[22] 먹으멘 막 좋네 ᄒ다.

이젠 옷을 하려고 하니 반짇고리를 찾지 못해서 하다가 보니 궤 위쪽에 놓고 잊어버려서 놓아둔 것이 아래로 쏟아졌어. 가위와 골무와 거울과 실패와 바늘겨레와 헝겊들 싼 것이 여기저기 흩뿌려져 부아를 뒤집어도 담아 놓았지. 바늘을 잡으니 눈은 부옇고 바늘귀를 꿸 수 있어야 하지. 가는 실로 바늘귀 꿰어 두루마기를 만들기 시작했지.

두루마기는 시작해서 겉과 안을 다 호고 뒷날은 솜을 사다가 모두 넣어 두루마기를 뒤집고 바지저고리 만들고 이젠 염낭도 기워 붙여야 할걸. 토시와 허리띠와 대님과 버선, "아따, 사람 위에 드는 것도 많다." 베갯잇과 작은 이불들 만들었지. 나도 옷을 입어야 할 것인데, 너야 나중에 만들고. 저고리도 만들고 치마도 호아서 만들고 바지와 속옷과 홑바지와 속치마들을 박아 와야 하고 속옷까지 다 해 두고 아이들은 양복들 빨아서 입히고 양말들 터진 것을 다 기워 두고 조금 한가히 놀러도 가고 하겠다.

[표준어 대역]

할 것도 굉장히 많지마는 어찌 몸살도 있고 머리도 아프고 어찌 정신이 없다 하면서 참, 오늘은 장 구경 갈까? 시원하게 장이나 구경하고 올까? 돈도 없지마는 눈 구경이나 하지.

처음 들어가는데 닭장에를 들어가게 되었구나. 아따, 달걀들도. 큰 것도 있고 참새알만씩 잔 것도 있다. 아따, 저 닭은 씨암탉같이 복슬복슬하게 귀엽다. 아따, 이 장닭은 (힘이) 세겠다. 요것은 레그혼종인가? 요건 레그혼 같다. 아따, 병아리들도 기를 것 같다. 아이고, 귀한 오골계네. 황계구나. 약에 쓰는 거. 아따, 가슴 아픈 데 갈라진 호박에 함께 달여 먹으면 막 좋다고 한다.

ᄒᆞ끔 더 가낭 도세기²³장인게. 도세기덜도 끼익끼익²⁴덜 ᄒᆞ멍 똥덜만 착착²⁵ 싸멍 데롭다²⁶. 저 도세긴 새끼 뚝²⁷ 낭직ᄒᆞ다. 배가 밀락ᄒᆞ게²⁸. 요놈의 도세긴 서방 춫앙 걸려메엉²⁹ 온 셍³⁰이여. 도세기도 헨실머리³¹ 나빵 질르기도 궂어. 요 돗³²은 양국³³ 종리낭³⁴ 질루왐직ᄒᆞ다³⁵. 주둥이영³⁶ 쯔룽쯔룽ᄒᆞ게³⁷.

그 버금³⁸엔 옹기장인 시여³⁹. 요건 지세허벅⁴⁰. 새기⁴¹허벅 요건, 갑⁴²은 하지만⁴³ 질기주. 어따, 장항⁴⁴이여. 짐기⁴⁵ 듬암직ᄒᆞ 거영⁴⁶ 싯저. 저 당진⁴⁷ 자리젓⁴⁸이영 멜젓⁴⁹이영 듬음직ᄒᆞ다. 여긴 큰 장텡이⁵⁰도 싯저. 코돋은⁵¹ 장텡이. 짐기도 ᄒᆞ고 깍두기도 절이고, ᄒᆞ나 사 가시멘⁵² 여름엔 냉국 헤 먹을 띠⁵³도 좋고 홀 거여마는⁵⁴. 어따, 허벅두 새기허벅, 지세허벅, 대바지⁵⁵, 등들 펭⁵⁶. 또 경혜도 허벅은 새기허벅이 질기여. 어따, ᄋᆞ⁵⁷ 대바지도 곱다. 우리 순자나 사당 물 지우까⁵⁸?

ᄋᆞ이고, 저 망데기⁵⁹가 ᄒᆞ끔만ᄒᆞ게⁶⁰ 씨엄직ᄒᆞ다⁶¹. ᄋᆞ 옴박지⁶²도 아깝다. 새기그릇두 싯구나. 요건 큰 대왈⁶³, 적은 대왈, 국덜 거령⁶⁴ 먹엄직ᄒᆞ다. ᄋᆞ 탕긴⁶⁵ 큰닐⁶⁶ 짐기국덜 노멘 좋으켜. 아루미⁶⁷ 낭풍⁶⁸이영 이놈이⁶⁹ 낭푼이영 놋쉐⁷⁰ 낭푼이영 춤쉐⁷¹ 낭푼이영 오만 가지 다 싯저. 요건 피청⁷²그릇 닮다. 쉐가 궂엉⁷³ 쉐⁷⁴나 잘 핌직ᄒᆞ다⁷⁵. 요건 두 말티기⁷⁶ 솟, 외말치⁷⁷ 솟이여. 저건 다가리솟⁷⁸, 메주 숢암직ᄒᆞ 거여.

요건, 지세화리⁷⁹두 아깝다. 정동화리⁸⁰, 이놈이 화리. 어따, 접시⁸¹나 흔 죽⁸² 상 씨멩 씨켤⁸³. 밥사발이영 놋사발이영 하영 싯저. 냄비, 적쉐⁸⁴, 국삭⁸⁵, 하발쒜⁸⁶, 또 강데기⁸⁷, 부젯가락⁸⁸, 불순⁸⁹, 시발쒜⁹⁰, 부삽이영. ᄋᆞ 부삽 사 가시멩 불망굴⁹¹이나 소빡⁹² 듬앙 ᄒᆞ곡⁹³ 홀 거. 저 세기각지⁹⁴나 ᄒᆞ나 사 가시멩 등피⁹⁵나 쌀걸⁹⁶.

여긴 윤디⁹⁷, 다리웨⁹⁸, 주젱지⁹⁹, 돔베¹⁰⁰, 낭도구리¹⁰¹, 물박세기¹⁰², 베술기¹⁰³ 어따 요건 죽이나 젓어시민¹⁰⁴ 조켜. 무금¹⁰⁵, 잡박¹⁰⁶, 손팍¹⁰⁷.

조금 더 가니 돼지 장이네. 돼지들도 꿀꿀들 하면서 똥들만 쫙쫙 싸면서 더럽다. 저 돼진 새끼 꼭 낳을 것 같다. 배가 물렁하네. 요놈의 돼지는 짝을 찾다가 붙잡혀 온 모양이다. 돼지도 행실머리가 나빠서 기르기도 나빠. 요 돼지는 서양종이니 기를 만하다. 주둥이가 짧네.

그다음엔 옹기 장인 모양이다. 요것은 질흙으로 구워 만든 허벅(물을 길어 나르는 동이). 사기허벅 요것은, 값은 비싸지만 질기지. 아따, 장항아리다. 김치 담을 만한 것이 있다. 저 단지는 자리젓과 멸치젓을 담을 만하다. 여기 큰 장태도 있다. 코 달린 장태. 김치도 하고 깍두기도 절이고, 하나 사 갔으면 여름에는 냉국 해 먹을 때도 좋고 할 것이다마는. 아따, 허벅도 사기허벅, 질흙허벅, 여자들 허벅, 두뒈들이 병. 또 그래도 허벅은 사기허벅이 질겨. 아따, 요 여자들 허벅도 곱다. 사다가 우리 순자나 물을 지게 할까?

아이고, 저 망데기(항아리보다 좀 낮고 배가 덜 나온 그릇)가 자그만 한 게 쓸 만하다. 요 오지그릇도 귀엽다. 사기그릇도 있구나. 요것은 큰 대접, 작은 대접, 국들을 떠서 먹을 만하다. 요 탕기는 큰일 때 김칫국들을 놓으면 좋겠다. 알루미늄 양푼과 이놈의 양푼과 놋쇠 양푼과 강철 양푼과 오만 가지가 다 있다. 요것은 무쇠 그릇 같다. 쇠가 나빠 녹이 잘 필 것 같다. 요것은 두 말들이 솥, 한 말들이 솥이다. 저건 제일 큰 솥, 메주 삶을 만한 것이다.

요것은, 질화로도 귀엽다. 청동화로, 이놈의 화로. 아따, 접시나 한 죽 사서 쓰면 쓸걸. 밥사발과 놋쇠 사발이 많이 있다. 냄비, 석쇠, 국자, 삼발이, 또 풍로, 부젓가락, 불 숟가락, 삼발이, 부삽. 요 부삽을 사 갔으면 불잉걸이나 함빡 담고 할 것이다. 저 석유 등잔이나 하나 사 갔으면 호롱불이나 켤걸.

여기는 인두, 다리미, 주전자, 도마, 나무 함지, 물바가지, 죽젓개 아따 요것은 죽이나 저었으면 좋겠다. 주걱, 쪽박, 솔박(나무를 둥그스름하고 납죽하게 파서 만든 작은 바가지 비슷한 그릇).

어따, 요딘 옷굼 푸는 딘게게[108]. ㅇ이고 요건 새각시 저구리 흠직흔 양
단이영[109] 비루도[110]영 모빈당[111]이영 영추[112]영 법당[113]이영 하부다이[114]
영 춤 곱다. 강막[115]도 싯고 인주[116]영 쑥수[117]영 마페[118]영 모시영 미녕[119]
이영 ㅇ이구, 엿날 부페[120]영 ㅇ 부펜 후르메기[121]나 헤시멘 좋으켜. 또 요
건 황제페[122]영 도리서[123]영 ᄃ림마[124]영 여름 땐 남제[125] 중이[126]나 헤시멘
좋을 거여. 살그랑흔[127] 문페[128]영 조페[129]영 생멘지[130]영 서방지영[131] 노방
주[132]영 ㅇ이구, 치메 적삼 헤시멘 좋으켜. 알신알신흔[133] 갑서숙서[134], 속
치메, 접치메[135]영 ᄒ영 번들거리시멘[136] 하꾸라이[137]여. 도리서가 질 좋
아. 개백더렁흔[138] 게.

어따, 물근칩이선[139] ᄒ나 사지 안ᄒ명 잘두 생겼수다[140]. 게메말이우
다[141]. 돈 시멘 다 사고푸고마는[142]. ㅇ 미녕이랑 사 강 갈독지[143]도 ᄒ구 소
중이[144]도 ᄒ구 굴중이[145]도 ᄒ구 ᄒ컬[146]. ㅇ 황제펜 등바데[147] 헤시멘 좋
으켜. 뚬만 칠칠[148] 나는 하르방, 흔 번 입당 주셍이[149]두, 죽으멩 관에 두 놓
고 ㅇ진흔[150] 거여. 모신 한삼모시가 좋아. 쌩올[151] 배겨지고[152] 알신알신
흔 게 아싸리ᄒ주[153].

ㅇ이고, 요건 양나서[154]가? 아이들 좀벵이[155]들 헤 줘시멩 조켜. 수시[156]
도 싯구나. 수신 우리 큰년[157] 치메나 끈엉[158] 가시멘 조켜마는. 겨나저
나[159] 당목 흔 빌[160]만 아져가시멩[161]. 발레[162]영 요호창[163]이영 이불호
창[164]이영 싯그고[165] 굴중이영 접저구리[166]영 다님[167]이영 꼬장중이[168]영
진[169] 중이영 창옷[170]이영 어따, 남젠 어지러와[171]. 부튼 게 하낭[172] 차례[173]
츨리젱[174] ᄒ민. 행전이영 토시영 주멩기[175]영 염낭[176]이영. 경ᄒ지만 귀
주멩긴[177] 담베숭지[178] 대신 차고 흔다. 또 풍뎅이[179]영 ᄒ여사[180]. 아이들
감티[181]영. 요판[182]이영 요판석[183]이영 홀걸.

여긴 신들 하영 널어놓앗구나. 요건 찝세기들인게게[184]. 미토리 곱게 숨
앙. 경흔디 미토린 줍지름ᄒ니[185] 깍내영[186] 곱게 숨은 걸 미토리엥 흔다.
육늘신[187]이영 남신[188]이영 찝[189]으로 ᄐ루ᄐ루[190] 껏버렝이처룩[191]

아따, 요 곳은 옷감 파는 데네. 아이고, 요것은 새색시 저고리 할 만한 양단과 벨벳과 모본단과 영초와 법단과 하부다이(천의 한 종류)가 참 곱다. 광목도 있고 인조견과 숙소갑사와 마포와 모시와 무명과 아이고, 옛날 부포와 요 부포는 두루마기나 만들었으면 좋겠다. 또 요것은 황주포와 도리사와 다림 마포는 여름 때는 남자 중의나 만들었으면 좋을 거야. 시원한 문포와 조포와 생명주와 서방지(명주의 일종)와 노방주와 아이고, 치마 적삼을 만들었으면 좋겠다. 보드라운 갑사숙소(숙소갑사), 속치마, 겹치마를 만들어서 번들거렸으면 수입산이다. 도리사가 제일 좋아. 가벼운 게.

아따, 물건 집에서는 하나 사지 않으면서 잘도 말을 합니다. 글쎄 말입니다. 돈 있으면 다 사고 싶지마는. 요 무명은 사 가서 감물 들인 적삼도 하고 여자 속옷도 하고 통이 넓은 홑바지도 만들고 할걸. 요 황주포는 등받이 했으면 좋겠다. 땀만 찔찔 나는 남편, 한 번 입다가 찌꺼기도, 죽으면 관에도 놓고 요긴한 것이다. 모시는 한삼모시가 좋아. 쌍올이 박히고 보드라운 게 깨끗하지.

아이고, 요것은 서양 모직인가? 아이들 잠방이들 해 줬으면 좋겠다. 수시(옷감의 일종)도 있구나. 수시는 우리 큰딸 치마나 끊어서 갔으면 좋겠다마는. 그러나저러나 당목 한 필만 가져갔으면. 발레(각반의 한 종류)와 요 홑청과 이불 홑청 씻고 통이 넓은 홑바지와 겹저고리와 대님과 고쟁이와 긴 중의와 소창옷과 아따, 남자는 어지러워. 붙은 게 많으니까 차례 차리려고 하면. 행전과 토시와 주머니와 염낭. 그렇지만 귀 달린 주머니는 담배쌈지 대신 차고 한다. 또 풍뎅이를 해야지. 아이들 방한용 모자도. 요의와 방석을 할걸.

여기는 신들을 많이 널어놓았구나. 요건 짚신들이네. 미투리 곱게 삼았어. 그런데 미투리는 가느다랗게 신총을 꼬아서 곱게 삼은 걸 미투리라고 한다. 여섯 날 짚신과 나막신과 짚으로 따로따로 껍질 벗지 않은 벌레처럼

숨은 북각신[192]이영 창신[193]이영 댕여창신[194]이영 ᄋ이구, 신엄직도 ᄒ
다[195]. 어따, 요신[196] 고무신들 나부낭[197] 펜ᄒ영[198] 호강이라.

ᄋ 버금은 궤기칩[199]인게. 눈 구겡이나 ᄒ주. 육물궤긴[200] 쉐궤기, 돗궤
기[201], 껑궤기[202], 노리궤기[203] 핫구나[204]. 바당궤기[205]들두 하영 낫저[206]. 동
치[207], 슬락궤기[208], 오투미[209], 보건치[210], 장테[211], 서데[212], 늘치[213], 상
이[214], 고등에[215], 비금다리[216], 고도리[217], 모도리[218], 각제기[219], 은상이[220],
장이[221], 큰멜[222], 자리[223], 벤자리[224], 오징에[225], 뭉게[226], 블락[227], 뭉머구
리[228], 우럭, 졸락[229], 베염장이[230], 북조기[231], 갈치 어따 하[232] 신게. ᄋ건 고
등에처룩 시커멍ᄒ고[233] 뭉탁ᄒ[234] 거여, 멍쳉인[235]. 또 복젱이[236], 천빗생
선[237], 가오리, 아이고 나 다 못 세켜.

성키[238]들 ᄑ는 딘 보낭 넘피[239], 마농[240], 곱데사니[241], 데산이[242], 페마
농[243], 갯ᄂ물[244], 미네기[245], 난시[246], 속[247], 건데ᄂᄆᆯ[248], 부루[249], 양웨
깐[250], 댓부륵[251], 스카ᄂᄆᆯ[252], 지름ᄂ물[253], 양웨[254], 동지ᄂ물[255], 요건 쉐
핀게[256]. 양념헤시멘[257] 좋으켜. 또 저건 들급[258], 물릅[259], 진풀[260], 마. 여긴
둠비[261], 주름[262], 청묵[263], 메영[264], 짐[265], 톨[266], 뭄[267], ᄑ레[268], 메역세[269],
청각[270].

어따, 이젠 구덕장이[271] 보난 대차롱[272], 삭각[273], ᄀᄂᆫ대구덕[274], 물구
덕[275], 소쿠리[276], 차롱[277], 성키구덕[278], 서답구덕[279], 창구덕[280], 고릉착[281],
정당빙곡[282], 정당고ᅌᅳ[283], 멕[284], 멍석[285], ᄀ레팡석[286], 튀지라[287], 샛자
리[288], 왕굴자리[289], 어따, 고릉착이나 사시멘 연장홀[290] 띤 고적[291]들 해 갈
컬. 모물톨레[292] ᄒ곡 침떡[293] ᄒ여 놓곡 ᄒ영 ᄒᆫ 고릉씩 헤 가시멘. 아이고,
ᄌ미시럽다[294]. ᄀ진[295] 놀리[296] 나도나도[297] ᄒ낭헌 놀리도 나도나도 ᄒ없
드렝[298] 헨게, 나사[299] 그 꼬락서니라신게[300].

[신촌新村 양순생梁順生(60세)]

삼은 북각신(털신)과 가죽신과 댕여창신(비 올 때 신는 신)과 아이고, 신을 만도 하다. 아따, 요새는 고무신들 나와 버리니까 편해서 호강이다.

요 다음은 고기 파는 집이네. 눈 구경이나 하지. 육류는 쇠고기, 돼지고기, 꿩고기, 노루고기 많았구나. 바닷물고기들도 많이 나왔다. 쑤기미, 살락궤기(옥돔의 한 종류), 옥돔, 보굴치, 양태, 서대기, 날치, 상어, 고등어, 수염상어, 고도리, 돌묵상어, 가라지(전갱잇과의 바닷물고기), 은상어, 장어, 큰 멸치, 자리돔, 벤자리, 오징어, 문어, 볼락, 갑오징어, 우럭, 노래미, 뱀장어, 수조기, 갈치 아따 많이 있네. 요것은 고등어처럼 시커멓고 뭉툭한 거야, 가다랑어는. 또 복어, 청빛 생선, 가오리, 아이고 나는 다 세지 못하겠다.

푸성귀들 파는 데는 보니 무, 마늘, 큰 마늘, 작은 마늘, 파, 갓나물, 미나리, 냉이, 쑥, 근대나물, 상추, 양하 꽃이삭, 죽순, 양배추, 유채나물, 양하, 장다리 나물, 요것은 후추네. 양념했으면 좋겠다. 또 저것은 두릅, 무릇, 별꽃, 마. 여기는 두부, 콩나물, 청포묵, 미역, 김, 톳, 모자반, 파래, 새초미역, 청각.

아따, 이제는 바구니 장에 보니 대나무채롱, 삿갓, 가는 대바구니, 허벅(아가리가 매우 작고 어깨가 불룩한 매병 모양의 물동이) 넣는 바구니, 소쿠리, 채롱, 채소 바구니, 빨래 바구니, 장바구니, 도시락, 댕댕이덩굴 모자, 댕댕이덩굴 도시락, 멱서리, 멍석, 맷돌방석, 띠자리, 삿자리, 왕골자리, 아따, 도시락이나 샀으면 장사 지낼 때는 부조 음식이나 만들어 갈걸. 메밀떡 하고 시루떡 해 놓고 해서 한 그릇씩 해 갔으면. 아이고, 재미있다. 완전한 노루가 뽐내니 불완전한 노루도 뽐낸다고 하더라고 했는데, 내가 그 꼬락서니였네.

6.

여자기[1] 막 ᄇ름 불엉 가낭 동시[2] ᄀ락 "널랑 솔입 걷으레 글으씸[3]". "경ᄒ주." "앞칩이[4] 삼춘[5]이영 울엉[6] 맞췅[7] 나두라. 널랑 징심이영[8] ᄊ고 가게[9]. 강 ᄒ디[10] 오게." "허메[11] 무시겅 출령 나두껴[12], 양[13]?" "무시겅 입어? 갈중이[14]나 입구 헌 질목[15]이나 꿰고 갈쿵이[16]영 배촐렝이[17]영 그걸로 ᄆ 무겅 멕[18]디레 담앙 나두라." 아척인[19] 좁쏠 ᄀ랑 그 ᄀ로 조반ᄀᄉ[20]을 물 꿰왕[21] 범벅ᄒ영 먹구 ᄒ ᄌ베기[22] ᄊ고 이젱 몽구레레[23] 갓주.

강 갈쿵이로 솔입을 거둠[24] 보달[25] 짓엉 ᄒ 보달 나두고 이제랑 까메기[26] 똥을 줏이라[27]. 까메기똥이 ᄆ툰다[28]. 까메기똥이, 굴묵[29] 짙으멩[30] 막[31] ᄄ 신다[32]. 막 카고[33] ᄒ멍.

까메기똥을 긁엉 거리는디[34] 까메기들이 소낭에영[35] 복송게[36]낭에영 앚앙 '까악까악' ᄒ고 ᄂ라댕겨[37] 가난 "아이구, 집이선 무신 일이 나시냐[38]? 어떵 일로 궂인 까메기가 '까악까악' 울엄시니? 아이구, 저기 상ᄆ를[39]에서 두." 이놈이 까메기, 후욱[40] ᄒ니 ᄃ려[41] 두고 까메기똥을 ᄒ 멕 ᄀ득여[42] 뒁 "예에, 이제랑 집드레 글라. 무신 일이나 나신지 속도 궂다. 까메기도 '까악 까악' 울고."

솔입 ᄒ 보달은 어멍이 지고 까메기똥 몬은[43] 멕은 ᄄᆯ[44]이 지엉 억살억 살[45] 오당 질레레 보낭 ᄆᆯ똥, 쉐똥이 착착 ᄊ 시낭 비크레기[46] ᄂ려왕 "아이 구, 요것도 담앙 가사 홀걸." 멕 부령 똥들 담아 놓앙 집이 오멍 보낭 동리 사름들이 와작작[47] ᄒ 염시낭 "아이구, 이거 무사 영ᄒ염시니?" ᄒ낭 "아이 구, 어멍 올앗구나! 집이 아기 개 물령 야단낫수다. 혼저[48] 가 봅소, 재기." "아이구, 무신 소리고? 까메기가 경ᄒ낭 ᄉ묵[49] 소낭에서영 상ᄆ리리서 영[50] '깨액깨액' ᄒ여라[51]. 머리리 천이 돋앙[52] 내[53] 어중간헤라[54]."

집이 강 보낭 다슷 살 난 아인 올레서 놀당 미춘[55] 개앙티[56] 물령 빙원[57]엘 간다. 국이 뒈싸젓구나[58]! 서방은 우석묵[59]처룩 굴부레기[60] 앚앗당

[표준어 대역]

언젠가 마구 바람이 불어 가니 동서보고 "내일은 솔잎 걷으러 가세." "그러지요." "이를 위해 앞집 아주머니와 (시간을) 맞추어 둬라. 내일은 점심을 싸 가자. 가서 함께 오자." "그러면 무엇을 차려 놔둘까요?" "무엇을 입어? 감물 들인 바지나 입고 헌 길목버선이나 신고 갈고리를 끈 그것으로 모두 묶어 먹서리에 담아 놔둬라." 아침에는 좁쌀 갈아서 그 가루로 아침거리를 물 끓여 범벅 만들어 먹고 한 덩이를 싸서 이젠 삼성혈로 갔지.

가서 갈고리로 솔잎을 걸어 다발을 지어 한 다발 놔두고 이제는 까마귀똥을 주워라. 까마귀똥이 서서히 오래 탄다. 까마귀똥이, 아궁이 때면 아주 따뜻하다. 마구 타고 하면서.

까마귀똥을 긁어 뜨는데 까마귀들이 소나무랑 복숭아나무에 앉아 '까악까악' 하고 날아다녀 가니 "아이고, 집에서는 무슨 일이 났나? 어떤 일로 흉측한 까마귀가 '까악까악' 우니? 아이고, 저기 용마루에서도." 이놈의 까마귀, 쉬 하여 쫓아 두고 까마귀똥을 먹서리 하나 가득 채워 두고 "예, 이제는 집으로 가자. 무슨 일이 났는지 속도 안 좋다. 까마귀도 '까악까악' 울고."

솔잎 한 다발은 어머니가 지고 까마귀똥 모은 먹서리는 딸이 지고 어기적어기적 오다가 길을 보니 말똥, 쇠똥이 쫙쫙 싸 있으니까 비탈을 내려와서 "아이고, 요것도 담아 가야 할걸." 먹서리 내려놓아서 똥들을 담아 놓고 집에 오면서 보니 동네 사람들이 왁자하니 "아이고, 이거 왜 이러니?" 하니 "아이고, 어머니 왔구나! 집의 아이가 개한테 물려서 야단났습니다. 어서 가 보세요, 빨리." "아이고, 무슨 소리야? 까마귀가 그러니까 사뭇 소나무와 용마루에서 '깨액깨액' 하더라. 머리에 휘돌아서 내가 불안하더라."

집에 가 보니 다섯 살 난 아이는 올레에서 놀다가 미친개한테 물려서 병원에 간다. 야단법석이구나! 남편은 돌하르방처럼 꾸부정하게 앉았다가 각시 올아시낭 "잘낭 거 ᄒᆞ레 강 멧 콥이⁶¹ 손힐⁶² 밨어⁶³? 똥 줏이레 강. 멋이라? 멕디레 든 게." "아이구, 멕엣건⁶⁴ 물똥이영 쉐똥이영 까메기똥이우다. 아이구, 물류왕⁶⁵ 굴묵 진엉 뚯뚯ᄒᆞ게 누치젱⁶⁶ ᄒᆞ당 보난 멧 콥이 손힌 게게. 아이구!" "경ᄒᆞ다. 망할 년." "무시거엥 굴암싱⁶⁷? 저놈이 아들 녀석! 밧갈쉐⁶⁸ 좃으로 뭉근⁶⁹ 새키! 경ᄒᆞ멘 어딜 강 벌일 ᄒᆞ여 오주게. 난 누게 똥 줏어구팡⁷⁰ 갓어? ᄒᆞᆯ 수 엇이낭 가지 안헷어?" "머엥⁷¹ 주둥이 노렴씽⁷²? 이 나들 년⁷³! 뭉근년⁷⁴! 멋이라고 주주싸나⁷⁵? 아이나 강 바."

아긴 돌앙 빙원일 가 보낭 개 물린 딘, 거 무시거 특벨ᄒᆞᆫ 주살 놓아야 ᄒᆞᆫ덴 ᄒᆞ영 "주사 ᄒᆞᆫ 딘 얼마우꽝?" ᄒᆞ낭 "ᄒᆞᆫ 댓 냥⁷⁶ 가주." 경 굴으낭 "아이구, 돈 댓 냥이 어디 시어? 놓아 둡소. 오늘 나 똥이여 솔입이여 걷어 온 거 장이 강 폴앙 왕 아져오쿠다."

ᄒᆞᆫ디 집이 올앙 경 굴앗수겡 ᄒᆞ니, 아방 그 소릴 들엉 "미치게 생긴 년! 느가⁷⁷ 똥 신디 돈 주켕 ᄒᆞ여니? 나 똥 싸건 강 폴앙 오라. 망할 년! 씹당지⁷⁸로 나 분 거." "어따, 개피젱이⁷⁹ 좃으로 뭉근 새키! 저놈이 아들은 술이나 아가리에 둠으렝 ᄒᆞ밍 코삭ᄒᆞ영⁸⁰ 속앗젱은⁸¹ 안ᄒᆞ고, 윙." "술은 멀? 니아들⁸² 년이 날 주켕 헤니⁸³? 가레⁸⁴를 찢어 불려⁸⁵." "요것, 못ᄒᆞᆯ 말이 엇인게. 아이구, 너무햇수다, 너미⁸⁶햇어. 공일⁸⁷을 뻬⁸⁸ 불카 부다." "요게 누구신디레 손칫이여. 물떡⁸⁹만 들릉⁹⁰ 게." "ᄋᆞ ᄋᆞ ᄋᆞ! 콩 두 섬이⁹¹, 홰 ᄒᆞᆫ 즈룩배끼⁹² 엇인 게 누구앙티레 발칫⁹³이여!" "즛즛, 저거저거! 씹을 째 불려. 망할 년! 씹당지로 나 분 것!" "아이구, 꼬락서니가 아이구, 베기⁹⁴ 실러⁹⁵. 엉엉." "요게 누구신디레 엄살이, 엄살이. 아이구, 암제오름⁹⁶ 밧갈쉐 좃이로 뭉근 년아!" 영 쌍놈 두 가싱⁹⁷ 벨 욕 다 ᄒᆞ멍 쌈ᄒᆞ당 보낭 애긴 ᄋᆞ꼭⁹⁸ 죽어 불엇젱 ᄒᆞᆫ 예기도 시어. 경ᄒᆞ낭 닛날예기⁹⁹루, 약 짓이레 가낭 초젯날¹⁰⁰ 올앗드렝¹⁰¹ 그제사 엉엉 두 가시 울멍 헷젱 ᄒᆞ다.

[거로巨老 김신이金辛已(82세)]

아내가 왔으니 "잘난 것 하러 가서 몇 곱절의 손해를 보니? 똥 주우러 가서. 뭐야? 먹서리에 들어 있는 게." "아이고, 먹서리엣 것은 말똥과 쇠똥과 까마귀똥이에요. 아이고, 말려서 아궁이 때서 따뜻하게 뉘려고 하다가 보니 몇 곱절의 손해네. 아이고!" "그렇다. 망할 년." "무엇이라고 말해? 저놈의 아들 녀석! 황소 좆으로 만든 새끼! 그러면 어디를 가서 벌이를 해서 오지. 나는 누구 똥 줍고 싶어 갔어? 할 수 없으니 가지 않았어?" "무엇이라고 주둥이를 놀려? 이 젠장 년! 나쁜 년! 무엇이라고 씨부렁거리니? 아이나 가서 봐."

아이는 데리고 병원에를 가 보니 개 물린 데는, 거 뭐 특별한 주사를 놓아야 한다고 해서 "주사 한 대는 얼마입니까?" 하니 "한 댓 냥 가지." 그렇게 말하니 "아이고, 돈 댓 냥이 어디 있어? 놔두세요. 오늘 내가 똥이랑 솔잎이랑 걷어 온 것을 장에 가서 팔아 와서 가져오겠습니다."

그런데 집에를 와서 그렇게 말했다고 하니, 아버지가 그 소리를 듣고 "미치게 생긴 년! 누가 똥한테 돈을 주겠다고 하더냐? 내가 똥 싸면 가서 팔아 와라. 망할 년! 불두덩으로 나 버린 것." "어따, 개백정 좆으로 만든 새끼! 저놈의 아들은 술이나 입에 담으라고 하면 흡족하여 수고했다고는 안하고, 원." "술은 뭘? 젠장 년이 날 주려고 했더냐? 가랑이를 찢어 버리겠다." "요것, 못할 말이 없네. 아이고, 너무한다, 너무해. 불알을 빼 버릴까 보다." "요게 누구한테 손짓이야. 물떡만 가지고 있는 게." "아야야! 콩 두 섬에, 횃대 한 자루밖에 없는 게 누구한테 발짓이야!" "쯧쯧, 저거저거! 보지를 째 버리겠다. 망할 년! 불두덩으로 나 버린 것!" "아이고, 꼬락서니가 아이고, 보기 싫어. 엉엉." "요게 누구한테 엄살이야, 엄살이. 아이고, 암제오름 황소 좆으로 만든 년아!" 이렇게 쌍놈 두 부부는 별 욕을 다 하면서 싸움을 하다가 보니 아이는 그만 죽어 버렸다고 한 얘기도 있어. 그런데 옛날얘기로, 약 지으러 갔는데 첫 제삿날에 왔더라고, 그제야 엉엉 두 부부는 울면서 했다고 한다.

7.

우리 어린[1] 때엥 동니에 일청[2]을 메왕[3] 준일[4]들을 시젝ᄒᄂᆫ디, 난 열 슬 때인디 하도 ᄒᆞ구팡[5] 이젠 집에 올앙 어멍안테레 ᄀᆞ락 나도 모제[6] 줄으커메[7] 총[8]이영 모제꼿이영 바농텡이[9]영 ᄆᆞᆫ탁 사 줍셍 막 복식ᄒᆞ낭[10] 이젱 어멍이 장디레 강 모젯골[11] 닥데[12] 주웡 사고 물총 두 던에치[13] 사고 쉐총[14] 서 던에치 사고 ᄒᆞ영 올앙 주워네 일청이 갓주게.

강 ᄀᆞ치 부텅 시젝을 ᄒᆞᄂᆫ디 처왐[15]엔 생이방석[16] 여깡 모젯골 천박[17] 가운디 가풀[18]로 부청 ᄒᆞ루 저므낙[19] ᄌᆞ무낭[20] 천박 ᄒᆞᆫ날 ᄌᆞ물아지엉[21]. 이젠 그 딋날[22]은 모젯골데레 ᄂᆞ려왕 줄[23] 갈르멍 모젤 줄으낭 하도 지뻔 ᄒᆞᆫ 도리[24] 준젱 ᄒᆞᆷ멩 처왐은 오레오레 걸리당 말짜기[25] 가낭 막 재기 줄아지엉 ᄒᆞᆫ 도릴 얼른 동침[26] 체와지멘 하도 지뻐 가낭 이젠 그디 일청이 아이 봉와름[27]년ᄒᆞ구 심벡[28] 줄앙 눈이 벌겅케[29] 젓눈[30]도 안 뜨고 모제만 준당 보낭 동침이[31]레 왕 가이따기두군[32] 반이나 이것주게.

경ᄒᆞ영 모젤 장이 간 풀멘 이십 전두 주고 좋은 건 삼십 원도 주고 ᄒᆞ영 팔앙 경ᄒᆞ당 멘질[33]이 돌앙 오낭 어멍이 장이 강 나 직시[34] 고운 미토리, 초신 사고 머릿댕기, 영취[35] 두 치 사고 올앙 경ᄒᆞ영 고운 옷 헤 주낭 댕기드리고 고운 신 신고 정월 멩질엔 벗[36]들이영 가 널도 띠고 숫[37]도 놀고 막 놀앗주게. ᄒᆞᄂᆫ디 글로부텅 모제 시세가 물지엉[38] 난 핵교 설러[39] 불엇저.

경ᄒᆞ당 또 한 해엔 국상[40]이낭 백신[41]들이 복[42]을 입게 되어 부낭 양테[43] 시엉, 좋단 양테 ᄒᆞ나에 닷 돈, 엿 돈. 양테 시월[44]이 좋앙. 경헤낭 쏠끔[45]은 올라강 살기는 막 어려완 우리도 양테판이[46]영 대[47]영 구헤영 양테들 시젝 헷저. 경ᄒᆞ영 밤이영 낮이영 그 양테들 ᄒᆞ당 일청이선 ᄒᆞᆫ 번은 모둠[48]을 ᄒᆞ영 먹게 ᄒᆞ영 쏠들 ᄒᆞᆫ 데썩 ᄆᆞᆫ탁 놓앙 떡들 헤 먹나[49].

[표준어 대역]

우리가 어렸을 때에는 동네에 일자리를 모아서 잔일들을 시작했는데, 난 열 살 때인데 하도 하고 싶어 이제는 집에 와 어머니한테 나도 모자 겯겠으니 말총과 모자꽂이와 바늘을 모두 사 주시라고 막 졸라대니 이제는 어머니가 장에 가 모자 만드는 틀을 닷 되 줘서 사고 말총 두 돈어치를 사고 소의 꼬리털 서 돈어치를 사고 해서 와서 주고 일자리에 갔지.

가서 같이 붙어서 시작을 하는데 처음엔 기본 꼴을 엮고 모자 틀의 갓모자 가운데를 아교로 붙이고 하루 저물도록 만드니 갓모자 하나를 만들 수 있었지. 이젠 그 뒷날에는 모자 틀로 내려와 말총 가닥을 가르면서 모자를 겯으니 하도 기뻐서 돌림줄 하나를 겯으려고 하면 처음은 오래오래 걸리다가 나중에 가니 막 빨리 겯을 수 있어 돌림줄 하나 얼른 동침을 채우면 하도 기뻐해 가니 이젠 거기 일자리의 봉개오름 여자아이하고 겨뤄 눈이 벌겋게 곁눈도 안 뜨고 모자만 겯다가 보니 동침으로 와서 그 아이따위보다는 반이나 이겼지.

그리하여 모자를 장에 가서 팔면 이십 전도 주고 좋은 것은 삼십 원도 주고 해서 팔아서 그러다가 명절이 돌아오니 어머니가 장에 가 내 몫의 고운 미투리, 가죽신 사고 댕기, 영초 비단 두 치를 사 와 그래서 고운 옷을 해 주니 댕기드리고 고운 신을 신고 정월 명절에는 친구들과 가서 널도 뛰고 윷도 놀고 막 놀았지. 그런데 그로부터 모자 시세가 없어 난 학교 그만둬 버렸다.

그러다가 또 한 해에는 국상이 나서 백성들이 상복을 입게 되니 갓양태가 있지, 좋던 갓양태 하나에 닷 돈, 엿 돈. 갓양태 세월이 좋았어. 그런데 쌀값은 올라 살기가 막 어려워서 우리도 양태판이와 대나무를 구해서 갓양태를 시작했다. 그래서 밤낮으로 그 갓양태들을 하다가 일자리에서 한 번은 모임을 해서 먹자 하고 쌀들을 한 되씩 모두 내서 떡들을 해 먹었다.

혼번은 감제[50]들 도적질ᄒ영[51] 찌엉 먹느레[52] ᄒ낭 나영 ᄀᆞ치 아징[53] 아이 조라완[54] 양테 ᄒ당 걸러졍[55] 줌만 장 가난 아무디도 우시게[56] ᄒ는 사름이 이시낭 그 아일 강알[57]을 베리써[58] 놓앙 먹으로, 붓으로 벨 사름을 그려 간다, 벨 거 ᄒ여 가낭, 깨낭 이젱 용심[59]을 내주게. 용심 냉 울엉 가낭 "야! 니 강알데레 보라. 웃었저." 경ᄒ낭 그 지집아인[60] 부웰[61] 내연 머리 틀으멍 쌉지[62]. 쌉당 탕간판[63] 짊어졍 지네 집이 가껭[64] ᄒ영 가낭 지네 어멍이 올앙 "ᄋᆞ이구, 우리 뚤은 부젭[65]이 엇엉 온고집[66]ᄒᆞᆫ 아기낭 그데로 알앙 줄들 대령[67] 일헤 주워." 비낭 글로부텅 일들만 헷저. 경ᄒᆞᆫ 것도 예기 닮으냐?

[애월涯月 쌀장수 할머니(63세)]

8.

ᄒᆞ루긴[1] 줍옷[2]만 입으낭 막 얼엉[3] 불화리 저ᄁᆞ티[4] 손 더껑 ᄀᆞ만이 앚앗당 바께티레[5] 나강 니커름[6]이 강 보낭 아따 사름들이, 멕[7] 지영 가는 사름, 낭 지영 가는 사름, 구루마 끗엉[8] 가는 사름 와자자[9] ᄒ영 "이거 어떵ᄒ영 사름들이 하영 갓닥[10] 왓닥 ᄒ염시니?" "메께라[11]! 시상모른[12] 삼촌인 셍이여. 오늘 석달[13] 그믐 스물일렛장[14] 아니우꽝?" "ᄋᆞ이구, 춤. 오늘 대목장[15]이여. 나도 재기 장데레 가 바야 ᄒᆞ켜."

장디레 강 들어가멍 보낭 옷칩인 옷들 산뎅 작작[16], 쏠장인 쏠 산뎅 와자작[17]. ᄆᆞᄆᆞ[18]! 고무신 사는 사름, 옷거름[19] 사는 사름, 밀린다 등긴다 야단 아니가게[20]. ᄋᆞ이고, ᄋᆞ브럭ᄉᆞ브럭[21] 다들 무시고[22] 들렁들 왐신게.

나도 무시고 사사 ᄒᆞᆯ 건디 돈 족앙[23] 어떵ᄒᆞᆯ꼬? 질[24] 요긴ᄒᆞᆫ 것 사 가주. 멀 들으꺼[25]? 저낙 반찬이나 ᄒᆞ나 사주. "이거 동치[26] ᄒᆞᆫ 머리 얼마우깡?" "이백오십 원이우다." "이백 원만 ᄒᆞᆸ서. 어떵ᄒᆞᆸ네까?" "메께라! 이백삼십 원한 번은 고구마들을 서리해서 쪄어 먹는데 나와 같이 앉은 아이가 졸려 갓양태 만들다가 벌렁 넘어져 잠만 자 가니까 아무 데나 장난 잘하는 사람이 있으니 그 아이 사타구니를 까놓고 먹으로, 붓으로 별 사람을 그려 간다, 별 거 해 가니까, 깨서 이제는 화를 내지. 화를 내서 울어 가니 "야! 네 사타구니를 봐라. 웃는다." 그러니 그 계집아이는 화를 내고 머리 뜯으면서 싸우지. 싸우다가 탕건 만드는 판을 짊어지고 자기 집에 가겠다고 하고 가니 자기 어머니가 와서 "아이고, 우리 딸은 부접이 없어서 옹고집이 있는 아이니 그대로 알고 잘들 데려 일해 줘." 비니 그로부터 일들만 했다. 그런 것도 얘기 같으냐?

[표준어 대역]

며칠 전 어느 날, 겹옷만 입으니 너무 추워서 불화로 곁에 손을 덮고 가만히 앉았다가 바깥으로 나가 네거리에 가 보니 아따 사람들이, 멱서리 지고 가는 사람, 나무 지고 가는 사람, 손수레 끌고 가는 사람 왁자하여 "이거 어째서 사람들이 많이 갔다가 왔다가 하느냐?" "웬일이야! 세상모르는 분인 모양이야. 오늘이 섣달그믐 27일장 아닙니까?" "아이고, 참. 오늘 큰 장이네. 나도 빨리 장에 가 봐야 하겠다."

장에 가 들어가면서 보니 옷집에는 옷들 산다고 와글와글, 쌀 장에는 쌀 산다고 왁자. 마마! 고무신 사는 사람, 옷고름 사는 사람, 밀린다 당긴다 야단 아니야. 아이고, 요리조리 다들 무엇을 들고들 오네.

나도 무엇을 사야 할 것인데 돈이 적어 어떻게 할까? 제일 요긴한 것 사 가지. 뭘 들까? 저녁 반찬이나 하나 사지. "이것 쑤기미 한 마리에 얼마입니까?" "250원입니다." "200원만 합시다. 어떻습니까?" "웬일이야! 230원

주켱 ㅎ여두 안 폴앗수다." "게건²⁷ 이백이십 원 안네쿠다²⁸." "머이케라²⁹! 놈우³⁰ 시세에³¹ 더 안 받읍네다." 안네멍 "폽서." "어서 아정 갑서."

이젠 산 들러네³² 오당 보낭 궤기장시가 "나 궤기 삽서. 나 궤기 삽소." ㅎ영 산³³ 동치 닮은 거만 들렁 "이거 얼마우꽝?" "이백 원만 주워 뎡³⁴ 갑서. 혼자³⁵ 가사 ㅎ쿠다. 얼곡, 애기도 울곡."

경 상 들렁 ᄆ녀³⁶ 동치 산 디 아정 강 돌라 도렝³⁷. "이거보당 큰 것도 이백 원이엔 ㅎ멍 폴켱 헴시낭 돈을 이십 원 주나 동치 돌라 주나 흡서. 늠보당 시세 욱에 폴쿠강?" "ᄋ따가라³⁸! 어디 강 가레댕기당³⁹, 인칙⁴⁰이나 올 아시멘 폴 거." "자기 돌라 줍소." "머시께⁴¹! 돌라 줌으랑마랑⁴², 궤긴 다 ᄀ튼 게 어디 시어? 어디 썩은 궤기, 싼 궤기 방?" "그 할망 이상한 할망이여. 어디 썩은 궤기가 시여? 어따 어따, 궤기 재기 돌라 줍소." "궤기가 튼나 주⁴³, 싸가멘⁴⁴."

요놈이 할망, 나 돈 이십 원 먹엉 얼마 오레 살아지카 부뎅⁴⁵, 얼마 잘 살아지카 부뎅. "어따, 궤길 ㅎ나 사 가멍 정벡이우도⁴⁶. 아기깨나 신 게 경 안 ㅎ여. ㅎ쏠 ᄆ음⁴⁷이 너그러와사!" "ᄋ이구, 이놈이 할망. 아기여 무시거여. 니보는⁴⁸ 소리. 우리 집인 순검⁴⁹도 시어. 무서운 순검." "어따, 우리 집은 벵정⁵⁰도 시어. 큰아들은 벤정⁵¹ 가곡 ㅎ엿어." "ᄋ이구 ᄋ이구, 덜럽다⁵². 나 돈 잘 먹엉 니만이⁵³ ᄀ치 잘 살아. 덜럽다."

경ㅎ영 메역장시앙티 강 "이건 메역 꼭지⁵⁴로 폴앗수강, 관⁵⁵으로 폴앗수강?" "꼭지로도 폴고 관으로도 폴앗수다." "ᄒ 꼭지 엄마⁵⁶우꽝?" "ᄒ 꼭지레 백십 언씩 헹 폴앗수다마는 백 언씩 ㅎ영 사 갑서." "경 ㅎ카?" "이건 좋은 메역이우다. 정이⁵⁷ 메역이우다. 막 가파도⁵⁸ 메역은 쉡네다⁵⁹. 여름 난⁶⁰ 냉국을 ㅎ영 먹어도 바들바들⁶¹ ㅎ영 좋구, 무청 먹어도 좋은 메역이우다." "이거 새 메역가, 묵은 메역가?" "아이구, 시장 초각⁶². 이제사 ᄌ믈 악⁶³ 온 메역이우다. 메역도 만각⁶⁴되멩 좋지 않읍네다."

주겠다고 해도 안 팔았습니다." "그러면 220원 드리겠습니다." "웬일이야! 남의 시세보다 더 안 받습니다." 드리면서 "파세요." "어서 가져가세요."

이제는 사서 들고 오다가 보니 고기장수가 "내 고기 사세요. 내 고기 사세요." 하고 서 있는데 쑤기미 같은 것을 들고 "이거 얼마예요?" "200원만 주고 가세요. 빨리 가야 하겠어요. 춥고, 아기도 울고."

그렇게 사서 들고 먼저 쑤기미 산 곳에 가져가 물러 달라고. "이것보다 큰 것도 200원이라고 하면서 팔겠다고 하니 돈을 20원을 주거나 쑤기미를 물러 주거나 하세요. 남보다 시세 위로 팔겠습니까?" "아따! 어디 가서 싸 돌아다니다가, 일찍이나 오면 팔았을 것을." "빨리 물러 주세요." "뭐라고! 물러 주기는커녕, 고기가 다 같은 게 어디 있어? 어디에서 썩은 고기, 싼 고기 봤어?" "그 할머니 이상한 할머니네. 어디에 썩은 고기가 있어? 어따 어따, 고기 빨리 물러 줘요." "고기가 다르지, 싸면."

요놈의 할머니, 내 돈 20원 먹고 얼마나 오래 살 수 있을까 보냐, 얼마나 잘 살 수 있을까 보냐. "어따, 고기를 하나 사 가면서 잔소리도. 아기깨나 있는 게 그렇게 안 해. 조금 마음이 너그러워야!" "아이고, 이놈의 할머니. 아기가 무엇이야. 헐뜯는 소리. 우리 집에는 순경도 있어. 무서운 순경." "어따, 우리 집은 군인도 있어. 큰아들은 군대 가고 했어." "아이고 아이고, 더럽다. 내 돈 잘 먹고 구두쇠같이 잘 살아라. 더럽다."

그리고 미역장사한테 가서 "이 미역은 꼭지로 팝니까, 관(무게)으로 팝니까?" "꼭지로도 팔고 관으로도 팝니다." "한 꼭지에 얼마예요?" "한 꼭지에 110원씩 해서 팔았습니다마는 100원씩 해서 사 가세요." "그렇게 할까?" "이것은 좋은 미역입니다. 정의旌義 미역입니다. 가파도 미역은 아주 알아줍니다. 여름 되어 냉국을 만들어 먹어도 보들보들해서 좋고, 무쳐서 먹어도 좋은 미역입니다." "이것은 새 미역인가, 묵은 미역인가?" "아이고, 시장 새 미역. 이제야 건져 올려 온 미역입니다. 미역도 오래되면 좋지 않습니다."

경흥영 ᄀ짝⁶⁵ 오멍 보낭 고미신 장⁶⁶이 선. 고미신 일러불엉⁶⁷ 머리까락 투작이멍⁶⁸ 싸우는 소리 작작작⁶⁹. 아미도⁷⁰ 대목장이낭 도둑도 하고 시끄러운 셍이여. 멕 진 사름 바르⁷¹ 밀려 분다. 낭 진 사름은 박아 분다. 아! 사름 발을 안 뉣아 부는가? ᄋ이구, 시원ᄒ다. 장 바까트레 잘 나와젓저. 어치낙⁷² 꿈 허지렁ᄒ낭⁷³ 궤기 ᄒ나 사멍 벨 깨끄락진⁷⁴ 할망이 사름 성신⁷⁵ 거스리게 ᄒ여라.

[제보자 미상]

9.

걸ᄆ리¹ 사름이 애길 다슷 오누일 낳고 산디² 살림을 가량³ 이젱 질로⁴ 지만썩⁵ 사는디 그 남제가 어떵ᄒ영 깨끄락지영⁶ 그저 호끔ᄒ민⁷ 여젤 심어 낭⁸ 두둘르고⁹ 못살게 굴어도, 예펜 죽자 살자 밤이영 낮이영 '코로 오름 막 파둣¹⁰' 경 부지런히 기당¹¹ 보아도 "저따기¹² 년이 멋을 ᄒ느라고 날브락¹³ 존소리여." ᄒ멍 각시안티 ᄀ락 야단ᄒ고 "날신디 안 살아시멘 제따기 년이 사흘은 살아져?" ᄒ멍 각실 못 전디게¹⁴ 굴엉.

땟ᄀ심¹⁵이 엇이낭 돈이 엇엉, 애기들이 벗으나 굶으나 알은 척을 안ᄒ영. 예펜이 그저 먹씬 일¹⁶ ᄒ저¹⁷, 애길 거념ᄒ저¹⁸, 여제가 죽지 않으멘¹⁹ 기엉 댕기당 복통²⁰ 나낭 애기들은 역은²¹ 것 내보네젱²² 두린²³ 건 시 게²⁴ 어멍이 들고²⁵. 난 이젠 서 우너이²⁶ 들아 나가낭 어서 남저진²⁷ 거념헹 살렝 ᄒ영. 여제가 하도 방방²⁸ ᄒ여도 서방이 줌줌ᄒ니²⁹ ᄀ라도 들은 체 안ᄒ낭 기냥 오라월³⁰ 살러 강. 여자기³¹ 서 우너이 들앙 나강 어렵게 낭장시³² ᄒ멍³³, 놈이 일³⁴ ᄒ멘 정ᄒ여도 욕 들멍³⁵ 일 년³⁶이 구물어도³⁷ 아방이 "어떵ᄒ영 살암시니?" 영 아니ᄒ영.

그리고 곧장 오면서 보니 고무신 장이 섰어. 고무신 잃어버려 머리카락 토닥이면서 싸우는 소리 와글와글. 아무래도 큰 장이니 도둑도 많고 시끄러운 모양이다. 멱서리 진 사람이 바로 밀려 버린다. 나무 진 사람은 박아 버린다. 아! 사람 발은 안 밟아 버리는가? 아이고, 시원하다. 장 바깥에 잘 나왔다. 엊저녁 꿈이 어지러우니 고기 하나 사면서 별 괴팍한 할머니가 사람의 정신을 거스르게 했더라.

[표준어 대역]

아라동 사람이 아이 다섯 오누이를 낳고 살았는데 살림을 갈라 이제는 자기대로 자기만큼 사는데 그 남편이 어떻게나 괴팍하여 그저 여차하면 아내를 잡아 놓고 두들기고 못살게 굴어도, 아내는 죽자 살자 밤과 낮에 '코로 오름을 막 파듯' 그렇게 부지런히 일하다가 봐도 "저따위 년이 무엇을 하느라고 날보고 잔소리야." 하면서 아내한테 야단하고 "나와 안 살았으면 저따위 년이 사흘은 살 수 있어?" 하면서 아내를 못 견디게 굴었어.

끼닛거리가 없는데 돈은 없고, 아이들이 벗으나 굶으나 아는 척을 안 해. 아내가 그저 집안일 하겠다, 아이를 돌보겠다, 여자가 죽지 않으려고 일하고 다니다가 화가 나니까 아이들은 큰 것은 내보내 두고 어린 것 셋을 어머니가 데리고. 나는 이제 세 오누이를 데리고 나가니 나머지는 어서 돌보고 살라고 했어. 아내가 하도 잔소리해도 남편이 잠잠하니 말해도 들은 척을 안 하니 그냥 오라동에 살러 갔어. 아내가 세 오누이를 데리고 나가 어렵게 나무장사를 하면서, 남의 일 하고 저래도 욕 들으면서 일 년이 다 가도 아버지가 "어떻게 사느냐?" 이렇게 안 해.

여제가 복통이 나낭 역은 것 ᄒ날 아방신디 보네낭 그제[38] 아방신디레 신 애기들꺼정 어멍앙테데레신디 다슷 누일 보네영. 어멍은 지가 막히낭[39] 어떵ᄒ멘 좋으리? 또 성젤 아방안테신디레 보네낭 말뎅[40] ᄒ멍 아일 쳐 두둘멍[41] 어멍신디레레 기냥 돌려보네 부낭 아이들은 어멍신디레 오낭 ᄒ올 수 엇이 그 애길, 다슷 오누일 대려 앗앙. 질 역은 것이 열아홉. 어멍이 하도 어이가 엇엉 못 질다시피[42] 헹 어떵 살리멍 어떵 게상붕ᄒ멍[43] 살앙. 어멍 복녁[44]이 뚤팡, 아들이 ᄋ쪽[45] 죽엇정[46] ᄒ다.

ᄋ이구, 시상. 경ᄒ영 그걸 그만 ᄋ쪽[47] 일러부낭 그걸 묻어 뒁 너 우녀 일[48] 둘앙 죽으나 사나 ᄒ디[49], 오만 원이 빗[50]이 나낭 ᄒ올 수 엇이 시극[51]은 하도 어려워메[52]만 가고 아방디레 갓주. 아방은 경ᄒ디 투죽[53]도 아니ᄒ영.

이젠 ᄒ 번씩 가당 오당 각시 사는 디 들어가낭 아이고, 각시가 ᄒ는 말이 "빗이 오만 원 나고 이젠 뚤 성제, 아들 성제 소핵교레 보네야 ᄒ올 거 아니우꽝?" ᄒ여도 줌줌, "아길 중핵교 시킬디야, 말디야?" ᄒ여도 들은 척 만 척 ᄒ고.

우상우상[54] 다니면서 각실 ᄌ들앙[55] 돈 ᄒ 푼 당하지[56] 안ᄒ멍 기어들엉 울럿이[57] 앗앗당 먹을 경 먹곡 욱식[58] 나강 홍글망글[59] ᄒ낭 각신[60] 복통 낭 "아아!" ᄒ멘 "날 바 가멩 아가리질[61]만 ᄒ고 무신 땀[62]이고?" 경ᄒ멍 서방이 ᄌ들어 가낭 "서나이 성제랑 거념ᄒ영 이젠 옷을 ᄒ여 주나, 입을 멕여 주나, 아무게나[63] ᄒ라." ᄒ낭 들은 척도 안ᄒ영. ᄒ올 수 엇이 여남은 난 아들 둘, 작산[64] 비바리 둘 ᄃ령 살당 "어떵 술아가코?" ᄒ다. 경ᄒ영 어멍이 빗에 울멍, 하도 울멍 ᄒ낭 놈이 일이지만 어치낙도 잠이 안 와라[65].

[오라리 吾羅里 여 女(60세)]

여자가 화가 나니 큰 것 하나를 아버지에게 보내니 그때 아버지에게 있던 아이들까지 어미한테 다섯 누이를 보냈어. 어머니는 기가 막히니까 어떻게 하면 좋을까? 또 형제를 아버지에게 보내니 말자고 하면서 아이를 쳐두들기면서 어머니에게 그냥 돌려보내 버리니 아이들은 어머니에게 오니 할 수 없이 그 아이를, 다섯 오누이를 데리고 앉았어. 제일 큰 것이 열아홉 살. 어머니가 하도 어이가 없어 못 기르다시피 하여 어찌 살리고 어찌 사랑하며 살았어. 어머니의 복력에, 딸도 (그러해서), 아들이 그만 죽었다고 한다.

아이고, 세상. 그래서 그것을 그만 고스란히 잃어버리니 그것을 묻어 두고 네 오누이를 데리고 죽으나 사나 했는데, 오만 원의 빚이 나니 할 수 없이 시국은 하도 어려워져만 가고 아버지에게 갔지. 아버지는 그런데 발도 뻗지 않아.

이젠 한 번씩 가다가 오다가 아내 사는 데 들어가니 아이고, 아내가 하는 말이 "빚이 오만 원 나고 이제는 딸 형제, 아들 형제를 소학교에 보내야 할 것 아니에요?" 해도 잠잠, "아이를 중학교 시킬 거야, 말 거야?" 해도 들은 척 만 척하고.

어슬렁어슬렁 다니면서 아내를 걱정시켜 돈 한 푼 대지 않고 기어들어 우두커니 앉았다가 먹을 것을 먹고 슬며시 나가 비틀비틀하니 아내는 화가 나서 "아야!" 하면 "나를 봐 가면서 욕질만 하고 뭣 때문이냐?" 그리하면서 남편이 걱정시켜 가니 "남자 형제를 돌봐서 이젠 옷을 해 주거나, 입을 먹여 주거나, 아무렇게나 해라." 하니 들은 척도 안 했어. 할 수 없이 여남은 살 난 아들 둘, 다 큰 처녀 둘 데리고 살다가 "어떻게 살아갈까?" 한다. 그래서 어머니가 빚에 울면서, 하도 울면서 하니 남의 일이지만 엊저녁도 잠이 안 오더라.

10.

옛날 우린 예숙제끼[1] ᄒ여낫저. 여럿이 모영 영 ᄒ다. "저 메뿌리[2]레 꼬빡꼬빡[3] ᄒ 것이 무시것고? 미피젱이[4]여. 미피젱인 허영ᄒ다[5]. 허연ᄒ멘[6] 할애비[7]여. 할애빈 등 굽나[8]. 등 굽으멘 쉐질멧가지[9]여. 쉐질멧가진 니 고망[10] 난다. 니 고망 나멘 시리[11]여. 시린 검나. 검으멘 까메기여. 까메긴 놉 든다[12]. 놉드멘 심벵[13]이여. 심벵은 두두린다. 두두리멘 철젱이[14]여. 철젱인 젭친다[15]. 젭치는 건 깅이[16]여. 깅인 붉나. 붉우멘[17] 대추여. 대춘 든다[18]. 둘멘 엿이여. 엿인[19] 부튼다. 부투멘 느 첩[20]이여."

경ᄒ무 또 다리 벋엉 앗앙 아일 둘 앚형 놀멍 ᄒ는 소리가 '흔 다리 인다리[21] 거청 대청 워님 사설 구월 나월 행견[22] 밧디 버두낭 알롱달롱' 지둥에[23] 척ᄒ민 흔 다릴 줍지영[24] 아다리[25] 안흔 사름은 메[26] 맞고 헷저.

또 여라[27]이 놀 띠에 불미[28] 묻는 서늉[29] ᄒ영 ᄒ 댓이[30] 모여그네 흔 아이가 돌셍기[31]라도 ᄒ나 쥐영 '불미 불미 불미 불미 작작 묻추게[32]. 불미 불미 불미 불미 작작 묻추게.' 경ᄒ민 두 아이가 사 두멍[33] 묻우멩 흔 아인 춫고 흔 아이가 못 춫으멘 진 거고 ᄒ영 매 뜨리고 흔다. 순네[34] 내사[35] ᄌ미 신다[36].

또 영도 헤낫저. '까메기야, 까메기야. 어디 강 올안디[37]? 할망집이 불 담앙 왓저. 불 담으레 가낭 무신 밥 줘니[38]? 자글밥[39] 주워라. 장은 무신 장 주워니? 뒨장[40] 줘라. 밤인 어디 누렝 ᄒ여니? 선방우레[41] 누으레 ᄒ여라. 무시거 더껑[42] 자렝 ᄒ여니? 뒤칩 할망 씹가죽 뜯어당 더껑 누우렝 ᄒ여라. 무시거 베영 누우렝 ᄒ여니? 뒤칩 하르방 좃 끽차당[43] 좃 비영[44] 누우렝 ᄒ엿저.'

[제주시濟州市 김영일金英一 모친母親(58세)]

[표준어 대역]

옛날 우리는 수수께끼 놀이 했었다. 여럿이 모여서 이렇게 한다. "저 산 봉우리에서 꼬빡꼬빡 하는 것이 무엇인가? 삘기다. 삘기는 허옇다. 허여면 할아비다. 할아비는 등이 굽는다. 등이 굽으면 길맛가지다. 길맛가지는 네 구멍이 나 있다. 네 구멍이 나면 시루다. 시루는 검다. 검으면 까마귀다. 까마귀는 날뛴다. 날뛰면 무당이다. 무당은 두드린다. 두드리면 대장장이다. 대장장이는 집는다. 집는 건 게다. 게는 붉다. 붉으면 대추다. 대추는 달다. 달면 엿이다. 엿은 붙는다. 붙으면 네 첩이다."

그러면 또 다리 뻗고 앉아서 아이 둘을 앉히고 놀면서 하는 소리가 '한 다리 인다리 거청 대청 워님 사설 구월 나월 행견 밧디, 버드나무 알롱 달롱' 기둥에 척하면 한 다리를 끼워 놓아서 맞지 않은 사람은 매 맞고 그랬다.

또 여럿이 놀 때에 풀무 묻는 시늉을 하면서 한 댓 명이 모여서 한 아이가 돌멩이라도 하나 쥐고 '풀무 풀무 풀무 풀무 작작 묻지. 풀무 풀무 풀무 풀무 작작 묻지.' 그러면 두 아이가 서서 묻으면 한 아이는 찾고 한 아이가 못 찾으면 진 것이고 해서 매 때리고 그런다. 흉내 내어야 재미있다.

또 이렇게도 했었다. '까마귀야, 까마귀야 어디 갔다 왔니? 할머니 집에서 불 담아 왔다. 불 담으러 가니 무슨 밥 주더냐? 자귀 열매로 지은 밥 주더라. 장은 무슨 장을 주더냐? 된장을 주더라. 밤에는 어디 누우라고 하더냐? 선반 위에 누우라고 하더라. 무엇을 덮고 자라고 하더냐? 뒷집 할머니 쇱가죽 뜯어다가 덮고 누우라고 하더라. 무엇을 베고 누우라고 하더냐? 뒷집 할아버지 좆을 끊어다가 좆을 베고 누우라고 했다.'

주

1.

1 옛날. '옛날〉엣날(단모음화)〉잇날(고모음화)'의 변화를 겪었다.

2 사람. '사롬〉사름'의 변화를 겪었다. 비어두음절의 'ᄋ'는 '으'로 바뀌는 것이 보통이므로 더 규칙적인 변화를 겪은 형태라 할 수 있다.

3 -엉/앙=-어서/아서 예 언엉(언어서), 잡앙(잡아서)

4 -영/이영=-와/과(공동격조사). 이 자료에 따르면 제주방언에서 '-(이)영'은 보통, 병렬된 마지막 명사의 끝에서도 실현된다.

5 돌다∞ᄃ리다=데리다

6 -당=-다가 예 잡당(잡다가)

7 -(으)낭=-(으)니까. 지금은 '-(으)난'으로 나타난다. 예 보난(보니까), 잡으난(잡으니까)

8 다심=의붓 예 다심어멍(의붓어미)

9 겨를【이기문 주】한 너이에(어느새에)

10 마른버짐【이기문 주】얼굴에 지방질이 없어서 이는 껍질【박철희 역】 팥 껍질

11 푸석푸석【이기문 주】빈뎅이가 보기 싫게 인 모양

12 -안테레=-한테(여격조사)

13 'ᄌ들(걱정하다)+을코(을까)'로 분석된다. '어떵ᄒ영 ᄌ들코'는 본래 '어떻게 하여 걱정할까'의 뜻이지만 이 경우에는 '어떻게 걱정하게 할까', 다시 말해 '어떻게 괴롭힐까'로 해석된다.

14 이는 '싱각〉셍각〉생각'의 변화를 겪었다.

15 원문에는 '한븐은'. 이하에서 '븐'은 '번'으로 바꾸어 쓰기로 한다.

16【이기문 주】부영ᄒ다=분주하게 바쁘다

17【이기문 주】모녀母女

18 -(으)멍=-(으)면서 예 주멍(주면서), 잡으멍(잡으면서)

19 -ᄀ락=-보고(여격조사). 지금은 '-ᄀ라'로 나타난다.

20 'ᄀ르(曰)+는 → ᄀ는'에서 'ㄹ'탈락을 겪었다. ᄀ르다∞ᄀ다=말하다 예 ᄀ른∞ᄀ른(말하는)

21 밀. 지금은 '굽'으로 나타난다.

22 -데레∞-더레∞-디레=-으로(방향격조사)

23 ᄀ둑이다=가득 채우다

24 '올(오다)+앗(았)+경(거든)'으로 분석된다. '-경'은 지금 '-건'으로 나타난다.

25 체=겨, 카다=타다(酤)

26 -(으)멩=-(으)면. 지금은 '-(으)멘' 또는 '-(으)민'으로 나타난다.

27 콩데기를 곤란하게 하기 위해 고의적으로 '아버지'와 '개'를 바꿔 말한 것으로 보인다.

28 도리(서까래를 받치기 위해 기둥 위에 건너지르는 나무). 원문에는 '돌리'.【박철희 역】 돌리=빨랫줄

29 횃대【박철희 역】홰=키(箕)

30 굴다=걸다

31 아무리

32 '질(긷다)+엉(어서)'으로 분석된다. 圓 질엉(긷어서), 짇곡(긷고)

33 '좋을꼬'에서 'ㄹ'탈락을 겪었다.

34 -이=-에(처격조사)

35 '울(泣)+엄시(현재)+낭(니까)'으로 분석된다. 지금은 '울엄시난'으로 나타난다. 뒤에 오는 '까메기'의 두음頭音 때문에 'ㄴ'가 'ㅇ'으로 바뀌었다고도 할 수 있다.

36 올레(골목에서 마당으로 들어오는 짧은 진입로)에 있는 나무. 낡=나무 圓 낡을(나무를), 낡에(나무에). 지금은 '낭'을 쓰는 게 보통이다.

37 '강글락'은 의성어(까마귀 울음소리)이지만 주인공은 이를 '같이 가자'고 하는 말 '강글라'로 듣는다. '강글라'는 '가+앙 → 강(가서)'과 '글+라 → 글라(가자)'로 분석되며 '어서 가자' 정도의 뜻을 나타낸다.

38 '글+라+엥(인용어미)'으로 분석된다. 이때의 '글라'는 가(去)의 청유형 '가게(가자)'를 대신하여 사용되는 형태이다. '글라'는 '근-(〈걷-)'와 명령형 어미 '-(으)라'가 결합된 것이다.

39 선반. 지금은 '선반'으로 나타난다.

40 찬장. 찬장 모양을 갖추고 있다는 점에서 '선반'이나 '살강' 그리고 '시렁'과는 다르다.

41 '-테레'는 방향격의 '-(으)로'를 뜻한다. 이때의 '-테레'는 '우테레, 뒤테레' 등에서 보듯 '우(上), 뒤(後), 안(內), 서(西)' 따위의 명사 뒤에 결합된다. 이들 명사는 본래 'ㅎ'말음을 가졌던 것들이다.

42 '뒤(後)+레+영(공동격조사)'으로 분석된다. '-레'는 '바다, 제주, 내(川), 뒤' 등에 연결되는 방향격조사이다.

43 싯다=있다

44 호미 【이기문 주】 낫('ㄱ'자 모양, 큰 것), 호미('ㄱ'자 모양, 작은 것, 앉아서 사용), 글겡이(호미). 이에 따르면 제주도의 '낫'은 두 종류가 있는 셈이다.

45 아지다=가지다

46 이 경우의 '-테레'는 원인의 의미를 나타낸다.

47 【박철희 역】 굴다=때우다

48 '질(긷다)+낭(니까)'으로 분석된다.

49 어느새

50 【박철희 역】 거둑다=가득 차다

51 【이기문 주】 솥

52 '굴(때우다)+낭(니까)'으로 분석된다.

53 '엇(없다)+으낭(으니까) → 엇이낭'에서 전설고모음화를 겪었다. 제주방언에서 'ㅅ, ㅈ, ㅊ'말음 용언어간에 '으'로 시작하는 어미가 결합될 때 어미의 두음 '으'는 전설고모음 '이'로 바뀐다.

54 '갈꺼'에서 'ㄹ'탈락을 겪었다.

55 【이기문 주】 ᄒᆞ느렝 ᄒᆞ난(하려고 하니까) 圓 먹느렝 ᄒᆞ난(먹으려고 하니까)

56 궤櫃의 문門

57 자기自己

58 -당=-던. 지금은 '-단'으로 나타난다. 【이기문 주】 먹당(먹던) 밥. 굳당(말하던) 집. 먹당 옵서.(먹다가 오세요.)

59 가죽신 【이기문 주】 까만 코가 있는 꽃신

60 버선이나 신발 따위의 앞쪽이 뾰족하게 나온 것

61 【이기문 주】 연지머리

62 우럭우럭(세차게 일어나는 모양)

63 -(으)나네∽-(으)난=-으니까 예 보나네∽보난(보니까) 【이기문 주】 먹느나네(먹으니까). 하지만 지금은 '-느나네'가 나타나지 않는다.

64 이는 명사 뒤에 여격조사 셋('안티+신다+ㄱ락')이 결합된 것이다.

65 히여뜩ᄒ다=허무맹랑하다

66 '-수다'(상대존대의 어미)는 자음('ㄹ' 제외)으로 끝난 말 뒤에, '-우다'는 모음 및 'ㄹ'로 끝난 말 뒤에 연결된다. 예 왓수다(왔습니다), 콩데기이우다(콩데기입니다). 그런데 '-수다/우다'는 경어법상으로 표준어의 '-습니다/ㅂ니다'와 '-어요/아요' 두 등급에 대응한다. 이 부분은 식구들끼리 대화하는 것이므로 여기서는 후자의 등급을 택해 번역하기로 한다.

67 '보(見)+크(겠)+우다(습니다)'로 분석된다. '-(으)크-'는 의지(주어가 1인칭인 경우) 또는 추측을 나타내는 어미이다. 예 주쿠다(주겠다), 잡으쿠다(잡겠다)

68 【박철희 역】 재빠르게

69 '니(너)+사(야)'로 분석된다. 【박철희 역】 너야말로

70 -저=-다(평서형 종결어미)

71 '시(있다)+어(더)+니(의문형 종결어미)'로 분석된다. '-어/아-'는 이른바 '회상'을 나타내는 어미이다. 예 주어라(주더라), 잡아라(잡더라)

72 조금

73 도다=달다

74 'ᄒ(爲)+ㄹ띠'로 분석된다. '-(으)ㄹ띠'는 주어가 2인칭일 때 사용되는 낮춤의 의문형 어미이다.

75 -읍켜∽-으켜. 지금은 '-읍켜'가 나타나지 않는다.

76 '니(너)+따기'로 분석된다. 【박철희 역】 따기=따위

77 말고. 여기서는 '고사하고'의 뜻으로 쓰였다. 지금은 '말앙'으로 나타난다. 【박철희 역】 커녕

78 -두군=-보다는. 비교격조사 '-두고'가 쓰였다.

79 '낫(愈)+저(다)'로 분석된다.

80 성=형兄, 위해다=위하다(여기서는 '대접하다'의 뜻). 지금은 '위하-'로 나타난다.

81 '빌려주+읍소'로 분석된다. '-읍소'는 지금 '-읍서'로 나타난다. '-읍서'는 경어법상 표준어의 '-으십시오'와 '-어요/아요' 두 등급에 대응하는 명령형 어미이다.

82 '빌려주+크(겠)+우꽝(습니까)'으로 분석된다. '-수꽝/우꽝'은 경어법상으로 표준어의 '-습니까/ㅂ니까'와 '-어요/아요' 두 등급에 대응하는바 이 또한 후자의 등급으로 번역하기로 한다.

83 【박철희 역】 어처구니없어라

84 '빌리(빌려주다)+크(겠)+이여(다)'로 분석된다.

85 이때의 '정ᄒ-(저러다)'는 '경ᄒ-(그러다)'의 뜻.

86 '글+읍소(명령형 어미)+게'로 분석된다. '글읍소'는 '가-(去)'의 청유형 '갑주(갑시다)'를 대신하여 사용되는 형태이다. '글읍소'는 '글-((걷-)'와 명령형 어미 '-읍소'가 결합된 것이다. '-게'는 문말에 붙어 '확인' 기능을 담당하는 담화표지.

87 -게=-자(청유형 종결어미)

88 -으레=-으러

89 여자가 자신의 여자 동기의 배우자를 가리키거나 부를 때, 또는 이웃의 남자 어른을 공
대하여 부를 때 쓰는 말이다. 남자가 자신보다 나이 어린 삼촌을 가리키거나 부를 때 쓰
기도 한다. 《개정증보 제주어사전》(2009)에 따르면 '아지방'은 여자가 자기 아우의 남
편을 부르거나 자기 남편의 남동생을 부르는 말이다(자기 언니의 남편이나 자기 남편
의 형은 '아지바님'). 지시 의미가 축소되었음을 알 수 있다.

90 아따가라∽ᄋ따=아따

91 어서

92 추구리다=추기다

93 명사 뒤에 여격조사 두 개('데레+ᄀ락')가 결합되어 있다.

94 【박철희 역】와락

95 -ᄅ레=-로. 지금은 '-르레∽-러레∽-레레'로 나타난다. 이는 'ㄹ'로 끝나는 명사 뒤에 연
결되는 방향격조사이다.

96 거려밀다=떠밀다

97 -디레=-로(방향격조사). 'ㄹ'말음 명사 뒤에서 '-디레'는 '-르레, -러레, -레레'와 수의적으
로 교체되는 형태이다.

98 '입(服)+어나+ㅇ(관형형 어미)'으로 분석된다. '-어나/아나-'는 과거의 '경험'을 나타내는
말이다. 예 잇날인 궤기 잡아낫저.(옛날에는 고기 잡았었다.) 따라서 '입어낭'은 '입었
던'으로 번역된다. 관형형 어미 '-ㅇ'은 지금은 '-ㄴ'으로 나타난다.

99 몽땅

100 찰가닥찰가닥(작고 단단한 물체가 조금 가볍게 자꾸 맞부딪치는 소리 또는 그 모양)
【박철희 역】철떡철떡

101 'N가 N가 닮다'의 문형에서 보듯, '닮-'가 공동격의 '-이영(-와/과)' 또는 '-광(-이랑)' 대신
주격의 '-가'를 지배하고 있다는 점이 독특하다.

102 【이기문 주】요것∽ᄋ것

103 노리수롱ᄒ다=노르스름하다

104 키(身長)

105 혜끔ᄒ다=자그마하다

106 '일(事)+고(명사에 직접 붙어 의문을 나타내는 조사)'로 분석된다.

107 왜

108 '믿(信)+앖+수광(습니까)'으로 분석된다. 이때의 '-앖/없-'은 현재를 나타내는 어미인데
'으'로 시작하는 어미 앞에서는 '-암시/엄시-'로 나타난다. 예 잡+암시+(으)난 → 잡암시
난(잡으니까)

109 명사 뒤에 여격조사 두 개('신디+데레')가 결합되어 있다. 주 64의 '어멍안티신디ᄀ락'
을 고려하면 여격조사는 대체로 '안티-신디-데레-ᄀ락'의 배열 순서를 지닌다.

110 끼니

111 【이기문 주】옆으로 예 노다 앉지 말라.(옆에 앉지 말라.)

112 자기自己

113 더끄다=닫다. '더끄다'가 '덮다'의 뜻을 나타내기도 한다.

114 답도리ᄒ다=잡도리하다(아주 요란스럽게 닦달하거나 족치다)【박철희 역】힐책하다

115 의미상으로 단순 부정이지만 이중 부정('않게 안ᄒᆞ느니')이 사용되어 있다.

116 【박철희 역】 문초問招를

117 씨다=세다(强)

118 【박철희 역】 눈물

119 뚝뚝

120 나는. 조사 '-가'의 용법이 표준어와 다르다.

121 -마씀∞마심∞마씨∞마시∞마슴∞마씀=-요. 이는 비존칭의 어미에 연결되는 것이 보통이다.

122 이는 '불엇수게'를 잘못 표기한 것으로 이해된다. 하지만 '-수게'가 존칭의 어미이므로 '-마씀'의 용법에 위배된다는 점이 문제로 남는다.

123 기운

124 오락가락

125 【박철희 역】 어어

126 몹씰다∞몹쓸다=악독하고 고약하다

127 곳. 지금은 '고단'으로 나타난다.

128 'ᄀ리치렌(가리키라고)'의 오자로 보인다.

129 못(沼)

130 【이기문 주】 넘실넘실

131 【이기문 주】 혼정魂精. 이에 따르면 '흔정(혼정)'은 'ᄋᆞ>오' 변화에 대한 과도교정 표기가 된다.

132 '이시(있다)+맹(면)'으로 분석된다. '-(으)맹'은 지금 '-(으)민'으로 나타난다.

133 '-데레'의 용법이 독특하다. 【박철희 역】 눈에

134 베이다=보이다. 원문에는 '비이라'. 이하에서 '익'는 '에'로 바꾸어 쓰기로 한다.

135 【이기문 주】 '어이'가 'ᄒ' 뒤에서 '너이'로 나타남.

136 ᄲᅮᆯ다=삐다(물이 빠지다)

137 ᄲᅥ

138 고스란히 【박철희 역】 앙상하게

139 'ᄭᅩᆺ(꽃)+밧(밭)+디(에)'로 분석된다. '-디'는 '밧(밭), 바깟(바깥), ᄀᆞᆺ(가)' 등에 연결되는 처소의 격조사.

140 이는 '부틀'의 오자로 보인다. 【이기문 주】 呼

141 모두

142 저근저근∞ᄌᆞ근ᄌᆞ근=차근차근

143 【박철희 역】 신체身軆에

144 겨릅대

145 붙잡고

146 흐리다∞후리다=갈기다

147 와락

148 너무

149 '자(眠)+아지+엇(었)+수다(습니다)'로 분석된다. '-아지-'는 동사에 결합해 '피동'(또는 '가능')의 의미를 나타낸다. 예 먹어젓저(먹혔다)

2.

1 【박철희 역】숫된

2 장가. 제주방언에서 모음으로 끝나는 어간은, 외래어 등 특별한 경우를 제외할 때 그 마지막 모음이 대체로 전설모음 계통('이, 에, 애, 위, 웨')이다. 이는 이전 시기에, 어간 말 '이'첨가 현상이 개음절 어간에 한해 폭넓게 일어난 데에서 기인한다.

3 '가(去)+아지+엉(어서)'으로 분석된다. 이때의 '-아지-'는 '가능'을 나타내는 형태다.

4 만날(매일같이 계속해서)

5 '어멍(어머니)+앙테(한테)+데레(더러)'로 분석된다. '-앙테는 지금은 '-안테'로 나타난다.

6 무사 어멍안티 들엉 경헴시냐?(왜 어머니에게 그렇게 하느냐?) cf. 들다=어떠한 범위, 기준 안에 속하거나 포함되다. 노래를 잘하는 축에 들다.

7 복식ᄒ다∞복식을 ᄒ다=졸라대다

8 원지다∞원이 지다=바라다 【박철희 역】원으로 여기다

9 울다=위하다 【박철희 역】일부러

10 '숫+이(계사)+주(지)+게(담화표지)+이(확인)'로 분석된다. 【박철희 역】숫=숫된 사람

11 새신랑의 집

12 대상大喪

13 여러 가지. 지금은 '하간'으로 나타난다.

14 '올리(昇)+어나+ㅇ(관형형 어미)'으로 분석된다. '-어나'는 과거의 '경험'을 나타내는 말이다. 관형형 어미 '-ㅇ'은 지금은 '-ㄴ'으로 나타난다.

15 모두

16 '꼴이나 베왕 오라' 하는 표현은 '맛이나 보이고 와라' 정도의 뜻이다. 꼴=모습, 베우다=보이다 【박철희 역】뭣을 가져갈 때 겸손의 인사로 '꼴이나 봅소' 한다.

17 【박철희 역】바삐

18 돌아가다=달려가다

19 가시아버지, 장인

20 '일(이다)+엄시(현재)+난(니까)'으로 분석된다.

21 '차롱(채롱)+이영(과)'으로 분석된다.

22 술병

23 '들르(들다)+엉(어서)'으로 분석된다.

24 불리다=벌이다

25 '노(놓다)+멍(면서)+이(확인)'로 분석된다.

26 떡의 일종. '새미떡'보다 크기가 훨씬 크다. 【이기문 주】쌀가루 떡

27 '줍(접다)+은(관형형 어미)+등(背)'으로 분석된다. 물떡의 모양을 묘사한 것이다. 【박철희 역】접은 떡

28 새미떡(메밀가루, 쌀가루 피에 소를 넣어 만든 반달 모양의 떡) 【이기문 주】메밀가루 떡

29 삼각형

30 그 모양을 '해바라기'에 비유한 것으로 보아 '콩떡'의 발화 실수로 여겨진다. 【박철희 역】입쌀 떡 【이기문 주】쌀떡. 고운쌀∞공쌀

31 해바라기

32 시루떡

33 잘라진 것. 베질르다=자르다

34 '두(置)+어네(어서) → 두어네 → 두워네(w첨가)'의 변동을 겪은 것이다.

35 짇다=긷다. 여기서는 '따르다'의 뜻으로 쓰였다.

36 출렁출렁

37 이를 쌀떡으로 보기는 어려울 듯하다. 쌀떡은 흰떡인데, 이 떡의 모양을 뒤에서 '둑강알 (닭똥집)'로 묘사하고 있기 때문이다. 아마도 '공떡'(또는 '곤떡')이라는 불그스름한 떡 이 있었던 듯하다. 충청도의 '곤떡(찹쌀가루로 둥글납작하게 빚고 지초기름으로 지져 붉은색이 나게 만든 떡)'이 참조된다.

38 술떡

39 닭똥집 【박철희 역】 닭 밑구멍

40 바퀴처럼 둥글게 생긴 것 【박철희 역】 동그라미 떡 【이기문 주】 원형圓形

41 이것은

42 좁쌀가루나 메밀가루로 기름하게 만들어 기름에 튀긴 떡

43 약게∞약궤=약과

44 저근저근∞ᄌ근ᄌ근=차근차근

45 슬르다=치우다. 지금은 '슬라'로 나타난다.

46 '통시(변소)+편+이(에)'로 분석된다.

47 '사(서다)+시(있-)+낭(니까)'으로 분석된다.

48 'ᄌ꿋(옆)+디(처격조사)'로 분석된다.

49 '올레+레(방향격조사)'로 분석된다.

50 나돋다=내닫다

51 【박철희 역】 아이휴

52 【박철희 역】 사위

53 원문에는 '꼴망'.

54 '가(去)+앖(현재)+주(지)'로 분석된다. [감쭈]로 발음된다.

55 '가(去)+시+낭(니까)'으로 분석된다.

56 '아정(가져)+오(오다)+아(았)+ㄴ디(2인칭 의문형 어미)'로 분석된다.

57 설다=사랑스럽다

58 금착ᄒ다=뜻밖의 일로 깜짝 놀라 가슴이 철렁하다 【박철희 역】 금찍하게

59 네기다=여기다. 원문에는 '내기멍'.

60 '소리(聲)+고(의문을 나타내는 조사)'로 분석된다.

61 '두리(어리석다)+ㅁ(명사형 어미)+이(계사)+ㄴ디(ㄴ지)'로 분석된다. 이때의 '두리-'는 '어리다(幼)'의 뜻으로도 쓰인다. 예 두린아이

62 '역+음+이(계사)+ㄴ디(ㄴ지)'로 분석된다. 역다=약다. 원문의 '여김인디'는 '역음인디 → 역임인디'의 움라우트를 반영한 표기로 여겨진다. 이로써 보면 이전 시기의 제주방언 에서 계사 '-이'에 의한 움라우트가 있었던 셈이다. 【박철희 역】 바보인지 영리한지 【이기문 주】 두림(愚)인디, 여김(賢)인디?

63 '아정(가져)+오(오다)+암(현재)+디(2인칭 의문형 어미)'로 분석된다.

64 '어멍(어머니)+앙테(한테)+신디(에게)+데레(더러)+ᄀ락(보고)'으로 분석된다. 여격조 사 네 개가 연속되어 있다.

65 '주(授)+ㅂ서(으십시오)+엥(인용어미)'으로 분석된다.
66 조금
67 '비(베다)+어당(어다가)'으로 분석된다.
68 껍데기. 지금은 '껍덕'으로 나타난다.
69 '깍지(皮)+체(째)'로 분석된다.
70 생으로【박철희 역】그대로
71 우적우적【박철희 역】엉큼엉큼
72【박철희 역】어처구니없어
73 껍질. 지금은 '껍적'으로 나타난다.
74 '두리(어리석다)+엄(현재)+디아(2인칭 의문형 어미)'와 '역(약다)+암+디아'로 분석된다.
  '두리엄디아 → 두리염디야'는 j삽입을 겪은 것이다. '역-'에 '-아'계 어미가 연결된 것은
  그것이 '옥-'에서 기원했기 때문이다.
75 '미치(及)+어(었)+ㄴ디+이아(판정의 의문형 어미)'로 분석된다.
76 '먹(食)+나(는다)'로 분석된다. '먹나'를 강조하기 위해 'ㅇ'을 덧붙인 것으로 여겨진다.
77 문덕문덕(제법 큰 덩이로 자꾸 뚝뚝 끊어지거나 잘라지는 모양)
78 '먹(食)+없(현재)+어(더)+구(종결어미)'로 분석된다.
79 그러니까
80 '느(너)+ㄴ(는)'으로 분석된다.
81 '먹(食)+엄시(현재)+이아(판정의 의문형 어미)'로 분석된다.
82 쉐(소)+(이)+ㄴ디+이아(판정의 의문형 어미)
83【박철희 역】나중에
84 속
85 알맹이【박철희 역】소
86 '바깟(바깥)+테레(방향격조사)'로 분석된다.
87 휙휙
88 데끼다=던지다
89 세상
90 '불(버리다)+없(현재)+어(종결어미)'로 분석된다.
91 '일(事)+이(계사)+라(의문형 어미)'로 분석된다.
92 익망지다=야무지다
93 어느새
94 꿈나라. '베게동산'은 베게가 있는 곳을 가리킨다.
95 조천읍 와산臥山리. '눈미'는 '누운 산'이란 뜻이다.
96 'ㅈ물케동산 가다'는 '이미 잠이 들다' 하는 말에 대한 관용적 표현이다.

3.

1 '갯ᄀᆞᆺ(바닷가)+이(에)'로 분석된다.
2 '바릉(해산물)+잡(獲)+으레(으러)'로 분석된다.
3 '가(去)+게(청유형 어미)'로 분석된다.

4 '물찌+이우꽝(입니까)'으로 분석된다. 물찌=날짜에 따른 한사리 때(보름과 그믐 무렵
　에 밀물이 가장 높은 때)【박철희 역】물찌=물때
5 군소
6 그러나저러나
7 '보(見)+주(지)'로 분석된다.
8 '가(去)+읍네깡(읍니까)'으로 분석된다.
9 아주 작은 바구니. cf. 송동바구리(아주 작은 대바구니)
10 '들르(擧)+엉(어서)'으로 분석된다.
11 'ᄂ려글+읍소(명령형 어미)'로 분석된다. 'ᄂ려글읍소'는 'ᄂ려가(내려가다)'의 청유형
　'ᄂ려갑주(내려갑시다)'를 대신하여 사용되는 형태다.
12 【박철희 역】첨벙첨벙
13 '들어나(들고나다)+낭(니까)'으로 분석된다.【박철희 역】들어오니까
14 곰셍이∽ᄀ메기(작은 고동)
15 보말∽베말=자그마한 고동
16 일르다∽일리다=일으키다
17 게
18 돌게(등과 배의 딱지가 매우 단단한 바닷게)
19 산게(털 많은 민물 게)
20 이리로
21 '둘(走)+암시(현재)+낭(니까)'으로 분석된다.
22 어서
23 '심(잡다)+으라(명령형 어미)'로 분석된다.
24 '손(手)+관(공동격조사)'으로 분석된다. '관'은 지금 '꽝'으로 나타난다. 여러 군데 물리
　는 중에 '손'을 강조한 데에서 공동격조사를 사용한 것으로 보인다.【이기문 주】아이
　고게! 망홀 놈이 새끼가 불젓가락 아정 눈관(=눈을) 똑 찔러 버렷주.
25 콕
26 젭치다∽젭지다∽즙지다=집게 따위로 집다. 여기서는 게의 집게다리에 물린 것을 뜻
　한다.
27 손톱
28 '나(出)+앖(현재)+수다(습니다)'로 분석된다.
29 우꾹∽우끗=묵직한 것을 사뿐히 들어올리는 모양
30 오봉젱이∽오분재기=떡조개
31 '부트(붙다)+고'로 분석된다.
32 소라
33 좃구젱기∽조쿠제기∽생팽이=작은 소라
34 '수두락ᄒ(수두룩하다)+엇(과거)+저(다)'로 분석된다.
35 '들어사(들어서다)+안(아서)'으로 분석된다.
36 ᄋ꼭∽오꼿=묵직한 것을 가볍게 들어올리는 모양【박철희 역】금세
37 재수
38 뭉게∽물꾸럭=문어('주꾸미'를 가리키기도 한다)【박철희 역】낙지
39 '싯(있다)+저(다)'로 분석된다.

40 자기∽재기∽재게=빨리

41 물끄럭∽물꾸럭=문어

42 부닥부닥∽부작부작=착착

43 '손(手)+에(처격조사)'로 분석된다.

44 상투. 여기서는 문어의 머리를 가리킨다.

45 뒈씨다=뒤집다【이기문 주】뒈쌍(뒤집어) 입엉 머이 좋다

46 '돌(石)+ㄹ 레(여격조사)'로 분석된다.【이기문 주】쑬ㄹ 레(쌀에)

47 침(唾)

48 '바끄(뱉다)+앙(아서)'으로 분석된다.

49 '두리치+엇(과거)+주'로 분석된다. 두리치다∽들이치다=집어넣다

50 언덕

51 '시(있다)+은(관형형 어미)'으로 분석된다.

52 말똥성게

53 성게

54 '하(많다)+수다(습니다)'로 분석된다.

55 어제저녁. 원문에는 '엇치낙'.

56 '보(見)+아지+은(관형형 어미) → 봐진'에서 w탈락(봐진 → 바진)을 겪었다. 보아지다=보이다

57 모양

58 '좃(쪼다)+으라(명령형 어미) → 좃으라'에서 전설고모음화(좃으라 → 좃이라)를 겪었다.【이기문 주】가루로 만들라

59 '손(手)+으루(으로)'로 분석된다.

60 '아프(痛)+ㄴ다'로 분석된다. 형용사에 'ㄴ다'가 연결되어 있어 흥미롭다.【이기문 주】아플 거야(A가 B에게 충고忠告함)

61【이기문 주】넣어라

62 복사뼈

63 '오(來)+맹(면)'으로 분석된다.

64 바닷고기

65 '헐(毁)+ㄴ다'로 분석된다.

66 말조개

67 눈알고둥

68 이것은. 지금은 '이건'으로 나타난다.

69 '무시거(무엇)+이우꽝(입니까)'으로 분석된다.

70 쉐군벗∽돌군벗=군부

71【제주말 큰사전】동사 앞에서는 '힘껏, 마구', 형용사 앞에서는 '아주, 썩'의 뜻을 나타낸다.

72 '좋(好)+나(다)'로 분석된다.

73 '테(떼다)+어 → 테어'에서 어미 '-어'의 탈락을 겪었다.

74 '놓(放)+아야+크(겠)+이여(다)'로 분석된다.

75 '놓+고'로 분석된다. [노코]를 어떤 이유에서인가 [노꼬]로 발음한 것이다.

76 '저끄티(곁)+이(속격조사)'로 분석된다.

77 미역
78 '톤(뜯다)+아'로 분석된다.
79 다슬기
80 고둥
81 무명조개
82 두드럭고둥
83 【제주어사전】남방울타리고둥
84 소라게
85 물미루리∽물미주리=말미잘
86 그것은
87 【박철희 역】해산물海産物잡이
88 '얼(춥다)+곡(고)'으로 분석된다.
89 '글(가다)+으씸'으로 분석된다. -으씸∽-으심=여자끼리만 사용하는 명령형 어미이다.
　　예 가심(가게), 먹심(먹게), 들으심(듣게), 노심(놀게) 【이기문 주】그르씸(갑시다), 글
　　라(가자), 그릅서(갑시다)
90 미역의 어린 싹
91 '매생이'일 듯하다.
92 풀가사리
93 우뭇가사리
94 톳. 원문에는 '톨'. 이는 'ᄋ〉오' 변화에 대한 과도교정 표기이다.
95 '들르(들다)+엉(어)+둘(들)'로 분석된다. 들렁둘=들고서들
96 같이
97 해녀
98 태왁∽테왁=박의 씨 통을 파내고 구멍을 막아서 해녀들이 작업할 때 바다에 가지고 가
　　서 타는 물건
99 여성의 속곳
100 '물(水)+레'로 분석된다.
101 '슬(불사르다)+앙(아서)'으로 분석된다.
102 '초(쬐다)+멍(면서)'으로 분석된다. 원문에는 '초면'.
103 해녀가 채취한 해물 따위를 담아 두는, 그물로 된 그릇
104 전복
105 해삼
106 ᄌ물다=해녀들이 해산물을 잡아 건져 올리다
107 바레보다=바라보다
108 어부漁夫
109 동치∽솔치=쑤기미
110 연기
111 【이기문 주】화륜선火輪船
112 '어둑(어둡다)+고'로 분석된다.
113 '되(爲)+어시(었)+은게(네)'로 분석된다. 【박철희 역】되었구나
114 한라산

115 봉우리
116 '펭펭ᄒᆞ(평평하다)+당(다가)'으로 분석된다.
117 【박철희 역】 둥그스레
118 산
119 '등기+어시(었)+네(다)'로 분석된다. 등기다=늘이다 【이기문 주】 등기다=길게 늘어
   져 있다
120 '닐(내일)+랑'으로 분석된다. 원문에는 '닐랑'.
121 식구

4.

1 빨래
2 '물(水)+이(에)'로 분석된다.
3 늘리다=빨래를 물에 주물러 헹구다. 지금은 '놀리다'로 나타난다. 【이기문 주】 세탁
   순서: 늘리다>서답ᄒᆞ다>푸답ᄒᆞ다(풀 먹이는 것)
4 '산지+물(水)+데레(방향격조사)+망'으로 분석된다. 산지물=산지천(한라산에서 발원
   하여 오등동을 거쳐 제주항으로 흘러나가는 내). 특수조사 '-망'은 지금 '-만'으로 나타
   난다.
5 산촌
6 담아들다=모여들다
7 팡∞팡돌=받침대 【박철희 역】 발판
8 '춤녜ᄒᆞ(참여하다)+아지+어사(어야)+주(지)'로 분석된다. 이때의 '-아지-'는 '가능'의 의
   미를 지닌다. 【박철희 역】 춤녜ᄒᆞ다=차지하다
9 도구리∞도고리=함지박
10 '눌리(헹구다)+저(ㄹ게)'로 분석된다.
11 싸분∞사분=비누
12 '살레(찬장)+저끄티(곁)+이(에)'로 분석된다.
13 등에 져 나를 때 쓰는 큰 대바구니. '지(負)+ㄹ(관형형 어미)+구덕'으로 분석된다.
14 빨랫방망이
15 원문에는 '놋고'.
16 부피다=붐비다
17 '놀림+ᄆᆞ티(맡)+이(처격조사)'로 분석된다. '놀림'이라는 곳 근처를 가리키는 듯하다.
   원문에는 '놀임뭇티'. 【박철희 역】 놀임물 【이기문 주】 놀임(지명)
18 '가(去)+아시(았)+네(다)'로 분석된다.
19 판∞팡∞팡돌=받침대
20 '지드리(기다리다)+당(다가)'으로 분석된다.
21 어떤
22 '나(낳다)+은'으로 분석된다.
23 부웨∞부에=부아
24 뒈싸지다=뒤집히다

25 마구【박철희 역】실컷
26 '똥ㅎ(糞)+고망(구멍)'으로 분석된다.
27 '아지(앉다)+ㄴ(관형형 어미)'으로 분석된다.
28 티우다=뛰기다
29 흠뻑【박철희 역】함뿍【이기문 주】비를 벌렝이 맞앙 왕(비를 흠뻑 맞아서 와)
30 사타구니
31 빌착ㅎ다=축축하다
32 'ᄆ릅(마렵다)+앙(아서)'으로 분석된다.
33 똥
34 동물이 드나드는 길목이나 물이 흘러가는 길목 예 펑코, 물코
35 꽉꽉
36 경ㅎ영네∞경ㅎ영=그렇게 해서
37 젭치우다∞쩹질다∞줍질다=비틀어 짜다
38 '되-'의 발음은 [뒈-]이나 이해의 편의를 위해 '되-'로 적기로 한다.
39 양잿물
40 【이기문 주】큰 솥 하나
41 양잿물 빨래
42 구찬ㅎ다=귀찮다
43 'ᄆᆼ(모두)+둘(들)'로 분석된다.
44 버무리다=비비다【박철희 역】버무리다=더럽히다【이기문 주】버무리다=대충 비비
    다
45 뒷날=다음날
46 전날
47 'ㅎ(하다)+당(던)'으로 분석된다.
48 늘다∞널다=펼쳐 놓다
49 '부트(붙다)+웅(관형형 어미)'으로 분석된다. '-웅'은 지금 '-은'으로 나타난다.
50 짐=김
51 크다=불리다
52 돌로 만든 작은 맷돌
53 작산=많은【이기문 주】꽤 큰, 꽤 많은
54 쌩쌩
55 민드리다∞문드리다=떨어뜨리다
56 봉그다=줍다
57 겨우
58 '시들루+앙(아서)'으로 분석된다. '시들루-'는 '시들-(말라 생기가 없어지다)'의 사동형.【이
    기문 주】시들루다∞시드르다=말리다
59 '시드룹(말리다)+아시(았)+낭(니까)'으로 분석된다.
60 '안방(다듬잇돌)+네(처격조사)'로 분석된다.
61 '두둘(두드리다)+는'으로 분석된다.
62 짚을 두드려 부드럽게 하기 위해 쓰는 방망이
63 딱딱

64 '두두리(두드리다)+엉(어서)'으로 분석된다.

65 【박철희 역】안 다듬은 것은

66 혜뜩ᄒ다∞가마뜩ᄒ다=정신을 잃거나 몽롱한 상태가 되다. 원문에는 '헥득흔'. 【박철희 역】쓸데없다

67 푸답=푸새(풀 먹이고 다듬질하는 것)

68 '거(의존명사)+라+불(버리다)+낭(니까)'으로 분석된다. 【이기문 주】할 것이므로

69 일이 연달아 이어지거나 이루어지는 모양

70 흔띠=한때, 한꺼번에

71 원문에는 '불렁'.

72 '옷(衣)+이(에)'로 분석된다.

73 구듬∞구둠=먼지

74 '부트(붙다)+어시(었)+은게(네)'로 분석된다.

75 '부뜨(붙다)+그데고'로 분석된다. -그데고∞-고데고=-을지라도

76 '다리웨(다리미)+레(처격조사)'로 분석된다.

77 '살+으라(명령형 어미)'로 분석된다. 살다∞술다=사르다

78 왁왁ᄒ다=캄캄하다

79 '낼(내일)+랑(은)'으로 분석된다. '-랑'의 용법이 특이하다.

80 '서기(석유)+각지(등잔)'로 분석된다.

81 '싸(켜다)+앙(아서)'으로 분석된다.

82 '놈(者)+이(의)'로 분석된다.

83 숯

84 넹바리∞넹가리=덜 타서 태울 때 심하게 연기를 내는 숯

85 연기

86 '시젝ᄒ(시작하다)+낭(니까)'으로 분석된다.

87 '심(잡다)+당(다가)'으로 분석된다.

88 '조랍(졸리다)+은'으로 분석된다. 원문에는 '즐아운'.

89 쑥(대번에 빠지는 모양)

90 카다=타다(燒)

91 북부기∞부에=부아

92 데겡상이∞데겡이=대가리

93 내후리다∞내글기다=내리치다

94 겨우

95 바농상지=반짇고리

96 가위

97 골무

98 거울

99 바늘겨레

100 헝겊

101 가리삭삭∞ᄀ르삭삭=여기저기 흩어진 모양

102 '삐(흩뿌리다)+어지+엉(어서)'으로 분석된다.

103 부영ᄒ다=부옇다

104 '바농ㅎ(바늘)+귀'로 분석된다.
105 【박철희 역】 퀴다=꿰다
106 '줌질(가늘다)+ㄴ+씰(실)+로'로 분석된다.
107 두루마기
108 【박철희 역】 걸
109 '안(內)+이영(과)'으로 분석된다.
110 고다=호다 【박철희 역】 호매다
111 솜
112 뒈씨다∽뒈쓰다=뒤집다
113 '줍+아사(아야)'로 분석된다. 줍다=가장자리를 바느질로 기워 붙이다
114 허리띠 【이기문 주】 띠
115 대님
116 【박철희 역】 울=위 【이기문 주】 사름 울에=사름 욱에
117 【박철희 역】 드는 것 【이기문 주】 필요한 것
118 '하(많다)+앗(았)+저(다)'로 분석된다.
119 베갯잇
120 이불 토레기=작은 이불 따위
121 '너(汝)+사(야)'로 분석된다.
122 여자의 속옷
123 여자들이 입는 홑바지 【박철희 역】 소중이영 굴중이=속것과 당속것
124 양복
125 입지다=입히다
126 【박철희 역】 양말
127 '주(깁다)+어'로 분석된다.
128 한가히

5.

1 무척 많고 흔히 널려 있음을 나타내는 말 【박철희 역】 굉장히 【이기문 주】 천지백깔
   (경상도)
2 '하(많다)+앗(았)+정마는(지마는)'으로 분석된다.
3 구경
4 '가(去)+ㄹ카'로 분석된다. '갈카'에서 'ㄹ'탈락을 겪었다.
5 시원히
6 '득장(닭장)+이(에)+ㄹ(를)'로 분석된다.
7 【이기문 주】 참새알 【박철희 역】 새 달걀
8 복슬복슬하다 【박철희 역】 복술하게
9 귀엽다
10 '씨(세다)+크(겠)+이여(다)'로 분석된다.
11 닭의 한 품종인 '레그혼(leghorn)'

12 '종리(種)+가(의문형 어미)'로 분석된다. '종리'는 '종류'에서 변한 말이다.

13 같다

14 병아리

15 '질루(기르다)+아+ㅁ직ᄒ다(을 것 같다)'로 분석된다. 'ㅁ직ᄒ다' 앞에 '-아/어'가 나타난 다는 점이 독특하다. 'ㅁ직ᄒ다'가 '-ㄹ 만하다'를 뜻할 때도 있다.

16 '웨게득(오골계)+이(계사)+ㄴ게(네)'로 분석된다. 웨게득∞오게득【이기문 주】오계 닭

17 【이기문 주】황계黃鷄

18 약ᄒ다=약으로 쓰다

19 가슴

20 원문에는 '갈라징'.

21 함께

22 '딸리(달이다)+엉(어서)'으로 분석된다.

23 도세기∞돗=돼지. 원문에는 'ᄃ세기'. 이하에서 'ᄃ세기'는 '도세기'로 바꿔 쓰기로 한 다. 이에 따르면 'ᄃ세기'는 'ᄋ〉오' 변화에 대한 과도교정 표기가 된다.

24 【박철희 역】꿀꿀

25 쫙쫙

26 더럽다

27 꼭

28 밀락ᄒ다∞물락ᄒ다=물렁하다

29 걸려메다=짐승을 달아나지 못하게 줄로 붙잡아 매다【이기문 주】어깨에 걸쳐

30 셍∞상=모양

31 행실머리

32 돗=돼지. 원문에는 'ᄃ'. 이는 'ᄋ〉오' 변화에 대한 과도교정 표기다.

33 【이기문 주】양국洋國

34 '종리(種)+낭(니까)'으로 분석된다.

35 '질릅(기르다)+아+ㅁ직ᄒ다(을 만하다)'로 분석된다. '질릅-'는 'ㅂ'불규칙 동사.

36 '주둥이(ㅁ)+영(공동격조사)'으로 분석된다. 여러 부위 중에 주둥이가 짧은 것을 강조 한 데에서 공동격조사를 썼다.

37 '쯔룽쯔룽ᄒ(짤막하다)+ㄴ게(네)'로 분석된다.【박철희 역】쯔룽쯔룽ᄒ다=짧다

38 다음

39 시여∞셍이여=모양이여

40 질흙으로 구워 만든 허벅(물을 길어 나르는 동이)

41 사기沙器

42 값

43 '하(많다)+지만'으로 분석된다.

44 장항醬缸=장항아리

45 김치. 현대 제주방언을 참조할 때 발음은 [징끼]일 듯하다.

46 '거(것)+영(와)'으로 분석된다. 여러 항아리 중에 김치 담을 만한 것을 강조한 데에서 공 동격조사를 썼다.

47 '당지(단지)+는'으로 분석된다.

48 자리돔으로 담근 젓갈

49 멸치젓

50 장뎅이=장태(옹기로 된 대야)

51 원문에는 '돌은'. 【이기문 주】 달린

52 '가(去)+아시(았)+멘(면)'으로 분석된다. 과거의 선어말어미 '-아시-'의 용법이 독특하다.

53 【박철희 역】 때

54 '거(것)+여(이다)+마는'으로 분석된다.

55 대바지∽대베기=여자아이가 물을 길을 때 쓰는 허벅(【제주말 큰사전】). '허벅'처럼 생겼으나 '허벅'보다는 작고 아이들이 쓰는 '허벅'보다는 크다.

56 등둘펭∽등덜펭∽드들펭∽두벵들이=질흙으로 만든 두 되들이 병

57 요(지시어)

58 '지(負)+우(사동)+ㄹ까'로 분석된다. '지울까'에서 'ㄹ'탈락을 겪었다.

59 항아리보다 좀 낮고 배가 덜 나온 그릇

60 【이기문 주】 자그만한 게

61 '씨(쓰다)+어+ㅁ 직ᄒ다(ㄹ 만하다)'로 분석된다.

62 뚝배기 그릇과 비슷한 오지그릇. 원문에는 '옴박징'. 【이기문 주】 옹배기

63 큰 대접 【박철희 역】 사발

64 거리다=뜨다

65 '탕기湯器+ㄴ(는)'으로 분석된다.

66 '큰+일'에서 'ㄴ'첨가를 겪었다. 【이기문 주】 대사大事

67 【이기문 주】 알루미늄

68 양푼. 지금은 '낭푼'으로 나타난다.

69 '이놈+이(의)'로 분석된다.

70 원문에는 '놋쇠'. 이하에서 '쇠(鐵)'는 '쉐'로 쓰기로 한다.

71 【박철희 역】 강철

72 【박철희 역】 무쇠 【이기문 주】 하급 놋

73 '궂(惡)+엉(어)'으로 분석된다. '궂-'가 구체 명사에 결합한다는 점에서 독특하다.

74 원문에는 '쇠'. 【박철희 역】 녹

75 '피+ㅁ 직ᄒ다(을 것 같다)'로 분석된다.

76 말들이

77 한 말들이

78 제일 큰 솥

79 질화로

80 청동화로

81 접시

82 그릇 열 벌을 세는 말

83 '씨(쓰다)+ㅭ(관형형 어미)+거(것)+ㄹ(을)'로 분석된다. '씰컬'에서 'ㄹ'탈락을 겪었다.

84 석쇠

85 【박철희 역】 국자

86 【이기문 주】 시발쒜(삼발이)

87 강데기∽간데기=풍로

88 부젓가락

89 불순∽불술∽부술=불 순가락

90 삼발이

91 불잉걸【박철희 역】잉걸불

92 소빡∽솜빡=함빡【박철희 역】가득

93 【이기문 주】담고는

94 세기각지∽세깃각지=각제기=석유 등잔

95 호롱불 또는 남포등

96 '싸(켜다)+ㄹ(관형형 어미)+거(것)+ㄹ(을)'로 분석된다.

97 인두

98 다리미

99 주전자

100 도마

101 낭도구리∽남도고리=나무 함지

102 물바가지

103 베술기∽남죽=죽젓개【이기문 주】밥 젓개

104 '젓(混)+어시(었)+민(면)'으로 분석된다.

105 이는 '우금(주격)'의 오자로 보인다.【이기문 주】무금=쌀 뜨는 것

106 잡박∽작박=쪽박

107 손팍∽솔박=나무를 둥그스름하고 납죽하게 파서 만든 작은 바가지 비슷한 그릇

108 '디(데다)+이(계사)+ㄴ게(네)+게'로 분석된다. 이때의 '게'는 문말에 붙어 확인 기능을
   담당하는 담화표지.

109 '양단洋緞+이영(과)'으로 분석된다.

110 벨벳(velvet)

111 모빈당∽모빈단=모본단(중국에서 나는 비단의 하나)

112 영초(중국에서 나는 비단의 하나)

113 법단法緞

114 하부다이(천의 한 종류)

115 광목【이기문 주】의목衣木

116 【이기문 주】인조人造견

117 【이기문 주】숙소갑사熟素甲紗

118 마포麻布

119 무명

120 【이기문 주】부포

121 두루마기

122 【박철희 역】황주黃州 포布

123 【박철희 역】도리사(중국산 베)

124 다림 마포

125 남자男子

126 중의

127 살그랑ㅎ다∽살그락ㅎ다=베나 모시 따위로 인해 시원한 느낌이 들다

128 문포門布

129 조포粗布

130 생명주生明紬

131 서방지(명주의 일종)

132 노방주(중국산 명주의 하나)

133 알신알신ㅎ다=보드랍다

134 갑사숙소=숙소갑사熟素甲紗(삶아 익힌 명주실로 짠 갑사)

135 겹치마

136 '번들거려시멘'의 오자로 보인다. '번들거리(潤)+어시(었)+멘(면)'으로 분석된다.

137【이기문 주】박래舶來(다른 나라에서 배에 실려 온 물건)

138 개백더렁ㅎ다∽개배또롱ㅎ다=가볍다

139 '물근ㅎ(물건)+집(家)+이서(에서)+ㄴ(는)'으로 분석된다.

140 이 문장은, 제보자에게 한 조사자의 말인 듯하다. '생기+없(현재)+수다(습니다)'로 분석된다. 생기다∽셍기다=이 말 저 말 주워대다【박철희 역】세고 있다

141 '게메(글쎄)+말(言)+이(계사)+우다(ㅂ니다)'로 분석된다.

142 '사(買)+고푸(고 싶다)+고마는(지마는)'으로 분석된다.

143 감물 들인 소매가 아주 짧은 적삼

144 무명이나 삼베로 만든 여자 속옷

145 여자들이 집안에서 입었던 가랑이 통이 넓은 홑바지

146 할걸

147 등받이

148 찔찔

149 찌꺼기

150【박철희 역】요긴한

151【박철희 역】쌍雙올

152 '배기+어지+고'로 분석된다. 배기다=박히다

153【박철희 역】아싸리ㅎ다=깨끗하다

154 양나사洋羅紗

155 잠방이

156 수시(옷감의 일종)

157 큰딸

158 '끈(끊다)+엉(어서)'으로 분석된다.

159 그러나저러나

160 필

161 '아져가(가져가다)+아시(았)+맹(면)'으로 분석된다.

162 발레=방한용으로 개가죽으로 각반처럼 만든 물건【이기문 주】홀요

163 요 홑청. 원문의 '요ㅎ창'은 'ᄋ〉오' 변화에 대한 과도교정 표기.

164 이불 홑청. 원문의 '이불ㅎ창'은 'ᄋ〉오' 변화에 대한 과도교정 표기.

165 싯그다=씻다

166 겹저고리

167 대님
168 고쟁이【박철희 역】여자 중의
169 '질(길다)+ㄴ(관형형 어미)'으로 분석된다.
170 소창옷【이기문 주】도포
171 '어지럽(眩)+아'로 분석된다.
172 '하(많다)+낭(니까)'으로 분석된다.
173 차례【이기문 주】순서
174 '촐리(차리다)+젱(려고)'으로 분석된다.
175 주머니
176【박철희 역】주멩기=귀나게 접은 주머니, 염낭=둥글게 접은 주머니
177 귀가 달린 주머니
178 담배쌈지. 원문에는 '담비숨지'.
179 머리에 쓰는 방한구의 하나【박철희 역】쭉정이
180 'ᄒ(하다)+여사(어야)'로 분석된다. 'ᄒ여사지(해야지)'의 뜻.
181 감티∽감테=방한용 모자【이기문 주】감투
182【박철희 역】요껍데기
183 요판석∽요광석=속에 솜 또는 털 따위를 넣고 만든 방석
184 '찝세기(짚신)+들(들)+이(계사)+ㄴ게(네)+게(확인)'로 분석된다.
185 '즘지름ᄒ+니(게)'로 분석된다. '-니'가 부사형 어미로 사용돼 서남방언과 동일한 특징
   을 보인다는 점에서 독특하다.【박철희 역】즘지름ᄒ다=가느다랗다【이기문 주】
   가늘게 하다
186 깍내다=신총을 꼬다【박철희 역】빛을 내다【이기문 주】광光내어서
187 여섯 날을 넣어 곱고 촘촘하게 삼은 짚신. 원문에는 '윳늘신'.【박철희 역】날이 여섯
   있는 신【이기문 주】육六날신
188 나막신
189 짚
190 따로따로
191 '껏버렝이+처룩(처럼)'으로 분석된다.【박철희 역】껏버렝이=껍질을 벗지 않은 벌레
192【박철희 역】막 털이 일어나는 신
193 가죽신【박철희 역】꽃신
194【박철희 역】비 올 때 신는 신
195 '신엄직ᄒ다(신을 만하다)'에 '-도'가 중간 결합되었다.
196 '요시(요새)+ㄴ(는)'으로 분석된다.
197 '나(나오다)+불(버리다)+낭(니까)'으로 분석된다.
198 '펜ᄒ(편하다)+영(여서)'으로 분석된다.
199 고기 파는 집
200 '육물궤기(육류肉類 고기)+ㄴ(는)'으로 분석된다. 원문에는 '읍물괴긴'.
201 '돗(돼지)+궤기(고기)'로 분석된다. 원문에는 '돗괴기'.
202 꿩고기
203 노루고기
204 '하(많다)+앗(았)+구나'로 분석된다.

205 '바당(바다)+궤기(고기)'로 분석된다.
206 '나(나오다)+앗(았)+저(다)'로 분석된다.
207 동치∽솔치=쑤기미 【이기문 주】 도미
208 솔락궤기∽솔레기=옥돔
209 옥돔
210 보굴치
211 장테=양태(양탯과의 바닷물고기)
212 서대기(바닷물고기)
213 날치
214 상어
215 고등어
216 비금다리∽비근ᄃᆞ리=수염상어
217 멸치보다 크고 고등어보다 작은 물고기
218 돌묵상어
219 가라지(전갱잇과의 바닷물고기) 【이기문 주】 아지
220 은상어
221 장어
222 큰 멸치
223 자리돔
224 벤자리(하스돔과의 바닷물고기)
225 오징어
226 문어 【이기문 주】 낙지
227 볼락
228 뭉머구리∽멩마구리=갑오징어
229 졸락∽조우럭=노래미. 원문에는 '졸락'.
230 뱀장어
231 수조기
232 많이
233 시꺼멍ᄒᆞ다=시꺼멓다
234 ᄆᆞᆼ탁ᄒᆞ다=뭉툭하다
235 멍첑이∽멍치=가다랑어
236 복젱이=복어
237 천빗생선∽청빗생선=푸른 빛 생선. 아마도 '고등어'를 가리키는 듯하다.
238 푸성귀
239 무. 지금은 'ᄂᆞᆷ삐'라고 한다.
240 파와 마늘을 총칭하는 말. 대체로 마늘을 가리킨다. 【박철희 역】 파
241 곱데사니∽콥대사니=마늘 【박철희 역】 마늘(큰 것)
242 데사니∽콥대사니=마늘
243 파
244 갯ᄂᆞ물∽개ᄂᆞᄆᆞᆯ=갓나물
245 미나리

246 냉이
247 쑥
248 근대
249 상추【박철희 역】생치
250 양웨깐∽양애깐=양하 꽃이삭
251 댓부륵∽댓부룩=죽순
252 양배추
253 유채
254 양하
255 장다리 나물
256 '궤피(후추)+이(계사)+ㄴ 게(네)'로 분석된다.
257 '양념 ᄒ(양념하다)+아시(았)+멘(면)'으로 분석된다.
258 두릅
259 물릅∽물릇=무릇
260 별꽃【박철희 역】보리뱅이
261 두부
262 콩나물
263 청포묵
264 메영∽메역=미역
265 김
266 톳. 원문에는 '틀'.
267 모자반
268 파래
269 바다의 돌에 짤막하게 돋은, 미역과 비슷한 해초【박철희 역】새초
270 청각青角
271 '구덕(바구니의 일종)+장(시장市場)+이(에)'로 분석된다.
272 대나무로 만든 채롱
273 삿갓. '삿갓 → 삭갓'(조음위치동화)에서 발화 실수로 '삭각'이 된 듯하다.
274 대나무를 가늘게 쪼개서 그것으로 아담하게 만든 바구니【박철희 역】세밀하게 짠 구덕
275 물 긷는 '허벅'을 넣고 다닐 수 있게 만든 바구니
276 원문에는 '스쿠리'.
277 채롱【박철희 역】버두가지로 만든 것
278 채소나 해조류를 넣어 두는 바구니
279 빨래 바구니
280 '장구덕'인 듯하다.
281 고룡착∽고량착∽고량=대나무로 엮어 만든, 밥 담는 그릇【박철희 역】도시락
282 정당벙곡∽정당벗것=댕댕이덩굴로 만든 밀짚모자【박철희 역】댕댕이덩굴 파랭이
283 정당고융∽정당고량=댕댕이덩굴로 만든, 밥 담는 그릇【박철희 역】댕댕이덩굴 도시락
284 멱서리

285 원문에는 '뭉석'.

286 맷돌방석

287 '뙤자리'의 오자로 보인다. 뙤∞뛰∞새=띠(茅)

288 삿자리

289 왕골자리

290 연장ᄒ다∞영장ᄒ다=장사를 지내다

291 일가에 경조사가 생겼을 때 친척끼리 만들어 가는 부조떡이나 쌀

292 '모물ᄒ(메밀)+돌레(동글넓적하게 만든 떡)'로 분석된다. 원문에는 '모믈톨레'.【박철희 역】모밀동구레기

293 시루떡 【박철희 역】설기

294 재미있다. '-시럽-'이 'ᄌ미(재미)'에 결합되었다.

295 온전한

296 노루 【박철희 역】오리

297 '나도나도'는 자신을 뽐내는 말

298 'ᄒ(하다)+엾(현재)+드라(더라)+엥(인용어미)'으로 분석된다. 회상의 '더( )드'가 예전부터 쓰였던 어미일 가능성이 있다.

299 '나(吾)+사(야)'로 분석된다.

300 '꼬락서니+이(계사)+라시(았)+ㄴ게(네)'로 분석된다.

6.

1 요사이 어느 때 【박철희 역】요전 날

2 동서同壻 【박철희 역】동세

3 '글+으씸(명령형 어미)'으로 분석된다. '글으씸'은 '가-(去)'의 청유형. '-으씸'은 나이든 여성이 손아랫사람에게 쓰는 어미다. 【박철희 역】갑시다

4 '앞집+이(의)'로 분석된다. '앞(前)'은 뒤에 오는 명사를 격음화하지 않으므로 '뒤칩(뒷집)'에 이끌려 '앞집'이 '앞칩'으로 나타나게 된 것으로 보인다.

5 '삼촌' 또는 '삼춘'은 친척이 아니더라도 아저씨·아주머니뻘 되는, 가까운 동네 사람들에게 사용할 수 있는 호칭·지칭어다.

6 '울(위하다)+엉(어서)'으로 분석된다.

7 '맞추(和)+앙(아서)'으로 분석된다. '시간을 맞춰' 정도의 뜻이다.

8 '징심(점심)+이영(과)'으로 분석된다. 여러 준비물 중에 '점심'을 강조하여 '-이영'을 사용하였다.

9 '가(去)+게(자)'로 분석된다.

10 함께

11 '허멘(그러면)'의 오자로 보인다.

12 '나두(놔두다)+ㄹ(관형형 어미)+거(것)'로 분석된다. '나둘꺼'에서 'ㄹ' 탈락을 겪었다.

13 '양'은 문말에 붙어 확인 기능을 나타내는 담화표지. 윗사람에게만 쓴다.

14 감물을 들인, 남성의 바지

15 길목버선

16 갈고리【박철희 역】갈퀴

17 짐을 묶은 끈의 나머지 끝부분【박철희 역】새끼

18 먹서리

19 '아척(아침)+인(에는)'으로 분석된다.

20 '조반朝飯+ᄀ슴(거리)'으로 분석된다.

21 '꿰우(끓이다)+앙(아서)'으로 분석된다.

22 수제비. 여기서는 '수제비'처럼 뭉쳐 놓은 것을 가리킨다.【박철희 역】덩어리

23 '몽구+레레(로)'로 분석된다. '몽구'는 '몽굴'의 오자로 보인다. '몽굴'은 '모홍굴'(삼성혈)의 준말.【이기문 주】삼성혈三姓穴

24 '거두(收)+앙(아서)'으로 분석된다.

25【박철희 역】다발

26 까마귀

27 '줏(줍다)+으라(명령형 어미)'로 분석된다. '줏으라 → 줏이라'의 전설고모음화를 겪었다.

28 ᄆ투다∽ᄆ티다∽ᄆ디다=불이 더디게 타 들어가다【이기문 주】ᄆ티다, ᄆ투다(헤프지 않다)

29 아궁이

30 '진(때다)+으멩(으면)'으로 분석된다.

31 형용사 앞에서는 '아주'의 뜻, 동사 앞에서는 '마구'의 뜻으로 쓰인다.

32 '뜨시(따뜻해지다)+ㄴ다(현재)'로 분석된다.

33 '카(타다, 燒)+고(연결 어미)'로 분석된다.

34 '거리(뜨다)+는디(는데)'로 분석된다.

35 '소낭(소나무)+에(처격조사)+영(공동격조사)'으로 분석된다.

36 복숭아

37 늘아댕기다=날아다니다

38 '나(生)+아시(았)+냐(의문형 어미)'로 분석된다.

39 용마루【이기문 주】지붕마루

40 후옥∽후위=쉬(닭이나 참새 따위를 쫓을 때 외치는 소리)【박철희 역】후유하며

41 ᄃ리다=동물을 쫓아내다

42 ᄀ둑이다∽ᄀ득이다=가득 채우다

43 모은

44 동서가 딸로 바뀌어 있다.

45 어기적어기적【박철희 역】비척비척

46 비탈

47 왁자

48 어서

49 ᄉ뭇∽ᄉ못=사뭇

50 '상ᄆ릴(용마루)+이서(에서)+영(공동격조사)'으로 분석된다.

51 'ᄒ(하다)+여(더)+라(종결어미)'로 분석된다.

52 '머리(頭)+리(에)+천이돋다(휘돌다)'로 분석된다.

53 내가

54 '어중간ᄒ+어(더)+라(종결어미)'로 분석된다.【박철희 역】불안하더군

55 미친

56 '개(犬)+앙티(한테)'로 분석된다. '앙티'는 지금 '안티'로 나타난다.

57 병원

58 【박철희 역】국이 뒈싸지다=야단법석이다 【이기문 주】극劇

59 우석묵∽우석목=돌하르방

60 【이기문 주】꾸부정하게

61 '콥(곱절)+이(의)'로 분석된다.

62 '손히(손해)+ㄹ(를)'로 분석된다.

63 '보(見)+앖(현재)+어(의문형 어미)'로 분석된다. '밦어 → 밦어'에서 w탈락을 겪었다.

64 '멕(먹서리)+엣+거(것)+ㄴ(은)'으로 분석된다. 원문에는 '멕젝건'.

65 '물릅(말리다)+앙(아서)'으로 분석된다.

66 '누치(뉘다)+젱(려고)'으로 분석된다. 【박철희 역】눕히려고 【이기문 주】눕지쟁

67 '글(말하다)+암(현재)+싱(의문형 어미)'으로 분석된다.

68 황소

69 뭉글다=만들다 【이기문 주】닳아지다

70 '줏(줍다)+어구프(고 싶-)+앙(아서)'으로 분석된다.

71 '머(뭐)+이(계사)+엥(인용어미)'으로 분석된다.

72 '노리(놀리다)+앖(현재)+싱(의문형 어미)'으로 분석된다. 【이기문 주】놀리느냐

73 여자가 하는 일이 마음에 차지 않을 때 하는 욕. 원문에는 '나 아들 년'.

74 막된 여자라는 뜻으로 여자에게 하는 욕

75 주주싸다=이치에 닿지 않은 말을 시끄럽게 지껄이며 늘어놓다 【박철희 역】씨부렁거
   리다

76 원문에는 '뎃냥'.

77 '누가'의 오자로 보인다.

78 불두덩

79 개백정

80 코삭ᄒ다∽코삿ᄒ다=흡족하다

81 '속(수고하다)+앗(았)+저(다)+엥(인용어미)+은'으로 분석된다.

82 니아들∽나야더리=젠장

83 'ᄒ(하다)+어(더)+니(의문형 어미)'로 분석된다.

84 가랑이

85 '불(버리다)+려(겠다)'로 분석된다.

86 너무

87 불알

88 '빠(빼다)+아(연결어미)'로 분석된다.

89 '물떡'은 유방을 가리키는 듯하다.

90 '들르(들다, 擧)+ㄴ(관형형 어미)'으로 분석된다.

91 '콩(豆)+두(二)+섬(단위 명사)+이(에)'로 분석된다.

92 '홰(횃대)+혼(한)+ᄌ룩(자루)+배끼(밖에)'로 분석된다.

93 발짓

94 '베(보다)+기(명사형 어미)'로 분석된다.

95 '실르(싫다)+어(종결어미)'로 분석된다.
96 암제오름(확인 불가)
97 '가시(부부)+ㅇ(는)'으로 분석된다.
98 ᄋᄯᆞᆨ∞오꼿=그만(어쩔 도리가 없이)【이기문 주】금세
99 '잇날얘기(옛날얘기)'의 오자로 보인다.
100 첫 제삿날【이기문 주】初祭날
101 '올(오다)+앗(았)+더라+엥(인용 어미)'으로 분석된다.

7.

1 '어리(幼)+ㄴ(관형형 어미)'으로 분석된다. 어린 때=어렸을 때
2 일자리【이기문 주】일청(공사工事, 일하는 자리)
3 메우다=모으다
4 '즐(잘다)+ㄴ(관형형 어미)+일(事)'로 분석된다.
5 'ᄒᆞ(하다)+구프(고 싶다)+앙(아서)'으로 분석된다.
6 모자帽子
7 '즌(견다)+으커메(겠으니)'로 분석된다.
8 총∞ᄆᆞᆯ총=말총
9 바농텡이∞바농대=갓 또는 양태를 겯는 데 쓰는 바늘
10 복식ᄒᆞ다=졸라대다
11 모자 만드는 골(틀)
12 【이기문 주】닷 되
13 '던(돈)+에치(어치)'로 분석된다.
14 소 꼬리털
15 처음
16 갓모자를 겯을 때 방석처럼 가로줄과 세로줄을 '정井'자 모양으로 엮는데 그 작업에서 처음 엮어 놓은 기본이 되는 꼴【이기문 주】소小방석
17 갓모자(갓양태 위로 우뚝 솟은 원통 모양의 부분)【이기문 주】갓 위 천장
18 아교
19 '저물(昏)+낙'으로 분석된다.【이기문 주】저무도록
20 【이기문 주】짜니까
21 'ᄌᆞ물(만들다)+아지+엉(어서)'으로 분석된다.
22 뒷날
23 모자를 엮는 말총 가닥
24 도리=돌림줄(갓모자 만들 때 동그랗게 한 바퀴 돌려 엮는 말총 가닥)
25 말짜기∞말째=나중에
26 갓양태를 겯을 때 대오리를 한 바퀴 돌려 엮은 다음 내려뜨리는 실의 ᄭᅳ트머리【이기문 주】동침 채우다=휘갑하다
27 봉아름∞봉아오름∞봉개오름(제주시 봉개동에 있는 산)
28 심벡∞씬벡=힘껏 겨룸【이기문 주】경쟁하여

29 벌겅ᄒ다=벌겋다

30 곁눈

31 동침이∞동침

32 '가이(그 아이)+따기(따위)+두군(보군)'으로 분석된다.

33 멘질∞맹질=명절

34 뭇

35 영취∞영추=영초(중국에서 나는 비단의 하나)

36 벗(友)

37 옻

38 물지다=너무 흔해져서 제값을 받지 못하게 되다

39 설르다=정리하다【이기문 주】그만두다

40 국상國喪

41 백성

42 상복喪服

43 갓양태(갓모자의 밑 둘레 밖으로 둥글넓적하게 된 부분)

44 세월歲月

45 쌀값

46 갓양태를 겯는 데 쓰는 연장의 하나

47 대(竹)

48 모임

49 '먹(食)+나(ㄴ다)'로 분석된다.【이기문 주】먹었지요

50 고구마

51 도적질ᄒ다=서리하다

52 '먹(食)+느레'로 분석된다. '-느렌(느라고)'의 오자로 보인다.

53 '아지(앉다)+ㅇ(관형형 어미)'으로 분석된다. 지금은 '아진'으로 나타난다.

54 '조랍(졸립다)+안(아서)'으로 분석된다. 원문에는 '줄아완'.

55 걸러지다∞갈라지다=뒤로 벌렁 넘어지다【이기문 주】나자빠지다

56 장난, 농담

57 사타구니

58 베리싸다∞베르싸다=뒤집어 내보이다

59 화

60 지집아이(계집아이). 원문에는 '지집바이'. 제주방언에는, 앞말이 자음으로 끝나고 뒷
   말이 모음으로 끝날 때 앞말의 종성을 뒷말 초성 자리에 복사해서 발음하는 복사 현상
   (지집+아이 → 지집바이)이 있으므로 원문은 이 복사 현상을 반영한 표기가 되는 셈이다.

61 부웨=화

62 쌉다=싸우다

63 탕간판=탕건을 겯는 데 쓰는 도구【이기문 주】모자 속에 쓰는 모자

64 '가(去)+껭(겠다고)'으로 분석된다. 지금은 '가켕'으로 나타난다.

65 부접附接(다른 사람이 쉽게 따를 수 있는 성품이나 태도)【이기문 주】융통성

66 옹고집

67 대리다=데리다

8.

1 흐루기=며칠 전 어느 날
2 겹옷
3 얼다=춥다
4 '불화리(불화로)+저끄티(곁)+이(에)'로 분석된다.
5 '바께티(바깥)+레(로)'로 분석된다.
6 니커름=네거리
7 먹서리
8 끗다=끌다
9 와자자=왁자(정신이 어지러울 만큼 떠들어 대는 모양)
10 '가(去)+앗(았)+닥(다가)'으로 분석된다.
11 웬일이야
12 시상모르다=세상모르다【이기문 주】모르는
13 '섣달'의 발화 실수로 보인다.【이기문 주】12월
14 '스물일레(27일)+ㅅ(사이시옷)+장(시장)'으로 분석된다.
15 '대목+장'으로 분석된다. 물건이 가장 잘 팔리는 시기에 서는 장
16 와글와글(사람이 한곳에 많이 모여 큰소리로 시끄럽게 떠들거나 움직이는 모양)
17 와자작∽와자자=왁자
18 모모∽마마='이게 웬걸' 하는 뜻을 나타내는 감탄사
19 【이기문 주】옷고름
20 '아니(非)+가(냐)+게(확인)'로 분석된다.
21 ㅇ브럭ㅅ브럭∽ㅇ보록ㅅ보록=일이 생길 때마다 머리를 써서 요리조리 잘 적응해 나
   가는 모양【이기문 주】자기 속은 다 차리고 영리하게
22 무시고∽무시거=무엇
23 족다=적다(少)
24 제일
25 '들(擧)+으꺼(을까)'로 분석된다.
26 동치∽숄치=쑤기미【이기문 주】도미
27 그러면
28 '안네(드리다, 授)+크(겠)+우다(습니다)'로 분석된다.
29 머이케라∽메께라=웬일이야
30 '놈(남)+우(의)'로 분석된다.
31 '시세時勢+에(보다)'로 분석된다.
32 '들르(들다, 擧)+어네(어서)'로 분석된다.
33 '사(서다)+안(아서)'으로 분석된다.
34 '주(授)+어+두(置)+엉'으로 분석된다. '주어딩 → 주워딩(w첨가) → 주워덩(w탈락)'의 변
   화를 겪었다.【이기문 주】먹어덩 옵서(먹고 오십시오)
35 혼자∽혼저=어서
36 먼저
37 '돌라(물러)+도라(달라)+엔(인용어미)'으로 분석된다. 원문에는 '돌라ㄷ렝'.

38 ᄋ따가라∽ᄋ따=아따
39 가레댕기다∽갈아댕기다=싸돌아다니다 【이기문 주】 쏘다니다가
40 일찍
41 머시께∽메께=뭐라고, 웬일이야
42 '돌라주(물러 주다)+ㅁ(명사형 어미)+으랑마랑(은커녕)'으로 분석된다.
43 트나다=다르다
44 '싸(값이 싸다)+어+가(보조동사)+멘(면)'으로 분석된다.
45 '살(生)+아지(가능)+으카(을까)+부(보-)+다(종결어미)+엥(인용어미)'으로 분석된다.
46 【이기문 주】 잔소리
47 마음
48 【이기문 주】 헐뜯는
49 순경
50 군인 【이기문 주】 병정兵丁
51 벤정∽뱅정=군인
52 덜럽다=더럽다
53 【이기문 주】 유명한 구두쇠의 이름
54 꼭지(식물의 짧은 줄기)
55 관(무게의 단위)
56 얼마
57 정의旌義
58 서귀포시 대정읍에 있는 섬
59 세다=값어치를 알아주다 【이기문 주】 세다=곱다
60 여름 나다=여름이 되다
61 바들바들∽ᄇᆞᆮ들ᄇᆞᆮ들=보들보들
62 초각(새 미역) 【이기문 주】 금방 해 온 미역
63 'ᄌᆞᆷ물+악(어)'으로 분석된다. ᄌᆞᆷ물다=해녀들이 해산물을 건져 올리다
64 만각(오래된 미역)
65 곧장
66 고무신 장
67 일러불다=잃어버리다
68 투작이다=토닥이다 【이기문 주】 뜨적이면서
69 작작작∽작작=와글와글(사람이 한곳에 많이 모여 큰소리로 시끄럽게 떠들거나 움직이는 모양)
70 아무래도
71 바로
72 엊저녁
73 허지렁ᄒᆞ다∽어지렁ᄒᆞ다=어지럽다
74 깨끄락지다∽깨꼬라지다=괴팍하다 【이기문 주】 까다롭다
75 정신 【이기문 주】 性神

9.

1 걸무리∽걸머리=제주시 아라2동
2 '살(生)+ㄴ디(았는데)'로 분석된다.
3 '가르(分)+앙(아서)'으로 분석된다.
4 자기대로
5 지만썩∽제만썩=자기만큼
6 깨끄락지다∽깨꼬라지다=괴팍하다【이기문 주】까다로워서
7 호끔ㅎ민∽ㅎ꼼ㅎ민=여차하면【이기문 주】걸핏하면
8 '심(잡다)+어+노(놓다)+앙(아서)'으로 분석된다.
9 두둘르다=두들기다
10 코(鼻)로 오름(山)을 막 파듯이【이기문 주】고로 오로(동물)가 마(먹는 땅)를 파듯
11 기어 다니다가【이기문 주】일하다가
12 따기=따위
13 -ㅂ락=-보고
14 원문에는 '정디게'.
15 끼닛거리
16 먹썬 일∽먹씰 일=집안을 돌보는 일【이기문 주】먹기 위한 일
17 'ㅎ(하다)+저(겠다)'로 분석된다.
18 마음을 쓰다【이기문 주】거념ㅎ다∽거님ㅎ다=돌보다
19 '않으려고' 정도의 뜻이다.
20 복통腹痛【이기문 주】복통∽부애=화
21 역다=어느 정도 나이가 들다
22 내보네젱(내보내 두고)
23 두리다=나이가 어리다
24 세 개
25 돌다=데리다
26 '서(三)+우너이(오누이)'로 분석된다.【이기문 주】3남매
27 남저지∽남제기=나머지
28 방방(잇달아 공중으로 뛰는 모양)【이기문 주】잔소리
29 줌줌ㅎ다=잠잠하다
30 오라위=제주시 오라동【이기문 주】오라리吾羅里에를
31 요사이 어느 때【이기문 주】요전 날
32 나무장사
33 원문에는 'ㅎ면'.
34 '눔(남)+이(의)+일(事)'로 분석된다.
35 '들(든다)+멍(으면서)'으로 분석된다.
36【이기문 주】일 년=한 내
37 구물다=그믐에 이르다【이기문 주】저물어도
38 그때
39 지가 막히다=기가 막히다

40 '말(勿)+뎅(다고)'으로 분석된다.

41 두둘다=두드리다

42 '질(기르다)+다시피'로 분석된다.

43 게상봉ㅎ다=궤삼봉ㅎ다=특별히 사랑하다【이기문 주】아주 구차하게

44 복력福力【이기문 주】복幅

45 그만

46 '죽(死)+엇(었)+정(다고)'으로 분석된다.

47 ㅇ꼭∽오꼿=고스란히

48 【이기문 주】4남매

49 'ㅎ(하다)+ㄴ디(었는데)'로 분석된다.

50 빗

51 시국時局

52 어려워메(분석 불가)

53 투죽=투족投足(발을 내디딤)【이기문 주】돌보아 주는 것

54 우상우상∽으상으상=어슬렁어슬렁(몸집 큰 사람이 이리저리 천천히 돌아다니는 모양)【이기문 주】할 일 없이

55 ᄌ들다=걱정시키다

56 당하다∽선당ㅎ다=요금 따위를 먼저 계산하다【이기문 주】대지

57 우두커니【이기문 주】가만히

58 욱식=슬며시【이기문 주】슬쩍

59 비틀비틀

60 원문에는 '각싱'.

61 욕질

62 때문

63 아무렇게나

64 성숙한, 다 큰

65 '오(來)+아(더)+라(종결어미)'로 분석된다.

10.

1 수수께끼 놀이

2 메뿌리=산봉우리

3 꼬빡꼬빡(머리나 몸을 자꾸 앞으로 숙였다가 드는 모양)

4 미피젱이∽미삐젱이=삘기【이기문 주】불룩 나와 꽃 되는 것

5 '허영ㅎ(허옇다)+ㄴ다(현재)'로 분석된다. 형용사에 '-ㄴ다'가 연결된다는 점에서 독특하다.

6 허연ㅎ다∽허영ㅎ다=허옇다

7 할아비

8 '굽(曲)+나(는다)'로 분석된다.

9 쉐질멧가지∽질멧가지=길맛가지【이기문 주】소 위에 올려놓는 길마

10 네 구멍
11 시루
12 눕드다∽눕데다=날뛰다. 원문에는 '놉드다'. 【이기문 주】 돌아다니다
13 심벵∽심방=무당
14 대장장이
15 젭치다∽줍지다=집게로 집다
16 게
17 '붉(赤)+으멘(으면)'으로 분석된다. '붉으멘 → 붉우멘'에서 원순모음화를 겪었다.
18 '둘(달다, 甘)+ㄴ다'로 분석된다. 형용사에 '-ㄴ다'가 연결된다는 점에서 독특하다.
19 '엿은 → 엿인'에서 전설고모음화를 겪었다.
20 네 첩妾
21 넓적다리
22 행견∽행경=행전
23 【이기문 주】 자기 몫에
24 '줍지다(끼워 넣다)'의 오자로 보인다.
25 맞음
26 매(鞭)
27 여라=여럿
28 풀무
29 사람의 모습이나 형상을 얕잡아 이르는 말
30 다섯이
31 돌멩이
32 '묻주게(묻지)'의 발화 실수로 보인다. 【이기문 주】 묻히지요
33 '두(置)+멍(면서)'으로 분석된다.
34 서늉=시늉 【이기문 주】 흉내
35 '내(出)+어사(어야)'로 분석된다.
36 '시(있다)+ㄴ다(는다)'로 분석된다.
37 '올(來)+아(았)+ㄴ디(느냐)'로 분석된다.
38 '주(授)+어(더)+니(의문형 어미)'로 분석된다.
39 자글밥∽자골밥=자귀풀 열매로 지은 밥 【이기문 주】 먹다 남긴 밥
40 뒨장∽뒌장=된장
41 '선방(선반)+우(위)+레(로)'로 분석된다.
42 더끄다=덮다
43 끽차다=끊다
44 비다=베다(枕)

참고 문헌

강근보(1972), 제주도방언 '잇다' 활용고,《논문집》(제주대) 4, 15-31면.

강근보(1977), 제주도방언의 접미사연구,《논문집》(제주대) 9, 11-33면.

강근보(1978), 제주도방언의 곡용에 대하여,《논문집》(제주대) 10, 55-83면.

강영봉(1981), 제주도방언의 후치사에 관한 연구, 석사논문(제주대 교육대학원).

강영봉(1983), 제주도방언의 후음,《탐라문화》(제주대) 2, 29-43면.

강영봉(1994),《제주의 언어》1, 제주문화.

강영봉(1995), 제주도방언의 어휘론적 연구,《탐라문화》(제주대) 15, 183-201면.

강영봉(2012), 석주명의 제주어 연구 의의와 과제,《학문 융복합의 선구자 석주
    명》(윤용택 외), 제주대 탐라문화연구소, 179-200면.

강영봉(2019), 연암 현평효의 삶과 학문,《방언학》29, 201-225면.

강정희(1978), 제주방언 접속문의 시제에 관한 일고,《어학연구》(서울대) 14-2,
    175-183면.

강정희(1980), 제주방언의 처격 '-디'에 관한 일고찰,《방언》4, 75-92면.

강정희(1984), 제주방언의 명사류 접미사에 관한 연구, 박사논문(이화여대).
    [1988: 한남대 출판부]

강정희(1988),《제주방언연구》, 한남대 출판부.

강정희(1992), 제주방언 연구 개관,《남북한의 방언연구》, 경운출판사, 289-307면.

강창석(1984), 국어의 음절구조와 음운현상,《국어학》13, 199-228면.

고동호·정승철·송상조·고영진·김지홍·오창명·문순덕(2014),《제주방언 연구의
    어제와 내일》, 제주발전연구원.

고성환(1987), 의문의 문답관계에 대한 연구, 석사논문(서울대).

고영근(1978), 형태소의 분석한계,《언어학》3, 29-35면.

고영근(1981),《중세국어의 시상과 서법》, 탑출판사.

고영근(1983),《국어문법의 연구》, 탑출판사.

고영진(1985), 제주 방언의 인용문 연구, 석사논문(연세대).

고영진(1991), 제주도방언의 회상법의 형태와 관련된 몇 가지 문제 — 회상법의 형태소 정립을 위하여,《국어의 이해와 인식》, 한국문화사, 1009-1024면.

고은숙(2007), 국어 의문법 어미의 역사적 연구, 박사논문(고려대).

곽충구(1994),《함북 육진방언의 음운론》, 태학사.

곽충구(2001), 전사,《방언학사전》, 태학사, 292-295면.

곽충구(2005), 비교방언론,《방언학》 1, 73-102면.

국립국어연구원 편(1999),《표준국어대사전》, 두산동아.

권미소(2021), 제주방언의 음운론적 연구 — 남원읍 지역을 중심으로, 박사논문(제주대).

권인한(1987), 음운론적 기제의 심리적 실재성에 대한 연구, 석사논문(서울대).

권인한(1997), 한자음의 변화,《국어사연구》, 태학사, 283-344면.

기세관(1990), 국어 단어형성에서의 /ㄹ/탈락과 /ㄴ/첨가에 대한 음운론적 연구, 박사논문(원광대).

김경아(1990), 활용에서의 기저형설정과 음운현상, 석사논문(서울대).

김광웅(1982), 제주 남부어의 움라우트에 대한 조사연구,《북천 심여택 선생 회갑기념논총》, 형설출판사.

김광웅(1985), 제주지역어의 구개음화에 대한 일연구,《논문집》(제주대) 20, 81-102면.

김동윤(2008),《제주문학론》, 제주대 출판부.

김미경(1987), 제주도방언의 의문법 연구, 석사논문(제주대 교육대학원).

김복희(2015), 국토의 알레고리, 한라산,《한국시학연구》 43, 179-204면.

김선기(1967/1993),《옛적 노래의 새풀이》, 보성문화사.

김성규(1987), 어휘소 설정과 음운현상, 석사논문(서울대).

김성규(1994), 중세국어의 성조 변화에 대한 연구, 박사논문(서울대).

김성규·정승철(2005),《소리와 발음》, 한국방송통신대 출판부.

김성규·정승철(2013),《소리와 발음》(개정판), 한국방송통신대 출판부.

김영돈(1956), 제주도방언의 어미활용(1),《한글》 119, 126-134면.

김영돈(1957a), 제주도방언의 어미활용(2),《한글》121, 366-377면.

김영돈(1957b), 제주도방언의 어미활용(3),《한글》122, 514-523면.

김완진(1957), -n, -l 동명사의 통사론적 기능과 발달에 대하여,《국어연구》(서울대) 2, 43-72면.

김완진(1963), 국어 모음체계의 신고찰,《진단학보》24, 63-99면.

김완진(1964), 중세국어 이중모음의 음운론적 해석에 대하여,《논문집》(학술원) 4, 49-66면.

김완진(1970), 문접속의 '와'와 구접속의 '와',《어학연구》(서울대) 6-2, 1-10면.

김완진(1971), 음운현상과 형태론적 제약,《논문집》(학술원) 10, 91-115면.

김완진(1972), 형태론적 현안의 음운론적 극복을 위하여,《동아문화》(서울대) 11, 271-299면.

김완진(1973),《중세국어 성조의 연구》(《한국문화연구총서》11), 한국문화연구소. [1977: 탑출판사]

김완진(1974), 음운변화와 음소의 분포,《진단학보》38, 105-120면.

김완진(1975a), 전라북도 방언 음운론의 연구 방향 설정을 위하여,《어학》(전북대) 2, 1-6면.

김완진(1975b), 음운론적 유인에 의한 형태소 증가에 대하여,《국어학》3, 7-16면.

김완진(1976),《노걸대의 언해에 대한 비교연구》(《한국연구총서》31), 한국연구원.

김완진(1980),《향가해독법연구》, 서울대 출판부.

김정우(1984), 국어 음운론의 경계문제에 관한 연구, 석사논문(서울대).

김종훈(1990),《음절음운론》, 한신문화사.

김주필(1990), 국어 폐쇄음의 음성적 특징과 음운현상,《국어학논문집》(강신항 교수 회갑기념), 태학사, 451-477면.

김주필(1994), 17·8세기 국어의 구개음화와 관련 음운현상에 대한 통시론적 연구, 박사논문(서울대).

김주필(1995), 15세기 색채형용사의 분화형과 그 통시적 특성,《국어국문학논총》(기곡 강신항 박사 정년퇴임기념), 태학사, 7-27면.

김지홍(1983), 제주 방언의 동사구 보문 연구, 석사논문(한국정신문화연구원).

김지홍(1992), {-겠-}에 대응하는 {-(으)크-}에 대하여: 특히 분석 오류의 시정과 분포 확립을 중심으로 하여, 《제주도언어민속논총》, 제주문화, 33-66면.

김지홍(2014), 《제주 방언의 통사 기술과 설명》, 경진출판.

김차균(1969), 전남 방언의 성조, 《한글》 144, 437-468면.

김창섭(1991), '하다' 형용사에서의 표현적 장음, 《국어학의 새로운 인식과 전개》, 민음사, 744-762면.

김창섭(1994), 국어의 단어형성과 단어구조, 박사논문(서울대).

김치완(2012), 석주명의 제주도 자료에 비친 제주문화, 《학문 융복합의 선구자 석주명》(윤용택 외), 제주대 탐라문화연구소, 217-255면.

김한곤(1980), 제주방언 모음체계의 음향분석, 《연암 현평효 박사 회갑기념논총》, 형설출판사, 289-297면.

김홍식(1976), 어간말 모음탈락에 대하여, 《논문집》(제주대) 8, 29-47면.

남광우 편(1995), 《고금한한자전》, 인하대 출판부.

노중국(2018), 문헌사에서 본 마한 연구동향, 《마한 고고학개론》, 진인진, 383-401면.

도수희(1987), 《국어대용언의 연구》, 탑출판사.

목지선(2006), 서부경남 방언의 의문문에 대한 연구―소설 《백정》을 중심으로, 석사논문(경상대).

문만용(1997), '조선적 생물학자' 석주명의 나비분류학, 석사논문(서울대 과학사 및 과학철학).

문만용(2012), 나비분류학에서 인문학까지, 《학문 융복합의 선구자 석주명》(윤용택 외), 제주대 탐라문화연구소, 99-136면.

문세영(1940), 《조선어사전》(수정증보), 영창서관.

문태영(2007), 변이에 대한 석주명의 인식과 실험, 《석주명 선생 탄생 100주년 기념: 나비, 그리고 아름다운 비행》(2008), 석주명선생기념사업회, 76-80면.

박기봉(2006), 이 책은…, 《조선상고사》(신채호 지음, 박기봉 옮김), 비봉출판사, 10-12면.

박만규(1949), 《우리나라식물명감》, 조선교학도서.

박순발·함순섭·윤용구·이도학·신경철·김수태(1998),《마한사 연구》(《백제연구 총서》 제6집), 충남대 출판부.

박용규(2011), 『조선어사전』 저자 문세영 연구,《사총》 73, 고려대 역사연구소, 77-102면.

박용후(1960),《제주방언연구》, 동원사. [1988: 고려대 민족문화연구소 출판부]

박용후(1988a),《제주방언연구》(자료편), 민족문화연구소(고려대).

박용후(1988b),《제주방언연구》(고찰편), 과학사.

박찬모(2015), 1930년대 제주도·한라산 기행문 고찰 ― 여행 안내서와의 상호 관련성을 중심으로,《한국언어문학》 92, 237-265면.

박창원(1983), 고성지역어의 모음사에 대하여, 석사논문(서울대).

박창원(1987), 표면음성제약과 음운현상,《국어학》 16, 301-324면.

박현숙(2017), 미륵사 금제사리봉안기의 출현과 선화공주의 수수께끼,《우리 시대의 한국고대사 2》(한국고대사학회 편), 주류성, 49-69면.

방언연구회 편(2001),《방언학 사전》, 태학사.

방종현(1954), 훈몽자회고,《동방학지》(연세대) 1, 33-117면.

배주채(1989), 음절말자음과 어간말자음의 음운론, 석사논문(서울대).

배주채(1991), 고흥방언의 음장과 음조,《국어학》 21, 275-306면.

배주채(1993), 현대국어 매개모음의 연구사,《주시경학보》 11, 73-106면.

배주채(1994), 고흥방언의 음운론적 연구, 박사논문(서울대). [1998: 태학사]

배주채(1995), '그러다'류의 활용과 사전적 처리에 대하여,《한일어학논총》(남학 이종철 선생 회갑기념), 국학자료원, 125-148면.

배주채(1998),《고흥방언 음운론》, 태학사.

배주채(2011),《국어음운론 개설》(개정판), 신구문화사.

백두현(1989), 영남문헌어의 통시적 음운 연구, 박사논문(경북대). [1992: 태학사]

사재동(1971), 「서동 설화」 연구,《장암 지헌영 선생 화갑기념논총》, 호서문화사, 893-952면.

서재극(1975),《신라 향가의 어휘 연구》, 계명대 출판부.

서정목(1987),《국어 의문문 연구》, 탑출판사.

서정수(1994),《국어 문법》, 뿌리깊은나무.

석주명(1947),《제주도방언》, 서울신문사 출판부.

석주명(1968/2008),《제주도수필》, 서귀포문화원.

석주명(1971/2008),《제주도자료집》, 서귀포문화원.

석주명(1992),《나비채집 이십 년의 회고록》, 신양사.

성낙수(1984),《제주도 방언의 풀이씨의 이음법 연구》, 정음사.

성낙수(1992),《제주도 방언의 통사론적 연구》, 계명문화사.

소두영(1984),《구조주의》, 민음사.

손달임(2008),《번역노걸대》와《노걸대언해》의 의문문 연구 ─《노걸대》 언해류
　　　　에 나타난 'ᄒᆞ라체' 의문어미의 변화 양상을 중심으로,《한국문화연구》15,
　　　　217-247면.

송기한(2014),《정지용과 그의 세계》, 박문사.

송상조(1991), 제주도 방언의 접미 파생어 연구, 박사논문(동아대).

송상조(1994), 형태소 '엉'에 대한 고찰,《탐라문화》(제주대) 14, 21-41면.

송상조(2007),《제주말 큰사전》, 한국문화사.

송철의(1977), 파생어형성과 음운현상, 석사논문(서울대).

송철의(1982), 국어의 음절문제와 자음의 분포제약에 대하여,《관악어문연구》
　　　　(서울대) 7, 175-194면.

송철의(1983), 파생어 형성과 통시성의 문제,《국어학》12, 47-72면.

송철의(1990), 국어의 파생어형성 연구, 박사논문(서울대). [1992: 태학사]

신재홍(2000),《향가의 해석》, 집문당.

신지연(1993), 구어에서의 지시어의 용법에 대하여 : '그러-, 이러-, 저러-'를 중심
　　　　으로,《어학연구》(서울대) 29-3, 363-381면.

신창순(2003),《국어근대표기법의 전개》, 태학사.

신채호(1931/2006),《조선상고사》(박기봉 옮김), 비봉출판사.

심재완(1995), 서문,《방언집》(1937년, 경성사범학교 조선어연구부), 모산학술
　　　　연구소, 3-5면.

안명철(1992), 현대국어의 보문 연구, 박사논문(서울대).

안병희(1965), 후기중세국어의 의문법에 대하여, 《학술지》(건국대) 6, 59-82면.

안병희(1965/1992), 후기중세국어의 의문법에 대하여, 《국어사 연구》, 문학과 지성사, 136-167면.

안병희(1979), 중세어의 한글 자료에 대한 종합적인 고찰, 《규장각》(서울대) 3, 109-147면.

양정호(1991), 중세 국어 파생 접미사 연구, 석사논문(서울대).

양주동(1942/1960), 《고가연구》(정보판訂補版), 박문서관.

오창명(1998), 《제주도 오름과 마을 이름》, 제주대학교 출판부.

오창명(2007), 《제주도 마을 이름의 종합적 연구》, 제주대학교 출판부.

유재원(1985), 현대국어의 모음충돌 회피 현상에 대하여, 《한글》189, 3-24면.

유재원(1988), 현대국어의 악센트 규칙에 대한 연구, 《성곡논총》19, 293-322면.

유창균(1994), 《향가비해》, 형설출판사.

유창돈(1964), 《이조어사전》, 연세대 출판부.

유필재(1994), 발화의 음운론적 분석에 대한 연구, 석사논문(서울대).

윤봉택(2011), 석주명의 서적 출판에 관한 연구 — 제주도 관련 출판물을 중심으로, 《석주명 선생 탄생 103주년 기념학술대회 자료집》, 제주대 탐라문화연구소, 185-195면.

윤용택(2012), 석주명의 제주학 연구의 의의, 《학문 융복합의 선구자 석주명》(윤용택 외), 제주대 탐라문화연구소, 289-330면.

윤용택(2018), 《한국의 르네상스인 석주명》, 궁리출판.

윤용택 외(2012), 《학문 융복합의 선구자 석주명》, 제주대 탐라문화연구소.

이권홍(2011), 방언 자료를 통한 한자훈 연구, 《한자한문교육》27, 335-367면.

이기갑(2003), 《국어 방언 문법》, 태학사.

이기문(1959), 십육세기 국어의 연구, 《문리논집》4. [1978: 탑출판사]

이기문(1963), 《국어표기법의 역사적 연구》, 한국연구원. [재수록: 《역대한국문법대계》③ 36, 탑출판사]

이기문(1964), 동사어간 '앉-, 엱-'의 사적 고찰, 《조윤제 박사 회갑기념논문집》, 신아사.

이기문(1970),《개화기의 국문연구》, 일조각.

이기문(1971),《훈몽자회연구》, 서울대 출판부.

이기문(1972a),《국어사개설》(개정판), 민중서관. [1978: 탑출판사]

이기문(1972b),《국어음운사연구》, 한국문화연구소. [1977: 탑출판사]

이기문(1977), 제주도방언의 'ᄋᆞ'에 관련된 몇 문제,《국어국문학논총》(이숭녕 선생 고희기념), 탑출판사, 183-195면.

이기문(1983), 한국어 표기법의 변천과 원리,《한국 어문의 제문제》, 일지사.

이기문(1993), 제주방언과 국어사 연구,《탐라문화》(제주대) 13, 145-154면.

이기문(1998),《국어사개설》(신정판), 태학사.

이기문·손희하 편(1995),《천자문 자료집 ― 지방 천자문 편》, 박이정.

이남덕(1982), 제주방언의 동사종결어미변화에 나타난 시상체계에 대하여,《한국문화연구원논총》(이화여대) 40, 7-54면.

이남순(1988),《국어의 부정격과 격표지 생략》, 탑출판사.

이돈주(1979), 훈몽자회 한자음 연구, 박사논문(전남대).

이돈주(1997),『전운옥편』의 정·속 한자음에 대한 연구,《국어학》 30, 1-34면.

이병근(1967), 중부방언의 어간형태소 소고,《문리대학보》(서울대) 13, 31-38면.

이병근(1969a), 방언 경계에 대하여,《한국문화인류학》 2, 47-56면.

이병근(1969b), 황간지역어의 음운,《논문집(인문·사회과학)》(서울대 교양과정부) 1, 27-54면.

이병근(1970a), Phonological and Morphophonological Studies in a Kyonggi Subdialect, 석사논문(서울대).

이병근(1970b), 모음체계와 비원순모음화,《동아문화》(서울대) 9, 151-228면.

이병근(1970c), 19세기 후기 국어의 모음체계,《논문집》(학술원) 9, 375-390면.

이병근(1971), 운봉지역어의 움라우트 현상,《김형규 박사 송수기념논총》, 일조각, 471-487면.

이병근(1973), 동해안방언의 이중모음에 대하여,《진단학보》 36, 133-147면.

이병근(1975), 음운규칙과 비음운론적 제약,《국어학》 3, 17-44면.

이병근(1976a), 19세기 국어의 모음체계와 모음조화,《국어국문학》 72·73, 1-14면.

이병근(1976b), '새갱이'의 통시음운론,《어학》(전북대) 3, 1-5면.

이병근(1976c), 파생어형성과 역행동화규칙들,《진단학보》42, 99-112면.

이병근(1977), 자음동화의 제약과 방향,《국어국문학논총》(이숭녕 선생 고희기념), 탑출판사, 246-264면.

이병근(1978), 국어의 장모음화와 보상성,《국어학》6, 1-28면.

이병근(1979a), 방언연구의 흐름과 반성,《방언》1, 12-31면.

이병근(1979b),《음운현상에 있어서의 제약》, 탑출판사.

이병근(1981), 유음 탈락의 음운론과 형태론,《한글》173·174, 223-246면.

이병근(1985), 주시경,《국어연구의 발자취》(I), 서울대 출판부, 1-78면.

이병근(1986a), 개화기의 어문정책과 표기법 문제,《국어생활》4, 국어연구소, 24-45면.

이병근(1986b), 발화에 있어서의 음장,《국어학》15, 11-39면.

이병근(2005), 1910-20년대 일본인에 의한 한국어 연구의 과제와 방향―小倉進平의 방언연구를 중심으로,《방언학》2, 23-61면.

이병근·송철의·정승철·임주탁·류양선(2005),《한국 근대 초기의 언어와 문학》, 서울대 출판부.

이병도(1952), 서동설화에 대한 신고찰,《역사학보》1, 49-68면.

이병철(1989),《나비박사 석주명 평전: 위대한 학문과 짧은 생애》, 아카데미서적.

이상억(1979), 국어음운론에 있어서의 공모성에 대한 재론,《한글》165, 5-32면.

이선영(1992), 15세기 국어 복합동사 연구, 석사논문(서울대).

이숭녕(1947), 모음조화연구,《진단학보》16, 1-109면.

이숭녕(1954),《국어음운론연구 제1집 ·음고》, 을유문화사. [1988:《이숭녕국어학선집》1(음운편 1), 민음사]

이숭녕(1957/1978),《제주도방언의 형태론적 연구》, 탑출판사.

이숭녕(1959a), '·'음고 재론,《논문집》(학술원) 1.

이숭녕(1959b), 현대 서울말의 accent의 고찰,《논문집》(서울대) 9. [1988:《이숭녕국어학선집》3(음운편 3), 민음사]

이숭녕(1960),《국어학논고》, 동양출판사.

이숭녕(1987), 용언어간의 조어론적 고찰,《진단학보》 63, 93-131면.

이승재(1980), 구례지역어의 음운체계, 석사논문(서울대).

이승재(1983a), 형태소 경계의 음운론적 기능에 대하여,《국어학연구》(백영 정병욱 선생 환갑기념논총), 신구문화사, 176-187면.

이승재(1983b), 재구와 방언분화,《국어학》 12, 213-234면.

이승재(1989), 고려시대의 이두, 박사논문(서울대). [1992: 태학사]

이우철(2005),《한국 식물명의 유래》, 일조각.

이운금(1965),《제주도 사투리》, 박문출판사.

이은상(1944), 탐라의 한라산,《반도산하》(김동환 편), 삼천리사, 229-267면.

이익섭(1972), 강릉방언의 형태음소론적 고찰,《진단학보》 34, 97-119면.

이익섭(1980), 방언에서의 의미 분화,《방언》 3, 1-26면.

이익섭(1981),《영동영서의 언어분화》, 서울대 출판부.

이익섭(1985), 한글의 모아쓰기 방식의 표의성에 대하여,《국어생활》 3, 국어연구소, 16-31면.

이익섭(1992),《국어표기법연구》, 서울대 출판부.

이익섭·임홍빈(1983),《국어문법론》, 학연사.

이익섭·전광현·이광호·이병근·최명옥(2008),《한국언어지도》, 태학사.

이지양(1993), 국어의 융합현상과 융합형식, 박사논문(서울대).

이진호(2011), 河野六郎의 한국어 방언 연구에 대하여,《방언학》 14, 227-252면.

이진호 역주(2012),《한국어 방언학 시론―'ㄱ시개(鋏)' 고찰》, 전남대 출판부.

이진호·飯田綾織 역주(2009),《「언어」의 구축―小倉進平의 식민지 조선》(安田敏朗 저), 제이앤씨.

이진호·飯田綾織 공편 및 역주(2009),《小倉進平과 국어음운론》, 제이앤씨.

이필영(1993), 현대국어의 인용구문에 관한 연구, 박사논문(서울대).

이혁화(1994), 금릉방언의 성조 연구, 석사논문(서울대).

이현복(1989),《한국어의 표준발음》, 교육과학사.

이현희(1982), 국어의 의문법에 대한 통시적 연구, 석사논문(서울대).

이현희(1985), 'ㅎ-' 어사의 성격에 대하여,《한신논문집》(한신대) 2.

이현희(1986), 중세국어의 용언어간말 '-ᄒᆞ-'의 성격에 대하여, 《국어학신연구》 (약천 김민수 교수 화갑기념), 탑출판사, 367-379면.

이현희(1987), 중세국어 '둗겁-'의 형태론, 《진단학보》 63, 133-150면.

이호영(1996), 《국어음성학》, 태학사.

이희승·안병희(1989), 《한글 맞춤법 강의》, 신구문화사.

임석규(2002), 음운탈락과 관련된 몇 문제, 《국어학》 40, 113-138면.

임홍빈(1984), 선어말 {-느-}와 실현성의 양상, 《유창균 박사 환갑기념논문집》, 계명대 출판부.

임홍빈(1993), 국어 억양의 기본 성격과 특징, 《새국어생활》 3-1, 국립국어연구원, 58-90면.

장삼식(1996), 《한한대사전》, 교육도서.

장주근(1961), 《한국의 신화》, 성문각.

전광현(1977), 전라북도 익산지역어의 음운론적 연구, 《어학》(전북대) 4, 71-92면.

전광현(1997), 근대 국어 음운, 《국어의 시대별 변천 연구 2─근대국어》, 국립국어연구원, 7-54면.

전상범 역(1987), 《생성형태론》, 한신문화사.

전진국(2020), 마한 개념과 '國'에 대한 기록, 《백제학보》 31, 5-27면.

정렬모(1965), 《향가연구》, 평양: 사회과학원 출판사.

정수연(2017), 정지용과 백석의 기행시편 연구, 박사논문(고려대).

정승철(1985), 제주도 방언의 의문법 어미에 대한 일고찰, 《관악어문연구》(서울대) 10, 415-427면.

정승철(1988), 제주도방언의 모음체계와 그에 관련된 음운현상, 석사논문(서울대).

정승철(1990), 『천의소감언해』의 이본 비교, 《규장각》(서울대) 13, 39-58면.

정승철(1991), 음소연쇄와 비음운론적 경계─제주도방언을 중심으로, 《국어학의 새로운 인식과 전개》(김완진 선생 회갑기념논총), 민음사, 360-372면.

정승철(1994), 제주도 방언의 통시음운론, 박사논문(서울대). [1995: 태학사]

정승철(1995a), 《제주도방언의 통시음운론》, 태학사.

정승철(1995b), 제주도방언의 특징, 《국어방언연구의 현황과 전망》, 한국정신문화연구원.

정승철(1995c), 제주도 방언의 특징,《인하어문연구》(인하대) 2, 47-65면.

정승철(1995d), 제주도 방언의 파생접미사 — 몇 개의 재구형을 중심으로,《대동
    문화연구》(성균관대) 30, 359-374면.

정승철(1996), 제주도 방언 'ㅎ'말음 용언 어간의 통시론,《이기문 교수 정년퇴임
    기념논총》, 신구문화사, 738-753면.

정승철(1997a), 제주방언의 특징,《한국어문》(한국정신문화연구원) 4, 101-124면.

정승철(1997b), 제주본『훈몽자회』에 대한 서지학적 고찰,《인하어문연구》(인하
    대) 3, 507-524면.

정승철(1997c), 제주도 방언 어미의 형태음소론 — 인용어미를 중심으로,《애산
    학보》20, 67-107면.

정승철(1998a), 제주방언,《문법연구와 자료》, 태학사, 955-984면.

정승철(1998b), 제주방언의 특징에 대하여,《새국어생활》8-4, 국립국어연구원,
    133-152면.

정승철(2001a), 제주방언,《방언학 사전》(방언연구회 편), 태학사, 305-314면.

정승철(2001b), 한국 방언학사,《방언학 사전》(방언연구회 편), 태학사, 384-391면.

정승철(2002), 국어 활용어미의 방언 분화,《국어학》39, 201-220면.

정승철(2004), 음운사 연구에서의 언어 변화 이론의 수용과 전개 — 'ᄋ'의 음운사
    연구를 중심으로,《국어학》43, 407-428면.

정승철(2005a), 지역방언론: 음운,《방언학》1, 173-191면.

정승철(2005b), 일제강점기의 언어 정책 — '언문철자법'을 중심으로,《진단학보》
    100, 221-261면.

정승철(2008), 방언 표기법의 이상과 현실,《영주어문》15, 33-51면.

정승철(2010a), 小倉進平의 생애와 학문,《방언학》11, 155-184면.

정승철(2010b),〈제주도 언어 자료〉해제 및 주해,《한국어연구》7, 211-386면.

정승철(2013),《한국의 방언과 방언학》, 태학사.

정승철(2014a), 한국 방언자료집 편찬의 역사,《방언학》20, 7-35면.

정승철(2014b), 제주방언의 음운론 연구사: 'ᄋ' 관련 업적을 중심으로,《제주방

언 연구의 어제와 내일》(고동호 외), 제주발전연구원, 29-60면.

정승철(2018a),《방언의 발견》, 창비.

정승철(2018b), 석주명의 생애와 학문,《애산학보》45, 17-50면.

정승철(2018c), 석주명의 방언 연구 ─『제주도방언』(1947)을 중심으로,《애산
　　　　학보》45, 183-211면.

정승철(2020), '마한'의 아들 '서동',《원대신문》2020.8.31.

정우택(1987), 후기근대국어의 형태음소론적 고찰, 석사논문(서울대).

정운채(1995), 선화공주를 중심으로 본「무왕설화」의 특성과「서동요」출현의
　　　　계기,《건국어문학》19·20합집, 333-355면.

정인호(1995), 화순지역어의 음운론적 연구, 석사논문(서울대).

정인호(2011), 의문형 종결어미의 방언 분화,《방언학》14, 85-109면.

정일진(1991), 경계 현상에 대한 연구,《언어학연구》14.

정지용(1941),《백록담》, 문장사. [1946: 백양당]

정진석 편(1999),《문자보급운동교재》, LG상남언론재단.

정태현(1943),《조선삼림식물도설》, 조선박물연구회.

정태현·도봉섭·이덕봉·이휘재(1937),《조선식물향명집》, 조선박물연구회.

제주문화예술재단 편(2009),《제주어사전》(개정증보), 제주특별자치도.

제주방언연구회 편(1995),《제주어사전》, 제주도.

제주학연구센터 편(2015~2019),《제주어구술자료집》(1~28), 제주특별자치도.

조선총독부 편(1920),《조선어사전》, 조선총독부.

중앙문화재연구원 엮음(2018),《마한 고고학개론》, 진인진.

진관훈(2004), 일제하 제주도 경제와 해녀 노동에 관한 연구,《정신문화연구》
　　　　27-1, 149-178면.

진성기(1962),《제주도학》제1집, 인간사.

최낙진(2008), 진성기의 '제주민속총서' 고찰,《한국출판학연구》54, 351-382면.

최낙진(2012), 석주명의 '제주도총서'의 출판학적 의의,《학문 융복합의 선구자
　　　　석주명》(윤용택 외), 제주대 탐라문화연구소, 263-287면.

최동호 엮음(2015),《정지용 전집》, 서정시학.

최명옥(1974), 경남 삼천포방언의 음운론적 연구, 석사논문(서울대).

최명옥(1976a), 현대국어의 의문법연구,《논문집(인문 사회과학편)》(학술원) 15, 145-174면.

최명옥(1976b), 서남경남방언의 부사화접사 '-아'의 음운현상,《국어학》4, 61-82면.

최명옥(1980),《경북 동해안 방언연구》, 영남대 출판부.

최명옥(1982),《월성지역어의 음운론》, 영남대 출판부.

최명옥(1985a), 변칙동사의 음운현상에 대하여,《국어학》14, 149-188면.

최명옥(1985b), 19세기 후기 서북방언의 음운론,《인문연구》(영남대) 7.

최명옥(1987), 평북 의주지역어의 통시음운론,《어학연구》(서울대) 23-1, 65-90면.

최명옥(1998a),《한국어 방언연구의 실제》, 태학사.

최명옥(1998b), 방언,《새국어생활》8-3, 국립국어연구원, 193-202면.

최명옥(2007), 한국어 형태론의 문제점과 그 대안,《서강인문논총》22, 19-52면.

최운식(1973), 쫓겨난 여인 발복설화고,《한국민속학》6, 51-69면.

최태영(1983),《방언음운론 ― 전주지역어를 중심으로》, 형설출판사.

한국고대사학회 편(2017),《우리 시대의 한국고대사 2》, 주류성.

한국정신문화연구원 편(1987a),《한국방언자료집》III(충청북도 편), 한국정신문화연구원.

한국정신문화연구원 편(1987b),《한국방언자료집》V(전라북도 편), 한국정신문화연구원.

한국정신문화연구원 편(1987~1995),《한국방언자료집》, 한국정신문화연구원.

한국정신문화연구원 편(1989),《한국방언자료집》VII(경상북도 편), 한국정신문화연구원.

한국정신문화연구원 편(1990a),《한국방언자료집》II(강원도 편), 한국정신문화연구원.

한국정신문화연구원 편(1990b),《한국방언자료집》IV(충청남도 편), 한국정신문화연구원.

한국정신문화연구원 편(1991),《한국방언자료집》VI(전라남도 편), 한국정신문화연구원.

한국정신문화연구원 편(1993),《한국방언자료집》VIII(경상남도 편), 한국정신
　　문화연구원.

한국정신문화연구원 편(1995),《한국방언자료집》IX(제주도 편), 한국정신문화
　　연구원.

한글학회 편(1992),《우리말큰사전》4(옛말과 이두), 어문각.

한영균(1984), 제주방언 동명사 어미의 통사기능,《국어학》13, 229-252면.

허　웅(1963),《중세국어연구》, 정음사.

허　웅(1968), 국어의 상승적 이중모음 체계에 있어서의 '빈간',《이숭녕 박사 송
　　수기념논총》, 을유문화사, 609-617면.

허　웅(1975),《우리옛말본 ― 15세기 국어 형태론》, 샘문화사.

현용준(1980),《제주도 무속자료 사전》, 신구문화사.

현평효(1962),《제주도방언연구》제1집(자료편), 정연사. [1985: 태학사]

현평효(1963), 제주도 방언 'ㆍ'음 소고,《무애 양주동 박사 화탄기념논문집》, 탐
　　구당. [재수록: 현평효(1985)]

현평효(1964a), 제주도 방언 'ㅔ[ㅔ]'음에 대하여,《국문학보》(제주대) 2. [재수록:
　　현평효(1985)]

현평효(1964b), 제주도 방언의 단모음 설정,《한국언어문학》2. [재수록: 현평효
　　(1985)]

현평효(1966), 제주도 방언 형태소의 이형태에 대하여 ― 수의적 변이의 이형태,
　　《가람 이병기 선생 송수기념논문집》, 삼화출판사. [재수록: 현평효(1985)]

현평효(1969), 제주도 방언에서의 '나무(木)'와 '나물(菜)' 어사에 대하여,《국어국
　　문학 논문집》(동국대) 7·8. [재수록: 현평효(1985)]

현평효(1971a), 제주도방언의 음운,《교육제주》17. [재수록: 현평효(1985)]

현평효(1971b), 제주도 방언 어사의 층위학적 고찰,《장암 지헌영 선생 화갑기념
　　논총》, 호서문화사. [재수록: 현평효(1985)]

현평효(1975), 제주도 방언의 정동사어미 연구, 박사논문(동국대). [재수록: 현평
　　효(1985)]

현평효(1977), 제주도 방언의 존대법,《국어국문학》74. [재수록: 현평효(1985)]

현평효(1979), 제주도방언 연구에 대한 검토, 《방언》 1, 32-49면. [재수록: 현평효
　　(1985)]

현평효(1982), 제주도방언개관, 《제주도지》 하, 제주도. [재수록: 현평효(1985)]

현평효(1985), 《제주도방언연구》(논고편), 이우출판사.

현평효(1993), 되돌아본 세월, 《한라일보》 1993. 3. 6.~8. 14. (토·수요일, 45회 연재)

현평효·김홍식·강근보(1974), 제주도 방언의 활용어미에 대한 연구, 《논문집》
　　(제주대) 6, 15-48면.

홍윤표(1985), 훈몽자회 해제, 《훈몽자회》, 홍문각.

홍윤표(1993), 《국어사 문헌자료 연구 ― 근대편 1》, 태학사.

홍윤표(1994), 《근대국어연구》 1, 태학사.

홍종림(1975), 제주도 방언의 의문법에 대한 고찰, 석사논문(서울대 국어교육과).

홍종림(1976), 제주도 방언의 선어말어미 '-암/엄-', '-암시/엄시-', '-안/언-', '-아시/
　　어시-'에 대하여, 《선청어문》(서울대) 7, 459-474면.

홍종림(1981), 제주도방언의 선어말어미 '-크-'에 대하여, 《김형규 박사 고희기념
　　논총》, 서울대 출판부, 567-583면.

홍종림(1987), 제주방언의 아스펙트 형태에 대하여, 《국어국문학》 98, 185-209면.

홍종림(1991), 제주방언의 양태와 상범주 연구, 박사논문(성균관대).

홍종림(1993), 《제주방언의 양태와 상》, 한신문화사.

홍종림(1994a), 제주방언의 의문법 어미 '-디'와 '-으니', 《국어학 연구》(남천 박갑
　　수 선생 회갑기념논문집), 태학사, 263-284면.

홍종림(1994b), 제주방언의 평서법어미에 대한 고찰(1), 《제효 이용주 교수 정년
　　기념논문집》, 태학사, 705-727면.

홍종림(1995), 제주방언의 상대존대형태에 대하여, 《국어국문학논총》(기곡 강
　　신항 박사 정년퇴임기념), 태학사, 147-167면.

홍종림(1999), 현대 의문법 체계 고찰(1) ― 제주방언을 중심으로, 《논문집》(청주
　　교대) 36, 85-116면.

小倉進平(1929), 《鄕歌及び吏讀の硏究》, 京城大學文學部紀要.

小倉進平(1944),《朝鮮語方言の研究》(上·下), 東京: 岩波書店. [1973: 아세아문화사]

中井猛之進(1931),《東亞植物區景》, 東京: 岩波書店.

中井猛之進(1933),《東亞植物》(東亞全書 52), 東京: 岩波書店. [제4판: 1935]

中井猛之進(1935),《東亞植物圖說》, 東京: 春陽堂.

河野六郎(1945),《朝鮮方言學試攷》, 京城: 東都書籍.

Chambers, J.K. & P. Trudgill(1980), *Dialectology*, Cambridge Univ. Press.

Chomsky, N. & M. Halle(1968), *The Sound Pattern of English*, New York: Harper and Row.

Clements, G.N. & S.J. Keyser(1983), *CV Phonology*, Cambridge: MIT Press.

Foley, J.(1973), Assimilation of Phonological Strength in Germanic, in S. Anderson & P. Kiparsky(eds.), *A Festschrift for Morris Halle*.

Francis, W.N.(1983), *Dialectology: An Introduction*, London: Longman.

Hooper, J.B.(1972), The Syllable in Phonological Theory, *Language* 48-3.

Hooper, J.B.(1976), *An Introduction to Natural Generative Phonology*, New York: Academic Press.

Hyman, L.M.(1970), How Concrete is Phonology?, *Language* 46.

Hyman, L.M.(1975), *Phonology: Theory and Analysis*, New York: Holt, Rinehart & Winston.

Jakobson, R.(1931), Principle of Historical Phonology, in A.R. Keiler(ed.) (1972), *A Reader in Historical and Comparative Linguistics*.

Jakobson, R.(1971), Two Aspects of Language and Two Types of Aphasic Disturbances, in *Selected Writings* II.

Jensen, J.T.(1974), A Constraint on Variables in Phonology, *Language* 50.

Jun, Sun-Ah(1989), The Accentual Pattern and Prosody of the Chonnam Dialect of Korean, in Kuno, S. et al.(eds.), *Harvard Studies in Korean Linguistics* 3, Harvard University.

Kenstowics, M. & C.M. Kisseberth(1977), *Topics in Phonological Theory*, New

York: Academic Press.

Kim-Renaud, Young-Key(1978), The Syllable in Korean Phonology, Chin-W. Kim(ed.), *Papers in Korean Linguistics*, Columbia: Hornbeam Press, reprinted in Young-Key Kim-Renaud(1986), *Studies in Korean Linguistics*, Hanshin Publishing Co.

Kiparsky, P.(1968a), How Abstract is Phonology, IULC.

Kiparsky, P.(1968b), Linguistic Universals and Linguistic Change, in E. Bach & R.T. Harms(eds.), *Universals in Linguistic Theory*.

Kiparsky, P.(1971), Historical Linguistics, in W.O. Dingwall(ed.), *A Survey of Linguistic Science*.

Kiparsky, P.(1972), Explanation in Phonology, in S. Peters(ed.), *Goals of Linguistic Theory*.

Martin, S.E.(1951), Korean Phonemics, *Language* 27.

McCalla, K.(1983), On Distinctive Features and Phonemic Tables, with Special Reference to the English Consonants, *La Linguistique* 19.

Miyaoka, O.(1971), On Syllable Modification and Quantity in Yuk Phonology, *IJAL* 37.

Nerbonne, J. & W. Kretzschmar, Jr.(2006), Progress in Dialectometry, *Literary and Linguistic Computing* 21-4, Oxford University Press, 387-397.

Sapir, E.(1921), *Language: An Introduction to the Study of Speech*, New York: Harcourt, Brace & World, Inc.

Saussure, F. de(1959), *Course in General Linguistics*, trans. by W. Baskin, New York: Philosophical Library.

Schane, S.A.(1968), *French Phonology and Morphology*, Cambridge, MA: MIT Press.

Schane, S.A.(1973a), *Generative Phonology*, Englewood Cliffs, NJ: Prentice-Hall.

Schane, S.A.(1973b), [back] and [round], in S. Anderson & P. Kiparsky(eds.), *A Festschrift for Morris Halle*.

Schane, S.A.(1974), How Abstract is Abstract, *Natural Phonology Paracession*.

Shibatani, M.(1973), The Role of Surface Phonetic Constraints in Generative Phonology, *Language* 49.

Stanley, R.(1967), Redundancy Rules in Phonology, *Language* 43.

Tcheu, Soc-Kiou(1967), La neutralisation et le consonantisme coréen, *La Linguistique* 2.

Tida S., Ko Young-Jin & Kim Sunmi(2012), Morphological system of tense aspect and modality in the Jeju dialect of Korean, 한일 방언대조와 언어기술에 관한 국제심포지엄 2012, 교토대학.(발표문)

Trubetzkoy, N.S.(1969), *Principles of Phonology*, trans. C.A.M. Baltaxe, Berkeley: Univ. of California Press.

Weinreich, U.(1954), Is a Structural Dialectology Possible?, *Word* 10.

Zonneveld, W.(1978), *A Formal Theory of Exceptions in Generative Phonology*, Lisse: The Peter de Ridder Press.

《자류주석》(건국대 출판부 영인본, 1974)

《전운옥편》(박이정 영인본, 1993)

《훈몽자회》(《동양학총서》 제1집, 단국대 출판부, 1971)

《훈몽자회》(홍문각 영인본, 1985)

찾아보기

기타

정승철鄭承喆 논저 및 수상隨想 목록

1985

12.31.   제주도濟州島 방언方言의 의문법疑問法 어미語尾에 대한 일고찰一考察,
문학사논문(서울대),《관악어문연구》10, 서울대 국어국문학과, 415-
427면.

1988

2.26.   제주도방언濟州島方言의 모음체계母音体系와 그에 관련된 음운현상音韻
現象, 문학석사논문(서울대), 1-83면.
[《국어연구國語研究》(국어연구회) 84로 재간행]

1989

12.31.   경기京畿·충청忠清 지역地域의 방언분화方言分化(이병근 공동 논문),《국
어국문학》102, 국어국문학회, 45-77면.

1990

12.28.   《천의소감언해闡義昭鑑諺解》의 이본異本 비교比較,《규장각》13, 서울대
도서관, 39-58면.

1991

8.26.   음소연쇄音素連鎖와 비음운론적非音韻論的 경계境界— 제주도방언濟州島
方言을 중심으로,《국어학의 새로운 인식과 전개》(김완진선생 회갑기
념논총), 민음사, 360-372면.
[이병근·곽충구 편(1998),《국어학강좌》4(음운 1), 태학사, 107-121면
에 재수록]

1992

12.30.   방언,《국어학 연감 1992》, 국립국어연구원, 51-54면.

1994

2.24. 제주도濟州島 방언方言의 통시음운론通時音韻論, 문학박사논문(서울대), 1-168면.

1995

3.10. 광복 50년 국어학 연구사,《한국학보》78, 일지사, 2-34면.

10.30. 《제주도濟州島 방언方言의 통시음운론通時音韻論》, 태학사, 1-219면.

12.20. 제주도濟州島 방언方言의 특징特徵,《인하어문연구》2, 인하대 국어국문학과, 47-65면.

12.30. 제주도濟州島 방언方言의 파생접미사派生接尾辭 — 몇 개의 재구형을 중심으로,《대동문화연구》30, 성균관대 대동문화연구원, 359-374면.

12.31. 국어학사,《국어학 연감 1995》, 국립국어연구원, 128-136면.

1996

4.15. 제주도 방언 'ㅎ'말음 용언 어간의 통시론通時論,《이기문교수 정년퇴임기념논총》, 신구문화사, 738-753면.

5.20. 〈서평〉 제주대학교박물관濟州大學校博物館(제주방언연구회濟州方言研究會) 편『제주어사전濟州語辭典』,《국어국문학》116, 국어국문학회, 466-470면.

6.1. TV 방송언어 문제,《황해문화》11(1996 여름), 황해문화연구소, 28-31면.

10.18. 위백규魏伯珪의 〈농가農歌〉 고考,《문학과 언어의 만남》(김완진 외), 신구문화사, 301-319면.

1997

2.28. 제주방언濟州方言의 특징特徵,《한국어문》4, 한국정신문화연구원, 101-124면.

6.27. 제주본濟州本 〈훈몽자회訓蒙字會〉에 대한 서지학적書誌學的 고찰考察,《인

하어문연구》3, 인하대 국어국문학과, 507-524면.

8.31.   제주도 방언 어미의 형태음소론 ─ 인용어미를 중심으로,《애산학보》
        20, 애산학회, 67-107면.
        [이병근·곽충구 편(1998),《국어학강좌》6(방언), 태학사, 313-349면
        에 재수록]

11.30. 자음의 변화,《국어사연구》(국어사연구회 편), 태학사, 423-455면.
        [박창원 외(2019),《국어사 연구》1(계통·문자체계·시대구분·음운),
        태학사, 465-499면에 재수록]

1998

9.10.   제주방언,《문법 연구와 자료》(이익섭선생 회갑기념논총), 태학사,
        955-984면.

12.30. 제주 방언의 특징에 대하여,《새국어생활》8-4(1998 겨울), 국립국어
        연구원, 133-152면.
        [강영봉 외(2007),《방언 이야기》, 태학사, 149-166면에 재수록]

12.   《이런 말 실수 저런 글 실수 ─ 광고 언어》(장소원·김성규·최용기 공
        저), 문화관광부, 1-373면.

1999

12.29. 개화기 국어 음운,《국어의 시대별 변천 연구》4(개화기 국어), 국립국
        어연구원, 7-59면.

12.30. 제주방언의 음조音調와 음조군音調群,《진단학보》88, 진단학회, 543-
        554면.

2000

3.1.   돼지 변소,《동서문학》제30권 1호(2000 봄), 동서문학사, 457-460면.

3.   《이런 말 실수 저런 글 실수 ─ 각종 공문서에서》(장소원·김성규 공저),
        문화관광부, 1-364면.

6.30.	제주본 『훈몽자회』의 한자음漢字音, 《한국문화》 25, 서울대 한국문화연구소, 1-16면.
12.30.	제주 방언의 음운론, 《탐라문화》 21, 제주대 탐라문화연구소, 179-189면.

2001

5.18.	방언학사, 《인하어문연구》 5, 인하대 국어국문학과, 281-292면.
12.22.	면담(117-118면)·방언학사(181-187면)·방종현(187-188면)·전통 방언학(300-301면)·제주 방언(305-314면)·질문지(336-337면)·한국 방언학사(384-391면), 《방언학 사전》(방언 연구회 편), 태학사.
12.27.	음운론 연구, 《한국의 학술연구》(국어국문학) 2, 학술원, 10-27면.
12.27.	방언학 연구, 《한국의 학술연구》(국어국문학) 2, 학술원, 129-140면.
12.30.	제8장(방언 사전 편찬 방법론: 김정대)에 대한 토론, 《경남 방언 연구》(경상대 경남문화연구원 편), 한국문화사, 274-276면.
12.30.	The Vowel of Cheju(Taehong Cho, Sun-Ah Jun, and Peter Ladefoged 와 공동 논문), 《언어》 26-4, 한국언어학회, 801-819면.

2002

6.30.	국어 활용어미의 방언 분화 —'-(으)이'계 설명·의문 종결어미를 중심으로, 《국어학》 39, 국어학회, 201-220면.

2003

6.30.	주시경周時經의 음학音學 — 산제본刪除本 『말』을 중심으로, 《어문연구》 118, 한국어문교육연구회, 29-49면. [이병근 외(2005), 《한국 근대 초기의 언어와 문학》, 서울대 출판부, 94-114면에 같은 제목으로 재수록]
7.24.	움라우트, 《인하어문연구》 6, 인하대 국어국문학과, 17-40면.
9.30.	국어문법(주시경)과 English Lessons, 《국어국문학》 134, 국어국문학회, 73-97면.

[이병근 외(2005), 《한국 근대 초기의 언어와 문학》, 서울대 출판부, 114-135면에 '주시경周時經의 문장론 — 국어문법(주시경)과 *English Lessons*' 란 제목으로 재수록]

10.31. 주시경과 언문일치, 《한국학연구》 12, 인하대 한국학연구소, 33-49면.
        [이병근 외(2005), 《한국 근대 초기의 언어와 문학》, 서울대 출판부, 79-94면에 '주시경周時經의 언문일치론言文一致論'이란 제목으로 재수록]

12.30. 어두자음군語頭子音群의 경음화硬音化와 격음화激音化, 《한국문화》 32, 서울대 한국문화연구소, 31-48면.

2004

5.15.   j계 상향이중모음의 변화 — 형태소 내부를 중심으로, 《언어학연구》 9-1, 제주언어학회, 43-58면.
        [정승철·정인호 공편(2010), 《이중모음》, 태학사, 263-282면에 재수록]

6.30.   음운사 연구에서의 언어 변화 이론의 수용과 전개 — 'ᄋ'의 음운사 연구를 중심으로, 《국어학》 43, 국어학회, 407-428면.

2005

6.30.   지역방언론 — 음운, 《방언학》 1, 한국방언학회, 173-191면.

7.5.   《소리와 발음》(김성규 공저), 한국방송통신대학교 출판부, 1-283면.

12.20. 근대국어학과 주시경, 《한국 근대 초기의 언어와 문학》(이병근 외), 서울대 출판부, 77-138면.

12.30. 일제강점기의 언어 정책 — '언문철자법'을 중심으로, 《진단학보》 100, 진단학회, 221-261면.
        [이병근 외(2007), 《일제 식민지 시기 한국의 언어와 문학》, 서울대 출판부, 69-93면에 재수록]

2006

4.25.   경성제국대학과 국어학 — 이희승李熙昇·이숭녕李崇寧·방종현方鍾鉉을

중심으로,《이병근선생 퇴임기념 국어학논총》, 태학사, 1465-1494면.
[서울대 국어연구회 편(2008),《이숭녕, 현대국어학의 개척자》, 태학
사, 357-386면에 재수록]

6.30. 음운 연구와 방언 조사 방법,《방언학》3, 한국방언학회, 75-95면.

12.31. 순국문純國文『이태리건국삼걸전』(1908)에 대하여,《어문연구》132,
35-53면.

2007

12.20. 《일제 식민지 시기 한국의 언어와 문학》(이병근·송철의·이종묵·임주
탁·류양선 공저), 서울대 출판부, 1-437면.

12.30. 피동사被動詞와 피동접미사被動接尾辭,《진단학보》104, 진단학회, 127-
146면.

2008

2.28. 방언 표기법의 이상과 현실: 제주방언을 중심으로,《영주어문》15, 영
주어문학회, 33-51면.

6.30. 방언형의 분포分布와 개신파改新波: 양순음兩脣音 뒤 j계 상향이중모음
上向二重母音의 축약縮約 현상現象을 중심으로,《어문연구》138, 한국어
문교육연구회, 7-24면.

8.31. 『의태리국삼걸전』(1908) 해제 ― 번역자를 중심으로,《제도로서의 한
국 근대문학과 탈식민성》(구자황 외), 소명출판, 573-578면.
[『의태리국삼걸전』(1908)은 같은 책 483-572면에 수록]

9.1. 〈서평〉말의 추억, 추억의 말 ― 이익섭 외『한국언어지도』(태학사, 2008),
《창작과 비평》141(2008 가을), 창비, 407-411면.

2009

9.1. 어문민족주의와 표준어의 정립,《인문논총》23, 경남대 인문과학연구
소, 159-180면.

2010

6.30. 小倉進平의 생애와 학문,《방언학》11, 한국방언학회, 155-184면.

9.3. 방언 접촉과 언어 변화,《최명옥선생 정년퇴임기념 국어학논총》, 태학사, 369-387면.

12.15. 《이중모음》(정인호 공편), 태학사, 1-584면.

12.27. 〈제주도濟州島 언어言語 자료資料〉 해제,《한국어연구》7, 한국어연구회, 211-224면.

12.27. 〈제주도濟州島 언어言語 자료資料〉 주해,《한국어연구》7, 한국어연구회, 225-386면.

12.31. 『주영편晝永編』의 국어 연구,《진단학보》110, 진단학회, 395-411면.

2011

6.30. '방언方言'의 개념사,《방언학》13, 한국방언학회, 61-84면.

12.31. 〈서평〉 정원석鄭源石·서윤환徐潤煥 편(2010)《함흥지방방언집咸興地方方言集》,《방언학》14, 한국방언학회, 271-286면.

2012

1.3. 사회언어학,《한국어 교육의 이론과 실제》1(장소원 외), 아카넷, 393-410면.

6.30. 안확安廓의《조선문법朝鮮文法》(1917)에 대하여,《한국문화》58, 서울대 규장각한국학연구원, 179-195면.
[정승철·최형용 공편(2015),《안확의 국어 연구》, 박이정, 261-282면에 재수록]

12.31. 자산自山 안확安廓의 생애와 국어 연구,《진단학보》116, 진단학회, 241-265면.
[송철의 외(2013),《한국 근대 초기의 어문학자》, 태학사, 85-126면에 '부록_ 자산 안확의 논저 목록'을 추가하여 재수록]
[정승철·최형용 공편(2015),《안확의 국어 연구》, 박이정, 309-350면

에 재수록]

2013

1.25. 《(개정판) 소리와 발음》(김성규 공저), 한국방송통신대학교 출판부, 1-280면.

2.28. 《한국의 방언과 방언학》, 태학사, 1-280면.

6. On the Jeju Dialect, *HORIZONS* 4-1, 15-28면.

6.30. 제주방언의 설명의문과 판정의문(김보향 공동 논문),《방언학》17, 한국방언학회, 79-103면.

8.31. '고무래'의 방언 분포와 방언형의 분화,《국어학》67, 국어학회, 35-61면.

2014

2.2. 이숭녕李崇寧 선생의 경북 영주 〈방언채집장方言採集帳〉,《이숭녕의 방언채집 자료》(한국방언학회 편), 태학사, 609-613면.

11.3. 제주방언의 음운론 연구사 ―'ㆍ' 관련 업적을 중심으로,《제주방언 연구의 어제와 내일》(고동호 외), 제주발전연구원, 29-60면.

12.31. 한국 방언자료집 편찬의 역사,《방언학》20, 한국방언학회, 7-35면.

2015

7.6. 《안확의 국어 연구》(최형용 공편), 박이정, 1-350면.

12.31. 조선어학회와《신민》,《관악어문연구》40, 서울대 국어국문학과, 21-42면.

2016

3.2. 한국어 음운론,《한국어 교원을 위한 한국어학》(강현화 외), 한국방송대학교 출판문화원, 93-111면.

12.31. 방언 채집 운동에 관하여,《관악어문연구》41, 서울대 국어국문학과, 65-123면.

2017

12.31.　채만식과 방언,《관악어문연구》42, 서울대 국어국문학과, 61-79면.

2018

3.30.　《방언의 발견》, 창비, 1-271면.

10.20.　'빠가사리' 어명고魚名考,《국어학논총》(송철의선생 퇴임기념), 태학
　　　　사, 483-505면.

10.31.　석주명의 생애와 학문,《애산학보》45, 애산학회, 17-50면.

10.31.　석주명의 방언 연구 ─『제주도방언』(1947)을 중심으로,《애산학보》
　　　　45, 애산학회, 183-211면.

2020

3.31.　윤동주와 함북 방언,《한국문화》89, 서울대 규장각한국학연구원, 381-
　　　　407면.

6.1.　대화: 근대 한국어, 그 파란의 역사와 희망찬 오늘(백낙청·임형택·최
　　　　경봉 공동),《창작과 비평》188(2020 여름), 창비, 277-318면.

8.31.　'마한'의 아들 '서동',《원대신문》1388호(2020.8.31.), 원광대, 7면.

9.25.　《한국어, 그 파란의 역사와 생명력》(백낙청·임형택·최경봉 공저), 창
　　　　비, 1-254면.

2021

1.25.　《소리와 발음 워크북》(김성규 공저), 한국방송통신대학교 출판문화
　　　　원, 1-150면.

2.28.　현평효의 제주방언 음운론,《제주어》4, 제주어연구소, 53-73면.

12.31.　'서동/마퉁이'고,《관악어문연구》46, 서울대 국어국문학과, 101-113면.

2022

8.29.　외지 출신 문인의 제주도 기행문 ─1930년대 신문 연재물을 중심으

로,《제주 방언과 언어 연구의 구심력과 원심력》(고영진·신우봉·한창훈 편저), 역락, 407-426면.

9.1.   《(개정판) 한국의 방언과 방언학》, 태학사, 1-327면.

12.31.   근대, 언어 그리고 문학,《관악어문연구》47, 서울대 국어국문학과, 81-96면.